朝鮮華僑と
近代東アジア

李 正熙 著

京都大学学術出版会

20世紀前半の東アジア

出典：本文をもとに作成。

朝 鮮 全 図

出典：本文をもとに作成。

目　次

目次　　i
図表目次　　viii
凡例　　xi

序　章　中国人の朝鮮移住と経済活動　　1
　第1節　近代東アジアのなかの朝鮮華僑　　1
　　1　開港期，「恐るへき勁敵は清国商人なり」　　1
　　2　植民地期，「侮るべからざる勢力」　　8
　第2節　朝鮮華僑問題の問いかけ　　17
　第3節　史料——公文書・私文書・インタビュー　　21
　第4節　本書の構成　　25

第Ⅰ部
華僑織物商

　第1章　華僑織物商の位相と形成　　31
　　はじめに　　31
　　第1節　華僑織物商の位相　　31
　　　1　朝鮮織物商業界のなかの華僑織物商　　31
　　　2　主要な華僑織物商　　39
　　　3　朝鮮華僑会社と日本華僑会社との比較　　41
　　第2節　山東幇織物商の形成　　44
　　　1　開港期山東幇織物商の形成および発展　　44
　　　2　山東幇商業資本の朝鮮進出の経緯　　49
　　おわりに　　54

　第2章　華僑織物輸入商の通商網　　57
　　はじめに　　57

第1節　綿織物輸移入の通商網　58
　1　英国産晒金巾の輸入　58
　2　日本産綿織物の移入および朝鮮内での買付　61
第2節　絹織物の輸移入　65
　1　中国産絹織物の輸入　65
　2　日本産絹織物の移入　69
第3節　麻織物の輸入　74
　1　中国産麻織物の大量輸入およびその原因　74
　2　中国産麻織物の輸入　77
第4節　瑞泰号・永来盛・裕豊徳の通商網　81
おわりに　86

第3章　華僑織物輸入商の朝鮮内流通網　89

はじめに　89
第1節　京城府および仁川府の華僑織物輸入商の流通網　90
　1　華僑織物輸入商と華僑織物卸売商との取引関係　90
　2　華僑織物輸入商と朝鮮人織物商との取引関係　97
第2節　華僑織物輸入商の地方における流通網　103
　1　全羅北道における華僑織物商の流通網　104
　2　慶尚北道における華僑織物商の流通網　110
　　(1)　大邱府　110
　　(2)　郡地域　114
おわりに　119

第4章　朝鮮総督府の華僑織物商への対応　121

はじめに　121
第1節　高関税賦課　121
　1　中国産絹織物　121
　2　中国産麻織物　129
　3　山東産塩及び中国産薬材　137
第2節　華僑織物輸入商などへの税金過重賦課問題　142
おわりに　147

第5章　1931年排華事件の華僑織物商への影響　149
　はじめに　149
　第1節　華僑織物輸入商への影響　150
　　1　京城府および仁川府　150
　　2　京畿道・黄海道・江原道・忠清道　157
　第2節　平安南道　162
　第3節　その他地域　167
　おわりに　172

第6章　日中戦争期華僑織物商の没落　177
　はじめに　177
　第1節　日中戦争の影響　177
　　1　華僑織物商の引揚状況　177
　　2　華僑織物輸入商および卸売商　179
　　　(1)　裕豊徳の麻織物輸入代金送金問題　179
　　　(2)　経営圧迫　183
　第2節　戦時統制強化の影響　187
　　1　華僑織物商の没落　187
　　2　中華料理店　194
　おわりに　202

第Ⅰ部の小結論　205

第Ⅱ部
華僑製造業者

第7章　華僑靴下製造業　213
　はじめに　213
　第1節　華僑靴下製造業の生成　214
　第2節　朝鮮人と華僑靴下製造業者の確執　219
　　1　1925年の平壌洋襪争議と華僑職工　219

2　新義州の華僑靴下製造業の競争力　227
　　　3　新義州の華僑靴下製造業の販売網　231
　　第3節　新義州の華僑靴下製造業の衰退　234
　　　1　平壌の朝鮮人靴下製造業の対応　234
　　　2　1931年排華事件の影響　237
　　おわりに　239

　第8章　華僑鋳物業　241
　　はじめに　241
　　第1節　華僑鋳物業の生成過程　241
　　第2節　華僑鋳物業の河北幇ネットワーク　246
　　第3節　朝鮮鋳物業界における華僑鋳物業　252
　　　1　京城府の華僑鋳物業の現況　252
　　　2　朝・日・華僑鋳物工場の朝鮮釜製造をめぐる拮抗　256
　　第4節　華僑鋳物業の萎縮　260
　　　1　1931年排華事件の影響　260
　　　2　戦時統制強化の影響　263
　　おわりに　268

　第Ⅱ部の小結論　271

第Ⅲ部
華僑農民

　第9章　華僑農民による野菜栽培の生成および発展　277
　　はじめに　277
　　第1節　華僑農民の野菜生産状況　277
　　第2節　華僑農民による野菜栽培の生成過程　284
　　　1　朝鮮開港期における華僑農民の野菜栽培　284
　　　2　華僑農民と山東省との関係　289
　　第3節　華僑農民の野菜栽培の特徴と販売　296
　　　1　野菜栽培の特徴　296

2　販売ネットワーク　302
    おわりに　306

第10章　華僑農民による野菜栽培の萎縮　309
　　はじめに　309
　　第1節　朝鮮総督府の対応　310
　　　1　華僑農民に対する取締強化　310
　　　2　仁川府庁の新町野菜市場運営への介入　314
　　第2節　1931年排華事件の影響　318
　　第3節　仁川農業公議会の紛糾　322
　　第4節　朝鮮人農民の対応　328
　　おわりに　334

第11章　日中戦争期華僑農民による野菜栽培および販売の変容　337
　　はじめに　337
　　第1節　日中戦争の影響　337
　　第2節　朝鮮総督府の対応　341
　　　1　野菜増産政策　341
　　　2　華僑農民の活用　346
　　第3節　華僑農民の野菜栽培および販売の実態　350
　　　1　野菜栽培　350
　　　2　野菜販売　354
　　おわりに　357

　第Ⅲ部の小結論　359

第Ⅳ部
華僑労働者

第12章　広梁湾塩田築造工事の華僑労働者問題　365
　　はじめに　365
　　第1節　広梁湾塩田築造工事の実施経緯　367

第2節　1909年度の華僑労働者問題　371
　　　　1　華僑労働者の募集　371
　　　　2　華僑労働者の逃走原因　374
　　　　3　華僑労働者問題をめぐる日清間の外交交渉　378
　　第3節　1910年度の華僑労働者問題　389
　　　　1　「苦力雇入取扱覚書」　389
　　　　2　華僑労働者の逃走原因および外交交渉　392
　　第4節　「韓国併合」直後の華僑労働者問題　397
　　第5節　植民地期の華僑労働者問題　402

第Ⅳ部の小結論　413

補論Ⅰ　1931年排華事件の近因と遠因　417
　　はじめに　417
　　第1節　1931年排華事件に関する朝鮮総督府の見解　420
　　第2節　朝鮮総督府の初期対応の問題点　425
　　　　1　『朝鮮日報』の号外記事への対応　425
　　　　2　仁川事件への対応　430
　　第3節　平壌事件の近因　436
　　　　1　平安南道当局の平壌事件対応の問題点　436
　　　　2　流言蜚語の影響　442
　　第4節　日本政府および朝鮮総督府の事件処理　447
　　　　1　日中間の外交交渉　447
　　　　2　責任者の処分および救恤金支給　451
　　　　3　加害者の処罰　456
　　第5節　1931年排華事件の遠因　462
　　　　1　朝鮮人労働者と華僑労働者の対立　462
　　　　2　朝鮮人商人と華僑商人の対立　471
　　おわりに　475

補論Ⅱ　韓国および北朝鮮華僑の形成および経済活動　479
　　はじめに　479

第1節　解放初期韓国華僑の政治環境　480
　　1　米軍政庁および韓国政府の対華僑政策　480
　　2　南京国民政府の元官員の送還問題　486
　第2節　解放初期北朝鮮華僑の政治環境　491
　第3節　韓国および北朝鮮華僑の経済活動　494
　　1　韓国華僑の貿易活動—万聚東を中心に—　494
　　2　商業　504
　　3　製造業　506
　　4　農業　509
　　5　労働者　512
　おわりに　513

終　章　近代史のなかの朝鮮華僑　515
　　1　華僑の人口増加および経済盛衰の原因　515
　　2　近代東アジア経済のなかの朝鮮華僑　519
　　3　朝鮮近代史のなかの朝鮮華僑　521
　　4　華僑近代史のなかの朝鮮華僑　524
　　5　複眼的朝鮮華僑像の提示へ向けて　528

付表　530
朝鮮華僑関連年表　574
参考文献　597
あとがき　617
初出一覧　622
索引　623

図表目次

〔図序-1〕 龍山通商事務が1889年2月（旧暦）朝鮮通商総理交渉通商事宜の袁世凱に漢城（ソウル）の商況を報告した公文　5
〔図序-2〕 朝鮮植民地期の仁川支那町　9
〔図序-3〕 朝鮮植民地期の歴史的領域　20
〔図2-1〕 植民地期朝鮮華僑織物輸入商の絹織物輸移入の通商網　74
〔図3-1〕 朝鮮開港期華僑織物輸入商の朝鮮内通商網　90
〔図3-2〕 朝鮮植民地期華僑織物輸入商の朝鮮内流通網　120
〔図7-1〕 新義州の華僑靴下製造業の販売網　234
〔図9-1〕 京畿道在住華僑農家の各府・郡別分布　290
〔図12-1〕 広梁湾塩田築造工事の華僑労働者問題をめぐる日清間外交交渉の仕組み　379
〔図補Ⅰ-1〕 平壌排華事件によって廃墟となった華僑商店街　419
〔図補Ⅰ-2〕 平壌排華事件の加害者の裁判が行われた平壌地方法院及び平壌覆審法院　428
〔図補Ⅱ-1〕 1950年5月10日に開催された韓国華僑自治聯合総会全体代表大会に参加した各自治区代表たち　483
〔図補Ⅱ-2〕 朝鮮戦争中の1951年11月14日に大邱華僑協会を訪問した王東原駐韓国中華民国大使及び随行員と同協会の役員たち　500
〔図終-1〕 中国人の朝鮮移住の概念図　515

〔表序-1〕 朝鮮華僑および朝鮮在住日本人，日本華僑人口の推移　10
〔表序-2〕 朝鮮華僑および朝鮮在住日本人の職業別構成　12
〔表序-3〕 清国および中華民国の各政府別朝鮮駐在外交代表者および在任期間　23
〔表1-1〕 朝鮮の商業における各部門別および民族別人口　32
〔表1-2〕 朝鮮内織物商店の民族別および地域別分布　36
〔表1-3〕 12か府における主要な華僑織物商　40
〔表1-4〕 『商工資産信用録』に記載された朝鮮華僑および日本華僑会社の軒数　43
〔表1-5〕 朝鮮開港期における主要な華僑織物商　47
〔表2-1〕 朝鮮の生金巾および晒金巾の輸入量と輸入額　59
〔表2-2〕 朝鮮の絹織物の輸移入額および生産額　66
〔表2-3〕 朝鮮の麻織物の輸移入額および生産額　75
〔表2-4〕 瑞泰号の月別仕入額と売上額　82
〔表2-5〕 永来盛の月別仕入額と売上額　83
〔表3-1〕 韓一銀行を通じた華僑織物輸入商と華僑商店の間の取引内訳　91
〔表3-2〕 韓一銀行を通じた華僑織物輸入商の間の取引内訳　93
〔表3-3〕 韓一銀行を通じた華僑織物輸入商と朝鮮人商人の間の取引内訳　98

〔表3-4〕	韓一銀行を通じた朝・日本人商人と華僑商店との取引内訳 102
〔表3-5〕	華僑織物商店の多い道における各民族別織物商店数 104
〔表3-6〕	韓一銀行群山支店を通じた華僑織物卸売商と華僑商店との取引内訳 107
〔表3-7〕	慶尚北道の主要な華僑織物商 116
〔表4-1〕	朝鮮の中国産絹織物の月別輸入額 128
〔表4-2〕	朝鮮の中国産麻織物の輸入量および輸入額 132
〔表4-3〕	華僑織物輸入商の中国産麻織物の輸入量および在庫量（1933年） 137
〔表4-4〕	朝鮮の山東産塩の輸入量の推移 138
〔表4-5〕	京城府調査による華僑織物輸入商の1929年度の売上額 143
〔表4-6〕	京畿道驪州郡州内面事務所の華僑商店3軒に対する戸税賦課額 147
〔表5-1〕	京城府の銀行における華僑への預金額と貸出額 152
〔表5-2〕	仁川府の銀行における華僑の預金額と貸出額 153
〔表5-3〕	1931年排華事件直後韓一銀行を通じた華僑織物商の取引内訳 154
〔表5-4〕	1930年末と1931年末における華僑戸数および人口の比較 158
〔表5-5〕	黄海道載寧郡の中和義および徳餘恆の華僑織物輸入商への負債額 160
〔表5-6〕	平壌府の華僑の商業軒数および売上額 163
〔表5-7〕	華僑織物商の営業税納税額別人員 174
〔表6-1〕	日中戦争による華僑の引揚状況 178
〔表6-2〕	日中戦争による華僑織物商の営業税納税人員への影響 179
〔表6-3〕	元山市内の華僑織物小売商の営業状況 191
〔表6-4〕	京城府内華僑の中華料理店・飲食店経営者数の変化 197
〔表7-1〕	朝鮮内の主な華僑経営の靴下製造工場の現況 215
〔表7-2〕	平安北道と平安南道における華僑と朝鮮人靴下製造工場の比較 221
〔表7-3〕	平壌の普宣社靴下製造工場と華僑雑貨商との取引内訳 233
〔表7-4〕	平安北道の華僑靴下製造業と平安南道の朝鮮人靴下製造業の比較 236
〔表8-1〕	朝鮮の釜および鍋の対日・対中輸入量と輸入額 244
〔表8-2〕	1920年代華僑鋳物工場の推移 245
〔表8-3〕	華僑鋳物工場の現況 247
〔表8-4〕	朝鮮釜を製造する主要な日本人および朝鮮人の鋳物工場の現況 253
〔表8-5〕	京城府内各民族別鋳物工場の生産費の部門別割合 256
〔表8-6〕	慶尚北道における朝鮮釜製造の鋳物工場の現況 259
〔表8-7〕	1931年排華事件後の華僑鋳物工場の現況 262
〔表8-8〕	駐元山副領事館管内の華僑鋳物工場の現況 265
〔表9-1〕	華僑農家の戸数・人口および地域別分布 278
〔表9-2〕	富川郡在住華僑農家の野菜栽培状況 297
〔表10-1〕	1927年排華事件による富仁地域在住華僑農民の被害状況 319
〔表10-2〕	1931年排華事件による京畿道在住華僑農民の被害状況 321
〔表11-1〕	日中戦争期華僑農家の戸数の推移 338
〔表11-2〕	日中戦争期朝鮮内の野菜作付面積・生産量・生産額の推移 344
〔表11-3〕	朝鮮の主要都市における野菜消費状況 348

〔表12-1〕　　朝鮮開港期華僑の職業別人口　　366
〔表12-2〕　　広梁湾天日塩田の築造計画および進捗状況　　371
〔表補Ⅰ-1〕　朝鮮総督府発表の1931年排華事件の被害状況　　424
〔表補Ⅰ-2〕　1931年排華事件当時の朝鮮総督府の治安関係者の動向　　435
〔表補Ⅰ-3〕　平壌府在住華僑の職業　　463
〔表補Ⅰ-4〕　『東亜日報』に掲載された朝鮮人と華僑の主要な衝突記事　　469
〔表補Ⅱ-1〕　韓国華僑の職業別人口　　485
〔表補Ⅱ-2〕　北朝鮮華僑の職業別人口　　493
〔表補Ⅱ-3〕　韓国華僑経営の主要な貿易会社の1948年の貿易額　　495
〔表補Ⅱ-4〕　解放初期韓国の国別輸入比重　　502
〔表補Ⅱ-5〕　ソウル市在住華僑の商店数および工場数　　505
〔表補Ⅱ-6〕　解放初期韓国華僑鋳物工場の現況　　507
〔表終-1〕　　朝鮮華僑と日本華僑の比較　　524

凡　例

本書では，1945年8月以前の国名，地名，民族名としては朝鮮に統一する。ただし，大韓帝国期（1897年10月～1910年8月）の朝鮮政府は韓国政府とする。

朝鮮開港期は1876年朝鮮の開港から日本帝国主義による「韓国併合」直前までの時期を指す。朝鮮植民地期は「韓国併合」から1945年8月の解放まで，解放初期は解放から朝鮮戦争勃発までの時期を指す。

東アジアは最近になって東北アジアと東南アジアからなる地域を指すようになったが，本書は近代期を取り扱っているため，日本，中国，朝鮮，台湾，極東ロシアなどを含む地域を東アジアとする。

近代朝鮮に居住していた中国人を朝鮮華僑と表記する。朝鮮在住中国人商人は華僑商人（華商），農民は華僑農民（華農），労働者は華僑労働者（華工）とする。これにしたがい日本在住中国人は日本華僑，台湾在住中国人は台湾華僑，極東ロシア在住中国人は極東ロシア華僑，東南アジア在住中国人は東南アジア華僑とする。

日本統治下で使用され，今日では不適切な呼称である国名，地名，事件名，組織名は本来「」を付して記載すべきであるが，史料引用の関係上，歴史的用語として括弧なしで用いることもある。

ソウルの表記は，「韓国併合」以前には漢城，植民地期には京城，解放後にはソウルとする。

本書で引用する韓国語文献は漢字に変換可能なハングルは出来るだけ漢字にし，ハングル助詞はそのまま表記した後その隣にカッコを入れて日本語でその意味を付し，意味が分かるようにする。

序　章

中国人の朝鮮移住と経済活動

第1節　近代東アジアのなかの朝鮮華僑

1　開港期，「恐るへき勁敵は清国商人なり」

　近代中国人の朝鮮移住[1]は，西欧列国の東漸によって東アジア国際秩序が華夷的宗属関係（朝貢関係）から近代国際公法関係（条約関係）へと大転換する最中に始まった。

　清国は1842年に英国とのアヘン戦争に敗北して不平等の南京条約を結ばされ，条約を履行しようとしない清国に対して，西欧列国は1856年にアロー戦争を引き起こして不平等の天津条約，北京条約を結ばせた。西欧列国と清国との条約締結は清国と日本の関係，清国と朝鮮の事大関係（朝貢関係），明治維新を成功させて近代化を推し進めていた日本と朝鮮の交隣関係にも影響を及ぼした。

　まず，日本と清国は1871年に平等な日清修好条規を締結した。日本は

---

[1] 中国人が朝鮮半島に移住し始めたのは古代にまで遡ることができるが，特に16世紀末の文禄・慶長の役後に明朝の朝鮮援軍の武将が多数朝鮮に残り，明朝滅亡後にその末裔たちが朝鮮に大量に逃れてきた。著者は1999年に韓国大邱で明朝の第2次朝鮮援軍提督の麻貴および第1次朝鮮援軍提督の李如松の副官であった杜師忠の末裔たちにインタビューしてその存在を確認したことがあり，近代以前における中国人の朝鮮移住および華僑社会の形成に関する検討が必要であると考えている。しかし，近代以前における中国人の朝鮮半島への移住は政治的な目的の移住が主であり，鎖国の影響もあって経済活動のための集団移住はほとんど見られない。

1875年に雲揚号を朝鮮の江華島東の水道に侵入させて武力示威を行い，翌年2月に不平等の朝日修好条規（江華島条約）を結ばせて朝鮮を開港させた。朝鮮の宗主国である清国は江華島条約，1879年の琉球処分を受けて，日本が朝鮮を植民地化する可能性を憂慮し，1882年5月に朝鮮と米国の間に朝米修好通商条約を結ばせた。なお，清国はその約2か月後の7月に，朝鮮で旧軍の暴動に端を発した「壬午軍乱」が発生すると，呉長慶広東水師提督などが率いる3,000名の軍隊を派遣して暴動を鎮圧し，朝鮮に対する宗主権の強化をはかった。

　清国の対朝鮮宗主権強化を明文化したのが，同年10月に両国の間に結ばれた「朝清商民水陸貿易章程」であった。その章程は序文に「朝鮮ハ久シク藩属ニ列シ」とした上で，海路貿易を認め，双方の商務委員駐在をとりきめた通商条約であった。その第4条では，「両国商民彼此已開ノ口岸ニ前往シ貿易シ分ニ安シ法ヲ守ラハ其租地ニ房ヲ賃シ屋ヲ建ツルヲ准シ……朝鮮ノ商民北京ニ在ルヲ除キ例ニ交易ヲ准スト中国商民ノ朝鮮楊花津漢城ニ入リ行桟ヲ開設スルヲ准ス[2]」とされ，中国人の朝鮮開港場での貿易および居住が正式に許可された。従来の朝鮮と清国の間の交易は，朝貢に付随する交易と，中江・会寧・慶源における年に数回の開市交易に限定され，両国の間のヒト，モノの移動は厳しく制限されていたが，この章程締結によって朝貢交易が海路による開港場貿易に転換され，中国人商民の朝鮮移住が認められたのである。なお，その第1条に「北洋大臣ニ由リ商務委員ヲ札派シ前往テ朝鮮已開ノ口岸ニ駐札シ専ラ本国商民ニ照料スル」こと，清国商務委員には領事裁判権の行使が認められただけでなく，被告が朝鮮人商民で清国人商民が原告の場合にも朝鮮の官吏と会同して審理に参画するよう規定された[3]，いわゆる不平等条約であった。

　また第5条により，中江・会寧・慶源における従来の開市交易は，柵門

2）「外報　清国朝鮮商民水陸貿易章程」『日本立憲政党新聞』1883年1月14日。この章程の成立過程および性格に関しては，秋月（1985年）および浜下（1994年），同章程が実際にどのように運用されたかについては，酒井（2005年）の研究がある。

3）「外報　清国朝鮮商民水陸貿易章程」『日本立憲政党新聞』1883年1月11日・13日。清国での朝鮮商務委員には領事裁判権が付与されなかった。

と義州,琿春と会寧の間の自由貿易が認められ,陸路による以前の交易は自由貿易による通商に変わった。この陸路による自由貿易の詳細を定めたのは,1883年4月に議定された中江(あるいは奉天)貿易章程と7月に議定された会寧(あるいは吉林)貿易章程であった[4]。

この三つの貿易章程によって,両国の従来の朝貢交易,開市交易は海路・陸路を使ってのより近代的な貿易に移行し,華僑商人が朝鮮で商業活動を本格的に始める法的根拠が提供されたのである。

なお,朝清商民水陸貿易章程によって,華僑商人の貿易および商業活動の本拠地となる清国専管居留地の設置が両国の間で議論され,1884年4月2日に朝鮮督辨交渉通商事務の閔泳穆と清国総辨朝鮮商務の陳樹棠との間で「仁川口華商地界章程」が調印された[5]。元山と釜山の清国専管居留地は仁川のように取り決められたわけではなかったが,俗に「清国居留地」と称され,同地区はほとんど華僑の所有に帰し,清国専管居留地と同様になっていた。両地区が清国専管居留地として正式に認められたのは,1910年3月11日に小松緑統監府外務部長と馬廷亮駐韓総領事の間に調印された「仁川,釜山及元山ニ於ケル清国居留地規定」においてであった[6]。

朝清商民水陸貿易章程および清国専管居留地の設置に伴って,清国政府は1883年に漢城に商務公署を,1884年以降には仁川,釜山,元山に各々商務分署を設けた。1884年12月に朝鮮の開化派による甲申政変が失敗に終わり,清国政府は朝鮮に対する宗主権強化をはかり,1885年10月に袁世凱を総辨朝鮮商務より格上の「朝鮮総理交渉通商事宜」という肩書きで派遣した。それに則して既存の漢城商務公署は「漢城総理公署」に改称されて,1886年には龍山分署が新たに設置された。袁世凱は1894年7月に日清戦争で清国に帰国するまでの約9年間にわたり朝鮮の外交および内政に深

---

[4] 秋月(1985年)130~131頁。中江貿易章程と会寧貿易章程が朝鮮政府より裁可されたのはそれぞれ1883年9月と12月であった。
[5] 孫(1982年)147~152頁。
[6] 日本は「韓国併合」直前に各開港場における諸外国との摩擦を解決する必要があり,その一環として清国居留地問題の解決をはかった。この規定が調印にいたったのには,このような背景があった。この規定の調印の経緯については,金編(1970年)と河村(1971年)を参照されたい。

く介入して朝鮮華僑商人の商業活動を積極的に支援した。例えば，袁世凱は当時朝鮮華僑商号を代表する同順泰の名義で朝鮮政府に借款を提供し，仁川—漢城間の運航権を獲得して朝鮮華僑の貿易活動を後押しした[7]。

さらに，袁世凱は朝鮮の仁川と清国の上海，芝罘を結ぶ汽船の定期航路の開設にも力を入れた。1883年11月には朝鮮の総理各国事務衙門と清国の上海輪船招商総局との間に「輪船往来上海朝鮮公道合約章程」を締結し，招商局の富有号が同年11月に運行を開始したが，招商局の経営難により1884年1月まで3回の運行で中断してしまった[8]のを，袁世凱の本国政府への働きかけにより招商局汽船の広済号が1888年3月に上海—仁川間（芝罘経由）の航路の運航を再開し，日清戦争直前まで続いた[9]。

以上の三つの貿易章程——清国専管居留地の設置，商務公署および分署の設置，招商局汽船による上海—芝罘—仁川の定期航路の開設——は，中国人の朝鮮移住と華僑の貿易および商業活動を後押しすることになった。その結果，日本人商人より朝鮮市場への参入が乗り遅れた華僑商人は対清貿易および朝鮮内商業において急速に日本人商人を追い上げ，日清戦争直前には日本人商人の勢力に肉薄することになった。

さて，日清戦争後，朝鮮華僑を取り巻く環境は一変した。朝鮮政府は1894年7月25日に日本政府の圧力の下，清国政府に対して両国間に締結された三つの貿易章程の破棄を通告し，7月下旬までに漢城総理公署および龍山分署，仁川・元山・釜山の商務公署が閉鎖されて官員は全員引き揚げ，華僑は無条約国民となった。朝鮮政府は同年11月末に華僑保護を名分に「保護清商規則」を制定し，12月中旬に公布したが，その内容は清国の領事裁判権の回収，中国人の朝鮮移住制限と居住および転居の登録制を設けた，事実上華僑を規制する措置であった[10]。日本政府が同年8月4日に公布した勅令第137号[11]と非常に似通っていることから，日本政府の深い介入が

---

7) 金（1976年）468〜478頁。
8) 羅（1998年）49〜51頁。
9) 羅（1998年）117・119頁。
10)「朝鮮擅立保護清商規則九条」『香港華字日報』1895年4月2日（新暦4月26日）。

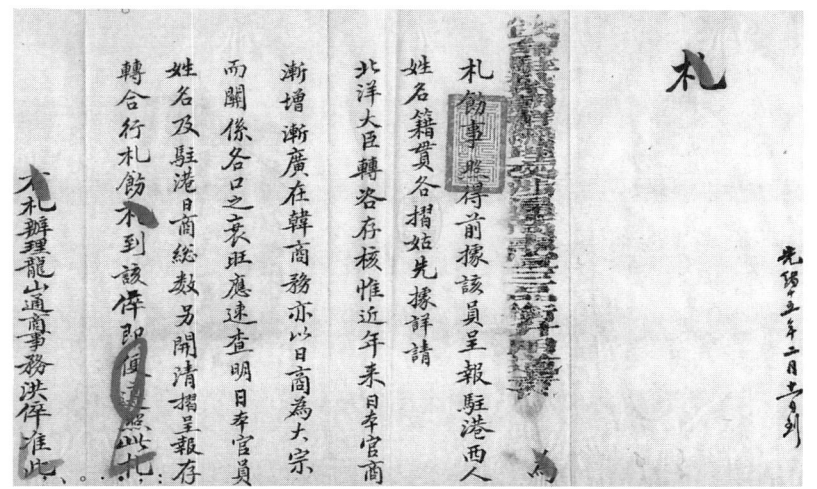

図序-1　龍山通商事務が1889年2月（旧暦）朝鮮通商総理交渉通商事宜の袁世凱に漢城（ソウル）の商況を報告した公文
出典：「華商人数清冊：漢城華商及西，日人姓名清冊巻」『駐韓使館保存档案』。

あったと考えられる。引き続き，朝鮮政府は規則を施行するにあたって1895年1月に「保護清商規則細則」全19条を制定し，3月末には各地方官庁に送付し，実施されることになった[12]。

　日清戦争による保護清商規則の実施，清国の朝鮮での影響力の低下のもとで，中国人の移住および経済活動は萎縮せざるを得なかったが，このような状況は長く続かなかった。保護清商規則公布直後，漢城在住華僑商人は朝鮮官庁によって自分たちの商業活動が厳しく規制されていることを理由に，駐朝鮮英国総領事にその保護を要請した[13]。清国政府も1895年2月と5月に駐清国英国公使館を通じて華僑の保護を正式に要請した。駐朝鮮英国総領事は同年9月に朝鮮政府の外部に華僑商人に関する一切の事務を

11）勅令第137号が日本の居留地居住の華僑に与えた影響については，岩壁（1984年）を参照されたい。
12）権（1984年）198～199頁。
13）「朝鮮華商要求英領事保護」『香港華字日報』1895年閏5月13日（新暦6月5日）。

引き受けることを内容とする照会文を伝達し，外部大臣は9月16日の照覆文に「故に我政府によって規則を立てて保護してきた。現在，兵革（日清戦争）がすでに終結し，貴総領事が友誼を思い代わりに華商を管理保護する義に非常に敬服する。本大臣は当然異見がない[14]」と英国総領事館による華僑の保護活動を容認した。これにより華僑には1883年11月に調印された朝英修好通商条約が適用されることとなり，「保護清商規則」は事実上撤廃された[15]。

一方，日清戦争勃発当時，龍山商務委員を務めていた唐紹儀は1894年8月2日に仁川から帰国の途についたが，袁世凱によって華僑の現状把握と保護のために1895年6月に朝鮮に派遣され[16]，数百名の失業した華僑を本国に送還したり[17]，華僑社会の秩序を確立する活動を展開した[18]。1896年8月には「華商規条」を制定して朝鮮人商人には掛売りしないこと，仁川に入港する者は該当の「幇[19]」に報告し執照（内地旅行券）[20]を申請すること，朝鮮内地で商業に従事する者は大商号を通じて執照を申請することを義務づけた[21]。唐紹儀は清国政府により1895年12月1日に駐朝鮮総商董，翌年11月には駐朝鮮総領事に正式に任命された。朝鮮政府は両国間に通商条約が結ばれていないことを理由に彼の身分を認めなかったが，華僑の保

---

14) 原文「故由我政府，立規保護，現兵革已息，貴総領事克念友誼，代為管護華商，義堪佩服，本大臣，自無異見」（1895年9月19日発（旧暦8月1日），朝鮮政府外部大臣ヨリ駐朝鮮英国総領事宛照覆（高麗大学校亜細亜問題研究所編（1974年）31頁）と権（1984年）201頁）。
15) その後，朝鮮人と朝鮮華僑との訴訟案件が朝英修好通商条約に則って処理されたことは，李（2008年）の研究によって明らかにされている。
16) 「華使唐少川入韓」『香港華字日報』1895年7月14日（新暦9月2日）。少川は唐の字である。
17) 「駐高領事唐紹儀称賢」『香港華字日報』1895年8月27日（新暦10月15日）。
18) 「駐鮮使者唐少川整頓華民」『香港華字日報』1895年9月1日（新暦10月18日）。
19) 幇のもとの意味は「助ける，側から手を貸す」ことであるが，転じて仲間，例えば同郷や同業や結社の組合，その会員を指す（可児・斯波・游編（2002年）646頁）。当時朝鮮における主要な幇は山東幇（あるいは北幇），南幇，広東幇であった。
20) 朝清商民水陸貿易章程の第4条に，両国の商民が開港場以外の内地に入り商品を購入するためには各国の商務委員および地方官が捺印した執照の発給を受ける必要があった。しかし，華僑商人は執照の発給申請をせず内地に無断で侵入して経済活動を展開することが多く，問題となっていた。この問題に関しては，李（1985年）127～134頁を参照されたい。
21) 1896年7月15日（新暦8月23日）収，北洋大臣函（中央研究院近代史研究所編（1972年）4905～4906頁）。

護活動を落ち度なく行い，華僑の間には信望が厚かった[22]。

　朝鮮と清国は日清戦争後に途絶えていた国交再開のために1899年2月15日に漢城において第1回会議を開催して以来6か月間協議を重ね，同年9月11日「韓清通商条約」の調印に漕ぎ着けた。この条約では両国に領事裁判権を付与すること，被告が朝鮮人商民で華僑商民が原告の場合には朝鮮の官吏が審理することになっており，朝鮮にとっては1882年の朝清商民水陸貿易章程に比べて平等性の高い条約であった[23]。この条約の締結により，清国は駐朝鮮英国総領事館に委ねられていた華僑の保護および領事裁判権を取り戻すことになった。同条約が12月15日に批准された後，朝鮮の官民と華僑商人との間に衝突が相次いで発生し，訴訟問題に発展したが，ほとんどの案件はこの条約に則って裁判が行われた[24]。

　日本が日露戦争で戦勝した直後の1905年11月17日に朝鮮の外交権を剥奪したことを受けて，清国政府は1906年2月に駐韓国公使館を廃止し，その代わりに駐韓国総領事館を設置した。この総領事館体制は植民地期にも続いた。駐韓国（朝鮮）領事館は既存の仁川，元山，釜山に加えて，鎮南浦（1899年）と新義州（1910年）に開設され五つとなり，植民地期に仁川と鎮南浦が各々辦事処に降格される変動があったものの，この体制は基本的に維持された。

　さて，朝鮮開港期における華僑問題に関する既存研究を概観すれば，日清戦争以前は相対的に豊富である半面，それ以後は手薄である。日清戦争以前における華僑商人の商業活動に関する既存研究は，貿易統計などを利用した実態分析[25]，華僑商人の侵略性とそれに対する朝鮮人商人の対応に焦点を合わせた研究[26]，華僑商人の能動的な経営活動を強調した研究[27]が

---

22) 李求鎔（1984年）417～429頁。
23) 同条約の交渉過程，条約文内容に関しては，権（1987年）が詳細である。この研究によれば，清国がこの条約締結に応じたのは，朝鮮華僑4,000名の保護の必要性が大きかったという。
24) 権（1994年），具（2006年）。
25) これに関する研究としては，塩川（1895年），河（1994年），Larsen（2000），李（2000年），孫（2002年）などがある。
26) 代表的な研究としては，李（1985年），李（2001年）などがある。
27) この種の最近の研究としては，浜下（1999年），古田（2000年），石川（2004年・2005年），姜（2007年）などがある。

ある。特に，同時期における華僑商人の発展の要因を通商および商業ネットワークに求める，いわば（東）アジア交易圏論に立脚して朝鮮華僑商人を捉えた石川亮太（2004年・2005年）と姜抮亜（2007年）の研究が注目される。両氏はソウル大学校所蔵の同順泰文書を活用して，広東系商号の同順泰が仁川，漢城を拠点に上海，香港，日本など東アジアに通商ネットワークを張り巡らせて商業活動を展開していたことを明らかにし，朝鮮華僑に関する新たな歴史像を提示したと評価できる。

一方，日清戦争後から朝鮮が日本の植民地になるまでの華僑に関する研究は非常に少ない。その理由は，清国が日清戦争で日本に敗北したため，以前のような清国政府の後押しを受けられない華僑の社会経済活動は萎縮したに違いないという先入観が働いたためであろう。しかし，後に仁川理事庁理事官（領事）を務める信夫淳平は1900年日清戦争後の華僑商人について，「仁川に至りては，彼ら商賈の勢力滔々として亦実に侮るべからさるものあり」とし，「現在及び将来に亘りて恐るへき勁敵は清国商人なり」と述べていた[28]。すなわち，対清海上貿易の中心地である仁川における華僑商人の勢力は依然として日本人商人にとって「恐るへき勁敵」として存在していたのである。なぜ，そのような状況がもたらされたかについて検討されるべきである。なお，従来の朝鮮開港期における華僑に関する研究はほとんど華僑商号（特に同順泰）に焦点が当てられているが，農民および労働者の人口が商人より多かったことを考慮すれば，農民および労働者にも注目する必要がある。

2　植民地期，「侮るべからざる勢力」

日本帝国主義による「韓国併合」は中国人の朝鮮移住および華僑としての経済活動に少なからぬ影響を及ぼした。日本政府が1910年8月29日に公布した「韓国併合ニ関スル宣言」によって朝鮮が諸外国と締結した条約が無効に帰したために韓清通商条約も廃止された。この条約に盛り込まれて

---

28) 信夫（1901年）16頁。

図序-2　朝鮮植民地期の仁川支那町
出典：李玉蓮（2008年）。

いた領事裁判権およびそれに付随する領事警察権は自動的に撤廃された。引き続き，日本政府は同日に統監府令第52号「条約ニ依リ居住ノ自由ヲ有セサル外国人ニ関スル件」を公布し，華僑労働者をはじめとする外国人労働者は開港場以外の地域における居住および労働については地方長官の許可を受けるようになった[29]。

1913年11月22日に朝鮮総督府と駐朝鮮中国総領事館の間に取り決められた「在朝鮮支那共和国居留地廃止ニ関スル協定」によって，朝鮮にあった仁川，釜山，元山の清国専管居留地が1914年3月31日より廃止された。この3か所で居留地の土地を借りていた華僑にはその借地に対する永代借地権か所有権が与えられた[30]。「韓国併合」は朝鮮華僑が従来享受していた領事裁判権および領事警察権を奪い，彼らの地位を以前より低下させた側面があったのである。

しかし，華僑人口は植民地期に増加する一方であった。〔表序-1〕は1909

---

29) 拙稿（2008年）50～52・55～56頁。
30) 拙稿（2008年）52～55頁。

表序-1　朝鮮華僑および朝鮮在住日本人，日本華僑人口の推移（1909〜1944年）

年次	華僑 (A)・(名)	その他外国人 (B)・(名)	外国人合計 (C)・(名)	A/C (％)	日本人 (名)	日本華僑 (名)
1909	9,568	859	10,427	91.8	146,147	9,858
1910	11,818	876	12,694	93.1	171,543	8,420
1911	11,837	967	12,804	92.4	210,689	8,145
1912	15,517	1,072	16,589	93.5	243,729	─
1913	16,222	1,127	17,349	93.5	271,591	11,867
1914	16,884	1,141	18,025	93.7	291,217	─
1915	15,968	1,132	17,100	93.4	303,659	12,046
1916	16,904	1,108	18,012	93.8	320,938	11,869
1917	17,967	1,143	19,110	94.0	332,456	13,755
1918	21,894	1,249	23,143	94.6	336,872	12,139
1919	18,588	1,192	19,780	94.0	346,619	12,294
1920	23,989	1,072	25,061	95.7	347,850	14,258
1921	24,695	1,247	25,942	95.2	367,618	15,056
1922	30,826	1,303	32,129	96.0	386,493	16,936
1923	33,654	1,385	35,039	96.0	403,011	12,843
1924	35,661	1,320	36,981	96.4	411,595	16,902
1925	46,196	1,264	47,460	97.3	424,740	20,222
1926	45,291	1,250	46,541	97.3	442,326	22,272
1927	50,056	1,267	51,323	97.5	454,881	23,934
1928	52,054	1,268	53,322	97.6	469,043	29,297
1929	56,672	1,474	58,146	97.5	488,478	31,827
1930 a	67,794	1,315	69,109	98.1	501,867	31,890
1930 b	91,783	1,364	93,147	98.5	527,050	39,440
1931	36,778	1,364	38,142	96.4	514,666	19,135
1932	37,732	1,419	39,151	96.4	523,452	18,471
1933	41,266	1,360	42,626	96.8	543,104	20,599
1934	49,334	1,305	50,639	97.4	561,384	23,968
1935	57,639	1,249	58,888	97.9	583,428	28,000
1936	63,981	1,294	65,275	98.0	608,989	29,671
1937	41,909	1,209	43,118	97.2	629,512	15,584

1938	48,533	1,282	49,815	97.4	633,320	17,043
1939	51,014	1,219	52,233	97.7	650,104	18,622
1940	63,976	728	64,704	98.9	689,790	20,284
1941	73,274	549	73,823	99.3	717,011	18,078
1942	82,661	508	83,169	99.4	752,823	19,195
1943	75,776	471	76,247	99.4	758,595	―
1944	―	―	71,573	―	712,583	―

出典：朝鮮総督府『第四次朝鮮総督府統計年報』（朝鮮総督府，1910年）162～163頁・朝鮮総督府『朝鮮総督府統計年報』（各年度），朝鮮総督府（1934年 a）・南朝鮮過度政府編纂（1948年）37～38頁，朝鮮総督府（1944年 a）・Lynn Pan（1998）p.334・過（1999年）47～48頁・内閣統計局（1938年）198頁。
注：1930 b の統計は1930年に行われた国勢調査によるものである。

年～1944年の華僑人口を示したものである。1910年に1万名，1918年に2万名，1922年に3万名，1925年に4万名，1927年に5万名，1930年に6万名，1941年に7万名，1942年に8万名を超えた。華僑人口が前年より大幅に減少したのは1931年，1937年のみで，その原因は1931年の朝鮮内排華事件および満洲事変，1937年の日中戦争の影響である。全体的に右肩上がりの人口増加の推移にあったのが確認できる。

さらに，実際の華僑人口は『朝鮮総督府統計年報』の統計より多かったと考えられる。例えば，1930年10月に行われた国勢調査による華僑人口は9万1,783名に上り，10万名に肉薄していて，『統計年報』の統計6万7,794名より35％も多かった。日本華僑の人口統計も国勢調査の方が24％多かった。その理由は，国勢調査の方がより徹底した調査を行ったためであるが，『統計年報』の人口統計は12月末日を基準とするため，秋から冬にかけて故郷に帰国する華僑を統計に反映していないことが作用した結果であろう。

朝鮮在住外国人のうち華僑は一貫して人口の9割以上を占めており，朝鮮社会で外国人といえば華僑に他ならなかった。その他は欧米出身者で職業は宣教師などの宗教関係者，領事館の官員などがほとんどであった[31]。華僑人口は支配者の日本人人口に比して，1910年に6.4％であったのが，

表序-2　朝鮮華僑および朝鮮在住日本人の職業別構成（1930年10月現在）

職　業　別	華僑				日本人（名）	比重（％）
	男（名）	女（名）	合計（名）	比重（％）		
農業	11,914	492	12,406	13.5	19,957	3.8
水産業	68	0	68	0.1	7,167	1.4
鉱業	2,588	1	2,589	2.8	969	0.2
工業	19,782	181	19,963	21.8	40,161	7.6
商業	24,360	473	24,833	27.1	58,655	11.1
交通業	5,743	6	5,749	6.3	20,510	3.9
公務・自由業	316	13	329	0.3	72,552	13.8
家事使用人	523	66	589	0.6	3,536	0.7
その他の有業者	6,417	7	6,424	7.0	4,622	0.9
小　　　　計	71,711	1,239	72,950	79.5	228,129	43.4
無　業　者	6,414	12,419	18,833	20.5	298,887	56.6
合　　　　計	78,125	13,658	91,783	100	527,016	100

出典：朝鮮総督府（1934年 a）246～247頁から作成。

1930年には11.9％，1942年には9.7％で約10％水準であった。しかし，華僑と日本人の人口構成をみれば双方の人口差には異なる様子が見えてくる。

〔表序-2〕に示すように，華僑人口はその8割が有業者で2割が無業者であるのに対して，日本人は約6割が有業者で約4割が無業者であった。有業者人口に絞り込めば華僑は7万2,950名，日本人は22万8,129名となり，華僑は日本人の32％水準になる。さらに日本人は朝鮮を統治する国民であるため，公務自由業従事者（教員，公務員など）が7万2,552名に達し，この人数を除外した有業者人口を比較すれば，華僑人口は7万2,621名，日本人人口は15万5,577名となり，約半分の水準にまで接近する。換言すれば，第1次および第2次産業において経済活動を行う人口では華僑が日本人の約半分を占めていたことになる。

華僑が従事する職業は商業が華僑有業者の34％，鉱工業が31％，農業が17％を各々占め，三つの職業を合わせれば全体の8割以上であった。この

31）華僑以外の外国人は1930年10月現在で1,364名で，そのうち米国人が738名，英国人が216名，ロシア人が214名，フランス人が62名，ドイツ人が55名であった（朝鮮総督府（1935年 a）260・270頁）。

三つの職業に限ってみれば，華僑人口は日本人人口と比べて大差はない。華僑農業従事者は日本人農業従事者数の62％，華僑商業従事者は日本人商業従事者数の42％，華僑鉱工業従事者は日本人鉱工業従事者数の55％を各々占めていた（〔表序-2〕参照）。他方，日本華僑の職業別構成は商業従事者が華僑有業者数の63.0％を占めて突出し，鉱工業従事者9.4％，交通業従事者6.8％，公務自由業6.6％，家事使用人2.1％，農業従事者0.2％（39名）で[32]，朝鮮華僑は日本華僑に比べて鉱工業従事者と農業従事者が絶対的にも相対的にも多いことが分かる。

さらに，華僑人口は1910年以降，日本華僑人口を一貫して上回っていた。日本華僑人口は最も多い1930年でも3万1,890名に過ぎなかった。なお南京国民政府僑務委員会の1934年の調査によれば，朝鮮華僑人口を上回る国および地域は東南アジア，ソ連，アメリカなどしかなかった[33]。朝鮮は近代期中国人移住の多い地域の一つであったのである。

一方，植民地期において華僑の社会経済活動は開港期より一層旺盛になったばかりか，その勢力は朝鮮人および日本人に脅威を与えるほどであった。朝鮮語新聞の『東亜日報』1924年9月22日付の社説「中国人의（の）職業侵奪」を取り上げてみよう。

> 政府の積極的な保護を受ける日本人が我らの職業と生活を脅かすことは無理ではないかもしれないが，これとは性質を異にして，政府の保護も受けずに，その他何の偶然的条件もないまま，公平な競争を行う中国人達が次第に朝鮮内で我らの職業を侵奪して日に日にその活動が旺盛になっていることを見れば……驚嘆することが多い。第一に，どの市街地に行ってみても織物商と料理業者は必ずその大部分が中国人である。第二に，石工と建築土木労働者はまた必ずほとんどが中国人であり，第三に蔬菜業者も都

---

[32] 内閣統計局（1938年）207頁。主要な職業の人口は，露店行商人4,688名，理髪師および美容師2,767名，料理人2,007名，料理店および飲食店の店主1,388名，店員1,388名，物品販売業主1,128名であった。

[33] 企画院編纂（1939年）3～4頁。

市に隣接して比較的高価の代金を受け取るのはその過半数が中国人である。

　朝鮮が植民地化されて10年以上経った時期に，華僑が織物商，料理業者，建築土木労働者，野菜栽培農民として旺盛な経済活動を展開して，被支配者の朝鮮人が華僑に対して非常に警戒している様子が，この社説に如実に描かれている。
　さらに，朝鮮総督府の嘱託として朝鮮部落調査を担当した小田内通敏は調査を終えてまとめた報告書に，華僑の経済活動について以下のように述べた。

　　今日朝鮮を旅する人で，京城仁川を始め，北では新義州平壌鎮南浦元山清津，南では大邱釜山などの主要都市を訪れる時，誰でも目に附く事は，支那人が商人として蔬菜栽培者として，はた労働者として優越な活躍を示して居る事である。しかし朝鮮の内地を旅した人は，彼等の活躍は決して是等の主要都市ばかりでなく，郡庁所在地たる所謂邑内に於ても，必ず多きは十数戸少なくも三四戸の商人が或は雑貨店や料理店を経営してゐるのを見る……部落の調査に赴いた途上到る処で之を見た余は，経済的潮流としての支那人が朝鮮への侵入は，朝鮮人に対しても内地人に対しても，侮るべからざる勢力である事を観取し[34]。

　なお，小田内は他の発表論文に「支那人の経済的活動——商人としても蔬菜栽培者としても労働者としても——を見ると実に驚異の感に堪へない……かくして朝鮮に於ける支那人は確かに注目すべき問題であるばかりでなく，すべての問題が国際化する今日に於て，此の支那人の行動も，単に朝鮮の人達に対してのみでなく，我国の全的な問題として研究すべき価値がある」と力説した[35]。すなわち，小田内は華僑の旺盛な経済活動につい

34）朝鮮総督府（1924年 b）36頁。
35）小田内（1925年）はしがき。

て「驚異の感」を抱き，支配者の日本人にとって「侮るべからざる勢力」と位置づけたのであるが，彼が朝鮮総督府の嘱託であっただけに，これは朝鮮総督府の華僑を見る観点でもあっただろう。

朝鮮で基督教の宣教活動を行っていたデミング（C.S. Deming）夫人[36]の1918年9月の報告書および広東基督教大学のチュン（W.K. Chun）副学長が述べた華僑の状況は『東亜日報』の記事および小田内の報告とさほど大差ない。

> これら華僑の大多数は山東省出身であり，其他は江蘇，浙江（ママ），広東及び湖北からの者である。居住の中心地は仁川，京城，釜山，鎮南浦，平壌及び雲山であり，これらに於ける指折りの商人は大抵広東人であって，主として絹や反物類を商ってゐる。又，外国式建物は事実上，総て支那人の請負業者及び労働者によって造られる。山東人の多くは商人，請負業者，大工及び左官であり，大きな町に於ては市場に出す蔬菜並びに果実の栽培は大部分，支那人，殊に山東省出身者によって行はれてゐる。更に北部に於ける金の採掘には熟練労働者及び技師として多数が従事してゐるし，又，鴨緑江の沿岸では製材業に携はるものがある。全体として見れば，之等華僑は暮し向きがよく，その生活程度は半島人よりも高く日本人と同等である。実に他の総ての国に於けると同じく此処に於ても彼等は勤倹を以て知られてゐる[37]。

以上，『東亜日報』の社説，小田内，デミング夫人の華僑に関する共通認識は，朝鮮が日本の「勢力圏」に完全に組み込まれた後にもかかわらず，華僑が商人，農民，労働者として「侮るべからざる勢力」を形成して

---

36) デミング夫人は中国で生まれ育ち夫のデミング牧師と朝鮮宣教に来て，朝鮮華僑への布教に尽力し，1912年に漢城中華基督教会の開設を始め，仁川，元山，釜山などに中華基督教会を設立した（旅韓中華基督教聯合会（2002年）40〜41頁・52頁）。
37) H.F. マックネヤ（1945年）37頁。原書は，*Harley Farnsworth Mac Nair : The Chinese Abroad. Their position and protection*．（1924, The Commercial Press, Shanghai），である。マックネヤは当時上海の聖約翰大学で近世中国史および国際関係，国際法を研究する学者であった。

いて，旺盛な社会経済活動を展開していた点である。しかし，このような事実はあまり知られていないばかりか，今日もその実態および原因が解明されていない。

たとえば朴ウンギョン氏は華僑の歴史を概観するなかで植民地期を「種族集団の全盛期」として位置づけてはいるが，文化人類学の観点から商人，農民，労働者の現状について概観するにとどめ，その原因究明には立ち入っていない[38]。楊昭全・孫玉梅氏は南京国民政府の『外交部公報』など中国側の史料を利用して華僑に関する新しい史実を提示したものの，日本の華僑に対する弾圧とそれに対する華僑の抵抗を中心とする捉え方であるため，「侮るべからざる勢力」にまで発展した華僑の能動的な社会経済活動およびその原因については描いていない[39]。華僑労働者に関する研究は，朝鮮総督府の政策を中心に検討した松田利彦氏の研究[40]，当時朝鮮に発行されていた新聞記事を利用した堀内稔氏の一連の研究[41]があるが，中国側の史料を利用して華僑労働者問題を具体的に捉える研究課題が残されているなど，緒についたばかりである。植民地期華僑織物商と農民に関する研究は皆無に等しい。

一方，華僑の社会経済活動においてターニング・ポイントになるのが，1931年7月に発生した排華事件（以下，1931年排華事件とする）である。この事件による華僑の被害は，『リットン報告書』によれば，死亡者数が127名，負傷者数が392名，財産損失額が250万円に上ったばかりでなく，その後の華僑の社会経済を衰退に向かわせた重大な事件であった[42]。これに関する先行研究は少なくないが，同事件を万宝山事件，満洲事変と結び付け

---

38) 朴（1986年）66～115頁。朴は主に朝鮮総督府および小田内（1925年），『東亜日報』の資料を利用した。
39) 楊・孫（1991年）164～301頁。
40) 松田（2002年）。氏は主に朝鮮総督府側の史料を利用した。
41) 本書末参考文献を参照されたい。氏は鉱山，水力発電所，土木建築現場における華僑労働者の実態を分析したほか，華僑労働者争議，華僑労働者入国制限などの問題についても具体的に捉えている。
42) 1931年排華事件に関する主要な研究成果は，緑川（1969年），朴（1978年），趙（2008年）123～128頁などがある。

た研究がほとんどで，朝鮮華僑の視点に立って同事件の原因，同事件が朝鮮華僑の社会経済に与えた影響を分析した論稿は非常に少ない。

　この事件を分水嶺として，華僑は「侮るべからざる勢力」から衰退の道を歩むことになるが，華僑が「侮るべからざる勢力」になった原因の究明が重要であるように，衰退の原因解明も検討されなければならない。その際，華僑の社会経済の発展条件が1931年排華事件を境としていかに変容したかについて検討する必要がある。その衰退に拍車をかけたのが日中戦争の勃発であるが，日中戦争および戦時統制が華僑の社会経済活動にいかなる影響を及ぼしたかも重要な研究課題である[43]。

　最後に，1945年8月の朝鮮解放後，南北分断，米軍およびソ連軍の占領，韓国および北朝鮮の建国，朝鮮戦争などの政治的激変によって華僑の地位にいかなる変容があったのか，それが華僑の社会経済活動にどのような影響をもたらしたのかについて，植民地期と比較して考察することが求められている。

第2節　朝鮮華僑問題の問いかけ

　本書は，前節で近代朝鮮における華僑の歴史を概観しながら導き出した華僑人口の増加，社会経済の盛衰の実態およびその原因を明らかにすることを目的とする。その分析の枠組みとして，時間軸としては1880年代〜1940年代，空間軸としては東アジアを設定する。

　朝鮮華僑社会の形成は送出国の中国，受入国（地）の朝鮮という2か国の間の移動として生じたが，その移動および華僑社会形成は日本政府および朝鮮総督府の政策に規定される面が大きい。なお華僑の社会経済活動は朝鮮に軸足を置きながら中国，日本に跨って行われていたことを考えれば，朝鮮華僑の分析のためには東アジアという歴史領域および空間軸を設定する必要があると考えられる。本書では，時間軸は中国人の朝鮮移住が始まる1880年代初めから朝鮮の解放初期までの期間を設定する。約60年間

---

[43] 日中戦争期の朝鮮華僑に関する政治史的な検討は，汪精衛南京国民政府側の档案を利用した楊韻平（2007年）と菊池一隆（2011年）の研究がある。

という長期間を設定する理由は，中国人の朝鮮移住および朝鮮での社会経済活動の変容を時系列的に明らかにするためである。

このような空間軸と時間軸からなる座標軸に華僑の主要な職業であった織物商，製造業者，農民，労働者を置き，各々が東アジアという空間においてこの60年間にどのような社会経済活動を展開したのか，その仕組みおよび変容を考察する。その場合に提起される問題としては，各々の職業における華僑と朝鮮人および日本人との関係，華僑の送出国および送出地との関係，受容地および受容国の朝鮮政府および日本政府（朝鮮総督府）の対華僑政策およびそれに対する中国政府の反応および対応などが浮上してくる。本書は四つの職業においてこれらの諸問題を射程に入れて検討を行う。

このような検討によって明らかにされる朝鮮華僑の有様は，東アジア近代史，朝鮮近代史，華僑近代史に以下のような示唆を与え得ると期待される。

まず，東アジア近代史に与える示唆の可能性について見てみよう。東アジア近代史をヒトの移動という観点から捉える場合，その展開には三つの形態が見られる。第1形態は日本人が日本帝国の中心から周辺に移動する類型である。この形態には日本帝国の領域拡大に伴う日本本土から「勢力圏」の台湾，朝鮮，関東州，満洲，樺太などへの移動，「非勢力圏」の中国，極東ロシアへの移動が該当する。第2形態は日本帝国の周辺から中心に移動する類型である。この形態には日本の勢力圏および非勢力圏の「台湾人」，朝鮮人，中国人の日本への移動が該当する。第3形態は日本帝国の周辺間に移動する類型である。この類型には(1)朝鮮人の朝鮮から満洲，中国，極東ロシアへの移動，(2)「台湾人」の中国への移動，(3)中国人の台湾，朝鮮への移動が該当する。

日本帝国史および移民史では第1形態，第2形態を中心に研究がなされて，日本帝国の周辺間のヒトの移動についてはあまり注目してこなかったきらいがある。しかし，近代東アジアにおけるヒトの移動は第1形態，第2形態，第3形態が相互連関の下に連鎖的に現出した側面があり，その解明のために第3形態のヒトの移動についても考察する必要がある。そのよ

うな意味で中国人の朝鮮移住は近代東アジアのヒトの移動において示唆を与えうる可能性を秘めているといえる。一方，中国人の朝鮮移住および朝鮮での社会経済活動は東アジア域内におけるモノ，カネ，情報の流れを促進する側面があるため，朝鮮華僑問題は東アジア近代史の貿易，金融において新しい歴史像を提示できる可能性も持ち合わせている。

　第2に，朝鮮近代史に与える示唆の可能性について見てみよう。従来，朝鮮近代史，とりわけ植民地期朝鮮の歴史像を検討する視角は日本による朝鮮支配の評価問題とも絡み合っていくつか提起されてきた。まず，朝鮮総督府の朝鮮支配が朝鮮人および朝鮮人資本をいかに抑圧して朝鮮人の経済的剰余をどれだけ収奪し，朝鮮人の貧困をもたらしたかに焦点を合わせた植民地収奪論がある。それに対して，朝鮮総督府の工業政策，日本人および日本人資本の朝鮮進出によって資本主義的工業化が達成され，その恩沢が朝鮮人および朝鮮人資本にまで及ぼされたとする植民地工業化論がある。さらに解放後韓国の経済成長との連続性を前提として，植民地期の経済成長を肯定的に捉える植民地近代化論がある。最近では資本主義的近代を経済的な側面から肯定的に捉える植民地近代化論，政治的議論にこだわる植民地収奪論の両視角を批判して，社会史および文化史の領域から議論する植民地近代（性）論が提起されている。

　これらの諸視角は，〔図序-3〕において示すならば，△ABCの歴史領域に収まるのではなかろうか。すなわち，朝鮮植民地期の歴史像は朝鮮総督府，日本人および日本人資本，朝鮮人および朝鮮人資本の3本柱の相互関係およびその複合体によって成り立っていると考えられる。かくて朝鮮華僑および華僑資本については諸視角の「蚊帳の外」に置かれ，朝鮮近代史（特に植民地期）の文脈において検討されることはほとんどなかった。

　しかし，華僑の社会経済活動は朝鮮人および日本人を圧迫するほどの勢力を形成していたことが指摘されており，朝鮮総督府，朝鮮人，日本人を主要な研究対象としてきた朝鮮近代史に対して朝鮮華僑問題は一定の示唆を与えうる可能性を秘めていると考えられる。特に，朝鮮の織物商業界，靴下および鋳物業界，野菜栽培，労働市場において華僑の活動を取り入れ

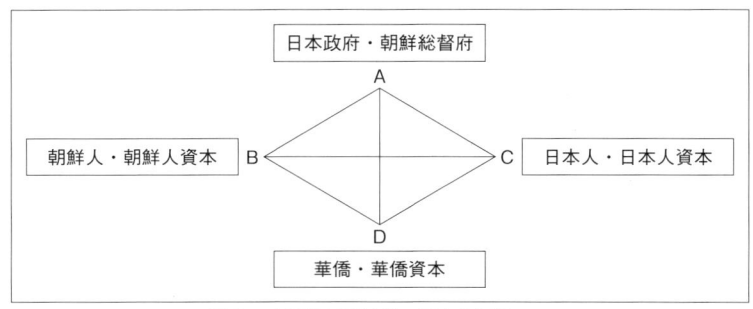

```
        日本政府・朝鮮総督府
                A
               ╱│╲
              ╱ │ ╲
朝鮮人・朝鮮人資本 B─┼─C 日本人・日本人資本
              ╲ │ ╱
               ╲│╱
                D
          華僑・華僑資本
```

図序-3　朝鮮植民地期の歴史的領域

た場合，各々の部門においてどのような様態が浮上してくるかは，関心の的である。

　第3に，華僑近代史に与える示唆の可能性についてみよう。朝鮮華僑は「華僑」というもう一つの顔を持ち合わせている。世界の華僑華人について取り扱った研究成果は質量ともに豊富に蓄積されているが，その研究成果を地域別に分けてみれば東南アジア華僑への偏りが際立ち，それが主要な原因となって華僑学が社会科学としての普遍的な地位を獲得していない実情にある。このため華僑研究の権威者である王賡武（Wang Gungwu）は，米国，東南アジア，東アジアにおける華僑研究の状況について全般的な比較考察を欠いていると指摘し，世界各地の華僑の相互比較を通じて一般論を獲得する必要性を強調した[44]。

　華僑学において東南アジア華僑に関する研究への偏りがみられることは，ある意味で当然であろう。というのは，第2次世界大戦末期まで東南アジア華僑人口が世界華僑人口の9割を占めていたほか経済的勢力として突出していたこと，中華人民共和国樹立後には中国本土より東南アジアへの新しい移住が途絶えて1990年代に東南アジア華僑の世界華僑人口に占める比重が低下したとはいえ，依然として7～8割程度と圧倒的に高く，なお，1980年代以降は中国経済発展に伴う東南アジア華僑の中国への積極的

44）Wang（1998）pp.9-10.
45）涂（2003年）21頁。

な投資および経済の同時発展は脚光を浴びているためである。

　しかし，東アジア研究者の涂照彦氏は「欧米華人研究に比べて蓄積の厚みが語れる東南アジア論にしても，研究課題や視角についてみると，問題把握における全体的枠組みは必ずしも明白ではなく，方法論の深層に迫る論究は意外に少ない……このことがひょっとすると，東南アジア華人論が一見華やかに流行っているわりに社会科学としての自立（性）になかなか結びつかない主要な要因のひとつになっているのかもしれない[45]」と批評した上で，「東南アジア華人論は，他の地域の華人論を踏まえて構築しなければ，それは東南アジアのみに限定した絶対的自己本位論に陥ってしまうことになりかねないのである。それにいまひとつは，同じくアジアの他の地域とりわけ東北アジアの日本と韓国の両国との比較である。日本と韓国はいうまでもなく北東アジアに位置し，東南アジア華人研究にとって，両国の華人問題は一種の『反面教師』の素材となる」と主張した[46]。

　つまり，彼は東南アジア華僑論が絶対的自己本位論に陥らないために日本華僑および朝鮮華僑との比較考察の必要性を強調したのであるが，これは朝鮮華僑が東南アジア華僑の相対化，ひいては華僑論の確立に寄与しうることを示唆している。

　以上のように，朝鮮華僑問題は東アジア近代史，朝鮮近代史，華僑近代史の文脈に示唆を与えうる可能性を秘めており，本書ではその点についても留意しつつ議論を進めていきたい。

第3節　史料──公文書・私文書・インタビュー

　ここでは，以上のような研究課題を解明するために利用する史料について説明しておこう。利用する史料は概ね公文書と私文書に分けることができる。最初に公文書についてみよう。

　朝鮮華僑と関わる清国および中華民国政府の業務は，漢城・京城にある総理公署・公使館および総領事館，仁川，釜山，元山，鎮南浦，新義州の

46）涂（2003年）22頁。しかし，「反面教師」の本来の意味は，学ぶべきではないものとして，悪い手本・見本となる事柄・人物であり，この場合に適切な言葉ではないと思われる。

商務公署・領事館および辦事処が担当していた。日本帝国主義によって朝鮮の外交権が剥奪された後の清国および中華民国の韓国・朝鮮・京城総領事館および各領事館での朝鮮華僑問題の処理は，統監府・朝鮮総督府に各事案について照会を行いながら問題解決にとりかかり，総領事館では解決できない事案および重大な事案については本国の外務部・外交部に稟文などを上げて指示を受けながら行われた。韓国・朝鮮・京城総領事館が，本国の外務部・外交部および各行政機関，朝鮮総督府，朝鮮内各領事館，朝鮮華僑および中華商会などの社会組織とやりとりした文書を整理したのが，台湾中央研究院近代史研究所档案館が所蔵している『駐韓使館保存档案[47]』である。この史料は，各時期における朝鮮駐在清国および中華民国の外交代表者が往復公文書の片方の差出人か受取人になっており，〔表序-3〕は清国および中華民国の各政府別朝鮮駐在外交代表者および在任期間をまとめたものである。この史料は朝鮮華僑の社会経済活動を分析する一次史料であり，本書ではこの史料を最大限に利用する。

　一方，韓国・朝鮮・京城総領事館が朝鮮華僑問題について交渉する相手となったのは，統監府および朝鮮総督府のなかでも外事課であった。日本が韓国政府の外部を廃した後，統監府に外事局（外事1課，外事2課，庶務課，翻訳課）を設置したのが嚆矢で，「韓国併合」直後の1910年10月には朝鮮総督府総務部に外事局が置かれて，1912年4月より外事課になり[48]，1938年には外務部，1939年には外事部へと各々昇格した。外事課・外務部・外事部は朝鮮駐在各国総領事館および領事館との往復文書を『各国領事館往復綴[49]』として整理した。この史料は朝鮮解放後に韓国政府に移管されて現在は国家記録院に保存されている。『各国領事館往復綴』には朝鮮・京城総領事館との往復文書が多く含まれており，朝鮮華僑問題におい

47）この史料は清末部分が2004年，民国部分が2006年にインターネットに各々公開された。著者は2007年5月に同档案館を直接訪問して閲覧および複写を行った。
48）秦（1981年）393頁。
49）この史料の名称は『領事館往復綴（各国）』『各国領事館往復関係』，『各国領事館往復』，『領事館関係綴』などその時期によって異なる。本書では一括して『各国領事館往復綴』と記載し，引用するときは各々の文書名を用いる。

表序-3 清国および中華民国の各政府別朝鮮駐在外交代表者および在任期間

政府別	外交代表者	職　　　名	在任期間
清国政府	陳樹棠	総辦朝鮮商務委員	1883-1885
	袁世凱	総理交渉通商事宜	1885-1894.7
	唐紹儀	代理交渉通商事宜	1894.7
	唐紹儀	朝鮮総商董	1895-1896
	唐紹儀	漢城総領事	1896-1898
	湯肇賢	代理漢城総領事	1898-1899
	徐寿朋	出使韓国大臣（公使）	1898-1901
	許台身	出使韓国大臣（公使）	1901-1905.2
	曾広銓	出使韓国大臣（公使）	1905.2-1906.2
	銭明訓	代理出使韓国大臣（公使）	1905.9-1906.2
	馬廷亮	韓国総領事	1906.2-1911
中華民国北京政府	馬廷亮	朝鮮総領事	1912-1913
	富士英	朝鮮総領事	1913-1919
	王鴻年	朝鮮総領事	1919-1920
	馬廷亮	朝鮮総領事	1920-1922
	廖恩燾	代理朝鮮総領事	1922-1924
	王守善	朝鮮総領事	1924-1929
中華民国南京政府	張維城	朝鮮総領事	1929-1931
	盧春芳	朝鮮（京城）総領事	1931-1934
	范漢生	京城総領事	1934-1937
中華民国臨時政府	范漢生	京城総領事（公使待遇）	1938-1941
中華民国南京政府（汪精衛）	林耕宇	京城総領事（公使待遇）	1941-1943
	馮文雄	京城領事（総領事代理館務）	1943-1945

出典：金（2011年）59頁；朝鮮総督府外事課『昭和九年　領事館往復綴（各国）』；朝鮮総督府外務部『昭和十三年　領事館関係綴』，朝鮮総督府外務課『昭和十六年　領事館関係綴』；「韓国僑務案」『外交部档案』（台湾国史館所蔵，登録番号0670-4460）をもとに作成。

注：1932年9月以前は中華民国駐朝鮮総領事館，その後は中華民国駐京城総領事館に改称された。盧春芳の職名も1932年9月より朝鮮総領事から京城総領事に変わった。

て『駐韓使館保存档案』に欠けている史実を補完できるとともに，両史料を照らし合わせることを可能にする。

　南京国民政府外交部は重要事案について朝鮮・京城総領事館とやり取りした公文書を残しており，現在は台湾の国史館が『外交部档案』として所蔵している。なお，朝鮮・京城総領事館および各領事館が外交部に報告した公文書の一部は『南京国民政府外交部公報』に掲載され，中国第二歴史

档案館がその公報を1990年に復刻版として出版したために簡単に入手できる。朝鮮総督府より朝鮮華僑問題に関して日本政府に報告された公文書の一部は外務省外交史料館に所蔵されている（その史料の一部はアジア歴史資料センターのホームページを通して公開されている）。この三つの史料もあわせて活用する。

　一方，日中戦争後，日本軍が占領した地域に親日政府が樹立され，南京国民政府の駐京城総領事館および各領事館は閉鎖を余儀なくされて中華民国臨時政府および汪精衛を首班とする中華民国南京国民政府の駐京城総領事館および各領事館に変わった。それに伴い駐京城総領事館および各領事館は臨時政府および南京国民政府に朝鮮華僑問題について報告を行った。とりわけ，南京国民政府に報告された公文書は現在南京第二歴史档案館が『汪偽外交部档案』，『汪偽僑務委員会档案』，『国民政府行政院档案』として所蔵している。なお，駐京城総領事館および各領事館は東京にあった南京国民政府の駐日大使に定期的に報告を行っていたが，その公文書は東洋文庫が『中華民国国民政府（汪精衛政権）駐日大使館档案』として所蔵している。

　次に私文書についてみよう。本書では朝鮮華僑によって作成された史料も利用する。大邱華僑協会が所蔵する『華商公会成立建築及捐款一覧表』（1930年）および『大邱華僑学校発起及成立』（1943年）は著者が発掘した史料である。前者の史料は大邱華商公会設立の経緯および寄付者リストを掲載したもので，華商公会の成立過程，大邱在住華僑の経済活動を分析する手がかりを提供してくれる。後者の史料には大邱華僑学校の成立の経緯と寄付者リストが掲載されていて，日中戦争期に華僑学校の設立がいかになされたかを示す貴重な一次史料である。

　韓国金融史博物館が所蔵する『貸出에（に）關하け（する）取締役会決議録』と『重役会決議録』には，韓一銀行が華僑商人に貸し付けた記録が含まれており，植民地期華僑商人などの取引内訳を把握するのに貴重な史料である。日本の商業興信所が発行していた『商工資産信用録』という史料には，朝鮮華僑会社の信用評価が掲載されているため，植民地期華僑会

社を分析する一次史料として本書では多く利用する。

　なお，日本・朝鮮・中国で発行されていた日本語・中国語・朝鮮語・英語発行の32種の新聞，28種の雑誌を利用する。くわえて，文字史料以外に，植民地期を生きた韓国華僑10名および韓国華僑2世2名，元北朝鮮華僑1名にインタビューした生の証言を活用する。

第4節　本書の構成

　本書は四部に分かれ，四部各々が個々の課題に独立した説明を与える試みとなっている。第Ⅰ部では織物商，第Ⅱ部では製造業者，第Ⅲ部では農民，第Ⅳ部では労働者について各々考察する。本論以外に補論として1931年排華事件の近因と遠因について考察するほか，朝鮮解放後韓国および北朝鮮華僑の経済活動がいかに変容したかについて考察を行う。以上の検討を通して，中国人の朝鮮移住及び朝鮮での社会経済活動が居住地の朝鮮，送出地の中国，支配国の日本を跨ぐ東アジアを舞台に行われ，それが東アジア経済におけるヒト，モノ，情報，カネの流れを促進する役割を果たしていたことを明らかにしたい。

　各部・各章および補論，終章における各々の検討課題を示せば以下のとおりである。

　第Ⅰ部では，華僑織物商の形成，発展，衰退の過程が東アジアを舞台としていかに行われたかについて跡付ける。第Ⅰ部の前半（第1章～第3章）では，華僑織物商が朝鮮の織物商業界に並々ならぬ勢力を形成していた実態を明らかにし，それを可能にした原因について，通商ネットワーク，朝鮮織物市場の流通構造，日本人織物商および朝鮮人織物商との関係などを中心に検討する。第Ⅰ部の後半（第4章～第6章）では，華僑織物商が1931年を分水嶺として衰退に向かったが，その原因を朝鮮総督府の華僑織物商に対する政策，1931年排華事件および満洲事変の影響，日中戦争および朝鮮総督府の戦時統制強化の影響に求めて，議論を進める。

　第1章では，華僑織物商が朝鮮の織物商業界および華僑社会経済においてどのような位置を占めていたかについて検討した後，華僑織物商が山東

幇を中心にいかに形成されたか，華僑織物商と山東省とはどのようなつながりがあったかについて，考察する。

　第2章では，華僑織物商が日本人織物商および朝鮮人織物商を圧迫する勢力を形成した原因について，京城および仁川所在の華僑織物輸入商が綿織物，絹織物，麻織物などの織物をいかなる通商網を通して大量に輸移入していたか，織物輸移入をめぐる日本人織物問屋との協力および拮抗関係，大量の輸移入を可能にした朝鮮内の織物の生産構造などに留意しつつ検討する。

　第3章では，華僑織物輸入商が織物を輸移入するために朝鮮内にどのような販売ルートを有していたか，その流通網を解明する。このような華僑織物輸入商の流通網について，大きく京城および仁川地域（京仁地域）と，地方に分けて検討すると同時に，華僑織物商だけでなく，朝鮮人織物商との取引関係も射程に入れて議論を進める。なお，その際には開港期華僑織物輸入商の流通網が植民地期にどのように変容したかについても留意しつつ検討する。

　第4章では，東アジアを跨ぐ通商網と，朝鮮内に張り巡らした流通網をもとに，朝鮮の織物商業界において日本人織物商と朝鮮人織物商を圧迫する勢力を形成していた華僑織物商について，朝鮮総督府がどのように対応したかについて検討する。

　第5章では，1931年排華事件が華僑織物輸入商をはじめとする華僑織物商にどのような影響を及ぼしたか明らかにすることを課題とし，第1章～第4章で解明された華僑織物輸入商の通商網，流通網が同事件によっていかに破壊され，劣化させられたかについて，京仁地域および京畿道・黄海道・江原道，平安南道，その他地域に分けて具体的に検討する。

　第6章では，華僑織物商は1933年頃から再び商店数が増加に転じたが，日中戦争および朝鮮総督府の戦時統制強化によってその通商網，流通網，販売がいかに変容したのか，その軌跡を明らかにしたい。

　第Ⅱ部では，近代朝鮮における華僑製造業者の実態を靴下製造業と鋳物業を中心に実証的に検討し，華僑が近代朝鮮の工業にどのように関わ

り，いかなる役割を果たしたかを明らかにすることを課題とする。

第7章では，新義州の華僑靴下製造業が1920年代に平壌の朝鮮人靴下製造業に脅威を与える一大勢力を形成した原因がどこにあったかに注目し，その生成・発展・衰退を跡付ける。

第8章では，華僑鋳物業者は朝鮮植民地期に朝鮮釜の製造で独占的な地位を占めていたが，それを可能にした原因について，朝鮮の鋳物業に参入した経緯，華僑の同郷ネットワーク，朝鮮人および日本人鋳物業者との拮抗関係などに注目して検討を進める。

第III部では，華僑農民による野菜栽培の実態の把握を通じて，華僑農民が近代朝鮮の農業にいかに関わり，どのような位置を占め，どのような役割を果たしたかについて検討することを課題とする。

第9章では，華僑農民が朝鮮近代期に大都市への野菜供給を独占していた実態およびその原因について，開港期から1920年代までの時期を対象に京畿道を中心に取り上げ，華僑農民の野菜栽培および販売の方法，山東省との結びつきについて考察する。

第10章では，1931年排華事件から日中戦争勃発までの時期を中心に，華僑農民の野菜栽培活動が一時萎縮した原因について分析する。朝鮮総督府当局が1930年代に華僑農民の旺盛な野菜生産活動にどのように対応したかについて華僑農民の居住，労働，入国に対する政策，仁川新町の華僑野菜市場の運営への介入を中心に検討する。続いて，1931年排華事件が華僑農民の野菜栽培および販売にどのような影響を及ぼしたかについて検討した後，華僑農民内部の問題として野菜生産および販売組合の農業公議会の紛糾問題を紹介する。

第11章では，華僑農民の野菜栽培および販売活動が日中戦争そのものにいかに影響を受け，戦時統制強化によってどのように変容させられたかについて検討する。その際には日中戦争による華僑農民の引揚状況，それが朝鮮の野菜供給に及ぼした影響を考察し，朝鮮総督府の野菜増産政策の一環として華僑農民をいかに活用したかについて具体的に分析する。

第IV部では，中国人労働者が中国から朝鮮に移住した経緯，その移住

に伴う朝鮮人労働者との関係，華僑労働者を取り巻く諸問題をめぐる統監府および朝鮮総督府の対応，清国総領事館の対応について検討し，近代東アジアにおける華僑労働者の移動の一端を明らかにすることを目的とする。

第12章では，1909年度～1911年度に広梁湾塩田築造工事に雇用されていた華僑労働者問題を事例として取り上げる。なお，この検討結果を土台に，植民地期華僑労働者問題について，朝鮮総督府の政策，華僑社会の対応，1930年代と日中戦争期に華僑労働者の人口が減少しなかった理由について検討する。

各部の最後には「小結論」を設け，各部の検討結果をまとめると同時に，その検討結果が東アジア近代史もしくは東アジア国際通商においてどのように位置づけ評価することができるか，朝鮮近代史および華僑近代史に与える示唆は何かについて考察する。

補論Ⅰでは，華僑経済の発展と衰退の分水嶺となった1931年排華事件の発生原因について，朝鮮華僑の観点から同事件が発生した近因と遠因について分析する。

補論Ⅱでは，朝鮮解放後，韓国および北朝鮮華僑の形成とその経済活動が植民地期に比べていかに変容したか，その連続面および断絶面の双方について考察する。

終章では，各部の「小結論」を踏まえて，序章に提起した華僑の人口増加および経済盛衰の原因についてまとめた後，中国人の朝鮮移住および朝鮮での社会経済活動が東アジア近代史もしくは東アジア国際通商，朝鮮近代史，華僑近代史においてどのように位置づけ評価できるかについて総合的に検討する。

第Ⅰ部
華僑織物商

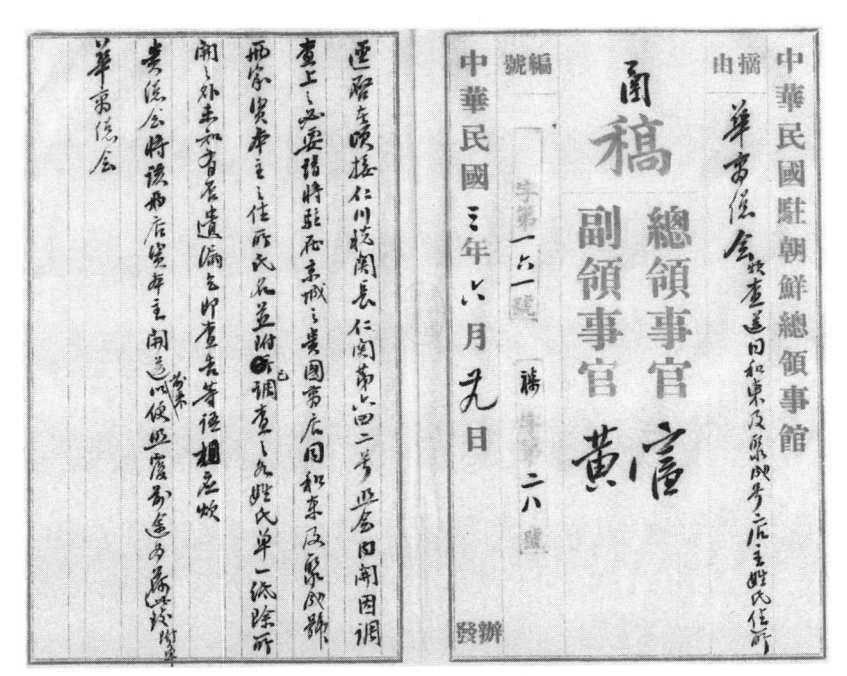

駐朝鮮中国総領事館が1914年6月京城華商総会に華僑織物輸入商の同和東および聚成号の調査を通達した公文
出典：「華商調査」『駐韓使館保存档案』。

　第Ⅰ部では，華僑織物商の形成，発展，衰退の過程が東アジア地域においていかになされたかについて跡付ける。第Ⅰ部の前半（第1章～第3章）では，華僑織物商が朝鮮の織物商業界に並々ならぬ勢力を形成していた実態を明らかにし，それを可能にした原因について，通商ネットワーク，朝鮮織物市場の流通構造，日本人織物商および朝鮮人織物商とがどのような関係にあったかを中心に検討する。第Ⅰ部の後半（第4章～第6章）では，華僑織物商は1931年を分水嶺として衰退に向かったが，その原因を朝鮮総督府の華僑織物商に対する政策，1931年排華事件および満洲事変の影響，日中戦争および朝鮮総督府の戦時統制強化の影響に求めて，議論を進める。

第1章

華僑織物商の位相と形成

はじめに

　本章では，華僑織物商が朝鮮の織物商業界および華僑経済および社会においてどのような位置を占めていたかについて検討した後，華僑織物商が山東幇を中心にいかに形成されたか，華僑織物商と山東省とはどのようなつながりがあったかについて，考察する。

第1節　華僑織物商の位相

1　朝鮮織物商業界のなかの華僑織物商

　まず，植民地期朝鮮華僑はどのような商業分野に従事していたか，1930年10月に実施された国勢調査の結果をもとに見てみよう。

　同国勢調査は商業の「中分類」を「商業的職業」，「金融，保険に従事する者」，「接客業に従事する者」など三つにしている。「商業的職業」は物品販売業主，店員，行商など10種類に「小分類」され，「接客業に従事する者」は旅館業主，料理・飲食店，料理人，理髪師など9種類に「小分類」されている。さらに各「小分類」には「細分類」がされていて，例えば，「商業的職業」の物品販売業主は「織物被服類販売業主」など33種類に「細分類」にされている[1]。このように同国勢調査は非常にきめ細かく

1）朝鮮総督府（1935年 a）111〜113頁。

表1-1 朝鮮の商業における各部門別および民族別人口（1930年10月）

(単位：名)

商業の分類	日本人	朝鮮人	華僑	その他	合計
1. 商業的職業	37,601	329,916	18,264	94	385,875
a. 物品販売業主	16,103	127,398	5,311	37	148,849
織物被服販類販売業主	714	8,302	2,116	18	11,150
菓子麺麭販売業主	1,265	9,869	1,139	1	12,274
その他	14,124	109,227	2,056	18	125,425
b. 店員・商業手助	16,303	69,937	10,607	20	96,867
c. 露店・行商	1,218	113,708	1,984	29	116,939
d. その他	3,977	18,873	362	8	23,220
2. 金融・保険	2,866	3,818	19	1	6,704
3. 接客業	18,188	144,772	6,550	10	169,520
a. 料理・飲食店業主	2,457	46,137	1,635	3	50,232
b. 料理・飲食店の客引	3,005	53,599	1,550	0	58,154
c. 料理人	859	7,041	2,349	2	10,251
d. 理髪師	1,557	6,243	534	0	8,334
e. その他	10,310	31,752	482	5	42,549
合計（1＋2＋3）	58,655	478,506	24,833	105	562,099

出典：朝鮮総督府（1934年a）258～263頁から作成。

分類されているのみならず，民族別に分類されているため，朝鮮華僑の職業を把握するには最適の資料といえよう。

〔表1-1〕は各部門の商業人口を各民族別に分類したものである。「中分類」で見るならば，華僑は「商業的職業」が華僑商業人口の73.5％，接客業に従事する華僑が26.4％，金融保険業に従事する華僑はわずか19名しかなかった。日本人および朝鮮人も華僑と同様に「商業的職業」が全体の6～7割を占めていて，「商業的職業」がいずれにおいても主要な商業分野であることは変わらなかった。「商業的職業」に従事する華僑は同職業全従事者の4.7％を占め，日本人の9.7％には及ばないがその半分に肉薄していた。

さらに，「商業的職業」の「小分類」をみれば，華僑の「物品販売業主」は5,311名，商店に働く店員および手助が1万607名，露店および行商が1,984名であった。「物品販売業主」は商品を販売する商店主でその人数は商店数と置き換えても差し支えないため，華僑経営の商店は朝鮮内に

5,311軒あったことになる。その「物品販売業主」の「細分類」では,「織物被服類販売業主」が2,116名,「菓子麺麭販売業主」が1,139名,「蔬菜果物販売業主」が486名であった。「織物被服類販売業主」は織物および被服類を販売する織物商を指すため,華僑織物商店が朝鮮内に2,116軒あったことになる。織物商店は華僑商店全体の約4割,朝鮮内の織物商店の約2割を各々占めていた。なお朝鮮人織物商店の8,302軒には及ばないが,日本人織物商店の714軒より約3倍となっていた。華僑人口が日本人人口より少なく,他の商業分野では日本人商店数より少ないのに,織物商店に限っては華僑が3倍だったのは,注目に値する。

その織物商であるが,近代朝鮮では穀物商とともに朝鮮商業界の基軸をなしていた[2]。近代朝鮮の貿易は日本などへの穀物の輸移出と日本産および外国産織物などの輸移入を軸に行われていた[3]。穀物商は穀物の国内流通および日本への穀物移出を担っていて,織物商は外国産の織物の輸移入,朝鮮内での卸売および小売を行っていた。織物は生活必需品であるために朝鮮内消費額は酒類,水産物,煙草,小麦粉,燐寸などを大きく引き離していた[4]。このような織物商業界において華僑商店数が全体の2割を占めていたのである。

しかし,華僑織物商が朝鮮の織物商業界にどのような位置を占めていたかを示すためには,商店数だけではなく,華僑織物商の売上額が朝鮮の織物商の売上総額に占める比重を明らかにしなければならない。それを示す直接的な史料はないが,営業税がそれを見積もる一つの判断材料になりうる。営業税は1914年4月に各府の特別税として設けられ,1927年3月31日公布の制令第6号「朝鮮営業税令」によって国税となった。営業税は,24の業種ごとに売上金額,資本金額,収入金額,預金金額などの課税標準が

---

2) 例えば,植民地期に韓一銀行より高額貸出を最も多く受けていたのは織物商と穀物商であった(鄭(2004年)336頁)。
3) 米類が朝鮮の輸出額に占める比重は1901年～1910年に年平均35%,繊維類が朝鮮の輸入額に占める比重は同期間に年平均41%であった(梶村(1968年)216頁;朝鮮総督府(1916年)15～16・29頁)。
4) 朝鮮総督府総督官房文書課(1925年)337～344頁。

定められ,各々の評価額に対して一定率の税金が課せられた。華僑織物商が販売する織物類は24業種のうち物品販売業に含まれていた。

物品販売業は品目ごとに卸売は甲,乙,丙,小売は甲,乙に分類されていて,織物類は綿糸および綿布の場合,卸売は乙,小売は甲,その他の織物は,卸売が丙,小売が乙に分類されていた。綿糸および綿布の税率は,卸売は売上額の万分の4,小売は売上額の万分の8の税率,綿糸および綿布以外の織物は,卸売は売上額の万分の6,小売は売上額の万分の12の税率であった[5]。朝鮮総督府財務局は営業税の徴収結果を民族別に分類して『朝鮮税務統計書』の中に公開していたが,それには各商品別の税額が記されていないため,織物だけの正確な売上額は把握できない限界がある。なお,『朝鮮税務統計書』のうち1928年分から1934年分がないため,現在のところ華僑織物商の売上額は推計するしかない。

1936年分(1935年度実績)の各民族別の営業税総額のうち,物品販売業の営業税額が占める比重は,日本人が33.1％,朝鮮人が50.7％,華僑が74.1％であった[6]。この74.1％の比重を基に1929年分～1931年分の華僑物品販売業の営業税額を算出すれば55,201円,55,900円,44,948円になる[7]。この金額から各年分の物品販売業の営業税総額に占める比重を算出すれば年平均約9％になるが,物品販売業の中には織物商以外に雑貨商,穀物商なども含まれているため,織物商だけに限るとその比重は一層高くなる。

例えば,1930年10月に朝鮮華僑の物品販売の商店数は5,311軒,そのうち織物商店が2,116軒(全体の39.8％),菓子麺麭販売商店1,139軒(同21.4％),食料品店828軒(同15.6％),雑貨商店が790軒(同14.9％),その他438軒(同8.3％)であった。このうち商店の経営規模からみれば織物商店以外は零細な小売商店がほとんどを占めていた。

---

5)京畿財務研究会編纂(1928年)55頁;朝鮮総督府財務局(1938年)附録4～5頁。物品販売業に対する営業税は2,000円以上の売上額を上げた商店を対象に課せられた。
6)朝鮮総督府財務局(1937年)121～124頁。原資料では「外国人」として出ているが,石油販売会社など一部を除いてはほとんど華僑商店であったため,外国人を華僑とみなしても差し支えないと考えられる。
7)物品販売業の営業税総額は1929年分が62万6,209円,1930年分が64万5,154円,1931年分が48万2,281円であった(朝鮮総督府財務局(1937年)157～158頁)。

1929年に駐元山副領事館管内（咸鏡南・北道，江原道）の華僑経営の商店数は432軒であったが，そのうち織物商店は93軒，織物兼雑貨商店は166軒であった。織物商店と織物兼雑貨商店の年間の売上額が商店全体の売上総額に占める比重は各々50.8％，38.1％であわせて約9割を占めていた[8]。咸鏡南・北道地域のを朝鮮全体に拡大適用するのは慎重を要するが，諸資料を考慮すれば他の地域もあまり変わらなかったため，物品販売を営む華僑商店のうち営業税額を最も多く納税していたのは織物商店であったに違いない。なお，朝鮮の2大商業の一つであった穀物商は華僑商店がほとんどなく，日本人および朝鮮人に占められていた。以上のような諸事実を考慮するならば，1929年分～1931年分において華僑織物商が織物商業界の営業税総額および売上総額の約2～3割を占めていたと推定される。

　一方，京城商業会議所が各府所在の商業会議所11軒に調査を依頼してまとめた主要な華僑織物商の1928年分（1927年度実績）の売上額および営業税額があるため，華僑織物商の営業税納付状況の一端がうかがえる。

　京城府17軒の華僑織物商の売上額は564万4,000円，営業税額は3,438.6円であった。仁川府19軒の華僑織物商は409万2,000円と2,467.4，群山府24軒の華僑織物商は205万9,200円と1,357.5円，平壌府14軒の華僑織物商は205万7,572円と1,258.38円，元山府11軒の華僑織物商は149万7,790円と1,030.97円，大邱府5軒の華僑織物商は152万6,000円と915円，新義州府27軒の華僑織物商は153万9,500円と1,228.7円，釜山府17軒の華僑織物商は142万1,000円と985.6円，木浦府20軒の華僑織物商は106万4,800円と853.34円，清津府4軒の華僑織物商は87万9,000円と351.6円，鎮南浦府2軒の華僑織物商は9万円と58.69円であった。11か府の華僑織物商160軒の売上額は2,187万862円，営業税額は1万3,945.78円であった[9]。織物商1軒当たりの売上額は13万6,693円，営業税額は87円であった。

8）1930年編，駐元山副領事館報告「元山華僑開設商店表」『南京国民政府外交部公報』第3巻第7号（復刻版，中国第二歴史档案館編，江蘇古籍出版社，1990年）。
9）京城商業会議所「朝鮮に於ける外国人の経済力」『朝鮮経済雑誌』第159号（京城商業会議所，1929年3月）25～37頁。原資料に清津府の織物商店の営業税額が出ていないために売上額に万分の4をかけて計算した。

表 1-2　朝鮮内織物商店の民族別および地域別分布（1930年10月）

(単位：軒)

道　別	織物商店数					道別	織物商店数				
	朝	日	華	他	合計		朝	日	華	他	合計
京畿	832	197	81	10	1120	咸南	1227	37	220	0	1484
京城府	269	166	18	9	462	元山府	47	12	17	0	76
仁川府	69	22	19	1	111	咸興府	99	12	17	0	128
開城府	113	3	0	0	116	郡地域	1081	13	186	0	1280
郡地域	381	6	44	0	431						
忠北	250	5	135	0	390	江原	813	14	147	0	974
忠南	400	32	268	0	700	黄海	665	19	118	1	803
全北	307	47	250	0	604	平南	597	42	30	1	670
群山府	34	14	32	0	80	平壌府	212	31	2	1	246
郡地域	273	33	218	0	524	郡地域	385	11	28	0	424
全南	419	48	203	0	670	平北	979	34	104	0	1117
木浦府	46	15	27	0	88	新義州府	28	19	28	0	75
郡地域	373	33	176	0	582	郡地域	951	15	76	0	1042
慶北	550	47	217	1	815	咸北	683	39	168	2	892
大邱府	125	26	8	1	160	清津府	43	10	37	1	91
郡地域	425	21	209	0	655	郡地域	640	29	131	1	801
慶南	580	153	175	3	911	合　計	8302	714	2116	18	11150
釜山府	95	112	18	3	228	府地域	1180	442	223	16	1861
郡地域	485	41	157	0	683	郡地域	7122	272	1893	2	9289

出典：朝鮮総督府『昭和五年朝鮮国勢調査報告道編』（第1巻～第13巻）（朝鮮総督府，1932～1934年）より作成。

　しかし，この統計には欠落した商店が多かった。1930年10月実施の国勢調査の統計では，上記の11か府の華僑織物商206軒より46軒上回った（〔表1-2〕参照）。なお，同時期の京城府の華僑織物商の売上額は920万円に上り[10]，上記の京城商業会議所の統計とは356万円の差がある。平壌府の華僑織物商10軒の1929年度の売上額は254万円であり[11]，上記の統計とは約48万円の開きがある。さらに華僑織物商店は〔表1-2〕が示すように府地域

---

10)「華商閉門으로（で）経済界에（に）打撃，取引가（が）全然停止」『東亜日報』1931年7月8日。それ以外には雑貨商が300万円，中華料理・飲食店が190万円であった。
11) 朝鮮総督府（1932年a）325～326頁。〔表1-2〕に平壌府の織物商店数が2軒しかないのは，織物商店を貿易商などに入れてカウントしたためである。

に全体の1割，郡（農村）地域に全体の9割が位置していた。農村地域は小売店が中心で当時織物小売店の年間売上額が約1万円であったため，1930年の農村地域の華僑織物小売商の売上額は1,893万円と推定される。府地域および農村地域の華僑織物商の売上額は1930年に約5,000万～6,000万円に上っていたと推定される。この金額は1922年に朝鮮内の1,237か所の市場（公設市場および私設市場）取引額の約1億円[12]の半分以上に当たる相当な金額であった。

以上のように，華僑織物商は朝鮮の織物商業界に確かな一角をなしていたことを確認したが，朝鮮在住日本人および朝鮮人はそのような華僑織物商についてどのような反応をみせていたかみよう。

京城商業会議所は前述の調査をまとめた後，織物商業界では「内鮮人を圧迫するの勢力を有してゐる[13]」と結論付けた。雑誌『朝鮮及満洲』の記者は京城府の華僑織物商について「営業者の数は少ないけれど其の営業額は頗る大きく相当に商勢を張ってゐる」と評価した[14]。大邱府で発行されていた日本語新聞の『朝鮮民報』は華僑織物商について「内地人，朝鮮人方面の同業者を圧して」いたと，京城商業会議所と同様な見解を示した[15]。

華僑織物商は主に農村地域に位置して朝鮮人織物商と拮抗する関係にあったようで，朝鮮語新聞の『東亜日報』と『朝鮮日報』には華僑織物商の商業活動を警戒する内容の記事が少なからず見られる。その記事の見出しを掲載時期が早い順に列挙してみよう。

「日々衰退する瑞興郡の惨状，商店は日本人と中国人だけ[16]」，「明川商人打撃，中国人のために[17]」，「伊川郡商権は中国人が占領，有志たちはこ

---

12) 朝鮮総督府（1924年c）115頁。朝鮮華僑の雑貨商店，中華料理・飲食店の売上額，製造業の生産額などを合算した金額は約1億円に達していたと考えられる。
13) 京城商業会議所（1929年3月）13頁。
14) 本誌記者「朝鮮に於ける支那人」『朝鮮及満洲』第288号（朝鮮及満洲社，1931年11月）57頁。
15)「支那商人の退去で内鮮商人盛り返す」『朝鮮民報』1931年12月15日。
16)「日復日衰退되는（する）瑞興郡의（の）惨状，商店은（は）日本人과（と）中国人뿐（だけ）」『東亜日報』1925年9月9日。

れを挽回しようと朝鮮人購買団を組織[18]」,「麟蹄邑商権は中国人が占領,挽回策のないのを憂慮[19]」,「中国商村化した青山市街地近況,全市場商権を中国人が掌握,朝鮮人商店は一軒[20]」,「中国人商村化した永同市街の商況,商権を中国人たちが握り朝鮮人商店はかろうじて維持[21]」。このような記事は農村地域における華僑織物商の商業活動が朝鮮人織物商を圧迫していたことを如実に物語っている。

他方,華僑織物商は華僑経済および社会において極めて重要な位置を占めていた。朝鮮総督府商工課調査によれば,1925年に朝鮮華僑の売上額および生産額は織物商などの物品販売業が全体の8割を占めていて,華僑経済の中心となっていた[22]。なお,華僑の府税営業税の納付状況をみれば,京城府は1923年に雑貨商,大邱と元山は中華料理店,新義州は豆油製造工場が各々納税額首位を占めていたが,その他の府は織物商が首位であった[23]。

華僑織物商の商店主は居留民団および商業会議所の役割を担っていた各地の中華商会の会長および副会長などの役員を務めていた。京城の中華商会では1923年末現在に徳順福（〔付表5〕の62番）商店主の王竹亭が同会の副会長,仁川永来盛（同154番）商店主の傳維貢は仁川中華商会の会長,群山錦生東（同215番）の鄒培詩商店主は群山中華商会の会長,東和昌（〔付表6〕の5番）商店主の姜子雲は同会の副会長,木浦同盛長（〔付表5〕の35番）商店主の張鳳軒は木浦中華商会の会長,永義和（〔付表5〕の160番）商店主の張翰臣は同会の副会長,釜山元亭利（同120番）商店主の任積山は釜山中華商会の会長,平壌春盛永（同229番）商店主の梁鳳坡

---

17)「明川商人打撃,中国人까닭에（のゆえに）」『東亜日報』1926年5月26日。
18)「伊川郡商権은（は）中国人이（が）占領有志들은（たちは）이것을（これを）挽回코저（しようと）朝鮮人購買団을（を）組織」『東亜日報』1929年1月11日。
19)「麟蹄邑商権은（は）中国人이（が）占領挽回策업슴을（のないのを）憂慮」『東亜日報』1929年4月30日。
20)「中国商村化한（した）青山市街近況全市商圏을（を）中国人이（が）掌握朝鮮人商店은겨우（はわずか）一個所」『朝鮮日報』1929年7月29日。
21)「中国人商村化한（した）永同市街의（の）商況」『朝鮮日報』1929年12月8日。
22)「中国人生産額年四千余万円」『東亜日報』1926年1月23日。
23)朝鮮総督府（1924年a）。

は平壌中華商会の会長を各々務めていた[24]。

2　主要な華僑織物商

　華僑織物商はその経営規模と販売方法によって三つに分類することができる。第1に，京城府，仁川府などで織物を輸移入する織物商として，本書では「華僑織物輸入商」と呼ぶことにしたい。第2に，華僑織物輸入商より織物類を仕入れて卸売販売する織物卸売商であるが，地方の府に主に位置していた。華僑織物輸入商および織物卸売商などより織物類を仕入れて一般消費者に販売する織物小売商はほとんど農村地域にいた。

　〔表1-3〕は1923年現在12か府にある主要な華僑織物輸入商および織物卸売商を示したものである。華僑織物輸入商は京城，仁川，釜山，平壌などに大商店を設けて織物を海外から輸移入し，年間の売上額は裕豊徳のように157万円を超える輸入商があったが，大概10万～60万円であった。

　華僑織物輸入商は京城では裕豊徳〔付表4〕の223番），徳順福（同56番），広和順（同134番），瑞泰号（同256番），錦成東（同222番），瑞盛泰（同262番），永瑞祥（同174番），永来盛，仁川では徳順福，永来盛（同158番），和聚公（同76番），協泰昌（〔付表5〕の202番），人和福（〔付表4〕の248番），和泰号（同71番），三合永（同189番），釜山では瑞泰号（同257番）と徳聚和（同51番），平壌では慶興徳（同99番），謙合盛（同103番）などがあった。〔表1-3〕に出ている織物商のうち以上の織物輸入商以外は織物卸売商であって，地域によっては卸売と小売を兼営する卸売商もあった。卸売商の年間の売上額は2万～10万円が一般的であった。

　ところで，〔表1-3〕の華僑織物商はすべて山東幇織物商であるという特徴がある[25]。先行研究が広東幇を代表する同順泰の研究に集中していたこともあって，華僑経済は広東幇が掌握していたというイメージがあるが，この事実はそれと異なる。華僑織物輸入商および卸売商だけでなく，

---

24) 朝鮮総督府（1924年a）。ちなみに1928年に設立された大邱華商公会の初代会長は織物商の徳泰昌店主の孔漸鴻であった。
25) 朝鮮総督府（1924年a）；朝鮮総督府（1913年b）95～96頁。

表 1-3　12か府における主要な華僑織物商（1923年末・単位：万円）

府　別	織物商の商号
京　城	裕豊徳(157)・徳順福(60)・広和順(60)・瑞泰号(50)・錦成東(27.9)・瑞盛泰(20)・永瑞祥(60)・永来盛(50)・誌興東(18)・徳発祥(16)・源生盛(15)・東興成(15)・瑞豊徳(13.1)・徳聚成(13)・徳生恒(13)
仁　川	徳順福(90)・永来盛(68)・和聚公(40.5)・協泰昌(40)・人和福(36)・和泰号(30)・三合永(22)・協興裕(21)・聚源和(18)・仁合東(15)・同春福(15)・誌興東(10)・同盛永(10)・和泰号(10)
群　山	裕豊徳(65)・錦生東(20)・利盛徳(11.9)・協興裕(6.4)・仁泰恒(5.4)・順興義(4.2)・仁泰東(3)・文泰興(2.3)
木　浦	永盛仁号(33.6)・新盛号(30.8)・同盛長(15.8)・永義和(12.9)
大　邱	徳順永(30)・義成公(24.6)・福聚東(20)・慶盛長(20)・趙崑生(18)・合盛長(15)・徳泰昌(12)・雛世義(6)
釜　山	瑞泰号(30)・徳聚和(30)・東順興(7)・泰東商会(5)・東莱盛記(5)・怡泰昌(5)・莱永興(2.8)
馬　山	東興盛(20.3)・徳順永(18.4)・公泰仁(13.3)・源泰号(10.3)・楊汝号(3.3)
平　壌	謙合盛(44)・慶興徳(33)・泰安洋行(18)・春盛永(15.6)・春盛興(14)・徳興号(13.4)・徳盛号(13.4)
鎮南浦	謙合盛(7.4)・徳泰東(4.1)
元　山	三合永(25)・徳泰源(24)・徳興永(23)・天和徳(10.3)・成記号(9)・広栄泰(4)・栄盛家(3.3)・永豊泰(3.1)・永和泰(2.5)・天和隆(2.5)
清　津	義生泰(22.9)・福聚公(20.4)・益合永(20.1)・晋徳永(15)・同生祥(3.4)・裕豊永(2.7)
新義州	徳興永(4.8)・華興東(4.6)・同聚盛(3.2)・同合盛(2.9)・恒興和(2.8)・東発長(2.4)

出典：朝鮮総督府（1924年 a）より作成。
注：カッコ内は年間の売上額である。平壌の謙合盛は1928年の売上額。

小売商も山東幇に占められていた。例えば，駐釜山領事館の調査によれば，1930年末に釜山府をはじめとする慶尚南道69軒の織物商店のうち，1軒だけが福建幇の商店で，68軒はすべて山東幇であった[26]。その状況は他の地域も同様であったと考えられる。このように華僑織物商の商店主のほとんどは山東省出身者であったといえる。1927年に仁川の華僑織物輸入商

26) 1931年編，駐釜山領事館報告「駐釜山領事館轄境朝鮮慶尚南道華僑戸口統計表」『南京国民政府外交部公報』第 3 巻第10号。

の徳順福，永来盛，協泰昌，協興裕，錦成東，和泰号，和聚公，東和昌，仁合東，誌興東などの商店主はすべて山東省出身で，その中でも牟平県（芝罘）出身者が10名のうち6名で最も多く，他の4名も芝罘周辺地域の福山県，蓬来県，莱陽県，文登県出身者であった[27]。

3　朝鮮華僑会社と日本華僑会社との比較

ここでは，朝鮮華僑会社と日本華僑会社との会社数および経営規模を比較検討するために日本の商業興信所が発行していた『商工資産信用録』という史料を活用したい。

商業興信所は1892年4月に大阪の4大銀行の発起で日本銀行をはじめ関西と関東の有力銀行および会社などの賛同を取り付けて創立された信用調査会社であった。この会社は1941年現在日本の関西および北陸の主要都市に支所および出張所を設けていたほか，朝鮮の京城，釜山，平壌にも支所を設置し，朝鮮所在会社の資産および負債，営業状態，業績など商取引に関する情報を同会社の会員に提供していた。この会社は日本の関西および北陸，朝鮮，台湾，満洲，関東州などにある商工業者の住所，職業，資産，信用状態などを掲載した『商工資産信用録』を毎年1回（1921年は2回）編纂して，希望者に借覧料を受け取って貸していた。1941年に調査して掲載した商工業者数は約8万名に達した[28]。

この『商工資産信用録』には関西，北陸地方および朝鮮にある欧米人，華僑経営の会社を「外国人」部として別途分類して各会社の住所，職業（種類），資産，信用状態が掲載されているため，日本および朝鮮における華僑会社を把握するうえで貴重な基礎史料である。『商工資産信用録』の「外国人」部により，朝鮮および日本華僑会社の個数および比重を示したのが〔表1-4〕である。なお，『商工資産信用録』のうち，第16回（1915年発行），第19回（1918年），第21回（1921年），第23回（1922年），第26

27) 1928年，駐仁川領事ヨリ駐朝鮮総領事宛呈〔仁川鮮人暴動華商直接損失報告清単〕「仁川鮮人暴動華商間接損失調査表」『駐韓使館保存档案』（台湾中央研究院近代史研究所所蔵，登録番号03-47, 168-01）。
28) 商業興信所『第四十二回　商工資産信用録』（商業興信所，1941年）付録3～4頁。

回（1925年），第30回（1929年），第33回（1932年），第37回（1936年），第38回（1937年），第42回（1941年）の朝鮮華僑会社をリストアップした一覧を，巻末に収録しておいた。

　この史料の「外国人」部には朝鮮華僑会社とともに日本華僑会社も同時に掲載されているため，双方の比較検討が可能である。ただこの史料の対象地域が日本全国ではなく，関西・北陸・九州華僑会社だけに限られているために比較には注意を要する。しかし，当時日本華僑会社はそもそも関東地域（1923年の関東大震災の影響もあった[29]）より関西地域が多く，会社の経営規模も関西がより大きかったことを考慮すれば，双方を比較しても差し支えないと考えられる。ただし，横浜華僑の存在は無視できない。

　〔表1-4〕に掲載された朝鮮および日本華僑会社の累積個数は約7,000軒に上った。双方の華僑会社数は1910年代より1920年代に増加の推移をたどり，1926年には最高の575軒が掲載された。その後は世界大恐慌，1930年代は満洲事変，日中戦争の影響などにより双方とも全般的に減少し続けていることが読み取れる。

　朝鮮華僑会社の個数は累計で3,003軒に上り，全体の43％を占めて，日本華僑会社の3,996軒より少なかった。だが，全体の4割以上を占めていたことは朝鮮華僑の経済力が相対的に弱いという従来のイメージからすれば驚くべき結果ではないだろうか。なお，1921年10月，1922年，1923年における朝鮮華僑会社の軒数は日本華僑会社の軒数を上回っていた。

　同史料に掲載された双方の会社の営業種類は偏りが顕著である。1915年の場合，日本華僑会社は貿易会社が163軒で華僑会社総数の約8割を占めて圧倒的に多かった。その貿易会社は雑貨，織物，海産物，食料品，陶磁器の輸出入を行っていた。それ以外は雑貨店，洋服店，行桟，薬種商，海運および運送，印刷，メリヤスなどの会社であった。それに対して，朝鮮華僑会社は織物商が75軒で全体の約8割を占めて圧倒的に多く，それ以外は雑貨商，建築請負業，薬種商，銀販売店であった[30]。これをもって日本

---

[29] その実態については，伊藤（1999年）258～272頁を参照されたい。

表 1-4　『商工資産信用録』に記載された朝鮮華僑および日本華僑会社の軒数

発行回数(回)	発行年(年)	朝鮮華僑(軒)	比重(%)	日本華僑(軒)	比重(%)	合　計(軒)	比重(%)
16	1915	94	31	207	69	301	100
19	1918	181	39	285	61	466	100
21	1921.3	168	47	189	53	357	100
22	1921.12	230	56	184	44	414	100
23	1922	262	58	190	42	452	100
24	1923	222	51	212	49	434	100
25	1924	214	44	275	56	489	100
26	1925	247	47	283	53	530	100
27	1926	250	43	325	57	575	100
29	1928	198	39	311	61	509	100
30	1929	206	41	297	59	503	100
33	1932	130	48	142	52	272	100
34	1933	108	48	119	52	227	100
36	1935	87	31	190	69	277	100
37	1936	111	36	197	64	308	100
38	1937	124	41	182	59	306	100
39	1938	60	31	136	69	196	100
40	1939	70	32	150	68	220	100
42	1941	41	25	122	75	163	100
合　計	—	3,003	43	3,996	57	6,999	100

出典：商業興信所『商工資産信用録』第16～42回（1915～1941年）。第16～26回は，商業興信所『明治大正期　商工資産信用録』（復刻版，クロスカルチャー出版，2009年）を参考にした。

華僑会社は貿易商，朝鮮華僑会社は織物商が中心であることが判然とし，ここでも織物商が朝鮮華僑経済の中心をなしていたことを改めて確認することができる。

　次は朝鮮華僑会社と日本華僑会社の経営規模を比較してみよう。1941年の『商工資産信用録』には年間の取扱額が符号として提示されていて，100万以上～200万円未満がG，200万以上～300万円未満がGd，300万円以上～500万円未満Gc，500万以上～1,000万円未満がGb，1,000万円以上がGaとなっていた。100万円以上の日本および朝鮮華僑会社数は20軒あった。このうち朝鮮華僑会社は9軒で日本華僑会社数の11軒に肉薄して

30）商業興信所『第十六回　商工資産信用録』（商業興信所，1915年）（復刻版，クロスカルチャー出版，2009年）10～15頁。

いた。その商店と符号を列挙すれば次のようである。永盛興（仁川所在・〔付表10〕の1番），益合永（清津所在・同4番），錦生東（群山所在・同9番），新生徳（京城所在・同15番），同盛永（仁川所在・同25番），徳生東（群山所在・同29番），裕盛徳（京城所在・同34番），裕豊徳（群山所在・同36番）が各々G，同生徳（京城所在・同27番）がGd，裕豊徳（京城所在・同39番）がGbであった[31]。

京城の裕豊徳は大阪の雑貨輸出の天徳信と並んで日本および朝鮮において最大の華僑会社であった。なお，裕豊徳の1938年の年間売上額は約1,000万円に上っていた[32]が，日本華僑経済を代表する神戸華僑貿易商の1941年の対アジア取引額は最も多い振記公司，得人和号，東南公司でも100万円[33]に過ぎず，裕豊徳がより多かった。この一例だけで朝鮮華僑織物商が日本華僑貿易商より経営規模が大きかったとはいえないが，朝鮮華僑織物商の経営規模が日本華僑貿易商に比しても遜色がなかったことは確かである。

第2節　山東幇織物商の形成

1　開港期山東幇織物商の形成および発展

山東幇織物商店が漢城および各開港場に開設されたのは1880年代初めまで遡ることができる。1883年に漢城（麻浦含む）では，山東幇商店15軒（商人53名）と浙江幇商店6軒（商人18名），仁川では山東幇商店2軒（商人13名），広東幇商店3軒（商人17名），浙江幇商店2軒（商人18名）であった[34]。

1884年になると，漢城の華僑商店は48軒に増加し，そのうち山東幇商店37軒，湖北幇商店6軒，浙江幇商店3軒，江西幇商店1軒，江南幇商店1

---

31) 商業興信所『第四十二回　商工資産信用録』（商業興信所，1941年）外国人1～5頁。
32) 朝鮮中華商会主席周慎九「在鮮支那人の感謝と希望」『朝鮮及満洲』通巻第374号（朝鮮及満洲社，1939年1月）28頁。
33) 籠谷（2000年）418頁。
34) 1884年2月11日収，北洋大臣李鴻章ヨリ総理衙門宛函（中央研究院近代史研究所編（1972年）1337～1339頁）。他に漢城で西洋人経営の怡和洋行に広東幇商人2名，浙江幇商人3名が働いていた。

軒であった。山東幇商店の中では〔表1-3〕に登場する織物輸入商の永来盛があって山東省登州府出身の店員6名が務め[35]，他の山東幇商店より店員数が多く，規模が相対的に大きかった。

漢城の華僑商店は1889年6月には75軒に増加して，そのうち山東幇商店は51軒で圧倒的に多く，南幇商店12軒（河南3軒・江蘇3軒・湖北3軒・浙江2軒・江西1軒），広東幇商店7軒，直隷3軒，不明2軒であった。1884年には1軒もなかった広東幇商店が1889年には7軒に増加し，広東幇商店としては，同順泰[36]，怡泰号，怡泰酒店，広泰享，福星麺包房，安昌洋行，怡泰洋行があった[37]。

山東幇商店の中では〔表1-3〕に登場する織物輸入商の錦成東（店員7名），それ以外に双盛泰（店員9名），北公順（店員6名）など，朝鮮開港期の代表的な織物輸入商が新しく名乗りを上げていた。山東幇商店51軒の店員206名の出身地を各府別に見れば，登州府が177名，莱州府22名，済南府5名，東昌府1名，沂州府1名の順であり，登州府の中でも福山県70名，寧海州56名，蓬莱県18名，その他12名である[38]。山東省の中でも芝罘およびその周辺地域の出身者が多く，商人の出身地は植民地期に連続していることが分かる。

以上のように，華僑商人の朝鮮移住初期の1880年代には，山東幇を中心として南幇，広東幇が鼎立する状況であった。それを反映して，1880年代に山東幇商人が「北幇」，河南・華中出身商人が南幇，広東省出身の商人が広東幇を各々形成した[39]。

一方，日清戦争および日露戦争後，華僑織物商にはどのような変化があったか，〔表1-4〕を参考に見てみよう。仁川は元来広東幇商店の勢力

35）1885年4月3日収，北洋大臣李鴻章ヨリ総理衙門宛函（中央研究院近代史研究所編（1972年）1780～1786頁）。
36）同順泰は1885年に創業された（帝国興信所（1924年）朝鮮15頁）。
37）1889年6月15日，駐龍山通商事務呈〔華商各号花名清冊〕「華商人数清冊：漢城華商及西，日人姓名清冊巻」『駐韓使館保存档案』（同01-41，040-19）。安昌洋行と怡泰洋行は西洋人経営の商店である可能性もあるが，広東幇商人がそれぞれ4名ずつ勤めていた。
38）1889年6月15日，駐龍山通商事務呈〔華商各号花名清冊〕（同上档案）。
39）金（2010年）65～68頁。

が強かった[40]が，山東幇織物商店は1906年頃に広東幇および南幇の織物商に比べて「北幇の人数が最も多く，商店の規模も最も大きい。商品は絹布綿布麻布を大宗とする[41]」と，山東幇織物商が仁川の華僑織物商業界を牛耳っていたことが分かる。〔表1-5〕に掲載されている18軒の織物商は同順泰を除いてすべて山東幇で，店員が10名以上の山東幇織物商は13軒に上った。他方の京城には1910年に13軒の織物商があって，店員9名以上の織物商は5軒であった。

東京高等商業学校は1906年頃に朝鮮華僑織物商を調査した後，「韓国ニ於テ最モ注意ヲ払フベキハ清国商人」であると警戒感を示したばかりか，報告書の一つの章を華僑商人と朝鮮在住日本人商人の比較に割き，華僑商人の長所を称えた[42]。このような事実は日清戦争後も華僑織物商の勢力が衰えていなかったことの証左である。

〔表1-3〕と〔表1-5〕を照らし合わせれば，京城および仁川などの山東幇織物輸入商の多数は「韓国併合」以前にすでに設立されていたことが確認されよう。前述のように永来盛および錦成東と広和順[43]は1880年代に，徳順福，裕豊徳，同和東，広和順，伝利号，瑞盛泰は日清戦争後から1904年の間に設立された[44]。京城および仁川以外の開港場にも山東幇織物商が開設されて，元山の三合永は1880年代に[45]，釜山の徳聚和は1906年頃に設立された。しかし，前述の東京高等商業学校の調査では，朝鮮の「清商ハ鎮南浦，平壌，木浦，釜山等到ル処店舗ヲ張レルモ現時京仁以外ニハ其勢力大ナルモノナシ[46]」の状況であり，各府地域および農村地域における華僑織物商が植民地期に入って商勢を拡張したことを示唆する。

---

40) 1885年4月3日収，北洋大臣李鴻章ヨリ総理衙門宛函（中央研究院近代史研究所編（1972年）1796～1803頁）；高（1988年）1～3頁。

41) 原文「北幇人数最多，商業亦最鉅，貨品以綢緞布疋為大宗」(1907年1月20日発，駐仁川領事館呈「各口商務情形：各口商務情形（一）」『駐韓使館保存档案』(同02-35, 056-01))。南幇はその人数が少なく織物と洋服店を主に経営していた。

42) 東京高等商業学校（1907年）19～26頁。

43) 同商店は1891年に設立された（帝国興信所（1924年）朝鮮65頁）。

44) 編者未詳『韓華記録』(ソウル大学校奎章閣所蔵，文書番号21768, 1904年）。伝利号は1900年，瑞盛泰は1903年に各々設立された（帝国興信所（1924年）朝鮮59・96頁）。

45) 朝鮮総督府（1924年a）47頁。

表 1-5　朝鮮開港期における主要な華僑織物商

地域及び時期	店号および店員数
鎮南浦・1904年	瑞盛春(5名)・徳盛興(6名)・遠盛長(7名)・慶順和(5名)・同増和(5名)　小計：5軒(28名)
仁川・1906年	双盛泰(11名)・瑞盛春(13名)・永来盛(12名)・義源興(10名)・仁来盛(10名)・公源厚(7名)・西公順(10名)・錦成東(11名)・徳増祥(8名)・徳順福(10名)・東昌興(7名)・源生東(10名)・同順泰(6名)・裕盛号(7名)・順成恒(5名)・裕盛楼(11名)・義生盛(15名)・怡泰(15名)・徳興(10名)　小計：19軒(188名)
元山・1906年	同豊泰(6名)・鴻昌永(6名)・鴻昌東(6名)・徳興隆(7名)・公和昌(8名)・三合永(9名)・徳泰源(8名)　小計：7軒(50名)
釜山・1906年	公来(7名)・鴻牲東(9名)・永発東(9名)・徳聚和(9名)・春和泰(11名)・永源増(6名)　小計：6軒(51名)
京城・1910年	徳興源(8名)・元春茂(7名)・徳順福(10名)・同和東(9名)・徳豊祥(7名)・洪順福(11名)・瑞盛春(7名)・広和順(7名)・錦成東(6名)・裕泰春(8名)・裕豊徳(9名)・聚成号(9名)・義順興(4名)　小計：13軒(102名)

出典：1904年，駐鎮南浦領事館呈「華商人数清冊：華商人数清冊」『駐韓使館保存档案』(同02-35，005-14)
　　　1906年春季，仁川中華会館呈「華商人数清冊：各口華商清冊」『駐韓使館保存档案』(同02-35，041-03)
　　　1906年4月20日発，駐釜山領事館呈「華商人数清冊：各口華商清冊」(同上档案)
　　　1906年12月，駐元山領事館呈「各口商務情形：各口商務情形(一)」『駐韓使館保存档案』(同02-35，056-01)
　　　1910年9月，漢城華商総会調査〔宣統二年清査戸口表〕「華商総会各件(二)」『駐韓使館保存档案』(同02-35，056-12)。
注：鎮南浦の場合，織物商と雑貨商が区分されず載っていたため，店員5名以上の商店のみをリストアップした。カッコ内は店員数。

　ところで，広東幇と南幇は日清戦争および日露戦争を経てその勢力が衰退した。広東幇の同順泰が1888年，1894年，1895年に上海の同泰号より輸入した主要な輸入品は織物であった。絹織物が各年の輸入総額のうちに占める比重は各々49％，58％，48％，綿織物が各々38％，12％，28％，麻織物が各々4％，4％，13％であった[47]。織物の輸入額が同順泰の上海からの輸入総額に占める比重は各々91％，74％，89％に上り，同順泰はそもそも織物輸入商であった。

---

46) 東京高等商業学校(1907年)19頁。
47) 石川(2005年)34〜35頁。その他には食品，薬材，雑貨などがあった。

ところが，日露戦争後の1907年の同順泰の上海からの輸入額は約3万両（上海規銀）で，1895年の14万7,543両より80％減少した。絹織物の輸入額も1895年に7万340両であったのが，1907年には1万2,655.582両に82％減少し，輸入総額に占める比重も42％で1895年に比べてやや下がった。綿織物は4万1,407両から257両に激減し，麻織物の輸入はほとんどなかった[48]。同順泰は1907年に輸入品としては織物の輸入の代わりに彩票（宝籤）[49]，雑貨品，薬材の輸入を増やしていた。

　なぜ，同順泰の輸入額が1907年に激減したか，その理由は明らかに織物の輸入減と関係がある。中国産絹織物および麻織物の輸入は日清戦争後増加の一途を辿り，1895年と1907年を比較した場合，絹織物の輸入額は同時期に各々78％，495％の大幅な増加であった[50]。なお綿織物の輸入額（生金巾と晒金巾の合計）は1895年と1907年を比較した場合に126％の増加（英国産は55％，日本産は1,655％の増加）であった[51]。これは，中国産の絹織物および麻織物，英国産綿織物は華僑織物輸入商によって独占的に輸入されていたため，華僑織物輸入商が三つの織物の輸入を大幅に増やしたことを意味し，同順泰が三つの織物に対する輸入を減らしたことは，山東幇織物輸入商が三つの織物の輸入を大幅に増やしたことに他ならない。言い換えれば，朝鮮の開港場に織物輸入をめぐって広東幇の同順泰と山東幇織物輸入商が拮抗する関係にあったのが，「韓国併合」直前に同順泰が山東幇織物輸入商に圧倒されたとみなしてもよかろう。同順泰は植民地期に織物輸入商として完全に撤退するが，その兆候は1907年頃にすでに現れていたのである。

　同順泰は植民地期に織物輸入商から撤退して，薬種商，雑貨商，不動産業などに専念し，依然として朝鮮を代表する華僑商人として地位を維持し

48）姜（2008年 a）216〜218頁。
49）華僑織物商の安昌号，同順泰，義生盛は1900年代に清国より彩票（宝籤）を輸入して朝鮮の彩票市場に参入し，朝鮮で彩票ブームを巻き起こした。しかし，統監府が1909年に彩票購買者の取締を強化することによって彩票の商売は終わりを告げた（姜（2008年 b））。
50）梶村（1968年 b）216頁。絹織物および麻織物の輸入の中には日本産も含まれていたが，日本産は朝鮮市場において中国産に押されて輸入額は非常に少なかった。
51）朝鮮綿糸布商聯合会（1929年）92〜94・128〜130頁。

ていたが，1924年に同順泰創業主の譚傑生の子息（廷琨・廷林）による米穀投機失敗，阿片紅蔘密輸事件などの不祥事が相次いで発生し，さらに1929年に譚傑生の死没によって同順泰は没落を余儀なくされた[52]。

　以上をもって，山東幇織物輸入商は「韓国併合」直前より織物の輸入において広東幇および南幇を凌ぎ，強固な地位を構築していたといえよう。このような山東幇織物輸入商が芝罘に本店を置いていた山東幇織物・雑貨商によって形成されたことはすでに説明されている[53]が，その設立経緯，本店と朝鮮の支店との関係については不明であるため，次にはその点を中心に考察したい。

2　山東幇商業資本の朝鮮進出の経緯

　山東幇商人資本の朝鮮進出に示唆を与える一つの事例を紹介して論を進めていこう。

　京城地方法院仁川支庁検事分局検事の窪田穎は1914年3月25日に駐朝鮮総領事の富士英宛に，京城の雑貨商および織物問屋の東興隆（〔付表1〕の6番），同和東（同13番），聚成号（同88番）の営業主の本籍，住所，氏名の調査を依頼する公文を送付した[54]。

　東興隆は京城府会洞に所在する雑貨商で，1910年現在に従業員6名を雇用していた（〔表1-5〕参照）。同和東と聚成号は京城の華僑織物輸入商として，1910年の店員数はいずれも9名で，同じ山東幇織物輸入商の洪順福（11名），徳順福（10名）に次いで店員数が多く，京城の主要な華僑織物輸入商の一つであった。三つの織物輸入商はいずれも京城所在でありながら京城地方法院仁川支庁検事分局の検事によって調査を受けていたことは，雑貨および織物輸入と関連して仁川港の税関通関上何らかの問題があった

---

52)「同順泰号銀行取引停止」『朝鮮日報』1924年8月12日；「愁雲에싸인（に包まれた）同順泰家」『朝鮮日報』1924年8月14日；「同順泰事件이（が）送致되든（された）昨日에는（には）」『朝鮮日報』1924年8月19日；姜（2004年）22〜26頁。
53) 1890年4月21日，駐芝罘日本領事代理能勢辰五郎報告「芝罘ノ商業習慣及例規」内閣官報局『官報鈔存通商報告』，外務省通商局編纂（1988年）471頁；古田（2000年）100〜102頁。
54) 1914年3月26日収，京城地方法院仁川支庁検事分局検事窪田穎ヨリ駐朝鮮総領事富士英宛「華商調査」『駐韓使館保存檔案』（同03-47，021-02）。

ことをうかがわせる。

　駐朝鮮総領事館が窪田穎検事に回答した内容によれば，東興隆の店主として「主東孫條五，主人凍吉堂」と記されている[55]が，「主東」というのは資本出資者の資本主（股東・財東），「主人」は労力提供の支配人を指し，この雑貨商店は数人の出資者が共同で事業を経営する中国伝統の「合股」であることが分かる。資本主の孫條五の原籍は「山東省登州府寧海州養馬島」であることから，「合股」の資本主になるのは通常血縁或いは地縁につながる一家，親戚，知友，同郷の者に限られる[56]ため，東興隆は孫條五の出身地の養馬島と何らかの関係があるだろう。支配人の凍吉堂の原籍は養馬島より近い同府福山県であった。

　一方，同和東の「主人」は寧海州南港村原籍の王儀山，聚成号の「主人」は同養馬島原籍の孫方臣と記されていた[57]。なお，同和東は「係山東燕基公晋和支店，公晋和主事人孫夢九」，聚成号は「係山東省登州府寧海州養馬島食徳堂，主事人孫嶧山原籍山東省登州府寧海州養馬島」と記されていた。すなわち，同和東は山東省「燕基」（芝罘）にある公晋和支店，その公晋和の「主事人」は孫夢九であること，聚成号は養馬島にある食徳堂と関係があり，その「主事人」は孫嶧山であった。

　ところで，仁川税関は同年 6 月27日に同総領事館へ「調査上必要」とした上で，同和東および聚成号の資本主の住所，氏名の照会を要請した[58]。仁川税関は，同和東の資本主は「孫信卿[59]，公晋和，孫夢九，孫嶧山，王儀山」，聚成号の資本主は「食徳堂，孫方臣，孫嶧山，同聚恆，孫信卿，義元堂，信元堂」と把握していたらしく，資本主が多い上に商店の店号も商人の名前も入り混じっていて資本主を特定できなかったため，同総領事

---

55) 1914年 3 月31日発，駐朝鮮総領事館ヨリ京城地方法院仁川支庁検事分局宛函「華商調査」（同上档案）。
56) 山内（1942年）120頁。
57) 1914年 3 月31日発，駐朝鮮総領事館ヨリ京城地方法院仁川支庁検事分局宛函「華商調査」（同上档案）。
58) 1914年 6 月29日収，仁川税関長ヨリ駐朝鮮総領事宛「華商調査」（同上档案）。
59) 彼は1921年に清津府浦項洞の益合永の設立にも資本主として参加していた（京城商業会議所（1929年 3 月）28頁）。

館に照会したと考えられる[60]。

京城華商総会は同総領事館の指示を受けて調査を行い両商店について次のような報告を行った。同和東については「東家（資本主）は煙台（芝罘）の公晋和で、その主任は孫夢九である」と報告し、聚成号については「資本主は煙台の同聚恆であり、その主任は孫嶧山である」と報告した[61]。この報告によって同和東は芝罘の公晋和、聚成号は芝罘の同聚恆によって各々設立された織物輸入商であったことが分かる。

ところで、前述のように聚成号の資本主は食徳堂と報告されたが、今回は同聚恆がその資本主と報告されたのが注目される。同報告では同聚恆について「主任孫嶧山即食徳堂山東寧海州養馬島」と記され、同聚恆と孫嶧山は養馬島にある食徳堂と関係があること、さらに養馬島の食徳堂は芝罘に同聚恆を開設して、再び同聚恆が京城に聚成号を開設したことをうかがわせる。聚成号の資本主として名乗りを上げていた養馬島の義元堂および信元堂も食徳堂とともに同聚恆の設立に資本主として参加していたと考えられる。

一方、孫信卿と孫嶧山は同和東と聚成号の両商店に資本出資していて、二人とも原籍が養馬島である共通点がある。その養馬島は芝罘から近い島として1930年代に13か村、約1,000戸、9,000名の人口をかかえ、住民は半農半漁の経済活動を主とし、比較的裕福な住民はジャンク船を所有して貿易や運搬業を営んでいた[62]。例えば、芝罘と養馬島を往来する「徳茂」という船舶を孫信亭という者が所有していた[63]が、名前から孫信卿と親族の間柄にあると推定される。孫嶧山と孫信卿は養馬島で豊かな商業資本を有していた商人として、孫氏一族の血縁および地縁のつながりで養馬島に設立したのが食徳堂、義元堂、信元堂であり、その事業が成功すると、芝罘

---

60) 朝鮮在住日本人は華僑織物輸入商などについて「秘密主義をとっているから外面から窺ふことが不可能である。其の為めに代表者の権限が判らない。組合（著者：合股）の代表者たる相手方が、何処まで責任を負ふてくれるかが不明である」と認識していた（本誌記者「支那商人と銀行取引関係」『朝鮮及満洲』第288号（朝鮮及満洲社、1931年11月）62頁）。
61) 1914年7月1日収、京城華商総会ヨリ駐朝鮮総領事館宛函「華商調査」（同上档案）。
62) 航業聯合協会芝罘支部（1939年）194頁。
63) 航業聯合協会芝罘支部（1939年）47頁。

に進出して設立したのが同聚恆，公聚和であったのではなかろうか。

芝罘は1858年天津条約によって1863年に開港させられ，開港以来渤海湾頭における一大貿易港として栄えた港町であった。芝罘開港直後，外国人が貿易の商圏を掌握していたが，漸次中国人商人が外国人より商圏を回復して，1890年頃になると芝罘の約300軒の問屋のうち外国人商店は10年前の20軒から7軒に減少した一方，その他はすべて中国人商店に占められた。そのうち広東幇・福州幇・寧波幇商店があわせて全体の20～30％で，山東幇商店が70～80％を占めて同地の商圏を牛耳る勢力を形成していた[64]。1900年代に入ってからもその形勢は変わらなかった[65]。芝罘の山東幇商店の「資本ハ山東内地即チ彼等カ郷里ノ遊金ヲ利用シ」たものが一般的とされ[66]，同聚恆と公聚和はその代表的な例といえよう。

芝罘所在の同聚恆が京城に同和東を設立したのは日清戦争後から1902年の間であった。ソウル大学校奎章閣所蔵の『韓華記録』の中に同和東が1903～1904年に漢城の朝鮮人商人と取引を行った記録が残っていることによるのであるが，その記録によれば，同和東は「玉洋木」という英国産綿布を輸入して朝鮮人商人の朴士善，朴定植，金完淳などに販売していた[67]。

一方，〔表1-5〕に出る織物商の中でも芝罘の山東幇商業資本によって開設されたことが確認できる商店がある。先述の仁川の永来盛と双盛泰は芝罘で雑貨商をそれぞれ営んでいた永来盛と双盛泰によって開設され[68]，裕豊徳は芝罘の雑貨商兼織物商の裕豊徳によって設立された[69]。仁川の西公順は芝罘で行桟，銭荘，および海産物問屋を経営していた西公順，鎮南

---

64) 1890年4月21日，駐芝罘日本領事代理能勢辰五郎報告「芝罘ノ商業習慣及例規」内閣官報局『官報鈔存　通商報告』（外務省通商局編纂（1988年）467・469頁）。近代芝罘に関する研究は少ない。近代芝罘の貿易に関しては，劉（1990年）と姜（2011年）49～53頁，がある。劉素芬氏は1867年～1919年の芝罘の貿易を分析し，1900年代に入り青島港および大連港が本格的に対外貿易を開始したことが原因となって，芝罘の対外貿易が衰退したと主張した。
65) 東亜同文会（1908年）190頁。
66) 外務省通商局（1921年）42頁。
67) 編者未詳『韓華記録』（ソウル大学校奎章閣所蔵，文書番号21768，1904年）。
68) 外務省通商局編纂（1988年）471頁。永来盛は1908年頃には海産物商，双盛泰は油房を営み，1920年頃に永来盛は織物商であった（東亜同文会（1908年）191頁；外務省通商局（1921年）43頁）。

浦および仁川にあった瑞盛春は芝罘の銭荘の瑞盛春によって開設された[70]。

　京城および仁川の華僑織物輸入商だけでなく，地方の織物商にも山東幇商業資本の進出が確認される。大邱府本町の雑貨商の増順徳は山東省黄県出身の徐明斎などによって開設された「合股」であった。その資本主には芝罘所在の増泰徳，同県の資産家の隋登雲が参加していて，増泰徳は黄県出身の資産家たちによって芝罘に設立された商店であった[71]。なお黄海道載寧郡所在の中和義と徳餘恆も黄県出身者によって設立された織物商で，同県出身者の王維重，王克亭，王克泰，王欣堂，王延亨などの兄弟および親戚が故郷の資本で開設した商店であった[72]。

　以上の検討によって，朝鮮の山東幇織物商は山東省の農村地域の遊休資本によって芝罘に設立された雑貨商，織物商，海産物商，銭荘などの商業資本によって開設されたといえよう。

　最後に，芝罘の本店と朝鮮の支店とはどのような関係にあったのか，前述の同聚恆と京城支店の同和東との関係が参考になる。前述の京城華商総会の調査報告に次のような文面がある。「孫信卿は煙台の公晋和から派遣されて同和東の商売状態を検査した。1年のうち朝鮮に何回もくることはできたが，常住は許可されなかった。孫信卿は同和東の商事を主管する権限は決して有していなかった」[73]。

　すなわち，同和東の資本主の孫信卿は同和東に常駐して経営するのではなく，年に数回本店から支店に派遣されて商売状態を検査するにとどま

---

69) 外務省通商局（1921年）43頁。
70) 外務省通商局編纂（1988年）471頁；根岸（1907年）501頁。
71) 1932年10月5日・10日発，京城中華商会代理主席王公温ヨリ駐京城総領事宛函「僑商債務糾紛案」『駐韓使館保存檔案』（同03-47，218-14）。徐明斎は1930年に借金を返さず黄県に帰国して問題となった。双和永鋳物工場などに借金した金額は1931年末現在に利子を含めて3,879.99円であった。借金の保証人は織物商の慶盛長（〔付表7〕の50番）の張仁菴であった。増順徳の以前の店号は和順利であった（〔表3-7〕参照）。
72) 1932年2月9日収，京城中華商会主席宮鶴汀ヨリ駐朝鮮総領事宛函「僑商債務糾紛案」（同上档案）。
73) 本文「孫信卿乃煙台公晋和派来検査同和東生意情形，一年之中許来朝鮮幾次亦不能常住，孫信卿並無主同和東柜事之権」（1914年7月1日収，京城華商総会ヨリ駐朝鮮総領事館宛函「華商調査」（同上档案））。

り，商事の権限を有していなかったのである。それと関連して朝鮮華僑織物商の経営組織について『朝鮮に於ける支那人』に記述されている次の内容を参考にしよう。

> 元来支那人の商店は合資組織のもの多く織物，雑貨商の主なるものは二三者，或は四五人の合資組織であって，財東即ち資本主と称するものは多く本国に在りて，朝鮮に在留するもの少く取引其の他店務の一切は支配人とも称すべき掌櫃的に於て管理経営の任に当り，其の下に外櫃的即ち外交取引主任，管賬的即ち会計主任，夥計即ち普通店員等の使用人がゐる。大商店では是等の店員三四十人を使用してゐる。是等店員の採用は資本主の推薦に因るものもあるが多くは，支配人の権限に属し，直接本国より呼び寄するを常とする。……又是等店員の給与は掌櫃的（支配人）は労力出資の一種の財東（資本主）であるから利益の配当を受け別に給料の支給は無いけれども，生活費の補助を意味する養家銭と称する給与がある。夥計（普通店員）の給料は労金と称し手当の意味にて何れも年給である。其の額は各商店各人の才能，勤続年限等に依って一定しないけれども二十円より百円迄である[74]。

以上の記述に基づいて考えるならば，同和東の商務一切は専門経営人の掌櫃的（支配人）であった王儀山（山東省寧海州南港出身）が管理経営し，その店員は掌櫃的が呼び寄せた者であったと考えられる。

おわりに

ここでは以上の検討結果をまとめておく。

まず，最初に華僑織物商が植民地期朝鮮の2大商業の一つであった織物商業界において商店数の約2割，売上額の約2〜3割を占め，売上額も4,000万〜5,000万円という相当な金額に達していて，都市および農村地域

---

74) 朝鮮総督府（1924年 a）40〜41頁。

において日本人織物商および朝鮮人織物商を圧迫する勢力を形成していたことを明らかにした。さらに，華僑織物輸入商の経営規模は日本華僑貿易商に比べても遜色がないことを示した。次に華僑織物商のうち各府に所在する織物輸入商，織物卸売商などの店号を取り上げて，そのすべてが山東幇であること，農村地域の小売商も山東幇によって占められていたことを解明した。

　このような山東幇織物商は漢城および開港場を中心に1880年代初めから形成されはじめ，日清戦争以前には広東幇，南幇の織物商と鼎立していたが，「韓国併合」直前には同順泰などの広東幇織物商が衰退し，山東幇織物商が華僑織物業界を掌握するようになっていたことを明らかにした。加えて，山東幇織物輸入商が山東省の農村地域の遊休資本によって芝罘に設立された雑貨商，織物商，海産物商などの商業資本によって「合股」として開設されたこと，その経営は労務出資の支配人によって行われていたことを明らかにした。

第2章

華僑織物輸入商の通商網

はじめに

　本章では，華僑織物商が日本人織物商および朝鮮人織物商を圧迫する勢力を形成した原因について，京城および仁川所在の華僑織物輸入商が綿織物，絹織物，麻織物などの織物をいかなる通商網を通して大量に輸移入していたか，織物輸移入をめぐる朝鮮在住日本人織物問屋との協力および拮抗関係，大量の輸移入を可能にした朝鮮内の織物の生産構造などに留意しつつ検討を進めていきたい。

　植民地期朝鮮の織物業は基本的に朝鮮内生産では自給自足できなかったため，日本と中国などから大量の織物を輸移入する構造であった。朝鮮の織物消費総額のうち綿織物の輸移入依存率は1923年に75％，麻織物の輸移入依存率は38％，絹織物の輸移入依存率は74％に上り，織物全体の輸移入依存率は68％（自給率は32％）に達した[1]。日本の大手紡績資本の朝鮮進出などにより朝鮮での織物生産量が増加した1936年でも朝鮮の綿織物消費総量のうち輸移入依存率は綿織物が58％，麻織物が37％，絹織物が60％で依然として高かった[2]。

　織物の高い輸移入依存率は必然的に織物の輸移入を担う織物輸入商の役割を拡大させた。開港期にその輸移入をめぐって日本人商人と華僑商人の

1）朝鮮総督府総督官房文書課（1925年）347～351頁。
2）堀（1995年）67・69・72頁。

間に激しい確執が繰り広げられたことは先行研究によってすでに明らかにされているが、植民地期には織物の輸移入は日本人商人に完全に掌握されていたとみなし、両商人の間の確執および協力の関係に関してはあまり注目されてこなかった。そこで、本章では植民地期に日本人商人より政治的に不利な立場に置かれていた華僑織物輸入商が、織物の輸移入をいかに行っていたかについて解明することを課題とする。

第1節　綿織物輸移入の通商網

1　英国産晒金巾の輸入

朝鮮開港期、綿織物の輸入が開港場所在の日本人織物商と華僑織物輸入商によって主に輸入されていたことはすでに明らかにされている。両商が輸入する綿織物は前者が日本産綿織物、後者が英国産綿織物と住み分けられていた。日清戦争以前には英国産綿織物が日本産綿織物より品質、価格において優位に立っていて、英国産綿織物を輸入する華僑織物輸入商が日本人織物商より綿織物の輸入量が多かったが、日清戦争の前後に日本の紡織業の発展によってその状況は次第に変わっていき、朝鮮市場において英国産綿織物が日本産綿織物によって次第に駆逐されると、日本人織物商が朝鮮の綿織物の輸入を独占するようになり、このような構図は植民地期に一段と強化されて、朝鮮に輸移入される綿織物は日本人織物商が完全に掌握していた。以上がこれまでの研究の一般的見解である。

このような見方は間違ってはいない。確かに、日本産綿糸は朝鮮市場に1894年、天竺布は1898年に各々英国産を初めて上回り、その後英国産綿糸と天竺布は完全に市場から駆逐された[3]。日本の紡績会社と朝鮮在住日本人織物商にとって華僑織物輸入商によって上海から安価で朝鮮に大量輸入されていた英国産綿織物に対抗するのが「最大の急務」とされていた生金巾[4]も、日本産が1908年になると英国産を凌駕し、英国産は第1次世界

3）沢村（1985年）48〜49頁。
4）編者未詳『韓国各地日本人棉布概況一斑』（1907年？）4頁。この報告書は第一銀行韓国総支店および各支店、各農工銀行、各日本人商業会議所、財政顧問各支部などの報告をまとめたものである。

表 2-1　朝鮮の生金巾および晒金巾の輸入量と輸入額

(単位：反・千円)

年次	生金巾				晒金巾			
	英国産		日本産		英国産		日本産	
	輸入量	輸入額	輸入量	輸入額	輸入量	輸入額	輸入量	輸入額
1892	473,009	1,387	—	—	8,069	22	—	—
1895	708,704	2,601	31,187	121	7,524	30	—	—
1900	388,338	1,526	171,269	655	33,478	149	50	0.2
1905	702,908	3,278	323,016	1,314	231,230	1,145	849	4
1906	282,656	1,393	318,142	1,425	146,611	753	1,768	8
1907	584,153	2,825	471,079	2,120	254,459	1,264	690	3
1908	430,949	2,141	458,808	2,148	287,899	1,500	4,650	23
1909	360,315	1,747	393,854	1,782	286,419	1,477	3,185	16
1910	349,360	1,724	591,231	2,752	267,370	1,510	36,115	165
1911	330,233	1,627	877,843	4,091	271,673	1,533	60,582	284
1912	217,66	1,100	1,137,854	5,747	425,217	2,291	96,450	500
1913	292,154	493	1,064,218	6,001	348,492	2,044	30,056	174
1914	30,985	168	1,030,902	5,706	238,463	1,406	60,294	351
1915	28,233	146	1,308,038	6,099	244,339	1,416	130,627	686
1916	13,074	70	1,259,181	7,085	208,370	1,383	237,481	1,457
1917	1,698	15	1,190,643	9,929	161,817	1,665	215,108	2,047
1918	1,432	60	1,361,616	15,551	99,645	1,531	136,332	1,720
1919	1,739	37	1,984,631	31,000	150,863	3,117	56,742	9,257
1920	574	7	971,120	16,956	114,4322	2,085	91,879	1,503
1921	23,823	268	2,129,817	25,017	70,198	3,341	323,806	2,990
1922	6,760	80	1,518,456	16,204	246,622	3,271	158,388	1,928
1923	773	9	1,494,323	15,277	220,815	2,818	233,033	2,661
1924	855	10	1,664,968	20,227	117,838	1,845	358,025	4,694
1925	110	2	1,612,050	21,419	80,680	1,375	353,263	4,725

出典：朝鮮綿糸布商聯合会（1929年）92～94・128～130頁より作成。

大戦の影響もあって，1910年代半ばに朝鮮市場からほとんど姿を消した（〔表2-1〕参照）。

　その背景には日本の紡績会社による生金巾の品質改良および安価な価格の実現があったが，日本の紡績会社および商社の朝鮮での販売網整備も影響していた。朝鮮に生金巾を輸出していた金巾製織会社，大阪紡績会社，三重紡績会社の3社は1906年漢城に金巾販売同盟の「三栄組合」を組織し，3社の製品を三井物産出張所に委託販売し，同出張所は京仁（京城と仁川）地域の20名の特約販売人を指定して販路拡大に努めた[5]。

しかし，綿織物のうち生金巾に次いで輸入が多かった晒金巾は天竺布，綿糸，生金巾とはやや異なる形跡を辿った。英国産晒金巾の輸入額は第1次世界大戦期の一部を除いて常に1923年まで日本産を凌駕していた。英国産晒金巾は32番手，42番手の細糸を原料に織った細地で，洗濯して漂白せずに済む生金巾より高級な綿織物であった。日本産の晒金巾は14番手ないし16番手内外の太糸で織って，英国産より「心持ち太地」であったため，高級の英国産の晒金巾を追随しにくかった[6]。

　英国産晒金巾の輸入は生金巾より割高であったため，その輸入量および輸入額は1892年に8,069反・2万2,193円に過ぎながったが，朝鮮人上流層の生活向上による需要増加に牽引されて，1905年には23万1,230反・114万円に激増した。その後も増加を続けて1912年には42万5,217反・229万円に1905年より約2倍も増加した。それに対して，日本産晒金巾は1910年以前までにはほとんど輸入されずにいて，朝鮮の晒金巾市場は英国産の独壇場の状況であった。

　ところが，英国産晒金巾は第一次世界大戦の勃発による英国産の輸入困難と，日本の漂白技術の進歩と工場設備の拡充によって，英国産の代用品として日本産の移入が増加していった[7]。日本産が1916年に初めて英国産を追い越したが，戦後の1920年と1922年には英国産の輸入額が再び日本産の移入額を上回った。しかし，1925年3月10日限りで日英協定税率が廃止されて，1926年3月29日より改正関税の実施による増税の影響で英国産の輸入額は1927年には119万円，1928年には99万円，1929年には69万円，1930年には42万円と次第に減少して，1931年排華事件および不景気の影響もあって8万円に激減し[8]，その後回復することはなかった。しかし，

---

5) 編者未詳（1907年？）3頁。第一銀行は特約販売人に対しては荷為替資金を低利で貸し付けて金融的にサポートしていた。第一銀行の1907年の諸貸出額のうち日本人向けが66.9％，朝鮮人向けが5.9％，外国人向けが27.2％であったが，外国人はほとんど華僑織物商であったと考えられる（高嶋（1978年）177頁）。
6) 沢村（1985年）66頁。それに加えて，日本産晒金巾は糊の加え方が多すぎること，仕上技術の幼稚さ，耐久力の乏しさなどが指摘されていた（朝鮮綿糸布商聯合会（1929年）95頁）。
7) 朝鮮綿糸布商聯合会（1929年）97頁。
8) 朝鮮総督府『昭和六年朝鮮総督府統計年報』（朝鮮総督府，1933年）294頁。

華僑織物輸入商は英国産晒金巾を1905～1930年に年平均約171万円を独占輸入していたことを忘れてはならない。

2　日本産綿織物の移入および朝鮮内での買付

　日本産生金巾および綿糸などの輸移入は日本人織物商に完全に委ねられていたのであろうか。必ずしもそうではなかった。

　開港期英国産綿糸が1894年に日本産に凌駕されて次第に市場から駆逐された時に，華僑織物輸入商はその頃日本産綿糸の輸入に当たっていた[9]。華僑織物輸入商は1897年に日本産綿糸に加えて日本産生金巾の輸入にも乗り出していた。以下は駐仁川日本領事館が1897年11月に本国に送った報告書の一部である。

　　本品（著者：諸金巾）貿易カ殆ト清商ノ独占ニ帰シタル事実ハ本月ニ至リテ益々顕著トナレリ清商ハ季節ノ来ルニ先チ前月ニ於テ為替相場ノ状況等利用スヘキ時機ヲ逸セス多額ノ輸入ヲ上海ヨリ試ミ本月ニ入リテ着々其販売ニ従事スルノミナラス日本産金巾類ノ輸入ニモ益々其力ヲ致シ本月ノ如キ当港ニ輸入セル和金巾ノ十中九分ハ大阪川口ナル清商ノ手ヨリ当港同国商人ノ手ニ来リタルモノナリ……紡績糸……モ和金巾ト同様其商権ハ漸次清商ノ手ニ移リ本月ノ如キモ本邦商ノ輸入額ハ全額ノ三分ノ二ヲ保ツニ過キス此ノ如ク本邦生産品ノ輸入業ノ着々外商ノ手ニ帰スルノ実況アルハ貿易上遺憾ニ堪ヘサル一事トス[10]。

　すなわち，仁川華僑織物輸入商は英国産の生金巾を上海より輸入すると同時に，英国産より割安な日本産金巾を大阪川口在住の華僑商人を通じて輸入していたのである。

　ところで，このような現象は開港期だけでなく，植民地期にもみられ

9）河（1994年）71頁。ちょうどその頃仁川在住華僑商人は神戸，大阪の華僑商人より日本産雑貨品も輸入していた（塩川（1895年）69頁）。
10）1897年11月15日，駐仁川日本領事館事務代理幣原喜十郎報告「三十年九月中仁川商況」『通商彙纂』第88号（外務省通商局，1898年1月15日発行）3頁。

る。仁川港は織物輸移入の主要な地位を占めていた[11]。同港に輸移入される綿織物および綿糸のうち，華僑織物輸入商による比重がどれだけあったか，そのうち華僑織物輸入商が日本から移入したのはどれだけあったかについてみていこう。

1924年仁川港に輸移入された綿糸は66万8,000斤・69万5,000円で，そのうち仁川在住商人によるものが27万2,000斤・28万円であった。その輸移入先は大阪50％，神戸15％，関門15％，中国15％，英米5％で日本からの移入が全体の80％を占めていた。海外ではなく京城および他の朝鮮内からの搬入量および搬入額も5万斤・約5万円に上り，同港に輸移入された綿糸の輸移入総額は約23万円であった。この23万円の綿糸は各地に搬出されたが，日本人商人が搬出量の6割，華僑織物輸入商が搬出の4割を占めていた[12]。なお華僑織物輸入商は綿糸を中国および英米より20％，朝鮮内より4％を輸移入していたため，残りの16％（3万6,800円）は日本より移入したか，あるいは仁川在住日本人織物商より買い付けたことになる。

一方，1924年仁川港に輸移入された綿織物は生金巾およびシーチングが2,822万5,000方碼（882万5,000円），晒金巾および晒シーチングが731万7,000方碼（303万3,000円）であった[13]。そのうち仁川在住織物商人（日本人織物商と華僑織物輸入商）による輸移入額は前者の38％，後者の67％を各々占めていた。京城およびその他地域より搬入された綿織物をあわせれば仁川在住織物商人による綿織物の輸移入額は約638万円に上った。仁川在住織物商人取扱の生金巾および生シーチングを仕入先別にみれば，大阪が90％，その他の日本地域が3％，朝鮮内が5％，中国が2％であった。日本人織物商が生金巾および生シーチングの輸移入の9割（301万8,150円），華僑織物輸入商が1割（33万5,350円）を取り扱っていたため，仁川の華僑織物輸入商は中国からの輸入分の2％以外の8％（26万8,280円）は日

---

11) 例えば，1924年の生金巾および生シーチングの移入量の港別分布をみれば，仁川港が全体の42.4％，釜山が18.6％，群山が13.0％の順で，仁川が圧倒的に多かった（橋谷（1983年）46〜47頁）。
12) 朝鮮総督府（1926年）43頁。
13) 朝鮮総督府（1926年）43頁。碼はヤードを指す。1ヤードは0.9144ｍである。

本からの直接移入であったと考えられる。

　ところで，仁川の華僑織物輸入商は大阪などからの綿織物の直接移入を一層増やしたことが確認される。1930年7月～12月に仁川の各銀行に日本国内の銀行から同地の華僑織物輸入商などに仕向けられた手形は約399万円に達していたが，この金額のほとんどは日本産綿織物取引の決済金額であった[14]。この金額は下半期の金額であり，上半期の金額をあわせれば一層大きくなる。

　一方，晒金巾および晒シーチングの輸移入額の203万2,110円を仕入先別にみれば，大阪40％，中国（英国産）55％，その他地域5％であった。この織物の取扱は華僑織物輸入商が6割，日本人商人が4割を占めていて，華僑織物輸入商は英国産の55％に加えて日本かその他地域から5％を輸移入していたことになる。

　以上の仁川在住日本人織物商と華僑織物輸入商が取り扱っていた生金巾および生シーチングと晒金巾および晒シーチングは京城など朝鮮内に仕向けられたが，その搬出の6割は日本人織物商，4割は華僑織物輸入商によって行われ，華僑織物輸入商は取扱綿織物の12～13％を日本人織物商より買い付けて転送していた[15]。京城商業会議所の1926年の調査でも，華僑織物輸入商が「（著者：朝鮮での）対内地人との取引は従来極めて稀に見る所であったが，内地綿布の取引を為すに至り従来内地在住の華商との取引以外に直接内地人との取引をも見るに至[16]」ったとされており，華僑織物輸入商は日本から直接移入すると同時に，仁川および京城などの日本人織物商から日本産綿織物を買い付けていたのである。

　その代表的な華僑織物輸入商は植民地期朝鮮最大の華僑織物輸入商の裕豊徳であった。裕豊徳は前述の三井物産京城出張所より三栄組合の特約販

---

14) 京城商工会議所「満洲事変の朝鮮に及ぼした経済的影響」『経済月報』196号（京城商工会議所，1932年4月）48頁。
15) 朝鮮総督府（1926年）44頁。仁川の綿織物取扱の主要な日本人織物商は河野商店，三友商会，鬼頭商店，井上商店であった。華僑織物輸入商はこのような商店より綿織物を買い付けていたと考えられる（京城府（1924年）86頁）。
16) 京城商業会議所「朝鮮の対支経済関係概況」『朝鮮経済雑誌』第127号（京城商業会議所，1926年7月）8頁。

売人に指定されたが，その経緯は次の通りである。三栄組合の成立後，三井物産出張所は特約販売人をすべて日本人商人に指定した[17]ため，朝鮮人織物卸売商と華僑織物輸入商は三栄組合に対して「反抗心ヲ起シ同製品排斥ノ考ヲ助成[18]」したという。そのような反抗心は朝鮮人織物卸売商90名で結成された彰信社が1906年10月に三栄組合と対抗するために富士瓦斯紡績会社と独占販売の契約を結ぶ運びとなった[19]。三井物産京城出張所はその反抗心を和らげ，三栄組合製の綿織物の販売拡大のため，裕豊徳を特約販売人に指定したと考えられる。1912年頃に三井物産出張所の特約販売人に指定されていたのは裕豊徳と，朝鮮在住日本人織物商の和田商店および安盛商店の3軒しかなかった[20]。三井物産出張所は裕豊徳に若干の担保を提供させてその必要に応じて50～60日後払いの約定をもって三栄組合品の商品を販売した。

　1918年頃に裕豊徳に入社した周慎九は「最初我々は商品の大部分を英国に仰ぎ，僅に日本内地からは粗布のみを入荷して居ったに過ぎなかった[21]」が，次第に三井物産出張所より日本産綿織物の仕入を増やしたという。裕豊徳と三井物産出張所との関係は1920年4月に三井物産が綿花部を独立させて「東洋綿花」を組織した後，裕豊徳は東洋綿花出張所との取引に変わり，双方の関係は日中戦争以後まで続いた[22]。裕豊徳は三井物産出張所および東洋綿花出張所を通じた日本産綿織物の安価で安定的な仕入によって発展し続け，高瀬商店，安盛商店，共益社，宮林商店などの朝鮮在住日本人織物商と肩を並べるほどに発展していった[23]。

---

17) 京城の特約販売人（店）は高瀬合名会社京城支店，和田常市，安盛彌兵衛の3名であった。その後高瀬支店は高瀬商店，安盛彌兵衛は安盛商店に変わり，朝鮮の日本産綿織物の移入の主要な問屋になった。
18) 編者未詳（1907年？）9頁。
19) 朝鮮総糸布商聯合会（1929年）42頁。
20) 朝鮮総督府（1913年a）99頁。
21) 周慎九「在鮮支那人の感謝と希望」『朝鮮及満洲』第374号（朝鮮及満洲社，1939年1月）28頁。彼は1909年から1917年までは三井物産京城出張所と共同で高麗人蔘を中国に輸出する業務に携わっていた。裕豊徳入社後，裕豊徳の総支配人，京城中華商会主席などを務めた。
22) 周慎九（1939年1月）28～29頁。
23) 京城府（1924年）86頁。

以上の検討をまとめてみれば，華僑織物輸入商は朝鮮市場より英国産綿織物が日本産綿織物に駆逐されるにつれて，日本産綿織物の仕入を増やさざるを得ず，日本在住華僑商人からの移入，朝鮮在住日本人織物商からの買い付けを通じて，英国産綿織物の輸入減少を補充する対応をしていたことになる。

第2節　絹織物の輸移入

1　中国産絹織物の輸入

　中国産絹織物は三市（中江・会寧・慶源）貿易と使行貿易という朝貢貿易を通じて清国より輸入された主要な交易品であったが，「朝清商民水陸貿易章程」締結後には自由貿易で華僑織物輸入商によって海路で朝鮮に輸入されるようになった。

　朝鮮開港期中国産絹織物の輸入額は，日清戦争以前は1891年の42万9,117円が最高額であったが，日清戦争後急速に増加し続け，1901年には初めて100万円を突破し，その後には1902年，1903年，1906年を除き，すべての年が100万円を越えた[24]。中国産絹織物は開港期華僑織物輸入商による織物輸入額の中では綿織物に次いで多かった。

　華僑織物輸入商による中国産絹織物の輸入額は植民地期に朝鮮内の需要増加に伴いさらに増加した。1912年には200万円を超えた後，一時期減少に転じたが，第1次世界大戦の好景気に支えられて，1917年には200万円台を回復し，1918年には399万円，1919年には676万円に急増した（〔表2-2〕参照）。中国産絹織物の輸入額は1912～1924年に年平均324万円に上り，朝鮮の主要な対中輸入品の一つであった[25]。

　一方，中国産絹織物の輸入額は朝鮮内の絹織物の消費総額に占める割合が1912～1924年に年平均約41％という高い比重を占めていた。それに対

---

24) 梶村（1968年）216頁。その中には日本産が一部含まれていたが小額に過ぎなかった。
25) 1923年の主要な対中輸入品は粟1,331万円，柞蚕糸1,015万円，豆糟730万円，石炭696万円，原木および挽材505万円，麻布503万円，板坪300万円，天日塩232万円，絹織物227万円であった（京城商業会議所〔1926年7月〕13～14頁）。なお1923年の絹織物の対中輸入額が〔表2-2〕のそれより少ないのは，郵便小包を通じた絹織物の輸入額が含まれていない可能性がある。

第2章　華僑織物輸入商の通商網　── 65

表 2-2　朝鮮の絹織物の輸移入額および生産額

(単位：円)

年次	輸移入額				朝鮮生産額	消費総額
	日本	中国	その他	合計		
1912	648,000	2,003,566	2,823	2,654,389	666,137	3,320,526
1913	779,502	1,534,435	6,318	2,320,255	733,709	3,053,964
1914	671,432	1,612,032	8,415	2,291,879	622,893	2,914,772
1915	866,237	1,770,385	3,223	2,639,845	582,528	3,222,373
1916	994,719	1,866,625	2,959	2,864,303	740,973	3,605,276
1917	1,429,346	2,222,168	2,998	3,654,512	1,053,588	4,708,100
1918	2,307,117	3,992,511	2,438	6,302,066	2,080,135	8,382,201
1919	5,081,994	6,763,208	14,445	11,859,647	2,844,352	14,703,999
1920	3,921,042	5,125,667	545	9,047,254	2,018,072	11,065,326
1921	5,430,343	4,012,138	217,399	9,659,880	2,512,446	12,172,326
1922	5,793,647	4,132,635	12,824	9,939,106	2,502,303	12,441,409
1923	4,307,036	3,413,996	21,259	7,742,291	2,718,764	10,461,055
1924	5,158,097	3,607,701	6,176	8,771,974	3,193,610	11,965,584
1925	8,030,775	6,600	863	8,038,238	3,421,588	11,459,826
1926	7,903,090	9,296	293	7,912,679	3,378,493	11,291,172
1927	9,266,404	26,183	345	9,292,932	3,283,289	12,576,221
1928	13,376,359	4,199	220	13,380,778	3,511,051	16,891,829

出典：室田武隣「朝鮮の麻織物及絹織物」『朝鮮経済雑誌』第121号（京城商業会議所，1926年1月）36〜37頁；税田谷五郎「内地に於ける鮮人向絹織物の生産に就て」『朝鮮』第128号（朝鮮総督府庶務部，1926年1月）146頁；室田武隣「朝鮮の機業に就て」『朝鮮』第189号（朝鮮総督府庶務部，1931年2月）71頁より作成。

して朝鮮内生産額は同期間に年平均22％に過ぎず，中国産絹織物の半分にとどまっていた。なぜこのような結果をもたらしたか，朝鮮総督府の都澤正章と小ケ倉喜平が1922年に中国華中の絹織物製造の調査を行った結果を基に見ていこう。

　二人は朝鮮と中国の絹織物を比較して，①「原料繭価に於て支那側三割方低廉なるの利あり」，②「労銀に於ては生活必要物資の低廉なるにより支那側有利なり」，③「製織設備に於て現在に於て支那側優る」，④「製織技能は現在に於て支那側優る」として，以上の四つの要因により朝鮮産絹織物の中国産絹織物に対する「競争は不可能」であると結論付けた[26]。

26）朝鮮総督府（1923年）89〜90頁。この調査活動は朝鮮総督府が中国産絹布と麻布の輸入防止のための基礎資料を得るために行われた。

二人は朝鮮に輸入されていた中国産絹織物[27]のうち相対的に輸入が多かった明紬，官紗，紋繻子（法緞）の3品目の朝鮮と中国における生産費を比較した結果，朝鮮産は各々6.950円，10.200円，32.40円に対して，中国産は各々4.965円，7.31円，27.12円であり，生産費は朝鮮産が中国産より各々40％，40％，19％も高かった[28]。1922年現在に中国産3品目に対して100斤当たり520円の関税が課せられ，かろうじて朝鮮産は価格面において中国産と対抗できた。

　なお，中国産と朝鮮産の3品目の絹織物が同価であっても製品の品質において優位にあったのは中国産であった。中国産の絹織物は価格の割に耐久の質に富んでいて，特別の紋様を織り出し，光沢があって品位があるようにみえた[29]。このように朝鮮産に比して価格，品質において優位に立っていた中国産絹織物が開港期以前から植民地期にかけて大量に輸入されたのが，朝鮮の絹織物製造業の停滞をもたらした主要な原因であったことはすでに指摘されている[30]。

　次に，このような中国産絹織物が華僑織物輸入商によってどのような経路で輸入されたか探ってみたい。中国の絹織物の主要な産地は広東省，浙江省，江蘇省，河南省であった。このうち広東省と河南省には「綢」，その他普通品の絹織物が多く，浙江省と江蘇省には「緞[31]」の絹織物が製織を独占していて，朝鮮輸出の絹織物は浙江省と江蘇省の製造業者によって製織されたものが多かった[32]。両省における主要な絹織物産地は南京，蘇

---

27) 1923年中に輸入の多かった中国産絹織物は官沙（全体の26.8％），府沙（同18.5％），寧紬（同13.0％），繻緞子（同11.7％），老紡紬（同5.7％），絹紬（同4.8％），唐亢羅（同4.8％），沙（同3.4％）であった（京城商業会議所「朝鮮絹織物貿易の消長と支那絹布及代用品に就て」『朝鮮経済雑誌』第114号（京城商業会議所，1925年6月）5頁）。
28) 朝鮮総督府（1923年）90～92頁；「奢侈税と朝鮮の機業」『京城日報』1924年8月22日。
29) 金敬泰編『通商彙纂　韓国篇②』（麗江出版社，1987年）202頁；権（1989年）211頁。中国の絹織物製造業者は朝鮮向け輸出のために朝鮮人が好む着色および模様に加工する工夫をしていた（露国大蔵省編纂（1905年）166頁）。
30) 須川（1988年）；須川（1994年）260～271頁。
31) 中国産絹織物の種類は多種多様であった。中国産絹織物は組織上，用途，産地名，模様などにより区分される。綢と緞は絹織物の組織により区分されたもので，前者は織り上げて後練った手織物，後者は経糸緯糸の表面に多く現れるもので繻子のようなものを指す（朝鮮総督府（1924年a）39頁）。

州，杭州，鎮江などであって，同地には蘇州雲錦公所，南京緞業商会，鎮江綢業公所などの絹織物製造業者および商人の組合が結成されていた[33]。

　朝鮮の華僑織物輸入商は以上の産地に直接赴いて絹織物を買い付けたのではなかった。南京，蘇州，杭州，鎮江で製織された絹織物は上海の絹織物問屋に集散されて，各方面に輸送されるのが一般的であった[34]ためである。朝鮮の華僑織物輸入商は上海の絹織物問屋と特別な関係を結び注文取引をなすか，あるいは所属の職員を出張員として上海に派遣して輸入に当たらせていた[35]。華僑織物輸入商による注文の場合は，上海問屋より直ちに輸送されて代金は1か月後に支払い，出張員による仕入の場合は，商品の朝鮮到着後60日以内に該当出張員を通して為替で支払っていた[36]。

　華僑織物輸入商が上海のどの絹織物問屋と取引を行っていたかは不明である。だがそれと関連して，朝鮮総督府が1920年と1924年に中国産絹織物に対して関税率を引き上げた時に，その反対運動に積極的に参加していた団体に注目したい。関税率の引上に断固反対する団体は朝鮮への絹織物を輸出していた産地の南京緞業商会，鎮江綢業公所，蘇州雲錦公所，江浙糸綢機織連合会などであった。これらの団体の中で，蘇州雲錦公所は反対運動に最もよく登場する団体であり[37]，朝鮮への絹織物の輸出に最も利害関係が深かったのだろう。上海には蘇州産の絹織物を朝鮮などに輸移出する問屋で構成された上海雲錦公所があって，その組合には永興冶，裕泰豊，曹哉記，徐協記，裕豊仁正記，王義豊和記，裕豊仁泰記，正泰豊，正裕，德余豊，震泰栄，生記などの問屋が入っていて[38]，華僑織物輸入商は

---

32) 朝鮮総督府（1923年）68頁。
33) 「日本又擬増加朝鮮進口税」『天津大公報』1919年12月12日。
34) 朝鮮総督府（1923年）77頁。
35) 朝鮮総督府（1923年）79頁。
36) 朝鮮総督府（1923年）79〜80頁。出張員による買付の詳細は後述する。絹織物の輸送は高価な割合に容積が小さいから主に小包郵便物として入荷して大貨物として輸入される金額は少なかった（朝鮮総督府（1924年a）38頁）。
37) 同団体が関税増税に反対する運動に参加して新聞に登場した記事を列挙すれば次の通りである。「日本又擬増加朝鮮進口税」『天津大公報』1919年12月12日；「反対日本苛税之踵起」『上海時報』1924年8月17日；「日本加税各界之反応」『上海時報』1924年8月23日；「滬十四公団反対日本加税」『上海時報』1924年12月12日。
38) 「綢緞公所維持糸織物之苦心」『上海時報』1914年5月25日。

これらの絹織物問屋と取引していたと考えられる。

2　日本産絹織物の移入

〔表2-2〕が示すように，中国産絹織物の輸入が増加するとともに，日本産絹織物の移入も増加していたことに注目したい。日本産絹織物は1917年頃から移入額が急増して1921年には初めて中国産絹製品の輸入額を上回った。しかし，「韓国併合」直後の1912年には日本産は朝鮮の絹織物消費総額の20％に過ぎず，中国産が60％，朝鮮産が20％を占めていて，開港期を含めて日本産は朝鮮の市場で中国産に押されて振るわなかったのである[39]。日本産絹織物の朝鮮輸移入品は銘仙，縮緬のように日本人しか着ない織物が多く，朝鮮人の需要が多かった官沙などは少なかった。さらに日本産絹織物は中国産より価格が高く，光沢が乏しいためけばけばしくみえて朝鮮人にはあまり歓迎されなかった[40]。

日本の絹織物業界は朝鮮の絹織物市場が中国産に独占されていることに刺戟されて，開港期から日本産絹織物の朝鮮輸出を増やす対策に取り組んでいた。例えば，京都西陣の織物商は1895年頃に朝鮮に日本産絹織物を輸出するために朝鮮人に好かれていた中国産絹織物を模造して華麗なる絹織物を織造したが，価格において中国産より割高であったため，失敗に終わった[41]。日本の絹織物製造業者は1910年代に中国産絹織物と同じく織造するため，中国から輸入した生糸を原料にして製織したり，日本産絹織物を上海と大連までに運んでいって中国産と装って，朝鮮に輸出したが，すべてうまくいかなかった[42]。

一方，朝鮮の日本人織物問屋は1908年頃に華僑織物輸入商が独占輸入していた中国産絹織物の輸入に取り組み，絹織物産地の蕪湖，蘇州，杭州

---

39) 1877年～1908年に朝鮮の絹織物輸入額のうち日本産甲斐絹の輸入額が占める比重は年平均6.3％であった（須川（1994年）267頁）。
40) 朝鮮総督府（1913年 b）105頁。
41) 金敬泰編『通商彙纂　韓国篇③』（復刻版，驪江出版社，1987年）307頁。
42) 京城商業会議所「朝鮮の麻織物及絹織物」『朝鮮経済雑誌』第121号（京城商業会議所，1926年1月）37～38頁。

と，その集散地の上海に出張員を派遣して，同地の中国人問屋より輸入することを実現したが，「収支の上ではどうかといふと，中々支那人（著者：華僑織物輸入商）には敵はない。第一に支那人は経費が安い。もう一つは為替関係で……支那人は一年でも二年でも切替をやらないで待ってゐるといふやり方で，これが一番我々（著者：朝鮮の日本人織物問屋）の苦手であ」って，うまくいかなかったという[43]。

しかし，日本の絹織物製造業者は朝鮮人の嗜好と趣味にあわせるために多様な生産改良と新製品開発に取り組み，徐々に効果を上げることになる。彼らは朝鮮で多く需要されていた中国産の三八紬，官紗，庫紗などの代用品を開発したばかりか，朝鮮人の趣向にあわせるため，中国産をそのまま模倣した唐亢羅，官紗，庫紗などを作り出した。さらに従来の対朝鮮輸移出品の法緞，甲斐絹などの生産を拡張するほか，朝鮮在住日本人向けの縮緬と紋羽二重も朝鮮移出用の絹織物に改良した[44]。これは日本産絹織物の約5割が移入される京城に1924年9月より翌年4月まで同地に移入された日本産絹織物をみれば分かる。すなわち，日本産移入絹織物は緞子および繻子が移入額の57%，羽二重が19%，甲斐絹が16%，富士絹が4%，絽・沙・倭沙・官沙が2%，琥珀が2%であって[45]，以前日本人需要の羽二重，甲斐絹などは全体の約4割に過ぎず，その他約6割は朝鮮人需要の中国産絹織物の代用品であった。

しかし，日本産絹織物が朝鮮市場から中国産絹織物の輸入額を上回り駆逐したのには，朝鮮総督府が1920年に実施した日本と朝鮮の統一関税と1924年の奢侈品関税の施行の影響が大きかった[46]。特に中国産絹織物に対する100%の奢侈品関税の賦課は中国産を朝鮮市場から完全に駆逐することになり，その座を日本産が取って代わった（〔表2-2〕参照）。日本産絹

---

43) 朝鮮貿易協会（1943年）287頁。引用文は朝鮮綿糸布商聯合会会長の高井兵三郎の話である。
44) 税田谷五郎「内地に於ける鮮人向絹織物の生産に就て」『朝鮮』第126号（朝鮮総督府庶務部，1925年11月）26～28頁。
45) 京城商業会議所「朝鮮絹織物貿易の消長と支那絹布及代用品に就て」『朝鮮経済雑誌』第114号（京城商業会議所，1925年6月）7頁。
46) 詳細は第4章で考察する。

織物の移入額は1924年に516万円から年々増加して1928年には1,338万円に増加し，奢侈品関税実施後の1925年～1928年に日本産絹織物が朝鮮の絹織物消費総額に占める比重は中国産の市場シェアを上回る74％に達した。

さて，華僑織物輸入商は中国産絹織物を独占的に輸入してこの部門では朝鮮の日本人織物商より優位に立っていただけに，中国産織物輸入の激減は同輸入商にとって痛手であったに違いない。この危機に直面した華僑織物輸入商がどのように対応したか見ていこう。華僑織物輸入商の中国産絹織物に対する関税率引上に対する反対運動は第4章に委ね，ここでは商業上の対応を中心にみてみたい。

華僑織物輸入商は1924年12月頃に奢侈品関税を回避する手段として京城に資本金400～500万円で絹織物の製造会社を設立しようとした[47]。同輸入商は割安な賃金の華僑職工を本国から連れてきて，中国から輸入した生糸を原料で絹織物を製織して朝鮮内に販売する，いわゆる朝鮮現地生産を図ったのである。華僑織物輸入商は朝鮮総督府当局に会社新設の申請を行ったが，朝鮮総督府は華僑に奢侈品の生産をさせること，朝鮮人の失業者が多いなかで中国人職工を招待することは望ましくないと判断し[48]，同計画は水泡に帰した。

一方，華僑織物商などは奢侈品関税実施後に中国産絹織物を朝鮮と中国との国境地域を通じて大量に密輸を行い[49]，朝鮮の日本人および朝鮮人織物商が朝鮮総督府当局に密輸の厳重取締を陳情する事態が発生した[50]が，当局が1927年から国境地域の監視所の増設[51]，正常に輸移入された絹織物および朝鮮内生産の絹織物に対しては検印を実施するなどの対策強化で，下火になった[52]。

華僑織物輸入商にとって残り一つの対応策は綿織物と同様，日本産絹織

---

47)「中国商人이（が）絹布会社計画」『東亜日報』1924年12月20日。
48)「中国人計画의（の）中国絹布製造不許奢侈品関税引上本意로（で）」『朝鮮日報』1924年12月27日。
49)「密輸品六千件奢侈品関税가（が）激増」・「綢緞密輸」『東亜日報』1926年2月3日。
50)「密輸入絹布取締를（を）朝鮮絹布商希望」『東亜日報』1926年6月18日。
51)「密輸防止策으로（で）税関施設充実」『東亜日報』1927年12月3日。

物を日本から移入するしかなかった。華僑織物輸入商は奢侈品関税賦課以前にも「内地産模造品に対しても，内地の有力な問屋筋と直接取引の途を開いて」いて[53]，奢侈品関税実施以後は日本産絹織物の移入を一層拡大したと考えられる。

それと関連して，瑞泰号の帳簿のなかに「福井・桐生日鮮往復」という帳簿[54]が注目に値する。帳簿の名称に出る「福井・桐生」は日本の福井と桐生地域を指す。福井と桐生地域は承知のように当時日本では絹織物の主要な産地として知られていた。日本の絹織物の輸出では福井産と桐生産が最も多く，桐生地域の1929年の絹織物の輸移出額は2,000万円に上っていた[55]。なお朝鮮に移入されていた日本産絹織物および人絹織物の「其の殆んど全部は北陸の福井及石川と，両毛地方」であった[56]。両毛地域は現在の栃木県南西部から群馬県南東部に跨る一帯で，桐生地域が含まれる。

とすれば，「福井・桐生日鮮往復」は瑞泰号が福井と桐生地域との取引を記した帳簿であろう。瑞泰号と両地域とどのように取引していたか，京城商工会議所調査課の徳家藤栄による桐生織物調査結果を基にみていこう。桐生産絹織物が朝鮮に初めて移入されたのは緞子類を主として法緞の

---

52) 田中三雄「輸移入及鮮内産絹布の検印実施に就て」『朝鮮』第151号（朝鮮総督府庶務部，1927年12月）1～4頁。朝鮮内生産の絹織物については各府郡島の監督の下に生産者あるいは組合が「生産証印」，日本からの移入品については移出所在税務署の監督の下に移出業者および組合が「移出証印」，輸入品については輸入税関が「輸入証印」を各々押捺した。
53) 京城商工会議所「在鮮支那貿易商の実力」『朝鮮経済雑誌』第58号（京城商工会議所，1920年10月）4頁。
54) 瑞泰号の帳簿には「發貨流水賬」，「現賣賬」，「雑項賬」，「収貨老賬」，「収申貨賬」，「各埠往復」，「銀行往復」，「本街往復」，「本街日鮮往復」，「各埠日鮮往復」，「福井・桐生日鮮往復」，「大阪往復」，「申・阪煙往復」，「仁釜往復」，「借貸往復」，「暫欠往復」，「銀行入金通賬」，「銀引勘定通賬」，「銀引割引入金賬」などがあった（1930年4月7日発，瑞泰号ヨリ駐朝鮮総領事館宛呈「交渉営業税」（同上档案））。
55) 徳家藤栄「内地に於ける主要機業地の情況と朝鮮向絹織物に就て（其の三）」『京城商工会議所経済月報』第229号（京城商工会議所，1935年1月）76頁。
56) 徳家藤栄「内地に於ける主要機業地の情況と朝鮮向絹織物に就て（其の四）」『京城商工会議所経済月報』第231号（京城商工会議所，1935年3月）68頁。しかし，1925年の調査では桐生産の絹織物の朝鮮移入額は少なかった（「日本絹織物産地外（と）朝鮮移入状況」『東亜日報』1925年7月14日）。
57) 徳家（1935年3月）68～69頁。移出額の中には人絹織物が含まれていた。人絹絹布は15万9,402碼・3万2,679円（全体の14％）であった。

移入が最も古く，1914年頃から少量ながら移入され，琥珀は1918年，真珠沙は1922年，永絹緞は1925年頃に各々移入し始められた。1930年上半期に朝鮮移出の桐生産絹織物は43万7,572碼・22万9,032円であった[57]。

徳家は華僑織物輸入商と桐生の製織業者および織物問屋との関係を次のように述べた。

> 同地の朝鮮向織物は平物は兎に角紋模様物は多くは朝鮮向独特の模様である為め，機屋が見込織を為すことは比較的少なく，多くは需要者の問屋筋か又は同地買継商の注文に依って製織して居る。然して朝鮮向織物は其の製織を専門的に営むのは殆んどなく，何れも輸出向と併せ，或は輸出物のツナギとして製織して居るので，同地に依っては頗る重宝な需要先となって居る。朝鮮向織物の主要製織業者は製織と同時に買継商を兼営して居るものが多く，買継商を兼営せざる者は買継商を経て取引をするのであるが北陸地方対朝鮮向織物の取引は殆んど大阪の大問屋の手を経て売買されるに反し両毛地方の織物は殆んど全部が産地との直接取引である点が異なって居る。代金の決済は殆んど荷為替付で，延取引は需要先たる朝鮮の問屋又は商店と特殊関係を有する者の間に於て行はるゝに過ぎぬ[58]。

以上の徳家の調査を参考に考えれば，瑞泰号は桐生の製織業者および買継商と取引を行い，絹織物の模様は瑞泰号によって注文された通り製織されるのが一般的で，支払いは荷為替で行われていただろう。桐生の主要な朝鮮向け絹織物の取扱者および生産者は書上商店，合資会社小野亦工場，江原商工株式会社，松岡商店，帝国絹布株式会社，藍原和十郎商店，飯塚春太郎商店，両毛染色整理株式会社，稲邊織物整理工場などがあった[59]が，このうち瑞泰号の取引先がどこであったかは不明である。

一方，京城の瑞泰号のような華僑織物輸入商だけでなく，平壌の華僑織物輸入商も1920年代後半に桐生および足利方面の生産者と直接取引を行っ

---

58) 徳家（1935年3月）69頁。

```
中国産絹織物： 上海中国人絹織物問屋  ⇒  華僑織物輸入商
日本産絹織物： 桐生・福井・足利の製造業者・問屋 ⇒ 華僑織物輸入商
          注：⇒は商品の流れ
```

図2-1　植民地期朝鮮華僑織物輸入商の絹織物輸移入の通商網

ていた[60]。この点は，華僑織物輸入商が奢侈品関税実施以後日本の絹織物産地との取引が広範囲に行われていたことを物語る。

以上の検討結果を踏まえて植民地期朝鮮華僑織物輸入商の絹織物の通商網を表示すれば〔図2-1〕のようになる。

第3節　麻織物の輸入

1　中国産麻織物の大量輸入およびその原因

華僑織物輸入商が中国より輸入した織物の中で最も長く続いたのは麻織物であった。中国産麻織物は1880年代から日中戦争が勃発する1937年まで約半世紀にわたって大量に輸入され，英国産綿織物と中国産絹織物より長く続き，同輸入商の経営を支えていた最大の織物であった。

中国産麻織物の輸入額は1886年にわずか8,039円に過ぎなかったが，1890年代から上昇し始め，1905年には初めて100万円を超えた[61]。植民地期の中国産麻織物の輸入額は一層増加して1917年には200万円台を突破し，1919年には690万円，1922年には史上最高額の870万円に達した（〔表2-3〕参照）。その後，若干の減少はするものの，500万円台の輸入が1920年代末まで続いた。中国産麻織物の1912〜1928年の年平均輸入額は約426万円に達して，中国産絹織物と英国産綿織物より輸入額が多く，山東幇織物

59）税田谷五郎「内地に於ける鮮人向絹織物の生産に就て」『朝鮮』第126号（朝鮮総督府庶務部，1925年11月）34〜35頁。
60）平壌商業会議所（1927年）364頁。奢侈品関税実施後，華僑織物輸入商が日本より移入した安価な絹織物を中国産上等品と偽って販売することがあった（「『中国商人에(に)見欺치말라(騙されないように)』를읽고(を読んで)」『東亜日報』1926年2月15日）。
61）統監府（1908年a）248頁。

表2-3 朝鮮の麻織物の輸移入額および生産額

(単位：円)

年次	輸移入額			朝鮮生産額	輸移出額	消費総額
	日　本	中　国	その他			
1912	21,436	1,485,551	11,049	2,378,128	—	3,896,164
1913	23,802	1,353,616	19,090	2,686,785	—	4,083,293
1914	27,408	1,564,333	25,632	2,772,437	3,150	4,386,660
1915	24,504	1,155,150	6,449	2,985,524	15,494	4,156,133
1916	36,900	1,612,579	13,099	3,665,527	11,141	5,316,964
1917	70,354	2,210,760	17,992	5,372,845	29,032	7,642,919
1918	79,176	2,474,972	23,939	9,310,701	43,086	11,845,702
1919	129,342	6,907,229	42,928	14,160,832	93,174	21,147,157
1920	194,269	7,905,068	25,937	8,299,010	23,152	16,401,132
1921	109,127	5,395,419	22,610	9,646,658	74,556	15,099,258
1922	135,987	8,702,849	13,349	9,021,120	87,959	17,785,346
1923	179,660	5,181,516	13,635	8,775,370	87,247	14,062,934
1924	246,332	4,991,614	105,781	9,251,488	51,303	14,543,912
1925	269,567	4,787,025	5,919	9,327,802	81,733	14,308,580
1926	233,973	5,419,850	10,769	9,658,977	70,423	15,253,146
1927	219,333	5,500,595	31,598	10,069,131	65,970	15,754,687
1928	341,532	5,780,450	31,044	10,444,763	57,504	16,540,285

出典：京城商業会議所「朝鮮における麻布の需給概況」『朝鮮経済雑誌』第162号（京城商業会議所，1929年6月）2～8頁；室田武隣「朝鮮の機業に就て」『朝鮮』第189号（朝鮮総督府庶務部，1931年2月）56～57頁より作成。
注：その他の輸入額はほとんど香港からの輸入であるが，その大半は中国産であった。

輸入商にとって中国より輸入する織物の中では最多であった。なお，中国産麻織物は朝鮮内の麻織物消費総額のうち1912～1928年に年平均約36％で4割に肉薄していた。他方，中国の麻織物の輸出先のうち朝鮮は1913～1920年に年平均70.9％で，香港の14.3％，日本および台湾の12.7％，シンガポール（新嘉坡）の0.8％，その他地域の1.3％よりはるかに高く，朝鮮は中国産麻織物の最大の需要先であった[62]。

中国産麻織物が朝鮮に大量に輸入された原因は朝鮮内麻織物業界の生産構造と中国産麻織物の競争力に求めることができる。朝鮮では麻織物は喪衣，夏季衣料としてその需要が多かったが，その需要を朝鮮内生産では常に自給できていなかった。朝鮮の麻織物には麻布と苧布の2種類があっ

62) 朝鮮総督府（1923年）21頁。

て，前者は強靭にして労働服として中層階級以下に，苧布は強靭である上に華麗なため主として都市部の上層部向けの夏季衣料として多く需要されていたが，麻織物は農閑期農村の婦女たちの家内手工業によって製織されたため，大量生産になりにくかった。なお，開港期から中国産麻織物の大量輸入が朝鮮の麻織物業を抑圧したことは言うまでもないが，朝鮮の麻織物業は朝鮮総督府の奨励策[63]もあって麻織物の生産量および生産額は増加して行ったことを見落としてはならない。

　中国産麻織物が大量輸入された原因について，京城商業会議所は「何分朝鮮麻布は原料に乏しかったのと，生産原価高く，而も製織技術の劣ってゐること」を指摘した[64]。中国産麻織物の原料である大麻，苧麻は中国大陸の南部と中部に大量に生産されて，同地の苧麻の生産量が世界一であった[65]。それに対して朝鮮では大麻の産地が交通不便な山間地域に多く，綿花・桑・煙草などの対抗作物のために増産しにくかった[66]。苧麻は高温多湿を好み栽培できる地域が全羅道に限られ，その生産量が大麻よりも非常に少なかった[67]。その結果，1915年〜1920年に中国産苧麻の朝鮮輸入相場は年平均100斤当たり34円に対して，朝鮮産の相場は121円であり，朝鮮産が中国産より3.6倍も高かった[68]ため，朝鮮の苧布の産地では中国産苧麻を輸入して製織した[69]が，朝鮮人消費者はその製品を好まなかったとい

---

63) 統監府および朝鮮総督府は工業伝習所の設置，機業組合の組織，1926年に朝鮮産業組令を公布して産業組合の設立などを通じて農村地域での織物製造を奨励した（権（1989年）191〜243頁）。
64) 京城商業会議所（1929年6月）8頁。
65) 麻布の原料には大麻（Hemp），亜麻（Flax），黄麻（Jute），苧麻（China Grass）などがある。朝鮮では気候上，大麻と苧麻の生産量が多かった（劉斗燦「朝鮮製麻事業의（の）艦褸利用策」『開闢』（1921年1月）79頁）。中国産苧麻に関する詳細は田代（1917年）57〜83頁を参照されたい。
66) 権（1989年）220頁。
67) 京城商業会議所（1929年6月）2頁。全羅道の苧麻生産額は1928年に朝鮮内生産額の73%を占めていた。
68) 都澤正章「支那苧麻朝鮮輸入に関する私見」『朝鮮農会報』第17巻第9号（朝鮮農会，1922年9月）37頁。
69) 「中国原料로써（で）新鮮苧麻改良織組利益多大함으로（であるから）将来가（が）有望，忠南苧布会社新事業」『東亜日報』1925年11月22日。1925年に中国などにより輸入された原料麻は13万512円に上った（「中国麻布輸入逐年減少趨勢」『東亜日報』1926年9月4日）。

う。

　朝鮮産麻織物と中国産の朝鮮での市場価格は，1920年に反当たり朝鮮産麻布が2.90円，苧布が4.54円に対して，麻布と苧布が交じっていた中国産麻織物は平均3.28円であって[70]，中国産は朝鮮産麻布より12％割高，苧布より38％割安であった。朝鮮産苧布は品質優良で実質，外観，耐久の点において中国産の麻織物より優れていた[71]ため，中国産より割高であっても朝鮮の上流層が朝鮮産苧布を需要していたばかりか，〔表2-3〕のように少なからず輸移出されていた。しかし，朝鮮産麻布は朝鮮産2匹に対して中国産1匹を換えるほど品質粗悪であった[72]ため，麻布部門では中国産が朝鮮産より競争力を有していたと考えられる。

　一方，絹織物とは異なって日本からの移入額は1912〜1928年に年平均13万7,829円に過ぎず，朝鮮の麻織物消費総額の約1％にとどまった。その原因は，手紡糸を原料とした製織が日本の賃金上昇によって高価になったこと，紡績糸を原料とした麻織物は朝鮮人が好まなかったことにあった[73]。

　以上のように，中国産絹織物とは異なって中国産麻織物が長く朝鮮に輸入され続けた主要な原因は朝鮮および日本の麻織物業の脆弱な生産構造にあったといえよう。

2　中国産麻織物の輸入

　ここでは華僑織物輸入商が上海より中国産麻織物をどのようにして輸入したか，その通商網を検討したい。この問題の解明の手がかりとなる「潮商夏布事」を取り上げて論を進めていこう。

　京城中華総商会は1922年6月4日に駐朝鮮総領事館に次のような内容の函文を送付した[74]。この函文には瑞泰号，徳順福など中国産麻織物を輸入

---

70) 都澤（1922年9月）33頁。
71) 権（1989年）222頁。
72) 権（1989年）205頁；豊永真理「興業資料（1）」『朝鮮彙報』（朝鮮総督府，1926年1月）19〜20頁。
73) 京城商業会議所（1929年6月）7頁。

する華僑織物輸入商が京城中華総商会に陳情したのを同総商会が再び同総領事館に伝達したものである。それを要約すれば次のようである。

朝鮮に輸入される中国産麻織物のうち四川省，江西省，江蘇省産の麻織物の品質は最も優れていて，朝鮮人消費者より歓迎されていた。しかし，広東省潮州産麻織物は他の製品より光沢も耐久力も劣る上に，価格は他の製品とほとんど変わらなかったため，朝鮮人消費者の信用を失い，1922年に入って同製品の注文予約を取り消して買わなくなり，値段の引下を要求するケースが相次ぎ，その影響は軽くなかった。すでに仕入れた潮州産の粗悪品の麻織物に対しては品質によって新しく値段付けするように，該当華僑織物輸入商が「在滬代表」に電報を打って，明細書に則して取引先の「潮商」[75]と交渉するように指示した。しかし，潮商はそれを受け容れようとしなかったため，瑞泰号と徳順福などは京城中華総商会を通じて問題解決に乗り出したのである。

潮商が朝鮮に輸出していた広東省産の麻織物であるが，1930年頃に朝鮮に輸入された中国産麻織物を各産地別にみれば，江西省が全体の73％，湖南省と四川省をあわせて18％，広東省（潮州）と江蘇省（蘇州）をあわせて9％で，広東省産の麻織物は全体の10％未満であった[76]。特に潮州産麻織物の輸入量は1923年に仁川港の中国産麻織物輸入総量の2％に過ぎなかった[77]。この「潮商夏布事」が潮州産麻織物の朝鮮輸入に影響したと考えられるが，そもそも朝鮮には江西省産が輸入の中心をなしていたのである。

74）1922年6月4日収，京城中華総商会ヨリ駐朝鮮総領事館宛函「潮商夏布事」『駐韓使館保存档案』（同03-47，108-05）。
75）潮商というのは潮州商人のことで上海の広東幇に所属し，外国貿易および外国人商館の買弁の者が多く，上海では寧波幇に次いで大きな商業勢力を形成していた（東亜同文会（1908年）162頁）。
76）「反日援僑会邁行対日経済絶交違者受罰」『上海時報』1931年7月16日。江西省の中でも新昌県，万載県が中心的な産地であった。
77）京城商業会議所「朝鮮における麻織物の生産と貿易概況」『朝鮮経済雑誌』第112号（京城商業会議所，1925年4月）9頁。輸入された主な製品は「四川夏布」（全体の29％），「千尺」（同16％・江西省産），「五百尺」（同14％・江西省産），「江西夏布（揚荘）」（同11％）などであった。

同総領事館は同総商会より瑞泰号（〔付表4〕の256番）と徳順福（〔付表4〕の56番）などの輸入商の陳情を受け付けて，上海総商会および中華国貨維持会に連絡を取って同問題の解決を要請した。上海総商会はさっそく上海の「潮恵会館」に仲裁解決を働きかけて，6月15日に上海の山東会館に「潮幇」代表2名と山東幇代表4名（王紹坡・趙聘三・李子言・譚振声）の間に直接協議が行われた。その結果，双方は華僑織物輸入商が粗悪な潮州産麻織物によって蒙った損失額約11万円を折半して負担し，今後到着する潮州産麻織物のうち粗悪品が出た場合にも同様な方法で解決することで折り合った[78]。このような解決の消息は中華国貨維持会が同総領事館に[79]，「在滬代表」が同総商会にそれぞれ報告した[80]。
　この「潮商夏布事」で注目されるのが「在滬代表」の存在である。「滬」というのは上海の別称である。京城の華僑織物輸入商の中には「商品の仕出地なる上海に自己の店舗を有するものもあ」った[81]。とすれば，「在滬代表」というのは華僑織物輸入商が上海に開設した支店の代表である可能性が非常に高く，前述の山東幇の代表4名は華僑織物輸入商の瑞泰号，徳順福などの上海支店の支配人であろう。上海で朝鮮向け麻織物の取引を行っていた問屋は恒昇東，徳裕，隆和，同和永，和聚盛，源泰，柳余記など7軒があった[82]ため，上海支店はこれらの問屋と取引関係にあったと考えられる。
　再び瑞泰号の帳簿に注目しよう。帳簿の中に上海と関わる帳簿は「収申貨賬」，「申・阪煙往復」である。瑞泰号は上海に支店を設けていたため，「収申貨賬」は「申」が上海の別称であったことを考えれば上海支店が買い付けて輸送して到着した貨物を記した帳簿であろう。「申・阪煙往復」は上海支店と大阪，上海支店と煙台（芝罘）の本店か取引先を記した帳簿

---

78) 1922年6月23日収，上海総商会ヨリ駐朝鮮総領事館宛函「潮商夏布事」（同上档案）；1922年7月5日収，京城中華総商会稟「潮商夏布事」（同上档案）。
79) 1922年6月23日収，中華国貨維持会ヨリ駐朝鮮総領事館宛函「潮商夏布事」（同上档案）。
80) 1922年7月5日収，京城中華総商会ヨリ駐朝鮮総領事館宛函「潮商夏布事」（同上档案）。
81) 京城商業会議所（1920年10月）4頁。
82)「反日援僑会邁行対日経済絶交達者受罰」『上海時報』1931年7月16日。

であるが，大阪および芝罘の取引先は不明である。

　これが事実であれば，華僑織物輸入商の上海からの織物仕入方法が植民地期に変容したことになる。すなわち，駐上海日本総領事館は1912年頃に上海における朝鮮向け麻織物について調査を行い，「朝鮮併合前に於ては朝鮮対清国貿易の清国方面に於ける根拠地は芝罘にして朝鮮輸入品の大部分は芝罘より仕向けられつゝありし関係上本品の輸出も芝罘を以て其額最も大なるものとし」て，「上海より芝罘商の手を経て輸出せられ或は九江に於ける江西省品問屋か芝罘に送り芝罘商の手を経て輸出する[83]」仕組みになっていた。古田和子氏が主張するように開港期に「上海―芝罘―仁川」という三角形の通商ネットワークが形成されていた[84]のである。しかし，瑞泰号，徳順福などの華僑織物輸入商は植民地期に上海に支店を設けて芝罘の本店を介さず直接麻織物などの織物を仕入れた。これは，従来の「上海―芝罘―仁川」の三角形の通商ネットワークから「上海―仁川」の直線の通商ネットワークが出現したことを意味する。

　これを可能にしたのには二つの要因があった。華僑織物輸入商店の店員は開港期に経営規模が大きい商店でも10数名であったのが，1920年代には30～40名[85]に3～4倍増加したことから経営規模が拡大して上海に支店を設けるほどに発展したのがその一つである。もう一つは1924年6月に上海・仁川間の航路開設である[86]。この航路ができる以前には，上海から輸入する織物は芝罘および大連に積み替えられて仁川に輸送され，貨物の積替の不便さと積替費が発生したが，この航路の開設でそのような不便さと積替費がなくなったのである。それで上海・仁川航路を平安丸（1,580トン）が運行してからは「大部分が上海より直接輸入されるに到り主として仁川に陸上げされ[87]」た。

83）在上海帝国総領事館調査「上海に於ける朝鮮向麻布」『朝鮮農会報』第6巻第9号（朝鮮農会，1912年9月）25頁。
84）古田（2000年）100頁。
85）朝鮮総督府（1924年a）41頁。
86）朝鮮郵船が朝鮮総督府命令によって開設した航路である。仁川を起点として釜山，鎮南浦，青島，群山，木浦に交互寄港した。1928年には年18回運航した（京城商業会議所「朝鮮に於ける外国人の勢力」『朝鮮経済雑誌』第159号（京城商業会議所，1929年3月）22～23頁）。

最後に，上海にあった「鮮幇公会」という組織についてみよう。この組織は，朝鮮総督府による中国産織物への関税率引上の度にその反対運動に登場する[88]ばかりか，1931年排華事件の際には京城中華総商会と連絡を取り合い，朝鮮の事情を上海の諸団体に知らせる役割を果たしていた[89]。なお，鮮幇公会は1930年に京城中華総商会に連絡を取り，日中関税協定の進捗状況を知らせて，今回は朝鮮に輸入する中国産織物などの高関税を是正する機会であると助言し[90]，自らも上海夏布公会および中華国貨維持会とともに中国外交部に絹織物などに対する輸入関税率引下を要求していた[91]。このような諸活動から，鮮幇公会は朝鮮華僑織物輸入商が上海に開設した支店の支配人たちで組織された団体である可能性が非常に高い。

第4節　瑞泰号・永来盛・裕豊徳の通商網

　ここでは朝鮮の華僑織物輸入商を代表する瑞泰号，永来盛，裕豊徳の仕入先を取り上げて織物輸入商の通商網を具体的に解明してみたい。

　〔表2-4〕と〔表2-5〕は瑞泰号（〔付表6〕の203番）と永来盛（〔付表6〕の128番）の1929年の月別仕入額および売上額を示したものである。元の史料が仕入額と売上額を綿織物，絹織物，麻織物別に分類していないため，各々の仕入額は把握しえないが，華僑織物輸入商に関する直接的な史料がないなか，二つの表は貴重な史料であると考えられる。

　瑞泰号と永来盛の間には共通点と相違点が確認される。織物の仕入額を通関別に見れば，瑞泰号は仁川通関が22.9％，京城通関が77.1％であるのに対して，永来盛は仁川通関が58.4％，京城通関が39.3％，京城府内が1.9％，仁川支店が0.4％であった。瑞泰号は京城通関を通じた仕入額が全体の約8割に近いのに，永来盛は仁川通関が約6割で京城通関の約4割を上

87）京城商業会議所（1929年6月）8頁。
88）「日本又擬増加朝鮮進口税」『天津大公報』1919年12月12日。
89）「反日会決定今天起検査日本貨」『上海時報』1931年7月21日。
90）1930年3月13日発，京城中華総商会ヨリ駐朝鮮総領事館宛函「織品徴税事宜」『駐韓使館保存档案』（同03-47，191-06）。
91）1930年4月発，旅滬鮮幇公会・中華国貨維持会執行委員会・上海夏布公会ヨリ駐朝鮮総領事館宛函「織品徴税事宜」（同上档案）。

表 2-4 瑞泰号の月別仕入額と売上額（1929年）

(単位：円)

月 別	仕入額					売上額
	仁川通関	京城通関	京城府内	仁川支店	合 計	
1 月	2,550	48,700	—	—	51,250	51,467
2 月	6,250	64,860	—	—	71,110	64,345
3 月	33,860	51,420	—	—	85,280	80,472
4 月	18,527	30,210	—	—	48,737	69,951
5 月	54,465	30,718	—	—	85,183	80,819
6 月	1,080	35,800	—	—	36,880	23,668
7 月	50,900	90,730	—	—	141,630	47,603
8 月	3,191	89,420	—	—	92,611	82,591
9 月	2,050	88,530	—	—	90,580	62,290
10月	1,240	45,500	—	—	46,740	60,604
11月	5,145	64,760	—	—	69,905	47,686
12月	17,380	20,200	—	—	37,580	30,074
合計	196,638	660,848	0	0	857,486	701,570

出典：1930年5月28日発，駐朝鮮総領事館ヨリ京城府庁宛函「交渉営業税」『駐韓使館保存档案』（同03-47, 191-03）。

回り，京城府内および仁川支店からも仕入れていた。

　次に仁川港を通じた仕入額を金額の多い月の順に並べれば，瑞泰号は5月（27.7％），7月（25.9％），3月（17.2％），4月（9.4％）であるが，永来盛は5月（22.8％），4月（13.3％），3月（10.8％），7月（8.8％）であった。両織物輸入商いずれも若干の順位の違いはあるものの3月，4月，5月，7月が共通に多かった。この4か月は夏季衣料の麻織物が中国より春季から初夏にかけて輸入される時期と一致する[92]。

　なお1928年に朝鮮に輸移入された麻織物のうち82％が仁川港を通じた[93]ものであったことを考慮すれば，両織物輸入商は仁川港を通じて麻織物を主に仕入れていたこと，永来盛が瑞泰号より麻織物をより多く中国より輸入していたことが分かる。この点は瑞泰号が綿織物および麻織物と絹織物をあわせて取り扱う「綢緞布木商」であったのに対して，永来盛は綿織物および麻織物を主に取り扱う「布木商」であったことと一致する[94]。

---

92) 朝鮮総督府（1913年b）101～102頁。
93) 京城商業会議所（1929年6月）8～9頁。

表 2-5　永来盛の月別仕入額と売上額（1929年）

（単位：円）

月別	仕入額					売上額
	仁川通関	京城通関	京城府内	仁川支店	合計	
1月	18,949	18,041	306	—	37,296	43,377
2月	11,029	14,715	—	141	25,885	47,791
3月	33,624	22,579	759	—	56,962	57,715
4月	41,412	18,937	511	745	61,605	93,780
5月	71,069	1,401	1,224	—	73,694	113,846
6月	5,800	15,966	—	—	21,766	31,867
7月	27,274	26,321	—	862	54,457	53,429
8月	24,170	24,240	793	—	49,203	63,864
9月	25,046	21,863	905	—	47,814	50,065
10月	21,508	21,368	1,889	—	44,765	58,363
11月	23,240	13,360	2,420	427	39,447	51,128
12月	8,457	10,833	1,685	—	20,975	38,237
合計	311,578	209,624	10,492	2,175	533,869	703,462

出典：1930年5月28日発，駐朝鮮総領事館ヨリ京城府庁宛函「交渉営業税」（同上档案）。
注：1928年末現在の在庫品9万5,680円および解約品7,680円などは含まれていない。仁川通関
　　は仁川支店の名義による仕入である。

　両織物輸入商が京城通関を通じて仕入れた織物は何かについてみよう。両織物商が京城通関で仕入れた金額の多い順に並べれば仁川港とは異なって，3月，4月，5月，7月に集中することはなく，分散的な形をしている。瑞泰号は7月（13.7％），8月（13.5％），9月（13.4％），11月（9.8％），2月（9.8％），3月（7.8％），1月（7.4％），10月（6.9％），6月（5.4％），4月，5月（4.6％），12月（3.1％）の順であった。永来盛は7月（12.6％），8月（11.6％），3月（10.8％），9月（10.4％），10月（10.2％），4月（9.0％），1月（8.6％），6月（7.6％），2月（7.0％），11月（6.4％），12月（5.1％），5月（0.7％）の順であった。両織物輸入商ともに7月，8月，9月が上位にランクインされているが，月別の仕入額の差はさほど大きくなかった。

94）京城商業会議所（1929年3月）31頁。従来朝鮮においては「布木」というのは，絹織物の綢緞に対して絹糸を用いない綿織物および麻布を総称する言葉として用いられた。「布木商」は綿布と麻布を販売する商人および商店を指す。

中国産麻織物の輸入は京城通関が全体の5％に過ぎなかったため，京城通関による輸入はあったとしても小額であったから，ほとんど絹織物と綿織物の仕入であったと考えられる。1928年の場合，日本より移入された綿織物は仁川港が全体の28.4％，釜山港が17.8％，京城通関が10.3％で3番目に多かった[95]。絹織物と人絹絹布の日本からの移入は1930年に京城通関が66％と44％，仁川通関が8％と14％，釜山通関が15％と12％で，京城通関が圧倒的に多かった[96]。京城通関は統監府税関局出張所が1906年京城に新設されて翌年7月より開始され，1908年に朝鮮鉄道と日本鉄道が鉄道連帯輸送を始めると，日本の移入品が仁川および釜山通関を経ず直接京城に到着するようになり，京城通関の比重が一気に高くなった経緯がある[97]。なお，1911年の京城通関の綿織物の移入額を月別にみた場合，8月～12月に移入が相対的に多かった[98]ことも綿織物と絹織物であることを裏付ける。

　それと関連して先述の瑞泰号の帳簿のうち「大阪往復」が注目される。この帳簿そのものは保存されていないため確認のしようがないが，大阪が前述のように朝鮮の綿織物および綿糸の主要な移入先であったこと，瑞泰号の他の帳簿を基に考えれば，「大阪往復」帳簿は瑞泰号が大阪の織物業者より日本産綿織物などを仕入れた取引の帳簿であろう。永来盛も1929年の帳簿の中に「往復帳」が18冊あったとされるが，その中には大阪の織物業者との取引を記した帳簿があったと考えられる。

　ところで，永来盛が大阪のどの織物業者と取引関係にあったかを示す史料がある。1925年の『商工資産信用録』に「大阪・西・本田3番7番館」所在の永来盛という綿布雑貨商があった。この住所にはそもそも徳順和（店主王搏九）という「旅宿貿易」の店があった[99]ため，永来盛が徳順和

---

95) 朝鮮綿糸布商聯合会（1929年）175～176頁。
96) 京城商業会議所「鮮人向本絹布人絹布移入状況」『朝鮮経済雑誌』第183号（京城商業会議所，1931年3月）10～13頁。
97) 李（2000年）379～382頁。
98) 朝鮮総督府（1913年a）95～96頁。
99) 商業新興所『第二十六回　商工資産信用録（大正十四年）』第26回（復刻版，クロスカルチャー出版，2009年）16頁。

の店内に設置された綿布雑貨商であったことが分かる。

　徳順和および永来盛は旧外国人居留地の川口にあった。この川口には客商の宿泊設備を有して商業の取引を仲介する行桟が数多くあった。行桟は客商と取引先との仲介，通訳，金融，保険，運送などの諸手続きを斡旋して一定歩合の手数料を受け取り，その経営者はほとんど山東幇商人を中心とする「北幇」が多く，客商は山東省，河北省，奉天省などからきた華僑商人であった[100]。

　徳順和は1906年大阪川口に設立された行桟であった。1927年末現在徳順和に滞留する客数は57名で同地の行桟のうち規模が最も大きかった[101]。徳順和の店主の王搏九は芝罘出身であった。従って大阪川口の永来盛は芝罘本店および朝鮮本店が日本産織物などを仕入れるために徳順和内に設置された店舗である可能性が高い。

　それを裏付けるもう一つの根拠がある。「大阪・西・本田2番63番」館にある裕豊徳という柞蚕糸を販売する店舗を紹介するところに「乾生桟内」と記されていた[102]。乾生桟の住所を調べたところ裕豊徳と一致した。乾生桟は1895年大阪川口に設立された行桟で客数は52名で徳順和の次に多く，乾生桟店主の李堯臣は山東省出身であった[103]。大阪川口の裕豊徳は芝罘本店および朝鮮本店が乾生桟内に設置した店舗であったに違いない。

　このように朝鮮華僑織物輸入商が川口の行桟を通じて織物類を仕入れていた証拠は他にもみられる。瑞泰号など京城の華僑織物輸入商は1921年の財界不況時に「大阪商人にも信用があり支那商人の手元には委託販売品も

---

100) 内田（1949年）30〜31頁。川口の華僑商人の詳細は，許（1984年）を参照されたい。1889年に日本郵船が華北航路を開き，1899年には大阪商船会社が大阪を起点に大連・北清・漢口・天津線の各航路を開いてから，華北の中国人が大阪の紡績振興と相まって日清戦争後に多数来阪して設立したのが北幇である。行桟は1880年代後半頃に大阪本田町に形成され始めた。北幇は1896年に大清北幇商業会議所を建てて三江公所より独立した。
101) 内田・塩脇編（1950年）25・144頁。1937年6月現在の店員数は38名，客数は50名であった。
102) 商業新興所『第二十六回　商工資産信用録（大正十四年）』第26回（復刻版，クロスカルチャー出版，2009年）18頁。
103) 内田・塩脇編（1950年）25・145頁。1937年6月現在の店員数は35名，客数は45名であった。

潤沢に送荷される現象[104]」があった。韓国華僑の遅建藩氏は1939年から1945年3月まで大阪に留学する際，親父経営の義盛永の店員が大阪川口に仕入にきたと証言した[105]。

ところで，朝鮮華僑織物輸入商が中国，日本に織物移入の通商網を張り巡らしていたことは以上述べた通りであるが，中国にその販売ネットワークを有していた点についていえば，裕豊徳の支配人の周慎九が『朝鮮及満洲』1939年1月号に寄稿した文に「全鮮は云ふまでもなく，中国に迄販路を持」っている[106]と述べていたことも証左となろう。

1921年度の朝鮮の綿布輸出額は156万9,237円にして，そのうち朝鮮産は織紐1万1,890円に過ぎず，その余りはすべて日本および上海より輸移入された綿布で，綿布の再輸出額のうち約9割は中国向けの再輸出であった。その再輸出は仁川および京城より直接中国へ輸出されるか新義州を経て中国に輸出されていた[107]。裕豊徳の本店は芝罘にあって，本店が有するネットワークを活用して，裕豊徳が仕入れた日本産織物類を中国に販売していた。他の織物輸入商も本店が芝罘にあることを考慮するならば，裕豊徳のように日本産の織物類を中国へ再輸出していたと考えられる。

おわりに

以上，華僑織物輸入商が植民地期にいかなる通用網を有して織物の輸移入を行ったかについて検討してきた。

中国織物輸入商は英国産生金巾および綿糸などが日本産に押された後で

---

104)「在京綿布華商의（の）活動原因」『朝鮮日報』1921年4月18日。
105) 2003年1月28日ソウルにて行ったインタビューによる。遅氏は1927年に中国熱河に生まれた。彼の父（1890～1951年）は1900年代初め芝罘から朝鮮半島に移住して織物などの行商を営み，財を成して全羅道に義盛永という織物雑貨商を開設したという。彼は芝罘に居住して1933年頃に義盛永を訪れたことがあった。その時商店は店員が多く，皆豊かな生活をしていたという。彼は裕福な家庭であったため，1939年に大阪に留学にきた。朝鮮戦争時，彼は自願参戦して韓国軍に配置され，中共軍の情報を収集していた。1969年頃の「華僑青年韓国戦参戦同志名単」によれば，遅氏を含めて46名が参戦者と記載されていた。
106) 朝鮮中華商会主席周慎九「在鮮支那人の感謝と希望」『朝鮮及満洲』通巻第374号（朝鮮及満洲社，1939年1月）28頁。
107) 京城府（1924年）89頁。

も，上海から英国産晒金巾を1930年代初めまで独占的に輸入していたこと，日本産生金巾および綿糸などを大阪の日本人織物問屋および川口の華僑行桟を通じて移入するほか，朝鮮内の日本人織物問屋より買い付けて仕入れるなど，開港期の上海一辺倒から脱却して仕入先を多角化して対応していたことを明らかにした。

次に，華僑織物輸入商は1924年の奢侈品関税実施以前までに上海から中国産絹織物を独占的に輸入してきたが，同関税実施後，日本産絹織物の産地の桐生，福井地域の製造業者および問屋と取引関係を開き，直接日本産絹織物を移入し，中国産絹織物の輸入減を補っていたことを解明した。

中国産麻織物は日本産麻織物の朝鮮移入が少なかったこと，1920年代までは同織物に対する高関税がかけられなかったことで，華僑織物輸入商によって1937年まで上海から独占的に輸入されたが，その仕入方法は開港期とは異なっていたことを明らかにした。すなわち，華僑織物輸入商は開港期に比して経営規模が大きくなって上海に支店を設けたこと，上海・仁川間の直航便航路の開設により，開港期のように芝罘本店を経由した仕入方法ではなく，上海の麻織物問屋より麻織物を直接仕入れることに変わっていた。

最後に，中国織物輸入商の瑞泰号，永来盛，裕豊徳を取り上げて永来盛などの織物輸入商が大阪川口の行桟を通じて日本産織物類を仕入れていたことを明らかにした。なお，裕豊徳は仕入れた日本産織物を中国の販売網を活用して再輸出を行っていた。

すなわち，朝鮮華僑織物輸入商は京城および仁川を拠点に中国の上海，日本の大阪などに仕入の通商網を張り巡らしながら，仕入の日本産織物を中国に再輸出する販売網もあわせ持っていたのである。

第3章

華僑織物輸入商の朝鮮内流通網

はじめに

　第2章では，華僑織物輸入商が植民地期中国，日本より織物をどのように輸移入したか，その通商網について明らかにしたが，本章では華僑織物輸入商が仕入れた織物を朝鮮内にどのような流通網を通して販売していたかについて解明する。

　結論を先取りすれば，華僑織物輸入商の主要な取引先は朝鮮内の華僑織物卸売および小売商が全体取引の約8割を占め[1]，双方の関係は「一つの鎖をなしてゐる[2]」と言われるほど非常に緊密であった。双方の緊密な関係が華僑織物商の堅実な経営活動を支える主要な原因であったと，当時から認識されていた[3]。

　本章では，このような華僑織物輸入商の流通網について，大きく京城府および仁川府（京仁地域）と，各地方に分けて検討すると同時に，華僑織物商だけなく，朝鮮人織物商との取引関係も射程に入れて議論を進めていきたい。なお，その際には開港期の華僑織物輸入商の流通網が植民地期にどのように変容したかという点についても留意したい。

1 ）京城商工会議所「北支事件に関する法令及諸調査」『経済月報』第259号（京城商工会議所，1937年8月）24・28頁。
2 ）本誌記者「支那商人と銀行取引関係」『朝鮮及満洲』第288号（朝鮮及満洲社，1931年11月）62頁。
3 ）「在京綿布華商의（の）活動原因」『朝鮮日報』1921年4月18日。

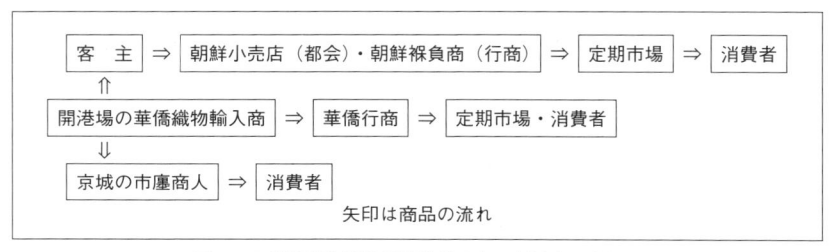

```
客主 ⇒ 朝鮮小売店（都会）・朝鮮裸負商（行商） ⇒ 定期市場 ⇒ 消費者
              ↑
開港場の華僑織物輸入商 ⇒ 華僑行商 ⇒ 定期市場・消費者
              ↓
     京城の市廛商人 ⇒ 消費者
              矢印は商品の流れ
```

図 3-1　朝鮮開港期華僑織物輸入商の朝鮮内通商網

出典：編者未詳『韓国各地日本棉布概況一斑』（1907年？）38頁を基に作成。

　華僑織物輸入商は開港期に漢城および開港場において最初は開港場の朝鮮人客主を通じて織物類などを朝鮮人に販売していたが，次第に華僑商人の内地行商が進展するにつれてその流通網を利用した朝鮮人への直接販売が顕著になったことが，先行研究によって明らかにされている[4]。さらに，漢城の華僑織物輸入商が同地の市廛商人（政府より保護されて営業していた朝鮮人特権商人）と商取引していたこと，同輸入商の掛売金をめぐる双方の紛争が存在していたことが指摘されている[5]。

　先行研究結果に基づいて開港期に華僑織物輸入商の朝鮮内の流通網を表示すれば〔図 3-1〕のようになるが，この流通網が植民地期にどのように変容したかを解明する作業は，いまだになされていない。

第1節　京城府および仁川府の華僑織物輸入商の流通網

1　華僑織物輸入商と華僑織物卸売商との取引関係

　華僑織物輸入商と華僑商店との取引関係を示したのが〔表 3-1〕である。この表は，朝鮮の韓一銀行[6]が高額貸出を行う事案について京城本社の取締役会によって承認・決定された記録をまとめた『重役会決議録』の

4）李（1985年）；李（2001年）。
5）石川（2007年）。
6）韓一銀行は1906年に京城の朝鮮人商業資本によって設立された。1926年の資本金は200万円であった。同銀行は1931年に湖西銀行と合併して東一銀行に変わり，東一銀行は1943年に漢城銀行に合併された。韓一銀行に関する研究としては，高（1972年）41～53頁と朴（2000年）がある。

表 3-1　韓一銀行を通じた華僑織物輸入商と華僑商店の間の取引内訳

割引承認年月日	本・支店別	手形振出人	手形受取人	額面金（円）
1928.11.23	京城本店	同聚福他36名	永来盛	10,560.74
11.30	同	広興隆他39名	瑞泰号	8,868.33
12.14	同	同聚福他33名	永来盛	9,466.25
	同	瑞生徳他2名	裕豊徳	15,280.16
	同	広興隆他44名	永来盛	4,504.11
1928.12.28	同	元興隆他10名	裕豊徳	16,450.48
1928.12.31	同	徳発祥他8名	徳順福	15,475.57
	同	瑞生徳他10名	裕豊徳	15,578.90
1929. 1.11	同	永来盛他31名	瑞泰号	9,917.24
1929. 1.18	同	同聚福他17名	永来盛	10,054.37
1929. 2. 8	同	瑞泰号他5名	永来盛	3,437.41
	同	合聚泰他68名	瑞泰号	16,681.50
1929. 3. 8	同	成記東他65名	瑞泰号	14,987.46
1929. 3.29	同	成記東他65名	瑞泰号	11,641.57
1929. 5.10	同	同順祥他24名	永来盛	6,864.37
1929. 5.31	同	義和興他16名	瑞泰号	7,534.77
1929.10.18	同	元和桟他	瑞泰号	9,804.17
1929.12.31	同	瑞生徳他7名	裕豊徳	4,787.08
	同	安合号他4名	裕豊徳	9,173.03

出典：韓一銀行『重役会決議録』第21〜24号（韓国金融史博物館所蔵）。

うち，1928年〜1930年に華僑織物輸入商と華僑商店との間の取引のみをリストアップしたものである。韓一銀行は朝鮮人の「民族銀行」として主に朝鮮人商人および資本家などに貸出を行っていたが，設立当初から華僑織物輸入商などにも高額貸出を行って[7]，1927年末現在の朝鮮華僑への貸出額は約24万円に上り，朝鮮内の19か所の銀行の中では朝鮮殖産銀行に次いで多かった[8]。

7）朴（2000年）21〜22頁。1909年〜1912年の主要な高額貸出先の華僑織物商は徳順福（13件で11万円・〔付表1〕の32番），聚成号（8件で9万円・同88番），広和順（6件で7万円・同51番），洪順福（6件で6万5,000円・同58番），同和東（6件で6万円・〔付表2〕の19番），徳豊祥（5件で4万円），東興隆（6件で3万8,000円・〔付表1〕の6番），同順泰（3件で3万8,000円・同19番）であった。

華僑織物輸入商と華僑商店との取引関係について検討する前に，〔表3-1〕の読み方について説明しておこう。植民地期朝鮮では商品の販売および仕入の際に，その代金として現金のほかに手形が主に用いられていた。手形振出人は商品を仕入れてその代金の額面金および期日が記載された手形を発行する人，手形受取人は商品の販売代金を手形で受け取る人である。手形受取人は受け取った手形を取引銀行に行って満期日の前に現金化するが，その行為を手形割引という。

　1928年11月17日より1931年3月30日までの間に韓一銀行によって手形割引による貸付を受けた華僑織物輸入商などの華僑商店は徳順福（〔付表6〕の40番），瑞泰号（同203番），東和昌（同6番），永来盛（同128番），裕豊徳（同176番），広和順（同106番），広興隆，永源長（同129番），和泰号（同52番），錦成東（同175番），集昌号（同182番），瑞豊徳（同202番），徳生東（同47番），徳聚成（同38番），徳発祥（同29番），瑞生徳（同205番），福源東（同97番），永豊裕（同127番），永盛東（同137番），東聚成（同12番），鴻泰東（同115番），同聚福（同19番），永聚福（同133番），成泰号（同197番），泰昌号（同165番），裕源東の26軒に上った[9]。この26軒の商店は韓一銀行を通じて相互に商品の販売および仕入をしていたが，〔表3-1〕はそのうち華僑織物輸入商の徳順福，瑞泰号，永来盛，裕豊徳と華僑商店との取引だけをリストアップしたものである。

　まず，華僑織物輸入商の間の取引が確認される。第2章で取り上げた瑞泰号と永来盛であるが，瑞泰号は1929年1月に永来盛に商品を販売して永来盛振出の手形を韓一銀行本店に手形割引を受けていた。その1か月後，今回は永来盛が瑞泰号に商品を販売して瑞泰号振出の手形を同本店で手形割引を受けていた。なお，京城の広興隆は1928年度の売上額が84万円に上

8）京城商業会議所「朝鮮に於ける外国人の経済力」『朝鮮経済雑誌』第159号（京城商業会議所，1929年3月）21頁。主要な銀行の華僑に対する貸出額は朝鮮殖産銀行160万円，韓一銀行24万円，朝鮮銀行22万円，山口銀行支店18万円，第一銀行支店13万円，朝鮮商業銀行11万円であった。
9）これらの華僑商店が利用した韓一銀行の本・支店は京城本店，観水洞支店，南大門支店，東大門支店，群山支店，咸興支店，江景・論山支店，礼山支店であった。

る華僑織物輸入商であって[10]，瑞泰号および永来盛の両輸入商より商品を仕入れていた。この点は華僑織物輸入商の間には必要に応じて商品取引が行われていたことをうかがわせるが，以下の〔表3-2〕のように，1916年～1919年にも華僑織物輸入商の間の取引が活発に行われていた。

次は華僑織物輸入商と同輸入商以外の華僑商店との取引についてみてい

表3-2 韓一銀行を通じた華僑織物輸入商の間の取引内訳（1916～1919年）

割引承認年月日	手形振出人	手形受取人	額面金（円）	その他
1916. 3.15	同和東 広和順	徳順福 伝利号	5,000 5,000	― ―
1916. 5.24	聚成号 伝利号 豊盛永 同和東	裕豊徳 瑞盛泰 錦成東 徳順福	5,000 5,000 5,000 5,000	― ― ― ―
1916. 6.14	伝利号	瑞盛泰	5,000	―
1916. 8. 8	伝利号 豊盛永 広和順 広和順 同和東	広和順・徳興源 錦成東 同和東 洪順福 聚成号	5,000 5,000 3,000 2,000 5,000	― ― ― ― ―
1916.11. 8	伝利号 伝利号 広和順	徳興源 広和順 同和東	3,000 4,000 5,000	信用 信用 信用
1917. 2.21	伝利号	瑞盛泰	5,000	―
1917. 5.26	広和順	伝利号	5,000	信用
1917.12.24	―	広和順	7,000	―
1918. 2.27	伝利号	広和順	5,000	―
1918. 5. 6	伝利号	広和順	5,000	―
1918. 6.27		伝利号	10,559	―
1918. 8.21	伝利号	広和順	5,000	―
1918.11.27	伝利号	広和順	5,000	―
1919.3.21	伝利号	広和順	5,000	―

出典：韓一銀行『貸出에（に）關하는（する）取締役会決議録』（韓国金融史博物館所蔵）。
注：①華僑織物輸入商に対する貸出はほとんどが無担保信用で取引されていたため，その他の欄に信用と表記されていなくても信用による貸出とみなしてもよい。
　　②〔表3-2〕に出る商店は〔付表2〕にほとんど掲載されているので参照されたい。

こう。永来盛の取引相手は同聚福，同順祥，そして裕豊徳の取引相手は瑞生徳，元興隆，安合号（〔付表4〕の186番），徳順福は徳発祥，瑞泰号は合聚泰，成記東，元和桟，義和興であった。各々の華僑織物輸入商は異なる華僑商店と取引関係にあったことが分かる。それでは，各輸入商と取引していた華僑商店はどのような商店であっただろうか。

永来盛より商品を仕入れていた同聚福（店主は任吉慶）は京城府鐘路にあった織物および雑貨の卸・小売商として，1928年度の年間売上額は卸売で11万2,000円，小売で2万円，合計13万2,000円であった[11]。裕豊徳より商品を仕入れていた瑞生徳（店主は邱世葉）は京城府鐘路にあった卸・小売の雑貨商で，年間の売上額は5万6,000円であった。安合号（店主は王芝福）は京城府南大門通にあった食料雑貨商で卸・小売で8万円の売上額，徳順福より商品を仕入れていた徳発祥（店主は孫秀峰）は卸売の織物兼雑貨商として年間の売上額は12万円であった。

一方，瑞泰号より商品を仕入れていた元和桟（店主は梁洪九・〔付表6〕の88番）は仁川支那町にあった商店で，京城商業会議所発行の『朝鮮経済雑誌』では「問屋」と記され，同商店の売上額は「報償金額」とされていた[12]。同商店は単純な織物および雑貨商ではないことがうかがえる。元和桟以外にも仁川支那町には「問屋」，「周旋」と記されている商店として複成桟（店主は史祝三・報償金額8,200円・〔付表6〕の94番），天合桟（同張信卿・同3,000円・同147番），春記桟（同孫祝三・同4,100円・同183番）などがあった。これらの商店の店号には「桟」が共通に付されていること，商品の単純な販売ではなく「周旋」，すなわち仲介を業務としていたこと，報償金額（手数料）で営業税を納めていたことを基に考慮すると，前述の大阪川口にあった行桟である可能性が非常に高い。とすれば，元和桟は山東省などより仁川に仕入れにきた客商に斡旋業務を行う行桟で，客商が買い求める織物を瑞泰号から買い付けて手渡し，その手数料

---

10) 京城商業会議所（1929年3月）31頁。
11) 京城商業会議所（1929年3月）31頁。
12) 京城商業会議所（1929年3月）34頁。

（報償金額）を収入としたのであろう。

　以上により，華僑織物輸入商が韓一銀行を通じて取引していた華僑商店は京城および仁川府の華僑織物卸売商および雑貨商，行桟であったことが判明した。言い換えれば同輸入商が京城府および仁川府にある華僑の織物卸売商店，雑貨卸売商店，行桟という流通網を有していたことに他ならない。華僑織物輸入商などは韓一銀行だけなく，朝鮮内の他の銀行とも手形割引を通じて貸出を受けていた。例えば，朝鮮商業銀行[13]の『重役会決議録』にも裕豊徳，徳順福，永来盛，広和順などの華僑織物輸入商が手形割引を通じて貸出を受けていたことが記されている[14]。

　華僑織物輸入商など華僑商人の1931年9月30日現在朝鮮内の銀行からの貸出金額は朝鮮在住日本人金融機関（第一銀行，十八銀行，山口銀行，安田銀行）の朝鮮の各支店[15]から672万5,000円（預金額は2,452万3,000円），朝鮮の各金融機関から7,483万5,000円（預金額は5,483万3,000円）で，合計8,156万円（預金額は7,935万6,000円）という巨額に上った[16]。

　以上は，華僑織物輸入商と華僑卸売商などが朝鮮内の各金融機関を通じた手形などによる取引それ自体が相互緊密な関係にあった証左である。韓一銀行が経営規模が大きくない華僑の織物卸売商，雑貨卸売商，行桟を信用したのは華僑織物輸入商が後ろ盾としてあったからである。京城で発行されていた『朝鮮及満洲』の記者は両方の関係について「世間周知の如く相互扶助主義をと」っていると分析した[17]。なお，輸入商同士，輸入商と卸売商との緊密な関係を象徴するのが，1929年3月に京仁地域の同輸入商

---

13) 同銀行の前身は1899年に朝鮮王室および朝鮮人商人を中心に設立された大韓天一銀行である。1911年に朝鮮商業銀行へ商号が変更された。朝鮮商業銀行については，高（1972年）3～18・161～192頁を参照されたい。
14) 李（2007年）271～272頁。裕豊徳は朝鮮商業銀行の前身の大韓天一銀行と取引した最初の取引者でもあった。
15) 近代朝鮮における日本金融機関の朝鮮進出および構築，展開過程については，高嶋（1978年）を参照。
16) 本誌記者「支那商人と銀行取引関係」『朝鮮及満洲』第288号（朝鮮及満洲社，1931年11月）61頁。
17) 本誌記者「支那商人と銀行取引関係」『朝鮮及満洲』第288号（朝鮮及満洲社，1931年11月）62頁。

および卸売商24軒(京城府所在14軒,仁川府所在10軒)が設立した「京仁綢布商聯合会」である[18]。同会の活動の詳細は不明だが,京仁地域の華僑織物輸入商と卸売商の間の親睦と関係の強化を図る組織であったと考えられる。

他方,京城にあった華僑仲介業者組合の広信号(麻織物および綿織物の専門販売)と信興号(絹織物の専門販売)という組織が注目される。二つの仲介組合は華僑織物輸入商と同府の朝鮮人織物小売商の間で卸売の仲介を行う組織であって,朝鮮人小売商を戸別訪問して営業を行い,売上額の約5%を手数料として華僑織物輸入商より受け取っていた[19]。京城府鐘路の金顯泰商店が広信号と信興号より織物を仕入れていたことが確認される[20]。

一方,華僑織物輸入商は以上のように京仁地域の華僑織物および雑貨卸売商だけなく,同地域から近い京畿道,忠清道,江原道,黄海道の華僑織物および雑貨小売商とも取引関係にあった[21]。その例を挙げてみよう。

永来盛は京畿道水原郡城湖面烏山里355番地所在の興成永(店主は陳慶有)という織物兼雑貨小売商と取引して織物を供給および販売していた[22]。黄海道載寧郡に開設されていた中和義は京城所在の華僑織物輸入商の錦成東,裕豊徳,永来盛,徳順福,複盛昌,仁川所在の華僑織物輸入商の錦成東,複成桟,永来盛などと取引していた[23]。同地の徳餘恆は京城所在の錦成東,裕豊徳,徳順福,仁川の錦成東,複成桟,和聚公,永来盛,徳順福,協興裕と取引関係にあった。なお,江原道淮陽郡金剛口の全盛東

---

18) 朝鮮綿糸布商聯合会(1929年)33〜34頁。同組織の会長は裕豊徳であった。
19) 朝鮮総督府総督官房文書課(1925年)244頁。
20) 朝鮮総督府(1925年)281〜182頁。両方の取引は現金および掛売りで行われ,掛売りの場合は40日期限の約束手形を発行するが,その際には商品代が約1割高値になった。
21) 京城商工会議所(1937年8月)24頁。当時,京城の商圏も京城に近接している京畿道は無論,忠清南・北道,江原道,黄海道,全羅北道,咸鏡北道を含めていた(京城商工会議所「京城の商圏【其の一】」『経済月報』第201号(京城商工会議所,1932年9月)1頁)。
22) 1931年12月3日発,朝鮮総督府外事課長ヨリ駐朝鮮総領事盧春芳宛『昭和四・五・六・七年 各国領事館往復』(韓国国家記録院所蔵)。
23) 1932年2月9日収,京城中華商会ヨリ駐朝鮮総領事館宛函「僑商債務糾紛案」『駐韓使館保存档案』(同03-47, 218-14)。

（店主は曲紀模）は京城府所在の錦成東，瑞豊徳[24]と取引していた[25]。

すなわち，京城地域所在の華僑織物輸入商および雑貨卸売商は京畿道，江原道，黄海道の各郡地域の華僑織物および雑貨小売商と取引を行い，流通網を張り巡らしていたことが確認できただろう。華僑織物輸入商は華僑織物小売商に対しては信用による掛売りをしていた[26]。

以上の検討を通して，華僑織物輸入商は京仁地域では華僑織物卸売商，雑貨卸売商，行桟，華僑仲介業者組合の流通網，京畿道，江原道，黄海道地域では華僑織物および雑貨小売商の流通網を通じて，輸移入および朝鮮内で買い付けた織物を販売していたことを明らかにすることができたと考えられる。

2　華僑織物輸入商と朝鮮人織物商との取引関係

以上，華僑織物輸入商の京仁地域，京畿道，黄海道，江原道における華僑織物商店を中心とする流通網について検討してきたが，ここでは彼らが朝鮮人商店および日本人商店とも取引関係にあったことを明らかにしたい。

開港期に引き続き朝鮮人織物商が中国および日本より織物を直接輸移入することは非常に稀であり[27]，輸移入の織物は朝鮮在住日本人織物商か華僑織物輸入商より商品を仕入れざるを得なかった。双方の取引関係を具体的に検討するため，再び韓一銀行の『重役会決議録』を参考にしよう。〔表3-3〕は韓一銀行を通じた華僑織物輸入商と朝鮮人商人の取引内訳を示したものである。

韓一銀行を通じて朝鮮人商人と取引を行っていた華僑織物輸入商は徳順

24）瑞豊徳は京城府観水洞にあった食料雑貨の卸売兼小売店であった。店主は梅石泉で，1928年度の売上額は2万円であった（京城商業会議所（1929年3月）31頁）。
25）1932年2月17日収，京城中華商会ヨリ駐朝鮮総領事館宛函「僑商債務糾紛案」（同上档案）；1932年2月29日収，京城中華商会ヨリ駐朝鮮総領事館宛函「僑商債務糾紛案」（同上档案）。
26）1932年2月9日収，京城中華商会ヨリ駐朝鮮総領事館宛函「僑商債務糾紛案」（同上档案）。信用による掛売りはしばしば債務紛糾を引き起こしたが，それについては第5章で検討する。
27）「上海，南京騒擾呈（で）京城華商に（に）大打撃」『朝鮮日報』1925年6月13日。1925年朝鮮人織物商が中国より直接輸入していた品目は非常に少なかった。

表3-3　韓一銀行を通じた華僑織物輸入商と朝鮮人商人の間の取引内訳

割引承認日付	本・支店別	手形振出人	手形引受人	額面金（円）
1928.11.23	本店 本店	趙善用外12名 趙孝淳外48名	德順福 瑞泰号	10,328.78 9,726.92
1928.12.7	本店	趙孝淳外83名	德順福	48,944.21
1928.12.14	本店	趙孝順外63名	瑞泰号	12,963.06
1928.12.21	本店	許澤外19名	瑞泰号	10,513.74
1928.12.28	本店	趙孝順外12名	永来盛	5,462.15
1928.12.31	本店	趙孝順外4名	永来盛	3,419.55
1929.1.11	本店	朴恟達外14名	德順福	20,051.50
1929.1.25	本店	韓潤鎬外50名 柳箕鉉外10名	德順福 永来盛	25,778.39 6,725.82
1929.3.8	本店	許澤外31名	永来盛	4,683.23
1929.3.29	本店	金熙周外89名	永来盛	13,675.47
1929.4.26	本店	金熙周外54名	瑞泰号	13,126.62
1929.5.3	本店	許澤	瑞泰号	7,003.32
1929.5.24	本店	金熙周	瑞泰号	10,322.54
1929.5.31	本店	金泰燮外10名 朴承稷外47名	瑞泰号 和泰号	2,787.77 12,527.46
1929.6.7	本店	李進両外24名	永来盛	7,152.63
1929.6.14	本店	元仁洙外25名	永来盛	6,288.69

出典：韓一銀行『重役会決議録』第21～23号（韓国金融史博物館所蔵）。

福，瑞泰号，永来盛，和泰号の4軒で，いずれも大手輸入商であった。このうち和泰号は仁川所在の華僑織物輸入商で，店主が瑞泰号と同じ孫金甫と出ている[28]ため，和泰号は瑞泰号の仁川支店であったと考えられる。

一方，4軒の華僑織物輸入商より織物を仕入れていた朝鮮人商人は趙善用，趙孝淳，許澤，柳箕鉉，朴承稷，朴恟達，金熙周，金泰燮，李進両，元仁洙などであったが，各々について調べてみよう。趙善用は京城布木商組合の会員として1929年には同組合の監査を務めていた[29]。趙孝順は京城

---

28) 京城商業会議所（1929年3月）31・34頁。

府鐘路にあった趙孝順商店の店主であり，同商店は朝鮮人織物商の商界では名高い店号として知られ，安国洞に支店も設け，同組合の理事を務めていた[30]。許澤は同府茶屋町にあった広沢商店の店主として同組合の監査を務めていて，同商店は地方の小売商向けの卸売織物商店であった[31]。柳箕鉉は同府南大門通にあった織物商店の店主であった[32]。

なお，和泰号より織物を仕入れていた朴承稷は朝鮮人織物商を代表する人物であった。彼は1897年に資本金6万円で京城府鐘路に朴承稷商店を設立し[33]，1905年頃には織物を日本および中国より直接輸入するため西原亀三と共益社を設立した後，同社の社長と満洲共益社取締役を務め，京城布木商組合の組織に携わり長年にわたって組合長を務めた[34]。一方，裕豊徳と錦成東は朝鮮商業銀行を通じて朴承稷，共益社，崔仁成，白運永，閔弘植，梁在爀，金斗興，呉興燮などの朝鮮人商人と取引していた[35]が，朴承稷および共益社以外の崔仁成と白雲永はいずれも京城の朝鮮人織物卸売商であることが確認される[36]。以上をもって，華僑織物輸入商より織物を仕入れていた朝鮮人商人は京城の織物卸売商であったといえよう。

次に華僑織物輸入商と京城の朝鮮人織物卸売商との取引関係を具体的に検討するため，1920年に双方の間に発生した取引紛糾問題を事例として取り上げてみたい。京城の朝鮮人織物卸売商店11軒は1920年4月に瑞泰号，裕豊徳，広和順など5軒の華僑織物輸入商に対して中国産麻布の先物契約価格の値引きと決済期間の延長を申し入れ，双方は協議に入り，取引紛糾

---

29)「布木商組合大運動会」『中外日報』1929年5月4日。同組合は1918年2月に同府の朝鮮人織物商によって組織され，1929年の会員は56軒，組合長は朴承稷が務めていた（朝鮮綿糸布商聯合会（1929年）33頁）。
30)「鐘路를（を）中心으로한（とした）布木商의（の）閉店続出」『中外日報』1929年10月19日。しかし，この商店は1929年10月に破産した。
31)「農村의（の）極度疲弊로（で）綿布販売二三割減」『中外日報』1930年5月1日。
32)「取引停止」『東亜日報』1929年9月22日。
33) 副業世界社編纂（1927年）101頁。
34) 趙（1971年）153〜162頁；中村編（1942年）383頁。西原亀三については，山本編（1983年）を参照されたい。
35) 李（2007年）272頁。
36)「布木商組合大運動会」『中外日報』1929年5月4日；「申請은（は）十四日自動車로（で）行列」『中外日報』1930年4月14日；朝鮮総督府（1913年a）107頁。

問題が始まった。

　朝鮮人織物卸売商側がこのような要求をするまでの経緯を説明すれば次の通りである。1920年3月から戦後不況が深まり，朝鮮人の織物に対する需要の減退によって，織物の販売価格は大幅に下落した。例えば，今回問題となった中国産麻布1匹の価格は11.50円から7.0円に39％も下落した[37]。それに朝鮮の各銀行が手形の不渡りを憂慮して各織物商への貸出を控えたため，朝鮮の織物商の経営は全般的に厳しい状況にあった。ところで，朝鮮人織物卸売商は1920年の4月と5月に仕入れる中国産麻布を華僑織物輸入商と1月と2月に45万円の先物買入契約を結んでおいたため[38]，同商品の約4割の価格下落による損失を蒙ることは避けられず，契約価格の値引きを求めたのである。なお，朝鮮人織物卸売商は同輸入商と上海の麻織物問屋との決済期間は60〜90日で，同輸入商と朝鮮人織物卸売商との決済期間が30〜60日より長いことを考慮して[39]，決済期間の延長を求めたのである。

　しかし，華僑織物輸入商側は朝鮮人織物卸売商側の要求に応じようとしなかった。それに対抗して朝鮮人織物卸売商店11軒は契約の解約を決議するに至り事態は悪化の一途を辿った[40]。華僑織物輸入商側は中国産麻布の主要な販売先である同卸売商側との関係を悪化させるのは望ましくないと判断，双方は京城商業会議所の仲介で5月31日に再度協議を行った[41]。双方が連日折衝を重ねた結果，6月に華僑織物輸入商側が大幅に譲歩して，朝鮮人織物商側が契約商品の半分以内を同輸入商に引き渡すか，同商品の価格下落に伴った損失額の半分以内を同輸入商側が負担することで折り合い，双方の取引紛糾問題は一応決着した[42]。

　この事例を通して双方の取引と関連して浮き彫りになった事実は2点あ

---

37)「暴落한(した)布木時価三四割이(が)暴落」『東亜日報』1920年5月20日。
38)「麻布去来商況」『東亜日報』1921年3月27日。
39)「布木商의(の)窮状目下支那商과(と)折衝中」『東亜日報』1920年5月1日。
40)「麻布輸入停止決議」『東亜日報』1920年5月10日。
41)「麻布問題進捗」『東亜日報』1920年6月1日；「麻布解合実行」『東亜日報』1920年6月4日。
42)「大昌과(と)麻布問題」『東亜日報』1920年6月18日。

る。第1に，京城の朝鮮人織物卸売商は華僑織物輸入商より少なくない金額の中国産麻布を先物買入契約で仕入れていたことである。第2に，その取引は30〜60日の延取引で，〔表3-3〕のように銀行の手形割引を通じて行われていたことである。このようにして織物を仕入れた京城の朝鮮人織物卸売商は「京城市内ハ勿論漢江上流地方及京畿道管内各地ノ布木商」に販売した[43]。

　一方，華僑織物輸入商と朝鮮人織物卸売商の関係のように，華僑商人が朝鮮人商人に商品を供給および販売する一方的な関係だけではなく，その逆のケースも散見される。〔表3-4〕の示すように，華僑織物輸入商の徳順福および錦成東などは1930年および1931年に朝鮮絹織（株）より商品を仕入れていた。朝鮮絹織（株）は韓一銀行の大株主の閔泳徽一家が1923年に設立した絹織物製織会社で，主要な生産品は朝鮮人の好む官沙，熟素，紋繻子などであり[44]，徳順福および錦成東などは中国産絹織物の輸入が奢侈品関税の賦課で輸入が困難になると，朝鮮の絹織物製織会社より朝鮮産絹布を仕入れていたことがうかがえる。なお，華興泰は朝鮮人経営の中央商工（株）より1929年に2,064円の商品を仕入れていたが，同社が綿織物および護模品（ゴム製品）を製造・販売する会社であった[45]ため，華興泰は同社製造の綿織物か護模品を仕入れたと考えられる。

　一方，金熙俊は1929年に東順興などの華僑商店を相手に8,549.62円の商品を販売していたが，彼は京城府鐘路に織物を卸売する金熙俊商店の経営者であった[46]。同商店は絹織物と綿織物を主に販売していたため，釜山所在の東順興[47]は同商店より朝鮮産の織物を仕入れたのだろう。華僑織物輸入商の錦成東は前述の趙孝順より織物類を，東和昌は京城南大門通にあっ

---

43) 朝鮮総督府（1913年 a）107頁。
44) 朴（2000年）47頁。
45) 中村編（1942年）95〜96頁。この会社は1911年に京城の朝鮮人資本によって設立された京城織紐会社を前身とし，1917年に京城紡績を設立した金性洙によって引き受けられ，1925年に社名が中央商工に改称された。この会社は1944年に京城紡績に合併された。
46) 副業世界社編纂（1927年）73頁。同商店は1910年に開設され，同氏は親父の家業を引き継いでいた。
47) その店主は趙修昊で絹布・綿布・麻布を販売していた（〔付表6〕の13番）。

表 3-4　韓一銀行を通じた朝鮮人・日本人商人と華僑商店との取引内訳

割引承認日付	本・支店別	手形振出人	手形引受人	額面金（円）
1928.11.23	寛水洞支店	東生泰	申徳鉉	1,358.35
1928.11.30	寛水洞支店	東生泰	申徳鉉	606.86
1928.12.14	南大門支店	東和昌他10名	梁文煥	1,153.85
1928.12.21	本店	錦成東他12名	趙孝順	3,140.86
1928.12.21	東大門支店	同聚福他6名	黒川代蔵	1,154.09
1929.1.18	東大門支店	瑞豊徳他9名	黒川代蔵	2,866.53
1929.3.1	本店	東順興他12名	金熙俊	8,549.62
1929.3.15	本店	華興泰	中央商工	2,064.00
1929.4.5	寛水洞支店	広和順他12名	申徳鉉	3,006.99
1929.4.12	本店	和泰号他3名	尹相用	861.20
1929.4.12	本店	万昌号他5名	趙孝順	1,258.29
1929.5.17	本店	東和昌他10名	松岡商店	1,667.18
1930.2.7	本店	徳順福他7名	朝鮮絹織	1,739.05
1931.3.30	本店	錦成東他2名	朝鮮絹織	321.80
1931.10.12	本店	錦成東	朝鮮絹織	143.00

出典：韓一銀行『重役会決議録』第21〜26号（韓国金融史博物館所蔵）。

た貿易会社の徳昌洋行を経営していた梁文煥[48]より雑貨類を仕入れていたが，朝鮮産のものであろう。申徳鉉は同府鐘路に自転車卸売を営む商人であり[49]，同商人は東生泰[50]に自転車を販売したと考えられる。華僑織物輸入商などの織物商店は1930年代に朝鮮の織物業の発展に伴い，朝鮮産の人絹絹布および綿布類を仕入れていて[51]，このようなケースは次第に増えたと考えられる。

これで，京城の朝鮮人織物製織会社と朝鮮人織物卸売商および雑貨商は華僑織物輸入商など華僑商店に織物，雑貨類などを韓一銀行などの手形割引を通じて販売していたことが明らかとなり，朝鮮人商店と華僑商店が相互協力していた面が浮き彫りになった。

さて，韓一銀行を通じた華僑商店と日本人商店との取引は数えるほどしか散見されない。同聚福と瑞豊徳に商品を販売した黒川代蔵は，京城府鐘路の黒川商店（合資会社）の社長で，同商店は糖粉商，菓子商としては一

48)「取引停止」『東亜日報』1929年11月7日。
49)「自転車一百台」『東亜日報』1921年3月13日。
50) 同商店は忠州にあった（〔付表5〕の18番）。
51) 京城商工会議所（1937年8月）24頁。

流の商店であり[52]，同聚福および瑞豊徳が同商店から砂糖，小麦粉などを仕入れていたと考えられる。このように韓一銀行を通じた双方の取引が少ないのは，双方の取引は主に朝鮮人の「民族銀行」ではなく，日本人の金融機関によって行われたためであろう。

第2節　華僑織物輸入商の地方における流通網

　第1節では華僑織物輸入商の京仁地域における流通網の解明を行ったが，本節では同輸入商の地方における流通網を明らかにしたい。すでに第1章で地方における華僑織物商の商業活動が朝鮮人織物商を圧迫するほど非常に活発に行われていたことを確認したが，ここでは地方の華僑織物商が華僑織物輸入商とどのような関係にあったか，地方の華僑織物商の間の取引関係はどのようになっていたか，地方の日本人織物商および朝鮮人織物商との拮抗関係はなかったかなどを具体的に検討してみたい。

　本節では全羅北道と慶尚北道を事例として取り上げるが，その理由は二つある。〔表3-5〕が示すように，両道には他の道より華僑織物商が相対的に多かった点である。華僑織物商が200軒を上回る道は忠清南道，全羅南・北道，咸鏡南道，慶尚北道の5か道しかなかった。特に全羅北道の華僑織物商は道全体の織物商店数の41％，慶尚北道は27％を占めて，華僑織物商店数が朝鮮内の織物商店数のうち占める比重の19％をはるかに上回っていた。要するに両道は華僑織物商の勢力が他の道より相対的に強かった地域だったのである。

　もう一つの理由としては，両道の華僑織物商の取引に関する史料が残っているためである。全羅北道の華僑織物商の取引をうかがわせる前述の韓一銀行の『重役会決議録』がある。慶尚北道の華僑織物商に関しては，大邱華商公会の設立時に寄付した華僑商人のリストを記録した『本会成立建築及捐款一覧表』が大邱華僑協会によって所蔵されている[53]。以下，この

---

52) 同商会は1929年に大正信託の破綻により京城手形交換所の満期手形を支払えず不渡りとなった（「大正信託破綻各方面波及」『中外日報』1929年2月16日）。
53) この史料は，木版に同公会の設立経緯と寄付者の名前を筆で書き，その表面にニスを塗って保存されていたものである。

表 3-5 華僑織物商店の多い道における各民族別織物商店数(1930年10月)

(単位:か所)

道　別	朝鮮人	日本人	華僑	合計
忠清南道	400(57%)	32(5%)	268(38%)	700(100%)
全羅北道	307(51%)	47(8%)	250(41%)	604(100%)
咸鏡南道	1,227(83%)	37(2%)	220(15%)	1,484(100%)
慶尚北道	550(68%)	47(5%)	217(27%)	814(100%)
全羅南道	419(63%)	48(7%)	203(30%)	670(100%)
合　計	2,903(68%)	211(5%)	1,158(27%)	4,272(100%)

出典:〔表1-2〕を基に作成。
注:カッコ内は各民族の織物商店総数のうち占める比重を示す。

二つの史料を基に地方における華僑織物商の流通網について検討していきたい。

1　全羅北道における華僑織物商の流通網

　全羅北道には1899年に群山が開港させられて以後,華僑商人を中心に本格的な移住がなされ,群山府には全羅道最大のチャイナタウンが形成されるに至った。全羅北道の華僑人口は1930年10月現在で3,297名(男性2,950名,女性347名),そのうち群山府の人口が718名(男643・女75)で全体の22%,郡地域の人口が78%であった。全羅北道の華僑有業者の59%は商業,19%は農業,15%は労働者などの工業,4%は交通業に従事しており,商業従事者が約6割と圧倒的に多かった[54]。

　全羅北道の首府の群山府には1914年中華商務会が組織され,1928年末の会員数は府内外あわせて107名に上った[55]。群山府の華僑経済の中心は他の地域と同様に織物商が担い,それは1923年頃の中華商務会の役員がほとんど織物商の店主によって占められていたことに顕著に現れている。

　1928年に営業の実態が把握される同府の織物商は24軒である。そのうち織物卸売商は6軒,卸売兼小売商は3軒,小売商は15軒であった[56]。織物

---

54) 朝鮮総督府(1933年a)124〜125頁。
55) 京城商業会議所(1929年3月)27頁。

卸売商は裕豊徳（店主は李万年），協興裕（同張慎五・〔付表6〕の166番），錦生東（同鄒培詩・〔付表6〕の174番），東和昌（同姜子雲），徳生東（同鹿徳奎・〔付表6〕の47番），文泰興（同解天慶・〔付表5〕の133番）で，1928年度の年間売上額は各々37万5,000円，26万9,000円，26万3,900円，24万8,800円，22万6,000円，19万2,900円であって[57]，京城および仁川の織物輸入商よりは売上額が少ないが相当な金額であった。卸売兼小売商の売上額は約7万円，小売商は1～3万円であった。

　上記の織物商は〔表1-3〕に照らし合わせれば分かるように，京城および仁川の華僑織物輸入商の支店が多かった。群山の東和昌は仁川支那町所在の東和昌（〔付表6〕の6番）の支店，協興裕は仁川支那町所在の協興裕（〔付表6〕の167番）の支店，裕豊徳は京城所在の裕豊徳（〔付表6〕の176番）の支店であった。華僑織物輸入商が群山府に支店を設けていたように，他の府にも支店を開設していたことが確認される。裕豊徳は釜山府に裕豊徳[58]（〔付表6〕の177番），瑞泰号は仁川支那町に支店の和泰号（〔付表6〕の52番）を設けていたことは前述したが，釜山に支店の瑞泰号[59]（〔付表6〕の204番）を開設していた。華僑織物輸入商が各府に支店を設けていたのは，京仁地域および京畿道，黄海道，江原道は所在地から近いため，中国および朝鮮の織物卸売および小売商に織物を直接販売することができたが，群山と釜山は所在地から遠く離れていたため，現地に拠点を設けて販売する必要があったと考えられる。

　群山府の華僑織物輸入商の支店は英国産綿織物，中国産絹織物および麻織物が朝鮮市場を独占していた時は本店よりほとんどの織物を仕入れてきたが，英国産綿織物および中国産絹織物が日本産綿織物および絹織物に朝鮮市場から次第に駆逐されると，その仕入方法に変化が生じていた。同支店は日本産綿織物および雑貨類を同府の日本人織物問屋か，大阪在住の華

56）京城商業会議所（1929年3月）26～27頁。
57）京城商業会議所（1929年3月）26～27頁。
58）1928年度の売上額は20万円，店主は徐序斌であった（京城商業会議所（1929年3月）25頁）。
59）1928年度の売上額は40万円，店主は杜樹新であった（京城商業会議所（1929年3月）25頁）。

僑商人を通じて直接仕入れることに変わった[60]。このような仕入方法は次第に強化されていった。例えば，1929年に駐元山副領事館管内（咸鏡南・北道，江原道）の華僑経営の織物商および織物兼雑貨商の取扱品の年間売上額のうち日本産が全体の92％，中国産はわずか8％に過ぎなかった[61]。

　しかし，以上のように本店と支店の関係が以前より弱体化されたようにみえるが，本店が支店の経営を仕切っていたことは変わらなかった。京城本店の瑞泰号は仁川と釜山に和泰号と瑞泰号という支店を設けていたが，前述の瑞泰号の帳簿の中には「各埠往復」と「各埠日鮮往復」があって，前者は本店と支店との取引を記した帳簿，後者は仁川および釜山支店と日本の織物問屋との取引を記した帳簿である。瑞泰号は各支店の経営状況を把握し，その帳簿を管理していたことがうかがえる。

　ところで，群山府の織物卸売商は仕入れた織物類などをいかに販売していたか，その流通構造を検討していこう。〔表3-6〕は韓一銀行群山支店を通じた同府の織物卸売商と華僑商店との取引を示したものである。

　まず，韓一銀行群山支店と取引関係が深かった華僑織物卸売商は東和昌と徳生東の2軒であることが分かる。両卸売商と手形割引を通じて商品を仕入れていた華僑商店は多数であった。東和昌より商品を仕入れていた華僑商店のうち店名が確認されるのは万聚和，新和興，複興徳，義昌盛，複聚盛，志成東，和聚福，双盛福，公和利，義和吉，吉昌順，興順和，福益興，広和順，徳盛和など15軒であった。他方，徳生福より商品を仕入れた華僑商店は隆興徳，源興長，徳盛永，源興長，西義順，福和号，義順栄，西成興，徳興永，双盛東，志成東，新盛号，慶興順，広和順，徳聚盛，仁泰義，裕泰成，和聚興，裕豊東，文泰興など20軒であった。東和昌と徳生福の双方から商品を仕入れていたのは志成東と広和順しかなく，双方の取引先はきちんと棲み分けされていたことが分かる。

　東和昌と徳生福の取引先はどんな商店であったのだろうか。徳生福の取

60）朝鮮総督府（1924年 a）118頁。
61）1930年，駐元山副領事館報告「元山華僑開設商店表」『南京国民政府外交部公報』第3巻第7号（同上資料）。

表 3-6　韓一銀行群山支店を通じた華僑織物卸売商と華僑商店との取引内訳

割引承認年月日	支店別	手形振出人	手形引受人	額面金（円）
1928.11.23	群山支店	隆興徳他14名	徳生東	3,826.37
		源興長他 4 名	徳生東	1,665.15
		万聚和他 4 名	東和昌	1,402.25
		新和興他 3 名	東和昌	1,482.25
		徳盛永他 9 名	徳生東	3,739.55
1928.11.30	群山支店	複興徳他 4 名	東和昌	729.50
		源興長他12名	徳生東	3,345.75
		義昌盛他 5 名	東和昌	6,049.60
		西義順他 8 名	徳生東	2,342.75
		新和興他19名	東和昌	6,645.95
1928.12.31	群山支店	西義順他16名	徳生東	4,286.66
		梶太三郎他 9 名	東和昌	9,712.32
1929.1.18	群山支店	複聚盛他 9 名	東和昌	4,407.35
		福和号他14名	徳生東	2,851.05
		義順栄他12名	徳生東	2,584.25
		志成東他 7 名	東和昌	1,766.60
		西成興他 2 名	徳生東	3,071.80
		徳興永他 2 名	徳生東	462.50
		双盛東他10名	徳生東	2,881.83
		和聚福他 2 名	東和昌	3,817.62
1929.2.1	群山支店	源興長他19名	徳生東	6,480.40
		利昌号他 2 名		525.75
		協源盛他14名	徳生東	3,562.95
		双盛福他19名	東和昌	5,909.39
		公和利外 4 名	東和昌	4,862.05
		志成東外 1 名	徳生東	286.80
1929.2.8	群山支店	裕盛東他 8 名	東和昌	3,385.20
		文泰興他 1 名	徳生東	312.75
		慶興順他 4 名	徳生東	2,433.30
		裕豊仁他12名	東和昌	2,652.47
		興順利他 2 名	東和昌	4,112.00
		同聚徳他 5 名	徳生東	2,463.61
		和盛興他 7 名	東和昌	2,533.36
1929.3.8	群山支店	義和吉他 2 名	東和昌	658.14
1929.3.15	群山支店	吉昌順他 7 名	東和昌	3,931.15
1929.4.19	群山支店	源興長他 2 名	徳生東	4,605.29
		新盛号他 1 名	徳生東	1,801.75
1929.5.24	群山支店	慶興順他 4 名	徳生東	3,571.97
		広和順他 4 名	徳生東	2,717.45

1929.6.7	群山支店	徳聚盛 仁泰義他3名	徳生東 徳生東	212.18 1,234.50	
1929.6.14	群山支店	義順栄他5名 仁泰義他1名	徳生東 徳生東	2,681.38 1,951.25	
1929.10.18	群山支店	裕泰成他2名	徳生東	690.95	
1929.12.31	群山支店	興順和他8名 広和順他5名 福益興他2名	東和昌 徳生東 東和昌	5,799.39 1,193.73 899.25	
1930.1.17	群山支店	広和順他12名 広和順他12名 徳盛和他9名 和聚興他4名 広和順他4名 裕豊東他2名	東和昌 徳生東 東和昌 徳生東 徳生東 徳生東	3,890.67 1,893.08 5,026.96 1,211.75 1,386.14 986.44	
1931.3.30	群山支店	新和興他2名 錦生東他1名	朴昌淑 朴昌淑	1,511.55 1,046.84	

出典：韓一銀行『重役会決議録』第21・22号（韓国金融史博物館所蔵）。

引先である義順栄（店主は劉志貴・〔付表6〕の160番）と文泰興（同解天慶・〔付表5〕の133番），双方の取引先の広和順（〔付表6〕の107番）はいずれも群山府所在で，織物および雑貨の卸売と卸売兼小売商であった[62]。それ以外は群山府および全羅北道の郡地域の華僑織物兼雑貨小売商であったと考えられる。1930年10月現在に全羅北道には華僑織物商店が250軒（群山府内に32軒，郡地域に218軒）あって，郡地域では朝鮮人織物商店の273軒（同府には34軒）に肉薄するほど多かった。日本人織物商店は府内に14軒，郡地域に33軒しかなく，郡地域の織物商圏は華僑と朝鮮人に掌握されていたと言っても過言ではない[63]。

　一方，群山府の華僑織物卸売商は韓一銀行の江景・論山支店を通じて同地の華僑織物および雑貨商店に商品を販売していた。東和昌は同支店を通じて1925年6月～1929年12月に396件・162万5,325円の手形割引を受けた。徳生東は1926年4月～1929年12月に215件・57万6,755円，文泰興は1925年6月～1928年1月に166件・87万5,332円，錦生東は1926年9月～

---

62) 京城商業会議所（1929年3月）26～27頁。
63) 〔表1-2〕を参照。

1927年12月に34件・10万4,832円の手形割引をそれぞれ受けた[64]。

　四つの卸売商の商品の販売先は義和利，複興号，仁泰恒（群山所在・店主は王樹嵐・〔付表6〕の194番），興順利，天昌順，義昌盛，双盛福，双誠興（江景所在・〔付表2〕の60番），和昌信，和記号（江景所在・〔付表2〕の49番）などであったが，これらの華僑商店は仁泰恒を除いて江景・論山地域を中心とする忠清南道の華僑織物卸売・小売商である。忠清南道は華僑織物商が朝鮮内では最も多い道として268軒もあった。そのうち論山郡にあったすべての織物商店は89軒あった[65]が，華僑織物商店数が同道織物商店の38％を占めていたため，同郡には30～40軒の華僑織物商店があったと推定される。

　このように，群山府の華僑織物卸売商が「越道」して江景および論山まで進出していたのは群山と江景が錦江を通して同じ流通圏にあったことと関係がある。華僑商人は朝鮮後期以来朝鮮3大市場（大邱・平壌・江景）の一つに数えられる江景に1880年代初めから日本人に先立って進出して，商店を開設するか行商を通して活発な商業活動を展開していた[66]。ところが，1899年に群山の開港により江景在住の華僑商人は群山に移住し[67]，華僑織物卸売商は同地より沿岸海運および鉄道を利用して商品を江景・論山に販売するようになった[68]。

　さて，群山府の華僑織物卸売商が韓一銀行群山支店および江景・論山支店を通じた取引をみる限り，朝鮮人および日本人商店との取引は非常に少なかった。東和昌が梶太三郎という日本人商人に商品を販売したこと，新和興，錦生東が群山薪炭（株）の朝鮮人朴昌淑より薪炭を購入した[69]ことがすべてである。これは華僑織物卸売商が主に全羅北道および忠清南道の

---

64) 朴（2000年）84頁。
65) 朝鮮総督府（1932年d）84～85頁。
66) 吉野（1990年）139～142頁。なお，植民地期江景地域の経済開発の様態については，鄭（2005年）を参照されたい。
67) 朝鮮総督府（1924年a）114頁。
68) 1912年に江景―裡里―群山を繋ぐ湖南線および群山線が開通されて，従来の錦江を利用した水運は衰退を余儀なくされた。江景は1914年に論山郡に編入された。鉄道開通が忠清南道地域の近代商業にもたらした影響については，金・金（2005年）201～231頁を参照されたい。
69) 同会社は1931年9月に群山府栄町で設立された。

華僑織物小売商などを対象に商品を販売していたことを物語る。

　以上の議論を通じて把握した全羅北道における華僑織物商の流通網は，群山府にある京城および仁川の華僑織物輸入商の支店（織物卸売商）が頂点に立ち，本店および支店自ら仕入れた商品を道内および忠清南道の江景・論山地域に張り巡らされていた華僑織物および雑貨商を通じて商品を販売していた構造を明らかにすることができたと考えられる。

2　慶尚北道における華僑織物商の流通網
(1)　大邱府

　慶尚北道の首府の大邱府に華僑行商が出入りしたのは1890年代初めであるが，朝鮮政府の外国人に対する内地居住禁止の法律があって，同地に華僑商人が本格的に居住したのは群山府よりやや遅れた1905年頃であった[70]。大邱が正式に開市場になったのは1907年7月1日であった[71]が，それよりも約2年前に華僑が大邱に居住していたことになる。

　1905年頃に華僑が同地に居住したのは，1904年に京釜鉄道の完成によって，大邱が主な鉄道の沿線になり，京城・仁川と鉄道で繋がったことがきっかけであった[72]。大邱居住の日本人人口が急増したのもその頃であった[73]。

　鉄道の敷設が内陸に位置して交通不便な同地に，華僑商人の居住を促したのは想像に難くないし，大邱が朝鮮後期より朝鮮の3大市場の一つに数えられた商業都市であったことは，華僑商人の居住を引き付ける十分な魅力があった。

　大邱府の華僑人口は急速な増加を続けて，1930年10月には792名（男695名・女97名）で群山府の華僑人口をやや上回り，元開港場の釜山府および

---

70) 華僑の大邱居住の経緯および過程については，拙稿（2005年）を参照されたい。
71) 木浦府編纂（1930年）41頁。
72) 同鉄道開通後，華僑商人は釜山，大邱方面への進出を計画していた（東京高等商業学校（1907年）19頁）。
73) 大邱商業会議所（1928年）4頁。『大邱物語』（朝鮮民報社，1931年）の著者の河井朝雄（朝鮮民報社長）が大邱に移住したのも1904年であった。

木浦府の華僑人口より多かった。同府を含めた慶尚北道の華僑人口は2,452名（男2,181名・女271名）であった。慶尚北道の華僑の職業は商業従事者が有業者の52％（大邱府は71％）を占めて最も多かった[74]。大邱府には華僑人口の増加と華僑商業の発達にともない，1928年に大邱華商公会が設立された[75]。

同府の華僑織物商は1930年10月現在8軒しかなかったが，他の府と同様に華僑織物商が華僑商業および経済の中心であった。1923年に確認される華僑織物商は徳順永（店主は張玉堂・〔付表5〕の63番），義成公（同孫中選・同201番），福聚東（同李鏡亭・同127番），慶盛長（同張仁菴・同105番），和成号（同趙昆生・同81番），合盛長（同王友三・同149番），徳泰昌（同孔漸鴻・同46番）などで，その売上額は各々30万円，26万6,000円，20万円，20万円，18万円，15万円，12万円であり[76]，いずれも織物卸売商であった。徳順永および慶盛長の1928年の売上額はそれぞれ43万円と37万円に増加していた[77]。なお，徳泰昌の孔漸鴻は大邱華商公会の初代会長に選任され，同会の組織および会館の設立を主導した人物であった[78]。

このような織物卸売商は店号からして京城および仁川の織物輸入商の支店ではなかったようであるが，密接な取引関係にあった。同府の織物卸売商は「主に仁川・京城の商店を経由して取引している[79]」とされるが，「仁川・京城の商店」が具体的にどの商店であるかは特定できない。ただし大邱華商公会の設立時に，慶尚北道の華僑のみならず，京城と仁川からも寄付金が寄せられたが，そのうちに京城の裕豊徳（寄付金40円），錦成東（同40円），永来盛（同30円），広和順（同40円），徳順福（同40円）と，仁川の徳順福（同40円），永来盛（同30円），錦成東（同25円）などが含まれていた[80]。以上の華僑織物輸入商が同府の織物卸売商が主導して設

---

74) 朝鮮総督府（1933年c）190〜191・210〜211頁。
75) 「華商公会発会式」『東亜日報』1928年5月30日；大邱華商公会（1930年）。
76) 朝鮮総督府（1924年a）136頁。
77) 京城商業会議所（1929年3月）26頁。
78) 大邱華商公会（1930年）。
79) 朝鮮総督府（1924年a）134頁。

立を進めていた大邱華商公会に寄付金を出したのは双方が取引関係にあったことを裏付け，上記の「仁川・京城の商店」は裕豊徳，錦成東，永来盛，広和順，徳順福などであった可能性が高い。

他方，『本会成立建築及捐款一覧表』の寄付者リストに徳聚和（〔付表1〕の30番・〔付表7〕の29番）という商店が200円を寄付していた点が注目される。徳聚和は釜山府所在の織物輸入商で1923年および1928年の年間売上額はそれぞれ30万円と50万円に上る織物輸入商で[81]，1906年に営業しているのが確認されており[82]，その設立年代はもっと早かっただろう。大邱府所在の華僑織物卸売商は徳聚和より織物を仕入れていただろう。一方，福聚東（〔付表2〕の82番）と慶盛長（同69番）は仁川に支店を設けて直接織物類を調達していたことも散見される。

次に同府内における華僑織物卸売商と朝鮮人織物商の関係について検討してみよう。1930年10月に大邱府の織物商店は日本人商店が26軒，朝鮮人商店が125軒[83]，華僑商店が8軒であった。商店数では華僑商店は全体のわずか5％に過ぎず，朝鮮人商店が78％で圧倒的に多かった。しかし，朝鮮人商店は華僑織物卸売商か日本人織物卸売商[84]より仕入れていた織物小売商がほとんどであって[85]，販売領域が棲み分けされていた。

しかし，販売領域をめぐって華僑織物卸売商と朝鮮人織物商の間にはしばしば駆け引きがあった。その例を一つ挙げてみよう。朝鮮人織物商で組織された「大邱布木商共助会」は1922年10月9日に開催された役員会に，華僑織物卸売商が従来卸売に専念してきたが最近小売にも手を出したこと

---

80) 大邱華商公会（1930年）。徳聚和は寄付金とは別途に大邱華商公会設立時に100円を貸し付けた。
81) 朝鮮総督府（1924年 a）145頁；京城商業会議所（1929年3月）25頁。
82) 1906年4月20日発，駐釜山領事館呈「華商人数清冊：各口華商清冊」『駐韓使館保存档案』（同02-35, 041-03）。
83) 主要な朝鮮人織物商店は金聖在商店，金潤鎬商店，大華商店，羅在洙商店，李一根商店，李漢五商店，白龍九商店，申元五商店，池二洪商店などであった（副業世界社編纂（1927年）255～276頁）。
84) 同府の日本人織物卸売商としては織物輸入商の松前商店，弘津商店などがあった（大邱商業会議所（1928年）22・26頁）。
85) 朝鮮総督府（1924年 a）136頁。

に対して抗議することを決議した[86]。このような決議の背景には，朝鮮人織物商はほとんど小売をしていたため，華僑織物卸売商が小売まで進出すれば，朝鮮人織物商の営業，ひいてはその存続が危ぶまれるという事情があったためである。大邱布木商共助会は決議に則して華僑織物卸売商側に小売の中止をしなければ一切の取引を断ると圧力をかけ，華僑織物卸売商側は小売中止の要求を受け容れた[87]。群山府とは異なって大邱府に華僑織物小売商がほとんどなかったのはこのような経緯が背景にあった。

このような出来事は鎮南浦府でも起きていた。『朝鮮に於ける支那人』に掲載されている関連内容を転載しておく。

> 当地支那商人中綢緞布疋商は全部卸商であることである。之れは支那商が小売営業を為すに於ては，朝鮮人の布木商は彼等支那商に圧倒され廃業の止むなきに至るので，朝鮮人布木商は団結して支那商に小売を為さゞることを強要し，鎮南浦商業会議所及支那領事館の斡旋に依り大正十年八月二十日より向五個年間有効の契約を締結したのである。即ち支那人の綢緞商は小売を為さゞること卸売価額は他地方と同値若しくは其れ以下なること，是に対し朝鮮人布木商は当地以外の支那商より商品を仕入れざることを条件とし，本条件に違反したる者は一件毎に五十円の違約金を課すること、したのである。然るに現在に於ては支那商人は本契約を不利なりとし其の破棄する時期の来ることを希望してゐる状態である[88]。

以上の検討によって，大邱府の華僑織物卸売商は京城，仁川，釜山の華僑織物輸入商より織物を仕入れて，府内では主に朝鮮人織物商に織物を卸売りし，同卸売商が小売販売に進出すると朝鮮人織物商の猛反発に遭い断念したことを確認し，同様なことが鎮南浦府でも発生していたことを明らかにすることができた。

---

86)「布木共助会任員会」『東亜日報』1922年10月24日。
87)「布木商公休日実施」『東亜日報』1922年12月20日。
88) 朝鮮総督府（1924年 a）168〜169頁。

(2) 郡地域

　ところで，大邱府の華僑織物卸売商が府内の朝鮮人織物商だけに商品を販売していたとは考えにくい。1930年10月に慶尚北道の郡地域には655軒の織物商店があったが，そのうち朝鮮人織物商が425軒，華僑織物商が209軒，日本人織物商が21軒で，全体の32％は華僑織物商に占められていた。大邱府の華僑織物卸売商とこの209軒の華僑織物商とはどんな関係があったか検討してみよう。

　この209軒の華僑織物商店がどの郡に所在していたか，その店号については『昭和五年 朝鮮国勢調査報告 道編 第六巻 慶尚北道』では確認ができない。しかし，『本会成立建築及捐款一覧表』には約100軒の華僑織物商の店号と所在地が掲載されているためとても参考になる。それをまとめたのが〔表3-7〕である。

　〔表3-7〕に掲載されている華僑織物商の中には，高霊郡，青松郡，英陽郡，鬱陵島所在の商店はなかったが，1930年10月に高霊郡には31名，青松郡には38名，英陽郡には5名，鬱陵島には8名の華僑が居住していたし，華僑織物商があっても寄付を出さなかった可能性もある。例えば，高霊郡には「6，7年（著者：1924，1925年）来に高霊の商圏をほぼ握り締めていた7，8軒の中国人商店[89]」があったことから，同地にも華僑織物商がいたことは間違いなく，寄付金を出さなかっただけで，同一覧表には掲載されなかったと考えられる。したがって華僑織物商は慶尚北道のほぼ全郡に広がっていたとみなしてもよい。

　華僑織物商が相対的に多かった郡は尚州郡（15軒），慶州郡および迎日郡（各々9軒），義城郡および醴泉郡（各々8軒），永川郡（7軒）であった。各郡の華僑織物商は郡庁所在地に主に商店を開設していたが，郡庁所在地より離れた各面の事務所のあるところにも華僑織物商店が散見される。例えば，慶州郡の場合，阿火と安康は郡庁所在地から離れた面事務所の所在地であり，安康には寄付金40円を出した洪済号があった。清道郡の

---

[89]「商品競売後中国人撤帰高霊郡民이（が）大活動」『東亜日報』1931年10月4日。

豊角，義城郡の安渓と都邱，栄州郡の豊基，尚州郡の咸昌はいずれも面事務所の所在地で，そこにも華僑織物商がいたのである。他の道にもこのような現象が確認される。黄海道載寧郡の新院面にある4軒の華僑織物小売商は1920年を前後して同地に進出してこの地域の商圏を掌握していた[90]。江原道松禾郡の長陽面内金剛口の末輝里に5軒の華僑織物小売商があって同じく同地の商圏を牛耳っていた[91]。これをもって華僑織物商は植民地期朝鮮の行政機関の最末端の面まで浸透していたことが分かる。

　寄付金はその商店および個人の経済力に応じて割当てられるのが普通であったため，それを基に相対的に規模のある織物商店を探ってみれば，金泉郡の義聚永（60円・〔付表6〕の158番））と双利東（50円），尚州郡の義増永（50円・〔付表4〕の196番），迎日郡の公泰盛（50円・〔付表4〕の145番）などであった。

　他方，〔表3-7〕をよくみれば，大邱府の織物卸売商と各郡の織物商の店号の間には一定の共通点が見出せる。大邱府には卸売の義聚永があるが，同じ店号の商店が金泉郡にもあった。必ずしも店号が一致しないが，店名のうち「義」と「永」が共通に付されている商店が尚州郡の義興永と義増永，同郡咸昌面の義興永，栄州郡の義増永，慶州郡の義成永があった。中国において同じ系列の店名は，本店の店名の1字もしくは2字を共通に付すのが通例であった[92]ことを考えれば，各々の商店は大邱府の義聚永と同系列の商店である可能性が高い。それが事実であれば，大邱府の義聚永を中心に系列商店の間には商品の取引が行われていただろう。府地域の織物商が郡地域に支店を開設することはよくあったようで，例えば，釜山府の織物商の元亨利（〔付表6〕の90番）は慶尚北道浦項面に支店を設けていたことが確認される[93]。

　同様な理由で義城郡の徳順和，盈徳郡の徳順泰は大邱府所在の華僑織物

---

90)「中国商人의（の）撤去」『東亜日報』1931年10月16日。
91)「内金剛中人」『東亜日報』1931年10月16日。5軒の華僑織物小売商は松禾郡の郡庁所在地に本店があった。
92) 朝鮮総督府庶務部調査課「支那に於ける商会法及商事公団処章程【一】」『朝鮮』第110号（朝鮮総督府庶務部，1924年6月）154頁。

表 3-7　慶尚北道の主要な華僑織物商（1930年頃）

地　域	人口(名)	店　　　　　号
慶尚北道		
大邱府	792	徳順永(200)・徳聚和(200)・公聚泰(200)・慶盛長(150)・義盛公(100)・永興徳(100)・義聚永(60)・福聚東(50)・永順盛(50)・永興和(50)・双利東(50)・和順利(30)・徳豊恒(30)・裕興東(20)・徳生号(20)・連盛永(15)
達城郡	109	玄風面：春盛福(20)
金泉郡	165	金泉面：義聚永(60)・双利東(50)・徳豊恆(30)・裕興東(20)
尚州郡	170	尚州面：義興永(30)・義増永(50)・裕興東(20)・永来和(30)・名興東(20)・天合成(20)・麟慶祥(10)・成徳昌(10)・土合盛(1)・福順和(5) 咸昌面：大増福(30)・同春永(15)・義興永(10)・豊盛和(5)・東盛和(5)
聞慶郡	75	聞慶面：源生盛(25)・徳盛泰(20)・久盛東(15)　店村：同春永(5)
安東郡	84	安東面：合盛長(10)・源生福(10)・和成号(5)・徳盛長(5)
奉化郡	35	乃城面：孚豊号(20)・餘記号(10)・同聚福(10)
栄州郡	81	栄州面：春盛泰(20)・慶義徳(20)・永生仁(15)・裕興福(10)・義増永(10)　豊基面：徳豊恆(10)
醴泉郡	75	醴泉面：長生徳(10)・複生東(5)・仁生徳(15)・源聚恆(3)・永順東(3)　龍宮面：源生祥(30)・和盛東(20)・同生福(10)
善山郡	45	善山面：文泰東(15)　長川面：長盛永(15)
義城郡	52	義城面：泰興東(20)・徳順和(15)・万盛昌(5)・双和興(3) 安渓面：新泰恆(10)・扶増順(5)　都邱：恆盛徳(10)・瑞昌永(10)
軍威郡	28	軍威面：瑞合泰(15)
慶山郡	55	慶山面：吉盛長(10)　河陽面：聯成号(15)・同聚福(15)・同聚永(15)
清道郡	37	華陽面：東順昌(10)・同記号(10)　豊角面：豊泰号(5)
永川郡	70	永川面：同成順(20)・泰生号(15)・同和永(15)・東順泰(10)・同和公(5)・文成東(20)　新寧面：聚昌永(10)
漆谷郡	53	倭館面：同順公(25)
星州郡	41	星州邑：義徳号(15)・合和興(10)
慶州郡	138	慶州面：東茂盛(20)・義成永(15)・億中号(10)・義昌号(5)・天増福(4)　阿火面：福昌号(10)　安康面：洪済号(40)・福和興(20)・裕慶和(10)

迎日郡	213	浦項面：公泰盛(50)・公聚和(40)・東順和(30)・聚豊和(20)・福順祥(10)・元生東(20)・怡盛永(10)　興海面：文盛興(10)・複生号(5)	
盈徳郡	52	盈徳面：盛記号(20)・徳順泰(15)・徳聚祥(15)　寧海面：同生和(40)・源盛和(30)	
慶尚南道			
陝川郡	67	陝川面：源豊東(15)・複成義(10)　草渓面：万豊永(10)	
居昌郡	40	居昌面：徳盛昌(10)	
場所不明	―	協盛和(仁徳・10)・裕昌興(新久・15)・成生号(灵高・20)・恒盛徳(都邱・10)・瑞昌永(都邱・10)	

出典：大邱華商公会（1930年）；朝鮮総督府（1933年c）52～63頁。
注：カッコ内は寄付金額である。人口は1930年10月現在の華僑人口である。個人および中華飲食店の寄付者もあったが入れなかった。

卸売商の徳順永の系列織物商ではないだろうか。特に同一覧表の義城郡寄付者リストに，徳順和の隣に徳順永店主の「張玉堂」の名前と寄付金10円が記されているため，張玉堂が徳順和の店主であったことがうかがえる。なお盈徳郡の徳聚祥と迎日郡の公聚和と公泰盛は大邱府の徳聚祥か公聚泰の系列商店であろう。慶山の同聚福と同聚永，奉化郡の同聚福も大邱府の徳聚祥か公聚泰の系列商店であろう。

　このような取引関係を直接示すものではないが，それを間接的に裏付ける朝鮮総督府の調査結果がある。慶山郡慶山面，安東郡，漆谷郡倭館面，迎日郡浦項面，慶州郡慶州面に在住する華僑織物商および雑貨商は大邱より織物雑貨類を仕入れていたことが確認される[94]。ただ，慶尚北道の郡地域の華僑織物商がすべての商品を大邱から卸していたのではなかった。京釜鉄道の沿線にある金泉郡の華僑織物商は綿布を京城より直接仕入れていたほか，尚州郡の織物商は織物を釜山，仁川，大阪より仕入れていた[95]。これは慶尚北道の郡地域の華僑織物商が大邱の織物卸売商に頼りながらも，その地域の需要に応じて仕入先を多様化していたことをうかがわせ

93）朝鮮総督府（1924a）145頁。その支店の店号は同一覧表の浦項面所在の元生東であろう。
94）朝鮮総督府（1926年）202～213頁。
95）朝鮮総督府（1926年）201・210頁。

る。

　ところで，郡地域の華僑織物商がすべて府地域の華僑織物商および雑貨商と関わる開設ではなかった。前述の遅建藩氏の父親は1900年代初め芝罘から全羅南道に移住して，最初は光州，順天，麗水などの定期市場を回りながら織物類の行商を行い，行商を通して稼いだ資金をもとに全羅南道の郡地域に義盛永という織物商を設立した[96]。すなわち，行商から常設店舗の店主に上昇した華僑もあったのである。植民地期にもそのような華僑行商が華僑織物商店のない山間僻地の定期市場や家屋を訪問して商品を販売していた。1930年10月に慶尚北道には21名，全羅北道には25名あって[97]，全国的には738名の華僑行商が営業活動を展開していた[98]。このような華僑行商は個別的に商品を販売するのではなく，華僑織物商および雑貨商との連携の下組織的に販売していた[99]。日本では福清幇の織物行商がよく知られているが，彼らは親分徒弟制度を設けていて他幇の参入を許さない一糸漏らさぬ販売網を構築していた[100]が，それと似通っていた。しかし，日本の福清幇行商は朝鮮のように開港場の織物輸入商，府地域の織物卸売商，群地域の織物小売商とつながるような体系化した華僑の商業システムを有していなかった[101]。

　再び〔表3-7〕をみよう。同表から慶尚南道の陜川郡，居昌郡の華僑織物商も寄付金を出していたことが注目される。それは大邱府の華僑織物卸売商と両郡の源豊東，複成義，万豊永，徳盛昌との間には取引があったことを示すのではないだろうか。朝鮮総督府の調査でも居昌郡の織物兼雑貨商は釜山府のみならず大邱府からも織物雑貨類を仕入れていた[102]ことが確認されるためである。陜川郡と居昌郡は慶尚南道に属するが，地理的，交通的には釜山より大邱がより近く便利だったことが影響したと考えられる。

---

96) 2003年1月28日にソウルにて行ったインタビューによる。
97) 朝鮮総督府（1933年c）204頁；朝鮮総督府（1933年a）138〜139頁。
98) 朝鮮総督府（1934年a）260〜261頁。
99) 朝鮮総督府（1924年b）42頁。
100) 許（1999年a）232頁。
101) 廖（2000年）263頁。
102) 朝鮮総督府（1926年）291頁。

おわりに

　以上みてきたように，華僑織物輸入商の朝鮮内流通網は本店のある京城府，仁川府などから行政機関の最末端の面にまで張り巡らされて，鎖のようにつながれていたことが確認された。

　本章で解明された事実をまとめておこう。まず，第1節で，華僑織物輸入商は京仁地域では華僑織物卸売商，雑貨卸売商，行桟，華僑仲介業者組合の流通網，京畿道，江原道，黄海道地域では華僑織物および雑貨小売商の流通網を通じて輸移入および朝鮮内で買い付けた織物を販売していたことを明らかにすることができた。なお，華僑織物輸入商は京城府で朝鮮人織物卸売商に手形を通じて織物を販売していたこと，逆に華僑織物輸入商が朝鮮人織物卸売商および織物製織会社より商品を仕入れていたことを明らかにした。

　引き続き，第2章では華僑織物輸入商の朝鮮の地方での流通網について，全羅北道と慶尚北道の二つの道を取り上げて，解明を試みた。全羅北道では群山府にある京城および仁川の華僑織物輸入商の支店（織物卸売商）が頂点に立ち，本店および支店自ら仕入れた商品を道内および忠清南道の江景・論山地域に張り巡らされていた華僑織物および雑貨商を通じて商品を販売していた構造が明らかになった。

　慶尚北道では，大邱府の華僑織物卸売商が京城，仁川，釜山の華僑織物輸入商より織物を仕入れて，府内では主に朝鮮人織物商に織物を販売し，同卸売商が小売販売に進出すると朝鮮人織物商の猛反発に遭い断念したことを確認し，同様なことが鎮南浦府でも生じていたことを明らかにした。一方の郡地域については，大邱華商公会の『本会成立建築及捐款一覧表』を通じてどのような織物商が営業していたか，行政の最末端の面まで華僑織物商が浸透していたこと，郡地域の華僑織物小売商は大邱府の華僑織物卸売商と相互密接な関係の下に営業を展開していたことを明らかにすることができた。

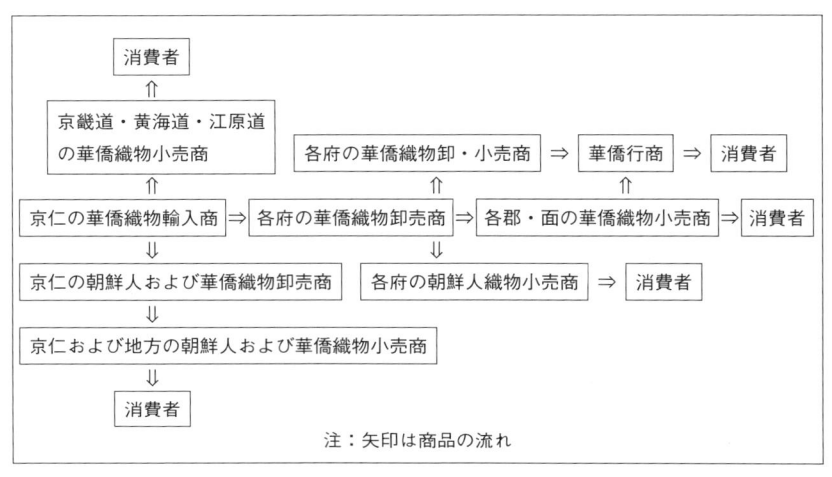

```
        ┌─────────┐
        │ 消費者  │
        └─────────┘
            ⇑
┌──────────────────────┐
│ 京畿道・黄海道・江原道 │
│ の華僑織物小売商      │    ┌──────────────────┐    ┌────────┐    ┌────────┐
└──────────────────────┘    │ 各府の華僑織物卸・小売商 │ ⇒ │ 華僑行商 │ ⇒ │ 消費者 │
            ⇑                └──────────────────┘    └────────┘    └────────┘
                                       ⇑                  ⇑
┌──────────────────┐    ┌──────────────────┐    ┌──────────────────────┐    ┌────────┐
│ 京仁の華僑織物輸入商 │ ⇒ │ 各府の華僑織物卸売商 │ ⇒ │ 各郡・面の華僑織物小売商 │ ⇒ │ 消費者 │
└──────────────────┘    └──────────────────┘    └──────────────────────┘    └────────┘
            ⇓                      ⇓
┌────────────────────────────┐    ┌──────────────────────┐    ┌────────┐
│ 京仁の朝鮮人および華僑織物卸売商 │    │ 各府の朝鮮人織物小売商 │ ⇒ │ 消費者 │
└────────────────────────────┘    └──────────────────────┘    └────────┘
            ⇓
┌────────────────────────────────────┐
│ 京仁および地方の朝鮮人および華僑織物小売商 │
└────────────────────────────────────┘
            ⇓
        ┌─────────┐
        │ 消費者  │
        └─────────┘

                        注：矢印は商品の流れ
```

図 3-2　朝鮮植民地期華僑織物輸入商の朝鮮内流通網

　以上の検討結果に基づいて植民地期華僑織物商の朝鮮内流通網を図で示したのが〔図 3-2〕である。〔図 3-1〕と〔図 3-2〕を比較してみよう。開港期と植民地期華僑織物輸入商の流通網には相違点が確認される。すなわち，開港期の流通網は開港場の華僑織物輸入商が京城の市廛商人，客主という朝鮮人商人と華僑行商の販売網しか有していなかったが，植民地期にはそれに加えて各府に華僑織物卸売商，各郡・面に華僑織物小売商が相次いでできて，その販売網がより拡充したことを確認することができる。

　要するに，植民地期朝鮮における華僑織物商は中央および地方において華僑織物輸入商を頂点に卸売商を経て小売商，行商にいたるまで，朝鮮内の流通ヒエラルキーの全体に浸透していた流通網を形成していたのである。このような華僑織物商の流通ヒエラルキーは東南アジアの華僑商人に典型的にみられる現象であり[103]，この流通ヒエラルキーが植民地期前半に日本人織物商および朝鮮人織物商を圧迫するほどの勢力を形成した主要な原因であったと考えられる。

103）杉原（1994年）183～184頁；満鉄東亜経済調査局（1941年）。

第4章

朝鮮総督府の華僑織物商への対応

はじめに

　本章では，東アジア地域に跨る通商網と，朝鮮内に鎖のように広がる流通網を基に，朝鮮の織物商業界において日本人織物商，朝鮮人織物商を圧迫する勢力を形成していた華僑織物商について，朝鮮総督府はどのように対応したかについて検討する。

　結論を先取りして述べれば，朝鮮総督府の華僑織物商への対策は大きく二つにまとめることができる。第一は華僑織物商が中国より独占的に輸入していた麻織物，絹織物に対して朝鮮内の生産増加および品質改善を図る対策，第二は両織物に対する輸入制限措置である関税率引上と，華僑織物輸入商に対する税金過重賦課の対策であった。前者については，権泰檍氏[1]によってある程度明らかにされているため，本章では後者を中心に検討していきたい。

第1節 | 高関税賦課

1　中国産絹織物

　開港期絹織物に対する関税率は協定関税率によって従価7.5～10％が継

---

1) 権（1989年）191～209頁。朝鮮総督府の織物生産振興策としては試験機関の設置，工業教育機関の設置，伝習指導機関の設置，生産奨励の施設の設置などがあった（室田武隣「朝鮮の機業に就て」『朝鮮』第189号（朝鮮総督府庶務部，1931年2月）54～55頁）。

続されていた[2]。日本は「韓国併合」に際して，朝鮮政府が列国と結んだ不平等条約に基づいた協定関税制度を撤廃して関税自主権を確保しようとしたが，英国など朝鮮に利害関係を有する欧米列強に配慮し，「韓国併合ニ関スル宣言」の中に「日本帝国政府ハ従来ノ条約ニ関係ナク，今後十年間朝鮮ヨリ外国ニ輸出シ又ハ外国ヨリ朝鮮ニ輸入スル貨物及朝鮮開港ニ入ル外国船舶ニ対シ，現在ト同率ノ輸出入税ヲ課スヘシ[3]」という，いわゆる10年間の関税据置期間（1910年8月29日～1920年8月28日）を設けたことにより，中国産絹織物に対する関税は従来通り従価7.5～10％が維持されることになった。この措置は1910年代に中国産絹織物の輸入が大幅に増加する一つの要因であった（〔表2-2〕参照）。

ところで，日本が10年間の関税据置期間満了を控え，従来の朝鮮関税率と朝鮮関税定率令を廃止して日本の関税法と関税定率法を朝鮮に施行する，いわゆる統一関税制度の実施を決定し，1919年12月に中国産絹織物および麻織物の輸入関税率を40％に引き上げるという噂が流れると，中国の両織物輸出関連団体はその動きを牽制し始めた。中華国貨維持会は同年12月に「鮮幇公会」と絹織物および麻織物の輸出に関わる諸団体（南京緞業商会，鎮江綢業公所，蘇州雲錦公所，広潮夏布同業，江西夏布同業，体仁糸戸，盛源糸戸，江浙糸綢機織連合会，湖州糸戸）と協力して，日本の関税率引上に対する反対運動を展開した[4]。中華国貨維持会は中国政府に絹織物および麻織物に対する関税率引上によって「朝鮮に運んで売りさばくわが国の絹織物，麻織物の各商品はまったくなくなるであろう。実業は妨げられ，工業商業ともに困難に陥る。各商はすべて非常に恐れている[5]」と，日本政府に厳重に交渉するように求めた。

このように朝鮮への中国産絹織物および麻織物の輸出に関わる中国の諸団体が両織物の輸入関税率引上に敏感に反応した理由として，第2章で述

2）統監府（1908年b）附録各国関税対照表6頁。
3）朝鮮貿易協会（1943年）151頁。
4）「日本又擬増加朝鮮進口税」『天津大公報』1919年12月12日。
5）原文「吾国運鎖朝鮮糸織麻織各貨皆将絶跡，実業受阻，工商交困，各商均深惶急」（「日本又擬増加朝鮮進口税」『天津大公報』1919年12月12日）。

べたように両織物の輸出先として朝鮮が占める比重が極めて高かったこと，朝鮮華僑織物輸入商によって独占的に輸入され朝鮮内の華僑織物商に流通されていたため，華僑利害関係者が広範囲に存在していたことを取り上げることができよう。

　駐朝鮮中国総領事館は両織物の関税率引上を阻止しようと動き出した。駐朝鮮総領事は1919年12月に駐京城英国総領事館，駐京城米国総領事館を訪れて統一関税実施に伴う輸入関税率引上について協議を行った[6]。総領事は，英国産晒金巾は華僑織物輸入商によって朝鮮に大量に輸入されていたが，英国と日本の間には「日英協定税率」が適用されるため，統一関税実施の影響を受けないが，中国と日本の間にはそのような協定が結ばれていなかった[7]ため，駐朝鮮総領事館は輸入関税率引上の動きについて「今のところ抗議の理由がない[8]」と非常に憂慮した。同総領事館は朝鮮総督府外事課を通して両織物が朝鮮人に非常に嗜好されていること，朝鮮人の生計に有益であることを強調し，両織物が統一関税率の適用の対象にならないように要請した。なお，駐日本公使館も中国政府の指示を受けて日本政府と両織物が関税率引上の対象にならないように交渉を行い，同関税率施行を延期するなどの話が取りざたされた[9]が，日本政府および朝鮮総督府は中国産絹織物および麻織物に対する関税率引上を予定通り実施した。

　その結果，朝鮮に輸入される中国産絹織物は従来の従価7.5〜10％の輸入関税率だったのが，絹織物100斤当たり最高520円の従量税が課せられるようになった。これを従価税に換算すれば30〜40％の関税率となり[10]，以前より約3〜5倍高くなったのである。しかし，中国産絹織物に対する大幅な関税率引上の影響は予想したより限定的であった。すなわち，中国産

6）「駐韓総領事報告加税情形」『天津大公報』1919年12月19日。
7）中国は1843年の虎門寨追加条約以来関税自主権を失い，関税率は5％の協定関税に縛られていた。当時は日本が関税率を引き上げても中国政府としてはそれに対抗して関税上のどんな報復措置も取れない状況にあった。
8）原文「無現時抗議之理由」（「駐韓総領事報告加税情形」『天津大公報』1919年12月19日）。
9）「朝鮮進口税緩行増加」『天津大公報』1920年1月13日。
10）京城商業会議所「在鮮支那貿易商の実力」『朝鮮経済雑誌』第58号（京城商業会議所，1920年10月）3頁；朝鮮総督府庶務部「彙報　支那絹布輸入税率引上の影響」『朝鮮』第78号（朝鮮総督府庶務部，1921年8月）150頁。

絹織物の輸入額は1919年より1920年と1921年は各々24％と41％減少したが，戦後不況の影響で日本産も同時期に23％減と7％増にとどまっていたためである（〔表2-2〕参照）。

なぜ関税率引上の影響が限定的であったかについては中国銀貨安と関係がある。日本通貨の中国銀貨に対する為替レートは，日本通貨100円に対し，統一関税実施直前の1920年7月には48.000両であったのが，1921年3月には77.250両となり，中国銀貨は日本通貨に対して60％の中国銀貨安になった。その結果，京城における中国産絹織物の銀建換算の市価は1919年1月を100とすれば，1920年7月に108.20，1920年12月に109.09，1921年3月に151.03となり，中国銀貨安が中国産絹織物に対する関税率引上の影響をかなりの程度相殺していたのである[11]。

一方，中国産絹織物の朝鮮輸入は中国銀貨安の「助け」もあって減少しながらも大量輸入が続いていたが，1924年7月31日に公布された朝鮮総督府法律第24号による奢侈品関税の施行で，中国産絹織物の輸入は新しい局面を迎えた。この奢侈品関税は1923年9月に発生した関東大震災後の入超を阻止するため，日本政府が約600の奢侈品に対して一律に従価100％の輸入関税を賦課することを決定したことから始まった[12]。同案は1924年7月19日に第49回特別議会を通過して正式に施行されることとなり[13]，同月31日には朝鮮でも施行された。この奢侈品関税の対象には中国産絹織物と一部の中国産高級麻織物が含まれ，統一関税制度導入時のような反対運動が上海を中心に激しく展開された。これに関しては，姜抮亜氏が上海に本部を有する中華国貨維持会と上海総商会を中心とする増税反対運動を検討して明らかにした[14]ので，ここでは朝鮮の華僑織物輸入商および駐朝鮮中国総領事館が奢侈品関税の実施についてどのように対応したかを中心にみていこう。

華僑織物輸入商の利益を代弁する京城中華総商会および仁川中華総商会

---

11) 朝鮮総督府庶務部（1921年8月）151〜152頁。
12) 「関税引上の奢侈品決定す税率は一律に従価十割」『中外商業新報』1924年7月4日。
13) 「国貨会抗争日本苛税華貨」『上海時報』1924年7月20日。
14) 姜（2004年）156〜162頁。

は上海総商会と中華国貨維持会と協力しながら中国政府に中国産絹織物および麻織物を奢侈品関税の対象に入れるのは不当であると請願して，その廃止を訴えた。奢侈品関税施行直後，仁川中華総商会は日本政府が英国，ドイツなどヨーロッパの10か国とは奢侈品関税の実施を3か月猶予することを決定したのに，中国政府が日本政府と交渉しているにもかかわらず何の効果もないのは，日本が中国を甚だしく蔑視していることであると，上海総商会に問題解決の協力を求めた[15]。

なお上海夏布公会が同年8月18日に開催した絹織物および麻織物の奢侈品関税に反対する会議に，江西幇，潮州幇，山西幇，四川幇と山東幇より約40名が参加した[16]が，そのうち山東幇出席者の中には「張殷三」という者が含まれていた。彼は1927年12月に仁川所在の華僑織物輸入商の協興裕の店主を務めていたことが確認される者で[17]，当時は同商店の上海支店の支配人か同輸入商の出張員として務めていたと考えられる。とすれば，華僑織物輸入商は上海の支店および出張員を通じて奢侈品関税の反対運動に積極的に関わっていたことがうかがえる。

京城中華総商会も同関税実施の前後に駐朝鮮総領事館を通して同関税の不当性を陳情し続けた。それと直接的な関連はないが，同総領事館は同商会の陳情を受け付け，同年7月24日に朝鮮総督府関税課長を訪問して中国内の京漢鉄道の不通により輸入絹織物の到着が遅延される見込みであると伝えて，同商品に対しては同関税を適用しないように要望した[18]。

同総商会は9月に中国外交部および駐日本公使館に同関税に関する陳情書を送付した。同総商会は中国産絹織物を奢侈品関税の対象に入れたことについて，同陳情書の中に「朝鮮に輸入される我国の絹織物はすべて普通の商品でありその価格は極めて低廉である」ので，奢侈品の対象にはならないと訴えた[19]。それでも中国産絹織物が対象から外されないことを受

---

15)「華商紛紛反対日本苛税」『上海時報』1924年8月9日。
16)「夏布商反対日苛税之会議」『上海時報』1924年8月18日。
17)「仁川鮮人暴動華人被害報告書」『駐韓使館保存檔案』（同03-47，168-01）；〔付表6〕の167番，〔付表7〕の102番，〔付表8〕の87番。
18)「中国商人陳情」『東亜日報』1924年7月26日。

け，同総商会は朝鮮総督宛に絹織物の奢侈品関税を撤廃して以前の税率に戻し，日中関係改善と日中商務の振興を図るように請願した[20]。同総領事館も何回も同府外事課に抗議したほか，奢侈品関税の対象になった中国産商品に対する同総商会の意見書および請願書を同課に手渡した[21]。

他方，華僑織物輸入商の上海支店の支配人と出張員などで組織された「鮮幇公会」が奢侈品関税の撤廃運動に積極的に参加していることが目立つ。鮮幇公会はこの関税実施による影響調査を行っていた郭則済駐長崎領事に，奢侈品関税実施による「この状態は華商を駆逐し中国製品の輸入を完全に拒絶することにほかならない[22]」と，今回の同関税実施が華僑織物輸入商を始めとする華僑織物商を朝鮮より駆逐する日本側の意図があると受けとめていた。

このような朝鮮および中国での奢侈品関税反対運動および中国政府の外交的努力にもかかわらず，1925年3月21日の日本政府閣議決定によって紅茶，中国靴など一部の中国産輸入品の関税が免除されるにとどまり，結局中国産絹織物は免除の対象にはならなかった[23]。絹織物の奢侈品関税撤廃の要求は1920年代後半に南京国民政府が樹立された後も継続された。龐廷祚蘇州総商会主席などは1929年12月に同行政院に日本政府と交渉して中国産絹織物に対する同関税の撤廃を求め[24]，中華国貨維持会も同年12月に同行政院に同様な要請を行った[25]が，すべて水泡に帰した。

なお，京城中華総商会は日中関税協定のための日中間の会議が開かれていた1930年2月に，中国政府に中国産絹織物および麻織物に対する関税を

---

19)　原文「我国輸入鮮境綢貨，全係尋常物品，価値極廉」(「朝鮮華僑対日苛税意見」『上海時報』1924年9月24日)。
20)　「滬十四公団反対日本加税」『上海時報』1924年12月12日。
21)　「駐朝鮮領事覆関於日本加税函」『上海時報』1924年12月12日。
22)　原文「似此情形，無異駆逐華商，完全拒絶華貨入境」(「滬両団体請抗議苛税」『上海時報』1924年12月9日)。
23)　「日本実行修改善奢侈品税」『天津大公報』1925年4月27日；「日本修改奢侈品関税之伝知」『上海時報』1925年4月23日。
24)　1929年12月収，蘇州総商会ヨリ行政院宛函「日人対華商運銷日韓綢緞苛徴重税」『国民政府行政院档案』(中国第二歴史档案館所蔵，登録番号2-2315)。
25)　1929年12月21日収，中華国貨維持会ヨリ行政院宛函「日人対華商運銷日韓綢緞苛徴重税」(同上档案)。

引き下げるように要請した[26]。しかし，同年5月6日に調印された同協定には，日本および朝鮮より輸入する綿製品，海産品に課せられた従来の税率を3か年，中国より日本および朝鮮に輸出する絹織物，麻織物に課せられた従来の税率を3か年，各々変更を加えないことが盛り込まれていた[27]。すなわち，中国産の絹織物に対する従価100％の関税率は変わらなかったのである。京城中華総商会，仁川中華総商会は1930年8月と9月に中国政府に絹織物の関税率を従前の100％から30％に引き下げるように数値まで提示して日本政府と交渉するように請願した[28]が，当時は日中関税協定がすでに調印されていて，3年以内にそれを変更することはできず，実現されることはなかった。

　それではなぜ日本政府および朝鮮総督府は中国側の猛反発にもかかわらず中国産絹織物を奢侈品関税から外さなかったのだろうか。その背景には，朝鮮市場に中国産絹織物の代わりに日本産絹織物の朝鮮移入を一層増やす狙いがあった。本書第2章で述べたように，日本の絹織物業界は朝鮮開港期から中国産絹織物を朝鮮市場より駆逐することを繰り返し試みてきた経緯がある。それに「贅沢品税実行当時，内地の絹織物製造家は，不況の絶頂にあり，殊に桐生北陸方面（金沢，小松，福井）の輸出向機業家は，輸出不況[29]」の状態にあって，朝鮮への移出増加を図る必要があった。事実，日本の絹織物業界は日本政府に中国産絹織物に奢侈品関税を賦課するように要求していた[30]。すなわち，日本政府が中国側の強い撤廃要求を粘り強く受け容れなかったのは，このような日本国内の絹織物業界の政治的な圧力が影響していたのである。

---

26) 1930年2月18日発，京城中華総商会ヨリ駐朝鮮総領事館宛函「織品徴税事宜」『駐韓使館保存档案』（同03-47，191-06）。
27) 1930年，「専件　中日協定」『南京国民政府外交部公報』第3巻第1号（復刻版，中国第二歴史档案館，1990年）61～63頁；小島（1942年）591頁。
28) 1930年8月18日発，仁川華商商会ヨリ駐朝鮮総領事館宛函「織品徴税事宜」（同上档案）；1930年9月9日発，京城中華総商会ヨリ駐朝鮮総領事館宛函「織品徴税事宜」（同上档案）。
29) 室田武隣「朝鮮の麻織物及絹織物」『朝鮮経済雑誌』第121号（京城商業会議所，1926年1月）37頁。
30) 趙（1971年）145頁。

表 4-1　朝鮮の中国産絹織物の月別輸入額

(単位：円)

月　別	1924年	1925年	月　別	1924年	1925年
1月	251,096	251	7月	365,727	335
2月	268,517	118	8月	374,597	—
3月	345,385	92	9月	645,659	—
4月	407,025	1,060	10月	—	—
5月	328,880	62	11月	—	—
6月	368,108	134	12月	6,537	—

出典：京城商業会議所「朝鮮に於ける贅沢品の輸入状況」『朝鮮経済雑誌』第118号（京城商業会議所，1925年10月）3頁より作成。

　中国産絹織物に対する奢侈品関税の賦課は同商品の朝鮮への輸入を激減させた。〔表4-1〕は1924年と1925年の月別中国産絹織物の輸入額を示したものである。奢侈品関税実施直後の8月と9月の中国産絹織物の輸入額は7月よりかえって増加したのは同関税を見込んだ見越し輸入が多かったためである[31]が，10月よりその影響が出始め，1925年に入ると激減し，同商品の輸入額は同関税実施以前と以後の差が歴然としていることが分かる。今回は統一関税実施の時とは違って中国銀貨安の「助け」もなかった[32]。

　なお贅沢品関税実施後の1年間（1924.8～1925.7）と実施以前の1年間（1923.8～1924.7）の奢侈品輸入額の変化をみれば，その輸入額は約486万円から約152万円に69％激減したが，そのうち絹織物の減少額は280万円で全体減少額の84％を占め，圧倒的に多かった[33]。この影響により，1924年10月調査で朝鮮に絹織物を輸出する産地の蘇州，鎮江，杭州各地の多数の工場が休業を余儀なくされた[34]。

　それとは裏腹に日本産絹織物の移入額は，中国産絹織物の輸入減少分を埋め合わせるかのように増加する一方であった。〔表2-2〕のように1925

31）京城商業会議所「支那動乱の朝鮮に及ぼしたる影響」『朝鮮経済雑誌』第108号（1924年12月）13頁。
32）京城商業会議所（1924年12月）13頁。むしろ中国銀貨高の推移にあった。
33）京城商業会議所（1925年10月）1～2頁。
34）京城商業会議所（1924年12月）13頁。

〜1928年の朝鮮の絹織物消費額に占める日本産の比重は年平均74％に達した。日本産絹織物の移入関税率は従来の7.5％〜10％であったため，100％の関税が課せられた中国産絹織物はそれに太刀打ちできなかった。他方，朝鮮内の絹織物生産額は朝鮮内の絹織物消費額に占める比重が1925〜1928年に年平均26％と奢侈品関税実施以前とほとんど変わらなかった。この点より，日本の奢侈品関税実施の意図が朝鮮の絹織物業界のための措置というより，日本の絹織物業界の利益を目論んだ措置であったことがうかがい知ることができよう。

2　中国産麻織物

中国産麻織物に対する関税は開港期に従価7.5％であった[35]が，1920年8月の統一関税実施によって「従価一割五歩及び二割，並に毎百斤二円乃至五十六円の従量税を課せられる事となった結果，朝鮮に入り来る支那麻布の種類について輸入税率高騰の程度を調べて見ると，平均約二倍半[36]」となった。

この関税による中国産麻織物の輸入への影響は，1919年と1921年の輸入額を比較した場合，22％の減少であり，中国産絹織物の減少率の41％より低かった（〔表2-2〕参照）。それは中国産絹織物の関税率が以前より約4倍引き上げられたことに対して麻織物の関税率は以前より2.5倍で，絹織物の引上率が一層高かったことが影響した。

しかし，同時期の同商品の輸入額は減少したが輸入量はかえって増加したことが注目される。すなわち，1919年の輸入額は1,242万方碼であったのが，1921年には1,368万千方碼に10％増加したのである[37]。それを可能にしたのは，前述のように大幅な中国銀貨安に支えられて輸入単価を下げたためである。事実，中国産麻織物の輸入単価は1919年に1方碼当たり0.56円であったのが，1921年には0.40円に29％下がったことが確認される。華

---

35) 統監府（1908年b）附録各国関税対照表7頁。
36) 京城商業会議所（1920年10月）3頁。
37) 京城商業会議所「朝鮮に於ける麻織物の生産と貿易概況」『朝鮮経済雑誌』第112号（京城商業会議所，1925年4月）7〜8頁。

第4章　朝鮮総督府の華僑織物商への対応

僑織物輸入商は中国産麻織物の輸入量を維持するために上海の中国人麻織物問屋と交渉し輸入単価を下げて，関税率引上に対応したことがうかがえる。その結果，1922年の中国産麻織物の輸入額および輸入量はいずれも歴代最高を記録し，同年に朝鮮の麻織物消費総額の約5割のシェアを占めるにいたった。

さて，前述した中国産絹織物および麻織物に対する奢侈品関税賦課について，上海の麻織物輸出業界および朝鮮の華僑織物輸入商は麻織物も同様に100％の関税が課せられると誤解していたようである。実際は，奢侈品関税の対象になった麻織物は「百突米平方の重量四十基瓦(キログラム)を超えず五ミリメートル平方以内の経緯糸数三十を超えたる」晒麻布のみに適用され，英国，ベルギー産がその主な対象になっていて[38]，中国産麻織物の中では朝鮮にほとんど輸入されない「花紋精細之夏布」だけが奢侈品関税の対象となっていたのである[39]。

しかし，朝鮮内では中国産麻織物が奢侈品関税の対象になるのを既定事実化し，新聞は中国産麻織物がその対象になったという誤報を出し，朝鮮総督府の和田財務局長が同関税実施直後に記者たちに直接説明するハプニングが起きた[40]。奢侈品関税反対運動が激しく展開されていた上海でも中国産麻織物すべてが奢侈品関税の対象に含まれていたと思い込み，上海夏布公会は1924年8月中旬に「まして麻布は輸出の大宗を為し，本会にとっては切膚之痛のようである」と表明し[41]，同関税の撤廃を求める会議を開催した[42]。中国産麻織物の奢侈品関税に関する情報が錯綜する中，上海夏布公会は同年11月に上海総商会を通じて駐上海日本総領事館に問い合わせると同時に，中華国貨維持会長の王漢強および中華工商研究会の江平波が直接同総領事館の商務官と面談を行い，中国産麻織物は奢侈品関税の対象

38）慶北勧業課「奢侈税と朝鮮の機業」『京城日報』1924年8月22日。
39）「粗夏布不列入奢侈品類日商務官解釈」『上海時報』1924年11月30日。
40）和田財務局長「中国麻布関税에(に)対하야(して)」『朝鮮日報』1924年8月8日。
41）原文「況夏布為出口大宗，本会猶有切膚之痛」（「反対日本苛税之種起夏布公会」『上海時報』1924年8月17日）。
42）「夏布商反対日苛税之会議」『上海時報』1924年8月18日。

外であることを確認し[43]，抗議活動はようやく鎮静化に向かった。

なぜ，日本政府および朝鮮総督府は中国産絹織物を奢侈品関税の対象にした反面，麻織物は入れなかったのだろうか。まず，中国産絹織物が朝鮮の上流層が着る衣料であったのに対して，中国産麻織物は主に朝鮮民衆の衣料として廉価なものであったことが主因であった。なお，朝鮮内消費総額の約3～4割を占めていた中国産麻織物に奢侈品関税をかければその価格が急騰して朝鮮民衆の生計に負担をかけやすく，民衆の不満が噴出しかねなかった。事実，1920年の統一関税実施の際に，朝鮮では中国産麻織物など中国産必需品に対する関税賦課が「朝鮮人の生活費を増加させる」と反対する声が上がっていた[44]。もう一つは，中国産絹織物の奢侈品関税賦課の裏側には日本の絹織物業界の政治的圧力があったことを述べたが，日本の麻織物業界が朝鮮に移出する日本産麻織物は少量に過ぎなかったため，日本政府としても日本国内の世論を意識する必要がなかったことも影響したと考えられる。

このような諸要因が絡み合って，朝鮮総督府は中国産麻織物の輸入に対する対策は，原料麻の増産と朝鮮産麻織物の生産増加および品質改善に向けられた。朝鮮総督府は1926年度より各地に産業組合を設立して技術的支援，資金斡旋などの経済的支援，共同作業場などの施設的支援を行った[45]。しかし，政策的効果は芳しくなく，中国産麻織物の輸入量および輸入額は増加傾向にあった（〔表2-3〕参照）[46]。

特に1929年の世界大恐慌の影響により日本および朝鮮経済が不景気に喘いでいた1930年の中国産麻織物の輸入量は1928年と1929年に比して各々0.5％，9％増加した（〔表4-2〕参照）。1930年の輸入量は1922年の歴代最

---

43)「粗夏布不列入奢侈品類日商務官解釈」『上海時報』1924年11月30日。
44) 金達浩「関税改正이（が）朝鮮人産業界에（に）及하는（ぼす）影響」『開壁』第29号（1922年11月）10頁。
45) 京城商業会議所「朝鮮に於ける麻布の需給概況」『朝鮮経済雑誌』第162号（京城商業会議所，1929年6月）6頁。1927年と1928年に設立された麻布関係の産業組合は20か所に上った。
46)「窮状에빠진（に陥った）朝鮮麻布逐年増加의（の）中国麻布」『朝鮮日報』1927年1月13日；「朝鮮内의（の）麻布의（の）消費状況半은（は）中国麻布로（で）充用」『朝鮮日報』1929年7月7日。

表 4-2　朝鮮の中国産麻織物の輸入量および輸入額

（単位：千方碼・千円）

年次	輸入量（千方碼）	輸入額（千円）
1928	13,692（11,193）	5,780（4,713）
1929	12,575（10,854）	5,458（4,700）
1930	13,754（11,853）	4,169（3,518）
1931	10,553（7,565）	2,353（1,688）
1932	3,881（2,355）	1,204（1,057）
1933	2,954	1,147
1934	4,328	1,766
1935	3,746	1,510
1936	4,639	1,465
1937	3,854	1,859
1938	—	0.626
1939	—	0.06

出典：朝鮮殖産銀行調査部「朝鮮に於ける布木需給と其の資源」『殖銀調査月報』第9号（朝鮮殖産銀行調査部，1939年2月）19頁；朝鮮殖産銀行調査部「昭和十三年十二月中朝鮮対外国貿易概算額」『殖銀調査月報』第7号（朝鮮殖産銀行調査部，1938年12月）214頁；朝鮮殖産銀行調査部「昭和十四年十二月中朝鮮対外国貿易概算額」『殖銀調査月報』第20号（朝鮮殖産銀行調査部，1940年1月）統18頁；仁川府編纂（1933年）964～965頁。
注：カッコ内は仁川港を通じて輸入された中国産麻織物の輸入量および輸入額である。

高の1,648万方碼に次いで多かったのである。ところが，1930年の中国産麻織物の輸入量は増加したのに，輸入額はかえって減少していることに注目したい。統一関税実施後の中国銀貨安に支えられて華僑織物輸入商および上海の問屋が中国産麻織物の輸入単価を引き下げて対応したことと同様に，今回も中国銀貨の為替相場が低落した[47]ことを活用して，輸入単価を下げたと考えられる。事実，1928年と1930年における中国産麻織物の1方碼当たりの輸入単価は0.42から0.30に29％も下がった。

　不況により朝鮮内の麻織物に対する需要が減退する中，中国産麻織物の輸入量が増加していたことを受け，朝鮮の麻織物業界から中国産麻織物の

47）仁川府編纂（1933年）964頁。

大量輸入に対する防止手段が検討され[48]、特別輸入関税の設置を叫ぶ声が上がってきた[49]。なお、これまで静かであった日本の麻織物商も不況脱出のために動き出し、1931年11月には東京、大阪および朝鮮の麻織物を取り扱う有力問屋が朝鮮総督府に中国産麻織物の輸入関税率を従来の約20％から40％に引き上げるように強く要求した[50]。

しかし、1930年5月6日に正式調印された日中関税協定により、中国産麻織物に対する関税は1933年まで引き上げることは認められなかった[51]ため、朝鮮総督府としても打つ手がなかった。その渦中に1931年排華事件が発生し、その影響により中国産麻織物の輸入量および輸入額は1930年より1932年の同輸入量と輸入額は各々72％と71％激減した[52]。

それにもかかわらず、朝鮮総督府は1932年12月に朝鮮の麻織物の生産奨励を名分に中国産麻織物の関税率を既存の約20％から2倍以上引き上げる計画を立てて[53]、同府商工課の石井技師が同年12月中旬に拓務省を訪問して中国産麻織物の関税率引上を上申した[54]。ところが、大蔵省・拓務省・商工省は日本の金輸出禁止による日本通貨の暴落に伴って中国産麻織物の輸出価格が割高になっている今、関税率を引き上げることは朝鮮の消費者の負担増をもたらす恐れがあると難色を示した[55]。

それに対して朝鮮総督府がどのように説得したか不明であるが、1933年5月日中関税協定満期につき改正関税が実施され、中国産麻織物に対する関税率が約40％に引き上げられた[56]。この関税率引上は1931年排華事件によって減少した中国産麻織物の輸入量の回復に水を差した。同関税実施

---

48)「支那麻布輸入の防遏手段を講究」『京城日報』1931年6月23日。朝鮮の麻織物業界では中国産麻織物の輸入防止には輸入関税率引上しかないという世論は以前にもあった（「中国麻布로(に)因해(って)朝鮮麻布界큰(大きな)打撃活路는(は)輸入税課重」『毎日申報』1927年1月13日）。
49) 仁川府編纂（1933）964頁。
50)「中国麻布의(の)輸入税引上請願各地有力当業者가(が)決起」『毎日申報』1931年11月3日。
51)「支那麻布輸入と本府の増産計画関税引上は当分不可能」『京城日報』1931年7月2日。
52) 1931年排華事件が中国織物輸入商に与えた影響については、次章で詳しく検討する。
53)「中国麻布防止関税를(を)協定」『東亜日報』1932年12月22日。
54)「中国麻布関税引上実現？」『朝鮮日報』1932年12月21日。
55)「中国麻布関税引上아즉도(いまだに)疑問」『朝鮮日報』1933年1月8日。

後, 1933年～1937年の年平均輸入量と輸入額は390万方碼, 155万円にとどまった。その結果, 中国産麻織物が朝鮮内の麻織物消費総額のうち占める比重は1912年～1928年に年平均約36％であったのが, 1933年～1937年には年平均17％（輸入量基準）に半分以下に減少した[57]。そこで中国の麻織物輸出問屋などは南京国民政府外交部に麻織物に対する関税率引下の請願を行い, 外交部は駐日本中国公使館と交渉を行った[58]が, 実現されなかった。

一方, 中国産麻織物の輸入量および輸入額の減少の原因として, 関税率引上以外に, 中国産麻織物の代用品が1930年代に入り市場に本格的に出回るようになっていた事実を看過してはならない。日本より擬麻布（綿布で加工して外観は麻布のようなもの）と紡績麻布の移入が増加して, 麻織物の移入量および移入額は1925年に39万方碼・23万3,973円から1935年には239万方碼・106万2,549円に各々6.1倍・4.5倍増加した[59]。それに従って日本産麻織物が朝鮮の麻織物の消費総額に占める比重は1925年に1.6％であったのが, 1935年には10.0％に増加した。さらに, 朝鮮総督府は1930年代半ばに麻織物の原料となる亜麻の栽培奨励計画を立てて朝鮮の北部地域を中心に推進し[60], 日本の帝国製麻は釜山府に進出して1934年に麻糸紡績の工場の稼動を開始し, 中国産麻糸の輸入阻止に努めていた[61]。

なお, 人絹布は価格が低廉な上に光沢, 感触などが朝鮮人の嗜好に適して, 麻織物の代用品として中国産麻織物の輸入に打撃を与えた[62]。1925年

---

56)「全南産麻布関税関係로（で）売買가（が）旺盛」『東亜日報』1933年6月8日。同関税率は品質によって異なった。上等品は100斤当たり約90円, 中等品は70.30円, 下等品は39.70円であった（1934年10月3日編, 駐釜山領事館報告「本年朝鮮中国麻布市況及其回顧」『南京国民政府外交部公報』第7巻第8号（同上資料）97頁）。
57) 朝鮮殖産銀行調査部（1939年2月）20頁。
58)「中国의（の）麻布, 絹緞輸入額累年激減国民政府有吉中公使를（を）通해（じて）関税減下交渉開始」『東亜日報』1934年11月1日。
59) 朝鮮殖産銀行調査部（1939年2月）20～21頁。
60) 帝国製麻株式会社編（1937年）175～176頁。
61)「鮮内麻織物産出状況」『京城日報』1931年6月23日。帝国製麻は1932年2月に同府凡一町にある高瀬合名会社の機業所を借り入れて事業を開始し, 1933年9月に同府外西面に工場敷地を選定して翌年3月に操業を開始した。織機は最初に70台であったが1937年には150台に増えた（帝国製麻株式会社編（1937年）153～154頁）。

に初めて朝鮮に移入されて以来人絹布の移入額は年々増加して，1933年には3,845万方碼，1937年には1億1,372万方碼に達し，朝鮮の織物総需要量に占める人絹布の比重は1933年の12％から1937年には26％に高くなった[63]。その反面，麻織物は朝鮮の織物消費総額に占める比重が1923年に約20％を占めていたのが，1937年には織物総需要量の6.3％に下がった[64]。人絹布の朝鮮内生産も1932年に安養の朝鮮織物㈱工場の創業を契機に各地に人絹布製造工場が相次いで設立されて，その生産額は急増していった。人絹布の移入額と朝鮮内生産額は日本産麻織物の移入額をはるかに上回っていたため，人絹布が中国産麻織物の販路に相当な影響を与えたと考えられる。

　このような中国産麻織物の代用品に対して，駐釜山領事館は「代替品が次から次へ出ている。たとえその品質が麻布に及ばなくても，色と光沢が優美で，販売価格が低廉であり，一般民衆の需要にぴったり合致する[65]」と非常に警戒していた。朝鮮総督府が1933年に大蔵省・拓務省・商工省の反対を押し切って同麻織物に対して40％の関税率引上を断行したのは，このような代用品の十分な供給が見込まれたことも背景にあったと考えられる。

　次は中国産麻織物の輸入激減が華僑織物輸入商にいかなる影響を与えたかについてみよう。〔表4-3〕は1933年に華僑織物輸入商によって輸入された中国産麻織物の輸入量および在庫量である。まず，中国産麻織物を輸入する華僑織物輸入商の数が非常に減っていることが確認される。京城の裕豊徳（〔付表8〕の94番），仁川の和聚公（〔付表8〕の38番）・協興裕（〔付表8〕の87番）・天和桟（〔付表8〕の79番）・錦成東（〔付表8〕の92番），釜山の徳聚和（〔付表8〕の27番）と裕豊徳（京城裕豊徳の支店・

---

62)「麻布需要不振으로（で）支那商에（に）大打擊人絹需要는（は）増加될뿐（するのみ）」『毎日申報』1935年9月26日。
63) 朝鮮殖産銀行調査部（1939年2月）27～28頁。
64) 朝鮮殖産銀行調査部（1939年2月）2頁。
65) 原文「替代品則層出不已，縱質地不及麻布，而色沢光艷售価低廉正合一般民衆之需要」（1933年2月15日編，駐釜山領事館報告「旅鮮麻布僑商之過去及将来」『南京国民政府外交部公報』第6巻2号（同上資料）102頁）。

〔付表8〕の95番）程度に過ぎなかった。京城の瑞泰号，永来盛，徳順福，広和順，仁川の和泰号（瑞泰号の仁川支店），永来盛，徳順福，三合永，釜山の瑞泰号（京城瑞泰号の支店）などが消え去ったのである。なぜ，華僑織物輸入商が破綻したかについては次章に詳しく検討するが，開港期から独占的に輸入してきた中国産麻織物が関税率引上および人絹布などの代用品との競争に晒されて，輸入減少を余儀なくされたことも，その原因の一つであったと考えられる。

一方，京城および仁川の華僑織物輸入商による中国産麻織物の輸入不振は同輸入商が従来仁川港を通じて同麻織物の輸入量の8～9割を輸入してきたが，1931年と1932年には同港の比重が6～7割に減少していることからもうかがえる。上記の存続していた華僑織物輸入商も「揺揺欲堕之状態」（ぐらぐらしていまにも倒れそうな状態）であって[66]，仁川の錦成東は経営危機を打開するために上海墨業協会の認可を得て中国の安徽省より9名の職工を連れてきて，1935年6月に中国墨を製造する分野に進出するほどであった[67]。

さらに日本政府および朝鮮総督府は1937年3月に中国産麻織物に対する輸入関税率を80％に大幅に引き上げた[68]。日中関係の悪化を背景に，中国産麻織物を市場から完全に駆逐することを意図した措置であった。〔表4-2〕のように1937年の同商品の輸入量および輸入額が前年に比して減少していなかったのは，輸入関税率引上を見込んだ輸入が1～6月に華僑織物輸入商によって大量に行われたためであった[69]。80％の高関税賦課と日中戦争の勃発により，1938年の輸入額は626円に過ぎず，中国産麻織物の朝鮮輸入はこれで途絶えることになる。

---

66) 1933年2月15日編，駐釜山領事館報告「旅鮮麻布僑商之過去及将来」『南京国民政府外交部公報』第6巻2号（同上資料）102頁。
67) ここで言う墨は，そば・緑豆・どんぐりなどの粉を沈澱させて煮かため，ゼリー状にした食品である（「仁川中国商人中国墨製造販売朝鮮海州墨打撃？」『朝鮮中央日報』1935年6月22日）。
68) 朝鮮殖産銀行調査部（1939年2月）20頁。
69) 「中国産麻布輸入約八割의（の）大増加，関税引上予想輸入이（が）相伴되어（になって）一月以後二百万碼」『東亜日報』1937年6月22日。

表 4-3　華僑織物輸入商の中国産麻織物の輸入量および在庫量（1933年）

(単位：件)

商　号	所在地	輸入量	在庫量
徳聚和	釜山	3,700	900
裕豊徳	京城	1,500	200
裕豊徳	仁川	7,000	1,500～1,600
協興裕	仁川	4,000	未詳
和聚公	仁川	3,000	未詳
天和桟	仁川	3,000	未詳
錦成東	仁川	3,000	未詳
合　計	―	25,200	―

出典：1934年8月15日編，駐釜山領事館報告「本年朝鮮中国麻布市況及其回顧」『南京国民政府外交部公報』第7巻第8号（同上資料）96～97頁。

注：1件は15疋あるいは20疋。

3　山東産塩および中国産薬材

　朝鮮総督府は1930年代に入り中国産麻織物だけなく，朝鮮に多く輸入されていた他の中国産輸入品に対しても輸入制限，朝鮮内代替品の生産拡大などで対応しようとした形跡が確認される。その代表的な商品が山東産塩と漢薬材料の中国産薬草であり，二つの商品に対する朝鮮総督府の措置を中心に検討したい。

　まず，山東産塩についてみていこう。植民地期朝鮮の塩生産量は塩消費量を下回り外国より塩の輸移入をを求める状況が続いていた[70]。1910年代までは朝鮮内塩消費量の7割，1920年代には官塩の生産増加で低くなったとはいえ，4～6割を輸移入に依存していた[71]。〔表4-4〕で示すように，輸移入塩の中では山東産塩が1910年代には5～8割，1920年代には遼東半島産塩および青島産塩の輸移入が増加してその比重は低くなるが，3～5割を維持していた。なお，山東産塩が朝鮮内塩消費総額に占める比重も1910年代は3～6割，1920年代にも1～2割に上った。

　このような山東産塩の主要な産地が仁川港から近い山東省の石島と俚島であったため，山東産塩は1919年～1923年に年平均56％が仁川港を通じ

---

70) 開港期にも清国産塩が大量に輸入されていた。詳細は第12章を参照されたい。
71) 田中（1997年）150頁。

表 4-4　朝鮮の山東産塩の輸入量の推移

(単位：千斤・％)

年次	山東産塩 輸入量	A (％)	B (％)	年次	山東産塩 輸入量	A (％)	B (％)
1910	83,325	89.3	62.8	1924	98,527	39.7	23.0
1911	125,964	88.3	66.6	1925	101,140	39.4	25.8
1912	123,515	67.8	52.0	1926	139,139	48.0	27.2
1913	104,117	69.0	43.7	1927	97,750	35.6	18.8
1914	93,498	75.5	45.1	1928	94,926	35.6	16.4
1915	136,635	71.8	49.3	1929	101,887	44.9	16.8
1916	175,954	72.4	50.4	1930	108,604	53.3	21.6
1917	130,012	58.8	37.4	1931	108,649	38.0	17.2
1918	156,525	55.0	39.2	1932	21,995	7.1	3.0
1919	241,599	60.2	45.7	1933	45,872	14.7	6.4
1920	86,992	54.0	26.7	1934	88,890	31.4	15.2
1921	99,586	53.5	28.7	1935	118,629	41.9	14.3
1922	80,925	40.9	23.9	1936	77,077	33.5	12.5
1923	114,884	39.2	26.9	1937	56,195	28.3	7.8

出典：田中（1997年）150・152頁を基に作成。
注：Aは輸移入総量のうち山東産塩が占める比重，Bは朝鮮の塩消費総額のうち山東産塩が占める比重である。ただ，山東産塩の中には青島産塩は含まれていない。

て輸入された[72]。青島産塩と遼東半島産塩が主に日本人によって輸移入されたのに対して，山東産塩はほとんど中国人所有のジャンク船によって輸入された[73]。ジャンク船は小型が40トン，大型が110トン，塩の積載量は7・8万斤〜20万斤で，同港入港の際には駐仁川領事館（辦事処）が同船に証明書を発給し，仁川税関はその証明書を検査して通関許可を行った[74]。

このように輸入された山東産塩は朝鮮在住華僑商人の流通網によって販売された。中国人ジャンク船主は仁川支那町にあった華僑の「戎克問屋」

72）仁川港を通じた山東産塩の輸入額は，朝鮮総督府（1924年 a）93頁を参考にした。
73）朝鮮総督府（1924年 a）101頁。
74）1930年7月18日発，駐朝鮮総領事記名公使張維城ヨリ朝鮮総督府外事課長穂積真六郎宛『昭和四・五・六・七年　各国領事館往復』（韓国国家記録院所蔵）。同領事館は証明書発給の時に手数料を取り，その手数料は仁川華僑小学の運営費として使われた。このように証明書を発給していたのは仁川以外に駐鎮南浦領事館があった。同手数料収入は1929年度仁川華僑小学の収入の2割を占めていた。仁川華僑小学の運営に関しては，拙稿（李 2010年 a）を参照されたい。

（船行客桟商）に宿泊し，問屋に原塩の売買を依頼し，問屋は船主と商人との間を斡旋して一定の手数料を受け取った。支那町にあった問屋は元和桟（〔付表7〕の53番），同和桟，天合桟（〔付表7〕の91番），春記桟〔付表7〕の116番），複成桟，福仁桟などがあった[75]。これらの問屋のうちとくに元和桟と同和桟が注目される。元和桟は第3章で述べたように行桟であったが，その業務以外に運送業，雑貨商店，原塩の卸売商を営んでいて，原塩の卸売商としての1928年度売上額は9万円に上った。同和桟も行桟でありながら原塩の卸売商として同年度売上額は9万8,000円であった。この売上額から元和桟と同和桟は山東産塩の卸売商として規模の大きい商店であったことがうかがえる[76]。天合桟，春記桟，複成桟，福仁桟も同じく行桟であった。ジャンク船によって輸入された山東産塩は1919～1923年に年平均約50万円に達していたため，上記の問屋および原塩の卸売商を通じて流通されたとみなしてもよい。華僑問屋と原塩の卸売商は輸入された山東産塩の約2割を仁川府所在の製塩工場に販売し，その他は原塩のまま他地方に移出して，味噌，醤油，漬物用，漁業用塩として需要された[77]。

ところで，朝鮮総督府は1930年3月に「塩ノ輸入又ハ移入ニ関スル件」（制令第1号）およびそれに付随する「塩売捌人規程」を公布し，塩の輸移入管理を実施した[78]。この制令の実施は1930年4月より塩の輸入税撤廃による朝鮮内塩産業への保護が背景にあった[79]。朝鮮総督府は「国民の生命を養ふ主要の糧たる塩の補給を他より受けると云ふことは好ましい事ではない[80]」という認識をしていて，山東産塩などの輸入を抑制する意図が

---

75) 朝鮮総督府（1924年a）106～107頁。
76) 京城商業会議所（1929年3月）34頁。
77) 朝鮮総督府（1924年a）97～98頁。
78) 京城商業会議所「資料　塩の輸移入管理と売捌人規定の制定」『朝鮮経済雑誌』第172号（京城商業会議所，1930年4月）39頁。
79) 朝鮮総督府「朝鮮に於ける塩の需給」『調査月報』第2巻第8号（朝鮮総督府，1931年8月）22頁；田中（1997年）156頁。輸入天日塩に対する関税は1920年8月に100斤当たり10銭が課せられた。この関税は1929年法律第35号により同年3月に廃止される予定であったが，朝鮮内塩産業保護のために1年間廃止が延期された（松本誠「塩輸移入管理施行に就て」『朝鮮』第180号（朝鮮総督府庶務部，1930年5月）1～2頁）。

あった[81]。

　この制令には山東産塩の輸入および上記の華僑問屋と原塩の卸売商に影響する内容が盛り込まれていた。すなわち，第1条に「塩ハ政府又ハ政府ノ命ヲ受ケタル者ニ非ザレハ之ヲ輸入シ又ハ移入スルコトヲ得ズ，政府ノ命ヲ受ケテ輸入シ又ハ移入シタル塩ハ政府之ヲ買収ス」となっていて，朝鮮総督府は山東産塩の輸入について許可した輸入業者を仲介させて輸入に当たらせ，輸入した塩は朝鮮総督府自ら販売するという内容であった[82]。

　この制令について，「今後華商が許可を得て輸入する以外は，役人の操縦を受けるほかないことを大変恐れた[83]」ため，仁川および鎮南浦の華僑塩商は1930年1月に駐仁川領事館および駐鎮南浦領事館に山東産塩など外国産塩が専売局の管理に帰することがないように陳情し，両領事館はその陳情を駐朝鮮総領事館に報告した[84]。同総領事館は外事課に華僑塩商の憂慮を伝えるとともに，華僑塩商が安心して営業できるように要請した。それに対して，同府外事課はその内容を専売局長に照会して[85]，「塩業者ノ現営業ニハ成ルヘク影響セザル実施」にすると回答した[86]。

　一方，華僑塩商には他の問題もあった。山東産塩および外国産塩を輸移入する時，現地では輸出税として納めていたが，ジャンク船による輸出税は汽船による塩の輸出税より3倍も高かった。汽船による塩の輸移入は主に日本人商人によってなされ，ジャンク船で塩を輸移入する華僑塩商が不利な立場にあったため，このままでは華僑塩商が「自然消滅」すると，中

80）水口隆三「青島塩の朝鮮輸入に就て」『朝鮮』第131号（朝鮮総督府庶務部，1926年4月）27頁。
81）松本（1930年4月）74頁。
82）松本（1930年5月）4～5頁。
83）原文「深恐此後華商除受許可而輸塩入鮮外，惟有庁人操従」（1930年，駐朝鮮総領事館報告「朝鮮管理外塩我国宜速籌救済方策」『南京国民政府外交部公報』第3巻第2号（同上資料）144頁）。
84）1930年1月15日発，駐朝鮮総領事記名公使張維城ヨリ朝鮮総督府外事課長穂積真六郎宛函『昭和四・五・六・七年　各国領事館往復』（韓国国家記録院所蔵）。
85）1930年1月21日発，朝鮮総督府外事課長ヨリ専売局長宛「朝鮮ニ於ケル外国塩ニ関スル件」（同上史料）。
86）1930年1月27日発，朝鮮総督府外事課長ヨリ駐朝鮮総領事宛「朝鮮ニ於ケル外塩ニ関スル件」（同上史料）。

国側は憂慮していた[87]。

中国側の案じていた通り，山東産塩の輸入は同制令実施後の1930～1937年に年平均7,824万斤に1920年代の年平均10,158斤より23％減少した。さらに，1938年と1939年の山東産塩の輸入は日中戦争の影響で皆無に等しかった。華僑塩商は輸入した塩の販売が認められなかったこと，さらに山東産塩の輸入減少とあいまって，仁川および鎮南浦の華僑塩商の経営活動は衰退を余儀なくされた。1937年発行の『商工資産信用録』には，元和桟（〔付表9〕の29番），春記桟（〔付表9〕の43番），天合桟（〔付表9〕の61番），1941年発行の『商工資産信用録』には天合桟（〔付表10〕の21番）しか出てこない。なお，1942年仁川には華僑塩商の原塩組合が存在していたが，組合員がおらずほとんど有名無実の状態にあったことがそれを如実に物語っている[88]。

次に朝鮮総督府の中国産薬材の輸入に対する対策についてみよう。植民地期朝鮮で取引された薬材は約400種でそのうち半数は中国産で主に上海，広東方面より船便にて仁川に輸入された[89]。朝鮮で取引される薬材の金額は約150～160万円で，このうち約半額は中国産で[90]，その輸入額は少なくなかった。このように中国産薬材の輸入が非常に多かったにもかかわらず，その輸入過程，流通構造などに関する研究は皆無に等しく，この分野に関する研究は朝鮮人の薬令市を解明する作業が中心となっている[91]。ここでは踏み込んだ議論は避けるが，その輸入を担っていたのは京城の華僑薬種商で，同順泰（1923年の売上額は34.2万円・〔付表5〕の31番），東興成（1928年度の売上額は20万円・〔付表5〕の10番），集昌号（同11.6万円・〔付表5〕の226番），永豊裕（同7.8万円・〔付表6〕の127番），広栄泰

---

87) 1930年，駐朝鮮総領事館報告「朝鮮管理外塩我国宜速籌救済方策」『南京国民政府外交部公報』第3巻第2号（同上資料）144頁
88) 1942年7月15日収，駐仁川辦事処報告〔仁川辦事処轄境内僑務概況〕「汪偽政府駐朝鮮総領事館半月報告」『王偽僑務委員会档案』（同2088-373）。
89) 京城商工会議所「北支事件に関する法令及諸調査」『京城商工会議所経済月報』第259号（京城商工会議所，1937年8月）26頁。
90) 総督府技師川口利一「薬草の栽培と利用について（其ノ四）」『経済月報』第229号（京城商工会議所，1935年1月）46頁。日本も当時中国から約600万円の中国産薬材を輸入していた。
91) 代表的な研究としては，権（1986年）がある。

（〔付表5〕の138番），徳生恒（〔付表4〕の65番）などであった[92]。華僑薬種商によって輸入された中国産薬材は朝鮮人漢薬房などに卸売りされた。

　朝鮮総督府は1930年代前半に中国産薬材の「防遏輸入」と「農村経済奨励」のため薬草栽培を奨励した[93]。1933年3月には各道(どう)知事に薬草栽培を奨励するように指示を出して，それに従って各地に薬草園，薬草栽培組合が相次いで設立された[94]。ただ，このような朝鮮総督府による薬草栽培奨励が華僑薬種商にいかなる影響を及ぼしたかは今のところ知るすべがないが，1940年に大邱薬令市で取引された薬材の中に約18万円の中国産が含まれていた[95]こと，1942年に京城には9軒の薬種商が経営活動していた[96]ことが確認されており，同政策が華僑薬種商に甚大な打撃を与えたとは考えにくい。

第2節　華僑織物輸入商などへの税金過重賦課問題

　前節では，朝鮮総督府の中国産織物に対する高関税賦課を中心に検討してきたが，ここでは朝鮮総督府および地方当局による華僑織物輸入商などへの税金過重賦課をめぐる問題を取り上げてみたい。

　華僑織物輸入商の瑞泰号（〔付表6〕の203番），永来盛（〔付表6〕の128番），和泰号（〔付表6〕の52番），広和順（〔付表6〕の106番），錦成東（〔付表6〕の175番）は1930年1月31日までに1930年分の営業税の課税標

---

92) 朝鮮総督府（1924年a）59〜60頁；京城商業会議所（1929年3月）31頁。
93) 1933年3月20日編，駐京城総領事館報告「朝鮮総督府奨励栽培漢薬薬材及将来漢薬貿易之趨勢」第6巻第2号（同上資料）103頁。このような対策は朝鮮総督府による「国産愛用運動」の一環として行われた面もある。世界大恐慌後，朝鮮総督府は1930年代に入り朝鮮人の失業問題，破綻に瀕した農村経済問題の解決のため，国産品を愛用する運動を積極的に展開した。同運動の趣旨に関しては，朝鮮総督斎藤実「国産品の愛用について」『朝鮮経済雑誌』第177号（京城商工会議所，1930年9月）1頁を参照されたい。なおこの雑誌には児玉秀雄政務総監と松村松盛殖産局長の国産品愛用運動の必要性を訴える記事が掲載されている。特に佐伯内務部長は輸入品と同一な商品なら国産品を使用するように呼びかけた。
94) 総督府技師川口利一「薬草の栽培と利用について（其ノ五）」『京城商工会議所経済月報』第230号（京城商工会議所，1935年2月）13〜16頁；「漢薬材料栽培昷（を）奨励」『東亜日報』1933年3月15日。薬草園が設立された地域は咸興，開城と各道立医院であった。
95) 文（1941年）165〜179頁。
96) 1942年7月1日収，駐京城総領事館報告〔朝鮮華僑概況〕「汪偽政府駐朝鮮総領事館半月報告」（同上档案）。

準となる1929年度の売上額の申告を行った。京城府税務課は各輸入商を戸別訪問して申告した売上額の確認調査を行い，その結果決定した金額が〔表4-5〕の売上額①である。この売上額①は1928年度の売上額とほとんど変わらなかった。

ところで，同課は不明な点が見つかったのか，「朝鮮営業税令」第22条に則して輸入商たちの担当者を呼び出して帳簿などの調査を実施した。その結果，同課によって告知された売上額が〔表4-5〕の売上額②である。しかし，売上額②は①に比べて5軒の輸入商をあわせてみると2倍以上増加した。特に錦成東は2回にわたって呼び出されて第1回目は230万円，第2回目は205万円の告知を受け，売上額①より2.6倍の増額となった。広和順は3回にわたって呼び出されて最終的に124万円の告知を受け，売上額①より2.8倍増加となった[97]。

各輸入商は京城府庁税務課調査について帳簿の事実に基づかない酷い要求であるという反応を示した[98]。京城中華総商会は5軒の輸入商の陳情を

表4-5 京城府調査による華僑織物輸入商の1929年度の売上額

(単位：万円)

店　名	1928年度売上額	売上額①	売上額②	売上額③	決定売上額
錦成東	64	78	230・205	205	105.7
瑞泰号	80	72	140	136.4	97.9
永来盛	70	69	110	109	66.8
和泰号	72	59	83	83.2	59.6
広和順	50	45	60・89.6・124	124.8	72.2
合　計	336	323	662	658.4	402.2

出典：1930年4月5日発，駐朝鮮総領事館ヨリ京城府庁宛函「交渉営業税」『駐韓使館保存档案』(同03-47，191-03)；1930年9月17日，駐朝鮮総領事館ヨリ京城府庁宛函「交渉営業税」(同上档案)。

注：売上額①は京城府庁官吏来店して調査した金額，売上額②は同府が店員を呼び出して告知した金額，売上額③は決定額である。錦成東の売上額②の230万円と205万円は第1回と第2回の店員呼び出し調査による告知金額，広和順の売上額②の160万円・89.6万円・124万円は第1・2・3回の店員呼び出し調査による告知金額である。広和順の1928年度売上額50万円のうち30万円は自社による販売，20万円は委託販売である。

97) 瑞泰号と永来盛の営業税納税額は1925年に476円・360円，1926年に496円・320円，1927年に658.8円，216円，1928年に864円，756円，1929年に864円・756円であった。

受け付けた後，職員を同課に派遣して交渉を行ったが，同課は終始譲歩しようとしなかった。そのような反対にもかかわらず，同課は売上額②より少し減額した調定額（売上額③）を各輸入商に告知した。

それでは，なぜ京城府庁税務課の審査による売上額と5軒の輸入商の申告売上額には2倍以上の開きがあったのだろうか。その理由について永来盛は，京城府が商品販売帳簿の金額に基づかず，取引銀行に預金しておいた1年間の預金額を基準としたためであると分析した[99]。例えば，1929年末現在の各輸入商の預金額は錦成東235万円，瑞泰号150万円，和泰号123万円，広和順111万円，永来盛110万円であって，売上額②に各々近いことが確認され，同課が預金額を売上額とみなしたきらいがうかがえる。このように京城府が再調査を行い，預金額を課税標準にした背景には，華僑織物輸入商を圧迫する意図以外に，朝鮮総督府当局が華僑織物輸入商などの華僑商人に対して誠実に課税標準を申告せず，営業税を公平に納税してこなかったという不信が根強く存在していた[100]ことも指摘しておかなければならない。

駐朝鮮総領事館は各輸入商および京城中華総商会の陳情を受けて京城府庁に正式に抗議した[101]。同総領事館は5軒の輸入商に対する営業税調定額が公正を欠けていると主張し，預金額が多い理由については，予期しない金融の緊急事態への備え，取引先の金融逼迫時への備え，手形割引が円滑でない仁川支店への金融支援，大阪などの仕入先への支払いのためであると説明した。なお，課税標準を商品販売帳簿ではなく預金額とするのは不当であるとその見直しを求めた。

それに対して，京城府庁は「目下調査中ナルモ調査ニ相当ノ日付ヲ要シ本月末日迄ニハ調査完了セザル見込」であると，第1期の納税期日が5月末日に迫っているため，兎に角期間内に納税するように求めた[102]。しかし，5軒の輸入商は「一旦調定シタル税額ハ変更ヲ為ス事能ハストノ御庁

---

98) 1930年3月26日収，京城中華総商会ヨリ駐朝鮮総領事館宛函「交渉営業税」（同上档案）。
99) 1930年4月3日発，永来盛ヨリ駐朝鮮総領事館宛函「交渉営業税」（同上档案）。
100)「仁川中国商人結束営業税不服申立」『東亜日報』1931年4月12日。
101) 1930年4月5日発，駐朝鮮総領事館ヨリ京城府庁宛函「交渉営業税」（同上档案）。

ノ御示達」があったとしたうえで,「其税額ノ調定方甚タ不都合ニ非ラサルヤ」と再度精密な審査を要求した[103]。京城府庁はそれに応じず5軒の輸入商に納税の督促を行い,5軒の輸入商は「今後其調定額ノ減額」をしなければ,「税額ノ納付ニ応ジ難」いと強い姿勢で打って出た[104]。京城府庁はやむを得ず5軒の輸入商の営業税課税標準額の照会のため,各輸入商に仕入額(月別・仕入先別)および月別売上額を提出するように求め[105],5軒の輸入商はそれに応じた。駐朝鮮総領事館はこの問題の解決のために各輸入商に帳簿の提出を求めて,京城府に再調査を依頼し,京城府庁の松崎係長と中田係員が同総領事館を9回にわたって訪問して帳簿の調査を行った[106]。その調査により9月3日に決定されたのが〔表4-5〕の決定売上額である。売上額③の合計よりは39%減少して各輸入商の主張が一部受け容れられたものの,売上額①の合計よりは25%増加していてこの分だけは京城府庁が譲らなかったと解釈できる。

　この事件を契機に仁川でも華僑織物輸入商に対する同様な事件が1931年に発生した。仁川の華僑織物輸入商を始めとする約20名の商店主は1930年度の売上額が不景気により減少したにもかかわらず,1931年の営業税額が従前より3割増額となっていると不服し,仁川府に再審査を要請した[107]。

　営業税以外の税金賦課をめぐっても当局と華僑織物商などの華僑商人とのトラブルが確認される。京畿道驪州郡の州内面事務所は1931年に同地の華僑織物商の義盛東および飲食店の芳林園と中和園に対する戸税[108]賦課額が,1930年に比して平均125%も増加したことを受け,面長に減税を申し出たが受け容れられなかった[109]。そこで3軒の店主は京城中華総商会およ

---

102) 1930年5月13日収,京城府庁ヨリ駐朝鮮総領事館宛「交渉営業税」(同上档案)。
103) 1930年5月24日発,傅維貢・趙星舫・葛松涛・孫金甫・趙謙益ヨリ京城府尹宛「交渉営業税」(同上档案)。
104) 1930年5月27日発,傅維貢・趙星舫・葛松涛・孫金甫・趙謙益ヨリ京城府尹宛「交渉営業税」(同上档案)。
105) 1930年5月27日収,京城府庁ヨリ駐朝鮮総領事館宛「交渉営業税」(同上档案)。
106) 1930年9月17日,駐朝鮮総領事館ヨリ京城府庁宛函「交渉営業税」(同上档案)。
107) 「仁川中国商人結束営業税不服申立」『東亜日報』1931年4月12日。
108) 同税は16世紀朝鮮に導入された国税であったが,朝鮮総督府によって1919年に地方税に移譲された。地方の郡部にある各戸を対象にした税金で,各戸を等級に分けて差等賦課された。

び総領事館を通じて問題解決を図った。総領事館は同件について〔表4-6〕を添付して陳情の内容の照会を要請すると同時に，もしそれが事実であれば不景気に際して「貴国政府ノ採ラントスル減税方針ト相合セズ」と，減税を講じるように求めた[110]。その中，5月10日に面長および面事務書記，郡庁財務課員が3軒の華僑商人を再三訪ねて納税を勧告し，「明年度ヨリ減税スベキヲ言明シタ」ため，納税をすることになった[111]。これで同総領事館は朝鮮総督府が該当郡および面に示達して1932年の減税を保証するように求めた。

同府外事課が同府内務局に同件について調査を依頼し，報告を受けたのは同年7月17日であった。同報告による戸税賦課額増加の原因は三つであった。①課税総額および納税義務者総数には著しい消長はないが，多額の戸税納税義務者が他府面転出等に伴い一般的に負担増加をもたらしたこと，②3軒の店主のうち2名については土地などの所得があることを発見したために負担増加になったこと，③1931年度には負担の公正を期するために課税等級を更訂した結果負担に変化があったこと[112]。内務局は3点を持って面事務所の措置は「概ネ適切」とした上で，同面事務所が1932年の戸税減税を言明したことが事実であると認めた。

内務局の調査結果が正しいか否かは不明であるが，内務局が面事務所の措置を「概ネ適切」と表現したのは適切ではなかったところもあったことを認めたといえよう。当局が京城府および仁川府の華僑織物輸入商に対する営業税過重賦課と同様に，華僑商人に対する不信とともに，一大勢力を

---

109) 1931年4月30日発，駐朝鮮総領事館事務代理副領事季達ヨリ朝鮮総督府外事課長穂積真六郎宛函『昭和四・五・六・七年 各国領事館往復』（韓国国家記録院所蔵）。1931年度京畿道の戸税負担額は41万4,879円であった。戸当たり3.4～3.5円であった（「二十郡의（の）戸税四十一万余円京畿道管下負担額」『東亜日報』1931年4月11日）。
110) 1931年4月30日発，駐朝鮮総領事館事務代理副領事季達ヨリ朝鮮総督府外事課長穂積真六郎宛函（同上史料）。
111) 1931年5月15日収，駐朝鮮総領事館事務代理副領事季達ヨリ朝鮮総督府外事課長穂積真六郎宛函（同上史料）。
112) 1931年7月17日発，朝鮮総督府内務局長ヨリ外事課長宛「課税ニ関シ支那人ヨリ申出ノ件」（同上史料）。外事課は同内容の書翰を7月21日付で同総領事館に送付した（1931年7月21日発，朝鮮総督府外事課長ヨリ駐朝鮮総領事宛「課税ニ関シ支那人ヨリ申出ノ件」（同上史料））。

表 4-6　京畿道驪州郡州内面事務所の華僑商店 3 軒に対する戸税賦課額

店　名	1930年税額（円）	1931年税額（円）	増減率（％）
義盛東	4.26	19.59	360
芳林園	10.91	19.59	80
中和園	10.93	19.59	79
合　計	26.1	58.77	125

出典：1931年 4 月30日発，駐朝鮮総領事館事務代理副領事季達ヨリ朝鮮総督府外事課長穂積真六郎宛函『昭和四・五・六・七年　各国領事館往復』（韓国国家記録院所蔵）。

形成していた華僑織物商などへの牽制および圧迫が戸税過重賦課の形で現れたと考えられる。

おわりに

　以上みてきたように，本章では一大勢力を形成していた華僑織物商について朝鮮総督府がどのように対応したかについて，織物輸入商によって上海から独占的に輸入されていた中国産絹織物および麻織物に対してどのように高関税を賦課して市場から駆逐したか，織物輸入商に対する営業税額をどのように過重請求したかについて明らかにした。

　朝鮮総督府は中国産絹織物に対して1920年 8 月の統一関税導入に伴い，従来の従価7.5～10％から30～40％に引き上げ，さらに1924年 7 月31日に公布された朝鮮総督府法律第24号の奢侈品関税の施行により100％に引き上げた。これに対して，上海の中国人絹織物輸出問屋と朝鮮華僑織物輸入商が奢侈品関税の導入について猛反発して反対運動を展開した。このような反対運動にもかかわらず奢侈品関税の対象から中国産絹織物を外さなかったことは朝鮮への絹織物移出を拡大しようとする日本の絹織物業界の政治的圧力があったことを解明した。

　一方，朝鮮総督府は中国産麻織物に対する関税を従来の7.5％から1920年の統一関税の実施で約20％に引き上げたが，1924年の奢侈品関税の対象には一部品目を除いて入れなかった。その影響で中国産麻織物の輸入量および輸入額は1930年まで減少することなく，一定水準が維持されていたが，1931年排華事件，朝鮮総督府によって1933年に関税率が40％に引き

上げられ，さらに1937年には80％に引き上げられて，朝鮮市場から完全に姿を消したことを確認した。このような中国産麻織物の輸入減が華僑織物商の経営に多大な支障をきたしたことを明らかにした。

　本章では，朝鮮総督府は両織物だけにとどまらず，中国からの輸入が多かった他の中国産輸入品に対しても，1930年代に輸入制限および朝鮮内代用品の生産拡大などで対応したことを，山東産塩と中国産薬材を事例として取り上げて論証した。なお，華僑織物商に対しては両織物に対する高関税賦課だけでなく，営業税過重請求などを通じて経営を圧迫していたことも明らかにした。

第5章

1931年排華事件の華僑織物商への影響

はじめに

　本章では，1931年排華事件が華僑織物輸入商を始めとする華僑織物商にどのような影響を及ぼしたかを明らかにする。

　1931年排華事件に関する詳細は〔補論Ⅰ〕に委ねて，ここでは同事件による華僑織物商への経済的影響に絞り込みたい。本章の研究課題と関連してキム（Michael KIM）氏の最新の研究成果が注目される[1]。同氏は同事件による金融機関の華僑商人への貸し渋りと華僑の大量引揚が華僑商人の商業網の弱体化をもたらしたと分析し，同事件の華僑経済への影響の一端を明らかにした。しかし，華僑商人の商業網の存在を明らかにしないまま，信用危機がその商業網の弱体化をもたらしたと結論を出したため，双方の相互関係を具体的に解明するところまでにはいたらなかった。

　本章では，第1～4章で解明された華僑織物輸入商の通商網，流通網が同事件によっていかに破壊され，劣化させられたかについて，京仁地域および京畿道・黄海道・江原道，平安南道，その他地域に分けて具体的に検討することにしたい。

---

1) Michael KIM（2010）.

第 1 節　華僑織物輸入商への影響

1　京城府および仁川府

『朝鮮日報』1931年7月2日付号外に万宝山事件について「中国官民八百余名が動員して朝鮮農民と衝突し朝鮮農民が多数殺傷せられ[2]」たという記事が掲載されると，その夜から仁川，京城居住の華僑に対する朝鮮人の感情は悪化し，3日早朝から仁川では散発的な華僑襲撃事件が始まった。襲撃事件はその日午後になると仁川府内，特に華僑集団居住地の支那町へ広がり，4日には外里などの市街地まで及んだ。京城では3日夜から4日朝にわたって襲撃事件が相次いで発生した。

このような襲撃事件による京城および仁川の華僑織物輸入商などへの直接的な被害はなかったが，排華ムードの高潮により同輸入商などの商取引は一時中止を余儀なくされた。京城中華総商会は5日，商取引杜絶に伴い朝鮮人商人からの売掛金の回収がうまくいかないことを理由に，取引先の金融機関の手形，仕入先の買掛金に対する一切の支払いを断ることを申し合わせた[3]。華僑織物輸入商は手形割引などを通して京仁地域の華僑織物卸売商，日本人および朝鮮人織物卸売商とも密接な取引関係にあっただけに，同輸入商の支払い中止宣言はとくに取引先の銀行の経営を圧迫しかねなかった。京城府内の朝鮮銀行と同輸入商を始めとする華僑商人などとの手形割引金額は60万円以上，朝鮮殖産銀行とは約30万円，東一銀行（旧韓一銀行）は5～6万円，漢城銀行は2～3万円であり，あわせて約100万円に達した[4]。この金額が不渡りになれば取引先の銀行だけなく，各銀行の信用危機が再び実物経済に悪影響を与え，世界大恐慌による不景気を一層深めることになりかねなかった。

そこで，京城商工会議所は同月6日の午後2時から緊急役員会を開き，その対策を協議した。その結論は次の3点であった。①華僑商人との商取

2）同記事の日本語訳は，高等法院検事局思想部『高検　思想月報』第2巻第7号（高等法院検事局，1932年10月）67頁による。
3）「華商側不払申合せ不祥事件を理由に」『京城日報』1931年7月7日。
4）「各銀行で憂慮す新規貸出を手控へて注視す」『京城日報』1931年7月8日。

引問題について直ちに調査した上，善後策を講じること，②同事件を一刻も早く鎮圧することと商取引の復活を総督府に陳情すること，③駐朝鮮総領事館および京城中華総商会を見舞い取引復活の希望を伝えること[5]。実際に京城商工会議所は会議終了後の午後4時より早速同総領事館および同総商会を訪問して見舞いを行った[6]。

なお京城卸商聯盟会の宮林泰司会長が銀行と同輸入商などとの間の仲裁に立ち，京城の排華事件が沈静化に帰したことを取り上げ，銀行への決済を促した。それを受け入れて京城中華総商会は「両三日中に期日となる手形に対しては決済する。併し其後のことは如何なるか判らぬからその後のことにしたい」という立場を表明した[7]。このような決定の背景には，華僑織物輸入商には中国産麻織物の販売代金および豊富な資金が手許にあって喫緊の手形決済には問題はないが，支払期日の遠いものには今後の成り行きによって楽観しえない状況にあったためである[8]。

しかし，京城府内の排華事件による直接的な被害は中国パン屋，飲食店など銀行と取引の少ない華僑商店が多く，同輸入商などには直接的な被害がなかったため，府内の同事件が当局によって沈静化されると，同輸入商と銀行との手形決済は順調に行われるようになった[9]。

他方，仁川の華僑織物輸入商も排華事件により一時商取引の杜絶を余儀なくされたが，仁川地域が同月6日の夜に平穏を取り戻して[10]，豊富な資金を有していた華僑織物輸入商の手形決済には問題がなかった[11]。

以上のような排華事件直後の華僑織物輸入商の状況は同輸入商と銀行との取引関係をみても確認される。〔表5-1〕の示すように，同事件発生以前の6月と発生以降の7月を比較した場合，華僑の朝鮮銀行京城本店への

5）「商取引の復活要望京城商議の不祥事件善後策」『京城日報』1931年7月8日；「中国人迫害続出로（で）銀行去来大打撃実業界의（の）影響至重」『毎日申報』1931年7月8日。
6）「中国商人과의（との）取引復活策協議」『東亜日報』1931年7月8日。
7）「華商側不払申合せ不祥事件を理由に」『京城日報』1931年7月7日。
8）「各銀行で憂慮す新規貸出を手控へて注視す」『京城日報』1931年7月8日。
9）「華商の手形決済順調」『京城日報』1931年7月11日；本誌記者「朝鮮に於ける支那人」『朝鮮及満洲』第288号（朝鮮及満洲社，1931年11月）57～58頁。
10）「支那商店も店を開く平穏な仁川」『京城日報』1931年7月7日。
11）「各地中国人商取引杜絶平壤이（が）最甚」『朝鮮日報』1931年7月7日。

表 5-1 京城府の銀行における華僑への預金額と貸出額（1931年と1932年）

月　別	預金総額			貸出総額		
	朝銀京城本店（円）	銀行全体		朝銀京城本店（円）	銀行全体	
		件数(件)	金額(円)		件数(件)	金額(円)
6月	63,716	—	40万	211,932	—	170万
7月	79,608	—	—	216,643	—	—
8月	88,527	—	—	171,707	—	—
9月	42,822	308	16.8万	114,724	62	99.1万
10月末	—	290	16.8万	—	52	91.5万
11月末	—	283	13.6万	—	53	98.9万
12月末	—	283	15.1万	—	92	102.5万
1月末	—	272	13.4万	—	80	104万
2月末	—	259	10.2万	—	63	103.3万

出典：本誌記者「支那商人と銀行取引関係」『朝鮮及満洲』第288号（朝鮮及満洲社，1931年11月）62頁；京城商工会議所「満洲事変の朝鮮に及ぼした経済的影響」『経済月報』第196号（京城商工会議所，1932年4月）44〜45頁。

預金額と貸出額はいずれも増加した。

　仁川の場合，1930年と1931年の7月および8月を比較した場合，預金額は7月に−7.2％であったのが，8月には23.8％と大幅な増加に転じた。逆に貸出額は1931年7月と8月は前年同月より各々−65.4％と−53.8％の大幅な減少を示した。貸出額をみる限り，仁川の銀行が京城の銀行より華僑への貸出を引き締めていたことが読み取れる。

　ところが，9月以降になると華僑の預金額と華僑への貸出額の状況は一変する。朝鮮銀行京城本店の9月の預金額と貸出額は8月より各々51.6％と33.2％減少した（〔表5-1〕参照）。仁川華僑の9月の預金額と貸出額はいずれも前年より9.7％と63.4％の減少であった。すなわち，同事件の影響が金融の面では9月から本格的に現れはじめたと解釈してもよい。

　その背景には，8月には青島事件[12]，9月には満洲事変の勃発のように，日中摩擦がより深刻化したことがあった。華僑織物輸入商など華僑商

12）8月18日青島で中国人と在住日本人の間に衝突が発生して，双方に多数の負傷者が出た事件である。中村大尉事件が明らかになった直後に起きたこの事件によって日本における反中感情は一層悪化した（「青島の我が国粋会本部支那人に襲撃さる　わが家屋七十戸破壊され死傷者六十名を出す」『京城日報』1931年8月20日）。

表 5-2　仁川府の銀行における華僑の預金額と貸出額（1930年と1931年）

月　別	1930年		1931年		増減率	
	預金額 （千円）	貸出額 （千円）	預金額 （千円）	貸出額 （千円）	預金額 （％）	貸出額 （％）
7月	278	254	258	88	－7.2	－65.4
8月	240	173	297	80	23.8	－53.8
9月	195	382	176	140	－9.7	－63.4
10月	184	518	129	95	－29.9	－81.7
11月	158	485	96	87	－39.2	－82.1
12月	158	411	105	78	－33.5	－81.0

出典：京城商工会議所（1932年4月）47～48頁。

人への最大の貸し手であった朝鮮銀行も貸し出すことは貸し出すが，その代わりに確かな担保を取る方針に変わり[13]，貸出の条件を厳格化した。その結果，朝鮮銀行京城本店の華僑織物輸入商などへの貸出額は同年6月の21万1,932円から9月には11万4,724円となり46％の減少をもたらした。

第3章で華僑織物輸入商が韓一銀行の手形割引を通じて取引していたことを明らかにしたが，その取引に排華事件発生後どのような変化が生じたかについて示したのが〔表5-3〕である。京城の華僑織物輸入商がよく利用していた同銀行京城本店は同事件発生後同輸入商に対して貸出を極力制限していたことが同表によって確認される。同本店は同輸入商の中では唯一錦成東（1931年8月に商業興信所より信用調査を受けた。その結果は〔付表7〕の107番）と取引していて取引回数は4回であった。その取引の内訳をみれば，孔子升という人物と朝鮮絹織（株）より商品を仕入れていて，商品販売は華僑織物卸売商とみられる成泰号他22名への商品販売1件に過ぎなかった。錦成東以外は咸興，元山，礼山地域の華僑織物卸売商である。

このような各銀行の華僑織物輸入商に対する貸出引締は排華事件および満洲事変によって触発されたことは言うまでもないが，他の要因も影響していた。第一銀行は高い信用力を持っていた華僑織物輸入商と長年にわ

13）某消息通談「支那商人にも確実なのと不確実なのがある」『朝鮮及満洲』第288号（朝鮮及満洲社，1931年11月）60頁。

第5章　1931年排華事件の華僑織物商への影響　153

表 5-3　1931年排華事件直後韓一銀行を通じた華僑織物商の取引内訳

割引承認年月日	本・支店別	手形振出人	手形受取人	額面金（円）
1931.7.6	咸興支店	永源長[14]	永聚福	660
7.13	咸興支店	呉明根	成泰号[15]	192.95
7.27	咸興支店	鎮泰号	永聚福	418.40
8.17	—	—	—	—
8.24	咸興支店	永聚福	永源長	773.47
8.31	—	—	—	—
9.7	京城本店	三成泰	朴圭範	2,400.0
9.14	元山支店	同和永他1名	東洋貿易	194.90
9.21	京城本店	錦成東	孔子升	30,000
9.28	—	—	—	—
10.5	寛水洞支店 礼山支店	金在洙 成観永	元順興 成天永	7,000 135.84
10.12	京城本店 京城本店	錦成東 成泰号他22名	朝鮮絹織 錦成東	143.0 6,830.69
10.19	京城本店	錦成東	孔子升	7,500
11.2	寛水洞支店 元山支店	金在洙 同和永他2名	元順興 東洋貿易	6,900 167.50
11.9・16・20・30	—	—	—	—
12.7	礼山支店	成観永	成天永	2,500
12.14・21・28・30	—	—	—	—
1932.1.4	京城本店 礼山支店 礼山支店	三成泰 金俊煥 成天永	朴圭範 成観永 成観永	2,400 425.0 800.0
1.11・18・25, 2.1・8	—	—	—	—
2.15	京城本店 寛水洞支店 礼山支店	錦成東 金在洙 金俊煥	孔子升 元順興 成観永	7,500 6,600 500.0
2.22	—	—	—	—
2.29	礼山支店 礼山支店	成天永 金世煥	成観永 成観永	800.0 1,500

出典：韓一銀行『重役会決議録』第26号（韓国金融史博物館所蔵）。

たって取引を行ってきたが，1931年春より同輸入商などへの貸出を打ち切った。その理由は三つあった。①同輸入商は合資会社で代表者の権限が判らず，どこまで責任を負うか不明であること，②華僑商人の間の相互扶助関係は「鎖」のようであり，弱いところが切れた場合は全体を悪くする恐れがあること，③昨冬から朝鮮人織物商の破綻者が多くそれに引懸って通手を受けた華僑織物輸入商が多かったこと[16]。

　この三つの指摘は貸出側の銀行にとっては妥当であった。①は，同輸入商は「合股」であるため，経営が悪化した場合に取引銀行は貸出額を最終的にだれから回収するか不明であることに対する指摘である。特に各銀行は華僑織物輸入商に対して従来担保を取ることなく，信用で貸し出してきた経緯があり，その危険性は高かったといえよう。②は華僑織物輸入商の流通網の弱体化を念頭に置いた指摘であるが，詳細は後述する。③は，第２章に述べた同輸入商と取引していた朝鮮人織物卸売商のうち趙孝順商店（瑞泰号，徳順福，永来盛と取引）[17]，柳箕鉉商店（永来盛と取引）[18]が経営破綻したことが確認され，両商店と取引していた瑞泰号，徳順福，永来盛は売掛額の回収ができなくなり，打撃を受けたと考えられる。

　以上のように，華僑織物輸入商は各銀行の貸出の手控えに伴う華僑織物卸売商および小売商，朝鮮人織物卸売商との取引が順調に進まないゆえに，多額の在庫を抱えて，中国産麻織物および日本産綿織物および絹織物の輸移入を中止する動きが感知される。

　華僑織物輸入商は排華事件発生後上海の中国人麻織物問屋より輸入を手控えたため，上海問屋の在庫は「堆積如山」（山のように堆積している）状態であった[19]。その影響は統計にも現れる。仁川港を通じた上海からの

14）店主は干翔亭であった。〔付表7〕の80番を参照されたい。
15）店主は王慎五であった。〔付表7〕の123番を参照されたい。
16）某消息通談「支那商人にも確実なのと不確実なのがある」『朝鮮及満洲』第288号（朝鮮及満洲社，1931年11月）62頁。
17）「鐘路를(を)中心으로한(とした)布木商의(の)閉店続出」『中外日報』1929年10月19日。
18）「取引停止」『東亜日報』1929年9月22日。
19）「反日会決定今天起検査日本貨」『上海時報』1931年7月21日。

輸入は大半が麻織物であったが，1930年と1931年の輸入額を半期別でみれば，上半期では1931年が137万円で1930年の125万円を上回ったが，下半期では前者が18万円，後者が54万円で3分の1に減少した[20]。なお，華僑織物輸入商が仁川港を通じて輸入して同港の保税倉庫に保管していた中国産麻織物は1931年9月末に4,672梱（約14万4,000円に相当）に上った。その理由は同輸入商がこの商品を担保に資金化することが各銀行の華僑織物輸入商への貸出警戒により実現されなかったためであった。それで華僑織物輸入商は本店のある芝罘で資金化するのが有利と判断し，10月8日～22日に3,083梱を同地に回送した[21]。

　一方，華僑織物輸入商は1931年排華事件以前大阪問屋および川口の行桟，桐生および福井などの問屋より大量の綿織物と絹織物および人絹布を仕入れてきたが，同事件以後その取引も円滑を欠いていた。その例として「契約した商品は解約しない限り内地から送り出されるが，先の見越しがつかぬ今日の場合引取らぬものがあり，税関に保管せられてゐる分でも相当の額に達して」いた[22]。華僑織物輸入商が契約した織物を引き取らないために日本の取引先と問題が生じた[23]。すなわち，華僑織物輸入商の繁栄を下支えしていた上海，日本での通商網が行き詰まっていた様子が浮き彫りになった。

　以上の検討により，京仁地域の華僑織物輸入商は1931年排華事件および満洲事変に端を発して各銀行の手形割引警戒により華僑織物卸売商および朝鮮人織物卸売商への織物販売がうまくいかず，上海および日本人問屋からの仕入を中止および手控えざるを得ず，販売および仕入の双方が機能不全の状態に陥っていたことが明らかになった。

---

20) 京城商工会議所（1932年4月）49頁。
21) 京城商工会議所（1932年4月）48頁。
22) 本誌記者「朝鮮に於ける支那人」『朝鮮及満洲』第288号（朝鮮及満洲社，1931年11月）58頁。
23) 「朝鮮内中人商況沈滞休止破綻의（の）悲運既約員의（の）受渡도（も）不能」『朝鮮日報』1931年10月14日。

2 京畿道・黄海道・江原道・忠清道

　華僑織物輸入商は京畿道，黄海道，江原道，忠清道地域に華僑織物小売商の流通網を張り巡らしていたことについては第3章で述べたが，ここでは排華事件および満洲事変が同地域の華僑織物小売商にどのような影響を及ぼし，それが華僑織物輸入商の経営をどのように圧迫したかについて検討したい。

　まず，排華事件と満洲事変は上記の地域の華僑戸数および人口を激減させた。〔表5-4〕は1930年末と1931年末現在の華僑戸数および人口を比較したものであるが，江原道は戸数の55.1％減，人口の66.3％減，忠清北道は戸数の52.6％減，人口の62.4％減で朝鮮全体の平均を各々上回り，相対的に引揚者が多かった道(どう)であった。それ以外にも，京畿道は戸数の35.6％減，人口の47.9％減，黄海道は各々47.2％減と44.1％減，忠清南道は各々32.2％減と43.2％減で，多くの華僑が引き揚げたのである。

　上記の地域における引揚者の中には華僑織物小売商の経営者が多くみられる。新聞に掲載された記事を基に同地域の華僑織物小売商の引揚実態をみていこう。まず，京畿道の郡地域について。京畿道安城郡竹山市場に営業していた華僑織物商などは1931年12月に商品をすべて売り出して全員帰国の準備をしていた[24]。永来盛の取引先の水原郡城湖面烏山里の興成永店主の陳慶有も引き揚げた[25]。

　次には江原道についてみよう。江陵郡で織物商界の商圏を握っていた玉慶東と和源永などは同年10月に日本人および朝鮮人との取引がうまくいかないことを受け，朝鮮人商人に対する売掛金および債権の回収，商店を売却して引き揚げる準備を進めていた[26]。伊川郡は華僑織物商に商圏が掌握されていたことで度々新聞に報道されていた地域であったが，同地の華僑織物商は安価で商品を販売して全員本国に帰国した[27]。襄陽郡在住の華僑織物商の公泰福の店員4名と謙予誠の店員2名は同年10月23日に山東省に

---

24) 「竹山中人帰国」『東亜日報』1931年12月10日。
25) 1931年11月14日収，駐朝鮮総領事盧春芳ヨリ朝鮮総督府外事課長宛函『昭和五・六・七年 各国領事館往復　中華民国領事館』（韓国国家記録院所蔵）。
26) 「江陵華商도（も）徹帰를（を）準備」『東亜日報』1931年10月25日。

表5-4 1930年末と1931年末における華僑戸数および人口の比較

(単位：戸・名・%)

道　別	1930年		1931年		減少率	
	戸数	人口	戸数	人口	戸数	人口
京畿道	1,707	11,571	1,099	6,026	35.6	47.9
忠清北道	304	1,215	144	457	52.6	62.4
忠清南道	615	2,700	417	1,533	32.2	43.2
全羅北道	660	2,990	474	2,074	28.2	30.6
全羅南道	435	2,115	222	1,071	49.0	49.4
慶尚北道	560	2,384	374	1,369	33.2	42.6
慶尚南道	423	1,614	266	835	37.1	48.3
黄海道	868	4,520	458	2,526	47.2	44.1
平安南道	1,180	5,635	300	1,700	74.6	69.8
平安北道	2,990	16,771	1,605	9,937	46.3	40.7
江原道	363	1,664	163	561	55.1	66.3
咸境北道	1,211	8,216	733	3,382	39.5	58.8
咸境南道	1,280	6,399	1,125	5,307	12.1	17.1
合　計	12,596	67,794	6,281	36,778	50.1	45.8

出典：朝鮮総督府『朝鮮総督府統計年報』(各年) より作成。

引き揚げるために出発した[28]。松禾郡長陽面内金剛口の末輝里の5軒の華僑織物小売商は1920年を前後して同地に進出して商圏を掌握していたが，満洲事変後同地の支店の商品を同郡の邑内にある本店に移し，店員は引揚の準備をしていた[29]。

次は黄海道。載寧郡新院面にある4軒の華僑織物小売商は1920年を前後して同地に進出してこの地域の商圏を掌握していたが，満洲事変後家屋と商品を売却して帰国の途に着き，商圏挽回を図っていた朝鮮人有力者がそ

---

27)「伊川中国人全部撤退帰国」『東亜日報』1931年10月13日；「伊川時話」『東亜日報』1931年10月16日。
28)「襄陽中人帰国」『朝鮮日報』1931年11月1日。
29)「内金剛中人」『東亜日報』1931年10月16日。

の買収に当たっていた³⁰⁾。海州の最大手中国織物卸売商は市内南門通で長年商圏を掌握していたが，満洲事変以後在庫商品全部を最低価格で卸売りし帰国準備を進めていた³¹⁾。

　次は忠清道についてみよう。忠清南道洪城郡広川面に織物販売の商圏を掌握していた豊盛和は商品を競売した後，店員の杜尚謨ほか2名が同年10月3日に山東省に向けて出発し，残りの店員1名が閉店の残務を処理していた³²⁾。大田郡の華僑居住者は約300名あったが，満洲事変以後引揚者が相次ぎ，華僑織物商などは現金でなければ取引をしなかった³³⁾。忠清北道鎮川郡の華僑織物商は10年前から営業してきたが，7月の同事件以後営業上の打撃を受けていたところ，満洲事変で一層恐怖を感じて，本国にすでに引き揚げた商人もあり，商品を新たに仕入れず商品の廉価販売，売掛金の回収を行い，帰国準備をする商人もあった³⁴⁾。

　以上，京畿道，江原道，黄海道，忠清道地域の華僑織物商が閉店して引き揚げた実態をみてきたが，正確な閉店数は不明である。ただ，1930年10月に上記の道の郡地域には712軒の織物商店があった（〔表1-2〕参照）のを，各々の道の戸数減少率を基に推計すると約310軒が閉店したと考えられる。上記の地域における華僑織物商は京仁地域の華僑織物輸入商より織物などを仕入れてきただけに，約310軒の閉店は同輸入商の経営に多大な圧迫をかけた。

　事例を一つ取り上げて具体的に検討してみよう。黄海道載寧郡所在の中和義と徳餘恆は京城および仁川の華僑織物輸入商より織物類などを仕入れていたが，両織物商店の資本主は同輸入商たちに〔表5-5〕のような負債額を返済せずに本国に引き揚げて，双方の間に問題が発生した。

　債権者側の華僑織物輸入商たちが主張する事件の経緯は次の通りであ

30）「中国商人의（の）撤去」『東亜日報』1931年10月16日。
31）「海州中国人百余名帰国」『朝鮮日報』1931年10月22日；「海州中国人百余名帰国」『東亜日報』1931年10月23日。
32）「広川中人도（も）突然히（に）撤帰」『東亜日報』1931年10月11日。
33）「大田中国人도（も）帰国者가（が）続出」『東亜日報』1931年10月18日。
34）「帰国準備로（で）商品廉価売却鎮川中国人들（たち）」『朝鮮日報』1931年11月28日；「鎮川中国人続続帰国中」『東亜日報』1931年12月2日。

第5章　1931年排華事件の華僑織物商への影響　159

表 5-5　黄海道載寧郡の中和義および徳餘恆の華僑織物輸入商への負債額（1932年）

中和義		徳餘恆	
店　号（所在地）	負債額	店　号（所在地）	負債額
錦成東（京城）	2,446.86	錦成東（京城）	854.0
裕豊徳（京城）	597.76	裕豊徳（京城）	601.94
永来盛（京城）	542.4	徳順福（京城）	346.88
徳順福（京城）	372.03	錦成東（仁川）	712.52
複盛昌[35]（京城）	8.24	複成桟（仁川）	704.62
錦成東（仁川）	825.23	和聚公（仁川）	348.63
複成桟[36]（仁川）	264.09	永来盛（仁川）	255.15
永来盛（仁川）	51.84	徳順福（仁川）	161.36
		協興裕（仁川）	76.33
合計	5,108.45	合計	4,061.43

出典：1932年2月9日収，京城中華商会ヨリ駐朝鮮総領事館宛函「僑商債務糾紛案」『駐韓使館保存档案』（同03-47, 218-14）。
注：中和義の錦成東に対する負債の金額2,446.86円の中には1,000円の借金が含まれている。

る[37]。中和義と徳餘恆は山東省黄県出身の王維重，王克亨，王克泰，王欣堂，王延亨などの兄弟および親戚が故郷の資本で同地に開設した織物商店であった。両商店の営業は順調に進み，資金も豊富になって，排華事件の際にも暴動の影響は同地にまで波及せず，両商店の損失はほとんどなかった。上記の王氏一族は時局困難なこの機会に便乗して他人の資産を騙し取ろうと，京城および仁川の華僑織物輸入商より商品を大量に買い掛けしたと主張した。満洲事変勃発により，同輸入商たちは取引先の売掛金の回収をせざるを得ず，両商店に対して売掛金の支払いを催促したが，両商店は連絡がなかったため，店員を派遣して両商店の状況を調べたところ，その時は売掛金の返済のできる充分な在庫品があった。そこで安心し，返済を待っていたが入金してくれなかったため，再び店員を派遣したところ，両商店にあった在庫品はすっかりなくなっていた。両商店は在庫品をすべて

---

35) 同商店は食料雑貨店で店主は陳世庸であった。〔付表6〕の93番を参照されたい。
36) 複成桟は行桟であったと考えられる。店主は史祝三であった。〔付表6〕の94番を参照されたい。
37) 1932年2月9日収，京城中華商会ヨリ駐朝鮮総領事館宛函「僑商債務糾紛案」『駐韓使館保存档案』（同03-47, 218-14）。

安価に売って，その販売代金などを青島および芝罘に密かに送ったことが調べで分かった。同輸入商たちは両商店が破産したと偽って本国に引き揚げたと判断して，1932年4月13日に山東省黄県地方法院に両商店への売掛金9,163.88円の支払いを王氏一家に求める訴訟を起こした[38]。

　華僑織物輸入商は両商店の資本主の一人の王維重が他の朝鮮華僑とともに仁川府新町に2軒の不動産を所有していたことを知り，同法院に同不動産のうち王維重所有分の3分の1を法律に則して仮差押を請求した[39]。王維重などは同法院より9,163.88円の償還を命じられたが，債務の金額は自供して認めながら償還の判決に不服として山東省高等法院に上訴した[40]。その際彼は朝鮮人商人より返済してもらえなかった借金約6,000円があることを上訴の理由とした。档案には華僑織物輸入商側の中和義と徳餘恆に対する訴えしかないために詳細を知るすべはないが，中和義と徳餘恆は朝鮮人織物商から借金を取り立ててその金額で同輸入商側に借金の返済を図ろうとしたと考えられる。

　7月の同事件後，華僑織物商などは資金繰りに苦しめられて取引先の朝鮮人織物商に借金を取り立てることが目立つようになるが，不況の最中にあって返済し得なかった朝鮮人織物商が多く，朝鮮内でそれをめぐって双方の間にトラブルが頻発していた[41]。中和義と徳餘恆は売掛金の回収がうまくいかなかったことが両商店の経営悪化に拍車をかけ，満洲事変により日中関係がさらに悪化すると，在庫品を安価に放り出し，慌しく閉店して本国に引き揚げたと考えられる。

　しかし，両商店が閉店してその店主および資本主が本国に引き揚げてい

---

38) 1932年6月13日収，京城中華商会ヨリ駐朝鮮総領事館宛函「僑商債務糾紛案」（同上档案）。請求金額は9,163.88円で，〔表5-5〕の合計金額9,169.88円より6円少なかった。なお，京城府所在の華僑織物輸入商の広興隆も両商店に300.33円の債権があった（1932年3月23日収，京城中華商会ヨリ駐朝鮮総領事館宛函「僑商債務糾紛案」（同上档案））。広興隆の店主は孫中朝であった（〔付表6〕の108番）。
39) 1932年4月13日収，京城中華商会ヨリ駐朝鮮総領事館函「僑商債務糾紛案」（同上档案）；1932年6月13日収，京城中華商会ヨリ駐朝鮮総領事館宛函「僑商債務糾紛案」（同上档案）。
40) 1932年6月13日収，京城中華商会ヨリ駐朝鮮総領事館宛函「僑商債務糾紛案」（同上档案）
41) 1931年12月3日発，朝鮮総督府外事課長ヨリ警務局長宛「朝鮮居留中国人保護ニ関スル件」『昭和五・六・七　各国領事館往復』（韓国国家記録院所蔵）。

る中,取引先の朝鮮人織物商に売掛金約6,000円を取り立てて返済してもらえる見込みはほとんどなかった。華僑織物輸入商側がその金額を「死絶逃亡之賑」(取立不能の借金)と表現したがその通りである[42]。一方山東高等法院は王維重の上訴について「不合程式」(規程に合わない)として,8月11日にその上訴を取り上げないことを裁定した[43]。それによって,王氏一族が同法院の判決に承服して実際に9,163.88円を返済したか否かは定かではないが,その可能性は低かったと考えられる。

以上の事例は華僑織物輸入商が閉店して引き揚げた華僑織物小売商を裁判にまで漕ぎ着けた稀な例であろう。先に述べた約310軒の閉店した華僑織物商店の中には中和義と徳餘恆と同様に買掛額を返済せず引き揚げた商店が多く,華僑織物輸入商の経営を圧迫したに違いない。なお,約310軒の取引先が閉店したことは華僑織物輸入商の織物の流通網を縮小させると同時に,同輸入商の販売減少に拍車をかけたと考えられる。

第2節 平安南道

平壌府およびその近隣地域が排華事件の最大の被害地であったことは周知の通りである。中国側の資料によれば,同地の排華事件による直接的被害は朝鮮内の華僑死亡者数の94%,負傷者数の53%,行方不明者数の79%,被害総額の61%で,圧倒的に高い比重を占めていた[44]。ここでは同事件による華僑織物商の物的被害を中心に検討するため,同府の被害状況を把握するに先立って,同事件直前同府の華僑商店の状況を確認しておきたい。

〔表5-6〕の示すように,華僑の営業軒数は1929年に166軒,その売上額は365万円に上った。華僑が同府の営業総軒数および売上総額に占める比重は各々6.3%と11.0%で,日本人(26%・41%)と朝鮮人(67.7%,48%)よりは低かったが,一定の勢力を形成していた。特に織物商の場合,

---

42) 1932年6月13日収,京城中華商会ヨリ駐朝鮮総領事館宛函「僑商債務糾紛案」(同上档案)
43) 1932年11月3日収,山東高等法院ヨリ駐朝鮮総領事館宛函「僑商債務糾紛案」(同上档案)
44) 羅編(1978年)672頁。

表 5-6　平壌府の華僑の商業軒数および売上額（1929年）

分　類	商業軒数（軒）				売上額（千円）			
	朝	日	華	合	朝	日	華	合
野菜果物漬物類	31	21	4	56	92.1	180.9	6.4	279.4
菓子タバコパン類	143	46	55	244	351.1	300.3	104.5	755.9
食料品雑貨類	294	44	13	351	833.9	655.0	116.1	1605
家具畳類荒物類	50	30	3	83	214.8	183.7	4.8	403.3
地金金属器具機械	107	45	2	154	1035.0	363.0	16.4	1414.4
皮革類雑貨類	274	62	19	355	1189.0	974.3	735.8	2899.1
織物被服線糸編物	215	60	10	285	3252.5	1584.9	2546.8	7384.2
請負業	7	100	4	111	62.9	1016.8	24.3	1104
料理旅館飲食店	60	52	56	168	522.9	450.9	96.8	1070.6
その他	627	235	0	862	8305.4	7830.8	0	16136.2
合　計	1808	695	166	2669	15859.6	13540.6	3651.9	33052.1

出典：朝鮮総督府（1932年 a）322〜329頁より作成。
注：法人は統計に入れなかった。元の資料には「中国人」ではなく，外国人と出ているが，平壌府の外国人商業従事者はほとんど華僑であった。

　華僑織物商は10軒に過ぎないにもかかわらず，約255万円の売上額で同府織物商売上総額の34.5％を占めて，朝鮮人織物商の44.0％に肉薄して，日本人織物商の21.5％より高かった。織物商1軒当たり売上額は華僑が約25万5,000円で，日本人の約2万6,000円，朝鮮人の1万5,000円をはるかに上回り，華僑織物商は織物輸入商および卸売商，日本人および朝鮮人は小売商が中心になっていて，華僑織物商が同地の織物商圏を握っていた[45]。その10軒の華僑織物輸入商および卸売商は謙合盛（〔付表6〕の81番），永興徳（同130番），原興徳（同86番），春盛永（同185番），春盛興（同184番），徳興号，徳盛号（同44番），慶興徳（同77番），泰安洋行（同61番），同源興（〔付表5〕の22番）などであった[46]。

　それでは，このような華僑織物輸入商および卸売商が同事件によってどのような被害を受けたかについてみよう。中国の新聞記事によれば，平壌

---

45)「中国人巨商再起不能形勢」『東亜日報』1931年10月16日。
46) 朝鮮総督府（1924年 a）155〜156頁；京城商業会議所「朝鮮に於ける外国人の経済力」『朝鮮経済雑誌』第159号（京城商業会議所，1929年3月）35〜36頁。

の「織物問屋の謙合盛，永発，公発，興徳などの商店はドアと窓が粉砕された。優良で値打ちのある商品は掠奪して持ち去られた。粗悪品は引き裂いて細い糸にし，踏みつけて汚れた。謙合盛一戸で引き裂かれた麻布は100余疋に上った」[47]。織物雑貨商の複合盛の会計担当者は「商店の中の綿布・麻布・絹布および既製服商品はすべて略奪された。安全な金庫も打ちくだかれ，すべての帳簿は引き裂かれて捨てられた。同商店の損失統計は10万円を下回らなかった[48]」と証言した。泰安洋行で24年間支配人として働いた楊培昌は「洋行は7月5日夜に鮮人が粉々に叩き壊して空っぽになった。数十年かけて蓄えてきた私財もすべて消え去った[49]」と嘆いた。

以上の中国の新聞記事および証言だけでなく，朝鮮の新聞も華僑織物輸入商および卸売商の深刻な被害を伝えた。『京城日報』の記事は7月5日の「9時50分頃履郷里中国布木商慶興徳方へ約百名の群衆が押しよせ窓ガラスを破ったのを手はじめに商品をぶちこはし暴行した。これより引続き数十名乃至数百名の集団が府内中国人商店をかたっぱしから襲ひ[50]」とリアルに伝えた。

被害を受けたのは織物輸入商および卸売商以外にも多くあった。『朝鮮日報』の記事によって把握された被害商店は「鴻昇楼，中和楼，食道園，同和楼，東昇楼，泰源楼，慶華楼，華盛楼，東華園，永興徳，慶興徳，徳盛号，春盛永，永厚湯，中和商会，泰安洋行，中華靴店，春成衣装，敞源

47）原文「綢緞荘如謙合盛，永発，公発，興徳等家，門窓破砕，貨物優良価値者則為掠去，粗下者則撕成細縷，践踏汚穢，謙合盛一家被撕麻布，夏布即在百余疋上」（「平壌却余調査録」『上海新聞』1931年7月30日，羅編（1978年）690頁）。
48）原文「柜中布匹綢緞及成件貨物皆被搶去，即保険銀柜亦打得粉砕，所有帳簿全被撕棄。該号損失統計不下十余万元」（王・高編（1991年）193頁）。
49）原文「洋行於七月五日晩，為鮮人搗毀一空，個人数十年私蓄，亦悉蕩然」（「平壌却余調査録」『上海新聞』1931年7月30日，羅編（1978年），687〜688頁）。同洋行は同月6日夜に倉庫を襲撃された際に現金4,000円と時価1,500円のダイヤモンドを盗まれたという（「파무더둔（埋めておいた）現金간곳이업서（消えてしまった）」『毎日申報』1931年7月16日）。同洋行の資本主は怡泰号（華僑商店），E.S.Barstow（米国人），R.W.Meoncriff（英国人），T.W.Vaness（英国人）など4名で，1913年頃の年間売上額は6万円であった（1914年2月28日収，駐鎮南浦副領館ヨリ駐朝鮮総領事館宛函覆「華商調査」『駐韓使館保存档案』（同03-47，021-02））。
50）「支那人商店を片っ端から襲撃大商店数十数軒に及ぶ　平壌の状態」『京城日報』号外1931年7月6日。

興徳,永安号,謙合盛,東興徳,同源興,徳裕興,東興徳外大小商店数十処[51]」であった。すなわち,上記の謙合盛,泰安洋行,慶興徳以外に,永興徳,徳盛号,春盛永,中和商会,永安号,東興徳,同源興,徳興裕[52],東興徳なども被害を受けていて,織物輸入商および卸売商と雑貨商の中に被害を受けなかったところはないほどであった。それ以外の鴻昇楼,東昇楼,東華園と中和楼,食道園,同和楼,泰源楼,慶華楼,華盛楼は平壌を代表する中華料理店および飲食店であった。

駐鎮南浦領事は平壌府の商店および家屋などの財産被害額を254万5,888円と推計した[53]が,その金額は10軒の華僑織物輸入商および卸売商の年間売上額に相当する莫大な金額であった。華僑織物輸入商および卸売商の被害は直接的な被害にとどまるものではなかった。各銀行との手形取引などが中止になって,取引全般に影響を及ぼした。同事件直後,平壌府の華僑関係の取引はすべて杜絶して,華僑商人などの手形および小切手は全部不渡り状態になった[54]。これらの手形の中には支払人が平壌の華僑商人(主に織物輸入商および卸売商)として京城で割引した手形が多かったが,関係銀行では手形受取人(京城の華僑織物輸入商)に代払させることなく推移を見守っていた[55]。平壌の銀行は華僑商人の手形決済の期間を延長するなどの措置を取っていた[56]が,新しい手形の発行には警戒し続けた。それによって平壌の華僑織物輸入商および卸売商は京城の華僑織物輸入商からの商品仕入ができなくなり,販売商品がないために華僑および朝鮮人織物小売商との取引も中止を余儀なくされた。

他方,平壌の華僑織物輸入商および卸売商は華僑織物小売商および朝鮮

---

51)「吶喊코(して)門戸를(を)撃破布木과(と)商品을(を)破棄」『朝鮮日報』1931年7月7日。
52) 店主は程肅泰であった。〔付表5〕の51番を参照されたい。
53) 羅編(1978年)672頁。
54)「各地中国人商取引杜絶平壌이(が)最甚」『朝鮮日報』1931年7月7日夕刊。
55)「華商の復興を銀行側で切望す大した異状はないがその成行を憂慮して」『京城日報』1931年7月10日。
56)「朝中人衝突과(と)平壌手形交換猶予多少延期를(を)難免」『毎日申報』1931年7月16日。

人織物小売商への売掛金の回収がうまくいかなかった。同商は平壌府内だけなく，平安南道を始め朝鮮の北部地域の華僑織物および雑貨商に商品を販売していたが，その店主が同事件および満洲事変で引き揚げた[57]ため，売掛金の回収の見込みが立たなくなっていた[58]。なお取引先の朝鮮人小売商も大恐慌の影響で営業不振に陥っていた時期と重なり，売掛金の返済が順調に進まなかった。

　危機に瀕した華僑織物輸入商および卸売商は銀行などの債権者に債務の年賦償還を哀願して生き残りを図った[59]。朝鮮人債権者は同商の困難に同情して償還延期の措置を取った[60]。このような華僑織物輸入商および卸売商の開店の努力に水を差したのが満洲事変であった。同商は先行きが一層不透明になると，閉店して引き揚げる商人が続出した。同事件後，再び開店を果たしていた永興徳と永盛公は商品全部を朝鮮人に売り渡して帰国し，その他の商店は開店を保留した[61]。7月の同事件以前，平壌府には約4,000名の華僑が居住していたが，引揚が相次ぎ，11月19日には730名に激減して，同月11日まで織物輸入商および卸売商の中で再び開業を果たしたのは一軒もなかった[62]。

　華僑織物輸入商および卸売商の閉店とその店主の引揚は債務不履行の問題を引き起こした[63]。その代表的な出来事が慶興徳であった。慶興徳と漢城銀行平壌支店は取引関係にあった[64]。慶興徳店主の孟憲詩は満洲事変後中国安東に逃避して，債務処理を華僑の王栄全に委任した。孟憲詩は同府にあった所有の不動産を2万円で売って，同建物に抵当権が設けられてい

---

57)　中国に引き揚げた平安南道の華僑商人の記事としては，「舍人場中国人撤商帰国日中事変으로（で）」『朝鮮日報』1931年10月11日がある。
58)　「中国人巨商再起不能形勢」『東亜日報』1931年10月16日。
59)　「平壌의（の）中国人들（たち）債務履行을（を）回避」『朝鮮日報』1931年11月22日。
60)　「平壌中国人事件으로（で）一般商界에（に）投한（じた）一石」『東亜日報』1933年2月22日。
61)　「在壌中国人続続帰国開店도（も）保留」『朝鮮日報』1931年10月16日。
62)　「中国人帰国激増布木商은（は）全滅」『東亜日報』1931年11月21日。
63)　「平壌의（の）中国人들（たち）債務履行을（を）回避」『朝鮮日報』1931年11月22日。
64)　「『孟憲詩도（も）分配要望』漢銀에서（に）中間独占漢銀対商界紛糾後聞」『東亜日報』1933年2月24日。謙合盛も同支店と取引関係にあった。

た朝鮮殖産銀行平壌支店に負債の1万3,000円を支払った。王栄全は余りの7,000円を一般債権者に支払おうとしたが，漢城銀行平壌支店が慶興徳負債の4,200円を強制処分すると同時に，慶興徳の取引先の大阪の織物問屋に1,300円を支払わせ，王栄全の手には1,500円しか残らなかった。彼は一般債権者の憤怒を恐れて中国に逃避した。同支店は春盛永の債権については一般債権者と協力してその配当を行ったことと矛盾するところがあり[65]，一般債権者は漢城銀行平壌支店の仕打ちに憤慨して，平壌の商業界を揺るがす事件になった[66]。

　この平壌の慶興徳の事例から1933年までも同商の債権問題が解決されずにいて，同商の正常な経営活動は再開されていなかったことがうかがえる。なお1931年排華事件以前にあった平壌の華僑織物輸入商および卸売商のうち1942年までに存続した商店は1軒もなかった[67]ことから，同事件および満洲事変により同地の華僑織物輸入商および卸売商は完全に没落したとみてもよい。これは平安南・北道の華僑織物商の流通網の中枢が崩れ落ちたことに他ならなかった。

第3節　その他地域

　ここでは，以上取り上げなかった地域における華僑織物商の動向および実態を検討したい。第3章では慶尚北道および全羅北道の華僑織物商の流通網を明らかにしたが，それを踏まえつつ，1931年排華事件および満洲事変がそのような流通網にどのような影響を及ぼしたかをみていこう。

　まず，慶尚北道の大邱府の華僑織物卸売商の状況についてみよう。大邱府所在の華僑織物卸売商には直接的な被害はなかったが，間接的な影響があった。同府各銀行は華僑織物卸売商を始めとする華僑商人に貸出を手控えた結果，1931年9月の貸出額は2万4,000円であったのが，翌年1月に

---

65)「銀行業者로（で）不敏한（な）処置某銀行業者所感」『東亜日報』1933年2月24日。
66)「『慶興徳』債権者商民大会招集漢銀支店処事에（に）憤慨」『中央日報』1933年2月21日。
67) 1942年5月15日編，駐鎮南浦辦事処報告「駐朝鮮総領事館半月報告」『汪偽僑務委員会档案』（同2088-373）。

は1,000円に激減した[68]。同府各銀行の華僑織物卸売商に対する貸し渋りは，従来手形取引で朝鮮人小売商に商品を卸売りしてきた華僑織物卸売商にとって，その取引および販売を激減させたに違いない。一方，華僑織物卸売商は商品の一部を同府の日本人織物卸売商より仕入れてきたが，日本人織物卸売商が華僑織物卸売商に対して警戒を強めて売り掛けではなく，現金取引に限定したため，商品の仕入にも影響が出た[69]。

　一方，大邱府の華僑織物卸売商は慶尚北道の郡地域の華僑織物小売商と密接な関係にあったことは前述した通りであるが，郡地域の小売商はどのような状況にあったか，新聞記事を基にみよう。慶尚北道迎日郡所在の華僑織物小売商の東順和（〔表3-7〕に登場）と曲宗源商店が7月13日深夜に朝鮮人5～6名に襲撃されて織物約40疋が下水溝に捨てられる被害を受けた[70]。永川郡の徳聚祥（店主は孫日新）が群衆100～200名に襲われた事件があった[71]。満洲事変以降には本国に引き揚げる織物小売商が多数確認される。高霊郡の華僑織物商7～8軒は9月30日に突然商品を競売あるいは卸売りで処分して引き揚げた[72]。浦項[73]，礼川[74]，善山[75]，倭館[76]などの各地でも華僑織物商が相次いで引き揚げた。

　慶尚北道の郡地域には1930年10月に215軒の織物商があったが，1931年排華事件および満洲事変により閉店された織物商店が何軒に上ったかは知るすべがないが，慶尚北道の戸数が〔表5-4〕の示すように1930年末より1931年末には33.2％が減少していることを考慮すれば，約70軒が閉店したと推定される。このような郡地域の華僑織物小売商の閉店は緊密な取引関

---

68)　京城商工会議所（1932年4月）51頁。
69)　「銀行警戒로（で）中国商人困境，大邱에잇는（大邱にある）中国商人은（は）閉店帰国者続出」『東亜日報』1931年10月19日；「満洲事変과（と）商界의（の）影響，大邱中国人과（と）東海漁業者」『東亜日報』1931年12月4日。
70)　「中国人襲撃」『毎日申報』1931年7月15日。
71)　1931年12月3日発，朝鮮総督府外事課長ヨリ警務局長宛「朝鮮居留中国人保護ニ関スル件」『昭和五・六・七　各国領事館往復』（韓国国家記録院所蔵）。
72)　「商品競売後中国人撤帰高霊郡民이（が）大活動」『東亜日報』1931年10月4日。
73)　「浦項中人帰国」『朝鮮日報』1931年12月15日。
74)　「礼川中国人続続帰国中」『東亜日報』1931年12月3日。
75)　「善山中国人帰国準備中」『朝鮮日報』1931年10月25日。

係にあった大邱府所在の華僑織物卸売商に売掛金の未回収問題を惹起すると同時に，同卸売商の流通網を縮小させたに違いない。

大邱府所在の華僑織物卸売商は織物の仕入と販売の両方が行き詰まり，閉店して引き揚げる者が続出した[77]。例えば，同府本町2丁目の華僑織物卸売商の複聚東[78]は釜山の高瀬合名会社に2万円，その他各地取引先に1万円の負債を負っていたが，それを支払わないまま，店主の孫紹崑は売掛金を回収して9月19日帰国した[79]。その他の華僑織物卸売商の徳順永，公聚泰，慶盛長，義盛公，永興徳，義聚永なども記事にはなっていないが，閉店したか，閉店に追い込まれたと考えられる。

その結果，同府では1931年12月に日本人織物卸売商の松前商店と内山商店が華僑織物卸売商の商圏に食い込み[80]，華僑織物小売商と朝鮮人織物小売商が拮抗関係にあった慶尚北道の郡地域では，華僑織物小売商の閉店およびそれに伴う流通網の劣化によって，朝鮮人織物小売商が商圏を掌握するようになった[81]。

次は慶尚南道についてみよう。同道の同事件による華僑の戸数と人口の減少率は37.1％と48.9％に上り，慶尚北道より激しかった（〔表5-4〕参照）。釜山府には1930年末に17軒の華僑織物商があったが，朝鮮人に商店を譲渡するかそのまま店舗を空けたまま続々と本国に帰国し，1931年末には5軒に激減した[82]。同府所在の華僑織物輸入商の瑞泰号（〔付表6〕の204番），徳聚和（〔付表7〕の29番）のうち，瑞泰号が閉店し，華僑織物小売商は15軒あったのが4軒に激減した。

---

76)「倭館中国人帰国을（を）準備」『東亜日報』1931年12月6日。
77)「銀行警戒로（で）中国商人困境，大邱에잇는（大邱にある）中国商人은（は）閉店帰国者続出」『東亜日報』1931年10月19日。「満洲事変과（と）商界의（の）影響，大邱中国人과（と）東海漁業者」『東亜日報』1931年12月4日。
78)〔表3-7〕を参照されたい。店号は以前には福聚東であって1922年当時の店主は李鏡亭であった。同商号の支店が仁川に設置されていた（〔付表4〕の124番）。
79)「華商의（の）陰険한（な）手段및진체（借金のまま）高飛遠走満洲事変과（と）一挿話」『毎日申報』1931年9月30日。
80)「支那商人の退去で内鮮商人盛り返す」『朝鮮民報』1931年12月15日。
81)「飛躍또（また）飛躍하는（する）大邱朝鮮人商界」『朝鮮中央日報』1935年1月8日；京城商工会議所（1932年4月）51頁。
82) 京城商工会議（1932年4月）54頁。

慶尚南道の郡地域にも閉店した華僑織物小売商が確認される。辰橋のすべての華僑織物および雑貨商は12月2日に商品等を全部競売して引き揚げた[83]。陝川郡内の華僑22名のうち7名は10月初旬引き揚げて残りの15名も引揚の準備で忙しい様子であった[84]。この記事により，大邱府の華僑織物卸売商などと取引関係にあった同郡の源豊東，複成義，万豊永なども閉店に追い込まれたと考えられる。慶尚南道の郡地域には1930年10月に157軒の華僑織物小売商があったが，戸数の減少率からすれば1931年末に58軒が閉店したと推定される。その結果，釜山府の織物小売商圏，郡地域の織物小売商圏は華僑から朝鮮人に取って代わられた[85]。

次は全羅北道についてみよう。全羅北道の群山府所在の華僑織物商は直接的な被害を受けたことはなかった。1931年7月4日夜に同府栄町駅前通りを通りかかっていた朝鮮人が華僑パン屋に瓦石を投げて窓ガラス3枚を破損したのがすべてで，中華商務総会の盧会長代理が官憲に感謝するほど非常に平穏であった[86]。それでも〔表5-4〕の示すように，咸境南道に次いで低かったが全羅北道の華僑戸数および人口は1930年末より1931年末は各々28.2％，30.6％の減であった。

全羅北道の華僑織物商が引き揚げたことは新聞記事で確認される。群山府内外の華僑商人約20名が10月8日に群山港の中国船便で引き揚げ[87]，全州の華僑織物商など7～8名が10月初めに本国および仁川に引き揚げた[88]。1935年に刊行された『群山府史』に，同府の華僑織物卸売商について「満洲事変以来支那人貿易商に多大の不安を与へ商況振はず，此の間に

---

83)「慶南辰橋에（に）朝鮮人商店크게（大きく）増加）中国商人帰国後로（で）」『東亜日報』1932年1月6日。
84)「陝川中国人二十余名帰国」『東亜日報』1931年10月18日。
85)「慶南辰橋에（に）朝鮮人商店크게（大きく）増加）中国商人帰国後로（で）」『東亜日報』1932年1月6日；「釜山中国人大部分没落商権을（は）朝鮮人에게（に）」『東亜日報』1933年5月26日。
86)「官憲の力に絶対に信頼一二の小事故だけで群山は至って平穏」『京城日報』1931年7月8日。
87)「群山中国人二十余名帰国」『東亜日報』1931年10月11日。
88)「全州中人도（も）続続帰国中」『東亜日報』1931年10月14日；「全州居住中国人布木商続々撤帰」『毎日申報』1931年10月17日；「全州中人帰国」『朝鮮日報』1932年1月27日。

乗じ内地人貿易商の活躍目醒ましく漸次其の商圏を扶植し，従って支那商人にして，地盤鞏固にして資金豊富なるもの以外は休業帰国の止むなきに至った[89]」と紹介された。

全羅南道の木浦府は群山府とともに華僑織物商の勢力が強かった地域であったが，1931年排華事件および満洲事変の影響で1930年10月に416名いた華僑人口は1931年9月20日には271名，11月20日には211名に激減した[90]。木浦府の各銀行の華僑織物商などへの貸出額は1930年9月～12月と1931年9月～12月と比較してみると，前者は5.6万，6.3万，7.3万，8.9万円であったのが，後者は2.4万，1.1万，6,000円，9,000円に激減し[91]，各銀行が同府の華僑織物商などに対する貸出を極力手控えていたことが読み取れる。なお同道の郡地域の華僑織物小売商の引揚が確認される。順天郡の織物商店主の沙守山は同年10月中旬に本国に引き揚げ[92]，長城郡でも織物商なども続々と引き揚げた[93]。

咸鏡南道は排華事件および満洲事変による華僑戸数および人口の減少率が12.1％と17.1％で最も低い道であったが，華僑織物商への影響は少なくなかった。この道における華僑織物商の流通網の中核は元山府の華僑織物卸売商で，代表的な商店は成記号（1928年度の売上額は37万1,040円・〔付表6〕の199番），徳泰源（同35万円・同31番），徳興永（同30万円・同32番），三合永（同24万9,620円・同152番）でいずれも規模が大きかった[94]。しかし，同事件の影響で徳泰源しか残らず，他の織物卸売商はすべて閉店を余儀なくされた[95]。同道の郡地域にある織物小売商の中では，安辺郡新高山の織物商の広和永が同年11月17日に同商の店員5～6名が債務

---

89) 群山府庁編纂（1935年）204頁。
90) 朝鮮総督府（1933年b）186～187頁；京城商工会議（1932年4月）55頁。
91) 朝鮮総督府（1933年b）186～187頁；京城商工会議（1932年4月）55頁。
92) 「中国人等帰国全南順天에서（に）」『朝鮮日報』1931年10月25日。
93) 「全南長城서도（にも）中国人帰国」『東亜日報』1931年10月24日。
94) 京城商業会議所（1929年3月）36頁。
95) 1934年6月22日編，駐元山副領事館報告「本館区域内僑民之分布状況与職業」『南京国民政府外交公報』第7巻第8号（同上資料）111頁；1937年9月14日，朝鮮総督府警務局「支那人ノ動静」『治安状況（昭和十二年）』。

関係で夜間逃走したことが確認される[96]。

咸鏡北道の清津府所在の華僑織物卸売商（益合永（〔付表7〕の87番）・益泰永・晋徳永（同119番）・義生泰（同99番）は同道の華僑織物商の流通網の中核を担っていたが，1931年排華事件により店主が引き揚げた織物商もあった[97]。同道の郡地域の華僑織物商の引揚もみられる。境源郡の邑内には華僑40〜50名が織物商，飲食店，野菜栽培などに従事していたが，1931年排華事件発生後続々と引き揚げた[98]。茂山郡三長面は華僑織物商によって商圏が掌握されていた地域であったが，1931年排華事件以後商品売買の低調および銀行の貸出手控えにより，同地の巨商志和春が商品を廉価で販売して閉店した[99]。永興郡鎮興面の織物商の宇永彬と飲食店営業者など5〜6名は同年12月初旬に引き揚げた[100]。

以上の検討により，同事件発生以前，華僑織物輸入商の重要な流通拠点であった大邱，釜山，群山，木浦，平壌，元山，清津の華僑織物卸売商は各銀行の同商への貸出抑制による朝鮮人織物商との取引中止，同地の織物輸入商および卸売商の流通網をなしていた郡地域の織物小売商が閉店して大量に引き揚げた影響を受け，一部の卸売商以外はほとんど閉店したことが明らかになった。

おわりに

これまでの議論を〔図3-2〕を利用してまとめてみよう。

第1節で指摘した第一銀行が華僑織物輸入商に1931年春より貸出を打ち切った理由の2番目を思い出してほしい。すなわち，「中国商人の間の相互扶助関係は『鎖』のようであり，弱いところが切れた場合は全体を悪くする恐れがある」という指摘である。この指摘は華僑織物商の流通網の弱

---

96)「新高山中国人夜間에（に）逃走」『東亜日報』1931年11月2日。
97)「清津中人商人千二百名帰国」『東亜日報』1932年2月16日。1941年発行の『商工資産信用録』に益合永（〔付表10〕の4番），義生泰（同7番）の店号が出るため，この商店は排華事件時には閉店されなかったと考えられる。
98)「雄基中国人帰国中」『東亜日報』1931年12月18日。
99)「三長商業界의（の）破産者가（が）続出」『朝鮮日報』1931年11月25日。
100)「鎮興中国人帰国을（を）準備中」『東亜日報』1931年12月6日。

体化をよく説明してくれる。

　以上みてきたように，零細な経営規模の各郡・面に所在する華僑織物小売商が1931年排華事件を契機に相次いで閉店し，流通網の鎖の輪が切れてしまった。弱い鎖が切れると，小売商の仕入先の各府の華僑織物卸売商の信用危機を引き起こすと同時に販売先が断たれて卸売商の経営をさらに圧迫し閉店する華僑織物卸売商が多くなった。各府の華僑織物卸売商は主に京城および仁川所在の華僑織物輸入商より商品を仕入れていたため，卸売商の経営危機および閉店は仕入先の輸入商の経営を圧迫したのである。

　他方，華僑織物輸入商は京畿道・黄海道・江原道・忠清道では華僑織物小売商と直接取引していたため，小売商の閉店が直ちに華僑織物輸入商の経営を圧迫した。なお華僑織物商の鎖のような流通網の繋ぎおよび潤滑油の役割は各銀行の手形割引によって果たされてきたが，排華事件および満洲事変による各銀行の華僑織物商への貸出警戒によりうまく機能しなくなり，華僑織物商の間の協力関係を弱体化させたのである。

　以上の結果は数値でも説明できる。〔表5-7〕は1928年～1936年度の営業税を納めた華僑の人数を納税額別に示したものである。華僑織物商が1928年度の営業税納税データを基に小売商，小売兼卸売商，卸売商，織物輸入商に分類してみた。なお，織物商が営業税納付者の約4割を占めていたこと，雑貨商など織物商以外はほとんど小売商であったことを考慮して，織物商の人数を推計して「小売商」の欄に入れた。

　まず，営業税を納める華僑織物商は1929年がピークであったことが確認できる。その翌年の1930年は世界大恐慌の影響で前年より19％減少し，特に小売商と小売兼卸売商の減少が顕著であった。さらに1931年は1930年より45％激減したが，これは1931年排華事件および満洲事変の影響である。今回は小売商から織物輸入商まですべてにわたって大幅に減少したことが，1930年とは異なる。すなわち，小売商は前年より47％の減少，小売兼卸売商は38％の減少，卸売商は43％の減少，織物輸入商は47％の減少であった。小売商の破綻⇒小売兼卸売商の破綻⇒卸売商の破綻⇒輸入商の破綻，といった華僑織物商の連鎖破綻および閉店がここでも如実に現れてい

表 5-7　華僑織物商の営業税納税額別人員（単位：名・軒）

年次	小売商 29円以下		小売兼卸売 30～99円	卸売商 100～199円	織物輸入商 200～499円	織物輸入商 500～9,900円	合計	
	全体	織物商					全体	織物商
1928	3,269	1,307	464	66	31	14	3,844	1,882
1929	3,569	1,428	426	62	31	14	4,102	1,961
1930	3,057	1,223	283	51	30	8	3,429	1,595
1931	1,623	649	175	29	16	4	1,847	873
1932	1,572	629	171	27	11	6	1,787	844
1933	1,767	707	217	38	17	5	2,044	984
1934	2,013	805	269	46	19	11	2,358	1,150
1935	2,252	901	343	53	26	10	2,684	1,333
1936	2,519	1,008	391	55	30	10	3,005	1,494

出典：朝鮮総督府財務部（1937年）151～152頁；朝鮮総督府財務部（1938年）201～202頁より作成。

注：元の資料には「中国人」ではなく，外国人と出ているが，外国人商業従事者はほとんど華僑であった。

た。

　一方，1931年排華事件および満洲事変の影響は1932年の営業税に響き，1932年の納税人員は前年より3.3％減少した。特に織物輸入商は前年より3軒減少し，17軒になった。〔表4-3〕を基に考えるならば，1931年度～1932年度に京城の瑞泰号，永来盛，徳順福，広和順，仁川の永来盛，徳順福，釜山の瑞泰号はこの時に破綻したに違いない。

　しかし，華僑織物商は〔表5-7〕のように1933年の営業税から回復し始め，1936年は1933年より納税人員が77％も増加した。特に小売商よりは小売兼卸売商，卸売商，織物輸入商の増加が目立った。なお京城府の華僑織物輸入商は排華事件以前10軒から1936年には3軒に激減したが，3軒の売上額は701万円に上り，日本人織物問屋40軒の売上額の1,831万4,409円，朝鮮人織物卸売商の1,001万4,617円より少なかった[101]が，同府織物卸売商の売上総額の2割を占めていて依然として並々ならぬ勢力を維持して

---

101) 京城府（1937年）23頁。この売上額は，裕豊徳がほとんどを占めていたと推定される。1930年裕豊徳の売上額は1,000～1,500万円に達して他の輸入商の売上額とは桁違いの状況であった（「華商の手形決済順調」『京城日報』1931年7月11日）。

いたことがうかがえる。

第6章

日中戦争期華僑織物商の没落

はじめに

　第5章では，華僑織物輸入商を頂点とする華僑織物商の流通網が排華事件および満洲事変の影響で劣化および弱体化されたことを明らかにする一方，1933年から再び華僑織物商の商店数が増加に転じて回復しつつあることを述べた。本章では，そのような華僑織物商が日中戦争および朝鮮総督府の戦時統制強化によってどのような影響を受けたかについて検討する。

第1節　日中戦争の影響

1　華僑織物商の引揚状況

　日中戦争は，南京国民政府の国民であった朝鮮華僑を「敵国の国民」の立場に立たせたため，華僑は戦争の成り行きに敏感にならざるを得なかった。駐京城総領事の范漢生は7月13日に釜山，新義州，元山，鎮南浦などの各領事館と各地の中華商会に「新聞ノ誇大ナル報道ニ煽ラレ自驚スルコトナキ様」に訓令を発して，華僑に対して引き揚げないように指示した[1]。なお，范総領事は総督，警務局長および京畿道知事を訪問して華僑の保護を依頼した。各領事は7月14日に所在地の道知事を訪問あるいは書面を持って僑民の保護を要請した。その影響もあって華僑は事態の先行き

1）朝鮮総督府警務局「在留支那人ノ状況」『昭和十二年　第七十三回帝国議会説明資料』（復刻版，不二出版，1994年）406頁。

表 6-1　日中戦争による華僑の引揚状況（1937年10月末現在）

道別＼種別	戦前の在留者数（名）	引揚者数（名）	残留者数（名）	減少率（％）	将来引揚希望者数（名）
京畿道	12,946	9,893	3,053	76	7
忠清北道	877	605	272	69	12
忠清南道	1,820	1,033	787	57	53
全羅北道	2,518	1,794	724	71	21
全羅南道	1,401	1,066	335	76	17
慶尚北道	1,621	1,280	341	79	28
慶尚南道	1,391	1,192	199	86	—
黄海道	4,202	2,922	1,262	70	16
平安南道	6,760	4,120	2,640	61	171
平安北道	16,985	3,527	13,458	21	343
江原道	983	825	158	84	13
咸鏡南道	7,697	2,518	5,197	33	335
咸鏡北道	8,171	1,952	6,219	24	92
総計	67,377	32,727	34,645	49	1,108

出典：朝鮮総督府警務局「在留支那人ノ状況」『昭和十二年　第七十三回帝国議会説明資料』（不二出版，1994年）407頁をもとに作成。

注：咸鏡南道，黄海道および総計の欄の合計は合わないが，原資料のまま掲載した。

を注視しながら引揚を見合わせ，7月中の引揚者は非常に少なかった。

しかし，1937年7月29日に発生した「通州事件[2]」を契機に戦争拡大の噂が広がり，8月1日以降華僑の全面的な引揚が始まった[3]。〔表6-1〕の示すように，日中戦争勃発後から10月までの約4か月間に引き揚げた華僑の人数は3万名を超え，戦前より約半分に減少した。この減少率は排華事件および満洲事変のそれを上回っており，華僑が日中戦争をいかに深刻に受け止めていたかがうかがえる。

華僑減少率が高い道を並べれば，慶尚南道（86％），江原道（84％），慶尚北道（79％），京畿道（76％），全羅南道（76％），全羅北道（71％），黄海道（70％），忠清北道（69％），平安南道（61％）の順で，華僑の引揚が

---

[2] 同事件は「冀東防共自治政府」保安隊が7月29日に日本軍守備隊，特務機関を攻撃し，引き続き在留日本人を殺したことから始まった。日本軍は30日に救援部隊を派遣して通州を回復した（小島（1942年）693頁）。

[3] 朝鮮総督府警務局「在留支那人ノ状況」『昭和十二年　第七十三回帝国議会説明資料』（不二出版，1994年）407頁。

表6-2　日中戦争による華僑織物商の営業税納税人員への影響

年　次	小売商 29円以下		小売兼卸売 30～99円	卸売商 100～199円	織物輸入商 200～499円	500～9,900円	合　　　計	
	全体	織物商					全　体	織物商
1937	2,519	1,008	391	55	30	10	3,005	1,494
1938	1,241	496	224	44	22	5	1,536	791

出典：朝鮮総督府財務部『朝鮮税務統計表』（各年度）より作成。
注：織物商の推計方法については第5章の「おわり」を参照。

朝鮮の南部地域に集中していたことが分かる。

　このような華僑引揚者の中には華僑織物商店の店主および店員が多数含まれていた。〔表6-2〕は1937年分（1936年度実績）と1938年分（1937年度実績）の営業税納税人員のデータを比較したものである。同表によれば，日中戦争によって1938年分は1937年分に比べて営業税納税人員において49％減少した。この減少率に基づいた推計によれば，華僑織物商は1936年度に約1,500軒あったのが，日中戦争によって約700軒が閉店を余儀なくされ，約800軒に減少したと考えられる。

　華僑織物商の減少は小売商から輸入商まですべてにおいて生じた。小売商の減少率は51％，小売兼卸売商は43％，卸売商は20％，輸入商は50％であって，排華事件および満洲事変による華僑織物商の減少のパターンおよび減少率と非常に似通っていることが確認される。

　なぜ，このように激減したか，以下に戦争直後の華僑織物輸入商，卸売商，小売商の動向についてみていこう。

2　華僑織物輸入商および卸売商

1）　裕豊徳の麻織物輸入代金送金問題

　排華事件および満洲事変後，多数の有力な華僑織物輸入商が閉店を余儀なくされる中，裕豊徳だけは経営が順調であった。日中戦争直前裕豊徳の年間売上額は約600万円に達したばかりか，釜山，群山，平壌に支店を設けて，朝鮮内の華僑織物商と朝鮮人織物商および日本人織物商だけなく，

中国にも販売を展開するなど,朝鮮を代表する華僑織物輸入商であった[4]。

裕豊徳は戦争直前に上海の各麻織物問屋より麻織物を輸入し,その商品代を支払うため朝鮮総督府に1937年7月20日に5万円,9月15日に5万5,000円を申請して,上海に為替送金しようとしたが,朝鮮総督府は許可しなかった[5]。朝鮮総督府が不許可とした理由を明らかにするには,朝鮮で施行されていた外国為替管理法をみる必要がある。

朝鮮総督府は1933年5月に朝鮮総督府令第40号を公布して外国為替管理法を施行した。この府令は外貨証券投資の形での資本の逃避を防止することに主眼が置かれていたが,1936年末期からの物価高騰,日中関係の悪化,関税率引上を見越した輸入増加傾向などを背景に[6],朝鮮総督府は1937年1月12日に商品の輸入を規制する「輸入貨物代金ノ決済及外国為替銀行ノ海外指図ニ依ル支払ノ制限ニ関スル外国為替管理法ニ基ク命令ノ件」という府令第2号を公布した。府令第2号には,1か月3万円を超過する貨物の輸入に対して朝鮮総督の許可を受けなければ貨物の輸入に伴う決済を許可しないこと,輸入業者が輸入貨物に対する荷付為替手形の決済をするためには輸入報告書を作成して総督に提出することが義務付けられた[7]。

裕豊徳は駐京城総領事館を通じて「該荷物ハ全ク税関ノ証明ヲ受ケタル上総督府へ御届ケ申上置キタルモノ」と朝鮮総督府令第2号を遵守しているとし,為替送金を許可しないのは不当であると主張した[8]。しかしながら,「其ノ当時ハ上海戦争正ニ激烈ノ折柄ニシテ銀行等モ休業致シ為替振替不能ナリ」と,朝鮮総督府としても送金許可し得なかったと理解を示し

---

4) 京城商工会議所「北支事件に関する法令及諸調査」『経済月報』第259号(京城商工会議所,1937年8月)24頁。
5) 1938年1月12日収,駐京城総領事范漢生ヨリ朝鮮総督府外務部長松沢龍雄宛函(朝鮮総督府外務部『昭和十三年 領事館関係綴』(韓国国家記録院所蔵))。
6) 朝鮮総督府財務局「昭和十六年十二月 第七十九回帝国議会説明資料」『朝鮮総督府帝国議会説明資料 第3巻』(不二出版,1994年)360~361頁。
7)「朝鮮総督府令第2号 輸入貨物代金ノ決済及外国為替銀行ノ海外指図ニ依ル支払ノ制限ニ関スル外国為替管理法ニ基ク命令ノ件」『朝鮮総督官報』第2995号(朝鮮総督府,1937年1月12日)。この法律は7月31日に廃止される予定であったが,日中戦争の影響でその後も継続された。
8) 1938年1月12日収,駐京城総領事范漢生ヨリ朝鮮総督府外務部長松沢龍雄宛(同上史料)。

た。裕豊徳が翌年1月になって為替送金の許可を陳情したのは，上海事変が終わりを告げて銀行の営業が正常化されたこと，上海の各問屋より旧正月を控えて商品代の督促があることを取り上げた。

松沢外務部長は范総領事の書翰を添えて，1938年1月17日に同府財務局長に裕豊徳の為替送金を許可するように要請した[9]。范総領事が1月22日に再度その許可を要請する書翰を送付する[10]と，松沢外務部長は同日に財務部長宛に許可する必要性を次のように述べた。

> 裕豊徳号主ハ中華商会ノ最モ重要ナル地位ニアリ，過般在鮮華僑ノ北支新政権参加運動ニモ率先，之ニ加ハリ且之指導任務ニ当リタルモノニシテ，本提出許可相成ラサルニ於テハ多年店舗ヲ経営セル同店信用上多大ノ影響有之，延テハ鮮内支那人商店ノ消長ニモ係ル虞有之，以テ是非許可方御配慮相煩度御依頼ス[11]。

この公文をみれば松沢外務部長が非常に政治的な判断をしていることが分かる。これを理解するためには，朝鮮華僑を取り巻く政治的環境の変化をみなければならない。日本軍が山東省を始めとする華北5省を占領し，1937年12月14日に北平に中華民国臨時政府が樹立されると，范総領事は同政府樹立直後に南次郎総督を訪問して重慶国民政府を離脱して臨時政府に参加することを公式的に宣言した[12]。范総領事に引き続き，12月19日には張義信駐鎮南浦領事，28日には馬永発駐元山領事が臨時政府支持を宣言した[13]。さらに范総領事は同月28日に日本人警察官30名の協力を得て総領

---

9) 1938年1月17日発，朝鮮総督府外務部長松沢龍雄ヨリ駐京城総領事范漢生宛「支那商人裕豊徳ヨリノ陳情ニ関スル件」（同上史料）。
10) 1938年1月22日収，駐京城総領事范漢生ヨリ朝鮮総督府外務部長松沢龍雄宛（同上史料）。
11) 1938年1月22日，外務部長松沢龍雄ヨリ財務局長宛（同上史料）。
12) 安井（2005年）250〜251頁。范漢生総領事の臨時政府参加は『朝鮮日報』1937年12月17日の1面に掲載された。
13) 1938年1月17日現在の駐京城総領事館および各領事館の総領事および領事は次のとおりである。京城総領事范漢生，同領事季達（不在），仁川辦事処主任王永晋，鎮南浦辦事処主任王建功，新義州領事馬永発，元山領事張義信，釜山随習領事袁毓棠であった（1938年1月17日収，駐京城総領事范漢生ヨリ朝鮮総督府外務部長松沢龍雄宛函（同上史料））。

事館の青天白日旗を降ろして臨時政府の五色旗を掲揚し[14]，その時から駐京城総領事館は事実上臨時政府の公館に変わった。残留していた華僑は総領事館および朝鮮総督府の圧力を受け，各地の中華商会は相次いで臨時政府支持を宣言するにいたった[15]。これを受けて，朝鮮総督府は華僑を従前の「敵国の国民」としてではなく，「友邦国の国民」として扱うことに方向転換した[16]。

松沢外務部長の公文は，裕豊徳の店主は「中華商会ノ最モ重要ナル地位ニアリ，過般在鮮華僑ノ北支新政権参加運動ニモ率先」していることを取り上げて為替送金を許可するように呼びかけたが，事実，裕豊徳の総支配人の周慎九は当時京城中華商会の会長として12月末に各地の中華商会に臨時政府参加を呼びかける声明文を発送した[17]。松沢外務部長は華僑を重慶国民政府と完全に切り離すために裕豊徳および「親日」的な周慎九会長を助ける必要があると判断したのである。

結局，財務局長はこれを受け入れて1月27日に外務部長に「不許可ノ処分ヲ為シタルモノニ限リ且上海ニ於テ邦貨ヲ受取ル場合ニノミ」送金を許可する旨を伝え[18]，この問題は決着した。ちなみに，周慎九は2月3日に朝鮮の中華商会の連合会として設立された「旅鮮中華商会聯合会」の初代会長に選出された[19]。

---

14) 澎運泰「朝鮮ニ於ケル護旗奮闘経過」『朝鮮出版警察月報』第117号（朝鮮総督府警務局文書課，1938年6月号）62頁。この記事は元々漢口で発行されていた『華僑動員』という雑誌に元漢城華僑小学の教員であった澎運泰が寄稿したものを朝鮮総督府警務局文書課が翻訳したものである。駐京城総領事館領事の季達はこの事件を理由に本国に帰国した。
15) 1937年12月30日収，京畿道警察部長ヨリ京城地方法院検事正宛「華僑団体ノ動静ニ関スル件」『地検秘』第2284号；1938年1月6日収，京畿道警察部長ヨリ警務局長宛「在仁川華僑団体ノ動静ニ関スル件」『地検秘』第11号。
16) 「朝鮮在留支那人달리（異なる）取扱키로（うことに）決定乎」『朝鮮日報』1938年1月7日。
17) しかし，その行動は，京城府本町警察署が彼ら同商会の役員3名を呼び出して臨時政府参加を「強要」した後，とられたものであり，自発的に行ったことではなかった（1937年12月30日収，京畿道警察部長ヨリ京城地方法院検事正宛「華僑団体ノ動静ニ関スル件」『地検秘』第2284号）。
18) 1938年1月27日収，財務局長ヨリ松沢外務部長宛（同上史料）。
19) 1938年2月6日収，京畿道警察部長ヨリ京城地方法院検事正宛「京城中国総領事館ノ動静其他ニ関スル件」『地検秘』第263号。

しかし，裕豊徳の中国産麻織物輸入は第4章で述べたように朝鮮総督府によって80％に関税率が引き上げられたことによって，1938年からの輸入は中止せざるを得なかった。裕豊徳にとって中国産麻織物の輸入中止は長年続けてきた上海の中国人織物問屋との取引関係の終焉を告げることに他ならなかった。

2) 経営圧迫

周慎九総支配人は戦争直後の裕豊徳の経営状況について次のように述べた。「今次の事変勃発と共に私は破産に瀕しました。取引は停止する，売掛代金は入らず銀行の取引も停止されんとするし私は全く進退谷りました。私の背後には多くの中国人が居ります。それが皆私と共倒れになるのです。この時私を救ってくれたのは，私の店と三十年来取引致して居ります東洋綿花会社でした。無条件で私の事業を援助して，私を救って下さいました」[20]。

すなわち，朝鮮を代表する華僑織物輸入商の裕豊徳が戦争直後破産に瀕しかけていたとされており，他の華僑織物商がどのような状況にあったかは想像しがたくない。周慎九によれば，戦争直後裕豊徳の経営を圧迫していた要因は三つであった。

第1に，取引が中止になったことである。裕豊徳の取引先は華僑織物商が6割，朝鮮人織物商が3割，日本人織物商が1割であった[21]が，主要な取引先の華僑織物商の閉店が相次いだこと，残留の華僑織物商も事態を憂慮して仕入を手控え，取引の円滑を欠いていた。

第2に，売掛金の回収がうまくいかなかったことである。取引先の華僑織物商が大量に引き揚げたため回収できない売掛金が多かったことと，残留の華僑織物商も資金繰りに苦しんでいたため買掛金の返済不能に瀕した。

---

20) 朝鮮中華商会主席周慎九「在鮮支那人の感謝と希望」『朝鮮及満洲』第374号（朝鮮及満洲社，1939年1月）28～29頁。
21) 京城商工会議所（1937年8月）24頁。

第3に，各銀行との取引が円滑でなかったことである。戦争直後，各銀行は華僑織物商との手形金融は確実な担保を立てさせ，日本人および朝鮮人織物商との手形金融に対しても厳重な警戒をしていた[22]。このような各銀行の華僑織物商に対する貸出引締は裕豊徳の取引縮小に一層拍車をかけたと考えられる。

　ここで，裕豊徳と同様な状況に瀕していた織物輸入商および卸売商の動向を一つ紹介してみよう。京仁地域の織物輸入商は1937年7月中旬に大阪の日本人織物問屋の在朝鮮支店の会の「寿仁会」に対して連名で日本産綿布などの織物の先物契約の無条件解約と，支払い期限満期渡来の商品代に対する支払い猶予を要求した[23]。中国織物輸入商および卸売商たちは各銀行が貸出を手控えていることを主要な理由として取り上げた。しかし，「寿仁会」のメンバーが会員となっていた朝鮮綿糸布商聯合会は朝鮮銀行と共同で調査した結果，「朝鮮内金融機関が華商に対して特殊な取扱をした事実は絶対なかった」という認識を示し，同輸入商たちが綿布および絹布の相場値下がりによる損失回避の口実としてそのような要求をしたと受けとめて，その要求を一蹴した[24]。

　なお，朝鮮綿糸布商聯合会と「寿仁会」は同月22日に華僑織物輸入商たちに対して解決策として四つを提示した[25]。①期限渡来の商品，7月船積みの商品は予定通り出荷するが，買主より積み出し延期の依頼がある場合は8月15日まで積み出しを待つ。②買主が商品を引き取らない時は，当会に妥当と認める価格で売買契約を解約するが，値合（差）金を徴収する。③積み出しの延期，支払い満期の延期などに対しては買主より金利，倉敷料を徴収する。④8月以降の先物契約品は期限通り受け渡しを励行する。

　ところで，朝鮮綿糸布商聯合会と「寿仁会」の同輸入商たちに対する判

22）京城商工会議所（1937年8月）24頁。
23）「京仁綿布商側이（が）先約定解消」『東亜日報』1937年7月21日；「京仁有力華商이（が）綿布解約을（を）要求」『毎日申報』1937年7月21日。
24）「華商에의（への）取引停止는（は）虚伝」『東亜日報』1937年7月21日。
25）「綿糸布商聯合会側解決策을（を）提示二十二日華商側에게（に）」『東亜日報』1937年7月23日。

断および主張は正しかったのであろうか。朝鮮綿糸布商聯合会は同輸入商たちが織物の値下がりによる損失を回避する手段として解約を選択したと判断していたが，実際はそうではなかった。綿布（3A製品）の値段は7月上旬に189円であったのが，双方が争っていた中旬には186円に下落した[26]ものの，1.6％の小幅の下落に過ぎなかったためである。同輸入商たちが理由として取り上げた各銀行の貸出の手控えに加えて，周慎九が指摘した売掛金の回収がうまくいかなかったこと，華僑および朝鮮人織物商との取引中止なども響いたと考えられる。

それと関連して，裕豊徳以外の織物輸入商は京城の商圏である京畿道，江原道，黄海道，忠清道の華僑織物小売商および朝鮮人織物小売商を主要な取引先としていた[27]。このため，この地域の華僑織物小売商の動向には注目せざるを得ない。

朝鮮総督府警務局が1937年8月に黄海道の116軒の華僑商店（織物商および雑貨商）の取引状況を調査したところによれば，1か月の売上額は戦前に9万5,154円であったのが8月には5万8,019円に39％減少し，1か月の集金額は戦前に2万8,841円であったのが，8月には1万3,346円に54％減った[28]。各商店の未収債権の合計は19万5,594円，未払い債務の合計は8万9,619円であって，計算上では未収債権の集金がうまくいけば問題はなかった。しかし，朝鮮人債務者が華僑商人の引揚を見越して多様な口実で買掛金の返済を延期する中，各銀行の華僑商人への貸出制限は華僑商店の資金繰りの悪化に拍車をかけた。すなわち，黄海道の各商店は戦争による商品販売不振に加えて売掛金の集金が意の如くならない状況の下で各銀行の貸出制限を受け，結局「帰国シ得サル実情」になったのである[29]。事実，黄海道甕津郡の華僑織物商および飲食店は引揚のためすべての商品を

---

26) 京城商工会議所「京城に於ける商況と金融（七月中）」『経済月報』第259号（京城商工会議所，1937年8月）100頁。なお，その下旬には175円に引き下がったが，9月上旬には190円に回復した（京城商工会議所「京城に於ける商況と金融（九月中）」『経済月報』第261号（京城商工会議所，1937年10月）60頁）。
27) 京城商工会議所（1937年8月）24頁と第3章第1節を参照されたい。
28) 1937年9月24日，朝鮮総督府警務局「一般支那人ノ状況」『治安状況（昭和十二年）』。
29) 1937年9月24日，朝鮮総督府警務局「一般支那人ノ状況」『治安状況（昭和十二年）』。

廉価に競売していたことが確認される[30]。黄海道は〔表6-1〕のように10月までに華僑の7割が帰国したことを考えれば，華僑織物商も同様な減少率であったと考えられる。

このような華僑織物小売商の状況は黄海道だけでなく，京畿道，江原道，忠清道もおおむね似通っていた。これらの道にある華僑織物小売商などの引揚状況について新聞記事を通して確認してみよう。京畿道安城郡は華僑織物商が多かった地域で，戦前約100名が居住していたのが，9月初旬までに約60名が引き揚げた[31]。江原道楊平郡の華僑織物商と飲食店6軒（28名）は8月19日までに店舗を売却処分して，店員など20名が引き揚げた[32]。伊川郡の華僑織物商も引き揚げた[33]。忠清南道天安郡の華僑8～9名は8月下旬に帰国し[34]，忠清北道槐山郡の華僑織物商は引揚げの準備のため商品を安売りした[35]。この4か道における華僑人口を戦前と10月現在を比較した場合，江原道は84％の減少，京畿道は76％の減少，忠清北道は69％の減少，忠清南道は57％の減少で，すべて朝鮮内平均の49％をはるかに上回った（〔表6-1〕参照）。つまり，5か道は華僑織物輸入商の主要な取引先が位置していた地域で，この地域に中国人の引揚が最も激しく展開されたことは，同輸入商の販売，売掛金の両方に問題を引き起こして経営を悪化させた。経営規模の大きい織物輸入商は1936年度に10軒あったのが，1937年度には5軒になったのがそれを如実に表す（〔表6-2〕参照）。

他の道でも華僑織物商の引揚がみられる。全羅北道全州郡の華僑織物商19軒は引揚のために8月16日から在庫品を2～3割安売りしていた[36]。裡里郡の華僑織物商および野菜商13名，農民50名は8月中旬までに引き揚げた[37]。慶尚南道釜山府の華僑は戦前400名が居住していたが，引揚者が相

---

30)「支那商人撤帰로（で）朝鮮商人大打撃」『東亜日報』1937年8月31日。
31)「安城居住支那人大部分撤帰」『東亜日報』1937年9月10日。
32)「楊平의（の）支那人撤帰에（に）大紛忙」『東亜日報』1937年8月25日。
33)「支那商人帰国으로（で）朝鮮商人大打撃」『東亜日報』1937年9月7日。
34)「天安在住支人帰国」『東亜日報』1937年8月25日。
35)「華商大投売로（で）布木商打撃」『東亜日報』1937年9月10日。
36)「支那商人의（の）投売로（で）朝鮮人商界大打撃全州布木商側対策을（を）講究」『東亜日報』1937年8月20日。

次いで9月中旬には約100名しか残らず，特に同府草梁町一帯の華僑織物商はすべて閉店して引き揚げた[38]。慶尚北道星州郡の華僑織物商は引揚の準備のために商品を廉価販売していた[39]。咸鏡南道元山府には戦前華僑織物商が20軒あったが，大部分閉店して9月中旬頃に営業中の織物商は德泰源，吉昌号，東生徳の3軒しか残らなかった。しかし，吉昌号が同業者の引揚閉店の影響を受けて売れ行きが著しく増加するのをみて，引揚準備中の鴻興泰，興記桟も突然引揚を取りやめて5軒になった[40]。しかし，このような事例は非常に稀であった。

一方，このように地方の華僑織物商が引揚のため織物を安売りしたため，農村地域の織物小売商業界に競合関係にあった朝鮮人織物商は一時的に販売不振に陥って，当局に陳情するか，各地の布木商組合を通じて対応した。

第2節　戦時統制強化の影響

1　華僑織物商の没落

華僑織物商は日中戦争によって大打撃を受けたが，完全に没落したのではなかった。むしろ1938年から華僑の商店数は増加に転じた。営業税を納税する物品販売の商店数（主に織物商と雑貨商）は1937年度に1,321軒・税額3万9,589円から1939年度には1,832軒・7万8,114円に各々において39％と97％増加した[41]。

1941年の『商工資産信用録』の〔付表10〕によれば，100万円以上の売上額を出した華僑織物商は，永盛興（仁川・〔付表10〕の1番），益合永（清津・4番），錦生東（群山・9番），新生徳（京城・15番），同盛永（仁川・25番），德生東（群山・29番），同生徳（京城・27番），裕豊徳（群山

---

37)「裡里在住의（の）支那人撤帰」『東亜日報』1937年8月20日。
38)「釜山支那商人事変後全部撤退」『東亜日報』1937年9月19日。
39)「支那人布木廉売로（で）朝鮮人商店大打撃星州布木商側当局에（に）陳情」『東亜日報』1937年8月25日。
40) 1937年9月14日，朝鮮総督府警務局「支那人ノ動静」『治安状況（昭和十二年）』。
41) 朝鮮総督府財務局（1941年）121～122頁。

・36番），裕豊徳（京城・39番）の9軒であった。

それに永徳興（京城・3番），協興裕（京城・8番），瑞増徳（京城・18番），天合桟（仁川・21番），天順裕（仁川・22番），同生泰（仁川・26番），和聚昌（仁川・41番），益徳永（清津・6番），義生泰（清津・7番），恒昌東（清津・12番），仁合東（清津・16番），恒昌栄（城津・11番），徳成利（城津・28番），劉鴻彬（群山・37番）などは20万円以上100万円未満の売上額であった。

その背景には朝鮮総督府の華僑に対する政策転換が絡んでいた。京城中華商会は1938年2月に中国に帰国した華僑商店の店員が多数に上り，現在の各商店は多数の使用人を必要としていることを根拠に，朝鮮総督府に帰国店員の再入国の許可と，再入国の際の各種便宜を図るように，范総領事に陳情し，同総領事は朝鮮総督府にその旨を伝えて協力を要請した[42]。

他方，中国に引き揚げていた元朝鮮華僑も再入国を希望する者が多かった。朝鮮総督府警務局の把握によれば，1937年12月中旬頃に「本国ニ於ケル物資ノ欠乏ト戦禍ニ見舞ハルノ等ニ因リ到底安住シ難シト為シ最近再渡鮮ヲ希望スル者漸次増加ノ傾向」にあった[43]。朝鮮総督府は1938年4月にその要請を受け入れて「現在朝鮮在留中ノ支那人ノ家族，店員又ハ使用人ニシテ支那事変ニ依リ引揚中ノ者ニ限」って再入国を認めた[44]。

この措置により，朝鮮に再入国する華僑商人は増加した。商業人口は1937年12月に1万3,549名であったのが，1942年には2万7,993名に約2倍増加し，1936年の2万9,347名に肉薄するほど回復した[45]。店主および店員などが戻ってきて閉店していた織物商店，雑貨商店が再び開店されたのである。

しかし，その営業状況は朝鮮総督府の戦時統制強化によって悪化の一途

---

42) 1938年2月23日発，駐京城総領事范漢生ヨリ朝鮮総督府外務部長松沢龍雄宛函（同上史料）。
43) 1937年12月24日，朝鮮総督府警務局「在留支那人ノ動向」『治安状況（昭和十二年）』。
44) 1938年4月7日発，警務局長ヨリ各道警察部長宛「事変ニ依リ引揚中ノ支那人店員及家族ノ再入鮮ニ関スル件」（同上史料）。
45) 朝鮮総督府『朝鮮総督府統計年報』（各年度）。ただ，この人口にはその家族が含まれているため正確な商業従事者の人数ではない。

を辿った。駐仁川辦事処は1942年に仁川府の華僑織物商の営業状態について,「数回の増税の結果,我方(著者:中国)からの輸入はほとんど途絶えた。今日に至り仁川の織物商は合計9軒である。多くは日本産品の転売を手がけるようになった。わが国の絹布・麻布は一切みられない[46]」と本国に報告した。その9軒の織物商のうち卸売商は德生祥(店主は郭華亭・〔付表9〕の94番),福生東(同王興西),永盛興(同李仙舫・〔付表8〕の71番)などで[47],日中戦争直前までに存続していた和聚公(〔付表9〕の122番),錦成東(同28番)などの織物輸入商はすべて姿を消した。

華僑織物輸入商が最後まで独占的に輸入していた中国産麻織物も関税率が日中戦争直前に80％に引き上げられたため,裕豊德のように和聚公,錦成東もその商品の輸入中止に追い込まれて日中戦争の影響を受けて閉店を余儀なくされた。かくて,仁川府に残された華僑織物商は日本人問屋より織物を仕入れて,それを「転売」する卸売商および小売商の9軒しか残らなかったのである。

1938年2月3日に開かれた「旅鮮中華商会聯合会」の設立総会の場で参加者は中国産麻織物の関税率引下を当局に要望することを議論し,范総領事に相談したところ,彼は「新政権カ日本政府ヨリ正式ニ承認サルノ迄待タシ度シ」と答えた[48]。すなわち,范総領事は臨時政府が日本政府に承認されていないためまだ正式に要請する段階ではないと,同聯合会の要望を断ったのである。

一方,朝鮮総督府は戦時期に織物類の供給不足に直面して統制を強化する措置を相次いで出した。最初に織物類に対する物価統制を実施した。戦時の供給不足により織物類の値上がりが続き,特に綿糸布類の価格は1937年末より1938年10月には2〜10割値上がりし,一般大衆の生活を苦しめ

---

46) 原文「以数次増税結果,我方輸入幾絶,時至今日,仁川棉布商計有九家,多為経手転売日本出品,我国之綢緞夏布百不見一矣」(1942年7月15日収,駐仁川辦事処報告「汪偽政府駐朝鮮総領事館半月報告」『王偽僑務委員会档案』(同2088-373))。

47) 1942年11月21日収,駐京城総領事館ヨリ僑務委員会宛函「関於朝鮮僑民回国観光団問題的来往文書」『王偽僑務委員会档案』(同2088-406)。

48) 1938年2月6日収,京畿道警察部長ヨリ京城地方法院検事正宛「京城中国総領事館ノ動静其他ニ関スル件」『地検秘』第263号。

た。そこで朝鮮総督府は朝鮮産綿織物の最高価格を市場価格より2割安く設定した公定価格を決定・公布した[49]。さらに，朝鮮総督府は1940年6月より綿布の配給制を実施した[50]。このような公定価格および配給制の実施は従来の投機的商業利潤を一定の配給手数料に置き換え，なお公定価格による配給手数料は従来の商業利潤よりはるかに低く定められたため，織物商の経営活動を著しく縮小させた。

公定価格および配給制の実施が華僑織物商にどのような影響を及ぼしたかについて，元山市内の華僑織物商を取り上げて検討してみよう。1942年7月元山市内には140軒の織物商があった[51]。このうち卸売商は4軒あったが，すべて日本人織物商に占められていて，戦前2軒あった華僑織物卸売商はすべて引き揚げた[52]。その他の136軒はすべて織物小売商であって，そのうち11軒が華僑織物小売商であった。華僑織物小売商は以前当地の華僑織物卸売商より仕入れてきたが，戦後は4軒の日本人織物卸売商か京城方面より日本産織物を仕入れることに換えた。しかし，日本国内に織物に対する統制が厳しくなると，朝鮮に移入する織物は少なくなり，1942年7月頃の華僑織物小売商取扱の織物はほとんど朝鮮産であった。

〔表6-3〕の示すように，華僑織物小売商の資本額は5,000～20,000円に過ぎず零細であった。売上額は徳泰興と吉昌号が約20万円で多く，1店舗当たり約15万円であった。1920年代と比べれば，小売商としては売上額が多くなったようにみえるが，戦時期織物供給不足によって織物が値上がりしたためである。なお営業税額が200～300円と多いのは，1940年と1941年に営業税が改正されて税率が引き上げられたことを考えなければならない[54]。

---

49)「綿製品의（の）最高価格決定」『東亜日報』1938年10月30日；「綿製品의（の）価格抑制明一日부터（から）実施」『東亜日報』1938年11月1日。この最高価格は1938年10月30日に総督府告示871号で公布された。
50)「綿布（広木）에（に）伝票制六月一日부터（から）実施！」『東亜日報』1940年5月27日；京城府総務部経済課（1943年）119頁。
51) 1942年7月27日収，駐元山副領事館報告〔元山府棉布華商営業概況〕「汪偽政府駐朝鮮総領事館半月報告」（同上档案）。
52) その2軒のうち1軒は徳泰源（〔付表7〕の21番と〔付表8〕の22番）であった。

190 ── 第Ⅰ部　華僑織物商

表 6-3　元山市内の華僑織物小売商の営業状況（1942年・単位：円）

店　号	店　主	資本額	税　　額			売上額
			所得税	利得税	営業税	
徳泰興	祝紹顔	2万	1,200	3,000	300	214,000
吉昌号[53]	王宝錬	2万	1,200	3,000	300	214,000
東生徳	范世森	1.5万	800	2,500	250	179,000
鴻興東	王世昌	1.5万	800	2,500	250	179,000
同興盛	崔殿芳	1.5万	800	—	250	179,000
福生徳	姜梅田	1.5万	800	—	250	179,000
謙和盛	王貴中	0.5万	200	—	90	64,000
義盛東	鄧学仁	1万	500	1,900	200	143,000
合興東	陳祥通	1万	500	1,900	200	143,000
東順盛	鄭儀敬	1万	500	1,900	200	143,000
和盛東	劉誠維	0.5万	200	—	90	64,000
合　計	11か所	14万	7,500	16,700	2,380	1,701,000

出典：1942年7月27日収，駐元山副領事館報告〔元山府棉布華商営業概況〕「駐朝鮮総領事館半月報告」（同上档案）を基に作成。

注：利得税がない店号は，開設して1年未満か資本過少のため課せられなかった店である。
　売上額は営業税をもとに計算した金額である。

　織物が11軒の華僑織物小売商に割り当てられる経路および方法は次の通りである。朝鮮総督府が咸境南道に綿布配給量を決定して同道に下達すれば，同道は元山府に，同府は「咸境南道綿布雑貨商小売組合」に各々割当の指示を出した[55]。「咸境南道綿布雑貨商小売組合」というのは，綿布などの配給のために同道が設立した配給統制機関であった。11軒の華僑織物小売商はこの組合に加盟していた。同組合は組合員を店別，等級別に分けて割当量を決定した。それに基づいて11軒の華僑織物小売商は元山府に申請書を提出し，同府は各織物商に配給券を発給した。各織物小売商はその

53）〔付表9〕の21番。
54）朝鮮殖産銀行調査部「朝鮮に於ける税制改正に就て（下）」『殖産調査月報』第29号（朝鮮殖産銀行調査部，1940年10月）28～30頁；車（1998年）225頁。
55）1942年7月27日収，駐元山副領事館報告〔元山府棉布華商営業概況〕「駐朝鮮総領事館半月報告」（同上档案）。

配給券を持って織物卸売商店に赴き，綿布などを購買した。一方，華僑織物小売商は住民に商品を自由に販売することが禁止されていた[56]。住民が綿布を購入するためには必ず町会の愛国班長より配給票を受け取り，その配給票を持って，各織物小売商に赴き商品を購入することに定まっていて，配給票のない住民に勝手に販売してはならなかった。

　ところで，元山市内の華僑織物小売商に割り当てられた織物は次第に減少したと考えられる。というのは，京城府の場合，1940年6月から1941年7月まで朝鮮総督府より受け取った配給量は住民一人当たり綿布4碼以内であったのが，生産量の減少に伴い1941年後半には一人当たり2.5碼に減少された。さらに1942年度には一人当たり1.8碼に減少して1940年6月より半分以下となった[57]。綿布の配給は朝鮮内で統一的に実施されたため，元山府も同様であったと考えてもよい。

　配給量の減少は当然華僑織物小売商の販売量および売上額を減少させた。京城府の織物小売商店（華僑織物商を含む）200軒の1940年12月から翌年2月までの営業状況を調べたところ，日中戦争以前と比べて，仕入量は5割減少，販売量は6割減少，売上額は1割減少となっていた[58]。駐鎮南浦辦事処管内の平壌府および鎮南浦府などの華僑織物商の売上額は例年200～300万円に上ったのが，1943年には40～50万円に激減していた[59]。

　駐元山副領事館は元山市内の華僑織物小売商の営業について，「というのは，彼等は服飾について特別に講究していたからである。そのために華商の営業はまだ維持できると考えている。事業を拡大しようとする心の欠乏，目前の範囲を守ることだけしか知らないこと，および貧弱な知識はすべて我華商の大きな欠点である[60]」と評価したが，それ以前に公定価格お

---

56) 京城府総務部経済課（1943年）117頁。
57) 京城府総務部経済課（1943年）119頁。
58) 松島菊寿「朝鮮に於ける商業者転業問題」『朝鮮』第313号（朝鮮総督府庶務部，1941年6月）76頁。
59) 「第二次領事会議記録　1943年」（同上档案）。
60) 原文「蓋彼等対於服飾，特殊講究，職此之故，華商之営業，尚可頼以維持，至於欠乏事業拡大之心，与乎袛知保守目前範囲，以及知識簡陋，皆為我華商之大疵也」（1942年7月27日収，駐元山副領事館報告〔元山府棉布華商営業概況〕「駐朝鮮総領事館半月報告」（同上档案）。

よび配給制など戦時統制強化が同商店の経営を著しく圧迫していたことを先に指摘しておかなければならない。

織物の生産量および配給量の減少は織物小売商店の過剰問題を惹起した。朝鮮総督府は一般商人を不足する労働界に回すため，1943年10月に企業整備の基本方針を決定し，翌年6月には整備対象部門を決定した[61]。その対象部門に織物小売商も蔬菜果物商，洋服商，食料雑貨商とともに含まれた。朝鮮総督府は1944年11月に中国織物小売商の企業整備を断行した。京城府の場合，中国織物小売商は1936年5月に46軒[62]から，1941年5月には23軒に半減して[63]，さらに1944年には8軒に激減した。当局はその8軒をさらに4軒（公聚興・建昌号・慎昌永・義生昌）に減らした[64]。朝鮮総督府の戦時統制強化により閉店を余儀なくされた華僑織物小売商が多かったことがうかがえる。

このような現象は京城府だけなく朝鮮内の華僑織物小売商すべてに共通していただろう。その結果，中国に帰国する華僑織物商店主およびその店員が多かった。1944年2月に駐京城総領事館管轄の地域で帰国した織物従事者は13名（うち織物商店主5名）で，商業従事者の中では飲食店従事者の36名の次に多く，野菜商の9名，薬種商の9名，雑貨商の3名を上回った[65]。

ところで，朝鮮を代表する華僑織物輸入商の裕豊徳の行方が不明である。裕豊徳は東洋綿花からの日本産綿織物の安定的な供給を基に経営を拡大していき，日中戦争直後も東洋綿花の無条件な商品供給を受け，1938年には約1千万円の売上額を上げるまでに完全に回復していた[66]。裕豊徳の

---

61) 朝鮮総督府財務局「昭和二十年度　帝国議会説明資料」『朝鮮総督府帝国議会説明資料』第10巻（不二出版，1994年）337〜338頁。
62) 京城府（1937年）23頁。
63) 京城府（1941年 a）22頁。しかし，卸売および卸売兼小売商店は1936年4軒から1941年には9軒に増加した。
64) 楊（2007年）159頁。
65) 「大使館所管領事館工作報告」『中華民国国民政府（汪精衛政権）駐日大使館档案』（東洋文庫所蔵，登録番号 2-2744-39）。
66) 朝鮮中華商会主席周慎九（1939年1月）28〜29頁。

営業は1941年4月までに順調であったことは〔付表10〕の39番によって明らかである。

しかし，日本政府の織物に対する戦時統制強化と朝鮮内の紡績業の発達に伴い，日本産綿織物の朝鮮移入量は1936年に比べて1938年には41％の減少，1939年には73％の減少，1940年には76％の減少となり[67]，その後は一層減少した。そのような移入量の減少は必然的に裕豊徳に供給される日本産綿織物の移入量の減少をもたらし，織物輸入商としての経営活動はほとんどできなくなったのではなかろうか。さらに朝鮮内の織物に対する配給制の実施は裕豊徳と華僑織物商との流通網を寸断させたに違いない。

以上の理由により，結局裕豊徳は閉店を余儀なくされたと考えられる。周慎九は1940年代に入って中国に帰国していること[68]，朝鮮解放直後，ソウルに裕豊徳が存続していなかった[69]ことが，その根拠である。それが事実であれば，1880年代から約60年間継続していた華僑織物輸入商の経営活動は終焉を告げたことになるが，それは朝鮮華僑織物輸入商および織物商全般の没落を象徴するものである。

2 中華料理店

ここでは，1920年代に入り華僑織物商とともに華僑商業の中核的な存在になった中華料理店および飲食店[70]が日中戦争および戦時統制強化にいかなる影響を受けたかについて検討し，華僑織物商との比較を行ってみたい。その検討に先立って朝鮮華僑の中華料理店および飲食店の歴史について概観しておこう。

華僑経営の中華料理店および飲食店は中国人の朝鮮移住が始まった1880年代にすでに誕生していた。漢城には1889年6月に「怡泰酒店」と「福星

---

67) 朝鮮殖産銀行調査部「朝鮮紡績業の現状」『殖銀調査月報』第45号（朝鮮殖産銀行調査部，1942年2月）4頁。移入量の中には少量の輸入品も含まれている。
68)「朝鮮独立의（の）協力者華僑周慎九来朝」『東亜日報』1947年5月6日。
69) 朝鮮銀行調査部（1949年）Ⅱ-64〜66頁。
70) 近代朝鮮の中華料理店は比較的に規模が大きく宴会場を有して高級中華料理を中心とした料理を出す食堂であった。主な顧客は富裕層であった。それに対して中華飲食店は饅頭，火食，包子などを製造・販売する小規模の食堂で主要な顧客は一般庶民であった。

麺包房」という店舗があったが,「怡泰酒店」には広東省広州府香山県出身の鄭茂（42歳）を始めとする4名（1名は浙江省出身）の店員が働いていて，名称からして居酒屋兼料理店であったと考えられる。「福星麺包房」は鄭茂と同郷出身の鄭福星（28歳）という者が一人で経営していた飲食店であった[71]。

その後，華僑人口の増加と中華料理が朝鮮人にも親しまれて，中華料理店および飲食店は朝鮮内各地に広がり，1930年10月には1,635軒に増加して日本料理店および飲食店の2,457軒に肉薄するほど多かった[72]。その数に「中国パン屋」の1,139軒を入れれば2,774軒に上った。さらに中華料理・飲食店（中国パン屋を含む）に働く料理人は2,349名，客引きが1,550名で，店主をあわせれば6,673名に上った。

京城の中華料理店26軒の1928年度の売上額は101万4,380円（営業税額は1,215.06円），中華飲食店72軒の売上額は30万1,300円（営業税額は353.82円）に上り，織物商の次に売上額および営業税額が多かった[73]。その中華料理店の中には営業税額200円以上を納めるところは1軒，100円〜199円のところは6軒あって，その経営規模は大きかった[74]。

『商工資産信用録』に朝鮮華僑の中華料理店が1920年代後半から掲載される頻度およびその数が多くなった。1929年発行の巻末の〔付表6〕に登場する中華料理店は東海楼（〔付表6〕の8番），雅叙園（同59番），大観園（同60番），悦宝楼（同142番），義生盛（同164番），金谷園（同173番）の6軒であった。

京城府内の中華料理店および飲食店は排華事件および満洲事変の影響を受けてその数が減少したが，華僑織物商のように徐々に回復し，日中戦争直前には中華料理店が16軒，飲食店が388軒に上った。しかし，日中戦争

---

71) 1889年6月15日，駐龍山通商事務呈〔華商各号花名清冊〕「華商人数清冊：漢城華商及西,日人姓名清冊巻」『駐韓使館保存档案』（同01-41, 040-19）。
72) 朝鮮総督府（1934年a）260〜261頁。
73) 京城商業会議所「朝鮮に於ける外国人の経済力」『朝鮮経済雑誌』第159号（京城商業会議所，1929年3月）32頁。
74) 京城の主要な中華料理店は四海楼，雅叙園，金谷園，悦宝楼，大観園，馬華，第一楼，福海軒などであった（朝鮮総督府（1924年a）62〜63頁）。

は先述したように華僑の大量引揚をもたらし，中華料理店および飲食店の数も急減した。〔表6-4〕の示すように，1938年12月には中華料理店が8軒，飲食店が150軒に，戦争直前より各々50％と61％減少した。

このような中華料理店および飲食店の激減は京城府の助興税の徴収にも影響をもたらした。1936年8月に京城府の中華料理店の芸妓の花代は3,079.45円であったのが，1937年8月には1981.45円に36％減少し，それに応じて助興税も減少した[75]。同時期の朝鮮人と日本人の料理店の花代にはほとんど変化がなかった。

ところで，朝鮮総督府が1938年6月以降中国に引き揚げていた元朝鮮華僑の再入国を許可したため，中華料理店および飲食店の店主が朝鮮に再び戻ってきて，当局に再開業の申請を行う者が少なくなかった。1938年8月に中国から戻ってきた張泰瑞（東文楼の店主），王宗仁（中華園の店主），孫光珠（宝英楼の店主），劉基田（元陞楼の店主），載鴻先（東陞楼の店主），蘭樹田（聞香楼の店主）の6名は早速管轄の警察署に再開業の嘆願をしたが，「其廃業閉鎖6ヶ月に及べる際はそれを取消されて再び開業を許可せられず」という返答を受けた[76]。彼らは京城中華料理飲食組合の丁元幹会長を通じて京城中華商会に嘆願書を提出し，総領事館が動き出し，范総領事は同年10月6日に朝鮮総督府松沢外務部長に彼らの復業の許可を要請する公文を送った。

松沢外務部長は警務局長に，この件に関して取り調べを要請し[77]，管轄の京畿道警察部は同年12月19日に，警務局長宛に次のような内容の報告を行った。

---

75)「緊張ゼ（した）戦時体制下長安料理店を（は）閑散」『毎日申報』1937年9月12日。助興税というのは，京城府が1920年7月に実施した一種の「遊興税」であった。「遊興税」は料理業者が遊行者を取り立てて納税する反面，助興税は料理業者が負担する税金であって，芸妓花代の5％～11％がとられた（「問題の助興税が愈々許可になった」『京城日報』1920年6月5日；矢島杉造「京城府の助興税」『朝鮮』第68号（朝鮮総督府庶務部，1920年10月）79頁）。
76) 1938年10月6日発，駐京城総領事范漢生ヨリ松沢龍雄外務部長宛函『昭和十四年 各国領事館往復関係綴』（韓国国家記録院所蔵）。
77) 1938年10月15日発，松沢龍雄外務部長ヨリ警務局長宛「事変ノ為帰国閉店料理屋ノ再開業ニ関スル件」（同上史料）。

表6-4　京城府内華僑の中華料理店・飲食店経営者数の変化（1938年12月現在・名）

種別		戦争前の業者数	現在数	取消処分に付した者	廃業した者
中華料理店		16	8	6	2
飲食店	中華料理	177	80	87	10
	中国パン屋	211	70	102	39
合計		404	158	195	51

出典：1938年12月19日発，京畿道警察部長ヨリ警務局長宛「事変ノ為帰国閉店料理屋ノ再開業ニ関スル件」『昭和十四年　各国領事館往復関係綴』（韓国国家記録院所蔵）。

　帰国休業セルモノニ対シテハ料理店，飲食店営業取締規則第十七条ニ依リ何レモ取消処分ニ附シ或ハ休業ノ届出ヲ為シ帰国セルモノト雖モ期間（三ヶ月）以上経過後開業セザルモノニ対シテハ前同様ノ処分ニ附セラレタル……本年七月時正ニ支那事変一周年ヲ迎ヘ挙国一致難局打開ニ邁進スベキノ秋道内ニ於ケル之等業者ノ状況ヲ視タルニ結局営業者ノ過多ハ必然的ニ風俗ヲ紊リ柔弱遊惰ナル風潮ヲ誘発シ斯クテハ国民精神総動員運動ノ本旨ニ悖リ社会風教上弊害ヲ生ズルノ処多々アルヲ以テ時局ニ鑑ミ風紀振粛ヲ計リ善良ナル風俗維持ノ方途トシテ当分ノ間既許可営業者数ノ範囲内ト雖モ新規出願ニ対シテハ之ヲ許可セザル旨重ネテ通達シ置キタルニ付今後ト雖モ尚相当期間此ノ方針ヲ以テ取締ヲ厳行スベキ意嚮ナリ[78]。

　すなわち，京畿道警察部は6軒の料理店および飲食店について当局に届出を出さずに引き揚げたか，届出を出しても3か月が経過した料理店および飲食店であるため規則によりその営業の取消処分を行ったこと，なお料理店および飲食店の増加は国民精神総動員運動の本旨に逆らうことを理由に再開業について許可しない方針を示したのである。

　警務局長は同月24日に松沢外務部長宛に以上の京畿道警察部の意見を添えて「斯種営業ノ一般取締上已ムヲ得ザルモノ」と了解を求め[79]，松沢外務部長は1939年1月9日に范総領事に以上の理由を上げ，その方針は「内

---

78) 1938年12月19日発，京畿道警察部長ヨリ警務局長宛「事変ノ為帰国閉店料理屋ノ再開業ニ関スル件」（同上史料）。

外人ノ区別ナク励行」していると，理解を求めた[80]。結局，6名の店主の再開業は実現されず，閉店を余儀なくされた。このような理由により，〔表6-3〕に取消処分を受けた195軒の中華料理店および飲食店はすべて閉店を免れなかったと考えられる。

なお，朝鮮総督府は戦時統制期に生き残った中華料理店および飲食店についても各種の営業制限および規制をかけた。朝鮮総督府は1940年4月1日より遊興飲食税の改正を行い，税率を芸妓の花代に対しては従来の14％から30％に，その他のものは従来の10％から15％に各々引き上げた[81]。さらに1941年10月から飲食税は従来の15％を30％に，遊興税は従来の30％から60％に引き上げた[82]。京城府は高級料理店が贅沢な料理を調理することを防ぐために1940年10月30日に「奢侈品等製造販売制限規則」という告示を出した[83]。この規則は料理の最高価格を規定して，昼食（午前11時〜午後4時）は日本料理2.5円，朝鮮料理および中華料理は1.5円，夕食（午後4時〜午前0時）は日本料理5円，朝鮮料理および中華料理は3円以内に定めた。さらに朝鮮総督府は国民総力運動の一環で飲酒歌舞の自制，自動車の乗車時間制限などを行い，高級料理店は1941年2月頃に「経営不振ニ陥ルモノ現ル」状況にあった[84]。

しかし，華僑の中華飲食店の営業は順調であったという。駐京城総領事館が1942年に本国に報告した中華飲食店の営業状態を取り上げてみよう。

　　中国飲食は独特な風味を具備していて，日本料理と朝鮮料理とは比べ物

---

79) 1938年12月24日発，警務局長ヨリ外務部長宛「事変ノ為帰国閉店料理屋ノ再開業ニ関スル件」（同上史料）。
80) 1939年1月9日発，松沢龍雄外務部長ヨリ駐京城総領事范漢生宛「事変ノ為帰国閉店料理屋ノ再開業ニ関スル件」（同上史料）。
81) 総督府当局談「税制改正に関する制令施行に就いて」『殖銀調査月報』第25号（1940年6月）62頁。
82)「『입』의（口の）奢侈를（を）封하라（ぜよ）！」『毎日申報』1941年8月17日。
83) 朝鮮及満州社「京城の飲食店や料理屋に価格公定」『朝鮮及満洲』第396号（朝鮮及満洲社，1940年11月）74頁。
84) 1941年3月28日収，京畿道警察部長ヨリ警務局長宛「国民総力運動ニ伴フ民情ニ関スル件」『京高秘』第141号ノ3。

にならない。その上その料理法は中国人独特の技術であり，外国人が絶対学べるものではない。故に今日中国人の各営業は外国人との競争で奪い取られたが，唯一いわゆる中華料理は自己の領域を守れて外国人の侵入を一歩も許さなかった。たとえ小飲食店の饅頭舗，包子舗，焼餅舗などが零細小売に属するものであろうと，一般鮮人より大歓迎を受けて，営業は非常に盛んである。要するに朝鮮在住華僑経営の各営業のうちその成績が最も良く，前途有望なものは料理飲食業が第一である[85]。

　「前途有望な」中華料理店および飲食店であるが，当局が食料の統制を強化することによって，その営業も影響を受けざるを得なかった。朝鮮総督府は中華料理店および飲食店の主要な食料の小麦粉の需給逼迫問題に直面し，その需給調節を図るために1940年10月1日から小麦粉の配給統制を実施した[86]。朝鮮総督府は統制団体として中央に朝鮮小麦粉統制協会，朝鮮小麦粉移入協会，朝鮮製粉聯合会などの統制団体を設置し，各道には小麦粉を販売する卸売業者で構成する道小麦粉配給協会を設立した。各統制団体は取りまとめた生産見込量，移入見込量を基に各道の需要量を勘案して朝鮮総督府の承認を得て，各道の割当数量を決定し，各道の販売業者団体に割当量を通知した。各道販売業者団体は道知事の承認を受けて組合員に対する割当量を決定した。
　このような小麦粉の配給制が華僑経営の中華料理店および飲食店にどのように実施され，その営業にいかなる影響を及ぼしたかみよう。平壌府には中華料理店が1942年に11軒，飲食店が10軒，饅頭舗が28軒あった。小麦粉などの配給制が実施された後，営業改善と円滑な配給のため，11軒の

---

85) 原文「中国飲食具有特別風味，絶非日鮮料理之可比，且其製作法，為中国人所独特之技術，絶非外国人所能学而及者，故今日中国人各項営業均為外国人所競争而奪去，唯独所謂中華料理，尚能保全自己領域，不容外人侵佔一歩，即使小飲食店饅頭舗包子舗焼餅舗等，雖属零星小売，亦為一般鮮人之極大歓迎，営業非常興旺。総之在鮮華僑経営之各項営業中，成績最佳，前途有望者，当以料理飲食業為第一」（1942年7月1日収，駐京城総領事館報告〔朝鮮華僑概況〕「駐朝鮮総領事館半月報告」〔同上档案〕）。
86) 朝鮮殖産銀行調査部「小麦配給統制実施」『殖銀調査月報』第30号（朝鮮殖産銀行調査部，1940年10月）108頁。

中華料理店と飲食店5軒が料理組合を立ち上げた[87]。この料理組合は平安南道庁産業課が平安南道の「小麦粉購買商組合」に通知および許可した配給量を受け付け，各組合員に分配した。同料理組合は1942年1月〜3月の3か月間に毎月180包の配給を受け，組合員の営業成績に応じて配給を行った。多くの配給を受ける店舗は43包，少ない配給を受ける店舗は7〜8包であった。砂糖も配給品として指定されて最初は同組合に800斤が配給されたが，1942年1月〜3月には400斤に半減された。食用の油は毎月に127桶（1桶は約30斤）が配給され，各店舗の営業成績によって分配され，酒類は営業税額に応じて分配された[88]。

各料理店および飲食店の経営は食料の配給量に左右されかねず，配給量をめぐるトラブルも発生していた。新義州府には1938年10月に「中満鮮飲食店聯合組合」が成立し，この組合には飲食店を経営する朝鮮人，華僑および満洲人が組合員として参加していた。最初に組合員への食料などの配給は公平であったが，組合長が朝鮮人になってから，食料などの分配が朝鮮人組合員に偏り，華僑および満洲人組合員は各々駐新義州中国領事館と駐新義州満洲国領事館にその改善の陳情を行った[89]。

このように料理組合は戦時統制期食料配給を実施する末端機関として役割を果たしていただけなく，当局の各店舗に対する営業許可書などの事務処理も協助していたため，その権限は非常に強力であった。大邱では「大邱中華料理飲食店組合」が華商公会の役割を代替するほどであった[90]。なお中華料理店および飲食店の経営者は各地の中華商会の役員として多数参加していた。1942年現在朝鮮内の主要な中華商会11軒の役員146名のうち，織物商は48名（全体の33％）であったのに対して，中華料理店経営者は30名，中華飲食店経営者は22名，饅頭舗経営者は10名になっていて，合

---

87) 1942年4月16日收，駐鎮南浦辦事処報告〔平安南道僑務情形〕「駐朝鮮総領事館半月報告」（同上档案）。
88) 1942年4月16日收，駐鎮南浦辦事処報告〔平安南道僑務情形〕「駐朝鮮総領事館半月報告」（同上档案）。
89) 1942年收，駐新義州領事館報告〔駐新義州領事館十二月分工作概況〕「長崎，新義州領事館四一年三月至十二月分工作報告」『汪偽外交部档案』（同2061-890）。

計62名で全体の42％を占めた[91]。1920年代各地の中華商会の役員は織物商にほとんど占められていたが，日中戦争期には華僑織物商の衰退によって中華料理店および飲食店の経営者に取って代わったのである。

　ところで，平壌府の事例でも砂糖の配給量が半減したことを述べたが，中華料理の主要な食料の小麦粉の配給量も移入量および生産量の減少に伴い，配給量が減少せざるを得なかった。元山府内には華僑の饅頭舖は35軒あって，元山饅頭販売組合が組織され，日本人がその組合長になっていた。日本人の組合長が饅頭の食料および薪炭などの統制物資を府庁から受領して各店舗に分配していたが，1942年1月に割り当てられた小麦粉の配給量が大幅に減少したため，組合長は一部の饅頭舖の営業を取り消そうとした[92]。元韓国華僑の徐国勲氏は小麦粉などの配給量の減少について「その配給量ではただ一日の昼食ができただけだ。因って各中華料理店および飲食店はただ半日の商売しかできなかった」といった[93]が，配給量の少なさをよく表している。結局，釜山府では1942年に饅頭舖を経営していた華僑宗徳発が小麦粉の配給不足などによって営業および生活が日々困難になり，割腹自殺する事件が発生した[94]。

90) 徐国勲氏の書面による証言。徐氏は1920年中国で生まれ，1943年頃に大邱に移住して1983年アメリカに移住するまで約40年間大邱に居住した。同氏は大邱華僑小学の校長，大邱華僑協会の顧問などを務めるなど大邱華僑社会のリーダーの一人であった。同氏の証言は2005年3月に「大邱華僑定着100周年記念行事」のために大邱華僑協会長の蕭相珹氏あてに送られた大邱華僑の歴史について書いた手紙によるものである。大邱には1937年6月21日に「大邱中華料理飲食店組合」が設立され，その初代組合長には大邱華商公会主席の慕文錦が選出された（1943年2月2日収，駐釜山領事館ヨリ僑務局宛函〔大邱華僑学校備具各項表〕「大邱中華商会転慕文錦創設僑校請求補助」『汪偽僑務委員会档案』（同2088-569））。
91) 対象に入れたのは平壌，元山，釜山，木浦，群山，大邱，光州，統営，井邑の各中華商会である。1942年1月，駐元山副領事館ヨリ僑務委員会宛函「元山中華商会請求備案」（同2088-377）；1942年6月，駐鎮南浦辦事処ヨリ僑務委員会宛函「平壌中華商会請求備案」（同2088-383）；1942年，駐釜山領事館ヨリ僑務委員会宛函「駐釜山領事館轄境各中華商会備案及其章程等」『汪偽僑務委員会档案』（同2088-385）。
92) 1942年3月23日収，駐元山副領事館報告〔一月分工作概況報告表〕「駐元山副領事館一九四二年一月至十二月分工作報告」『汪偽外交部档案』（同2061-1158）。
93) 原文「其配給量只能够一天的午餐，因此各家餐館只能做半天的生意」（徐国勲氏の書面証言による）。
94) 1942年7月13日収，駐釜山領事館報告「駐朝鮮釜山領事館一九四二年下半年工作報告」『汪偽外交部档』（同2061-1346）。当時釜山府には24軒の饅頭舖があった。

このような食料の配給量は日本の敗北が近づくに連れて一層減少を余儀なくされ，当局は中華料理店および飲食店の統廃合を推進した。例えば，鎮南浦府では1942年に中華料理店が5軒あったのが，1943年12月には1軒に統廃合を強いられた。京城，仁川，大邱，群山などにも同様な統廃合が行われ，店員の削減と転業および帰国に迫られた[95]。1944年2月に駐京城総領事館管轄の地域で帰国した華僑のうち，飲食店従事者が最も多かった[96]。

　以上の検討により，華僑の中華料理店および飲食店も日中戦争および戦時統制強化の影響を受けて華僑織物商と似通った道のりを辿り，結局瀕死の状態に陥っていたことが明らかになったと考えられる。

おわりに

　以上，華僑織物輸入商などの華僑織物商が日中戦争と戦時統制強化にどのような影響を受け，その通商網，流通網，営業がいかなる変容を余儀なくされたか，その軌跡を検討してきた。

　まず，日中戦争は華僑織物小売商，小売兼卸売商，卸売商，輸入商のすべてにおいては大幅な減少をもたらし，その減少率とパターンが排華事件および満洲事変による影響と非常に似通っていることを明らかにした。引き続き，裕豊徳の中国産麻織物の輸入代金の為替送金問題を取り上げて，朝鮮総督府が政治的な考慮をして送金を許可したこと，しかし中国産麻織物の関税率引上により同織物の輸入中止を余儀なくされて長年取引してきた上海の中国人織物問屋との取引関係および通商網がほぼ断絶されたことを解明した。なお，大阪の織物問屋の朝鮮支店を通じて織物を仕入れていた京仁地域の華僑織物輸入商および卸売商は日中戦争勃発による銀行の貸出制限，売掛金の未回収，取引先との取引中止で織物先物契約の無条件解約を宣言して，大阪の織物問屋の朝鮮支店との間にトラブルが発生したことを明らかにした。

---

95)「第二次領事会議記録　1943年」（同上档案）。
96)「大使館所管領事館工作報告」（同上档案）。

さらに，華僑織物輸入商の直轄の商圏である京畿道，江原道，黄海道，忠清道の華僑織物小売商が戦争による閉店を余儀なくされて，それが同輸入商に売掛金の未回収問題と流通網の収縮をもたらして，同輸入商の経営を圧迫したことも明らかにした。

　一方，朝鮮総督府が1938年6月以降に中国に引き揚げていた元朝鮮華僑の再入国を許可したため，華僑織物商店の数は増加に転じたが，朝鮮総督府が戦時統制を強化して織物に対する公定価格および配給制の導入，織物小売商の統廃合を実施して，閉店を余儀なくされた華僑織物小売商が多く発生して，約60年間続いてきた華僑織物商は日本の敗北直前にほぼ没落したことを明らかにした。なお，華僑織物商とともに華僑商業および経済の中心であった中華料理店および飲食店を取り上げて検討した結果，朝鮮総督府による食料の配給制実施および食堂の統廃合により華僑織物商と似通った道を辿り瀕死の状況にあったことも明らかにした。

第Ⅰ部の小結論

　第Ⅰ部のまとめは各章の「おわりに」に委ねて，ここでは以上の検討結果が東アジア近代史，朝鮮近代史，そして華僑近代史に示唆することは何かについて考察してみたい。

　まず，朝鮮近代史に与える示唆についてみよう。華僑織物商が植民地期に朝鮮の2大商業の一つであった織物商業界に商店数の約2割，売上総額の約2～3割を占めていて，都会および農村地域において日本人織物商および朝鮮人織物商を圧迫する勢力を形成していたことを明らかにしたが，このような事実は今回初めて解明されたと考えられる。

　なお，華僑織物商は京城および仁川の華僑織物輸入商を頂点に各府の華僑織物卸売商を経て農村地域の小売商および行商にいたるまで，朝鮮内の流通ヒエラルキーの全体に浸透して鎖のように結びついて動いていたことを明らかにし，植民地期朝鮮の織物商業界の流通メカニズムの解明にも寄与したと考えられる。特に，従来朝鮮近代史研究ではあまり議論されることがなかった府地域および農村地域の織物の流通メカニズムが，今回の全羅北道および慶尚北道の事例を通して初めて明らかにされたと考えられる。各府の華僑織物卸売商は京城および仁川の華僑織物輸入商などより織物類を仕入れて各府と各郡および各面にまで蜘蛛の巣のように張り巡らされていた華僑織物小売商および華僑行商を通じて商品を販売していた。

　植民地期華僑織物商と朝鮮人織物商との関係は，華僑織物輸入商が輸移入した織物を朝鮮人織物卸売商に銀行の手形割引を通じて織物を販売していたこと，各府の華僑織物卸売商は各府および各郡の朝鮮人織物小売商に織物を販売していたことを考えれば，流通メカニズムでは華僑織物商が朝鮮人織物商より上位にあったといえる。しかし，1920年代の後半頃から華僑商人が朝鮮人商人より朝鮮産の織物および雑貨品を仕入れるケースも増えており，双方向の協力関係も浮き彫りになった。なお郡地域では華僑織物小売商と朝鮮人織物小売商が商品販売をめぐって拮抗する関係にあっ

て，華僑織物小売商に商圏が掌握されていた地域が多く，朝鮮語の新聞ではそれを警戒する記事がたびたび掲載された。

既往の研究では植民地期に朝鮮人商人が朝鮮総督府の日本人商人擁護政策によって零細な小売商に転落して衰退したことに焦点が当てられてきた[1]が，今回の検討結果により朝鮮人商人は日本人商人だけなく華僑商人の小売商になっていたこと，農村地域では日本人商人ではなく華僑商人と競合する関係にあったことが明らかにされ，既往の研究に新しい問題を提起することができたと考えられる。

次は華僑近代史に与える示唆についてみよう。既往の朝鮮華僑商人に関する研究は，朝鮮開港期に集中して広東幇の同順泰を中心とする検討がなされ，朝鮮華僑商人は広東幇が掌握していたかのような印象を与えてきたが，第Ⅰ部で検討の結果，広東幇の同順泰は「韓国併合」直前には織物輸入商としての地位はすでに衰退していて，植民地期には同順泰に代わって山東幇の織物輸入商が織物の輸移入を掌握し，朝鮮内の華僑織物商のほとんどが山東幇に占められていたことが，初めて明らかにされた。なお，朝鮮の山東幇織物輸入商は山東省の農村地域の遊休資本によって芝罘に設立された雑貨商，織物商，海産物商などの商業資本によって合股として開設されたことが解明された。すなわち，植民地期華僑織物商は山東幇織物商に他ならなかったのである。

このような結果は，近代東南アジア華僑経済の中心が商業部門にあってその担い手が福建幇と広東幇であった[2]こと，商業中心の日本華僑経済の担当者も福建幇，広東幇，三江幇（浙江省・江蘇省・安徽省・江西省出身者）に掌握されていた[3]こと，台湾華僑は労働者が全体の4分の3を占め

---

1) 例えば，金（2000年）と全（2001年）。
2) 東南アジア各地の華僑人口の各出身地別統計は1934年現在次の通りである。仏領印度の人口は広東人が全体の50%，福建人が20%，潮州人・客家人・海南人が30%，泰国は潮州人が全体の60%，広東人と福建人が各々10%であった。英領馬来は福建人が全体の34%，広東人が24%，潮州人・客家人・海南人などが42%で，蘭領東印度は福建人が全体の55%，広東人が15%，潮州人が10%，客家人が20%であった。フィリピンは福建人が全体の80%，広東人が20%であった（芳賀（1941年）103頁）。
3) もちろん，大阪川口を中心に山東省，河北省，奉天省出身者の北幇が形成されていたが，日本全体としては福建幇，広東幇，三江幇が主流であった。

て商人は非常に少なく,その出身省は福建省が全体の8割,広東省が1割で,福建省が圧倒的に多かった[4]ことと異なり注目される。

一方,満洲の中国人商業は山東幇によって占められていた。上田貴子氏は奉天,大連,ハルビンに織物商などの山東幇商店が多くあったことを明らかにした[5]。奉天にある中国人織物輸入商は大阪川口に出張員を派遣して行桟に泊まりながら,行桟の斡旋で織物を仕入れるか,行桟の代理買付で仕入れていた[6]。奉天の中国人織物輸入商と取引関係にあった川口の行桟は永来盛の取引先の徳順和と泰東洋行などで,泰東洋行も山東幇の行桟であった[7]。安東の中国人織物輸入商も奉天と同様に川口の行桟と取引していた[8]ことが確認される。

極東ロシアでは華僑の商業が非常に発達してロシア人を圧倒していたが,その商人の96％は山東幇(出身地は黄県・芝罘が多い)で,山東省などより多くの雑貨品および食料品を輸入して原住民に販売する一方,原住民から毛皮,鹿の角,朝鮮人蔘などを購入して中国に輸出していた[9]。南満洲鉄道東亜経済調査局は1927年に極東ロシア華僑商店について次のように述べた。「極東露領在住支那人の企業は宛然全州を掩有する一大円である。この円の中心をなすものは一年十万乃至十五万の取引をなす浦塩の大商店で,この大商店は年五千乃至一万五千の取引をなす中商店を四方に分派し,この中商店は更に一千乃至五千の取引をなす小商人,行商人を分派す」[10]。すなわち,朝鮮在住山東幇織物商の朝鮮内流通システムに非常に似通っていることが確認できる。朝鮮在住山東幇織物商の出身地と極東ロシア在住華僑商人の出身地は双方とも芝罘,黄県などであり,双方の間にはつながりがあったと考えられる。事実,1890年現在芝罘所在の山東幇商店のうち,日本・朝鮮・ウラジオストクに支店,出張員を同時に配置して

---

4)安井(2005年)95頁。
5)上田(2006年)。
6)南満洲鉄道株式会社興業部商工課(1927年c)191頁。
7)内田(1949年)30〜31頁。泰東洋行は1916年に設立された。
8)南満洲鉄道株式会社興業部商工課(1927年b)143〜144頁。
9)イゴリ・R・サヴェリエフ(2005年)219〜223頁。
10)南満洲鉄道株式会社東亜経済調査局(1927年a)14頁。

いた商店は西公順，万順永，裕盛，洪順，朝鮮とウラジオストクに支店および出張員を同時に配置していた商店は広徳があった[11]。

　第Ⅰ部の検討結果と以上の先行研究を参考にするならば，近代東アジアでは山東省および上海，朝鮮，日本の大阪川口，満洲，極東ロシアに跨る山東幇商人の商業ネットワークが形成されていたことが明らかである。朝鮮在住山東幇織物商はこの東アジア山東幇商業ネットワークに組み込まれて上海，日本，朝鮮内から仕入れた織物を朝鮮内および東アジア地域に販売し，東アジア山東幇商業ネットワークの重要な一翼を担っていたといえよう。

　一方，第Ⅰ部では朝鮮華僑織物商の体系化された通商網および流通メカニズムがなぜ劣化および弱体化され，結局崩壊してしまったかについて，朝鮮総督府の織物に対する関税率引上，1931年排華事件および満洲事変，日中戦争および戦時統制強化がその原因であったことを明らかにした。1930年代に入り東アジア山東幇商業ネットワークは朝鮮のみならず域内全体において劣化および弱体化を余儀なくされ，その経済力は一様に衰退してしまった。

　満洲在住山東幇商人は，1920年代後半から政府による輸入代替工業育成政策，満洲国政府による貿易制限および地域間交易制限，日中戦争以後の経済統制強化によって，その商業活動の範囲が狭められて衰退した[12]。極東ロシア華僑商人は1917年のロシア革命による史上初の社会主義国家樹立の影響を受けた。ソ連政府は商品輸入を許可制にして華僑商人の貿易活動を著しく制限し，さらに1924年には華僑商人の家屋財産を没収して従来の契約を一切無効にする法令を公布した[13]。このような措置が極東ロシア在住山東幇商人の衰退をもたらしたことは容易に想像できる。

　大阪川口の山東幇商人の貿易は1920年代の後半に入って次第に衰退の傾向を辿り，日中戦争直前には著しく不振を極めていた。中国での紡織業お

---

11) 1890年6月，芝罘領事代理能勢辰五郎報告「芝罘ノ商業習慣及例規」『官報鈔存通商報告』（内閣官報局，1890年7月）；古田（2000年）101～102頁。
12) 上田（2006年）80～81頁。
13) 南満洲鉄道株式会社東亜経済調査局（1927年a）19頁。

よび雑貨製造業の発達により山東幇商人が買い付けた日本産綿布，人絹布および雑貨の需要先が主として満洲に限られたこと，満洲事変以後日本人商人の満洲進出および直輸出が盛んになったことにより，行桟を経営する山東幇商人の貿易活動の範囲が縮小されたことが原因であった[14]。〔表1-4〕の『商工資産信用録』の史料でも，日本華僑会社は1926年の325軒を頂点に減少に転じて満洲事変直後はさらに減少する推移をみせた。日中戦争が川口の山東幇商人の貿易活動をさらに萎縮させたことは言うまでもなく，〔表1-4〕でも間接的に確認することができる。

1920年代後半以降，朝鮮，満洲，極東ロシア，大阪川口における山東幇商人の衰退は，山東幇商人の経済活動を制限する各種の政治的要因と朝鮮，満洲での産業開発および日本人商人との競争激化という経済的要因が，双方絡み合ってもたらした結果であった。逆に，東アジア山東幇商業ネットワークの縮小が朝鮮，満洲，極東ロシア，大阪川口の山東幇商人の衰退に拍車をかけたともいえる。

最後に，東南アジア華僑商人も東アジアの山東幇商人のように1930年代に各地の植民地政府より各種の経済活動の制限を受けたにもかかわらず，その経済力を維持し得た一つの要因は，華僑の金融機関が東南アジアでは至るところに散在していたことが大きかったと考えられる。華僑系の銀行に加えて，銭荘，為替業務を行う信局，質屋の典当舗などの私設金融機関は当地の華僑商業資金の供給を行っていて[15]，欧米系銀行に頼らず営業することを可能にし，植民地政府および欧米系銀行より政治経済的な影響を受けにくい独自の金融構造を有していた。

一方，朝鮮華僑は近代的金融機関の銀行は一つもなく，仁川に1929年現在銭荘8軒[16]しかなかった。このような華僑織物商の脆弱な金融構造は第

---

14) 内田・塩脇編（1950年）144頁。
15) 英領馬来における華僑系金融機関については，満鉄東亜経済調査局（1941年）275～305頁を参照されたい。
16) なお，8軒の銭荘はすべて上海，大連，芝罘に本店を置いた銭荘の出張所であった。8軒の銭荘は増泰徳，協興裕，同興福，万春桟，和順盛，義和盛，同聚公，天和盛であった（京城商業会議所（1929年3月）35頁）。

第5章と第6章で検討したように，不景気と政治的な事件が起こるたびに日本人および朝鮮人銀行から十分な商業資金を受けられず倒産か事業縮小を余儀なくされたケースが多かった。従って1931年以降華僑織物商の衰退のもう一つの原因としては，朝鮮華僑が独自の近代的な金融機関を有していなかったことが取り上げられると考えられる。

第Ⅱ部
華僑製造業者

朝鮮釜を製造する平壌の華僑鋳物工場
出典：朝鮮総督府（1932年a）写真146頁。

　第Ⅱ部では，近代朝鮮における華僑製造業者の実態を靴下製造業と鋳物業を中心に実証的に検討し，華僑が近代朝鮮の工業にどのように関わり，いかなる役割を果たしたかを明らかにする。
　第7章では，新義州の華僑靴下製造業が1920年代に平壌の朝鮮人靴下製造業に脅威を与える一大勢力を形成した原因がどこにあったかに注目し，その生成，発展，衰退を跡付ける。第8章では，華僑鋳物業者は朝鮮植民地期に朝鮮釜の製造では独占的な地位を占めていたが，それを可能にした原因について，朝鮮の鋳物業に参入した経緯，華僑の同郷ネットワーク，朝鮮人および日本人鋳物業者との拮抗関係などに注目して検討を進める。

第7章

華僑靴下製造業

はじめに

　本章では，新義州の華僑靴下製造業の実態を平壌の朝鮮人の靴下製造業と比較しながら，その生成，発展，衰退の軌跡を跡付ける。

　植民地朝鮮において近代工業はほとんど日本人資本によって支配されていたが，靴下製造業とゴム靴製造業だけは朝鮮人資本が支配的な地位を占めていた[1]。とりわけ靴下製造業は朝鮮人の「民族資本」を代表する存在として注目を浴び，植民地期当時から研究の対象になっていたが，それに関する本格的な研究は梶村秀樹氏[2]と朱益鍾氏[3]によってなされた。

　梶村氏は植民地期朝鮮人資本家の状況を解明する一つのケース・スタディとして平壌の靴下製造業を取り上げ，靴下製造業の生成・発展期における朝鮮人資本家の能動的な対応を解明すると同時に，そのような朝鮮人資本家の対応は民族解放闘争とはかけ離れたブルジョアジーとしての階級的特性を有していたことを提示した。一方，朱氏は朝鮮人靴下製造業者の「学習」，「主体的営為」などの能動的対応をより重視する立場を取り，多様な資料を駆使しながら平壌の靴下製造業の発展の原因および展開を明らかにした。

1）趙（1975年）188～215頁。
2）梶村（1967年・1968年a）。
3）朱（1994年）。

二人の研究では，1920年代平壌の朝鮮人靴下製造業者に一大脅威の勢力として登場した新義州の華僑靴下製造業および華僑職工に関して述べられている。梶村氏は新義州の華僑靴下製造業および華僑職工の存在を確認して，平壌の靴下製造業を揺るがすには至らなかったと結論付け，それは朝鮮総督府の差別政策が働いた結果であると受け止めようとした[4]。なお1925年4月に発生した平壌の靴下製造業の労働争議に対しても，平壌の靴下製造工場に華僑労働者を低賃金で雇用したことが一つの原因であったと簡単に紹介するにとどめた[5]。

　それに対して，朱氏は1920年代平壌の靴下製造業の展開と1925年の労働争議において新義州の靴下製造業と華僑職工の役割を一層強調する立場を取っている。朱氏は平壌の1925年労働争議と同地の靴下製造業界における1920年代後半の産業合理化について新義州の華僑靴下製造業の発展が直接的な契機になったと捉えた[6]。著者はこの捉え方が基本的に正しいと認識している。ただ，朱氏の研究において新義州の華僑靴下製造業に関する論議はあくまでも平壌の朝鮮人靴下製造業を相対的に把握するために用いたに過ぎず，それ自体について具体的に検討したことはなかった。

　そこで，本章では以上の先行研究の成果を踏まえつつ，新義州の華僑靴下製造業に焦点をあてて，華僑靴下製造業の生成，発展，衰退の軌跡を検討することにしたい。

第1節　華僑靴下製造業の生成

　華僑靴下製造工場が朝鮮内でいつ設立されたかは明確ではないが，文献上，最も古い靴下工場は1920年に平安北道雲山郡北鎮面に設立された同祥福（工場主は張波臣）である[7]。その次は1922年1月に新義州府真砂町に設立された永成東である（〔表7-1〕参照）。同祥福が永成東に2年ほど早

4）梶村（1967年）133頁。
5）梶村（1967年）135～136頁。
6）朱（1994年）110～144頁。
7）1936年3月22日編，駐新義州領事館報告「新義州僑商概況」『南京国民政府外交部公報』第9巻第3号（同上資料）454頁。1935年頃同工場の資本金は4,000円，従業員数は10名であった。

く創業したことになるが，同祥福は1920年代の『平安北道統計年報』の「工場[8]」欄に登場しないことから創業まもなく稼動中止になったか従業員5名未満の小規模の家内副業的な靴下製造工場であったと考えられる。

それに対して永成東は『平安北道統計年報』の「工場」欄に常に登場し，1926年の資本金は8,000円，従業員は28名を有する小規模だが本格的な工場であった。永成東の次に1923年7月に設立されたのは仁川府龍里の揚子芳工場（〔付表6〕の137番・正式名称は永盛東であった）で，生産量および生産額からみて規模が相対的に大きかったと考えられる（〔表7-1〕参照）。

次に華僑の靴下製造工場は〔表7-1〕のように1920年代に入り相次いで設立されたが，その経緯について見てみよう。新義州に永成東と同じ店号

表7-1 朝鮮内の主な華僑経営の靴下製造工場の現況（1926年末現在）

工場名	工場主	創業年月	所在地	資本金（円）	職工（名）	就業日数（日）	生産量（打）	生産額（円）
揚子芳	揚子芳	1923.7	仁川	—	—	—	12,000	31,000
王根堂	王根堂	1925.10	仁川	—	—	—	1,600	4,480
永順祥	趙寿増	1923.8	新義州	2,000	15	320	5,400	9,180
仁和興	畢庶恵	1925.6	新義州	300	12	300	2,430	4,130
晋泰益	李峻目	1925.6	新義州	1,200	12	320	4,350	7,395
永成東	史万慶	1922.1	新義州	8,000	28	310	8,250	13,200
協勝東	王宝家	1924.9	新義州	3,000	29	310	7,800	13,260
同和永	李安道	1924.7	新義州	3,000	29	320	18,000	32,400
中興	楊耀中	1924.6	新義州	2,000	20	330	5,800	9,760
晋興恒	李秉廉	1925.4	新義州	1,000	12	320	4,662	7,925
玉記	周広斑	1926.3	新義州	300	15	220	2,824	4,800
晋興春	林樹声	1926.3	新義州	500	10	220	3,234	5,497
永合長	郭学盃	1926.3	新義州	500	10	220	3,251	5,526
玉源茂	李潤三	1926.3	新義州	1,000	12	320	5,040	8,560
恒興和	柳月楼	1926.3	新義州	2,000	13	220	4,050	7,260
平均				1,908	16.7	287	5,913	10,958

出典：京城商業会議所「朝鮮に於けるメリヤス製品の需給状況」『朝鮮経済雑誌』143号（京城商業会議所，1927年11月）19〜20頁；平安北道編纂（1928年）129〜132頁。

8）「工場」統計の対象は5名以上の従業員，5,000円以上の資本金を有する工場であった。

の織物商店があったが，その店主は靴下製造工場の工場主と同じ人物の史万慶であることに注目したい。織物商店の永成東は新義州の真砂町に位置して1923年の年間売上額が1万7,680円を計上する中規模の商店であった[9]。この商店は同地に建坪163坪に営業を行っていたが，その一角の14坪のスペースに靴下編機を設置して操業していた[10]。1923年8月に設立された永順祥も真砂町の織物商店の永順祥によって設立され，織物商店主と工場主はともに趙寿増であった。永順祥靴下製造工場も永順祥商店の建物120坪のうちの13坪に靴下編機を設置して創業した。新義州常盤町7丁目に位置した恒興和も1923年の売上額が2万8,800円の織物商店として，同商店に1924年3月から12坪の敷地に靴下編機を設置して工場を操業した。すなわち，永成東，永順祥，恒興和など新義州の華僑靴下製造工場は織物商店の商業資本によって設立され，いずれも織物商店の一角に靴下編機を設置した家内工業として始められた[11]ことが確認され，朝鮮華僑の商業資本が産業資本化した一例をみることができる。

　一方，華僑の織物商店などが1920年代前半に朝鮮の靴下製造業に進出した背景には，平壌の朝鮮人資本の靴下製造工場が同時期に工場数および生産量において増加した原因と関係がある。平壌の朝鮮人靴下製造工場は1906年に初めて設立されたが，当時は靴下に対する需要が少なかったため，靴下製造工場は1918年までに8軒にとどまっていた。ところが，1910年代後半に朝鮮に西洋式生活様式が普及し，洋服と洋靴の着用が流行して，先に社会の上流層の靴下に対する需要が出始め，1920年代初めに一般民衆の間にゴム靴の着用が増えるにつれて，靴下に対する需要は社会全般に広がった。しかし，朝鮮内の靴下自給率は1918～1920年に年平均約50％に止まり[12]，日本，中国からの輸移入に大きく依存していた。このよう

9）朝鮮総督府（1924年 a）181頁。
10）1926年の『平安北道統計年報』には同工場の建坪が163坪と出ているが，1927年の同『統計年報』には14坪と記載されている。工場の建坪が資料によって異なるのは織物商店の永成東と靴下製造工場の永成東を使い分けたか否かが原因であったと考えられる。なお永成東工場はその後に工場拡張のため梅枝町に移転した（西浦（1930年）85頁）。
11）西浦（1930年）84頁。
12）朱（1994年）56頁。

に靴下に対する需要増加と朝鮮内の低い靴下自給率を背景に，1920年代初めから朝鮮人の靴下製造業への参入が目立つようになった。平壌の朝鮮人靴下製造工場は1920年より1921年には従業員5名以上の工場だけでも7軒から9軒へ，編機台数は185台から343台へ一気に85％も増加した[13]。このように朝鮮の靴下製造業が靴下需要の増大に喚起されて靴下製造工場の創業ブームが起こり本格的に発展しはじめたことは，先行研究によってすでに解明されている[14]。

このような事情を考慮するならば，華僑の靴下製造工場も朝鮮での靴下需要の増加に喚起されて相次いで設立されたと見るのが妥当であろう。特に新義州の靴下製造工場を設立した華僑織物商店は靴下などの需要を最も敏感に感じ取れる立場にあって，その需要を見込んで商店の一角に靴下製造工場を設立したのではなかろうか。

華僑が靴下製造業に進出したもう一つの背景としては，靴下製造業の固有の特性とも関係がある。靴下製造業は市場参入の障壁がさほど高くなかった紡織工業の一つであった。1920年代初めに朝鮮人の靴下製造業者が日本から導入した手動編機は種類によって異なるが一台当たり平均25～40円であった[15]。永成東などの華僑の靴下工場は設立当初の面積からして手動編機10台以下から始めたとみられるが，10台を導入した場合の編機設置費用は250～400円と見積もられ，この程度の投資額は1～2万円の売上額を出していた華僑織物商店としては調達できない金額ではなかった。

なお，靴下製造業は紡織工業諸部門のなかでも，とりわけ労働集約性が高く，日本人資本と競合しないニッチ・ビジネス（niche business）であったことも，華僑の靴下製造業への進出を促進した。日本人資本は主に固定資本投下規模が大きな工業部門への投資が相対的に多く，靴下製造業への進出は植民地期を通じて終始不振であったため，華僑がその隙間をよく見つけたと解釈することができる。さらに1920年代前半は朝鮮人の靴下製造

---

13) 梶村（1967年）119頁。
14) 平壌郷土史編纂委員会編著（1957年）264頁；梶村（1967年）130頁；朱（1994年）81～82頁。
15) 平壌商工会議所（1943年）13頁。

業の形成期に当たり，華僑の靴下製造業者にも発展のチャンスが与えられていた。

ところで〔表7-1〕が示すように，華僑の靴下製造工場は新義州という特定地域に集中している[16]が，その理由について見よう。これは新義州の対岸地域であった中国の安東が靴下製造業で盛んであったことと関係がある。安東と新義州はいずれも日露戦争の前後に日本軍の進駐と鉄道建設を契機に発展しはじめ，1911年11月に鴨緑江鉄橋が竣工されるや，朝鮮と満洲の鉄道が連結されて一層発展を遂げた[17]。両都市の間には人の移動が自由に行われたこともあって，両都市の経済関係は非常に深かった[18]。安東の中国人資本が新義州に進出したことも見受けられる。例えば，安東の福聚成は鋳物工場であったが1910年代に新義州に進出して，新義州を拠点に次第に南下して朝鮮内に朝鮮釜の製造工場を相次いで設立した[19]。安東の三合盛は新義州に従業員42名の豆油豆粕製造工場の義順祥を設立した[20]。

安東は靴下製造業が発達していた地域であった。中国の靴下製造業は朝鮮と同様に中国人資本が支配的な地位を占めて中国人の「民族資本」を代表する製造業として位置づけられていた。靴下が1879年に中国に初めて輸入されて以来，中国は長年靴下を輸入に頼ってきたが，第１次世界大戦を契機にヨーロッパからの輸入が杜絶したことに誘発され，中国人の靴下製造業は本格的な発展を迎えた。靴下製造業が発展した地域は江蘇省，広東省，浙江省など華中・華南が中心であったが，東北の遼寧省（後に奉天省）も主要な産地の一つであった[21]。

遼寧省に含まれる安東には第１次世界大戦期に東源隆，玉源茂，晋興恒，徳成斉が設立されたことを皮切りに，1920～1922年には同義順襪荘

---

16)「新義州洋襪界中人이（が）都차지（占める）」『東亜日報』1925年５月27日。
17) 佐藤（1917年）20頁。
18) 1928年安東港の貿易を国・地域別に見れば，日本が47％，朝鮮が41％，中国諸港が12％であった（安東商工会議所（1929年）25～26頁）。
19) 詳細は次章で検討する。
20) 南満洲鉄道株式会社興業部商工課（1927年 b）237頁；朝鮮総督府（1924年 a）179頁。安東本店の三合盛は雑貨および油坊を取り扱う商店で店主は趙玉堂であった。
21) 平野編（1940年）521～523頁。1919年の靴下生産額は江蘇省が233万ドル，浙江省152万ドル，遼寧省100万ドルであった。

（1920年），仁国号（1921年），同興恒（1921年），鎰興徳襪廠（1921年），福成遠（1922年）などの中国人資本の靴下製造工場が相次いで設立されて盛況を呈した[22]。なお同地には1920年代メリヤスの手動編機を製造する工場も出現していた[23]。

ところで，安東の玉源茂と晋興恒は〔表7-1〕に登場する新義州の玉源茂と晋興恒とは店号が一致するばかりか工場主の名前も一致するため，安東の玉源茂と晋興恒が1920年代半ばに新義州に進出して設立したのが玉源茂と晋興恒であることがうかがえる[24]。安東の晋興恒と玉源茂は1924年5月現在に従業員が39名と40名，生産量が11,000打と12,000打で，安東の主要な靴下製造工場の一角を占めていた。晋興恒と玉源茂は安東に靴下製造工場を設立して成功を収めた後，靴下の需要が旺盛な朝鮮に進出したのである。

以上の議論をまとめれば，華僑靴下製造工場は1920年代前半に新義州を中心に相次いで設立されたが，その背景には靴下の需要増加，労働集約的で小規模投資でできる靴下製造業の特性とニッチ・ビジネスであること，靴下製造業が発達していた安東の影響などがあったといえよう。

第2節　朝鮮人と華僑靴下製造業者の確執

1　1925年の平壌洋襪争議と華僑職工

新義州の華僑靴下製造業は1920年代に拡張の一途を辿った。1923年まで永成東，永順祥の2軒しかなかった華僑靴下製造工場は，1924年には中興，同和永，協勝東などが相次いで設立された。同和永と協勝東は工場の建坪が90坪と92坪に上り，永成東と永順祥などの工場面積よりはるかに広かった。なお同和永の生産量は1926年に18,000打に達して華僑靴下製造工場の中では最も多く（〔表7-1〕参照），編機は約25台を設置して[25]，以前

---

22) 安東商業会議所（1924年）13頁；安東商工会議所（1937年？）25〜26頁。以上に取り上げた靴下製造工場は1936年頃までに活発な生産活動を展開していたことが確認される。
23) 満洲国実業部臨時産業調査局（1937年）2頁。
24) 宋（2010年b）59〜60頁；安東商業会議所（1924年）13頁。
25) 「新義州洋襪界中人이（が）都차지（占める）」『東亜日報』1925年5月27日。

第7章　華僑靴下製造業　219

の家内工業の領域から脱しつつあったことが分かる。

　新義州を中心とする平安北道の華僑靴下製造工場の1924年と1927年の生産量および生産額を比較した場合，生産量は同期間中に226％という大幅な増加を示し，同時期平壌を中心とする平安南道の朝鮮人靴下製造工場の生産量増加率の170％を上回った。平壌をはじめとする平安南道の靴下製造業は朝鮮内の靴下生産量および生産額に占める割合は1928年に各々56％，53％を占め，朝鮮人の靴下製造業の一大拠点となっていた。新義州の華僑靴下製造業の発展に伴い，平安北道の華僑靴下製造工場の生産量と平安南道の朝鮮人靴下製造工場の生産量の差は次第に縮まり，1927年には華僑工場の生産量が朝鮮人工場の生産量の22％に達した（〔表7-2〕参照）。

　平壌の朝鮮人靴下製造業が新義州の華僑靴下製造業を競争相手として警戒して対策を練り上げはじめたのは1920年代半ばであった。それを象徴する事件が1925年4月に起きた平壌の靴下製造工場の朝鮮人職工による労働争議（以下，「1925年の平壌洋襪争議」と称する）であった。

　同争議は平壌の朝鮮人靴下製造業者が新義州の華僑靴下製造業の出現に対応するために職工の賃金を引き下げたことと，一部の工場が華僑職工を雇用したのが原因であった[26]。朱氏と梶村氏は同争議の原因に対して主に職工の賃金引下を取り上げ，朝鮮人工場に雇用されていた華僑職工問題に関する検討は手薄であった。そこでこの節では同争議と華僑職工との関係を中心に検討してみたい。

　1925年4月8日午後8時に平壌洋襪職工組合がカトリック教会で1,000名が参加した総会を開き，平壌洋襪生産組合に対して5つの要求事項を決議した。そこに両者の争点がよく現れている。

　①従業者協約に関する件：生産組合が去る3月1日に従業者と締結した条約を履行すること。②違約工場に関する件：従業者協約締結当時の生産組合代表の大元商会工場に責任を問う同時に積極的に対抗すること。③華

---

[26] 梶村（1967年）135～136頁；朱（1994年）119～125頁。

表 7-2　平安北道と平安南道における華僑と朝鮮人靴下製造工場の比較

(単位：軒・打・円)

年　次	1924年	1925年	1926年	1927年	1928年	1929年
平安北道の華僑靴下工場						
工場数	—	13	13	14	11	13
生産量	40,800	82,370	75,087	132,984	129,663	—
生産額	100,000	195,570	127,229	229,817	216,497	275,000
平安南道の朝鮮人靴下工場						
工場数	12	18	16	—	—	—
生産量	222,550	628,960	565,500	600,000	780,700	938,850
生産額	488,000	1,454,372	1,137,000	1,230,000	1,313,220	1,589,000
朝鮮全体の靴下工場						
工場数	—	461	1,500	1,508	1,542	—
生産量	—	2,042,955	1,093,408	1,158,611	1,407,033	1,544,599
生産額	—	2,788,562	2,412,233	2,267,153	2,479,888	2,682,102

出典：1924年の統計は「時勢닉(ない)平壤洋襪」『朝鮮日報』1925年7月30日；1925年の統計は京城商業会議所「朝鮮に於ける工産品」『朝鮮経済雑誌』第133号（京城商業会議所，1927年1月）4頁；1926年の統計は京城商業会議所「朝鮮の工産額と主要工場表」『朝鮮経済雑誌』第144号（京城商業会議所，1927年12月）4～5頁；1927年の統計は京城商業会議所「朝鮮の工業生産品」『朝鮮経済雑誌』第156号（京城商業会議所，1928年12月）25頁；1928年の統計は京城商業会議所「朝鮮の工業生産品」『朝鮮経済雑誌』第170号（京城商業会議所，1930年2月）4～5頁；1929年の統計は朱（1994年）56・61・116頁；1929年の新義州の生産額は西浦（1930年）59頁；1929年の平壤の統計は朝鮮総督府（1932年a）296頁。

僑労働者雇用に関する件：共信商会は率先して華僑職工を採用したため華僑職工を解雇しない時にはその工場を撲滅すること。④賃金問題に関する件：大元商会を始めその他の工場は靴下がよく売れないため賃金を引き下げた。これは口実に過ぎずこれに対して真相を明らかにすること。⑤外職に関する件：内職（工場内で働く）職工より外職（工場主より原料をもらって自宅などで働く）職工の賃金が割安であり，外職職工の賃金を内職職工の水準に引き上げること[27]。

　以上の5つの要求事項は生産組合の賃金引下に対する職工組合の反対と華僑職工の雇用に対する反対にまとめられるが，とりわけ職工組合は華僑

[27]「襪工大会의（の）決議」『朝鮮日報』1925年4月10日。

職工の雇用に対して非常に警戒していた。平壌洋襪職工組合常務委員の崔允鈺の次の発言を取り上げてみよう。

> まだ洋襪一打当たり30円以上の純利益がある。新義州の中国人製造業者生産の洋襪移入云々は尚小規模にとどまっており到底平壌洋襪とは比較の対象にならない。中国人職工をすでに使用した工場もあり将来使用しようと安東縣方面に周旋中の状況であり、数日後には多数の中国人職工が侵入するだろう。一般雇用主たちが自己の利益をもっと求めて中国人を使用しようとするのである。現在朝鮮人職工たちに賃金を再び引き下げようとすることも中国人職工使用を前提とする。……いずれ中国人職工の侵入は我が職工たちに一大脅威であり命かけて極力防止する決心である[28]。

なお職工組合は華僑職工の解雇を要求する理由について「中国人たちが賃金をあまりにも安くもらって入ってきたからこの影響が一般職工に及ぼしてまたは彼らによって朝鮮人職工10名が職業を奪われたため、奪われた職業を取り戻そうとすることだ[29]」と主張した。

職工組合は上記の理由で華僑職工を採用した共信商会をターゲットに定めて直ちに行動に出た。代表者5名は同月9日正午に共信商会を訪問して華僑職工の解雇を要求した。共信商会は職工組合の要求に応じて華僑職工を解雇しようとせず、華僑は旅費がないためすぐには帰国できないと遠回しに要求に応じなかった。それで1,000名の職工は工場を取り囲んで抗議行動に出たため険悪な雰囲気になった[30]。

一方、職工組合の交渉委員5名（崔允鈺・崔仁洙・尹寬洙・金永三・安龍洙）は同日午後同府下水口里の休業中の大元工場に赴き、賃金引下について抗議した。その際数百名が外でデモを行い、午後5時に平壌警察署は崔允鈺交渉委員（当時朝鮮日報平壌支局記者）など5名の交渉委員を検束

---

28) 「平壌襪工再動揺」『東亜日報』1925年4月8日。
29) 「委員五名을（を）検束」『東亜日報』1925年4月11日。
30) 「襪工大会의（の）決議」『朝鮮日報』1925年4月10日。

した³¹⁾。これを契機に翌日の10日に三共，平信，共和，三成の４つの工場の職工400名が同盟罷業を断行すると同時に，午後に警察署に駆けつけて昨日検束された交渉委員の釈放を要求した。50名の職工組合員が華僑職工を使用する共信商会に駆けつけるや華僑職工が全員避難して警察の騎馬隊が出動するなど，事態はますますエスカレートした³²⁾。

それでは職工組合の攻撃の的になった共信商会がなぜ華僑職工を雇用したかその経緯についてみよう。この工場は元来平壌の企業家の李鎮淳によって設立され，この争議が発生する直前の1925年３月に慶興工廠に工場名が変わった。そのようになった経緯を記した次の新聞記事をみよう。

> 中国人職工が最初平壌で働いたのは平壌府将別里にある大同洋襪所の元職工劉祥運という人が洋襪織造を請負し，個人の利益を求めて安東縣から中国人職工10名を招聘して使用したのが始まりである。その後大同洋襪主人の李昌鉉氏が中国人使用に対する評判がよくない理由で劉祥運の請負制を撤廃したため中国人は失職し困窮な状態に陥った³³⁾。

平壌を代表する朝鮮人靴下製造工場の共信商会はちょうどその時に資金繰りに苦しめられていて華僑豪商の慶興徳から資金融通を受けることを条件に，失職した華僑職工10名を雇用して，工場名は慶興工廠に変わったのである³⁴⁾。さらに，1928年４月には同府巡営里に慶興工廠とは異なる新しい「慶興徳工廠」（〔付表６〕の77番）が設立されたが，この工場も華僑豪商の慶興徳が資本参加した工場であった³⁵⁾。

このような事実は注目に値する。というのは平壌の靴下製造業は朝鮮人の「民族資本」を代表するものとして把握されてきたが，平壌を代表する

---

31)「委員五名을（を）検束」『東亜日報』1925年４月11日。
32)「双方交渉決裂四百職工罷業」『朝鮮日報』1925年４月11日。
33)「平壌襪工再動揺」『東亜日報』1925年４月８日。労働争議当時は共信商会と慶興工廠という二つの工場名が使われていた。
34) 徳家編（1927年）46頁。工場主の李鎮淳は1910年に平壌に靴下製造業を開始した平壌靴下製造業界の先駆的な人物であった。同工場は1920年までに平壌では生産量が最も多い工場であった。

朝鮮人靴下製造工場の共信商会に華僑豪商の資本が投下されていたことは，今回初めて明らかになったためである。

　華僑豪商の慶興徳は平壌の華僑資本を代表する存在であった。平壌府の履郷里に位置した慶興徳（〔付表5〕の102番）は舶来雑貨商および貿易商として1923年の年間売上額は華僑商店の中では最高の33万9,500円，20名の従業員を雇用していた。その経営主の孟憲詩は第6章でも名前を挙げたが，1923年の家屋税と戸別税納税では平壌の華僑の中では最高納税者であった[36]。なお1928年度の年間売上額は27万円，162円の営業税を納付していた[37]。慶興徳が共信商会より資本提供の要請を受けたのは，このように慶興徳が平壌の華僑資本を代表する存在であったことが背景にあったと考えられる。

　ところで，職工組合がただ10名の華僑職工の雇用にこれだけ敏感に反応したのは納得しがたいだろう。その背景には植民地朝鮮における華僑労働者問題があった。朝鮮における華僑労働者は1921年から急増した。1921年に仁川港を通じて入国した中国人は1920年に12,170名から毎年増加して1924年には29,220名へ140％も増えた[38]。労働争議直前の4月3日付の『朝鮮日報』には3月中の仁川入港の華僑労働者数が5,000名に達したと憂慮する記事が掲載された[39]。安い賃金の華僑労働者の増加は朝鮮人労働者の警戒感を強め，両者の衝突が相次いで発生した。

　例えば，1923年3月大田の丸吉運輸組は人夫として雇用していた朝鮮人40名を解雇する代わりに安い賃金の華僑20名を雇用したばかりか，雇用中の朝鮮人労働者に対しては賃金を引き下げたため，同社の朝鮮人労働者は

35）京城商業会議所「朝鮮の工業生産品」『朝鮮経済雑誌』第168号（京城商業会議所，1929年12月）10頁。慶興工廠と慶興徳工廠の1928年の生産量および生産額は各々10,000打・15,000円，10,500打・13,360円であった。

36）朝鮮総督府（1924年 a）154〜156頁。

37）京城商業会議所「朝鮮に於ける外国人の経済力」『朝鮮経済雑誌』159号（京城商業会議所，1929年3月）36頁。

38）「激増되는（する）中国労働者今年에도（にも）二万余名入来」『東亜日報』1925年11月1日。

39）「中国労働者」『朝鮮日報』1925年4月3日。

大田労働会に加盟して対抗した[40]。また，1923年9月に江原道鉄原郡北面回山里の日本人水利組合の朝鮮人労働者15名は一緒に働いていた華僑労働者が自分たちより安い賃金を受け取るにもかかわらずよく働き，朝鮮人労働者を駆逐することに不満を抱き，朝鮮人労働者80名が華僑労働者一人を殺した事件が発生した[41]。

なお4月3日付の『朝鮮日報』には華僑労働者問題に対して，「全国の労働団体は現実問題として重要なことであり，積極消極両面の対策を講じなければならない。したがって中国人を排斥しろという民族感情ではなく生存権の自衛策[42]」として朝鮮の労働界が積極対応するように呼びかけた。

このような華僑労働者問題は平壌の現実的な問題でもあった。1923年の平壌の華僑経営工場は鋳物工場4軒，素麺工場1軒，木工場1軒であったが，6軒で働いていた華僑労働者は109名であった。なお日本人と朝鮮人経営の工場で働いていた華僑労働者はそれより多い296名に達した。華僑労働者193名を雇用していた平壌海軍燃料廠は華僑労働者の雇用を増やそうとしたが，朝鮮人労働者保護のために華僑雇用を自制していた[43]。平壌の労働界だけでなく平壌府内の野菜需要の大部分は華僑農民によって供給され，第5章で取り上げたように織物商，貿易商を中心とする華僑の商業は相当な経済的勢力を形成していた[44]ことなどが，朝鮮および平壌における華僑労働者問題に際し職工組合に10名の華僑職工に対して厳しく対応させた遠因であったと考えられる。

ところで共信商会は職工組合の要求に応じて10名の華僑職工を解雇した形跡はみられない。生産組合と職工組合の双方は4月25日に松井平壌府尹

---

40)「朝鮮人을（を）解雇하고（して）中国人을（を）使用」『東亜日報』1923年4月3日。忠清南道警察部保安課長の小沢昇が雇用主に対してこれからは華僑労働者を絶対に雇用しないように注意して争議は一段落した（「大田의（の）労働問題」『東亜日報』1923年5月3日）。
41)「일자리뺏는（職を奪う）中国人을（を）打殺한（した）朝鮮労働者」『東亜日報』1924年3月11日）。
42)「中国労働者」『朝鮮日報』1925年4月3日。
43) 朝鮮総督府（1924年a）158〜160頁。
44)「中国人送金額」『東亜日報』1924年3月26日。

（知事）の仲介で妥協が成立した。その妥協は「①賃金は以前より毎打8銭引き上げて160針の場合63銭にする，②職工の解雇はできるだけしない，③中国人職工雇用問題は雇用主側に任せて職工として使用しない，④職工賃金中毎打2銭を義務貯蓄させて非常時に使用させること[45]」になっていた。すなわち，華僑職工雇用問題については雇用主側に任せて使用させないよう勧告するという程度にとどめたのである。

　この妥協案の③を通じて共信商会が雇用していた華僑職工10名は4月25日までに解雇されなかった。職工組合が強力に解雇を要求したにもかかわらずそれが実現されなかった原因はどこにあったのだろうか。平壌警察署長は華僑職工問題について「工場主と職工の間の問題だけなく中国人排斥問題になっているため検事もこの事件に関して調査している。すでに鎮南浦にある中国領事から交渉の申し出がきているためもっと慎重に考慮し，よく解決する[46]」という姿勢を示した。この記事により駐鎮南浦領事が華僑職工の排斥問題を重視して当局に華僑職工を解雇しないように要求したことが推測される。それに対して当局は日中両国間の外交問題にならないよう，共信商会に華僑職工を解雇しないように働きかけたと考えられる。

　このことは同争議の翌年の1926年に共信商会にはさらに30名の華僑職工が加わって総勢40名の華僑職工が働いていたことからもうかがえる。ただ，共信商会は華僑職工と朝鮮人職工の摩擦を防ぐため，華僑職工には安価な賃金を支給し，宿舎を提供して工場での作業をさせた反面，朝鮮人職工には自宅で作業をさせた[47]。しかし，平壌の靴下製造工場のうち共信商会以外に華僑職工を雇用した工場は確認されない。それは同争議で確認したように朝鮮人職工の反発を恐れたためであろう。それにもかかわらず共信商会が華僑職工を雇用したのは，共信商会が慶興徳から資本提供を受けていたためであると考えられる。

---

45)「平壌襪工紛糾昨日円満解決」『朝鮮日報』1925年4月26日。
46)「双方交渉決裂四百職工罷業」『朝鮮日報』1925年4月11日。
47) 徳家編（1927年）46～47頁。

2　新義州の華僑靴下製造業の競争力

　ここでは，新義州の華僑靴下製造業が1920年代に発展して平壌の朝鮮人靴下製造業に脅威を与えるほどになった原因がどこにあったかについて検討したい。

　まず，『朝鮮日報』の1925年7月30日付の次の記事を見よう。「最近平壌の靴下がよく売れず30軒の靴下工場の大部分は休業するようになったという。その原因は様々であろうが，新義州，仁川，公州などに設置された工場は工賃が安い中国人職工を使用するため，靴下価格の差ができて，平壌の靴下製品が品質は差し置いて値段が高くてよく売れないのが一つの原因である」[48]。

　一方，平壌商業会議所は危機に瀕した平壌の靴下製造業の実態把握のために新義州の華僑靴下製造業について調査を行い，「今新義州に於ける斯業の一斑を見るに工場数は十四個所機械台数二百二十六台，十三年（著者：1924年）中の生産高約四万八百打にして未た平壌に及はさること遥也と雖，其生産費の寡少なること驚くへく従って将来価格の点に於て他を圧倒し聽て平壌業界の一大勁敵たるを想はしむるものあり[49]」と報告した。すなわち，平壌の朝鮮人靴下製造業は1920年代初めに日本人経営の靴下製造業を市場から駆逐した途端，新義州の華僑工場が1920年代半ばに「一大勁敵」として現れ，激しい競争に晒されたのである。

　新聞記事と平壌商業会議所の報告を踏まえれば，新義州の華僑靴下製造工場が平壌の朝鮮人靴下製造業の市場を蚕食した主要な原因は華僑職工の安い賃金にあった。朱氏（1994年，117～118頁）と梶村氏（1967年，133頁）もそのような見解を示しているが，華僑工場の生産システムにまで踏み込んだ検討はされなかった。

　新義州の中国人靴下製造工場の生産システムに関する直接的な資料がないため，平壌の慶興工廠が1926年頃に華僑職工40名を雇用して新義州の華僑靴下製造工場と同様な賃金と生産システムを採用していたことを参考に

---

48)「時勢업는（ない）平壌洋襪」『朝鮮日報』1925年7月30日。
49)　平壌商業会議所（1927年）682頁。

し，その検討をしてみたい。

> 工場内支那職工四十人は年期雇用とす，期間は年齢により二年乃至三年，其全期間に給与する金額は十五円乃至六十円にして，宿舎と食事は雇用主持なり。年期中に一人前となれば月給十五円を給す，今一人前となりたる支那職工の工賃を計算すれば月給十五円，食費六円，計二十一円，一日収入七十銭となる。一人一日仕上二打とすれば，一打の工賃三十五銭となり，一人一日仕上二打半とすれば同二十八銭となる[50]。

梶村氏は新義州の靴下製造工場の華僑職工について，2か年40円，3か年50円というような特殊な雇用形態による極端な低賃金に置かれていた[51]と述べたが，以上の慶興工廠の華僑職工と非常に似ていることが分かる。新義州の華僑職工の低賃金によって新義州の靴下製造工場の1打の工賃は28.5銭とされたが，平壌の靴下製造工場は60銭であり[52]，平壌が新義州より約2倍以上も高かった。

職工の構成においても華僑と朝鮮人工場の間には相違点があった。1927年に朝鮮内の華僑靴下製造工場16軒で働いていた職工424名を民族別に分けてみれば，華僑が332名（全体の78％），朝鮮人が92名（同22％）で朝鮮人職工が全体の2割以上を占めていた。朝鮮人職工の内訳は女性職工87名（成年工69名・15歳未満18名），男性職工は成年工5名になっていた[53]。華僑女工10名を含めれば全体の職工のうち女工が24％を占め，朝鮮人工場の女工比重の13％より約2倍高かった。新義州の華僑靴下製造工場は工場付近に居住する13～20歳の女工を雇い，繰糸，整理，仕上げなどの仕事を担当させて，それら女工には日給制を取っていた。新義州の華僑靴

---

50) 徳家編（1927年）46～47頁。靴下工場の従業員は販売担当の職員，工師，学徒，女工になっていた。
51) 梶村（1967年）133頁。
52) 平壌商業会議所（1927年）682頁。
53) 朝鮮総督府『昭和二年　朝鮮総督府統計年報』（朝鮮総督府，1929年）186～187頁。例えば，新義州の永成東の職工構成は華僑男性職工25名，朝鮮人女工10名，玉源茂は華僑男性職工58名，朝鮮人女工15名になっていた（朝鮮総督府警務局（1931年 b）38頁）。

下製造工場が女工を職工の4分の1に充てていたのは、生産費削減のために安価な賃金の女工を臨時工として雇ったためであり、華僑工場が朝鮮人工場より更に徹底的に費用削減に努めていたことをうかがわせる。

新義州の華僑靴下製造工場の年間作業日は〔表7-1〕の示すように平均287日であったが、平壌の朝鮮人靴下製造工場の年間作業日の平均250日[54]より15％も作業日数が多かった。なお新義州の靴下製造工場の一日労働時間は午前4時30分から午後7時30分まで15時間の長時間労働で[55]、朝鮮人工場より長かった[56]。

以上のように、新義州の華僑靴下製造業は平壌の靴下製造業に比べて職工の割安な賃金に加えて、低賃金女工の多数の雇用、長い年間就業日数、長い労働時間に支えられて、新義州の華僑靴下製造業に平壌の朝鮮人靴下製造業より高い価格競争力をもたらしたと考えられる。

工賃は靴下の原価構成において高い比重を占めていた。1925～1926年頃に平壌の朝鮮人靴下工場が生産する140針の靴下の原価（卸売値）2.20円の構成は、原料綿糸1.40円（全体の63.6％）、工賃0.45円（同20.5％）、染色費0.15円（同6.8％）、純利益0.2円（同9.1％）になっていた[57]。原料綿糸が最大の原価構成をなしていたが、それは朝鮮人と華僑の工場いずれも日本産を使用していて大きな開きはなかったため、原価構成の約2割を占めていた工賃が靴下製品の価格決定に最重要ファクターであったといえよう。1925年頃に平壌の朝鮮人靴下製造工場が生産した極下品1打と新義州の華僑靴下工場が生産した極上品1打の価格は2.30円で同じであった[58]が、それを可能にしたのは新義州の華僑工場が以上のように低生産費の生

54）平壌商業会議所（1927年）681頁。
55）平壌商業会議所（1927年）682頁。安東の靴下製造小工場の夏季作業時間は午前4時から午後8時まで、冬季は午前6時より午後10時まで就業していた（満洲国実業部臨時産業調査局（1937年）25頁）。
56）靴下製造工場の中で最多作業時間は15時間30分であった。平安南道の工場のうち約6割は職工の1日作業時間が12時間以上であった（朝鮮総督府学務局社会課（1933年）37～38・193頁）。
57）徳家編（1927年）45～46頁。
58）「平壌襪工再動揺」『東亜日報』1925年4月8日。

産システムを構築していたためである。

しかし，新義州の華僑靴下製造業の発展に価格競争力だけが働いていたのではなかった。平壌の大手靴下製造工場の三共洋襪製造所[59]に関する『平壌毎日新聞』の次の記事に注目してみよう。

> 大正十二，十三年頃には支那人の製品から圧迫を受け約三年間は販路が杜絶してしまったので同工場（著者：三共洋襪製造所）では商圏を回復すべく支那製品に酷似してゐる細襪機械を百余台を増加せしめ専ら南鮮地方で好む細襪を製産し同地に仕向けて支那人と競争をした[60]。

同記事から華僑靴下製造工場は細襪編機を取り付けて細襪を製造して朝鮮人工場に打撃を与えたことが読み取れる。細襪の織造は針数が160針以上で，綿糸の番手も42番を使い，上等品，特上等品として取り扱われた。1923年，1924年に平壌の朝鮮人工場は120針・32番手，100針・16番手の中等品と下等品を主に生産していたが，新義州の華僑靴下製造業者は後発走者として平壌の靴下製造業に対抗するために160針程度の靴下編機を導入して市場に参入したと推定される。それが市場に受け入れられたのは上述のように消費者にとって上等品靴下を安い値段で買えたためであろう。細襪の製造は編機当たり1日生産量が3〜4打であり，中等品および下等品の5〜6打に比して生産性が落ち，1打当たりの工賃は針数が高ければ高いほど，細襪であればあるほど高くなった[61]。新義州の華僑靴下製造工場は安い工賃を背景に細襪の織造に乗り出したと考えられる。

それ以外に新義州の靴下製品は朝鮮人製造の靴下の品質より見劣りはしなかったようである。駐新義州領事館が1930年1月頃に本国外交部に報告

---

59) 三共洋襪製造所の創業者は孫昌潤であった。彼は1891年に平安南道の龍岡郡の貧農の家に生まれ，1910年代に同工場を平壌で設立して，その後発展し続け，平壌を代表する朝鮮人靴下製造業者になった。1941年には同工場以外に2軒の靴下製造工場，編機製造の機械製造工場，タオル工場を有する東洋の「靴下王」となった（孫昌潤「平壌商工界의（の）父東洋一의（の）洋襪王孫昌潤氏一代記」『三千里』第13巻第7号（1941年7月））。
60) 「支那産品としのぎを削る」『平壌毎日新聞』1928年6月7日。
61) 平壌商工会議所（1943年）16〜17頁。

した「新義州華僑之工商事業及経済状況人数之増減」に「生産品は朝鮮各道(どう)に運送されて販売された。製品は堅実で価格低廉であり極めて韓人の歓迎を受けた[62]」ということから，新義州の華僑靴下製造工場の製品は安さに加えて丈夫で長持ちの品質を有していたことが分かる。平壌の朝鮮人靴下製造業が発展した要因は日本から移入された高級品に比べて安価で品質では劣るものの耐久力が強いという性質を有していたためであった[63]。新義州の華僑靴下製造業は平壌の朝鮮人靴下製造業を踏襲しながらもそれより安く，強健な靴下を生産することに挑戦していたのである。

3　新義州の華僑靴下製造業の販売網

新義州の華僑靴下製造業者にとって生産した靴下製品を朝鮮内にどのように販売するかは再生産のために重要な課題であった。それに関しては朱氏が新聞記事を根拠に平壌の華僑商人の手を通じて朝鮮内に販売したと簡単に触れている[64]が，新義州の華僑靴下製造業者が平壌のどの華僑商人と取引を行い，どのようなネットワークを形成していたかにまで踏み込んだ検討はされなかった。

新義州の靴下製造業者と取引していた平壌の華僑商人は，靴下製品など織物を取り扱っていた織物輸入商および卸売商であった。それについては第5章で明らかにしたが，主要な店号は慶興徳（店主は孟憲詩），泰安洋行（同楊培昌），春盛永（同梁鳳波），春盛興（同劉聿軒），徳盛号（同王鼎元），謙合盛（同王鈺）であった。この織物輸入商および卸売商は新義州の華僑工場製造の靴下だけなく地元の朝鮮人の小規模靴下製造工場の生

---

62) 原文「出品銷運於朝鮮各道，物質堅紉，価格低廉，極受韓人歓迎」（1929年12月編，駐新義州領事館報告「新義州華僑之工商事業及経済状況人数之増減」『南京国民政府外交部公報』第2巻第8号（同上資料）72～73頁）。
63) 朱（1994年）87～88頁。1925年～1930年に年平均約41万円の高級靴下製品が主に日本から移入されていた。
64) 「平壌洋襪界景況一斉転換」『東亜日報』1932年3月11日；朱（1994年）154～155頁。
65) 「『中国商人에（に）見欺치말라（騙されるな）』를읽고（を読んで）」『東亜日報』1926年2月15日。
66) 「平壌新年座談会」『東亜日報』1932年1月4日。

産品を朝鮮内に販売していて[65]，排華事件後に華僑織物商および貿易商が大量に本国に引き揚げたために平壌の朝鮮人靴下製造工場の販売にも相当な影響を及ぼした[66]ほど，両方の関係は非常に密接であった。

　平壌の朝鮮人靴下製造工場のうち大手は販売係を各地に出張させて直接小売業者に販売していた[67]。〔表7-3〕は平壌の普宣社靴下製造工場が各地の華僑織物兼雑貨小売商と取引していた内訳を示したものである[68]。普宣社は平壌の新陽里に位置した靴下製造工場で1924年7月に設立され，1926年および1927年の生産量と生産額は各々3万打と6万円で比較的規模の大きい工場であった[69]。普宣社と取引していた8軒の華僑織物兼雑貨小売商は地方の小規模商店であったようである。〔表3-7〕に登場する慶尚北道九龍浦の怡盛永は大邱華商公会設立時に10円を寄付した[70]が，当時大邱の華僑卸売織物商が200円を寄付したことを考慮すれば怡盛永が小規模の商店であったことが分かる。怡盛永以外の7軒の華僑商店も怡盛永と同規模であったと推定される。すなわち，平壌の朝鮮人大手靴下製造工場は地方の華僑織物兼雑貨小売商と直接取引する販売網を有していたのである。

　しかし，平壌の慶興徳，泰安洋行，春盛永などの織物輸入商および卸売商が地方の華僑および朝鮮人商店と取引した史料は入手できていないが，平壌の華僑織物輸入商および卸売商が新義州の華僑靴下製造工場生産の靴下製品を地方商人に供給していた[71]ことは確認されている。なお，慶興徳は江景，宣川に支店を設けていた[72]。本書の第Ⅰ部で華僑織物商は京城と仁川の織物輸入商を頂点に朝鮮内各地に華僑織物商の販売網が張り巡らされていたことが明らかにされており，平壌の織物輸入商および卸売商がそ

67）京城商業会議所「朝鮮に於けるメリヤス製品の需給状況」『朝鮮経済雑誌』第143号（京城商業会議所，1927年11月）19頁。
68）同会社は取引先の華僑織物兼雑貨小売商と連絡が取れないため駐朝鮮総領事館に8軒の取引先の責任者の氏名および現住所，原籍，信用などについて照合を要請した。
69）京城商業会議所「朝鮮の工場」『朝鮮経済雑誌』第158号（京城商業会議所，1929年2月）12頁。
70）大邱華商公会『本会成立建築及捐款一覧表』（大邱華僑協会所蔵，1930年）。
71）「平壌洋襪界景況一斉転換」『東亜日報』1932年3月11日。
72）〔付表2〕の66番と〔付表3〕の60番を参照されたい。

表7-3 平壌の普宣社靴下製造工場と華僑雑貨商との取引内訳

店　名	所在地	金額	取引内容
海興永	慶北奉化郡邑内	63.80	1927年5～7月に2回分の靴下代なり，取引数回
福成泰	忠南公州郡邑内	17.45	1927年11月14日の靴下代，取引1回
同増順	忠南公州郡邑内	24.10	1927年11月14日の靴下代，取引数回
復成合	忠南公州郡邑内	34.20	1927年11月14日の靴下代，取引1回
天順福	忠南公州郡邑内	27.30	1927年11月16日発送の靴下代，取引1回
怡盛永	慶北九龍浦	47.90	1927年11月19日の靴下代，取引1回
潓盛東	全北扶安邑	70.60	1927年11月19日，12月8日の靴下代，取引2回
復盛号	全北扶安邑	70.60	―
合計	8軒	355.95	―

出典：1928年3月2日収，平壌府新陽里普宣社洋襪織造廠ヨリ駐朝鮮総領事館宛函「取締華工曁限制華人野菜栽培者人数」『駐韓使館保存档案』（同03-47，168-03）。

のネットワークを活用して新義州の華僑工場生産の靴下と平壌の朝鮮人工場生産の靴下を朝鮮内に販売していたことは想像に難くない。

〔表7-3〕に登場する華僑織物兼雑貨小売商は平壌の織物輸入商および卸売商の流通網でもあったと考えられる。第3章で華僑織物商が朝鮮各地に張り巡らしていた流通網が華僑織物商の発展を下支えていたことを明らかにしたが，それと同じように，新義州の華僑靴下製造業はその流通網を通して円滑な販売を行うことができ，それに支えられて1920年代に平壌の朝鮮人靴下製造業を脅かす勢力にまで発展したと解釈することができるだろう。

しかし，新義州の華僑靴下製造工場は平壌の華僑織物輸入商および卸売商にすべての販売を依存していたのではなかった。1924年の新義州の靴下生産量は40,800打であったが，他の地域に仕向けられた靴下製品はその44％に該当する18,000打[73]であった。全体の5割強は新義州一円で販売されていたのである。

新義州付近での販売は主に新義州の華僑織物商を通じて行われていた。1928年に新義州の織物商のうち靴下を販売していた商店は恒興和，永成

---

73) 朝鮮総督府（1926年）333頁。

東,永順祥の3軒であることが確認されるが,3軒の織物商はいずれも直接靴下製造工場を兼営していて自社で製造した靴下を近隣地域の雑貨商へ卸し,あるいは消費者へ直に販売していた。永成東は靴下の販売増加により同織物商の売上額は1923年の17,680円から1928年には13万円に急増した[74]。

以上の検討をまとめて,新義州の華僑靴下製造業の販売網を示せば,〔図7-1〕のようになる。

第3節　新義州の華僑靴下製造業の衰退

1　平壌の朝鮮人靴下製造業の対応

平壌の朝鮮人靴下製造業者は新義州の華僑靴下製造業の発展に対して,朝鮮人職工の賃金引下と華僑職工の雇用によって対応しようとしたが,先述したようにうまくいかなかった。そこで平壌の朝鮮人靴下製造業者は職工の賃金引下とともに他の方法を講じなければならなかった。

平壌の朝鮮人靴下製造業者は既存の手動式靴下編機から自動式靴下編機に転換して労働生産性の向上と高品質靴下製品の生産を図ろうとした。自動式靴下編機は1926年までは平信洋襪製造所に5〜6台しか設置されていなかったが,1927年中には平壌,東星,大同,平林,大星,平安洋襪製造

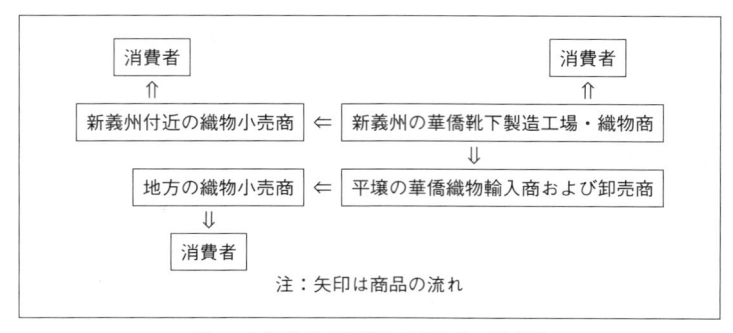

図7-1　新義州の華僑靴下製造業の販売網

74) 朝鮮総督府（1924年a）181頁；京城商業会議所（1929年3月）37頁。

所などに自動式靴下編機62台が据えつけられた[75]。平壌の朝鮮人靴下製造業者は自動式靴下編機を利用して主に160番手以上の細襪を製造したが，これは安い賃金を利用した新義州の華僑靴下製造業者の細襪に対抗するための措置であったと考えられる。

　さらに平壌の朝鮮人靴下製造業は1926年の不景気と新義州の華僑靴下製造業者との競争のため，職工組合の反発にもかかわらず職工の工賃引下を断行した。1925年の同争議時一打当たり63銭に合意された工賃は，1926年夏には42〜52銭に1年前より17〜33％も引き下げられた[76]。1930年に新義州の靴下製造工場の華僑の工賃が最高60銭，最低20銭であった[77]ため，新義州と平壌の靴下製造工場の間の工賃の差は以前の2分の1からほぼ同水準に縮まったのである。なお平壌の朝鮮人靴下製造業者は生産費削減の一環として職工に対して編機および原料などを交付して各自の自宅で作業をさせることが流行っていた[78]。

　このような平壌の朝鮮人靴下製造業者の対応の結果，一打当たり靴下製品の価格は1926年に新義州が1.69円，平壌が2.01円であったのが，1928年には各々1.67円と1.68円になってほぼ同水準になった（〔表7-4〕参照）。新義州の華僑靴下製造業が朝鮮内の靴下製造業の生産量と生産額において占める比重は1927年に11.5％と10.1％であったのが，1928年には9.2％と8.7％に下がり，上昇傾向にブレーキがかかった。これを見る限り平壌の朝鮮人靴下製造業者の対応が功を奏したといえよう。三共洋襪製造所の創業者の孫昌潤の1931年の次の発言はそれを裏付けるものである。

　　　現在平壌靴下の競争の対象になりうるのは新義州の中国人靴下がありますが全消費量の5分の1に及ばないばかりか品質でも何でも平壌靴下が少しも遜色ないため心配されることはない……近年の靴下品質をみても自動式機械をほとんど使用する関係上品質も良く生産量も増加して今はどんな

75）平壌商工会議所（1943年）21〜22頁。
76）朱（1994年）135頁。
77）西浦（1930年）102頁。
78）平壌商工会議所（1943年）23頁。

表 7-4　平安北道の華僑靴下製造業と平安南道の朝鮮人靴下製造業の比較

年次	生産量（％）		生産額（％）		一打当たり価格（円）	
	平安北道	平安南道	平安北道	平安南道	平安北道	平安南道
1925	4.0	30.8	7.0	52.2	2.37	2.31
1926	6.9	51.7	5.3	47.1	1.69	2.01
1927	11.5	51.8	10.1	54.3	1.73	2.05
1928	9.2	55.5	8.7	53.0	1.67	1.68
1929	―	60.8	10.3	59.2	―	1.74

出典：〔表 7-2〕を基に作成。
注：生産量と生産額の比重は朝鮮全体の生産量と生産額で占める割合である。

ところからどんな靴下が流入してきても平壌靴下と対抗することはできないと思う[79]。

　一方，新義州の華僑靴下製造業者はそのような平壌の朝鮮人靴下製造業の試みに対してどのように対応したのかみよう。まず，新義州の華僑靴下製造業者が自動式編機を導入して対抗した形跡はみられない。朝鮮人の靴下製造工場が取り付けていた日本製編機の値段は 1 台約450円という高価で手動式編機より約10倍も高かった。平壌より規模の小さい工場が多かった新義州の華僑靴下製造業にとって自動式編機を導入することは容易ではなかっただろう。なお自動式編機は斑が少なく生産効率が手動式編機より 2 ～ 3 倍高いメリットがあるが，手動式編機は逆に自動式編機より低廉であること，付属品および修繕費などの費用がかからないこと，電力費が必要でないことなどの長所があったため，平壌の朝鮮人靴下製造業者さえも1926年～1930年に自動式編機への切り替えを本格的に行わなかったという[80]。靴下製造業が発達した満洲でも，自動式編機を設置した工場は1934年にも全工場の約 6 ％に過ぎなかった[81]。

　このような諸事実を考慮すれば，新義州の華僑靴下製造業者が自動式編

---

79)「平壌洋襪의（の）威勢外来品完全駆逐三共洋襪株主孫昌潤氏談」『朝鮮日報』1931年 1 月 2 日。
80) 朱（1994年）130～132頁。
81) 満洲国実業部臨時産業調査局（1937年）39頁。

機を導入したとは考えにくい。新義州の華僑靴下製造業者は低コストの生産システムを堅持しつつ手動式編機を増やして規模の経済を達成しようとしたと考えられる。新義州の華僑靴下製造工場の編機は1925年に225台から1929年には約500台[82]に2倍以上に増えた。その期間中工場数の変動はなかったため，1工場当たりの編機の台数は2倍に増えたことになる。新義州の靴下製造業が1929年に朝鮮内生産額で占める比重が10.3％に回復するが，それは手動編機の導入増加によってもたらされたと考えられる。

2　1931年排華事件の影響

　新義州の華僑靴下製造業の衰退を決定づけたのは1931年排華事件であった。まず，同事件が新義州の華僑靴下製造業にどのような影響を及ぼしたかみよう。同地における排華事件は7月7日午後10時に朝鮮人暴徒500～600名が新義州市内の真砂町などの街を襲撃したことから始まった[83]。真砂町には華僑靴下製造工場の永順祥，仁和興，中興，永成東などがあったが，平安北道当局の厳しい警戒態勢によって同工場の被害はなかった。同地の織物商店も事前に状況を把握して門を閉じたために窓ガラスが割れる程度で済み，商品の損失はなかった。なお華僑の人的被害は14名の負傷者を出したにとどまった。

　しかし，新義州在住華僑は事態の成り行きを憂慮して，駐新義州領事館および中華商会に避難した人は1,200名，安東に避難した人は約3,500名に上った。この事件によって華僑靴下製造工場は直接的な被害を受けなかったものの，華僑が大量に安東に引き揚げたため各工場が操業停止を余儀なくされた[84]。しかし，他都市に比べて新義州の被害の程度はさほど深刻で

82）1929年，駐新義州領事館報告「新義州華僑之工商事業及経済状況人数之増減」『南京国民政府外交部公報』第2巻第8号（同上資料）72～73頁。
83）「駐日公使汪栄宝呈外交部報告　民国二十年八月六日」『天津大公報』1931年8月27日。しかし，朝鮮語新聞では7月6日に暴動が開始されたと報じられた（「新義州도（も）騒動中国市街襲撃」『東亜日報』1931年7月8日）。
84）「新義州からも続々安東へ避難」『京城日報』1931年7月8日。京城の華僑靴下製造工場は1930年末に2軒あって，1931年中に1軒閉鎖されたが，それが排華事件と関係があるかは不明である（京城商工会議所「満洲事変の朝鮮に及ぼした経済的影響」『経済月報』第196号（京城商工会議所，1932年4月）46頁）。

はなく，9日には新義州市内が平穏を取り戻し，10日の朝から安東に避難していた華僑が新義州に戻りはじめた。その人数は10日の正午までに3,000名に上り，新義州の華僑商店の3割も開店した[85]。新義州の華僑靴下製造工場も職工が戻ってきて工場の再稼動の準備を進めていた。

ところで，新義州の華僑靴下製造業の生産品を販売していた平壌の織物輸入商および卸売商が同事件によって大きな打撃を蒙った。これは第5章で明らかにした通りであるが，慶興徳には7月5日午後9時50分に約1,000名の暴徒が押しかけ，商品を破壊した[86]。慶興徳以外に新義州の華僑靴下製造工場の靴下製品を販売していたとみられる謙合盛，春盛永，徳盛号などは「咸蕩然無存」（すべて形跡もなく消え去った廃墟）状態になった[87]。

平壌の華僑織物輸入商および卸売商の没落は新義州の華僑靴下製造業に甚大な影響を及ぼすことになる。新義州の華僑靴下製造業は平壌の華僑織物輸入商および卸売商を通して靴下を販売してきただけに，取引先の破綻は未収金の問題をもたらして同製造業者の経営を圧迫した。さらに平壌の取引先の破綻は新義州の華僑靴下製造業の販売網の機能不全を招来して，販売の萎縮を余儀なくされた。新義州の工場周辺地域への販売は可能であったが，それも中国織物小売商の大量引揚によってうまくいかなかった。

そこで新義州の華僑靴下製造業はこの危機を満洲への輸出で突破口を開こうとした[88]。しかし，平壌の朝鮮人靴下製造業が1930年代前半に満洲への靴下輸出を推進したが満洲国の高い関税率，満洲国の靴下製造業との競合により失敗した[89]ように，新義州の中国人靴下製造業の試みも同様にうまくいかなかった。

結局，新義州の華僑靴下製造業はこの危機を乗り越えることができず，

---

85)「新義州も全く平静避難者も続々帰還店舗を開くもあり」『朝鮮新聞』1931年7月11日。
86)「支那人商店を片っ端から襲撃，大商店十数軒に及ぶ」『京城日報』号外1931年7月6日。
87) 楊・孫（1991年）248頁。
88)「平壌洋襪界景況一斉転換」『東亜日報』1932年3月11日。
89) 朱（1994年）168〜169頁。

多数の工場の破綻を余儀なくされた。新義州の華僑靴下製造工場数は1929年の13軒から1934年には4軒に減少し，生産額は1929年の27万5,000円から約10万円[90]に激減した。華僑靴下製造工場のうち最大であった同和永は同事件後に閉鎖された。織物商と靴下製造業を兼営していた永成東と恒興和は両事業ともに破綻した。ただ永順祥は靴下製造業からは撤退して本業の織物商に経営を集中し1935年に同地の最大手中国織物商として健在していた[91]。

なお，日中戦争直後には華僑の靴下製造工場としては仁和興と晋興春しか残らず[92]，この2軒の靴下製造工場は元来華僑工場の中で最も小規模で生産量および生産額も少なかった工場であった（〔表7-1〕参照）。1940年には晋興春が姿を消して，仁和興だけが存続し[93]，約20年にわたる新義州の華僑靴下製造業の命脈を継いでいた。

それとは裏腹に平壌の朝鮮人靴下製造工場は1934年に33軒に，さらに1940には69軒に増加し，朝鮮内の靴下生産量および生産額に占める平壌の比重は1920年代後半の約5割から1934年には約7割に高くなった[94]。

おわりに

以上，華僑靴下製造業の軌跡を新義州の華僑靴下製造業を中心に検討し，おおよそ跡付けることができたと考えられる。ここでは，以上の検討によって明らかになった内容をまとめておきたい。

新義州の華僑靴下製造業は新義州の華僑織物商の商業資本および安東の靴下製造工場の産業資本によって1920年代に入り朝鮮内の靴下に対する需要増加に誘発されて生成した。同製造業は平壌の朝鮮人靴下製造業より職工の割安な賃金，女工の多数雇用および長時間労働などによる生産コスト

---

90) 飯野（1938年）79頁。
91) 1936年3月22日編，駐新義州領事館報告「新義州僑商概況」『南京国民政府外交部公報』第9巻第3号（同上資料）446～454頁。
92) 飯野（1938年）94頁。
93) 飯野（1940年）70～71頁。同工場は1941年8月10日に男性職工7名，女性職工3名を雇用していた（朝鮮総督府（1942年）132頁）。
94) 朱（1994年）64頁。

低減で割安な製品の生産を可能にし，平壌の華僑織物輸入商および卸売商の流通網を通して朝鮮各地に販売を行い，平壌の朝鮮人靴下製造業を脅かすまでに発展を遂げた。

1925年4月に発生した平壌洋襪争議は新義州の華僑靴下製造業の発展が契機となって発生したことはすでに指摘されていたが，慶興工廠（旧共信商会）に雇用されていた10名の華僑職工が同争議を誘発する一因であったこと，同争議を長引かせた主要な原因であったことを新たに明らかにした。なお，慶興工廠および慶興徳工廠には平壌の華僑富豪の慶興徳の資本が投下されていたことが確認され，朝鮮人の「民族資本」を代表する平壌の朝鮮人靴下製造業に華僑資本が投下されていたことは，既往の平壌の朝鮮人靴下製造業に関する研究に新しい事実を提供することができたと考えられる。

なお，平壌の華僑織物輸入商および卸売商は平壌の朝鮮人靴下製造工場生産の靴下製品を朝鮮各地に販売を行い，朝鮮人産業資本と華僑商業資本は協力関係にあった。この解明により，新義州の華僑靴下製造業と平壌の朝鮮人靴下製造業の間の競争関係とは異なる様態を浮き彫りにすることができた。

しかし，新義州の華僑靴下製造業は1920年代後半に平壌の朝鮮人靴下製造業の自動式靴下編機の導入，職工の工賃引下などの措置によって朝鮮内の靴下生産量および生産額におけるシェアの低下を余儀なくされたが，新義州の華僑靴下製造業の衰退を決定づけたのは1931年排華事件であった。新義州の華僑靴下製造工場の生産品を販売していた平壌の華僑織物輸入商および卸売商が同事件によって壊滅的な被害を蒙って破綻を余儀なくされ，その販路が閉ざされたのである。その影響を受けて新義州の華僑靴下製造工場は相次いで閉鎖され，1935年には2軒，1940年には1軒しか残らず，没落してしまった。

第8章

華僑鋳物業

はじめに

　本章では，華僑が朝鮮の鋳物業に参入した経緯，発展の軌跡について，華僑の同郷ネットワーク，朝鮮人および日本人の鋳物業との拮抗関係の検討を中心に明らかにする。

　華僑鋳物業に関する研究は高承済氏によって初めて行われた[1]。華僑の工業を紹介する中で鋳物工場の数および生産額が多いことに注目して述べたが，鋳物業を中心とした研究ではなかったこともあって内容が貧弱な上に，後述するように一部の内容に誤りが確認される。なお，楊昭全・孫玉梅氏は高氏の研究をもとに京城商業会議所が発刊した『朝鮮経済雑誌』を引用して華僑鋳物業の戸数，生産額などを紹介する程度にとどまった[2]。このような意味で本章は華僑鋳物業に関する最初の本格的な研究である。

第1節　華僑鋳物業の生成過程

　鋳物業は溶融金属を鋳形に注入し凝固させて取り出した鋳物を利用して自動車，工作機械などの各産業界の部品，鍋・釜などの日用品などを製造し，あらゆる産業の基盤になっている重要な産業である。

　朝鮮は日本に比べてはるかに早い段階で鉄器文化に入り，三国時代の遺

1）　高（1972年）158〜159頁。
2）　楊・孫（1991年）198〜200頁。

跡からすでに現代のものとほとんど変わらない鉄の湯釜が出土していて，鉄鋳造については日本とは相当の時間的な落差があったとされる[3]。

このような朝鮮の鋳物業に華僑が参入したのは植民地初期であった。駐新義州領事館が1936年に本国外交部に報告した「新義州僑商概況」に，福盛徳が1912年に，同興公が1919年に各々設立されたと記されている[4]。なお，朝鮮総督府発行の1920年の「工場」統計には，華僑経営の鋳物工場2軒が華僑40名を雇用して鋳物業の主要な燃料であるコークス68トンを使用して6万5,000円の製品を生産している[5]と紹介されているが，その2軒の工場が上記の福盛徳と同興公である可能性が高く，とりわけ福盛徳が最初の華僑鋳物工場であると考えられる。

それでは華僑が1910年代に朝鮮に鋳物工場を設立した経緯について見てみよう。華僑経営の鋳物工場は主に朝鮮釜[6]を製造していたが，日本および中国は華僑の鋳物業進出以前から釜を朝鮮に輸出していた。朝鮮への輸出促進のために日本人によって1895年に設立された「日韓通商協会」は同協会機関紙に日本産釜の平釜の輸出について次のように報告した。

　　俗に朝鮮釜といひ，従来彼国にて製作せるを我国にて摸造して売捌けるなり……原来此は右に言ふ摸造なれども其製作遥に彼国の産出に優るを以て，韓人等は自国製を棄て，我国産を望むこと夥多しく，鉄器類にては大和鍋と平釜を以て販路の広き両大関と称すべし[7]。

すなわち，日本の鋳物工場は日清戦争直後朝鮮釜を模造して製造した釜を朝鮮に輸出し，それが朝鮮人の間に高評を得て，需要が多かったのであ

---

3) 朝岡（1993年）119頁。
4) 1936年3月22日編，駐新義州領事館報告「新義州僑商概況」『南京国民政府外交部公報』第9巻第3号（同上資料）449頁。
5) 朝鮮総督府『大正九年　朝鮮総督府統計年報』（朝鮮総督府，1921年）附録28～29頁。
6) 釜は湯を沸かす，飯を炊く，牛の飼料を煮るなど多様な目的に使われ，朝鮮人家庭の生活必需品であった（朝鮮の釜製造の歴史などについては朝岡（1993年）113～126頁を参照）。
7) 日韓通商協会「朝鮮輸入雑貨に付韓人の嗜好一斑」『日韓通商協会報告』第7号（日韓通商協会，1896年3月，韓国韓国学文献研究所編（1983年）670頁）。

る。朝鮮の釜および鍋の対日輸入額は1904年に6万1,220円，1906年には16万1,175円に急増し，同商品は主要な対日輸入品の一つであった[8]。1910年代に入り，同商品の対日輸入量と輸入額は年々増加して，1912年には最高の51万6,559個，約25万円が移入され，その後は減少の推移に転じた。同商品の日本での積出地は大阪を主として移入港は釜山と仁川であった[9]。

　日本産だけなく，中国産の釜および鍋も相当に輸入されていた。対中輸入量は1909年の5,691個から増加し続け，1917年には1万8,350個に増加した後，減少に転じた。しかし，中国産の輸入量および輸入額は日本産に比して格段に少なかった。輸入された釜および鍋の質は差し置いて，単価だけみれば，1917年までは中国産が日本産より高く，それが中国産の朝鮮輸入が日本産より少なかった一つの原因であったと考えられる。

　福盛徳および同興公が1910年代に設立された背景にはまず中国産および日本産の釜および鍋に対する朝鮮内の旺盛な需要があったためであろう。第1次世界大戦の好景気（大戦ブーム）と戦後ブームは日本の米価急騰をもたらし，それに伴い朝鮮米の対日移出が増加して朝鮮人農家の外国産の釜に対する需要を誘発した。〔表8-1〕の示すように，同商品の対日，対中輸移入量は急増すると同時に，輸入単価の値上がりが著しかった。同興公が1919年に設立されたのはこのような朝鮮人農家の釜の需要増加と同商品の価格上昇が背景にあった。朝鮮釜を製造する日本の鋳物工場が朝鮮に本格的に進出するのが1910年代後半であったことも，それを裏付ける。

　一方，1910年代に2軒しかなかった華僑の鋳物工場は1920年代に入り突然急増する。職工5名以上を雇用する華僑の鋳物工場は1921年に5軒，1922年に17軒，1925年に33軒，1928年に35軒に増加していった（〔表7-2〕参照）。さらに5名未満の華僑鋳物工場を入れるならば，1927年には44軒に上り，江原道を除いた12か道すべてに華僑鋳物工場が設立され[10]，その後に江原道鉄原郡に永興和が設立されて朝鮮の全道に華僑鋳物工場がで

8）統監府（1907年）187頁。
9）平壌商業会議所（1927年）662頁。
10）京城商業会議所「朝鮮の工業生産品」『朝鮮経済雑誌』第156号（京城商業会議所，1928年12月）25頁。44軒の工場の生産量は37万5,411個，生産額は57万1,716円であった。

表 8-1　朝鮮の釜および鍋の対日・対中輸入量と輸入額

年次	対日輸入量(個)	対中輸入量(個)	対日輸入額(円)	対中輸入額(円)	対日輸入単価(円)	対中輸入単価(円)
1908	—	—	205,024	6,036	—	—
1909	320,269	5,671	129,604	4,498	0.40	0.79
1910	415,155	4,115	152,893	3,088	0.37	0.75
1911	421,602	13,816	249,323	12,161	0.59	0.88
1912	516,559	15,490	352,948	18,680	0.68	1.21
1913	361,915	13,738	275,196	15,506	0.76	1.13
1914	293,835	13,053	194,315	12,395	0.66	0.95
1915	223,863	6,411	143,704	5,736	0.64	0.89
1916	260,644	8,090	228,280	6,817	0.88	0.84
1917	150,097	18,350	191,323	17,182	1.27	0.94
1918	75,619	12,034	142,038	17,343	1.88	1.44
1919	275,848	17,619	674,158	25,996	2.44	1.48
1920	153,693	17,030	460,303	25,031	2.99	1.47
1921	186,010	7,829	325,992	10,714	1.75	1.37
1922	212,696	4,637	277,565	6,398	1.30	1.38
1923	118,280	2,325	170,540	2,798	1.44	1.20
1924	—	—	205,564	1,342	—	—
1925	—	—	179,471	1,533	—	—
1926	—	—	209,038	1,471	—	—

出典：朝鮮総督府『朝鮮総督府統計年報』（各年）より作成。

きた。

　『商工資産信用録』にも朝鮮華僑鋳物工場が出てくる。1929年の発行の同信用録には，双和利（〔付表6〕の62番），双和祥（同63番），双華興（同64番），双興永（同66番），福聚盛（同102番）など5軒,1932年発行の同信用録には，同盛公（〔付表7〕の17番），泰興鉄工廠（同43番），双和祥（同45番），福聚盛（同64番）など4軒が登場する。

　さて，日本経済は「1920年恐慌」からはじまって1920年代は不況が慢性化し，日本国内資本の朝鮮をはじめとする対植民地投資は停滞基調で推移していた。日本国内資本の朝鮮投資は1920年代に鉱工業より商業が牽引して，朝鮮総督府の政策は朝鮮産米増殖計画など農業政策に主眼が置かれ，日本国内資本の工業投資は概して不振であった。そのような1920年代に華僑鋳物工場が朝鮮内に広がった原因は何であろうか。

表 8-2 1920年代華僑鋳物工場の推移（1920～1928年）

年次	工場数（軒）	資本金（円）	職工数（名）	生産額（円）
1920	2	7,000	40	65,000
1921	5	14,500	114	88,000
1922	17	52,700	317	209,689
1923	22	75,330	397	229,950
1924	―	―	―	―
1925	33	151,600	707	475,232
1926	32	193,500	693	614,414
1927	31	177,600	689	475,440
1928	35	216,100	793	710,495

出典：朝鮮総督府『朝鮮総督府統計年報』（各年）より作成。
注：1924年の統計は民族別に分類されていなかった。

　その主要な原因は朝鮮の輸入関税と関係がある。1920年の統一関税実施によって，釜および鍋の輸入関税率は従来の7.5％から関税率引上がなされた[11]。さらに1924年の奢侈品に対する高関税によって鉄器類の釜および鍋に対して毎100斤当たり15円～45円の税金が課せられ，大幅な関税率引上となった[12]。

　関税率引上の影響は〔表8-1〕で確認される。1919年の対中輸入量が1万7,619個から1920年には1万7,030個に微減したが，統一関税が本格的に施行された1921年には7,829個に激減し，その後はさらに減少していった。それと裏腹に華僑鋳物工場の工場数と生産量は1921年を境に急増する様態を示し，輸入関税率引上と華僑鋳物工場の設立が相関関係にあることが分かる。すなわち，華僑鋳物業者は朝鮮の関税率引上をきっかけに釜および鍋の対朝輸出から転換し，朝鮮現地に鋳物工場を設立して対応したことが，朝鮮内の華僑鋳物工場の増加をもたらした一つの原因であった。華僑の朝鮮鋳物業への進出を促進した他の原因について，次節からは華僑鋳物業の同郷ネットワークとその競争力の源泉について検討を加えたい。

---

11) 統監府（1908年b）附録9頁；平壌商業会議所（1927年）662頁。
12) 1930年2月18日発，京城中華総商会ヨリ外交・工商・財政各部宛電「織品徴税事宜」『駐韓使館保存檔案』（同03-47, 191-06）。

第2節 華僑鋳物業の河北幇ネットワーク

〔表8-3〕は1928年現在で把握された華僑鋳物工場の30軒の現況を示したものである。華僑鋳物工場は各々独立的に存在するのではなく相互密接な関係の下で経営されていた。駐元山副領事館が1942年に本国の僑務委員会に報告した「元山領事館管内鋳造業華工概況」の一部の内容を抜粋してみよう。

> 事変（著者：日中戦争）の前に，朝鮮内に鋳物工場に投資して経営する者は宋氏と韓氏の両大株主があって，対立的な地位にあった。事変時，韓某氏が引き揚げると，彼が経営していたすべての鋳物工場は宋某氏によって買収された……管内（著者：元山副領事館の管内）だけではなかった。新義州の同興公，京城の福聚盛と双和祥，平壌の双和利，双盛東，大邱の双和永，海州の同興裕等のような工場もすべて宋某氏によって出資経営され，それで宋某氏は朝鮮内の鋳造業において唯一の大株主になった。宋某氏は河北省交河県出身の人で最初は咸興に福盛東を経営して自らが経理を担当していた。その後次第に元山，清津等に分工場を設立し，その親戚や友人を派遣して経理を担わせた。それゆえ朝鮮内に鋳物工場の管理者や溶鉱炉工人等の大部分は河北省交河県出身の人であった[13]。

上記の駐元山副領事館の報告に基づいて考えるならば，〔表8-3〕に登場する鋳物工場は「宋氏系列工場」，「韓氏系列工場」，そしてその他と区分することができる。まず，1920年代後半における「宋氏系列工場」は福

---

13) 原文「蓋事変之前，在鮮内投資経営鋳造工場者，有宋韓両大股東，站於対立地位，事変時，韓某回国，所有由彼経営之鋳造工場，統由宋某収買……不特管内為然，即如新義州之同興公，京城之福聚盛，双和祥，平壌之双和利，双盛東，大邱之双和永，海州之同興裕等工場，率由宋某出資経営，是以宋某■為鮮内鋳造業之唯一大股東也。按宋某為河北省交河県人，初在咸興経営福盛東，自任経理，其後逐漸在元山清津等地，分設工場，派其戚友充任経理，是以鮮内鋳造工場之管理者，電員工人等大部為河北省交河県人，職是故也」（1943年1月20日収，駐元山副領事館報告「元山領事館管内鋳造業華工概況」「駐京城総領事館半月報告」『汪偽僑務委員会档案』（同2088-373））。

表 8-3　華僑鋳物工場の現況（1928年・1930年）

道　別	工　場　名	設立年	工場主	従業員数	生産量(個)	生産額(円)
京畿道	双和祥	1922	宋智明	46(30)	45,000(28)	40,000(28)
	双和興	1925	—	—	42,000(28)	36,000(28)
	双華興	1925	于徳泉	22(28)	21,000(28)	36,000(28)
	福聚盛	1923	宋亮明	42(30)	20,500(28)	19,330(28)
忠清北道	金城鉄工所	1925	王文倫	15(30)	32,700(28)	49,300(28)
忠清南道	福聚合	1924	宋亮明	27(30)	13,600(28)	34,000(28)
	斉同福鋳物工場	1924	斉同福	—	13,855(28)	24,765(28)
	福盛鉄工場	1923	—	—	11,690(28)	17,234(28)
	常基玉鋳物工場	1922	常基玉	—	8,000(28)	20,000(28)
	解天愷鉄工場	1924	解天愷	—	9,314(28)	11,021(28)
全羅北道	郡山鉄工廠	1923	張殿臣	38(30)	195,005(28)	28,000(28)
全羅南道	同興昶	1924	王仙洲	28(28)	13,050(28)	18,270(28)
	双華盛	1924	—	—	25,000(28)	20,690(28)
慶尚北道	双和永	1923	賈広発	27(30)	11,500(28)	28,500(28)
	永興和	1925	楊心齊	26(28)	15,000(28)	23,178(28)
	同盛厚	1925	李玉珍	28(28)	13,600(28)	15,300(28)
慶尚南道	双盛公	1924	韓文元	28(30)	14,740(28)	17,765(28)
黄海道	双華奥（海州）	1922	于徳泉	—	100,000(28)	80,000(28)
	同興裕	—	王汝謙	33(30)	11,500(28)	10,500(28)
平安南道	双和利	1922	賈広発	24(30)	13,000(28)	25,000(28)
	双盛公	1922	韓文財	20(28)	6,500(28)	25,000(28)
	双盛東	1922	朱荘臣	38(30)	8,500(28)	24,000(28)
	永昌合	1925	鮑羽臣	25(30)	17,000(28)	25,000(28)
	永盛公	1923	韓文生	40(30)	8,000(28)	24,000(28)
平安北道	同興公	1919	韓文清	27(23)	12,000(28)	21,600(28)
	双利公	1919	韓文清	35(26)	15,000(28)	25,000(28)
	義和司	1922	—	—	13,000(28)	16,000(28)
咸境北道	義合永	1927	—	14(28)	—	2,200(28)
咸境南道	福盛東	1923	宋万明	32(30)	33,000(28)	76,000(28)
	同興公	1923	—	—	12,000(28)	21,600(28)

出典：慶尚北道編纂（1930年）149～150頁；京城商業会議所「朝鮮の工産額と主要工場表」『朝鮮経済雑誌』第144号（同1927年12月）；京城商業会議所「朝鮮に於ける外国人の経済力」『朝鮮経済雑誌』第159号（同1929年3月）；京城商業会議所「朝鮮の工産額と主要工場表」『朝鮮経済雑誌』第168号（同1929年12月）15～17頁；朝鮮総督府（1924年 a）65・184・195頁；朝鮮総督府（1927年）545～547頁；朝鮮総督府警務局（1931年 b）37～38頁；朝鮮総督府内務局社会課（1923年）32頁；平安北道編纂（1928年）137～138頁。

注：①従業員数，生産量，生産額のカッコ内は各年を指す。例えば，(30) というのは1930年を表す。
　　②生産量は朝鮮釜，火鉢，朝鮮火炉，農具等の生産量をあわせたものである。

聚盛（工場主は宋亮明），福聚合（同宋亮明），福盛東（同宋万明），双和祥（同宋智明），双和利（同賈広発），双和永（同賈広発）がリストアップされる。これらの「宋氏系列工場」の商号には「福」を共通に有する工場と「双和」を共通に有する工場に分かれている。

なお，「宋氏系列工場」の工場主は宋氏が多い。〔表8-3〕が示すように，宋亮明は福聚盛と福聚合の工場主，宋智明は双和祥，宋万明は福盛東の工場主であった。工場主の宋万明，宋亮明，宋智明は名前から兄弟か親戚などの間柄にあったと推定され，宋氏一家が大株主兼工場主として華僑鋳物工場の設立に多大な役割を果たしていたことがうかがえる。

一方，「宋氏系列工場」の双和永の工場主として登場する賈広発は宋万明，宋亮明，宋智明の宋氏一族に位置していないため注目される。賈広発の息子の賈鳳声氏へのインタビュー[14]でその関係がうかがえた。賈鳳声氏によれば，賈広発は河北省交河県賈家庄に生まれて清末民初安東の鋳物工場に移住し，その後朝鮮に再移住して平壌，京城，大邱などで宋氏系列工場の経営に携わったという。

まず，賈広発が大株主の宋氏と同じ河北省交河県出身であることに注目してみよう。河北省の東南部に位置した交河県は鋳物業と関係が深く，明代から次第に鋳物業が発展し，清代には「鋳造之郷」として有名になった地域であった。1931年に発行された『交河県志科』に「銑鉄工廠に従事する県民の戸数は合計約600戸，工廠は約200軒，職工は4,000，5,000名を下回らなかった。河北省で実に冶鉄業を牛耳っていた」と記されているほど，交河県は鋳物業が繁盛していた[15]。同県の鋳物業者は満洲，北京，天津など中国全土に進出して鋳物工場を設立し，釜，農具などを製造してい

---

14) 2003年12月1日に書面と電話を通じて賈鳳声氏にインタビューした。同氏は1940年に中国安東で生まれ，1949年に国共内戦を逃れてソウルに移住した。韓国の華僑学校で小・中・高校を卒業した後，台湾の政治大学に留学した。卒業後台湾『中央日報』の記者を務めた。父が1960年代に死亡すると大邱に戻り，一時双和永に勤務した。その後，大邱華僑中学の校長を長年務めた後，現在は米国で居住している。
15) 原文「県民之経営生鉄廠者計600余家，廠凡200余号，工徒不下四，五千人，在河北省実執冶鉄業之牛耳」（泊頭市地方誌編纂委員会編（2000年）176頁）。交河県は1983年に泊頭市に名称変更されたが，鋳物業は現在も同市の主要な産業である。

た[16]。

　賈広発は清末民初に安東に移住して鋳物工場で働いたが、その工場は双合利である可能性が高い。同工場は1913年5月に設立され、1924年5月現在の工場主は宋善明であった[17]。工場主の宋善明は名前から宋万明、宋亮明、宋智明と兄弟か親戚の間柄であると推定される。双合利設立6年後の1919年には安東に宋亮明を工場主とする福聚成が設立される[18]が、双合利の系列企業として創業した。福聚成は1936年には安東最大の鋳物工場に発展した[19]。

　その双合利と福聚成は1920年代初めに朝鮮で相次いで鋳物工場を設立した。まず、1922年には京城に双和祥、1923年には平壌に双和利、大邱に双和永、京畿道高陽郡には福聚盛を相次いで設立した。福聚盛は1923年の朝鮮総督府の資料に「安東福聚鋳造鉄工工廠支店」と記されている[20]ため、福聚成の資本による設立は確かである。双合利と福聚成が1922年と1923年に集中して朝鮮に鋳物工場を相次いで設立したのは先述したように統一関税の実施と関係がある。

　賈広発は双合利が朝鮮に工場を設立する際に朝鮮に派遣され、双和祥、双和利、双和永の経営に携わった[21]。1969年から1974年まで大邱の双和永で働いた韓国華僑の邢誠文氏は「双和永はそもそも宋氏が東家（著者：資本主）であり、賈広発は西家（著者：労務提供者）であった[22]」と証言していることから、賈広発は「宋氏系列工場」の大株主ではなく現在の専門

---

16) 泊頭市地方誌編纂委員会編（2000年）176頁。
17) 安東商業会議所（1924年）17頁。同工場の従業員数は15名、1923年の生産量は16万斤であった。
18) 同工場の従業員数は13名、1923年の生産量は15万斤で、双合利よりやや小さい工場であった（安東商業会議所（1924年）17頁）。
19) 安東商工会議所（1937年？）31頁。同工場の資本金は7,200元、年間の従業員延人員は6,700名、一日作業時間は12時間であった。主要な生産品は釜および火炉と銑鉄物で、年間生産額は1万920元であった。
20) 朝鮮総督府内務局社会課（1923年）32頁。
21) 朝鮮総督府警務局（1931年b）37頁。
22) 2003年1月26日に大邱で行ったインタビューによる。邢氏は1949年に釜山で生まれた。彼の父親は交河県出身で1923年に朝鮮に移住し、双和興、双和永などの鋳物工場で働いた。

経営者のような職責であったと考えられる。

「宋氏系列工場」は中国伝統の熟知者同士の仲間的結合による一種の合資会社である「合股」であり，宋氏親族が大株主の地位にあったが，賈広発のように労務提供者としてその経営に参加する人もいたのである。労務出資者には別途の給料などを定めることなく，業務利益のうち資本主と事前に定めた協定率にしたがって配分された[23]。要するに，安東の双合利と福聚成は交河県出身の宋氏一族が安東に進出して設立した鋳物工場であり，宋氏一族が賈広発を同郷から呼び寄せて働かせ，一目置かれた彼に双和祥，双和利，双和永の経営を任せたのである。

本店の双合利および福聚成と朝鮮支店の「宋氏系列工場」との関係は，当時の中国の慣例からすれば，本店・支店は各店独立の会計を営み，一般経費は各店の収入より支弁するが，利益の分配は総利益を本店にまとめた後，本店の指導で各支店に分配した[24]。朝鮮解放後，安東本店と韓国の各支店との連絡が杜絶すると，ソウルの双和祥が「宋氏系列工場」の本店の役割を果たし[25]，双和永と双和興が本店に定期的に利益を送金していた[26]。なお，邢氏によれば，本店が支店の「総経理」に対する人事権を有していたという。すなわち，安東本店が朝鮮に散在していた支店を取りまとめる役割を担い，本店・支店は密接な結びつきの中で動いていたことを窺い知ることができる。

次は「韓氏系列工場」について見てみよう。「韓氏系列工場」はいずれも工場主が韓の名字を有する鋳物工場で，同興公（工場主は韓文清），双盛公（同韓文元），平壌の双盛公（同韓文財），永盛公（同韓文生）などがこの系列の工場に含まれる。4名の工場主は名前から兄弟か親族の間柄であろう。

---

23) 京城商業会議所「朝鮮の対支経済関係概況」『朝鮮経済雑誌』第127号（京城商業会議所，1926年7月）8頁。
24) 南満洲鉄道株式会社興業部商工課『南満洲主要都市と其背後地 第一輯第一巻安東に於ける商工業の現勢』（南満洲鉄道株式会社，1927年）234頁。
25) 朝鮮銀行調査部『経済年鑑（1949年版）』（朝鮮銀行，1949年）Ⅱ-74頁。
26) 邢盛文氏の証言。

4つの工場の商号は「公」か「盛公」を共通に有している。そのような理由で，黄海道の同興裕（工場主は王汝謙），平壌の双盛東（同朱荘臣）も「韓氏系列工場」であっただろう。二つの工場の工場主として登場する王汝謙，朱荘臣は賈広発と同様に韓氏一族に認められた専門経営者であっただろう。韓氏一族も宋氏一族と同様に交河県出身[27]であり，宋氏一族と類似した経緯で，1919年に新義州に同興公を設立し，関税率引上に対応するため1920年代には朝鮮各地に鋳物工場を相次いで設立したのである。

　「宋氏系列工場」と「韓氏系列工場」以外に「双華系列工場」も見受けられる。「双華系列工場」には京城の双華興（工場主は于徳泉），海州の双華奥（同于徳泉），沙里院の双華奥[28]（同王敬五）が含まれるが，「宋氏系列工場」と「韓氏系列工場」に比べて系列工場は少なかった。一方，一つの工場だけで鋳物工場を経営する工場もあったが，いずれも「合股」であり，金城鉄工所には華僑織物輸入商の裕豊徳が株主として参加していた[29]。

　華僑鋳物工場で働いていた華僑職工（鋳物師および鋳造工）は1930年10月に712名[30]に上ったが，この職工たちは大概交河県出身であった。その根拠の一つは先述の駐元山副領事館の報告のように，鋳物工場の工場主などの経営者が交河県出身であってその職工も同県出身者がほとんどを占めていたためである。もう一つの根拠は現在釜山で東昌鋳造廠を経営する韓国華僑の王志成氏の次の証言である。「父の話では華僑鋳物工場の経営主が同郷の交河県から親分職工（工頭）を呼び寄せれば，親分職工が交河県およびその近辺から10〜20名の職工および見習い工を率いて朝鮮にきたと言った」[31]。彼の父の王殿章は1915年に河北省交河県で生まれ，新義州に移住して同地の鋳物工場，大田の東茂鋳造廠で職工として働いた後，解放

27）交河県には韓家庄という韓氏の同姓村があった。同村には交河県の中でも鋳物業が最も早く発展したところであった（泊頭市地方誌編纂委員会編（2000年）176頁）。
28）朝鮮総督府（1927年）547頁。
29）1938年2月28日発，忠清北道警察部長ヨリ警務局長宛「在留支那人ノ嘆願書提出計画ニ関スル件」『昭和十三年　領事館関係綴』（韓国国家記録院所蔵）。
30）朝鮮総督府（1934年a）250〜251頁。この職工の中には朝鮮人および日本人鋳物工場に雇用されていた職工も一部含まれているが非常に少なかった。

後釜山で東昌鋳造廠を設立した者である。

　この事実をもって華僑鋳物業では河北省からの連鎖移住（chain migration）が行われていたことが確認される。しかし，高承済氏は京城の三つの華僑鋳物工場の職工について何の根拠も提示せず山東省出身者である[32]と述べているが，これは明白な誤りである。なお，1930年に朝鮮華僑を出身省別に見れば，山東省が全体の82％，遼寧省9％，河北省7％で山東省が圧倒的に多く[33]，朝鮮華僑といえば山東華僑と見られていただけに，華僑鋳物業の分野では河北省交河県出身者が牛耳っていたことは，新しい発見である。

第3節　朝鮮鋳物業界における華僑鋳物業

1　京城府の華僑鋳物業の現況

　まず，華僑鋳物工場が1920年代まで主に生産していたのは朝鮮釜を中心とした火鉢，農具等の生活用具および生産道具であって，鉄道および建築用の金物とボルトなどの産業用の部品製造はほとんど朝鮮在住日本人鋳物工場によってなされていたことを述べておく。京城府の鋳物業の生産額のうち朝鮮釜の生産額が占める比重は1932年に30％に上り機械部分品の31％の次に高かった[34]。なお，朝鮮の金属工業の総生産額のうち朝鮮釜および鍋などが占める比重は1932年に29％に上り[35]，朝鮮の金属工業において朝鮮釜の生産額は少なくない比重を占めていた。

　〔表8-4〕は京城商業会議所が1927年12月に朝鮮釜を製造する朝鮮内の主要な日本人および朝鮮人の鋳物工場9軒の現況についてまとめたものである。京城商業会議所は同時期に朝鮮釜を製造する主要な華僑鋳物工場を

---

31) 2003年1月22日に釜山市東昌鋳造廠にて王志成氏に行ったインタビューによる。王氏は釜山で生まれて華僑小・中・高校を卒業した後，台湾へ留学した。1982年に父が死亡した後，台湾から戻ってきて長男として同会社の社長になって今に至っている。同氏は父親の故郷である交河県（現在泊頭市）を10回ほど訪れたという。父の親戚の中には同市で釜を製造する鋳物工場を経営している。
32) 高（1972年）159頁。
33) 朝鮮総督府警務局（1931年b）9〜10頁。
34) 京城府産業調査会（1936年）12〜13頁。
35) 朝鮮総督府『昭和七年　朝鮮総統府統計年報』（朝鮮総督府，1934年）226〜227頁。

表8-4 朝鮮釜を製造する主要な日本人および朝鮮人の鋳物工場の現況（1928年12月）

鋳物工場名	所在地	設立年	生産量（個）	生産額（円）
京城鉄物製作所	京畿道	1919年	釜1,200個・風呂釜600個等	10,680
具然福釜工場	京畿道	1919年	釜50個・犁2,000個	12,075
林鋳物工場	慶尚北道	1920年	朝鮮釜5,000個焚10,000個	27,500
尾崎鋳物工場	慶尚南道	1925年	朝鮮釜鍋80,600個風呂釜等	29,438
吉田鋳物工場	慶尚南道	1923年	朝鮮釜30,000個鉄鍋等	53,900
倉森鋳物工場	慶尚南道	1916年	朝鮮釜30,000個機械部分品	14,330
東洋鋳物工場	平安南道	1922年	朝鮮釜および農具	45,000
鎮南浦製釜工場	平安南道	1923年	朝鮮釜および農具	35,500
駒田鋳造所	全羅南道	1924年	釜10,000個・焚口2,000個等	22,000
合　　　計				250,423

出典：京城商業会議所「朝鮮に於ける工場の現況」『朝鮮経済雑誌』第168号（京城商業会議所，1929年12月）14～17頁から作成。

26軒取り上げており，華僑工場が朝鮮人および日本人工場より3倍も多かったことになる。なお日本人および朝鮮人工場は京畿道，慶尚南道，慶尚北道，平安南道，全羅南道に偏重しているのに対して，華僑工場は朝鮮内各道に散在している特徴が見出せる。

朝鮮釜を製造する各鋳物工場の生産額は日本人および朝鮮人工場が25万423円に対して，華僑工場は70万8,453円に上り，華僑工場が日本人および朝鮮人工場より2.8倍多く，全体の7割強を占めていた。生産額が1万円以上の主要な朝鮮釜製造工場をリストアップした統計であるため，この結果は額面通りには受け入れがたいが，朝鮮釜の製造では華僑鋳物工場が日本人および朝鮮人工場より優位にあったことは確かであろう。朝鮮語新聞の『東亜日報』の記事にも「朝鮮で釜を製造する職業は全部が中国人に占領されて我らが日常使用する釜はすべて彼らが製造したものである[36]」と記していることは，それをよく裏付けている。

次に華僑鋳物工場がなぜ朝鮮釜の市場において高いシェアを占めていたか，その原因について朝鮮人工場および日本人工場と比較しながら検討していこう。京城府産業調査会が1934年の京城府内の鉄工業の生産，販売お

---

[36]「中国人生産額年四千余万円釜鼎은（は）全部中国人所産」『東亜日報』1926年1月23日。

および経営状態を調査した『鉄工業ニ関スル調査』(以下『調査書』と略する)によれば，鉄工場86軒の中に鋳物工場が15軒あって，その内訳は日本人工場9軒，朝鮮人工場3軒，華僑工場3軒となっていて，三つの民族の鋳物工場を比較するに適していると考え，ここでは『調査書』を中心に見ることにしたい[37]。同調査会が調査した華僑工場の3軒は『調査書』では明らかにしていないが，双和祥，福聚盛，泰興であった[38]。泰興は以前の双華興から1930年1月に商号が変更された鋳物工場であった。

1工場当たりの資本は日本人工場が9,270円（固定資本3,820円，流動資本5,450円），朝鮮人工場が3,500円（1,500円，2,000円）なのに対して，華僑工場は9,320円（固定資本1,660円，流動資本7,660円）で日本人工場とほぼ同額で，朝鮮人工場より2.7倍も多かった。資本金を固定資本と流動資本に分けた場合，日本人工場は41％と59％，朝鮮人工場は43％と57％でほとんど差はなかったが，華僑工場は18％と82％で流動資本の比重がはるかに高かった[39]。これは華僑工場に相対的に豊富な運転資金を持たせ，金融コストの負担を軽減させたと考えられる。

華僑工場の敷地および建物坪数は工場1軒当たり各々283坪と183坪で，朝鮮人工場（65坪と38坪）および日本人工場（250坪と118坪）のそれより広かった[40]。華僑工場は建物のみを所有する工場は1軒，土地と建物いずれも所有しない工場が2軒あり，日本人工場よりも土地と建物を所有する比重は低く，土地と建物を借り入れていたことが分かる。

華僑工場1軒当たり従業員の構成は事務員6名，職工41名（鋳物工37名，幼年工4名）になっていて，全員華僑であった[41]。華僑工場は「前櫃」という事務部門と「後鍋」という製造部門に分かれ，「前櫃」は経営主が，「後鍋」は親方職工に当たる「工頭」1名が製造部門を仕切っていた[42]。一方，朝鮮人工場の従業員構成は事務員0.7名，職工14名で，すべて

---

37) 京城府産業調査会（1936年）。
38) 京城商工会議所（1943年）附録11頁。
39) 京城府産業調査会（1936年）80頁。
40) 京城府産業調査会（1936年）64〜66頁。
41) 京城府産業調査会（1936年）105〜106頁。

朝鮮人であった。日本人工場の従業員構成は事務員0.8名，職工36.7名で，従業員は日本人1.4名，朝鮮人34.4名，華僑1.5名になっていた。従業員数は華僑工場が朝鮮人工場より2倍以上多く，日本人工場よりもやや多かった。15軒の鋳物工場に働く従業員の平均作業時間は大体夏季は午前7時から午後6時までとし，冬季は午前8時より午後5時あるいは6時までで，10時間〜11時間であった。年間の作業日は平均約290日〜300日であった[43]。華僑工場もこのような平均労働時間と年間作業日に近かったと考えられる。

各鋳物工場の賃金は，鋳物工の場合に華僑は最高1.5円，最低1.0円，平均1.11円であったが，日本人は最高3.5円，最低1.25円，平均2.62円，朝鮮人は最高2.4円，最低1.05円，平均1.34円で，華僑鋳物工が最も安かった[44]。なお，華僑工場は日本人および朝鮮人工場とは異なって徒弟制度を導入し，徒弟制の職工には日給を支給せず，ただ旧正月および孟蘭盆の2期に賃金相当の給与を与えるだけであった。華僑工場の一隅には簡単な宿舎を設けて従業員の寮としたが，これは従業員の生活費を抑えて低賃金を維持するのに寄与した。

〔表8-5〕は各鋳物工場の生産に必要な各費用の比重を各民族別に示したものであるが，華僑工場は賃金の比重が13.7％で朝鮮人工場の23.6％，日本人工場の21.8％より低かったのは上述のような理由があったからである。華僑工場の間接費[45]の比重は1.9％で日本人および朝鮮人工場より低かったのは，資本のうち流動資本の比重が高くて利子などの費用が相対的に少なかったことも原因であった。

華僑工場は原料費が生産費の65.6％，燃料費が18.0％を各々占めて，あわせて8割強であった。華僑工場は原料の銑鉄を兼二浦製鉄所，鞍山製鉄

---

42) 1943年1月20日収，駐元山副領事館報告「駐京城総領事館半月報告」（同上档案）。
43) 京城府産業調査会（1936年）113〜114頁。
44) 京城府産業調査会（1936年）123頁。
45) 間接費というのは製造に当たって間接的に必要な費用一切を指す。間接費には建物および機械の償却費，修繕費，保険料，または職工賃金以外の工場人件費，利子，地代，家賃等が含まれる（京城府産業調査会（1936年）158頁）。

表 8-5　京城府内各民族別鋳物工場の生産費の部門別割合（単位：％）

民族別＼種別	原料費	燃料費	動力費	賃金	間接費	合　計
日本人	53.0	18.0	0.9	21.8	6.3	100
朝鮮人	53.9	18.0	0.3	23.6	4.2	100
華　僑	65.6	18.1	0.7	13.7	1.9	100
平　均	57.0	18.0	0.9	19.3	4.8	100

出典：京城府産業調査会（1936年）162頁から作成。

所，本渓湖製鉄所の京城特約店および支店などを通じて調達し，燃料のコークスは兼二浦産コークス，本渓湖産コークス，青島産の東亜コークスなどを大量に仕入れていた[46]。

　ここまでは京城府における華僑鋳物工場を日本人および朝鮮人鋳物工場と比較して，華僑工場の特徴を見出すことができた。しかし，華僑工場が主に朝鮮釜を生産していてその部門ではほぼ独占的な地位を占めていた反面，日本人工場は機械部分品を主に生産して，生産品の棲み分けがきちんとされていたため，『調査書』では朝鮮釜の製造をめぐる各民族工場間の具体的な比較はできないという限界がある。よって，次には朝鮮釜を製造する各民族工場間で比較してみたい。

2　朝・日・華僑鋳物工場の朝鮮釜製造をめぐる拮抗

　慶尚北道には1928年に朝鮮釜を製造する鋳物工場が9軒あった。日本人工場が1軒，朝鮮人工場が5軒，華僑工場が3軒であった。

　同道の華僑工場は前述の京城府の華僑鋳物工場より全般的に小規模であった。華僑工場の平均建坪は84.7坪，資本金は4,667円で京城の華僑鋳物工場の約半分に過ぎなかった（〔表8-6〕参照）。同道の朝鮮人工場と比較すれば，工場建坪では約半分に過ぎず，資本金は少なかったが，従業員数は朝鮮人工場より約3倍，年間の就業日数は約2倍も多かった。その結果，華僑工場の平均朝鮮釜生産量は1万500個に対して朝鮮人工場は345個

46）京城府産業調査会（1936年）30〜31，52〜54頁。

で非常に少なかった。従業員1人当たりの生産額も華僑工場が朝鮮人工場より2.3倍も多かった。そこで，華僑工場の年間朝鮮釜生産量は3万1,500個で朝鮮人工場の1,725個をはるかに上回り，華僑工場が慶尚北道の朝鮮釜供給をほぼ独占的に行っていた。朝鮮人工場の中にも年間1万個の釜を生産する鋳物工場もあった[47]が，そのような工場は稀であった。

朝鮮釜の生産量において華僑工場と朝鮮人工場の間に大きな開きが生じた理由はその生産方法にあった。華僑工場の原動力は電力を利用していたが朝鮮人工場はすべて手動であって，一方華僑工場の燃料は石炭およびコークスであったが朝鮮人工場は木炭であった[48]。朝鮮釜の単価は華僑工場の生産品が2.05円に対して朝鮮人工場の単価は9.0円に上り，朝鮮人工場製造の朝鮮釜が華僑より4.4倍も高かった。このような事実から，朝鮮人工場は従来の「鍛冶屋」の家内副業的な工業の領域を脱していなかった反面，華僑工場は近代的工場制を整えていたと判断し得る。

華僑鋳物工場が生産した朝鮮釜は低廉な価格に加えて品質も備えていた[49]。朝鮮在住日本人は朝鮮人工場が製造した朝鮮釜について「其製作粗雑ナルモ其形大ニシテ肉厚ク[50]」て，「鋳造法幼稚なる為め脆弱不格好なる[51]」と評価していた。華僑鋳物業者も「製造技術はなお我が職工の精巧に及ばず，韓人が製造する鍋の底は比較的に厚い[52]」と日本人とほぼ同様な評価をしていた。これらの評価より華僑工場製造の朝鮮釜はその形が朝鮮人工場製造の釜より小さく底が薄く丈夫であったと考えられる。そのような製造を可能にしたのは交河県の伝統的な釜製造技術と朝鮮人の嗜好に合わせて技術改良を行ったためであった[53]。

---

47) 例えば，京畿道高陽郡崇仁面の李仲燦工場は木造平家20坪の敷地に8名の職工を雇用していた。職工の賃金は1日に0.3円〜1円であった。原料の銑鉄は京城府の日本人および朝鮮人の鉄物商より現金で仕入れて，店舗を設けて釜の販売も行っていた（小西（1929年）83頁）。
48) 慶尚北道編纂（1930年）150頁。
49) 朝鮮総督府（1924年 a）65頁。
50) 徳永（1907年）827頁。
51) 平壌商業会議所（1927年）662頁。
52) 原文「製造技術尚不及我工精巧，韓人所製鍋底較厚」（1933年6月10日発，駐鎮南浦副領事館事務張義信ヨリ駐京城総領事館宛呈「平壌等地華僑情形（一）」『駐韓使館保存档案』（同03-47，228-02））。

なお，華僑鋳物工場の生産品は「彼等の同胞金物商人に依りて販売され」ていた[54]。1930年の国勢調査によれば，朝鮮内では37軒の華僑金物商店があった[55]。37軒の華僑金物商店の道別分布は京畿道2軒（うち京城府2軒），全羅北道2軒，全羅南道9軒，忠清北道3軒，平安南道3軒（うち平壌府3軒），平安北道5軒（うち新義州府1軒），咸鏡南道4軒（うち元山府1軒），咸鏡北道8軒，慶尚北道1軒であった。各道の華僑鋳物工場はこのような独自な華僑金物商店の販売網を有していて商品の販売も円滑に行っていたのである。しかし，朝鮮内の華僑鋳物工場がすべての生産品を華僑金物商店に頼って販売したのではなかった。忠清南道，黄海道，江原道のように華僑金物商店がなかった地域は朝鮮人および日本人金物商店に依存せざるをえなかった。

　要するに，華僑鋳物工場は朝鮮人工場より安価で良質の朝鮮釜を製造し，華僑金物商店の販売網を通じて販売を円滑に行っていたのが，朝鮮人工場製造の朝鮮釜を市場から駆逐しえた原因であった，と考えられる。

　次は華僑工場と日本人工場との比較である。日本人が朝鮮に鋳物工場を設立したのは前述したように1910年代後半であって，京城府では日本人が華僑より朝鮮釜製造部門では進出が早かった。日本人鋳物業者は1918年か1920年に日本より朝鮮釜が大量に移入されていることに着目し，日本より優秀な職工を連れてきて朝鮮釜の製造を試みた結果，生産費が安価なため，4～5年の間に移入品を次第に市場から駆逐した[56]。

　しかし，1922年から双和祥，双和興，双華興，福聚盛などの華僑鋳物工場が朝鮮釜の製造に乗り出して，低廉な賃金を利用して次第に日本人の商圏を侵食していった。当時朝鮮を代表する鋳物工場として知られていた龍山工作株式会社[57]の田川常治郎社長は華僑鋳物工場について「彼等は能率低劣なる鮮人鋳物業者の手より職をひ奪つゝ，あるではないか。否内地人と雖も彼等との競争は頗る困難なるが故に，鮮人向鋳物は次第に彼等の手に

53）京城府産業調査会（1936年）4頁。
54）小西（1929年）79頁。
55）朝鮮総督府（1934年a）260～261頁。
56）京城府産業調査会（1936年）4頁；小西（1929年）90～91頁。

表 8-6　慶尚北道における朝鮮釜製造の鋳物工場の現況（1928年末）

民族別＼種別	工場建坪数（坪）	資本金（円）	従業員数（名）	就業日数（日）	釜の生産量（個）	釜の生産額（円）
華僑工場						
同盛厚	24	5,000	28	340	8,500	12,750
永興和	30	4,000	22	220	11,500	23,178
双和永	200	5,000	26	270	11,500	28,500
平　均	84.7	4,666.7	25.3	276.7	10,500	21,476
朝鮮人工場						
洪浩性	105	4,000	10	120	320	2,880
洪文性	250	3,500	7	100	245	2,200
洪性基	200	2,500	8	120	320	2,880
裵章燦	180	4,500	9	140	400	3,600
金龍久	180	3,000	8	150	440	3,960
平　均	183	3,500	8.4	126	345	3,104
日本人工場						
林鋳物工場	150	25,000	8	220	5,000	7,500

出典：慶尚北道編纂（1930年）149〜150頁から作成。

注：同盛厚は釜以外に火鉢の生産量5,100個，生産額2,550円，林鋳物工場は焚口の生産量20,000個，生産額20,000円であった。朝鮮人工場はすべて鋳物産地で知られていた清道郡に位置していた。

委して生産額少き内地人向鋳物を製造するの余儀なき境地に陥りつゝある は何とした事であらう[58]」と，華僑鋳物業者との競争に追い込まれて朝鮮釜の製造を華僑に委ねざるをえない日本人鋳物業者の心境が読み取れる。

　事実，1927年に京城府に朝鮮釜を製造する日本人鋳物工場は京城鋳物製作所（朝鮮釜1,200個生産）と村上鋳物工場（同300個生産）の２軒あったが，1928年には村上鋳物工場が主要な鋳物工場として登場しないばかりか，京城鋳物製作所の朝鮮釜生産量は100個に激減した[59]。結局，京城府

---

57) 同会社は龍山に本工場，永登浦に分工場を有しており職員数は534名であった。主要な生産品は鉄道橋桁，車両，保安器具などであった。両工場の1927年における生産額は約100万円に達した。田川社長は鳥取県出身で1905年に朝鮮に移住した（小西（1929年）284〜285頁；京城商業会議所「朝鮮の工業生産品」『朝鮮経済雑誌』第158号（京城商業会議所，1929年２月）18〜19頁）。
58) 小西（1929年）279頁。
59) 京城商業会議所（1929年２月）18頁；京城商業会議所（1929年12月）14頁。

の日本人鋳物業者は「全ク支那人ニ圧倒サレ為ニ他ノ鋳物製品ニ付テ研究ヲ進メ専ラ鉱山機，焜炉，火鉢，ストーブ，下水蓋及農具等ヲ製作」するようになった[60]。このような現象は京城府に限ったものではなく，1920年代に華僑鋳物工場が設立された地域は同様であった。

つまり，朝鮮人鋳物工場が製造する朝鮮釜の競争力が低かったために日本，中国からの輸移入品が増加し，日本人が朝鮮内に鋳物工場を相次いで設立して朝鮮釜の製造に当たった。それより少し遅れて華僑が朝鮮釜の製造に参入して安価な価格，優良な品質を武器に朝鮮人工場および日本人工場製造の朝鮮釜だけでなく，日本および中国からの輸移入品を代替することになった。結果として，華僑鋳物工場が朝鮮釜市場で独占的な地位を占めるようになったのである。

第4節　華僑鋳物業の萎縮

1　1931年排華事件の影響

1931年排華事件は華僑鋳物工場にも悪影響を及ぼした。同事件で最も被害が深刻であった平壌では華僑鋳物工場も被害に見舞われた。平壌府の永盛公は溶鉱炉などの機械が破壊される被害を受け[61]，結局閉鎖を余儀なくされた。同府にあった他の鋳物工場も被害を受け，その損失額は11万6,840円に上った[62]。慶尚北道には3軒の華僑鋳物工場があったが，同事件によって一部の工場が休業を余儀なくされ，1930年9月〜12月に2,300円の銑鉄が大邱に輸入されていたのが1931年には同時期に1,000円と半分以下に減少した[63]。

同事件は華僑鋳物工場の閉鎖をもたらした。1927年と1933年の華僑鋳物工場を比較した場合，1927年に44軒あったのが，1933年には22軒へと

---

60) 京城府産業調査会（1936年）4頁。
61) 羅編（1978年）690頁。
62) 1931年9月，駐朝鮮総領事館保存資料「韓民排華暴動案（三）」『駐韓使館保存档案』（同03-47,205-13)。
63) 京城商工会議所「満洲事変の朝鮮に及ぼした経済的影響」『経済月報』第196号（京城商工会議所，1932年4月）52頁。

半分に減少した（〔表8-7〕を参照）。華僑鋳物工場の減少が激しかった道は華僑織物商と同様に黄海道，慶尚北道，忠清南道など朝鮮の南部地域が相対的に多かった。

　一方，「宋氏系列工場」と「韓氏系列工場」はあまり減少しなかった。「宋氏系列工場」は1933年に福聚盛（京城），福聚合（天安），双和祥（京城），双和永（大邱），双和利（平壌）などが存続していて，「韓氏系列工場」も鳥致院，新義州，元山の同興公，同盛公（釜山），同興福（木浦），同興永（群山）などがあって，既存の工場が存続したばかりか新設された工場も見受けられる。閉鎖された工場は独立的に経営されていた工場がほとんどで，同事件は華僑鋳物工場を「宋氏系列工場」と「韓氏系列工場」を中心に再編させたことが分かる。「宋氏系列工場」と「韓氏系列工場」は各々の系列工場間に相互協力する関係にあったため，独立的に経営されていた工場よりも危機に対応する能力が高かったためである。

　ところで事件後，朝鮮人鋳物工場の華僑鋳物工場に対する追い上げが激しく展開されたようである。平壌の華僑鋳物工場3軒（双和利・双盛東・新延得）は黄海道にある朝鮮人鋳物工場の数か所がしばしば華僑工場の商圏を侵犯するのみならず，朝鮮釜の廉価販売で同道への販路を広げようとする計画を立てていることに大きな警戒を示していた[64]。黄海道にあった華僑鋳物工場2軒が同事件で閉鎖されたことを契機に朝鮮人鋳物工場が平安南道まで勢力を伸ばそうとしたのである。

　その朝鮮人工場からの牽制に苦しんでいた3軒の華僑鋳物工場は1933年6月に駐鎮南浦副領事館に銑鉄の安定的な確保のための協力を要請した。3軒の華僑鋳物工場は満洲の鞍山製鉄所および本渓湖製鉄所生産の銑鉄は朝鮮釜の製造に適さず，もっぱら黄海道の兼二浦製鉄所の銑鉄を購入してきたが，同製鉄所の銑鉄が平壌の日本人商人の原田商店[65]が請け負って独

---

[64] 1933年6月10日発，駐鎮南浦副領事館事務張義信ヨリ駐京城総領事宛呈「平壌等地華僑情形（一）」『駐韓使館保存档案』（同03-47, 228-02）。双和利・双盛東・新延得の労働者数および生産量は各々32名・約4万2,000個，30名・約4万個，32名・約4万1,000個であった。
[65] 同商店の住所は平壌府本町505番地であった（小西（1929年）145頁）。

表 8-7　1931年排華事件後の華僑鋳物工場の現況（1933年）

道　別	鋳物工場名（所在地）	道　別	鋳物工場名（所在地）
京畿道	双和祥（京城） 福聚盛（京城） 泰興（京城）	平安北道	福盛（新義州） 同興公（新義州） 新延利（新義州）
忠清南道	福聚合（天安） 同興公（鳥致院） 協昌（江景）	平安南道	新延得（平壌） 双和利（平壌） 双盛東（平壌）
忠清北道	金城（清州）		合聚東（順川）
慶尚南道	同盛公（釜山）	咸鏡南道	福盛東（咸興）
慶尚北道	双和永（大邱）		同興公（元山）
全羅南道	同興福（木浦）	咸鏡北道	福盛合（清津）
全羅北道	同興永（群山）		鎔聚東（吉州）

出典：1933年6月19日収，駐鎮南浦副領事館事務張義信ヨリ駐京城総領事宛呈覆「平壌等地華僑情形（一）」（同上档案）。

占販売を行っていたため，華僑鋳物工場は牽制を受けざるをえなかった[66]。すなわち，平壌府は排華事件の最大の被害地であり，同府の華僑鋳物工場は同地の日本人および朝鮮人の動向に敏感に反応せざるを得ない立場にあって，原田商店より兼二浦製鉄所生産の銑鉄を仕入れられない恐れがあると判断したのである。

同副領事館より報告を受けた駐京城総領事館は，本国の外交部に僑民鋳物工場への銑鉄の安定的な供給のため中国産銑鉄の輸入を打診した[67]。外交部は実業部にその価格，朝鮮までの船賃などを照会してその可能性を調べた[68]。しかし，その試みは実現されなかったようである。というのは，中国の唐山方面から銑鉄が輸入されたのは日中戦争後であったからである[69]。さらに先述の京城の華僑鋳物工場が1934年に仕入れた銑鉄は兼二浦

---

66) 1933年6月10日発，駐鎮南浦副領事館事務張義信ヨリ駐京城総領事宛呈「平壌等地華僑情形（一）」（同上档案）；1933年6月19日収，駐鎮南浦副領事館事務張義信ヨリ駐京城総領事呈覆「平壌等地華僑情形（一）」（同上档案）。
67) 1933年6月20日発，駐京城総領事館ヨリ外交部宛呈「平壌等地華僑情形（一）」（同上档案）。
68) 1933年7月26日収，外交部ヨリ駐京城総領事館宛訓令「平壌等地華僑情形（一）」（同上档案）。

製鉄所，満洲の鞍山製鉄所および本渓湖製鉄所生産の銑鉄であって[70]，中国産はなかった。それで上記の平壌府の華僑鋳物工場は兼二浦製鉄所産の銑鉄の仕入れが難しくなると，鞍山製鉄所および本渓湖製鉄所産銑鉄の仕入れに換えて対応したのではなかろうか。

華僑鋳物工場は上記のような挑戦に直面したにもかかわらず朝鮮釜の生産では依然として高いシェアを維持していた。1932年に朝鮮内の朝鮮釜製造用に必要な原料の銑鉄量は年間で約8,000トンであったが，そのうち朝鮮人および日本人工場が2,000トン，華僑工場が6,000トンを必要としていた[71]。華僑鋳物工場は朝鮮釜の生産量において約7割の生産量を占めていたことになる。なお，1934年の華僑鋳物工場の生産額は約100万円に上り，1928年の生産額を上回っていた[72]。

2 戦時統制強化の影響

日中戦争は華僑鋳物業をめぐる環境を一変させた。まず，日中戦争の勃発で職工が引き揚げて工場の稼動に支障をきたした。例えば，忠清北道清州の金城鉄工所の職工7名（河北省交河県出身5名，同東光県出身2名）は日中戦争直後満洲国の安東へ一時引き揚げて同地の福陞桟に待機していた[73]。同鉄工所工場主の王文倫は鋳物工場の正常化を図って，1938年1月に7名の職工を朝鮮に連れ戻そうと職工1名を安東に派遣して入国に必要な経費を手渡そうとしたが，同職員の所業が平安北道警察部に摘発されて失敗に終わった事件があった[74]。当時，朝鮮総督府は「敵国の国民」であ

---

69) 1943年1月20日収，駐元山副領事館報告〔元山領事館管内鋳造業華工概況〕「駐京城総領事館半月報告」『汪偽僑務委員会档案』（同2088-373）。
70) 京城府産業調査会（1936年）304頁。京城府の鉄工場に供給されていた各製鉄所の銑鉄の比重は兼二浦製鉄所産が全体の55％，鞍山製鉄所産が25％，本渓湖製鉄所産が20％であった。
71) 1933年6月20日収，駐鎮南浦副領事館事務張義信ヨリ駐京城総領事館宛呈「平壌等地華僑情形（一）」（同上档案）。
72) 京城府産業調査会（1936年）4頁。
73) 1938年2月28日発，忠清北道警察部長ヨリ警務局長宛「在留支那人ノ嘆願書提出計画ニ関スル件」『昭和十三年　領事館関係綴』（韓国国家記録院蔵）。7名の職工の年齢はすべて20代であった。
74) 1938年3月18日発，平安北道警察部長ヨリ警務局長宛「在留支那人ノ嘆願書提出計画ニ関スル件」（同上史料）。

る朝鮮華僑の入国および再入国を厳しく制限していた。朝鮮総督府は1938年6月に中国に引き揚げていた元朝鮮華僑およびその家族については入国および再入国を許可したため，職工7名は金城鉄工所に戻ってきたと推定されるが，日中戦争勃発による華僑鋳物工場に与えた直接的な影響は少なくなかったと考えられる。

　一方，日中戦争勃発は華僑鋳物業界に再編を引き起こした。第2節で述べたように，戦争直前まで「宋氏系列工場」と華僑鋳物業界を両分していた「韓氏系列工場」の工場主たちが本国に引き揚げると，「宋氏系列工場」が「韓氏系列工場」を買収し，「宋氏系列工場」が華僑鋳物業界を完全に牛耳ることになったのである。

　〔表8-8〕の示すように，駐元山副領事館管内の「宋氏系列工場」は従来咸興および清津の福盛東，鉄原の永利和の3軒しかなかったが，戦争直後に「宋氏系列工場」が「韓氏系列工場」の元山および清津の同興公を買収した。なお，華僑鋳物工場は従来朝鮮釜，農具，火鉢などを主に生産してきたが，日中戦争後にはそれに加えて鉱山用ベアリング，船舶機器，鉱山用品，機械部品などの生産にも乗り出して生産品を多角化していたことが確認される。華僑鋳物工場が朝鮮釜市場での独占を背景に，日本人鋳物工場が主に生産していた製品の生産にも参入したことが読み取れる。

　一方，朝鮮総督府による戦時統制強化は華僑鋳物工場の経営に多大な影響を及ぼした。日本政府は戦争遂行のため人的および物的資源を統制運営する目的で，1938年4月に「国家総動員法」を公布し，翌月5日より朝鮮にも施行した。物資は軍需，官需，輸出需要，民需物資に区分されて，民需よりは軍需，官需，輸出需要などが優先されるように統制された。朝鮮釜の製造の主要な原料である銑鉄は軍需用の重要な物資であったため，国家総動員法の朝鮮施行直後に公布された朝鮮総督府令第94号によって「朝鮮総督ノ指定スル物品又ハ其ノ部分品ハ銑鉄ヲ以テ之ヲ鋳造スルコト」が禁止された[75]。朝鮮総督府は告示第399号で華僑鋳物工場が朝鮮釜ととも

---

75) 国学資料院編（1996年）250頁。

表 8-8　駐元山副領事館管内の華僑鋳物工場の現況（1942年）

工場名	生産品	所在地	工場主	資本金
福盛東	朝鮮釜・農具・鉱山道具・機械部品	咸興府曙町3丁目	宋万明 王連貴(代理)	5万円
華慶公	発動機・朝鮮釜・農具・鉱山道具・船舶機器	元山府海岸通6丁目	林貞華	4万円
同興公	農具・鉱山道具・船舶用品・朝鮮釜	元山府本町5丁目	田炳煥	5万円
福盛東	鉱山用ベアリング・朝鮮釜	清津府浦項町	趙文祿	5万円
同興公	農具・鉱山道具・船舶用品・朝鮮釜	清津府浦項町	王延吉	4万円
義順東	農具・朝鮮釜	咸境北道雄基郡	謝国棟	2万円
徳生利	農具・朝鮮釜	咸境北道吉州郡	朱荊璞	4万円
永利和	農具・朝鮮釜	江原道鉄原郡	王文海	2万円

出典：1943年1月20日収，駐元山副領事館報告〔元山領事館管内鋳造業華工概況〕「駐京城総領事館半月報告」（同上档案）。

に主要な生産品であった火鉢などをその指定品目とし[76]，華僑鋳物工場はその生産ができなくなった。しかし，華僑鋳物業の主たる生産品の朝鮮釜は鋳造禁止品目に指定されなかったため，華僑鋳物工場の朝鮮釜製造は継続された。

　ところで，朝鮮総督府令第94号の実施後，銑鉄が統制品目に帰して公定価格制および配給制が導入される[77]と，朝鮮釜の製造にも影響が及んだ。銑鉄の配給は，各工場が銑鉄の必要量を管轄の道庁に提出して，道知事はそれをまとめて需要者別割当量および主要製品内訳書を朝鮮総督府の鉱工局長宛に提出し，鉱工局長はそれを各主務担当者と協議して各道別の割当量を決定して，道庁を通じて各工場に銑鉄の配給が行われた[78]。銑鉄の配

---

76) 国学資料院編（1996年）250～251頁。
77) 1943年1月20日収，駐元山副領事館報告〔元山領事館管内鋳造業華工概況〕「駐京城総領事館半月報告」（同上档案）。ただ，戦時統制期に朝鮮内の銑鉄生産量は1936年に比べて1940年には2倍，1944年には5.3倍に増加した（堀（1995年）57頁）。
78) 朝鮮総督府官房・学務・法務・警務局「第八六回（昭和十九年十二月）帝国議会説明資料」『朝鮮総督府帝国議会説明資料』第10巻（不二出版，1994年）164頁。

給は1940年初めまでは毎月配給であったのが，その後には四季配給と変わり，配給量は次第に減少した。例えば，元山府の同興公は月別配給時には月に3トンであったのが，四季配給に変わってから3か月に4トンに減った。同府の華慶公は毎月8トンから3か月に10トンになり，両鋳物工場の配給量の減少率は5割強であった。

このような現象は華僑鋳物工場に限られることではなかった。朝鮮の鋳物業は1938年度に物資統制によって工場108軒，職工2,517名，生産減少額2,468千円の影響を受けていた[79]。新義州府では1938年10月頃に軍需下請の鋳物工場には平壌兵器製造所の斡旋で原料および燃料の配給があったが，華僑鋳物工場をはじめとする一般の鋳物工場には全く配給がなされず，手持ちの原料の消費後には休業を余儀なくされる状況にあった[80]。

華僑鋳物工場は日中戦争以前には先述のように兼二浦製鉄所および鞍山製鉄所生産の良質の銑鉄を使用していたが，戦争以後には中国の唐山方面から輸入された質の悪い銑鉄に替わった[81]。銑鉄の公定価格は1942年に1トン当たり150円であって，これを朝鮮釜などに鋳造して販売すれば1トン当たり3倍の利益を上げ，戦前の2倍より高かった。

しかし，原料配給の減少により華僑鋳物工場は操業短縮および休業を余儀なくされ，工場稼働率を低下させた。その結果，華僑鋳物工場の朝鮮釜生産量は戦争以前に比較的大きい工場が年間1万個，小さい工場が7,000～8,000個を生産していたが，1940年代初め頃には各々3,000個と1,000個に激減した[82]。なお，朝鮮釜の販売価格は朝鮮総督府によって重量，大きさ，深さなどに応じて7種類に分けられ，各々製造業者最高販売価格，卸売最高販売価格，小売最高販売価格が公に定められており，鋳物業者が勝手に値上げすることは禁止された。これによって華僑鋳物工場の経営はか

---

79) 金（2000年）340頁。
80) 新義州商工会議所「戦時経済の強化と中小商工業の影響調査」『新義州商工会議所月報』第116号（新義州商工会議所，1938年10月）11頁。
81) 1943年1月20日収，駐元山副領事館報告〔元山領事館管内鋳造業華工概況〕「駐京城総領事館半月報告」（同上档案）。
82) 1943年1月20日収，駐元山副領事館報告〔元山領事館管内鋳造業華工概況〕「駐京城総領事館半月報告」（同上档案）。

なり厳しく，同工場は華僑職工のリストラで対応せざるを得なかった。その結果，華僑鋳物工場の職工数は戦争以前に大きい工場では40名に上るほどであったのが1940年代初めには12〜15名にまで減少した。

　駐京城総領事館はこのような華僑鋳物工場の厳しい状況を深刻に受け止めて問題解決を図ろうとした。1943年11月に東京で開かれた日本および朝鮮地域の領事会議に出席した駐京城総領事館の領事が華僑鋳物業の実態について行った次の報告を参照しよう。

　　華僑貿易商および鋳物商（著者：鋳物業者）などの業務は急激に低落して持続の方法がなく破産のありさまを呈している。その原因は実に配給原料物資の過少にあると考える。友邦の配給制の施行を調査すると国策類多く行っているが，製品販売成績が配給の基準になっている。目下華僑鋳物商の成績は日本人および朝鮮人よりとくに劣らないが配給は逆に日本人および朝鮮人より少なく，誠に遺憾である。友邦当局に関係機関に販売成績に応じて配給を与え営業を維持できるようにし，また是をもって華商を再び甦らせるか否かは公議で決めるよう請うことができる[83]。

　同領事は原料配給における華僑鋳物工場への差別を指摘し，それを是正すれば華僑工場を回復させることができると指摘している。駐日本大使館および駐京城総領事館が実際当局に公正な配給の実施を要請したかは不明であるが，たとえ要請が受け容れられて華僑鋳物工場に公正な配給が行われたとしても，戦争末期に突入して銑鉄不足が深刻さを増す中，銑鉄の配給量は一層減少せざるをえなかったに違いない。

　銑鉄の不足により戦時統制期に閉鎖された華僑鋳物工場は少なくなかった。1943年6月10日に朝鮮の鋳物工場に雇用されていた華僑職工は234名

---

83) 原文「華僑貿易商鋳物商等之業務一落千丈竟至無法支持而呈倒閉之景象，考其原因実由於配給原料物資過少之故，査友邦配給制度之施行雖為■行国策類多以售貨成績為配給標準，目下華僑之成績較諸日鮮商人殊不落後，而配給反較日鮮商為少誠為遺憾，擬請友邦当局通令関係機関按照售貨成績予以配給俾維営業，而使華商得以復甦是否可行請公決」（「第二次領事会議記録 1943年」（同上档案））。

であって[84]，1930年10月の712名より3分の1に激減した。当時1工場当たり約12〜15名であったことを考えれば，16〜20軒の華僑鋳物工場が存続していたと推定される。華僑職工の各道別分布をみれば，京畿道に84名[85]，平安北道に51名，平安南道に31名，咸鏡南道に20名，咸鏡北道に19名，全羅南道に8名，忠清北道に6名，忠清南道に10名，慶尚南道に5名であったが，慶尚北道，江原道，黄海道，全羅北道には一人もいなかった。〔表8-7〕と照らし合わせると，慶尚北道の双和永，全羅北道の同興永が閉鎖されたことが確認できよう。元韓国華僑の徐国勲氏は双和永について「中国を侵略する戦争の勃発によって鉄鋼が欠乏し，鋳造の原料は買い付けるところがなかった。そこで工廠は一時期休止した[86]」と証言しており，同工場の閉鎖は間違いなかったと考えられる。さらに，朝鮮の解放直前には華僑鋳物工場の数はさらに減少して10数軒に過ぎなかった[87]。

しかし，華僑鋳物業は華僑靴下製造業がほぼ完全に没落したのと異なって，戦時統制期にもその命脈を維持していた。このことは，解放後の華僑鋳物業の展開にも影響を与えることになる。

おわりに

以上見てきたように，本章では華僑鋳物業についてその成立，発展，萎縮の過程および原因について検討した。

まず，華僑鋳物工場は1910年代に設立されたが，その背景には朝鮮における日本産および中国産の朝鮮釜に対する需要があったことを指摘した。華僑鋳物工場が1920年代に朝鮮内に急速に増加したのは1920年および

---

84) 朝鮮総督府（1944年b）10頁。統計に外国人と出ているが，外国人職工のほとんどは華僑であり，華僑とみなしても差し支えない。1941年8月10日現在の鋳物業の華僑職工数は267名であった（朝鮮総督府（1942年）8頁）。
85) 1941年末京城府には双和祥，福聚盛，泰興の3軒の鋳物工場が操業しており，職工84名はこの3軒の鋳物工場で働いていたと推定される。なお同府には朝鮮釜を製造する鋳物工場は1軒もなく，3軒の華僑鋳物工場が同府および近隣地域の朝鮮釜を独占的に供給していた（京城商工会議所（1943年）附録11頁）。
86) 原文「因侵華戦争的爆発，鋼鉄欠乏，鋳造原料無処収購而工廠隔於停頓了一段時期」（2005年3月に徐国勲氏の書面による証言による）。
87) 華僑誌編纂委員会編（1958年）76頁。

1924年の朝鮮釜に対する関税率引上の影響が大きかったことを明らかにした。

次に，華僑鋳物工場は大体「宋氏系列工場」，「韓氏系列工場」という2大勢力に属され，「宋氏系列工場」の場合は安東本社の福聚成によって各系列工場が統治され，緊密な関係の下に経営されていたこと，鋳物工場の経営主および職工はすべて河北省交河県およびその付近出身者であることを明らかにした。なお華僑鋳物業において河北省交河県からの連鎖移住を確認することができた。

華僑鋳物工場は朝鮮において朝鮮釜の生産では約7割で独占的な地位を占めていたが，その原因については，華僑鋳物工場が華僑職工の割安な賃金に支えられた低廉な価格と中国の「鋳造之郷」として知られていた交河県出身職工の優れた技術力による優良な品質があったことを朝鮮人および日本人鋳物工場との比較を通じて解明した。

なお，華僑鋳物業は1931年排華事件の影響を受けたものの，華僑靴下製造業とは異なって，朝鮮釜製造部門では依然として高いシェアを維持していた。しかし，戦時統制期には原料の銑鉄の配給量が減少することにより操業短縮および休業を余儀なくされて閉鎖する工場が相次ぎ，華僑鋳物業が萎縮したことを明らかにした。

第Ⅱ部の小結論

　ここでは，朝鮮華僑製造業が東アジア近代史，朝鮮近代史，華僑近代史の文脈においていかなる意味および示唆を与えるかについて，検討してみたい。
　朝鮮華僑の靴下製造業と鋳物業はいずれも中国国内において民族産業として発達して後，朝鮮に移植された製造業という共通点を有している。中国の靴下製造業は江蘇省，浙江省，広東省などの華南から勃興して次第に華北に広がり，第1次世界大戦期およびその直後には新義州対岸の遼寧省の安東に相次いで靴下製造工場が設立された。そのうち相対的に経営規模の大きい玉源茂，晋興恒などが朝鮮の靴下需要を見据えて新義州に進出したことと，新義州華僑織物商が靴下製造業に進出したことが，華僑靴下製造業の始まりであった。
　一方の華僑鋳物業は中国国内の主要な鋳物産地の河北省交河県を起源とする。同県出身の鋳物師は中国内に広がり各地に鋳物工場を設立したが，その一つの場所が安東であった。安東の福聚成などは朝鮮での釜の需要を見据えて最初は新義州に進出して後，引き続き京城，平壌，大邱など朝鮮各地に支店を広めたのである。
　新義州華僑靴下製造業および華僑鋳物業は安東の本社より派遣された支配人により経営され，双方は密接な関係にあった。鋳物工場の場合，支配人および鋳物師などの職人はほとんど交河県かその付近の出身であって，連鎖移住が確認された。
　次は朝鮮近代史の文脈における意味と示唆することについてみよう。朝鮮華僑製造業が朝鮮内製造業の全体に占める比重はさほど高くはなかった。例えば，華僑資本の工場は1928年の場合，全体の工場数で占める比重は1.6％，資本金では0.1％，従業者数では1.5％，生産額では0.4％であった。それに対して，日本人資本（官公署含む）と朝鮮人資本が同年に工場数，資本金，生産額において各々全体の46.8％・92.6％・76.0％，51.5％・

4.6％・22.9％を占めていた[1]。

但し，靴下製造業と鋳物業部門では，前者が1920年代に朝鮮人の靴下製造業に脅威を与える勢力として，後者が朝鮮釜の生産では独占的な地位を占めていた存在として明らかにした。なお，平壌の慶興工廠および慶興徳工廠には平壌の華僑富豪慶興徳の資本が投下されていたことが確認され，朝鮮人の「民族資本」を代表する平壌の朝鮮人靴下製造業に華僑資本が投下されていたことを提示することができた。

次は華僑近代史の文脈における意味および示唆することについてみよう。近代期華僑の製造業は商業に比して未発達であったことは周知の通りである。しかし，東南アジア華僑はゴム加工業，錫精錬業，製糖業，椰子油製造用，タバコ製造業，精米業，マッチ製造業，醸酒業などの部門において大きな勢力を形成していた[2]。1930年の東南アジア華僑の工業部門への投資額は約2億8,800万円に上っていたと推計されており[3]，決して少ない金額ではなかった。各国の各製造業における華僑資本の比重は各製造業によって程度の差こそあったが大体において原住民よりはるかに高く，欧米人よりは低かった。

朝鮮華僑製造業の種類および規模はこのような東南アジア華僑の製造業とは比べ物にならないが，東南アジア華僑にはあまり見られない鋳物業と靴下製造業が発展していたことは，朝鮮華僑の特徴の一つであると考えられる。

一方，日本華僑の製造工場はほとんどなかった。その主要な理由は，製造業などに従事する華僑労働者は，1899年公布の勅令第352号および内務省令第42号，内務大臣訓令第728号によって，従前の居留地および雑居地以外における居住および「業務」が禁止されたことが大きかった。なお，日本国内では華僑商人の製造業への進出が禁止され，例えば，マッチ製造

---

1) 朝鮮総督府『昭和三年　朝鮮総督府統計年報』（朝鮮総督府，1930年）202～203頁。華僑以外の外国人の工場もあったが非常に少なかった。
2) 福田（1939年）104～107頁。
3) 福田（1939年）100～101頁。

は日本の製造業者に対して融資を行い,買い上げたマッチを香港,中国などに輸出していた[4]。朝鮮政府および朝鮮総督府は華僑の製造業への進出を制限する措置を執ることはなかったし,製造業に従事する華僑労働者の居住および「業務」を許可制にしたが禁止することはなかった。このような政策的な相異が日本華僑の製造業より朝鮮華僑の製造業を発展させた一因として働いたと考えられる。

なお,朝鮮華僑の靴下製造業と鋳物業は労働集約性が高く,初期資本が少なくてすんだため,日本人資本と競合しないニッチ・ビジネス(niche business)であったという共通点を有する。世界各地へ散らばる華僑ビジネスに共通する特性の一つは「ニッチ・ビジネス」といわれる[5]が,朝鮮華僑の靴下製造業と鋳物業でもそのような特性を確認することができた。

華僑近代史では従来「朝鮮華僑＝山東華僑」という等式で捉えてきた。第Ⅰ部の華僑織物商はまさに「朝鮮華僑＝山東華僑」の典型であるが,鋳物業部門では河北省出身の華僑がほとんどを占め,河北幇ネットワークが形成されていたことが明らかになっており,「朝鮮華僑＝山東華僑」という等式が必ずしも成立するものではないことを提起することができたと考える。

---

4) 神戸華僑華人研究会編(2004年)38頁。
5) 陳(2007年)937頁。

第Ⅲ部
華僑農民

平壌市内の華僑野菜行商
出典：朝鮮総督府（1932年 a）写真126頁。

　第Ⅲ部では，華僑農民による野菜栽培の実態の把握を通じて，華僑農民が近代朝鮮の農業にいかに関わり，どのような位置を占め，どのような役割を果たしたかについて検討する。第9章では，華僑農民が近代朝鮮において大都市の野菜供給を独占していた実態およびその原因について華僑農民の野菜栽培および販売網，山東省との結びつきを考察する。第10章では，1931年排華事件から日中戦争勃発までの時期を中心に，華僑農民の野菜栽培活動が一時萎縮する原因について分析する。第11章では，華僑農民の野菜栽培および販売活動が日中戦争にいかに影響され，戦時統制強化によってどのように変容されたかについて検討する。

第9章

華僑農民による野菜栽培の生成および発展

はじめに

　本章では，1880年代から1920年代までの時期を対象として京畿道を中心に華僑農民の野菜栽培の生成および発展の原因，野菜栽培および販売の実態について考察する。

　まず，華僑農民が朝鮮の野菜栽培および生産においてどのような位置を占めていたかを検討した後，朝鮮の大都市の野菜供給において高い比重を占めていた華僑農民が朝鮮で野菜栽培を始めた経緯，山東省から朝鮮に移住した背景について考察する。続いて，華僑農民が朝鮮の野菜栽培において相当な勢力を形成するようになった原因について，華僑農民の野菜栽培の特徴およびその販売網を中心に検討する。

第1節 　華僑農民の野菜生産状況

　華僑農民の戸数および人口は，1931年排華事件および満洲事変が起こった1931年，および日中戦争が勃発した1937年を除いて増加する傾向にあった。「韓国併合」直前の1908年には146戸・524名であったのが，1910年には374戸・1,427名，1930年には3,331戸・1万3,489名，1943年には4,438戸・2万3,119名に達した。特に1943年の華僑農民の戸数および人口は朝鮮近代期において最多であり，同年での日本人農民の戸数および人口5,977戸・2万8,933名に迫るものであった（〔表9-1〕参照）。華僑農家の

表9-1　華僑農家の戸数・人口および地域別分布（単位：戸・名）

道　別	1908	1910	1915	1920	1925	1930	1935	1943
京畿道	50	206	160	226	352	472	267	188
忠清北道	—	4	4	12	26	47	29	11
忠清南道	—	20	32	52	75	105	54	22
全羅北道	10	20	42	58	81	174	97	44
全羅南道	—	8	13	10	26	58	30	29
慶尚北道	—	2	14	35	73	134	48	15
慶尚南道	1	3	7	6	22	24	14	2
黄海道	9	9	58	115	222	351	264	349
平安南道	44	43	129	185	319	452	305	759
平安北道	32	42	57	87	396	642	663	1384
江原道	—	5	9	6	21	68	44	20
咸鏡南道	—	12	65	92	208	354	352	635
咸鏡北道	—	—	25	82	222	450	470	980
華僑								
農家戸数	146	374	615	966	2,043	3,331	2,637	4,438
農民人口	524	1,427	1,769	3,654	7,120	13,489	11,707	23,119
総人口	9,978	11,818	15,968	23,989	46,196	67,794	57,639	75,776
日本人								
農家戸数	806	2,132	9,573	10,210	9,470	10,505	8,419	5,977
農民人口	2,613	6,892	35,453	40,868	39,533	45,903	37,321	28,933

出典：一記者「朝鮮問答」『朝鮮』第22号（朝鮮雑誌社，1909年12月）98頁；朝鮮総督府『朝鮮総督府統計年報』（各年）；南朝鮮過度政府編纂（1948年）16〜25頁・42頁より作成。

戸数が朝鮮華僑の戸数に占める比重は，1910年には12.1％，1930年には19.9％，1935年には20.3％，1943年には30.5％を占め，農業は朝鮮華僑の主要な経済活動の一つであった。

しかし，華僑農民が朝鮮の全農民の中で占める比重は，華僑農民の人口が最も多い1943年でも全戸数の0.14％に過ぎず（日本農民は0.20％[1]），朝鮮人農民が圧倒的に多かった。しかし，華僑農民の戸数は朝鮮の農民総戸数のなかではわずかであるが，その戸数のほとんどが野菜栽培を行っていたことに注目する必要がある。

1930年の国勢調査によれば，華僑農家3,457戸の内訳は，米作に従事す

1）南朝鮮過度政府編纂（1948年）42頁。

る農家は自作，小作，自作兼小作をあわせて97名（戸）に過ぎず，「その他の自作業主」229名（戸），「その他の小作業主」3,102名（戸），「その他の自作兼小作業主」12名（戸）の合計3,343名（戸）はそのほとんどが野菜を栽培していた[2]。これは華僑農家の96.7％が野菜栽培を行っていたことになり，華僑農家および農民が主として野菜栽培に従事していたことが分かる。

一方，朝鮮人と日本人農家が米作を行う比重は各々全体の70％と74％であり，ほとんどが野菜栽培に従事していた華僑農家とは主要な栽培農産物が異なっていた。同国勢調査では，朝鮮人と日本人農家が米作以外に何を栽培していたかに関してはデータが得られないが，米作以外を栽培する日本人農家は1,139名（戸）[3]に過ぎず，仮にそのすべてが野菜栽培に従事したとしても野菜栽培の華僑農家は日本人農家の3倍以上になる。

次に，華僑農家の作付面積について検討を行うが，朝鮮総督府の野菜作付面積の統計は民族別に区分されていないため，今のところ断片的なデータを手がかりに推計するしかない。京畿道の場合，1923年の京城府および仁川府を除いた地域での華僑農家243戸の作付面積は58万7,900坪（戸当たり平均2,419坪）であり[4]，一方，京城府の華僑農家は1920年頃では戸当たり約1町歩（3,000坪）を耕作していた[5]。

1910年の鎮南浦府の華僑農家54戸の野菜作付面積は5万2,500坪で戸当たり972坪に過ぎなかった[6]。新義州府における1930年頃の華僑農家の作付面積は，大規模の農家では5,000〜6,000坪，小規模の農家では2,000〜3,000坪であった[7]。元山府では1934年に1,100〜4,000坪であった[8]。このよう

2）朝鮮総督府（1934年a）248〜249頁。植民地期朝鮮では外国人に土地所有権が与えられていた。華僑所有の土地は1920年頃では田畑26万2,094坪，水田2万9,562坪，敷地8万3,072.1坪であった（京城商業会議所「調査資料　在鮮外国人所有土地」『朝鮮経済雑誌』第68号（京城商業会議所，1921年8月）21〜24頁）。
3）朝鮮総督府（1934年a）248〜249頁。
4）「中国人의蔬菜業」『東亜日報』1924年11月14日。
5）京城府（1934年）517頁。
6）鎮南浦新報社編（1910年）108頁。
7）1931年編，駐在新義州領事館報告「駐在地華僑之農工商学各業及散在各地之僑民戸口」『南京国民政府外交部公報』第4巻第1号（同上資料）53頁。

に，華僑農家の作付面積は地域および時期によってばらつきが大きく，小作料の関係により大体において都市部では狭く，農村部では広い傾向があり，一定していなかったが，約3,000坪であったと推定される。

華僑農家の作付面積が戸当たり1町歩だとすれば，〔表9-1〕の戸数に1町歩をかければ朝鮮内の作付面積を求めることができ，1910年に374町歩，1915年に615町歩，1920年に966町歩，1925年に2,403町歩，1930年に3,331町歩，1935年に2,637町歩，1943年に4,438町歩になる。朝鮮内の野菜栽培作付面積が1930年に15万町歩，1935年に17万町歩である[9]ため，華僑農家の野菜作付面積が全体に占める比重は1930年に2.2％，1935年に1.6％になる。絶対的な比重はさほど大きくないが，華僑農家が農家総戸数の約0.1％に過ぎなかったことを考えれば，決して小さくない比重である。なお，後述するように，華僑農家は野菜畑一枚に年に何回も野菜を栽培していたため，作付面積だけでは華僑農家の野菜生産の状況は把握しがたい。

華僑農家の野菜生産額についても作付面積と同様に公式的な統計がないため，断片的なデータを手がかりに推定するしかない。1910年の華僑農家の年間生産額は反（300坪）当たり40.5円～100円と見積もられ[10]，1920年の京城府の華僑農家の野菜生産額は反当たり平均60円～70円であった[11]。1910年の鎮南浦府の華僑農家の野菜生産額は反当たり152円と非常に高かった[12]。1930年の富仁地域の華僑農家250戸の年間生産額は18～21万円であり[13]，戸当たり720～840円であった。朝鮮総督府商工課の調査によれば，1925年の華僑農家988戸の年間生産額は75万5,475円で[14]，反当たり

8）1935年3月9日編，駐元山副領事館報告「元山僑務之概要」『南京国民政府外交部公報』第8巻第3号（同上資料）73頁。
9）小早川九郎編（1960年）104頁。野菜作付面積は1930年までは大根，白菜の作付面積のみが公表されたが，その他の野菜は1931年の統計から取り入れられた。1930年の作付面積のうちその他の野菜作付面積は1931年と同じ4万7,000町歩として計算した。
10）山口（1911年）156頁。
11）京城府（1934年）715頁。
12）鎮南浦新報社編（1910年）108頁。
13）1932年4月5日収，駐仁川辦事処暫代主任張義信ヨリ駐朝鮮総領事宛呈「仁川公設市場之菜類販売権」『駐韓使館保存檔案』（同03-47, 218-02）。
14）「中国人生産額年四千余万円」『東亜日報』1926年1月23日。

76.5円であった。華僑農家の野菜生産額は作付面積と同様に地域と時期によってばらつきがあるが，おおむね反当たり70〜80円であったとするのが妥当であろう。

だとすれば，華僑農家は平均作付面積が1町歩と推定されるため，〔表9-1〕の農家の戸数に700〜800円をかければ，朝鮮内の華僑農家の年間生産額が導き出される。1910年に26万1,800円〜29万4,200円，1915年に43万500円〜49万2,000円，1920年に67万6,200円〜77万2,800円，1925年に143万100円〜163万4,400円，1930年に233万1,700円〜266万4,800円，1935年に184万5,900円〜210万9,600円になる。このような華僑農家の野菜生産額が朝鮮の野菜生産額に占める比重は，1915年に1.4〜1.7％，1920年に1.7〜2.0％，1925年に3.7〜4.2％，1930年に4.8〜5.5％，1935年に3.2〜3.7％を各々占めていたことになる[15]。

華僑農家による野菜生産額が1930年に朝鮮内の野菜生産額の4.8〜5.5％に達しているのは，高い水準である。さらに朝鮮の野菜生産額は市場で販売された金額ではなく生産総額であり，華僑農家は朝鮮人農家のように自家消費のための野菜栽培ではなく，もっぱら市場向けの商業用の野菜栽培であったことを考慮すれば，市場化された野菜販売額に占める比重は生産総額での比重より一層高くなる。野菜生産額の何割が市場化されたかは知るすべがないため推定のしようがないが，華僑農家は主に大都市の郊外で野菜を栽培しており，大都市の野菜供給に占める華僑農家の比重を示す資料が散見されるため，以下に参照したい。

華僑農家は1924年に「京城市中の蔬菜は3割以内[16]」，仁川府では同時期に「需要する蔬菜の7割[17]」を供給していた。朝鮮総督府の調査によれば，平壌府では「府内の野菜需要の大部分」，鎮南浦府では「野菜の栽培

---

15) 朝鮮の野菜生産額統計は，小早川九郎編（1960年，114頁）の場合，1930年までは白菜，大根などの3種類の野菜の統計であること，1929〜1933年の物価下落を反映していないため，主要な野菜13種の生産額を1934〜1936年平均価格で換算した朴氏（2001年，76頁）の実質価格の推計データを利用した。
16)「中国人菜蔬売況」『朝鮮日報』1924年8月10日。
17) 朝鮮総督府（1924年b）50頁。

も亦ほとんど独占」、元山府では「需要野菜の約8割」、清津府では「府住民の野菜需要の約8割」が華僑農家によって供給されていた[18]。

　大都市以外の地方での主要都市においても、華僑農家の野菜栽培は盛んに行われていた。1929年には咸鏡北道会寧郡の華僑農家57戸が「3,200余戸1万5,560余人口の食料に供給される蔬菜は……全部」を供給していた[19]。平安北道宣川郡の華僑農家12戸は1927年邑内の1万5,000名の住民に華僑行商40名を通して野菜を独占供給していた[20]。平安北道の江界郡では1930年に華僑農家18戸による販売額が11万8,700円に上り、同地の野菜供給を独占する地位にあった[21]。全羅南道の光州郡の華僑農家は1926年に5戸に過ぎなかったが1931年には50戸に増加して、市内野菜需要の全部が彼らに独占されていた[22]。すなわち、華僑農家は大都市および地方の主要都市の野菜供給で高い比重を占めていたのである。

　このような華僑農家の野菜栽培および生産について、朝鮮人および朝鮮在住日本人はどのように受けとめていたか見てみよう。1920～1931年に朝鮮語新聞の『朝鮮日報』・『東亜日報』・『毎日申報』、日本語新聞の『京城日報』に掲載された、華僑農家の野菜栽培および販売に関する記事を時期が早い順にその見出しを列挙すれば、「仁川野菜状況、地元産は大概中国人の手で[23]」（1924年4月20日）、「農業も中国人に[24]」（1924年9月19日）、「野菜も中国人[25]」（1924年9月21日）、「蔬菜耕作の中国人朝鮮内に1万名、朝鮮人は被逐状態[26]」（1924年9月21日）、「中国人の蔬菜業、第一打撃は朝鮮人のみ[27]」（1924年11月14日）、「仁川の蔬菜は支那人の勢力が

18）朝鮮総督府（1924年 a）161・172・196・203頁。
19）「会寧華僑農民菜蔬権独占」『朝鮮日報』1929年8月23日。57戸の生産額は約4万円であった。なお、1935年では華僑農家45戸による生産額は約7万円に増加した（「中国人에（に）独占된（された）会寧의（の）蔬菜栽培」『朝鮮日報』1936年5月26日）。
20）「宣川邑内에서（で）中国物不買同盟」『朝鮮日報』1927年6月16日。
21）「中国人蔬菜収入勿驚十一万円朝鮮사람이이만치뺏겨（人がこれだけ奪われる）江界一郡에（に）이런（こんな）数字」『東亜日報』1930年11月3日。
22）「光州附近의（の）中華農激増」『毎日申報』1931年9月1日。
23）「仁川野菜状況土産은（は）大概中国人의（の）손으로（手で）」『東亜日報』1924年4月20日。
24）「農業도（も）中国人에（に）」『東亜日報』1924年9月19日。
25）「평성귀도（野菜も）中国人」『東亜日報』1924年9月21日。

独占の地位を占めた[28]」(1924年11月15日),「富川郡内の中国人蔬菜業年間の生産額7万円,朝鮮人はすべて打撃[29]」(1924年11月26日),「内鮮人の共同戦線　支那人の野菜屋に対抗[30]」(1930年3月7日),「鮮内蔬菜栽培を支那人に奪はる　朝鮮農会頻りに機関雑誌で痛論[32]」(1930年8月9日),「中国人蔬菜収入凡そ11万円,朝鮮人がこれだけ奪われ,江界1か郡にこんな数字[31]」(1930年11月3日),「中国人農民2,600,5年前(より)3倍半[33]」(1931年3月8日)である。

上記の記事の見出しから分かるように,朝鮮人社会は華僑農家による野菜生産に対して強い警戒感を抱いていたばかりか,華僑農家に収入を奪われているという認識さえみられる。『東亜日報』は1924年9月22日付の「中国人の職業侵奪」と題した社説で,華僑商人と労働者に続き華僑農民の旺盛な野菜栽培活動を紹介した後,「いくら我らがうまく言い訳をしても責任を転嫁することはできないであろう。今日中国人が我らの職業を侵奪する武器は強力でもなく偶然でもない。もっぱら信用と勤勉であり……我らの欠点を指摘して広く同胞の反省[34]」を促した。なお,朝鮮農会機関紙の『朝鮮農会報』1930年8月号の巻頭言では,朝鮮人農家が不景気に窮迫していることを尻目に華僑農民が急速な人口増加と莫大な利益を得ていることを指摘して,「支那人蔬菜業者を駆逐すべし」と過激な表現を用いながら,朝鮮人農民の奮闘を督励した[35]。一方,朝鮮総督府嘱託の小田内

---

26)「蔬菜耕作의(の)中国人朝鮮内에(に)一万名朝鮮人은(は)被逐状態」『朝鮮日報』1924年9月21日。
27)「中国人의(の)蔬菜業第一打撃은됴션사람뿐(は朝鮮人のみ)」『東亜日報』1924年11月14日。
28)「仁川의(の)蔬菜와(と)支那人의(の)勢力独占의(の)地位를(を)占하얏다(めた)」『毎日申報』1924年11月15日。
29)「富川郡内의(の)中国人蔬菜業年産額七万円朝鮮人은(は)모다(すべて)打撃」『朝鮮日報』1924年11月26日。
30)「内鮮人の共同戦線　支那人の野菜屋に対抗」『京城日報』1930年3月7日。
31)「鮮内蔬菜栽培を支那人に奪はる　朝鮮農会頻りに機関雑誌で痛論」『京城日報』1930年8月9日。
32)「中国人蔬菜収入勿驚十一万円朝鮮사람이이만치쌧겨(人がこれだけうばわれる)江界一郡에(に)이런(こんな)数字」『東亜日報』1930年11月3日。
33)「中国人農民二千六百,五年前三倍半」『朝鮮日報』1931年3月8日。
34)「社説　中国人의職業侵奪」『東亜日報』1924年9月22日。

通敏も朝鮮部落調査の報告書に華僑農民の野菜栽培について紹介しつつもその勢力について非常に警戒していた[36]。

要するに，華僑農家は都市部の野菜供給において高いシェアを占めていて，それが朝鮮人および日本人に華僑農民に対する警戒感を抱かせていたのである。次節では，華僑農家が朝鮮の野菜生産において大きな勢力を形成するようになった原因について歴史的に追ってみたい。

第2節 華僑農民による野菜栽培の生成過程

1 朝鮮開港期における華僑農民の野菜栽培

華僑農民による野菜栽培の生成過程を具体的に検討するため，京畿道を事例として取り上げたい。その理由は2つある。第1に，京畿道の華僑農家の戸数は，朝鮮内の華僑農家に占める割合が1910年に55％，1915年に26％，1920年に23％，1925年に17％，1930年に18％であり，1920年代初めまでは最も多かったが，次第に平安北道など朝鮮の北部地域に追い抜かれたものの，華僑農家による野菜栽培が旺盛に行われた道としての地位を保っていたためである（〔表9-1〕参照）。

第2に，京畿道は朝鮮の野菜生産額では常に首位を保ち，朝鮮における野菜生産の中心地であったためである。例えば，1935年の野菜生産額は989万4,804円で全道の17.6％を占めて首位にあった[37]。なお，京畿道は野菜大消費地の京城府と仁川府を抱えていて，野菜栽培には好条件の地理的位置にあった。上記の2つの理由により，京畿道は華僑農家の野菜栽培について検討するのに，最もふさわしい地域といえる。

京畿道への華僑農民の移住が始まったのは1887年頃と非常に早かった。朝鮮総督府の調査資料は，華僑農民の最初の移住の経緯を次のように紹介している。

---

35)「巻頭言 支那人蔬菜業者を駆逐すべし」『朝鮮農会報』第4巻第8号（朝鮮農会，1930年8月）。
36) 朝鮮総督府（1924年b）36頁。
37) 朝鮮総督府（1937年）1～2頁。

仁川開港以来内地人及支那人の増加するに従って，蔬菜類の需要尠からざるに着目し，明治二十年頃山東人にして，戎克船の乗組員なるもの種子を芝罘より輸入し，富川郡多朱面の鮮人と共に蔬菜栽培に従事したのが支那人農業者来住の嚆矢である。当時農業に従事せし者は王及姜の二名であった[38]。

　すなわち，山東省出身の王と姜の姓を有する華僑2名が1887年頃に仁川港の開港に伴って日本人および中国人の移住が増加し，野菜に対する需要が大きくなることに着目し，芝罘より持ってきた種子で野菜を栽培したのが始まりだということである。1887年という年は，京畿道だけでなく，近代朝鮮における華僑農民の野菜栽培が始まった年でもある。これは日本人農民の朝鮮移住が「大凡明治二十七，八年の日清戦争頃[39]」とされるのに比べて7～8年早かったことになる。

　なお，王氏と姜氏が仁川府に野菜栽培を始める前年の1886年には，仁川の日本居留地，清国居留地，各国居留地に居住する華僑は205名，日本人は706名であって[40]，この2名が野菜を常食とする約1,000名の需要に着目して栽培を始めたことになる。仁川の居留地居住の外国人人口は1893年に3,215名（そのうち華僑は711名，日本人は2,054名）に増加して野菜に対する需要は一層増え，華僑農家は1892年に約5戸（22名）[41]，さらに日清戦争直前には15戸に増加した[42]。

　華僑農民が移住初期に，どのような野菜栽培および販売活動を展開していたかについては，駐仁川日本領事館が1894年8月に本国へ向けて行った

38）朝鮮総督府（1924年a）109頁。2名が野菜を栽培していた地域は仁川府内牛角里一帯であった（「仁川과（と）中国人勢力」『東亜日報』1924年4月17日；「中国人의（の）蔬菜業」『東亜日報』1924年11月14日；「野菜消費五万斤仁川서만（だけで）十七万円」『東亜日報』1924年4月20日）。
39）小早川九郎編（1944年）586～587頁。
40）仁川日本人商業会議所（1908年）71～72頁。
41）仁川府編纂（1933年）1526頁。農民以外は，職工371名，商人100名，官吏27名であった。
42）朝鮮総督府（1924年a）109頁；「野菜消費五万斤仁川서만（だけで）十七万円」『東亜日報』1924年4月20日。

第9章　華僑農民による野菜栽培の生成および発展

報告に詳細に紹介されている。

　　　三四年来清国山東省民ノ移住シ来ルモノ逐年増加シ，此輩盛ンニ菜類，茄子，黄瓜，葱，玉蜀黍等ヲ培殖シ，其勤勉ト廉価ニ販売スルトハ到底本邦人ノ拮抗スルコトアタハザルモノナリトテ，近年本邦人ハ専ラ沢庵，菜漬等ヲ製造スルヲ目的トナシ，菜蔬等ノ販売ハ清国人ニ委シテ顧ミザルモノアルニ至レリト云フ，又清国農夫ハ耕植ノ暇弊衣垢面各自竹籃ニ少許ノ野菜ヲ盛リ，朝鮮人ト均シク我居留民ノ門戸ニ就キ買ハンコトヲ求メテ止マザルガ如キ，彼輩ガ営業ニ熱心ナル実ニ驚歓ニ堪ヘザル所ニシテ，此輩菜蔬ヲ販売シタル余剰ヲ蓄積シテ毎冬帰国ノ際少クモ三四十円ノ金ヲ携フト云フ，而シテ本邦農民ハ四五年間ノ久シキ本港ニアルモノト雖モ未タ會テ十数金ダモ懐中セルコトヲ聞ザルナリ[43]。

　この報告により，華僑農民は胡瓜（きゅうり），茄子，葱，トウモロコシなどの野菜を勤勉に栽培し，日本人居留民の家を訪問して廉価に販売しており，日本人農民が彼らに到底拮抗しえないほどその栽培と販売が優れていたことがうかがえる。駐仁川日本領事館の報告と同様に，朝鮮開港期の日本人農民の野菜栽培および販売と華僑農民のそれと比較して，日本人農民の奮起を促す声が少なからずみられる。

　日本人農民は「蔬菜を自身作付するの労を厭ひ往々朝鮮人の栽培せるものを買求め之を市場に持出し一の口銭取に甘ん[44]」じる一方，朝鮮人および華僑農夫を雇用して野菜を栽培するため廉価な野菜を供給できなかった[45]と指摘する声もあった。そのため，統監府農商工務部農林課は1906年に仁川に移住しようとする本国の日本人農民に対して，「予メ忍耐力ノ強キ勤勉ナル支那人ト競争スルコトヲ念頭ニ置カサルヘカラス[46]」と戒めた。

43) 金敬泰編『通商彙纂　韓国篇①』（復刻版，麗江出版社，1987年）644〜645頁。
44) 山口（1911年）157頁。
45) 鎮南浦新報社編（1910年）109頁。
46) 統監府農商工務部農林課（1907年）68頁。

一方，日本人および華僑の増加に伴う野菜需要の増加に対して，朝鮮人農民はいかに対応したかという問題も見逃せない。朝鮮人農民は朝鮮開港期に「蔬菜栽培業を以て特殊な生産部門と一般に考へられる傾向が大であった[47]」こと，自家用の栽培が主をなしており，商業用の野菜栽培は京城，開城などの一部地域に限られていた[48]。なお，「朝鮮蔬菜は其種多からず白菜，大根，水芹等の外内地人の口に適するもの割合に少なく特に記すへきもの無[49]」いとされ，朝鮮人農民は日本人が好む葱，玉葱，茄子，ジャガイモ，サツマイモなどの野菜の需要を満たせていなかった[50]。

　その結果，朝鮮開港期に日本人の人口が急増するに伴い，朝鮮内の生産では朝鮮在住日本人の野菜需要を満たせず，日本，中国などより大量の野菜を輸入していた。1908〜1910年の3か年平均で玉葱の輸入額は1万7,066円（うち1万6,330円は日本からの輸入額），サツマイモは2万232円（同1万7,868円），ジャガイモは9,639円（同7,145円），3つの野菜以外の他の野菜は12万2,961円（同11万3,019円），合計16万9,898円（11万3,019円）[51]に上り，野菜輸入額のうち91％は日本からの輸入であった。

　つまり，華僑農民は朝鮮在住日本人の求める野菜の供給不足をとらえて，日本人の好む新鮮な野菜を廉価に販売した。このことが，朝鮮開港期の華僑農民による野菜栽培の成功の背景にあったと考えられる。華僑農民の野菜栽培に対して，朝鮮語新聞の『独立新聞』は「野菜栽培をするにも……大韓の人より賢く真面目でありしっかりとしている[52]」と論じており，華僑農民を警戒する声は朝鮮開港期にすでに挙がっていたのである。

　一方，仁川における華僑農民の存在を浮き彫りにしたのは日清戦争であった。戦争に直面した華僑農民は「馬鈴薯大根其他皆ナ其種苗ノ至小ナルモノ迄掘尽シ之ヲ売却シテ帰国ノ途ニ就[53]」き，その結果「野菜ニ至ル

47）小早川九郎編（1944年）12頁。
48）小早川九郎編（1944年）347頁。
49）山口（1911年）155頁。
50）統監府農商工務部農林課（1907年）68頁。
51）朝鮮農会「調査資料　朝鮮輸移出入農産品価格三年対照」『朝鮮農会報』第6巻第7号（朝鮮農会，1911年7月）6〜7頁。
52）「위급한일（急ぐべき事）」『独立新聞』1898年7月18日。

迄何レモ二倍内外ノ騰貴ヲ現ハシ……秋後ニ至ラバ一層ノ欠乏ヲ告グルニ至ルベシ[54]」の状況をもたらした。

しかし，1895年4月に日清講和条約が締結された後に，再び仁川に戻ってきた華僑農民に加えて，新しく移住した農民も増え，1906年での華僑農家は156戸（540名）に達し，商業戸数91戸（549名）[55]を上回り，開港期の仁川において華僑農民は華僑経済活動の主要な一角を形成するにいたったのである。

仁川より始まった華僑農民の野菜栽培は隣の漢城付近にも広がった。龍山で野菜栽培を行っていた華僑農耕業主の劉義泰が1899年1月19日夜に彼の住宅に侵入した10名余に銀洋25元を盗まれた[56]という記事があることから，漢城付近でも1899年以前よりすでに華僑農民による野菜栽培が行われていたことがうかがえる。華僑農民の耕作地は龍山より漢城付近の東大門外の延禧面，西大門外の孔徳里などに広がり，胡瓜，ホウレン草，チシャ菜，大根などを栽培していた[57]。1908年の漢城府の華僑農民は13戸（50名）であり[58]，1910年には華僑農民は同地の野菜需要の5％を供給し，日本人農民の3％をやや上回っていた[59]。

華僑農民の野菜栽培は仁川，漢城から次第に各地の開港場の外国人居留地の周辺に広がり，とりわけ平壌[60]，鎮南浦[61]，群山[62]で華僑農民の野菜栽培が盛んに行われた。

---

53) 1894年6月20日発，在仁川二等領事能勢辰五郎ヨリ在京城特命全権公使大鳥圭介宛「全羅民擾報告宮闕内騒擾ノ件」『駐韓日本公使館記録一』（復刻版・国史編纂委員会編，1988年）。
54) 金敬泰編（1987年）650頁。しかし，華僑農民全員が帰国したのではなかった。次の記事がそれを立証する。「仁川在留の支那人は今や十四五名に過ぎず此等は極貧者にして農業に従事し若くは他人の使役に属せるものあり我居留民は却って彼等を憐れみ彼等が持来る農産物は価段よく買取り与ふる」（「仁川在留の支那人」『大阪毎日新聞』1894年9月3日）。
55) 1906年春季，仁川中華会館呈「華商人数清冊：各口華商清冊」『駐韓使館保存档案』（同02-35, 041-03）。日本人の統計によれば，1908年4月末の華僑農家は92戸（183名）になっているが，それには府内しか含まれていない可能性がある（仁川開港二十五年紀念会（1908年）43頁）。
56) 高麗大学校亜細亜問題研究所編（1974年）640～641頁。
57) 京城府（1934年）516～517頁。
58) 一記者「朝鮮問答」『朝鮮』第22号（朝鮮雑誌社，1909年12月）98頁。
59) 山口（1911年）156頁。

2 華僑農民と山東省との関係

　1927年12月末現在の京畿道における華僑農家345戸の地域的分布を示せば，富川郡140戸，高陽郡85戸，仁川府48戸，始興郡32戸，振威郡12戸，驪州郡8戸，京城府5戸，安城郡5戸，水原郡3戸，広州郡・開城郡・利川郡各2戸，可平郡1戸であった（〔図9-1〕参照）。京畿道の華僑農家の分布は野菜の大消費地である京城府と仁川府を軸に形成され，京城府およびその周辺の高陽郡，始興郡の122戸，仁川府およびその周辺の富川郡に188戸が位置し，前者の「京城圏」と後者の「仁川圏」に京畿道の華僑農家の約9割が集中していた。

　「仁川圏」である富川郡に京畿道の華僑農家の4割が集中していることに注目しよう。同郡への華僑農家の移住が始まったのは1907年頃であった[63]。仁川府内で野菜栽培を行ってきた華僑農家の耕作地が市街地になったことにより，隣の富川郡に移住したのがきっかけであった。同郡における華僑農家の戸数および人口は1924年7月に98戸・324名[64]であったのが，1927年12月末には140戸・530名，1930年10月には1,189名（男性946・女性243[65]・約340戸）に急増した。富川郡のなかでも仁川府と隣接する多朱面に華僑農民が集中していた。1930年10月現在の多朱面の民族別人口構成をみれば，朝鮮人8,057名（全体の85.3％），日本人352名（3.7％）に対して，華僑は1,035名[66]（11％）で，面民の1割が農民を主とする華僑であった。

---

60) 平壤の華僑農家は1909年に主に白菜を栽培して良好な成果を上げていたが，大根，葱，ジャガイモの作付面積は広くなかった（恩田鉄彌「平壤に於ける果樹及蔬菜栽培法」『朝鮮』第3巻第6号（朝鮮雑誌社，1909年8月）75～76頁）。
61) 鎮南浦の華僑農家は1908年に60戸・191名に上った（富田儀作「鎮南浦附近の農業経営一班」『韓国中央農会報』第2巻第7号（韓国中央農会，1908年7月）17頁）。
62) 山口（1911年）156頁。
63)「富川郡内의（の）中国人蔬菜業」『朝鮮日報』1924年11月26日；「中国人의（の）蔬菜業者」『東亜日報』1924年11月17日。
64)「富川郡内의（の）中国人蔬菜業」『朝鮮日報』1924年11月26日；「農業도（も）中国人에（に）」『東亜日報』1924年9月19日。
65) 朝鮮総督府（1932年b）62～63頁。ただ，この人数は同郡の華僑総人口であるが，華僑農民の戸数が総戸数の約8割を占めていた（一特派員「일흠죠흔（名前良い）富川郡」『開闢』第48号（1924年6月）125頁）。
66) 朝鮮総督府（1932年b）62～63頁。

第9章　華僑農民による野菜栽培の生成および発展　289

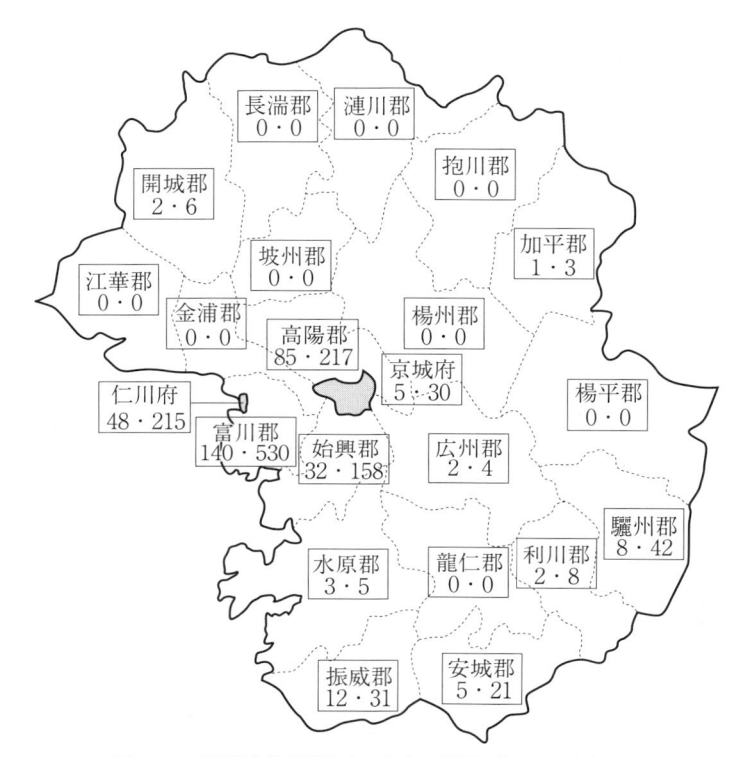

図 9-1　京畿道在住華僑農家の各府・郡別分布（1927年）
出典：京畿道（1929年）13～14頁より作成。
注：図の中の数字は、左側は華僑農家の戸数、右側は華僑農民の人数である。

　華僑農耕業主で構成された「仁川中華農業会[67]」の会員228名（1930年）の居住地別分布をみれば、会員の77％に該当する176名の華僑農耕業主が多朱面で野菜栽培を行っていた[68]。その居住地を里単位に分けてみれば、龍亭里に60名（全体の26.3％）、長意里に318名（16.7％）、道禾里に33名

---

67) この組織は1912年に組織された。それに関する詳細は後述する。
68) 1930年、中華労工協会仁川支部呈「中華農会会員冊」『駐韓使館保存档案』（同03-47，191-02）。富川郡以外は仁川府の万石町に15名、松坂町に7名、花町に6名、新町に4名、野菜市場に4名、花房町に2名、栗木里に2名、内里に1名、富平に1名、山根町に1名が居住していた。

（14.5％），士忠里に23名（10.1％），鶴翼里に9名（3.9％），新花水里に8名（3.5％），金谷里に5名（2.2％）の順で，同面の中でも龍亭里，長意里，道禾里，士忠里に集中していたことが分かる。

同会の会員228名の出身省はすべて山東省であった。その出身地を県別に分類すれば，栄成県が63名（全体の27.6％），牟平県が60名（同26.3％），諸成県が38名（同16.7％），文登県が27名（同11.8％），莱陽県が9名（同3.9％），日照県が8名（同3.5％），肥城県が7名（同3.1％），即墨県が7名（同3.1％），寿光県と棲霞県が各々2名，黄県が1名，福山県が1名，県不明が2名であった[69]。富仁地域の華僑農耕業主の出身地は山東省の中でも仁川に近い東沿岸地区の栄成県，牟平県，文登県，莱陽県が多数を占め，青島の隣である諸成県，日照県，肥城県がその次であり，山東半島の中央および北部地域はほとんどいなかった。1930年頃の忠清南道大田の華僑農民約200名の出身地も文登県，黄県，牟平県，莱陽県であり[70]，富仁地域とあまり変わりなく，朝鮮へ移住した華僑農民は山東省の東沿岸地区出身者が相対的に多かったと判断しうる。仁川府および富川郡の華僑農耕業主の年齢は，10代が1名（全体の0.5％），20代が37名（同16.2％），30代が105名（同46.1％），40代が58名（同25.4％），50代が22名（同9.6％），60代が5名（同2.2％）であり[71]，働き盛りの20代〜40代が中心で50代も少なくなかった。

次に富仁地域の華僑農耕業主の履歴について見てみよう。同会会員のうち移住前の履歴が把握できるのは同会の幹部10名である。張忠（65歳）は1898年に朝鮮に移住して多朱面龍亭里で野菜栽培を行っていた。彼は諸成県黒石庄出身で幼い時から家庭の農業に携わり，30代初めに朝鮮に移住した。張毓山（38歳），姜級（37歳），劉孝全（38歳），姜所学（30歳），王文緒（50歳），孫世鴻（31歳）はいずれも張忠と同様に幼い時から家庭の農業に従事して，朝鮮に移住した農民であった。仁川府松坂町居住の姜煥成

---

69) 1930年，中華労工協会仁川支部呈「中華農会会員冊」（同上档案）。
70) 1930年編，駐仁川領事館報告「管内各巨埠華僑状況」『南京国民政府外交部公報』第3巻第2号（同上資料）149〜150頁。
71) 1930年，中華労工協会仁川支部呈「中華農会会員冊」（同上档案）。

(32歳) のように1916年に芝罘所在の中国人商店の仁大号で4年間商業に従事した後，1920年に仁川に移住して野菜栽培を行うという経歴の農民もいたが，大概は出身地で農業に従事していた。幹部10名の移住時期は，1890年代に1名，1910年代に3名，1920年代に6名であり，学歴は無学5名，私塾で2〜3年間学んだ者が5名であった[72]。

　一方，同会の会員が同地に移住して野菜栽培を行った要因に関しては，会員録に記されていないため，別の資料を利用して検討してみたい。山東大学華僑華人研究所長の晁中辰氏が1980年代に韓国より故郷の日照県に帰国した39名（男性29名・女性10名）の元韓国華僑について聞き取り調査を行った結果によれば，同県生まれの27名が朝鮮に移住した理由は，「生計を立てるため」が17名（全体の63％），「移住先の親類と友達を頼りに」が7名（26％），「家庭不和」が2名（7％），「逮捕を逃れて」が1名（4％）であった[73]。移住前の職業は，貧農19名（全体の70％），農夫3名（11％），中農1名，木匠1名，写真師1名，理髪師1名，小商人1名であり，貧農出身がほとんどであった。すなわち，故郷の経済的な理由が朝鮮移住のプッシュ要因の一つであったことが分かる。

　ところで，富仁地域の華僑農耕業主のうち日照県出身は全体の3.5％に過ぎず，ほとんどが山東省の東沿岸地区出身であったことに注目する必要がある。荒武達朗氏[74]と山内雅生氏[75]は同地区が1910，1920年代に経済的発展や好況が続き，山東省の他の地区よりも相対的に豊かになっており，同地区出身の満洲移住は必ずしも経済的な要因によってなされたのではなかったと主張する。両氏は従来の研究で山東省人の満洲移住の背景として零細な土地経営，自家経営地のみでは生活できない経済的要因が強調されていた点を見直そうとしたのである。両氏の指摘はこの地区の中国人農民の朝鮮移住にも当てはまることであり，日照県のように経済的貧困が朝鮮

---

72) 1930年，中華労工協会仁川支部呈「中華農会会員冊」（同上档案）。
73) Chao（1998）p.468.
74) 荒武（2008年）。
75) 山内（2006年）。

移住の主要な要因ではなかったことを示唆する。

それに関連して，群山在住の呂建芳氏（1946年生まれ）の証言[76]は同地区の華僑農民の朝鮮移住の要因把握の手がかりになるため，以下に証言の概要を述べておく。

彼の父親（1909年生まれ）と伯父（1899年生まれ）は山東省莱陽県出身であった。伯父は1920年に群山に来て同郷出身の劉氏農家の農夫として働いた。伯父は賃金を貯めて野菜栽培をする農耕業主になり，1926年に彼の父親を故郷から連れてきた。彼は「中国で貧しいから移住したのではなく……その当時韓国にきて農事をやれば相当のお金を稼いだ」という話しを聞いたという。なお「その当時は韓国にくると金稼ぎが良くて朝鮮に来ていたチョンガー達，中国では最高の婿がねでした」とも話した。彼の伯父の故郷から1km離れたところに劉氏の故郷があった。劉氏はもともと忠清北道の永同で織物商店を経営していたが「年末に計算をしてみると織物商店を経営して稼ぐ収入より農業で稼ぐ収入の方が良かった。それでその方が（良いということで）織物商店をやめて（群山に）行って農業をやった」と話した。彼の父親は23歳の時に故郷に帰って結婚をし，1941年に伯父から独立して1964年に死亡する直前まで農耕業主として野菜栽培を行ったという。

まず，呂氏が「中国での生活が貧しいから移住したのではなく……その当時には韓国にきて農業をやれば相当のお金を稼いだ」という証言に注目する必要がある。つまり山東省でのプッシュ要因よりも朝鮮で野菜栽培をすればより高い収益を得られるという見込み，朝鮮でのプル要因がより強かったことを示唆する。朝鮮での野菜栽培が高い収益を見込めたことは他の史料でも裏付けられる。日本人農事試験場技師の恩田鉄彌は「韓国併合」直前に朝鮮主要都市での野菜および果樹栽培の状況を調べた結果，野菜の需要より供給が少ないことと交通不便による運搬費を要するために，日本よりも「韓国ニ於ケル蔬菜ハ品質如何ヲ問ハス一体ニ価格貴シ[77]」と

---

76) 具（2007年）318〜324頁。

分析し，日本人の朝鮮での野菜栽培を勧めた。これは華僑農民にも当てはまる話であり，山東省人にとって朝鮮は野菜栽培で高い収益を得る「好機の地」であったのである。

一方，呂氏の伯父と父親の朝鮮移住と野菜栽培の経緯をみれば，同郷の劉氏が先に朝鮮に移住して野菜栽培を行い成功すると，同郷より彼の伯父を農夫として呼び寄せ，伯父は賃金を貯めて野菜栽培の農耕業主になり，今度は同郷から彼の父親を農夫として呼び寄せた。前述の通り，日照県出身の朝鮮移住の原因の26％が先に移住した親類や友人を頼った移住であり，山東省人の朝鮮移住には連鎖移住（chain migration）が確認される。

もう一つの移住の背景としては，朝鮮と山東省における農夫の間に賃金の格差が存在していたことも見逃してはならない。日照県に近い青島付近の農夫1日の賃金は1920年代初めでは0.25円で[77]，朝鮮華僑の1日平均賃金は1922年7月では鉱工業1.13円，土木建築業1.59円，農業0.7円であった[79]。農夫だけを比較すると朝鮮の方が2.8倍割高であって，農夫として朝鮮移住するだけの充分なインセンティブがあったのである。

ところで，農夫として朝鮮に移住して農耕業主になるケースが多かったが，最初から農耕業主として移住する華僑農民もあった。その場合，富仁地域の農耕業主として野菜栽培を行うためには初期費用として小作料が坪当たり0.06～0.1円と種子代が必要であった[80]。仮に1町歩を耕作するとすれば，小作料は180～300円となり，小作料は前約として半額が必要となるため，小作料は90～150円が要り，種子代と農具などを購入する費用まで入れると，少なくとも200～300円の資金が必要であったと考えられる。富仁地域の華僑農耕業主はこの初期費用を「郷土から持って来た金を種子代とし，肥料は無代か廉価で辨ずるやうにし，中には自分の耕地を借りる時

---

77) 恩田（1909年？）50頁。一方，1910年代初めに京城在住日本人が朝鮮人の野菜畑を次々と住宅地として購入して野菜畑の面積が減少したことが京城における野菜供給不足の一つの要因であった（朝鮮研究会編（1915年）77～78頁）。
78) 篠原英太郎「山東省の農業観」『朝鮮農会報』第17巻第12号（朝鮮農会，1922年12月）3頁。
79) 朝鮮総督府内務局社会課（1923年）17頁。
80) 朝鮮総督府（1924年b）49頁。

の保証人又は地主たる支那人から一時融通するものもあり,又支那人の食料雑貨商から生産品と代償する約束で融通[81]」して調達していた。

さて朝鮮移住の華僑農民がほとんど山東省出身であることは野菜栽培において少なからぬ意味を有する。恩田は彼らが「故国ニ在リテ蔬菜栽培ニ経験アルモノナルカ故ニ其栽培ノ術ヤ頗ル熟練[82]」なると指摘した。山東省は緯度上,地質上,気候上野菜生産の好適地として古い歴史を有する地域で,近代期には葱,韮,菠薐,蒜,辣椒,蓮根,芹菜,芋などの生産額が中国の省のなかですべてにおいて1位であった[83]。山東省産の野菜は芝罘を通して満洲に大量に移出され[84],朝鮮にも少なくない野菜が輸出されていた。

山東省の野菜名産地は黄河下流の沿岸地帯を以て省内第1の名産地と称せられ,また河川の流域および半島内に発する諸川の流域においても多数の名産地があった。黄県,文登県,牟平県は野菜の名産地として知られていた[85]が,前述の通り富仁地域の華僑農民はこれらの地域の出身者が多かった。なお,近代に極東ロシアの都市に野菜を独占的に供給していたのも都市近郊で野菜を栽培していた華僑農民であり,彼らのほとんどは山東省出身者であった[86]。

要するに,華僑農民が山東省出身であることが,華僑農民の野菜栽培が盛んであったことと関連性があると考えられるが,それに関しては次章で検討したい。

---

81) 小田内(1925年)34頁。華僑農民の中には小作地の朝鮮人および日本人地主から初期費用を借りる者もあった(「中国人野菜経営者는(は)平壌近郊에(に)二百戸」『毎日申報』1931年7月20日)。
82) 恩田(1909?)47頁。
83) 華北事情案内所編(1939年)30～31頁。
84) 興中公司大連事務所(1938年)12頁。
85) 南満洲鉄道株式会社天津事務所調査課(1937年)13～16頁。
86) イゴリR・サヴェリエフ(2005年)218～219頁。

第3節　華僑農民の野菜栽培の特徴と販売

1　野菜栽培の特徴

　華僑農民による野菜栽培がいかになされたかを具体的に検討するため，前述の富川郡を事例に取り上げてみたい。

　朝鮮総督府嘱託の小田内が1923年に富川郡の華僑による野菜栽培について調査した結果が〔表9-2〕である。調査地は文鶴面，南洞面，多朱面の3か面で，調査戸数は188戸，耕地総面積は148町歩（44万4,000坪），戸当平均耕地面積は0.79町歩（2,370坪）であった。各面の戸当耕地面積は多朱面が0.55町歩（1,650坪），文鶴面が0.87町歩（2,610坪），南洞面が3町歩（9,000坪）であり，南洞面が最も広く多朱面，文鶴面の順であった。同じ郡内でも平均面積が異なるのは，土地の小作料（借地料）と関係があると考えられる。

　1924年に多朱面の4つの里と文鶴面の2つの里に居住する華僑農家98戸の野菜栽培耕地面積は28万2,592坪で，その小作料は1万1,932円で[87]，坪当たり平均小作料は約4銭であった。南洞面の小作料は不明であるが，仁川府と隣接している多朱面と文鶴面に比べると仁川府から遠いため，2つの面より相対的に小作料が低かったと推定される。同面の5戸の平均面積が3町歩と非常に広かったのにはこのような原因が働いていたのだろう。なお，上述の98戸の華僑農家は324名の農夫を雇い[88]，この地域における華僑農家は平均して農耕業主1名を含めて4.3名が野菜栽培に従事していた。

　富川郡における華僑農家の野菜栽培の特徴については，酉水孜郎が1930年代半ばに多朱面龍亭里の華僑農家の野菜畑を視察して著した論文によくまとめられているため，それを中心に検討しよう。

　第1の特徴は，「彼等は実に勤勉，その労を惜しまずに畑の世話をする点，そして耕地が極めて整然と整へられてゐる点[89]」である。酉水は豪雨

---

87)「中国人의（の）蔬菜業者」『東亜日報』1924年11月17日。
88)「中国人의（の）蔬菜業者」『東亜日報』1924年11月17日。

表 9-2　富川郡在住華僑農家の野菜栽培状況（1923年）

各　面	調査戸数（戸）	全耕地面積（町歩）	1戸当たり平均面積（町歩）	家族一人当たり面積（町歩）
文鶴面	100	87	0.87	0.22
南洞面	5	15	3.1	0.37
多朱面	83	46	0.55	0.11
合　計	188	148	0.79	—

出典：朝鮮総督府（1924年b）46頁。
注：南洞面の1戸当たり平均面積は原資料には3.1と記載されているが3.0の誤記とみられる。

の後の晴れた朝に同地を訪れた時に，朝鮮人農民が畑で働いているのはほとんど見られないのに対して華僑農民はもうあちこちで働いている姿を見て驚いたと述べた。小田内も華僑農民の勤勉さについて，「耕地に対する彼等の労働の精根は，到底内鮮人の想像すら及ばない所で，家族の全員は全く日出と共に起床し日没に至るまで野外作業に従事する[90]」と驚嘆した。農事技師の恩田も華僑農民の勤勉さを「専心業務ニ熱中シ常ニ時期ヲ誤ラサル[91]」と称えた。

　第2の特徴は，堆肥等の有機肥料を豊富に使用する点である。野菜栽培は労働力と肥料との結合によって行われ，質の高い葉を大量に得ることが，良質の野菜を生産する鍵となる。なお，1932年に平壌で2,800坪の白菜を栽培する朝鮮人農家の費用構成をみれば，無機肥料を主とする肥料代が費用総額の70.8％，小作料が12.4％，人夫賃金が11.7％，種子代が5.1％を各々占めていた[92]。すなわち，野菜栽培は肥料代をいかに節約するかが低価格での生産に欠かせなかったのである。酉水は「山東人農業者は毎日オンドルの灰を附近の家から集め，一方では人糞尿を汲みとって来てこれらを混合して堆肥の製造に余念がない。そしてかうして得た堆肥を春の融氷をまって畑に入れ[93]」ていたという。華僑農耕業主は野菜畑付近に大き

89）酉水（1936年）24頁。
90）小田内（1925年）33頁。
91）恩田（1909年？）49頁。
92）斎藤茂「平壌附近に於ける直隷白菜栽培状況」『朝鮮農会報』第6巻第2号（朝鮮農会，1932年2月）73頁。

な肥溜を設けるのが普通であり[94]，耕地のそばに家屋を設けてその一角に養豚をしてできた豚糞を肥料として使った[95]。華僑農耕業主は不足する肥料については官庁などの糞尿を割安な値段で購入していた。富仁地域では華僑農家の野菜組合の仁川農業公議会が仁川府庁など官庁の糞尿を請け負って，各組合員の華僑農家に糞尿を割り当てる[96]一方，各農家は独自に「仁川附近に於ては，府内の人糞尿を有償又は無償で引受け，又其の農作物を戸毎に販売して歩く時に寄附してもらう約束をするのが多[97]」かったという。

　第3の特徴は，集約的な野菜栽培を行っていた点である。酉水は「支那人の畑には胡瓜，茄子，葱，キャベツ，漬菜，トマト，南瓜，冬瓜，西瓜等の蔬菜類が非常に多い。間作や混作は内地の畑よりも極端で[98]」あると述べた。小田内も「其の耕地を区分して各種の配列をなし，春蔬菜から夏蔬菜，それから秋冬蔬菜へと輪作をなしてゆく。此の輪作を行ふ為に一枚の畑を年中何回となく使用するから結局広い面積を耕作すると等しい結果にな[99]」ると高く評価した。恩田は「耕地ノ利用ニ巧ミナルコト[100]」と表現した。『東亜日報』は，「日本人は比較的広大な面積に馬鈴薯を栽培し，朝鮮人は従来とおり大根，白菜のほかにいくつかの野菜を栽培するだけ。中国人は集約的に狭い面積を利用して様々な野菜を栽培する[101]」と称えた。

---

93) 酉水（1936年）25頁。
94) 朝鮮総督府（1924年b）48頁。それが問題になったことがある。新義州府彌勒町の住民40名は，1935年6月初めに同府衛生課に対して，華僑農民が野菜栽培のために作っておいた人糞溜池から悪臭が発散するのを取り締まるように陳情した（「中国人野菜田에（に）人糞使用禁止陳情」『朝鮮日報』1935年6月7日）。
95) 小田内（1925年）36頁。
96) 1930年6月25日発，仁川中華農業公議会董事王承謁ヨリ駐朝鮮総領事宛呈「仁川農会紛糾案」『駐韓使館保存档案』（同03-47，192-03）；小田内（1925年）33頁。
97) 朝鮮総督府（1924年b）48頁。
98) 酉水（1936年）26頁。
99) 朝鮮総督府（1924年b）47頁。春野菜にはホウレン草，葱，芹，夏野菜には茄子，胡瓜，甜瓜，トマト，夏大根，葱，甘藷，馬鈴薯，秋冬野菜には大根，白菜，蕪菁，人参，牛蒡，玉葱，根深葱，山芋，里芋を栽培していた。
100) 恩田（1909年？）49頁。
101)「中国人의蔬菜業」『東亜日報』1924年11月14日。

西水が以上のように指摘した華僑農民の野菜栽培の３つの特徴に加えて，華僑農民の野菜栽培技術と，優良な中国産種子の使用も考慮すべきと考えられる。

　まず，華僑農民の技術的な面である。華僑農民は気候上乾燥の度合いが朝鮮より一層激しい山東省よりきているため朝鮮の気候に適応しやすかった。例えば，山東省の中国人農民は必ず野菜畑の一隅に水源を構え，いつでも潅漑ができるように設備を整えていた[102]。なお華僑農民は時に温室をつくり冬季にも野菜を栽培していた[103]。華僑農民の温室はビニールハウスではなく障子紙（在来の朝鮮紙）に，釜に入れて沸かした荏（え）の油をブラシで振り撒いて乾かしたペーパーハウスであった[104]が，朝鮮人農民にはこのような野菜の温床栽培が普及していない時期であり，当時としては革新的な技術であった。恩田はこのような華僑農民に対して「蔬菜栽培ノ技術ニ巧妙ナルコト」と賞賛した。仁川農業公議会会員の于本海は「僑農の栽培技術は極めて優れていて，日本人と朝鮮人が遠く及ばない能力である[105]」とその巧妙なる技術を自認していた。

　次は，華僑農家が播種していた優良な中国産野菜種子である。山東省は近代に豊富な野菜品種および種子を保有し，現在も野菜品種資源が１万余種に達する世界３大野菜生産基地の一つである[106]。平壌公立農業学校教諭の斎藤茂は1930年代半ばに平壌付近で栽培されていた中国産野菜品種を調査した結果，「当地方では支那産蔬菜の品種が或は支那原産種子が，内地在来種乃至内地産種子に比して広く適品種として栽培されつゝある事実を発見した。当地方に於ける蔬菜栽培者は支那人が非常に多い関係上支那産の蔬菜が非常に多い。殊に或品種にありては日本種を凌駕する経済的の品

---

102) 野木伝三「朝鮮の蔬菜栽培に就いて（下）」『朝鮮農会報』第９巻第３号（朝鮮農会，1914年３月）17頁。
103) 朝鮮総督府（1924年 a）109頁。
104) 2010年５月４日に韓国大邱にて行った韓国華僑の楊春祥氏へのインタビューによる；具（2007年）378～379頁。
105) 原文「以僑農蒔種之技甚精，遠非日鮮人所能（1932年４月５日収，駐仁川辦事処暫代主任張義信ヨリ駐朝鮮総領事宛呈「仁川公設市場之菜類販売権」（同上档案））。
106) 金（2004年）15頁。

種となり，もっぱら支那種系統の蔬菜が独占して居る感がある[107]」と述べた。京城の『朝鮮週報社』は1932年5月に社内に農事改良部を設けて各種優良種子を実売配給する計画を立て，駐京城総領事館に中国の優良白菜種子と大根種子の紹介を依頼し，同総領事館は白菜種子として山東省平度県産出の「包頭蓮」，黄県産出の「黄県敦」，牟平県産出の「州菜」，大根種子として山東省平度県産出の「敲頭青」などすべて山東省産種子を紹介した[108]。

なお，京城府中央卸売市場に1939年度に入荷された野菜の月別入荷量の番付をすれば，中国産種子で栽培された白菜と朝鮮産種子で栽培された白菜の月別入荷量の順番は，4月は各々17番目・36番目，5月は22番目・44番目，6月は78番目・52番目，11月は4番目・5番目，12月は3番目・4番目，1月は2番目・14番目，2月は2番目・18番目，3月は9番目，31番目であった[109]。すなわち，冬季と春季白菜の場合，中国産種子で栽培された白菜が朝鮮産種子で栽培された白菜の出荷量を大きく上回っていた。

朝鮮で主に栽培されていた白菜の種子としては開城白菜種，中国直隷種，中国芝罘種があった[110]。開城白菜種は朝鮮伝統の種子として朝鮮人農民が朝鮮内にわたって栽培していた種子で，恩田は「其品質ノ良好ナル遠ク我栽培スル菜類ノ上ニアリ[111]」と称賛したほか，他の日本人も「其品質優良に有名なる支那白菜も或は一歩を譲るの感あり[112]」と高く評価していた。しかし，水原農林学校が1908年に清国より白菜の種子を取り寄せて栽培した結果，「結球宜く同時に栽培せし開城白菜の結球に比して其質緻密堅固に出来て両者の間大に軒輊あるを見たり」と，朝鮮を代表する開城白菜より優れていたと報告した[113]。なお直隷白菜種は朝鮮の気候土質に適し

---

107) 斎藤茂「平壌地方に栽培される支那産蔬菜に就いて」『朝鮮農会報』第9巻第3号（朝鮮農会，1935年3月）20頁。
108) 1932年5月26日発，朝鮮週報社ヨリ駐朝鮮総領事館宛「請査示中国優良菜種名称及産地」『駐韓使館保存档案』（同03-47，218-17）。
109) 京城府（1941年b）109〜112頁。
110) 李智鉉「農業技術　蔬菜栽培法」『農民』第1巻第4号（朝鮮農民社，1930年8月）15頁。
111) 恩田（1909年？）20頁。
112) 山口（1911年）155頁。

て栽培が容易であること，一株の重量が重く収穫量が多いこと，品質優良でキムチ漬けに適しており，平壌の朝鮮人農家はキムチ用の白菜として1910年代半ばより開城白菜の代わりに直隷白菜を栽培しはじめ，1920年代半ばには開城白菜種を完全に駆逐した[114]。

　朝鮮で栽培されていた中国産種子は白菜以外にも多かった。大根の種子としては「支那赤長二十日蘿蔔」（別名は支那姫蘿蔔），「支那青肌蘿蔔」（別名は支那青蘿蔔），ホウレン草は越冬栽培が可能な中国産種子，葱は「明水葱」と「蓋平葱」，カボチャと胡瓜は早生種の中国産種子，茄子は早生種を除いては中国産種子が珍重されていた[115]。中国産大根品種は朝鮮在来種よりその質が極めて緻密で硬く，食味も劣り漬物には向いていなかったが，簡単容易に貯蔵できる特性を有していた[116]。このような理由で朝鮮では中国から少なくない野菜種子を輸入していた。日本から毎年約30～40万円の種子が移入されて最も多かったが，中国からも約11万円を輸入していた[117]。この輸入額には華僑農民が山東省などより携帯してくる種子は含まれていないため，実際の輸入額は11万円をはるかに超えていたと考えられる。

　以上のような華僑農民の野菜栽培における5つの特徴と，華僑農民の質素な生活[118]は，生産した野菜の「売価較廉[119]」（売価が比較的廉価）と「出品肥美[120]」（品質優秀）をもたらし，朝鮮人および朝鮮在住日本人農民

---

113) 指宿武吉「清国に於ける蔬果評論（其二）」『韓国中央農会報』第3巻第7号（韓国中央農会，1909年7月）30頁。指宿は中国には優良な野菜種子が多く存在しているにもかかわらず西洋の種子に心酔している日本の姿勢を批判し，優良な中国産種子を積極的に導入することを促した（指宿武吉「清国に於ける蔬果評論（其一）」『韓国中央農会報』第3巻第3号（韓国中央農会，1909年3月）39～40頁）。
114) 斎藤（1932年2月）66～67頁。
115) 斎藤（1935年3月）21～25頁。
116) 小濱喜太郎「朝鮮大根の改良について」『朝鮮農会報』第13巻第6号（朝鮮農会，1939年6月）38頁。
117) 「野菜種子不足増産計画에（に）支障不少」『東亜日報』1938年8月9日。
118) 華僑農民は「粗衣粗食ニ甘シ他ト一切交際ヲ」しないため，朝鮮人農民および日本人農民より相対的に生活費がかからなかったという（恩田（1909年？）49頁）。
119) 1932年4月5日収，駐仁川辦事処暫代主任張義信ヨリ駐朝鮮総領事宛呈「仁川公設市場之菜類販売権」（同上檔案）。

の野菜栽培よりも比較優位に立つことができたのである。

2　販売ネットワーク

　野菜の販売は栽培と同様に重要である。いくら優良な野菜を生産してもその販売がうまくいかなければ，野菜の「生産－販売」の好循環は生まれないためである。自家消費ではなくもっぱら商業用の野菜栽培を行う華僑農家にとっては，生産した野菜の安定的な販売網の確保は朝鮮人農家より一層求められていたと考えられる。

　富仁地域の華僑農家が栽培した野菜がどのように販売されたかをみよう。同地の華僑農家栽培野菜の8割は仁川府内里と新町にある野菜市場を通して販売された[121]。仁川府新町の野菜市場は1924年現在で敷地220坪に木造亜鉛葺の建物で，華僑野菜商が建物内に売台を設けて野菜を卸売および小売にかけ[122]，朝鮮人および日本人農民は栽培した野菜をこの市場の華僑野菜商に委託して販売するなど，華僑野菜商が野菜販売を独占していた。

　華僑野菜商がこの野菜市場で独占的に野菜販売をするようになった経緯は次の通りである。この市場ができる前，仁川には野菜市場がなく，毎朝日本人と華僑が路上に野菜を並べて小売するか，朝鮮人が集まって小売する，いわば露店しかなかった[123]。華僑農民は，野菜市場の建物がなく一定しないため取引がたいへん不便であることに着目して，仁川府新町の華僑陳徳興所有の建物で野菜を販売したのが，新町の野菜市場の始まりであった[124]。

　1912年に富仁地域に仁川農業公議会ができると，この組織が同建物を野菜市場として管理した。1923年に出店する華僑農家は出盛り期には70戸，

120）1931年編，駐新義州領事館報告「駐在地華僑之農工商学各業及散在各地之僑民戸口」『南京国民政府外交部公報』第4巻第1号（同上資料）53頁。
121）「仁川野菜状況土産은（は）大概中国人의손으로（の手で）」『東亜日報』1924年4月20日。
122）朝鮮総督府（1924年 c）299～301頁。
123）恩田（1909年？）4頁。
124）1930年7月3日発，駐清津領事館張義信ヨリ駐朝鮮総領事宛呈「仁川農会紛糾案」（同上档案）。

冬季閑散期には約20戸に達した[125]。同会は1923年頃には徴収した会費から新町の野菜市場に月に50円，内里の野菜市場に同25円を各々の建物所有主に支払っていた[126]。同会は1912年に約130戸の華僑農家で始まったが，1929年には約200戸に増加し，同会の幹部は董事1名，班頭（評議員）9名，各地域別に牌頭（組長）をおいて農家を管理した[127]。会員の会費は1912年には月に0.6円，1913年には0.8円，1914年から1.0円，1926年から1.2円，1929年1月から10月までは1.0円であった[128]。

　この野菜市場を通じた富仁地域の華僑農家生産の野菜販売状況は，仁川商業会議所による調査によれば，1923年の1年間で新町と内里の野菜市場において販売された野菜は5万1,439円であった[129]。主な販売野菜は，大根8,160円，サツマイモ5,760円，白菜5,500円，葱5,000円，茄子4,500円，瓜（まくわうりとかぼちゃなど）4,400円，胡瓜3,750円，水菜3,900円，キャベツ2,500円，牛蒡(ごぼう)1,650円，里芋1,050円，真菊1,000円，ホウレン草720円であった。この売上額のうち日本人および朝鮮人農家からの野菜委託販売は全体の4％（2,500円）に過ぎず，96％は華僑農家生産の野菜であった。

　なお，新町市場で販売されていた野菜は大根，白菜だけなく，日本人の好む葱，茄子，かぼちゃ，胡瓜，牛蒡などの野菜も多かったことに気づく。当時，朝鮮内で自給自足できる野菜は白菜，芹，マッカ瓜，越瓜(しろうり)，ニンニク，菜豆，紫蘇，茼蒿，青唐辛子の九種類[130]に過ぎず，華僑農家が栽培する野菜は朝鮮内で供給不足の野菜が多かったのである。

---

125) 「仁川野菜状況土産은(は)大概中国人의손으로(の手で)」『東亜日報』1924年4月20日。
126) 朝鮮総督府（1924年a）110頁。
127) 1930年6月25日発，仁川農業公議会董事王承謁ヨリ駐朝鮮公領事宛呈「仁川農会紛糾案」（同上档案）。
128) 1931年10月2日収，仁川中華農会執行委員会ヨリ駐朝鮮公領事宛呈「仁川農会改組及賑捐」『駐韓使館保存档案』（同03-47，205-01）。
129) 「仁川野菜状況土産은(は)大概中国人의손으로(の手で)」『東亜日報』1924年4月20日；朝鮮総督府（1924年a）110〜112頁。この売上額は大口の取引および仕入額を概算したものであり，卸売と小売を合計した金額はそれを上回る6万2,790円に上った。
130) 小林林蔵「京城人の嗜好から見た蔬菜と果実」『朝鮮農会報』第10巻第8号（朝鮮農会，1936年8月）50頁。

さて，仁川およびその付近に在住する華僑農民による野菜生産額は8万～10万円に上ったが，新町市場に販売される以外，京城・釜山・大邱・平壌方面に2万5,000～3万円，日本に2万～3万円，その他船舶用に7,000円，合計5万2,000～6万7,000円が移出されていた[131]。すなわち，仁川およびその付近在住華僑農民が栽培した野菜は朝鮮内および日本まで移出されたのである。

　仁川農業公議会のような販売組織は元山府にもあった。駐元山副領事館は元山府の華僑農家生産の野菜が日本人商人によって販売を操縦されていた状況を改善して華僑農民の利益を保護するため，元山府尹と協議して京町公設市場に数100坪の区画を設け，もっぱら華僑農家生産の野菜を販売できるように要請して後藤府尹より許可を得た[132]。同副領事館と国民党元山支部は同販売所の運営のため，1933年9月に「元山華僑野菜販売社」を設立し，1935年初めには華僑農家86戸と職員11名で構成されていた。年間の会費は仁川農業公議会のように一律にせず，5等級に分けて徴収した。

　鎮南浦府の場合は，華僑農耕業主4名が常設市場の一部を借り受けて野菜を販売していたほか，朝鮮の在来市場に販売する農耕業主は1日に平均70名に達するほど多かった[133]。京城府の場合は，府内と高陽郡，始興郡の華僑農耕業主は旭町の京城食糧品市場および南大門市場に野菜を搬入し，1923年頃の出盛り期には毎日約50名，閑散期には約20名が年間約5万円の野菜を販売していた[134]。

　しかし，華僑農家の野菜販売は朝鮮全体としては常設市場を通じた販売よりも華僑行商による販売がより一般的で，「朝鮮内に於ける野菜行商中断然たる優勢を占め殆ど独占状態[135]」にあった。行商には華僑農民が栽培

131）朝鮮総督府（1924年a）112～113頁。
132）1935年3月9日編，駐元山副領事館報告「元山僑務之概要」『南京国民政府外交部公報』第8巻第3号（同上資料）76～77頁。
133）朝鮮総督府（1924年a）172頁。
134）朝鮮総督府（1924年a）68～69頁。
135）文（1941年）114頁。

した野菜を直接行商する場合と，華僑専門行商が華僑農家などから野菜を買い付けて行商する場合の二つの形態があった。なお後者の行商は個人的に販売する小規模の行商と，「自己の店舗を有して小額出資者又は店員をして小売に従事せしむる[136]」行商があった。

自己の店舗を有する華僑野菜果物販売業主は朝鮮内で1930年に486名（戸）あって，朝鮮人6,216戸にははるかに及ばないが，日本人246戸を上回っていた[137]。京城府には華僑野菜果物販売業主が64戸（同府全体の8.8％），日本人26戸（同3.6％），朝鮮人641戸[138]，仁川府には華僑38戸（同府全体の36％），日本人7戸，朝鮮人61戸あった[139]。

これらの野菜販売業主の従業員として，あるいは個人的に行商を行う華僑は，朝鮮内で1930年に1,984名に上り，朝鮮人の行商よりは少ないが，日本人246名をはるかに上回った。京畿道の華僑行商は674名で朝鮮内華僑行商の34％を占めて最も多く，そのうち京城府に597名（朝鮮人は1,126名，日本人は4名），仁川府に76名（朝鮮人は1,408名，日本人は16名）であって，とりわけ京城府に華僑野菜行商が集中していた。同府の華僑野菜行商は日本人および朝鮮人上流層の顧客をつくり，野菜籠で野菜を1戸1戸訪問して販売していた。

朝鮮人随筆家の崔以権は当時京城の華僑野菜行商について次のように述べている。

> 雨が降っても風が吹いても1日も欠かさず真面目に毎日朝我が家を訪ねてくる中国野菜行商があった。……毎日重い野菜籠を担いできて1銭2銭換えていくことだけ知っていたが，ほかにも私は彼からみたことがある。汗をかきながらも指が凍って破れても1日も欠かさず，熱心と真面目で行商しながら金稼ぎに余念がない表情を，銅銭1銭でも自分の力で稼ぐ，そ

---

136) 京城商業会議所「調査　朝鮮の対支経済関係概況」『朝鮮経済雑誌』第139号（京城商業会議所，1926年7月）8頁。
137) 朝鮮総督府（1934年a）258～259頁。
138) 朝鮮総督府（1932年b）228～229頁。
139) 朝鮮総督府（1932年b）248～249頁。

れを貴く思い，節約する姿を。そして自分の仕事に力を尽くしながら嫌気をみせず，かえって大きな希望に満ちて満足して生きているような顔を[140]。

このような華僑野菜商の増加は，京城公設市場の野菜市場の売上額を減少させる[141]ほど強い勢力を形成し，1930年代初めには華僑野菜商の売上額は約20万円に上り，京城府内の野菜消費額の約1割を占めていた[142]。

要するに，華僑農家栽培の野菜は主に華僑野菜販売ネットワークを通して円滑に販売され，華僑農家の野菜生産を促進させる役割を果たしていたといえる。

おわりに

本章では華僑農民による野菜栽培の実態について，1880年代から1920年代までの時期を対象として，京畿道を中心に考察してきた。ここで考察した内容を簡単にまとめておく。

まず第1節では，華僑農民の野菜栽培面積，野菜生産額の推計を行った上で，華僑農民は大都市および地方の主要都市の野菜供給において高い比重を占めていたこと，それに対して朝鮮人社会と朝鮮在住日本人は警戒感を抱いていたことを明らかにした。

続く第2節では，なぜ華僑農民が野菜栽培において相当な勢力を形成するに至ったかを探るために，まずその生成過程および華僑農民の朝鮮移住の背景について分析を行った。その結果，華僑農民による野菜栽培は日本人より早い1887年頃に仁川付近で始まり，朝鮮在住日本人など外国人の人口増加に伴う野菜需要の増加と朝鮮人農民による野菜供給不足という条件の下で華僑農民の野菜栽培が朝鮮内に広まったこと，華僑農民は山東省の東沿岸地区出身者が多く年齢は20代から40代が相対的に多かったこと，移

---

140) 崔以権「中国野菜商人」『東光』第35号（東光社，1932年7月）67～68頁。
141) 「市場売上高激減中国人販売人増加로」『朝鮮日報』1928年12月19日。
142) 京城商業会議所「朝鮮の対支経済関係概況」『朝鮮経済雑誌』第127号（京城商業会議所，1926年7月）8頁。

住の理由は山東省の経済的貧困というプッシュ要因よりも朝鮮で野菜栽培をすれば高い収益を得られるという見込み，すなわち朝鮮のプル要因が強かったことを明らかにした。

　第3節では，華僑農民生産の野菜が朝鮮および朝鮮在住日本人農民が生産する野菜よりも割安で品質優秀であった原因について分析し，華僑農民の野菜栽培の特徴は勤勉さ，豊富な自然肥料の使用，集約的な野菜栽培，優れた野菜栽培技術，優良な中国産種子の使用，などにあることを解明した。なお華僑農民生産の野菜は華僑野菜販売ネットワークに支えられて円滑に販売されたことが華僑農民の野菜栽培を促進させたことを明らかにした。

第10章

華僑農民による野菜栽培の萎縮

はじめに

　第9章では，華僑農民が大都市と地方の主要都市の需要野菜の供給において高い比重を占めていた実態およびその原因について考察したが，本章では1931年から日中戦争勃発までの時期に華僑農民の野菜栽培が萎縮した実態およびその原因について分析する。

　1920年代朝鮮における野菜の年平均実質生産額（1934年～1936年平均）は4,112万円であったのが，1930年～1936年には年平均5,381万円へと31％増加した[1]。同期間朝鮮の農作物総生産額の増加率が20％であったことを考えれば，他の農作物より野菜の生産額増加率が高かったことが分かる。しかし，華僑農家の野菜生産額は1930年代に華僑農民の野菜の作付面積が華僑農家の減少により1930年に3,331町歩から1935年に2,637町歩に約2割減少した（〔表9-1〕参照）ことから，野菜の生産額もそれに応じて約2割減少したとみられ，1930年代に華僑農家の野菜栽培は1920年代より萎縮したとみてもよい。

　本章では，華僑農家の野菜栽培がなぜ1930年代に萎縮したかについて，朝鮮総督府および地方当局の華僑農民に対する対応，1931年排華事件の影響，華僑農民組織内部の紛糾，朝鮮人農民の対応を中心に検討する。

1）朴（2001年）76頁。

第1節　朝鮮総督府の対応

1　華僑農民に対する取締強化

　朝鮮総督府はそもそも華僑農民の朝鮮での居住および労働を法律的に制限していた。1910年8月29日に公布された統監府令第52号には外国人労働者に対して「地方長官ノ許可ヲ受クルニ非サレハ従前ノ居留地以外ニ於テ居住シ又ハ其ノ業務ヲ行フコトヲ得ス」とした上で，これを「違反シタル者ハ百円以下ノ罰金ニ処ス[2]」ると定めた。引き続き，同年10月1日に公布された朝鮮総督府令第17号の「明治四十三年統監府令第五十二号第一項労働者ニ関スル件」には，労働者を農業，漁業，鉱業，土木，建築，製造，運搬，挽車，沖仲仕業，その他雑役に関する労働に従事する者と規定し[3]，華僑農民は労働者に分類されて統監府令第52号によって地方長官の許可を受けなければ旧居留地以外の地域（内地）での居住および野菜栽培は認められなかった。その許可は1911年3月14日公布の政務総監が各当知長官宛に出した通牒第30号の「清国人労働者内地居住許可ニ関スル件」によって管轄の警察署が行うようになった[4]。

　しかしながら，朝鮮総督府は1920年代前半までには華僑農民をはじめとする中国人労働者の入国を自由に認め，旧居留地以外での華僑農民による居住および野菜栽培についても厳しく取り締った形跡はみられない。その理由は，朝鮮総督府が「朝鮮人の満洲移住の関係よりして，余りに厳しく支那人の渡来を制限するは却て在満朝鮮人圧迫等の報復問題を惹起する虞あり[5]」と判断していたためであった。

　ところで，1920年代後半には華僑農民をはじめとする華僑労働者が急増して，朝鮮社会に各種の社会問題を惹起する[6]と，朝鮮総督府は華僑労働者に対して以前の事実上の放任政策から「積極的ニ入国ノ制限ヲ断行スレ

2）韓国学文献研究所編（1990年）26頁。
3）安井（2005年）148頁。
4）韓国学文献研究所編（1990年）613頁。
5）朝鮮総督府警務局（1978年）188～189頁。
6）その事例については，松田（2002年）89～93頁を参照されたい。

ハ国際的紛議ヲ生スルニ至ルヘキヲ以テ単ニ消極的ニ取締ヲ励行スル方針ニ出ツルヲ得策トシ」[7]て，統監府令第52号の適用を厳格化することに転換した。その結果，華僑農民の居住および労働の許可をめぐって当局と華僑農民との間にトラブルが相次いで発生した。以下ではその代表的な事例を取り上げてみよう。

　第1に，忠清南道江景の事例である。ここには1928年に華僑農家が約10戸，農夫などを含めた農民約60名が居住していた。江景警察署は同年6月1日に突然華僑農家に戸当たり2名の農民の滞留を許可するが，それ以外の農民はすべて退去するように命じ，江景中華商会はこの事実を京城中華総商会を通じて駐朝鮮総領事館に陳情した[8]。同件に関する朝鮮総督府総務課長の問い合わせに対して，同府警務局長は「今春来俄ニ支那人ノ無許可労働者多数殺到シ其ノ数四十四名ニ達シ之ニ許可期限満了者ヲ加フレバ合計四十八名ニ及ビタルヲ以テ所轄江景警察署ニ於テハ犯則行為ヲ防止スヘク取締法規ヲ示シ速ニ手続履行方懇諭」し，それに応じて居住および労働の許可期間が満了した華僑農民19名と野菜栽培業者4名が申請を行い，同警察署は「事情真ニ止ムヲ得ズト認メ遂ニ全部ヲ許可シタル状況」と回答した[9]。

　なお，警務局長は当地の華僑農民に対する取締に出た他の理由として「支那人栽培ノ野菜ヲ購入スルモノハ忠南管下ニ於テハ殆ド内地人ノミニシテ江景ハ鮮人ノ外内地人戸数三百余戸ノ一小都邑ニ過キサル……栽培業者一名ニ対スル内地人戸数僅カニ十余戸ニ過キズ……支那人同業者ノ生活ニ困難ヲ来スノミナラス支那人間ノ反目ヲ招来スルノ結果トナラサルヤニ就テ憂慮」したことを取り上げた[10]。警務局長は華僑農民を配慮して取っ

---

7) 朝鮮総督官房外事課「中国人労働者使用制限ニ関スル説明」『昭和八年　第六十五回帝国議会説明資料』（復刻版，不二出版，1994年）9頁。
8) 1928年6月2日発，駐朝鮮総領事館ヨリ朝鮮総督府総務課宛函『昭和三年　各国領事館往復』（韓国国家記録院所蔵）。
9) 1928年6月22日，警務局長ヨリ総務課長宛「江景在留支那人野菜栽培業者人数制限ニ関スル件」（同上史料）。同様な内容を盛り込んだ書翰が1928年6月29日付で総務課長より駐朝鮮総領事王守善あてに送付された（1928年6月29日発，総務課長ヨリ駐朝鮮総領事王守善宛「江景在留支那人野菜栽培業者人数制限ニ関スル件」（同上史料））。

第10章　華僑農民による野菜栽培の萎縮　311

た措置であると釈明しているが，それよりは同地の野菜供給を独占していた華僑農民に対する警戒が背景にあったと考えられる。

　第2に，京畿道水原郡の事例である。同郡日荊面迎華里居住の華僑農耕業主の姜文煥（35歳・山東省牟平県出身）は7年間に毎年約900坪の耕地に野菜栽培を行っていた。彼は華僑農夫6名を雇い，1931年春には1名を加えた。1930年冬に故郷に帰国する際に，当地の警察署は使用人許可証を返納して翌年春に再入国する時に，再び領収するように指示した。しかし，彼が本国から戻ってきて3月に同警察署に許可を申し出たところ，同警察署は使用人許可証を発給しなかったばかりか，同農耕業主に許可証がなければ居住および野菜栽培は認めないと伝達したという[11]。

　第3に，江原道鉄原郡の事例である。1931年に同郡居住の華僑農民約60名のうち居住許可のない農民が当地の警察署に許可証を申請したところ許可が下りなかった[12]。さらに既に居住許可を得ていた農民が期間満了のため更新を願い出ても許可証が発給されず，該当の農民は当地の警察より拷問，殴打，駆逐，拘禁された。京畿道の「開城方面ニ於テモ全然同様ナル圧迫退去ノ不幸ニ遭遇セシモノヲ除クノ外拘留罰金等ノ刑ヲ受ケシモノニ技工牛鳳閣以下十四人ヲ算シ[13]」た。

　第4に，旧居留地である仁川府でも当局は華僑に対して取締を強化していた。仁川警察署は1928年11月20日に山東省登州府栄成県出身の周末恭（18歳）に対して居住不許可の措置をとったが，その後も彼が同月25日までに仁川府花町に居住していることが発覚すると，20円の罰金を課し

---

10) 1928年6月22日，警務局長ヨリ総務課長宛「江景在留支那人野菜栽培業者人数制限ニ関スル件」（同上史料）。
11) 1931年6月13日発，駐朝鮮総領事館副領事季達ヨリ朝鮮総督府官房外事課長穂積真六郎宛函『昭和四・五・六・七年　各国領事館往復』（韓国国家記録院所蔵）。この史料は姜文煥が駐朝鮮総領事館に送った嘆願書を外事課が訳したものである。姜はこの嘆願書を5月18日付で書いたが，同総領事館が外事課に同嘆願書を添えて同件の善処を願う公文を差し出したのは同年6月13日であった。
12) 1931年6月13日発，駐朝鮮総領事館副領事季達ヨリ朝鮮総督府官房外事課長穂積真六郎宛函（同上史料）。
13) 1931年6月13日発，駐朝鮮総領事館副領事季達ヨリ朝鮮総督府官房外事課長穂積真六郎宛函（同上史料）。

た[14]。引き続き，同年12月21日には京畿道知事および仁川警察署が同府支那町以外に居住する華僑100名に対して居住不許可の処分をした[15]。1931年6月には，旧居留地の「仁川方面ノミニ於テスラ圧迫退去ノ已ムナキニ至リシモノヲ除キ拘留罰金等ノ所罰ヲ受ケシモノ畢俊栄以下十人ヲ算シ[16]」た。

　以上のように，朝鮮総督府および地方当局は1920年代後半から1930年代の初めにかけて華僑農民の居住および労働許可について，統監府令第52号を厳格に適用して許可しなかったり，第52号に違反した者に対しては罰金刑，拘留などの事例が相次いで発生していた。その背景には華僑農民をはじめとする華僑労働者の増加による社会問題が背景にあったのだが，第9章で述べた通り大都市の野菜供給における華僑農民の役割の高い比重への警戒感も働いていたと考えられる。例えば，朝鮮農会発行の『朝鮮農会報』は1930年8月号の巻頭言に「支那人蔬菜業者を駆逐すべし」という題目の社説を掲載し，華僑農民による野菜栽培の実態を紹介した後，華僑農民を駆逐するために朝鮮人農民の奮起を促していた[17]。

　しかし，朝鮮総督府の華僑農民に対する取締強化は京城府に近い京畿道，忠清南道，江原道など三か道に限られ，その他の道では駐朝鮮総領事館に同様な事例が報告されていないことから，朝鮮内で広範囲に行われていたとは考えにくい。〔表9-1〕を見れば，1920年代後半に取締強化がなされたにもかかわらず，1930年の華僑農民の戸数および人口は1925年に比べて各々63％と89％の増加を示しているからである。華僑農民の戸数および人口が減少に転じたのは後述する1931年排華事件の影響であって，これは朝鮮総督府の華僑農民に対する取締強化の効果が限定的であったこと

---

14)「억지（むりやり）居住에（に）罰金」『東亜日報』1928年12月16日。
15)「仁川在留中国人百余名에게（に）居住不許」『朝鮮日報』1928年12月23日；「苦力居住制限으로（で）中国領事館抗議」『東亜日報』1928年12月24日。
16) 1931年6月13日発，駐朝鮮総領事館副領事季達ヨリ朝鮮総督府官房外事課長穂積真六郎宛函（同上史料）。
17) 朝鮮農会「巻頭言　支那人蔬菜業者を駆逐すべし」『朝鮮農会報』第4巻第8号（朝鮮農会，1930年8月）1頁。

を示唆する。

　朝鮮総督府が満洲在住朝鮮人および朝鮮人の満洲移住を考慮して自制してきた中国人に対する「積極的ニ入国ノ制限」を行ったのは，満洲国成立後の1934年9月であった。朝鮮総督府は入国するすべての中国人に対して，提示金100円以上を所持していない者，就職先が確実ではない者に対しては入国を禁止した[18]。1937年2月に山東省から朝鮮に移住した秦裕光は提示金100円について，「中国パン1個が2銭，小麦粉1袋が50銭する時に100円は大金であった[19]」と述べており，華僑農民として100円を持参して朝鮮に移住することは大きな負担であったと考えられる。駐釜山領事館もこの提示金制度が華僑農民をはじめとする華僑労働者の朝鮮移住の「大足掣肘（せいちゅう）」であると指摘しており[20]，華僑農民の朝鮮移住を制限する制度であったに違いない。

2　仁川府庁の新町野菜市場運営への介入

　ここでは地方当局が華僑農民および野菜商に対してどのように対応したかについて仁川府新町の野菜市場を事例として取り上げる。

　仁川農業公議会が富仁地域の華僑農民生産の野菜を独占的に販売していた仁川府新町の野菜市場に対して，仁川府庁は政策的な介入を強めていった。仁川府庁は富仁地域の華僑農民と同市場が1920年代前半に繁栄していることに刺激され，また同市場が市場としてまだ認められていなかったため監督および取締に問題があると判断し[21]，1924年12月に同市場を公設市場化するため，個人所有の同市場の建物を公設化する交渉に入った[22]。結局，同建物は1925年に仁川府の所有に帰し，同府庁は1926年に同市場を

---

18)「中国苦力入国団束九月부터는（からは）実施」『東亜日報』1934年8月21日。
19) 秦裕光「万聚東」『中央日報』1979年11月15日。
20) 1936年1月編，駐釜山領事館報告「旅鮮華工人数及其工銀概況及人数逐見減少之原因」『南京国民政府外交部公報』第9巻第1号（同上資料）442〜443頁。
21) 朝鮮総督府（1924年c）301頁。
22)「仁川府의（の）公設市場」『東亜日報』1924年12月3日。公設市場は一般庶民の物価暴騰より生じる生活難を緩和するため，府営および面営で設置された市場である。朝鮮総督府の市場規則によれば，公設市場は第2号市場に属され，1932年末に朝鮮内に18か所あって，年間の売買取引額は923万円であった（朝鮮総督府（1933年f）98頁）。

野菜と鮮魚の「公設日用品市場」にする方針を固めた。それに対して仁川農業公議会は同市場を公設市場化すれば既存の権益を奪われかねないと激しく反発した。駐仁川領事館は官員を府庁に派遣し斡旋した結果，同市場の行政権の行使を府庁に移譲する代わりに，新町野菜市場の20区画すべての販売床は華僑に与えることで，両者が折り合って[23]，新町野菜市場は1927年3月から仁川府の公設市場になった[24]。すなわち，仁川農業公議会は新町野菜市場を公設市場化することを受け入れる代わりに，仁川府庁より販売の独占権を保障されたのである。

1927年7月1日に公布された「公設日用品市場使用条例」によれば，同公設市場のうち第2市場の野菜市場の使用料は1区画当たり1か月に6.50円以内，鮮魚市場は5.50円以内と定められ[25]，華僑野菜商は約6円を納めた[26]。なお，同府庁は公設野菜市場の販売許可証を仁川農業公議会を通じて発給していて[27]，事実上同公議会によって委託運営されていた。こうして，新町の野菜市場が公設市場になったにもかかわらず，富仁地域の朝鮮人および日本人農民は生産した野菜を同市場の華僑野菜商に販売せざるを得なかったのである。

ところで，仁川府の日本人および朝鮮人は1932年1月に華僑による野菜の独占的な生産と販売を見直し，朝鮮人および日本人にも同市場への門戸を開放して機会均等を図るように，仁川府庁に建議した[28]。このような動きの背景には1931年排華事件および満洲事変による野菜値段の急騰があった。両事件によって，富仁地域の華僑農耕業主240戸のうち3分の2が引き揚げると，彼らが仁川地域の野菜需要の高い割合を供給してきただけ

---

23) 1932年4月5日収，駐仁川辦事処暫代主任張義信ヨリ駐朝鮮総領事宛呈「仁川公設市場之菜類販売権」『駐韓使館保存档案』（同03-47，218-02）。
24) 「仁川野菜市場の起源」『朝鮮毎日新聞』1929年12月7日。
25) 1932年7月12日収，駐仁川辦事処暫代主任張義信ヨリ駐朝鮮総領事宛呈「仁川公設市場之菜類販売権」（同上档案）。
26) 1932年4月5日収，駐仁川辦事処暫代主任張義信ヨリ駐朝鮮総領事宛呈「仁川公設市場之菜類販売権」（同上档案）。
27) 1930年7月4日収，仁川中華農業公議会会員代表于本海ヨリ駐朝鮮総領事宛呈「仁川農会紛糾案」『駐韓使館保存档案』（同03-47，192-03）。
28) 「菜蔬의（の）生産과（と）独占販売不可」『朝鮮日報』1932年1月16日。

に，一時的な供給不足で野菜の値段が急騰し，同府住民の不満が募っていた[29]。なお，野菜栽培の日本人および華僑農民は同公設市場の華僑野菜商に卸売りしてきたが，華僑野菜商が結束して自分らの野菜を安く買い取って高く小売していると，同市場の販売権を握っている華僑に対して根強い不満があった。もう一つは，日本人と朝鮮人の公設市場における販売を研究していた吉木佐助が「今日では上海事件等で支那人は半分以上も減ってゐるのでい、機会と思ってゐる[30]」と言うように，華僑農民が多く引き揚げている隙を利用しようとする思惑もうかがえる。

日本人を中心としたグループは同市場における小売販売権を獲得するために1932年3月に富仁蔬菜組合を立ち上げた。同組合の幹部は「府当局が国費をもって完備せる小売市場を設立しながら自国民にはその販売権が認められずして外国人に独占させてゐるが如きは我国の恥辱である事から今回奮起するに至った」と，同組合員は同年3月18日に仁川府尹を訪問して陳情書を提出した[31]。

このような陳情書を受け付けた同府庁は第2公設市場における華僑野菜商の独占的な販売を是正しようとする計画を立てたが，駐仁川辦事処および華僑農民の反発を恐れてひそかに進めた。仁川府庁は陳情書を受け付けた後，仁川府協議会において議論を行い，4月には同市場に対する新しい運営方針をほぼ固めていた。すなわち，日本人経営の朝鮮物産会社（仁川府庁認定の特権会社）に同市場の経営を委託すること，同市場を既存の72坪から183坪に拡張して既存の20区画から30区画に販売床を増やし，華僑に15区画，日本人と朝鮮人あわせて15区画を許可するというものであった。なお富仁地域の農民生産の野菜は公設市場の販売員に直接売買することを禁じて朝鮮物産会社の競売を通して販売するようにした[32]。華僑農民

29）「仁川に今度は野菜合戦支那人野菜売の横暴を鳴して起つ富仁の内鮮人組合をつくり小売権の獲得運動」『京城日報』1932年3月20日。
30）「各別に販売所是非共必要吉木氏の話」『京城日報』1932年3月20日。
31）「仁川に今度は野菜合戦支那人野菜売の横暴を鳴して起つ富仁の内鮮人組合をつくり小売権の獲得運動」『京城日報』1932年3月20日。
32）1932年4月5日収，駐仁川辦事処暫代主任張義信ヨリ駐朝鮮総領事宛呈「仁川公設市場之菜類販売権」（同上档案）。

および華僑野菜商は販売床が既存の20区画から15区画に減少することや朝鮮物産会社に運営権が奪われることで、既存の権利が侵害されることが明白であり、反発した。

　駐仁川辦事処主任の張義信は華僑農民の既得権の保護のために仁川府尹を訪問して協議を行った。張主任は同府庁の計画について「侵犯我国人之既得権利」（わが国民の既得権利を侵犯する）ことと抗議したが、同府尹は「府協議会及府民大衆之意」として退けた[33]。結局、同市場の運営は1932年7月にほぼ上記の計画通り決定された。しかし同市場の販売員は華僑15名、日本人と朝鮮人をあわせて16名になり[34]、日本人と朝鮮人が華僑を一人上回った。なお同市場の販売人組合が同年8月に組織されたが、5名の役員のうち、日本人2名が組合長と幹事、朝鮮人1名が幹事に、華僑販売員の于本海は副組合長、于寿岳は幹事に選出され[35]、ここでも華僑が数的劣勢に置かれたのである。

　ところが、仁川府庁が政策的に朝鮮人および日本人野菜商をサポートしたにもかかわらず、華僑野菜商15名の販売実績は朝鮮人および日本人野菜商16名のそれをはるかに上回っていた。1932年7月1日から1週間、同市場の野菜販売額のうち華僑野菜商が全体の7割、朝鮮人および日本人野菜商が3割を占め、以前の販売独占時よりは比重が下がったが依然として高い比重を占め、仁川府庁は意図した結果が出なかったため大変失望した[36]。その原因について『毎日申報』は、①華僑野菜商は商品が豊富であること、②消費者の間に華僑農民生産の野菜が割安であるという先入観があること、③華僑野菜商は商略に優れて資金が潤沢であること[37]、など3

---

33) 1932年7月7日収、駐仁川辦事処暫代主任張義信ヨリ駐朝鮮総領事宛呈「仁川公設市場之菜類販売権」（同上档案）。同内容は同呈文に添付されていた「与仁川府尹交渉談話摘要」に記されていた。

34) 1932年7月12日収、駐仁川辦事処暫代主任張義信ヨリ駐朝鮮総領事宛呈覆「仁川公設市場之菜類販売権」（同上档案）。同年7月1日付の新聞には華僑15名、日本人8名および朝鮮人7名（合計15名）と掲載されていた（「仁川府の野菜市場支那人の独占を改む」『朝鮮新聞』1932年7月1日）が、なぜ日本人および朝鮮人が16名に突然変わったかは不明である。

35) 1932年8月27日収、駐仁川辦事処暫代主任張義信ヨリ駐朝鮮総領事宛呈「仁川公設市場之菜類販売権」（同上档案）。

36) 「中国人野菜商을이기힘든다（に勝ちにくい）」『毎日申報』1932年7月9日。

点を挙げた。

つまり，華僑農民および野菜商は同市場の運営権が日本人経営の朝鮮物産会社に移譲され，なお販売床も以前の20区画から15区画に減らされたが，同市場での華僑農民および野菜商の独占的な販売の地位は崩れたとはいえ，華僑野菜商の販売は依然として高い比重を維持していたのである。

第2節　1931年排華事件の影響

華僑農民の野菜栽培および販売に決定的なダメージを与えたのは，1931年排華事件であったが，排華事件はすでに1920年代後半にも発生していた。満洲在住朝鮮人に対する中国人および中国官憲の圧迫が強まる中，朝鮮の各新聞が朝鮮人圧迫の記事を報道すると，朝鮮人による排華事件が各地に発生した。とりわけ，1927年12月7日には全羅北道裡里に朝鮮人が華僑商人に対して閉店退去を迫り，その住宅および店舗に投石したことを皮切りに，華僑に対する襲撃事件は京畿道など各地に広がった。朝鮮総督府警務局の調査によれば，12月7日から25日までに朝鮮内で発生した排華事件は合計702件で，そのうち集団暴行を伴った事件は87件，人的被害は死亡2名，重傷11名，軽傷54名，物件被害は約1万円に上った。そのうち京畿道における排華事件は255件（朝鮮内の36％），集団暴行を伴った事件は13件（同15％），人的被害は重傷1名，軽傷25名であった[38]。華僑の物的被害は仁川地域が3,665円で朝鮮内の37％を占めて被害が多い地域であった[39]。

京畿道における華僑被害者のなかには農民が少なくなかった。例えば，朝鮮人5名が1927年12月13日に高陽郡阿峴里に華僑農家を襲い退去を強要した事件，同15日に朝鮮人住民10名が富川郡多朱面士忠里に華僑農民の兪東江を襲い暴行した事件，同日朝鮮人住民5名が同面龍亭里に華僑農民の

---
37)「中国人野菜商을익이기힘든다（に勝ちにくい）」『毎日申報』1932年7月9日。
38) 朝鮮総督府警務局（1927）2頁。
39) この事件で検束された朝鮮人は184名，即決人員61名，事件送致28名，訓戒放免58名であった（京畿道警察部『治安概況』（1928年5月，朴編（1989年）115頁）。

曲棋を襲い家に逃走するや住宅を放火した事件があった[40]。

しかし，駐仁川領事館および仁川中華総商会の被害調査によれば，上述の警務局調査に出ない富仁地域の華僑農家および農民の被害も確認される。〔表10-1〕のように，富仁地域の華僑農民の張学普，譚成義，畢序公は暴行を受けて入院した。華僑農耕業主が集中していた富川郡の多朱面および南洞面，仁川府内の10戸の華僑農家およびその野菜畑が襲撃を受けて野菜種子，食糧，農具などが盗まれて，504.63円の物的被害を蒙った。

しかし，富仁地域の排華事件は華僑農耕業主および華僑農夫のほとんどが本国に一時帰国していた時季に発生して，華僑織物商および雑貨商ほどの被害は蒙らなかった。なお，朝鮮総督府当局が「即時応援警察官ヲ急派シ充分徹底セル警戒ヲ加ヘタル為メ数日ニシテ平常ニ復シ[41]」たことも影響したと考えられる。

表 10-1　1927年排華事件による富仁地域在住華僑農民の被害状況

被害者	居住地	被害額
人的被害		
張学普	仁川府上仁川駅前	入院費30円・休養期間損失230.4円
譚成義	仁川府花町	医薬費5.■円
畢序公	富川郡松峴里	医薬費9.9円
物的被害		
呂之謀	仁川府北花水里	36.4円
李均能	富川郡多朱面龍亭里	98.45円
宋光泰	同　　士忠里	57.8円
曲徳恩	同　　向仁里	25.55円
宮住奥	同　　向仁里	32.24円
張毓寛	同　　士忠里	157.59円
林基明	同　　長意里	20.4円
王住憲	同　　龍亭里	21.2円
王徳和	同　　龍亭里	13.05円
王義厚	富川郡南洞面義寿里	41.95円

出典：1928年収，駐仁川領事ヨリ駐朝鮮総領事宛呈「仁川鮮人暴動華人被害報告書」『駐韓使館保存档案』（同03-47, 168-01）より作成。

40）朝鮮総督府警務局（1927年）6〜7頁。
41）朴編（1989年）112頁。

ところで，1931年排華事件は1927年排華事件と比べものにならないほど華僑農民および野菜商に甚大な打撃を与えた。京畿道における華僑農民および野菜行商の被害をまとめたのが〔表10-2〕である。
　〔表10-2〕のように，京畿道だけで華僑農民1名が撲殺され，襲撃を受けて重軽傷した華僑農民および野菜商が約20名，華僑農家への放火が5件発生した。なお朝鮮総督府が把握していない華僑農民の被害も散見される。同年7月3日午前9時30分頃に栗木里居住の芝進徳が仁川府内山根町で，また同府新町の野菜商姜某に雇用されていた華僑農夫の初作借が同府花町で暴徒10数名に殴打された。同月5日午前には高陽郡龍江面東幕上里の華僑農家が半焼された事件もあった[45]。つまり，当局が把握していない華僑農民の被害もあり，実際の被害状況は〔表10-2〕より一層多かったと考えられる。
　京畿道における華僑農民の被害額は明らかにされていない。但し，駐朝鮮総領事館の調査によれば，京城府における華僑農民の直接損失額は9万3,446円，間接損失額は3万8,848.2円で，仁川地域は農民をはじめとするすべての華僑の損失額は約9万円と見積もられた[46]。
　富仁地域の華僑農民は今回の排華事件による被害と不安，引き続き9月に勃発した満洲事変によって多数が本国に引き揚げた。その結果同地域には事件以前で230～240戸あった華僑農家が同年11月初旬には140～150戸に減少した[47]。1930年12月末に京畿道の華僑農家および人口は472戸・2,248名であったのが1931年12月には206戸・694名[48]に前年より各々56.4％と69.1％という大幅な減少をもたらした。このような減少率は，同時期朝鮮内の華僑農家の戸数および人口減少率の31.6％と39.8％[49]を大幅に上

---

42) 事件は新聞にも掲載された(「中農家에(に)衝火!」『毎日申報』号外1931年7月5日)。
43) 「放火犯送局」『毎日申報』1931年7月17日。
44) 本誌記者「朝鮮暴動事件の真相」『朝鮮公論』第220号(朝鮮公論社，1931年7月)65頁。
45) 本誌記者(1931年7月)65頁。
46) 1931年9月，駐朝総領事館保存資料「韓民排華暴動案(三)」『駐韓使館保存档案』(同03-47, 205-13)。京城府華僑農民の損失額には一部華僑労働者の損失額が含まれている。
47) 1931年10月28日発，駐仁川辦事処主任曽鼎鈞ヨリ駐朝鮮総領事宛呈「仁川農会改組及賑捐」『駐韓使館保存档案』(同03-47, 205-01)。
48) 京畿道(1940年)14頁。

表10-2 ● 1931年排華事件による京畿道在住華僑農民の被害状況

	月・日・時間	被害者	場　　　所	被害状況
京城地域	7.3午前2.0	農民2名	高陽郡新堂里	野菜車を引いて京城に向かう途中朝鮮人2名に殴打される
	7.3午後6.30	農民2名	京城府西大門町阿峴里	畑仕事中40～50名の朝鮮人に暴行さる
	7.3午後10.0	野菜商3名	高陽郡龍江面東幕下里	阿峴里に朝鮮人7名に殴打される
	7.3	孫進慶	京城府西大門町阿峴里	農家の門扉窓硝子が破壊される
	7.4午前0.0	中国野菜行商2名	京城府外梁津駅前	野菜車に悪戯される
	7.4午前0.30	高承万	高陽郡漢芝面新水鉄里	農家放火[42]
	7.4午前1.45	韓君淑	高陽郡延禧面老姑山里	農家放火[43]
	7.4午前8.0	夏庭梅	京城市外孔徳里	野菜行商中殴打される
	7.4午後1.50	野菜畑	高陽郡龍江面旧火葬場下	朝鮮人100名に野菜畑を侵害される
	7.4午後3.0	昭元利	高陽郡漢芝面新堂里	野菜畑の野菜を奪い取られる
	7.4午後4.30	劉永泰外2名	始興郡東面上道里	朝鮮人5名に暴行を受ける
	7.4午後5.0	野菜畑住宅	京城府西大門町阿峴里	野菜抜き取られ、住宅家具破壊
	7.4午後5.15	許心仁	高陽郡崇仁面新馬里	朝鮮人15名に言語暴力される
	7.4午後6.0	徐寿春	高陽郡崇仁面新設里	朝鮮人2名に殴打される
	7.4午後10.30	孫忠耀	高陽郡延禧面新村里	朝鮮人10名に野菜を蹴散される
	7.4午後11.20	軍清仁	高陽郡龍江面東幕下里	農家放火される
	7.5午前3.0	王承怒	高陽郡崇仁面安吉里	屋根破壊，野菜を盗まれる
	7.5午後2.30	韓増家	高陽郡延禧面合井里	留守中住宅の硝子破損される
	7.5午後2.30	農民16名	永登浦西林里	京城へ引き揚げ中投石される
	7.5午後9.30	鄭東林	京城府恵化洞	朝鮮人10名に投石される
	7.6午後11.30	朱金錫	高陽郡崇仁面新設里	農家放火される
	7.7午前1.15	王雲堂外1戸	高陽郡延禧面合井里	農家放火される
仁川地域	7.3午前8.0	王謀	富平郡多朱面長移里	朝鮮人20名に変電所附近で襲撃される[44]
	7.3午前8.0	王謀	富平郡多朱面柴田農場	朝鮮人に暴行を受ける
	7.5午前2.0	連奎山	富平郡多朱面道禾里	約300名の暴民に暴行され，避難中の連奎山が撲殺される，2名が重傷
その他地域	7.3午後11.0	野菜行商劉錫麟	水原郡水原邑新豊里	投石される
	7.4午後7.0	姜礼	水原郡迎華里	サツマイモと胡瓜代の不払い
	7.5午前2.0	農民住宅	開城府元町	投石される

出典：朝鮮総督府警務局（1931年 a）より作成。

回っており，京畿道の華僑農民が他の道より相対的に被害が深刻であったことがうかがえる。

その後，京畿道の華僑農家は1932年12月には引き揚げた華僑農民が一部戻ってきたために267戸に増加するが，その増加率は1934年9月からの提示金制度の実施によって1934年には274戸，1935年に267戸[50]と停滞する傾向をみせて，1945年に至るまで，1930年の水準を回復することはなかった。一方，1931年排華事件による平壌の華僑農家の損失額は駐鎮南浦副領事館によって22万8,114円と見積もられ[51]，富仁地域より一層深刻な被害を受けた。

第3節 | 仁川農業公議会の紛糾

仁川農業公議会は前述したように富仁地域の華僑農民の野菜栽培および販売において求心的な役割を果たしていた組織であったが，1929年から内部紛糾に巻き込まれた。

仁川農業公議会の紛糾は同会の王承謁董事（会長）が1929年11月に同会の全体会議を開いて突然事務停止を宣言したことから始まった。同会の一部会員は1929年に1回の会計清算もせずに事務停止をしたことについて疑問を抱いた[52]。中華労工協会仁川支部長の王孝法は1930年4月に同公議会を訪問して，同公議会が会員農家の肥料となる糞を仁川府庁より請け負って各農家よりその費用を収めてきたにもかかわらず収支報告をしなかったことを問題視すると，王会長は369.18円の残金があることを認めた[53]。これを皮切りに，同公議会の会計に関する不信が深まり，同公議会の帳簿の査定を求める会員の声が強まった。

孫世鴻を代表とする数人の会員（以下，問題提起して王会長と対立した

---

49) 朝鮮総督府（1937年）7～8頁。
50) 京畿道（1940年）14頁。
51) 1931年9月，朝鮮総領事館保存資料「韓民排華暴動案（三）」（同上档案）。
52) 1931年10月2日収，仁川中華農会執行委員会常務委員劉心伝ヨリ駐朝鮮総領事宛呈「仁川農会改組及賑捐」『駐韓使館保存档案』（同03-47, 205-01）。
53) 1930年6月25日発，仁川中華農業公議会董事王承謁ヨリ駐朝鮮総領事宛呈『駐韓使館保存档案』（同03-47, 192-03）。

会員たちを「反対派」と呼ぶことにする）は同年6月14日に王会長と王行宝副会長を尋ねて同会の帳簿の査定，残額を取り立てたが，王会長が明確な回答をしなかったため，17日に仁川中華総商会の仲介で両方が同総商会にて1912年〜1929年までの帳簿の査定を行った[54]。査定後，反対派は出金の多くが事務の用途ではないことや根拠のない入金があること，入金と出金の前後が合わないこと，同公議会は各商店が納める同総商会への会費を出していたこと，同公議会の公金で購入した電話機が個人経営の商店内に置かれて電話代が同公議会の公金で支払われていたこと，出金のうち王会長を商店主とする万聚東[55]への支出が多かったこと，などを指摘した[56]。こうして孫世鴻は18日に同総商会を訪問してその残金と電話機について自分に手渡して会員に分配するように求めたが同総商会はその件とは無関係であることを理由に断った[57]。

反対派が王会長および同公議会に対して不信の念を抱いていた背景には王会長の不透明な同公議会運営があった。王会長は同会の設立当初から18年間にわたって会長を務め，1度も会長を降りたことがなかった。王会長だけなく王行宝副会長，于本海など20名の評議員，無報酬の職員も一回も替わったことがなかった[58]。王会長は以上のような反対派の主張について，会員の会費を節約する見地から会計専門職員を設けず各評議員が順番で管理したが各評議員が農民出身であるため会計において誤りがあったと

---

54) 1930年6月22日収，中華労工協会総部ヨリ駐朝鮮総領事宛呈「仁川農会紛糾案」『駐韓使館保存档案』（同03-47，192-03）。出席者は王会長，孫世鴻，同総商会総長の傅紹禹，役員の孫景三，中華労工協会仁川支部長の王孝法などであった。
55) この商店は当時雑貨商で小麦粉と雑貨を小売していた。1928年度の売上額は3万円であった（京城商業会議所「朝鮮に於ける外国人の経済力」『朝鮮経済雑誌』159号（京城商業会議所，1929年3月）34頁）。万聚東の経営状況は，巻末の〔付表5〕の99番，〔付表6〕の74番，〔付表7〕の49番，〔付表8〕の48番，〔付表9〕の109番，〔付表10〕の33番を参照されたい。
56) 1930年6月22日収，中華労工協会総部ヨリ駐朝鮮総領事宛呈「仁川農会紛糾案」（同上档案）；1931年10月2日収，仁川中華農会執行委員会常務委員劉心伝ヨリ駐朝鮮総領事宛呈「仁川農会改組及賑捐」（同上档案）。
57) 1930年6月22日収，中華労工協会総部ヨリ駐朝鮮総領事宛呈「仁川農会紛糾案」（同上档案）。
58) 1931年10月2日収，仁川中華農会執行委員会常務委員劉心伝ヨリ駐朝鮮総領事宛呈「仁川農会改組及賑捐」（同上档案）。

釈明したが[59]，それで反対派が納得するはずがなかった。

反対派は同月19日に駐朝鮮総領事の張維城を訪問して事情を説明した上で同公議会所有の367.17円の残金と電話機などの事務機器の清算をするように求めた。張総領事は直接仁川を訪問して調査を行い，同公議会の帳簿を持ち帰り検閲したが，真相を明らかにすることはできなかった[60]。

一方，反対派の孫世鴻は中華労工協会仁川支部[61]に働きかけ，再び同支部は京城府の中華労工協会総部に連絡をし，同総部は駐朝鮮総領事館にこの問題の解決を促した[62]。王会長派は問題解決のため残金および電話機などについて会員数に応じて割り当てることを反対派に提案したが，受け容れられなかった[63]。同公議会の紛糾が収まる見込みがないと，国民党仁川分部が反対派代表の姜所学の陳情を受け付けて同総領事館に帳簿の公平な調査を行い，公平に処理するように要請した[64]。同総領事館は同仁川分部の陳情に即してさっそく副領事を仁川に派遣して問題解決に当たったが，結論を出せなかった[65]。

両方の問題解決を阻んでいたのは王会長派と反対派との対立に加えて，仁川中華総商会と中華労工協会仁川支部が対立する構図にあったためである。中華商会はそもそも各商人間の親睦を深めて相互利益を求める組織であって，朝鮮内に増加していた華僑労働者の保護および社会福利の促進に

---

59) 1930年6月25日発，仁川中華農業公議会董事王承謁ヨリ駐朝鮮総領事宛呈『駐韓使館保存档案』（同03-47，192-03）。
60) 1931年10月2日収，仁川中華農会執行委員会常務委員劉心伝ヨリ駐朝鮮総領事宛呈「仁川農会改組及賑捐」（同上档案）。
61) 孫世鴻は同支部の会員でもあった。同支部は5月25日に仁川府支那町所在の仁川華僑小学にて発会式を行った（「仁川中国人労工協会設立」『中外日報』1930年5月28日）。
62) 1930年6月22日収，中華労工協会総部ヨリ駐朝鮮総領事宛呈「仁川農会紛糾案」（同上档案）。
63) 1930年6月25日収，仁川中華農業公議会董事王承謁ヨリ駐朝鮮総領事宛呈「仁川農会紛糾案」（同上档案）。
64) 1930年6月30日発，国民党朝鮮支部仁川第八区分部ヨリ駐朝鮮総領事宛呈「仁川農会紛糾案」（同上档案）。国民党京城支部が設立されたのは1927年4月で，1929年には国民党中央より駐朝鮮直属支部ができた。朝鮮には京城支部以外に仁川，鳥致院，光州，公州，咸興，平壌，元山，清津，大邱に分部，全州および水原には通訊処が各々設置されていた（拙稿（2010年b）97～103頁を参照）。
65) 1930年7月6日収，中華労工協会総部ヨリ駐朝鮮総領事宛呈「仁川農会紛糾案」（同上档案）。

は手が回らず，それが1929年に中華労工協会を立ち上げさせた背景であった[66]。この組織は京城に総部を置き，1929年中に清津，平壌，元山，咸興，仁川などに支部および分部が設置された。反対派および中華労工協会仁川支部は仁川中華総商会が資本家勢力であること，同公議会が同総商会に会費を納めていたことを理由に，仁川中華総商会が王会長派を庇護していると疑ったが[67]，事実もそうであった。

張総領事は7月14日に総領事館に関係者を招集した[68]。この会議には京城中華労工協会会長の張鴻海，同仁川支部2名，仁川中華総商会4名，王会長派6名，反対派5名が参加して調停に当たった。反対派は3点を提案した。（1）王会長および20名の評議員は被選挙権を放棄する。（2）王会長は教育（仁川華僑小学）に2,000円を寄付する。（3）残金および電話機などの物品は新会長が選出された後，新会長が管理する。この提案は王会長派も承認したという[69]。

反対派は同月16日に孫世鴻，姜所学など8名の発起で新組織の「仁川中華農（業）会」の会議を開き組織の規則について討議した後，張総領事に「中華農業会重組草案」を添付した呈文を送付した[70]。22日には総領事館より派遣された2名の副領事の監督の下，会長および職員選挙が行われて，会長に劉心伝，副会長に姜所学，職員に孫世鴻など6名が選出されたが，すべて反対派で埋め尽くされた[71]。王会長派はそれを問題視したか，さっそく25日に同公議会の会長および職員の選挙と残金および電話機などの物品処理に関する会議を開く旨の禀文を総領事宛に送付した[72]。25日の

---

66) 1929年3月18日収，中華民国僑鮮労工協会発起人ヨリ駐朝鮮総領事宛呈「中華僑鮮労工協会成立呈請備案」（同03-47，179-01）。
67) 1931年10月2日収，仁川中華農会執行委員会常務委員劉心伝ヨリ駐朝鮮総領事宛呈「仁川農会改組及賑捐」（同上档案）。
68) 1930年7月11日発，駐朝鮮総領事函「仁川農会紛糾案」（同上档案）。
69) 1930年7月15日，農会会員代表姜所学「仁川農会紛糾案」（同上档案）；1931年10月2日収，仁川中華農会執行委員会常務委員劉心伝ヨリ駐朝鮮総領事宛呈「仁川農会改組及賑捐」（同上档案）。張鴻海は国民党駐朝鮮直属支部常務委員でもあった。
70) 1930年7月10日発，仁川中華農業会臨時主席姜所学ヨリ駐朝鮮総領事宛呈「仁川農会紛糾案」（同上档案）。
71) 1931年10月2日収，仁川中華農会執行委員会常務委員劉心伝ヨリ駐朝鮮総領事宛呈「仁川農会改組及賑捐」（同上档案）。

会議は日本人の秋田などを招待して仁川府内里野菜市場に既存の農業公議会の改組を行い，その名称を「中華農産組合」に改めた[73]。それに対抗して，同農会は8月2日に中華労工協会仁川支部に159名の会員が出席して役員選挙を行い，常務委員3名，執行委員5名，監察委員2名を選出した[74]。このように，仁川農業公議会が仁川中華農（業）会と中華農産組合に二分されて，紛糾は367.17円の残金と電話機などの事務機器の清算問題に加えて両組織間の正統性をめぐる争いが生じ，紛糾は一層複雑な様相を呈した。

　仁川中華農（業）会は正統性を得るために組織の規約を制定して，会長の専横を防ぐと同時に国民党中央の「人民団体組織法案」に則して委員制を導入した。なお富仁地域の華僑農家230戸数のうち約7割の農家が同農会に参加していることをアピールした[75]。しかし，駐朝鮮総領事館は同農会に対して大局的に譲歩を迫り両組織が一つになって選挙を実施するように求めたが実現されず，この案件は国民党駐朝鮮直属支部が担当することになった[76]。京城の国民党駐朝鮮直属支部は11月初旬に執行委員会議を開催し，執行委員の王公温を仁川中華農（業）会の組織指導員として派遣することを決定した[77]。11月16日に派遣された王指導員は現地を調査して選

---

72) 1930年7月24日発，農業公議会ヨリ駐朝鮮総領事宛稟「仁川農会改組及賑捐」（同上档案）。
73) 1930年7月25日発，国民党仁川第六分部執行委員会ヨリ駐朝鮮総領事宛呈「仁川農会紛糾案」（同上档案）。
74) 1930年8月4日収，仁川中華農業会ヨリ駐朝鮮総領事宛呈「仁川農会紛糾案」（同上档案）。
75) 国民党中央の「人民団体組織法案」により国民党駐朝鮮直属支部の審査および許可が必要であった。同法案は1929年6月に第3回国民党中央執行委員会第2次常務会議で通過したもので，人民団体は許可の申請を行い，党部が人民団体を審査して合法と認める時には，許可書の発行を行うことができた（東亜研究所第三調査委員会（1941年）502〜511頁）。
76) 1931年10月2日収，仁川中華農会執行委員会常務委員劉心伝ヨリ駐朝鮮総領事宛呈「仁川農会改組及賑捐」（同上档案）。
77) 1930年11月10日発，国民党駐朝鮮直属支部執行委員会ヨリ駐朝鮮総領事宛呈「仁川農会紛糾案」（同上档案）。王公温は1902年に朝鮮に移住して「福音建築工廠」を設立し，京城府の多数のキリスト教会建築に携わった。彼は漢城中華基督教会の執事として多大な寄付をするなど同教会を支えていた。彼は1930年代に京城中華商会長，国民党駐朝鮮直属支部の常務委員として活動した，朝鮮華僑社会の代表的なリーダーの一人であった（「外国人人士의（の）朝鮮生活観華商総会王公温談」『東亜日報』1936年1月1日；旅韓中華基督教聯合会（2002年）58頁。福音建築工廠の経営状況については，〔付表6〕の51番，〔付表7〕の59番，〔付表8〕の56番，〔付表9〕の102番を参照されたい。

挙をするように働きかけたが，同農会は受け容れようとしなかった[78]。

　同農会は同総領事館を通じた問題解決には限界があると判断し，12月に仁川警察署に王会長を公金横領の罪で告訴して，彼は仁川警察署に留置されて取調を受けた[79]。王会長を支持してきた仁川中華総商会長の傅紹禹と駐仁川辦事処主任の蒋文鶴が数回にわたって警察署を訪ねて彼の釈放を要請して実現された。仁川中華農（業）会はこのような駐仁川辦事処などの措置に不満を抱き，同農会の会員が同辦事処に殺到して抗議するという事件が発生した[80]。

　この問題は本国の外交部に知らされて，外交部は1931年4月に張総領事にこの件に関して調査を命じた。張総領事は8月15日に楊副領事を仁川に派遣し，残金および電話機などの物品を同農会に手渡すことを約したが，10月初めまでに実現されずにいた[81]。そこで，同農会の主軸メンバーは10月3日に仁川中華農（業）会の新しい規約を制定し，10日には同農会の準備委員会を組織して幹事長に孫世鴻，副幹事長に劉心伝を推戴した[82]。

　一方，中華農産組合の会員は同農会が総領事館保管中の残金および電話機などの物品を譲り受けることに反対し，残金および電話機などを中国の水害被害者への義捐金として使うことを決定して，駐仁川辦事処主任の曽鼎鈞にその旨を伝えた[83]。曽主任は同農会の設立について，1931年排華事件および満洲事変によって引き揚げた農民が多い「この時に農会を組織する必要はない」ことと，孫世鴻などの準備委員が無知であること，少数が

78) 1931年10月2日収，仁川中華農会執行委員会常務委員劉心伝ヨリ駐朝鮮総領事宛呈「仁川農会改組及賑捐」（同上档案）。
79) 「王氏引致数万円横領？」『東亜日報』1930年12月10日；1931年10月2日収，仁川中華農会執行委員会常務委員劉心伝ヨリ駐朝鮮総領事宛呈「仁川農会改組及賑捐」（同上档案）。
80) 「仁川中国人騒擾会費横領問題로（で）仁川辦事処에（に）殺到」『毎日申報』1930年12月31日。
81) 1931年10月2日収，仁川中華農会執行委員会常務委員劉心伝ヨリ駐朝鮮総領事宛呈「仁川農会改組及賑捐」（同上档案）。
82) 1931年10月14日発，仁川辦事処主任曽鼎鈞ヨリ駐朝鮮総領事宛呈「仁川農会改組及賑捐」（同上档案）。駐仁川領事館は1930年4月に駐清津領事館新設のために本国政府の命令で閉鎖されたが，仁川在住華僑の根強い抵抗に遭遇して（「仁川中領館은（は）出張所로될듯（になりそう）」『中外日報』1930年4月26日），同年10月には駐朝鮮総領事館の辦事処が設置された。
83) 1931年10月21日発，仁川辦事処主任曽鼎鈞ヨリ駐朝鮮総領事宛呈「仁川農会改組及賑捐」（同上档案）。

農会名義を利用して残金と電話機を奪い取ろうとしていると盧春芳総領事に進言した[84]。総領事館は11月5日に国民党駐朝鮮直属支部に函文を送付して仁川中華農（業）会の承認について照会して，同農会が地元華僑農民の過半数の同意を得ていないこと，満洲事変などの時局関係などを理由に同会の公認が延期されたことが分かった[85]。すなわち，仁川中華農（業）会の申請が却下されたのである。

富仁地域に公認された農会組織が誕生したのは1934年7月であり[86]，1929年11月から約5年間は農会組織が機能していなかったのである。なお，仁川農業公議会の電話機は1932年1月21日に駐仁川辦事処主任の張義信が代理人となり朝鮮人に200円（手数料が10円，受け取り金額は190円）で販売した[87]が，駐仁川辦事処がその金額を水害被害者への義捐金として処分したかは不明である。

以上のように農会組織が富仁地域に5年間にわたって機能していなかったことは同地の華僑農家の野菜栽培および販売に影響を及ぼした。その代表的な事例が先述の仁川府庁の新町野菜市場運営への介入である。同事例が発生したのは1932年であって，農会組織がなかった時期と重なる。駐仁川辦事処も同公議会の紛糾が華僑の独占的な販売を奪い取ろうとする日本人の試みに隙を与えたと認識していた[88]。

第4節　朝鮮人農民の対応

本節では，華僑農民の野菜栽培の萎縮の原因を朝鮮人農民の野菜栽培の

---

84) 原文「此時実無組織農会之必要」（1931年10月28日発，仁川辦事処主任曽鼎鈞ヨリ駐朝鮮総領事（盧春芳）宛呈「仁川農会改組及賑捐」（同上档案））。
85) 1931年11月発，中国国民党駐朝鮮直属支部ヨリ駐朝鮮総領事館宛函「仁川農会改組及賑捐」（同上档案）。
86)「中国人農会組織仁川中人発起로（で）」『朝鮮日報』1934年7月10日。同会の役員は，幹事長に于本海，副幹事長に畢重道，幹事には王文緒のほか3名であった。于本海は以前中華農産組合の所属，王文緒は仁川中華農（業）会の所属であった。
87) 1932年1月21日発，駐仁川辦事処暫代主任張義信ヨリ駐朝鮮総領事（盧春芳）宛呈「農業雑件」『駐韓使館保存档案』（同03-47, 218-19）。
88) 1932年4月5日収，駐仁川辦事処暫代主任張義信ヨリ駐朝鮮総領事宛呈「仁川公設市場之菜類販売権」（同上档案）。

拡大に求め，その関連性を検討していきたい。

先行研究によれば，1930年代の朝鮮人農家の野菜生産増加は工業化・都市化の進展による都市部所得の増加で野菜需要の増加が主要な原因であったとされる[89]。それが主要な原因であったことは確かであるが，他の要因も働いていたと考えられる。

次の事例を挙げてみよう。京畿道始興郡蚕室里は朝鮮人農民による野菜栽培地として1930年代初めに「野菜村」として有名になり，新聞および雑誌によく取り上げられた。この地域は京城府と地理的に隣接した上，土地が良質で自然的に野菜栽培に適合したところで，富仁地域とともに華僑農民の主要な野菜栽培地でもあった。

朝鮮人農民がこの里に野菜栽培を始めたのは，「いまから約10年前（著者：1922年頃）に日本人と中国人たちがこの里と隣りの盤浦里にきて野菜を栽培し，毎年大きな利益を得ていることをみてから自覚させられ，一人二人ずつ次第に野菜を栽培するようにな[90]」ったという。すなわち，同地の朝鮮人農民の商業的野菜栽培は華僑農民および日本人農民による野菜栽培の成功に刺激されて始まったことがうかがえる。

一方，始興郡以外の京城付近でも1920年代後半から野菜栽培をする朝鮮人農家が急増していた[91]が，その背景には世界大恐慌による農業不況と関係がある。1929年9月に玄米1石に29.64円であったのが1930年12月には半額となり，1931年1月には12.79円まで下落して，1929年の水準を回復したのは1935年になってからである[92]。朝鮮の農業は極端に米穀に偏った構造であり，米価の急落は農民生活を悪化させ，朝鮮人農家は米価下落の損失を野菜などの栽培で農家所得を補填せざるを得ず[93]，これが野菜栽培をする朝鮮人農家を増やしたと考えられる。

次は朝鮮人農家の増加が華僑農家にどのような影響を与えたかみよう。

---

89) 朴（1995年）の第1章を参照。
90) 柳光烈「京城郊外의（の）農村始興蔬菜村訪問記」『実生活』（1932年7月）18頁。
91) 「京城附近郊外野菜商의（の）収支状態」『毎日申報』1929年5月25日。
92) 李（1999年）320頁。
93) 「農家の自力打開『野菜組合の出現』」『大阪毎日新聞朝鮮版』1932年7月20日。

前述の蚕室里と盤浦里の朝鮮人農民の野菜栽培戸数は毎年増加して，1932年には168戸，作付面積は48万900坪に達した[94]。野菜生産額は1927年に3万2,716円，1928年に4万7,501円，1929年に5万355円，1930年に5万7,440円，1931年には7万8,726円（168,873貫）に増加していった。栽培する野菜は以前の白菜中心から葱，茄子，胡瓜，ニンニク，スイカ，唐辛子，サツマイモ，ジャガイモなどに多様化し，販売先は京城府本町の日本人の食料品店が中心で一部は華僑野菜行商にも販売された。この地域の朝鮮人農民の野菜栽培の発展には華僑農民の野菜栽培の技術を学び，キャッチアップしようとしたのが背景にあったことが読み取れる。解放初期朝鮮銀行調査部は華僑の「蔬菜栽培の技術方面において韓国斯界に寄与したところ少なくない[95]」という評価をしており，朝鮮の野菜栽培における華僑農民の果たした役割を認めるべきであろう。

　このように同地の朝鮮人農民による野菜栽培が拡大すると，同地に野菜栽培を行っていた華僑および日本人農民は1920年代後半から駆逐され始まった[96]。このような事例は他の地域でも確認される。慶尚南道の統営には華僑農民が同地の住民の野菜供給を独占してきたが，1933年以降朝鮮人農民の野菜栽培が旺盛に行われると，華僑農民はその勢力に押されて駆逐された[97]。華僑農民の野菜栽培が盛んであった大田には1930年代初め朝鮮人農民11名が野菜組合を組織する一方，主に温床栽培を行い，1933年の年間収益が2万円に上った[98]。

　その蚕室里と盤浦里の朝鮮人野菜栽培農民は組織化と野菜技術の向上に力を入れた。同地の朝鮮人農民70名は1933年12月に「新東野菜興産組合」を立ち上げ，同組合は野菜栽培の指導統制，種子と肥料などの共同購入，共同販売などを担うようになった[99]。朝鮮人農民が富仁地域の仁川農

---

94)「蔬菜栽培専門으로（で）生活潤沢」『中央日報』1932年3月30日。
95)　朝鮮銀行調査部（1949年）Ⅱ-63頁。
96)　柳光烈（1932年7月）19頁。
97)　柳光烈「支那人野菜業者도（も）競争못하고（できず）撤去」『毎日申報』1934年8月27日。
98)「大田의（の）蔬菜促成栽培年産二万円突破」『毎日申報』1934年12月4日。
99)「新東野菜組合新東에서（に）創立」『東亜日報』1933年12月26日。

業公議会のような組織を設立したのである。始興郡の朝鮮人農民は野菜の温床栽培に力を入れ，1936年度末には新東面・果川面・東二面・西二面など4面に750戸の農家が5,737坪の温床栽培を行っていた[100]。この750戸の内に華僑農家は1戸もなかった。朝鮮人農家は唐辛子，茄子，トマトなどを温床栽培して年間生産額が1933年度に12万8,600円から1936年度には16万721円へと約25％も増加した。これは朝鮮人農家が華僑農家の得意とする温床栽培の技術を習得したことをうかがわせる。

一方，各道および各郡レベルで農家の野菜栽培を支援する政策が施行された。始興郡庁および農会は朝鮮人農民の野菜栽培を奨励するために高陽郡農会とともに1931年7月1日と2日の両日間にわたって京城の三越百貨店で野菜品評会を開催し，一般農民に野菜栽培を奨励する行事を行った[101]。始興郡庁は朝鮮人および日本人農家の野菜栽培を奨励するため1932年3月に「江南蔬菜生産販売組合」を組織した[102]。京畿道当局は専門学校を卒業した農業技師を始興郡に派遣して農民の野菜栽培指導に当たらせ，この事業を拡大して各部落別に技手を派遣して野菜栽培の巡回指導を行わせた[103]。なお道当局は野菜技術者の養成のための「蔬菜指導校」を設置した[104]。

華僑農民の野菜栽培が活発に行われていた平安南道でも，平安南道庁および平壌府庁が朝鮮人および日本人農家の野菜栽培を支援する政策を実施した。平安南道庁は平壌府の野菜需要の相当の部分を華僑農民が供給していることへの対策として，1926年に平壌府隣接の大同郡に野菜栽培組合を設立し，朝鮮人農民にその経営を任せて指導員1名を配置すると同時に，同組合の種子代を地方費から補助した[105]。平壌府庁は1928年に朝鮮人農民

---

100)「温床蔬菜大当たり特異の中国人代って始興郡農家に凱歌」『京城日報』1937年3月3日。
101)「始興郡農会野菜品評会」『毎日申報』1931年7月2日。
102)「大京城을(を)背景으로(に)蔬菜栽培에(に)注力専門技師를(を)各面마다(ごとに)配置」『毎日申報』1932年12月14日。
103)「部落別技手派遣로(で)野菜栽培積極奨励二，三十戸限定，集団的으로(に)京畿道서(に)巡回指導」『毎日申報』1937年2月13日。
104)「一石二鳥의(の)対策으로(で)蔬菜指導校創設」『毎日申報』1931年10月7日。
105)「平壌付近의(の)菜蔬栽培奨励」『朝鮮日報』1926年5月6日。

5名で構成された「平壌蔬菜組合」を組織させて補助を行った[106]。

しかし,当局の期待とは裏腹に平壌地域の華僑農家はますます増加し,朝鮮人および日本人農家は華僑農家に漸次圧倒され,1930年には「今にして適当な方策を講ぜねば遠からず"内鮮人蔬菜作りは全滅"」のおそれがあると非常な危機感に包まれていた[107]。平壌府庁は1930年に日本人および朝鮮人農民20名になる「平壌蔬菜組合」を再び組織し,華僑農民より良い野菜をより安く供給するため,苗の共同育成,生産用物品の共同購入および生産品の共同販売,講習会の開催,その他野菜栽培の改良および販売上必要となる施設の設置などの事業を展開することになった[108]。なお同組合は同年4月5日より寿町公設市場の近くに共同販売所を開設して同組合生産の野菜を販売し始めた[109]。以上のように,平安南道の当局が実施した朝鮮人および日本人農民への野菜栽培の支援策は華僑農民による野菜供給の独占を防止しようとする思惑が働いていたのである。

以上により日中戦争以前に地方当局による野菜栽培の支援策が存在していたことは今回初めて明らかにされたと考えられる[110]。朝鮮総督府は1930年代の農業不況の対策の一環として農家所得を高めるために「畑作改良増殖計画」(1931年),「綿花増産計画」(1933年),「緬羊増殖計画」(1934年)を次々に実施したが,野菜増産の場合はその計画を立案して施行したことはなく,地方当局レベルで支援策が施行されていたとみなすことができる。

ところで,華僑農民の野菜栽培の萎縮には地域間格差が存在していた。朝鮮の南部地域(京畿道・忠清道・全羅道・慶尚道)における華僑農家の

---

106)「平壌府의(の)蔬菜奨励一年間의(の)消費高二三十万円」『中外日報』1928年8月12日。
107)「内鮮人の共同戦線　支那人の野菜屋に対抗」『京城日報』1930年3月7日。
108)「内鮮人の共同戦線　支那人の野菜屋に対抗」『京城日報』1930年3月7日。
109)「寿町の公設市場に生産品の共同販売所内鮮人が一致した蔬菜組合」『西鮮日報』1930年4月5日。なお,大同郡庁は朝鮮人農民の野菜栽培を奨励するために1934年度に2,000円の予算を組んで同郡農会を通して朝鮮人農民に生姜,里芋,トウモロコシなどを栽培させた(「一年間平壌에(に)移入된(された)蔬菜価가(が)五万円」『毎日申報』1934年3月17日)。
110) 朴ソプ氏は道のレベルで野菜栽培に対する支援策が論議されたことはあったと指摘した(朴(1995年)54頁)。

戸数は1930年に1,014戸であったのが1936年には558戸に45％減少したのに対して，北部地域（黄海道・平安道・江原道・咸鏡道）の華僑農家戸数は1930年に2,317戸数であったのが，排華事件後増加しつづけて，1936年には2,300戸と1930年の水準をほぼ回復した[111]。1936年に華僑農家の多い道(どう)は平安北道（797戸），咸鏡北道（469戸），咸鏡南道（348戸），平安南道（328戸），黄海道（315戸）などすべて北部地域によって占められ，京畿道は315戸に過ぎなかった。

　1936年に華僑農家の戸数が最も多かった平安北道の府・郡別華僑農家の戸数を1927年と1935年を比較した場合，亀城郡と熙川郡を除き，新義州府は6戸から43戸，義州郡は104戸から133戸，龍川郡は50戸から62戸，江界郡は14戸から55戸，慈城郡は42から86戸，厚昌郡は15戸から59戸，雲山郡は29戸から32戸に増加した[112]。これで，平安北道では大都市の新義州府だけでなく，農村地域の各郡にも華僑農家の戸数が1920年代より1930年代に増加していたことが確認される。特に新義州府では府内の43戸と隣接する義州郡の133戸など約170戸の華僑農家が集中して野菜栽培を行っていて，農家の児童が増えて1935年8月には新義州華農小学が設立された[113]。

　平壌府およびその付近に位置する華僑農家は1931年排華事件以前には約200戸あったのが，引揚によって20戸に激減した[114]ものの，本国に引き揚げていた華僑農家が次第に戻ってきて，平安南道の1936年の華僑農家戸数は1930年の戸数に比べて約7割にまで回復した[115]。平壌公立農業学校教諭の斎藤茂は1935年に「当地方に於ける蔬菜栽培者は支那人が非常に多い関係上支那産の蔬菜が非常に多い」と華僑農民による野菜栽培が依然として活発に行われていることを指摘した[116]。なお地元の『西鮮日報』は1934年

111）朝鮮総督府『昭和十一年　朝鮮総督府統計年報』（朝鮮総督府，1938年）72頁。
112）平安北道編纂（1929年）80頁；平安北道編纂（1937年）78頁。
113）「僑務檔案（僑務教育）1943年」『中華民国国民政府（汪精衛政権）駐日大使館檔案』（東洋文庫所蔵，登録番号2-2744-36）。
114）「中国人野菜経営者ㄴㆍㄴ（は）平壌近郊에（に）二百戸」『毎日申報』1931年7月20日。
115）朝鮮総督府『昭和十一年　朝鮮総督府統計年報』（朝鮮総督府，1938年）72～73頁。

第10章　華僑農民による野菜栽培の萎縮　333

12月25日付の記事に平壌地域の野菜「栽培は殆ど近郊に住む支那人に依りて行はれ」ていると指摘した上で、「隣接大同郡内鮮農は大いに地の利を有するに不拘その栽培甚だ振はず」と朝鮮人農民の野菜栽培が活発でないという見解を示した[117]。

このように、華僑農家の野菜栽培において朝鮮の南北地域間の格差が生じた原因はどこにあったかについては、一層の検討が必要であるが、これまでの議論を踏まえるならば、京畿道をはじめとする南部地域では朝鮮人農民の野菜栽培が拡大して華僑農民の野菜栽培を駆逐しつつあったことを確認したが、北部地域ではそのような事例が全く確認されていない。こうした朝鮮人農民の野菜栽培の程度が、華僑農家による野菜栽培の南北地域間格差をもたらした一つの原因であったのではなかろうか。

一方、朝鮮総督府が1930年代に北部地域を中心に推進した工業化政策と各種公共工事により南部地域の朝鮮人が北部地域に大量に移住し、北部地域の人口が1930年代に南部地域に比して相対的に高い増加率をもたらした[118]。このような人口増加と北部地域の所得増加が野菜に対する需要を増加させ、それが北部地域の華僑農家戸数の回復を促進した要因の一つであったと考えられる。

おわりに

本章では、1930年代に朝鮮内の華僑農民の野菜栽培の萎縮の原因について、朝鮮総督府および地方当局の華僑農民に対する対応、1931年排華事件、仁川農業公議会の紛糾、朝鮮人農民による野菜栽培の拡大などの4点を中心に考察した。

第1節では、朝鮮総督府が統監府令第52号の適用を厳しくして華僑農民

---

116)平壌公立農業学校教諭斎藤茂「平壌地方に栽培される支那産蔬菜に就いて」『朝鮮農会報』第9巻第3号(朝鮮農会, 1935年3月) 20頁。
117)「平壌府民の野菜を全部供給する計画」『西鮮日報』1934年12月25日。
118)朝鮮総督府学務局社会課「南鮮過剰人口の北移策」『調査月報』第7巻第3号(朝鮮総督府, 1936年3月) 1~8頁;臨時国勢調査課鈴木虎次郎「朝鮮常住人口の動き(昭和十年度国勢調査)」『調査月報』第8巻第5号(朝鮮総督府, 1937年5月)。

の居住および労働を制限した事例を取り上げ，華僑農民および駐朝鮮総領事館の強い反発に遭い，効果は芳しくなかったことを紹介した。しかし，朝鮮総督府が中国人向けに1934年9月に導入した100円の提示金制度は中国人農民の朝鮮移住を制限する効果があったことを明らかにした。引き続き仁川府庁が同府新町所在の農業公議会経営の野菜市場を1927年に公設市場化し，1932年には同市場における華僑野菜商の独占的な販売権を奪い，それが富仁地域の野菜生産および販売に少なくない影響を及ぼしたことを明らかにした。

第2節では，華僑農民の野菜栽培および販売に決定的なダメージを与えたのが1931年排華事件であったことを検討した。この事件によって華僑農民は直接的な被害を受けたばかりか，その直後発生した満洲事変で本国に引き揚げる者が多く発生し，特に華僑農民の野菜栽培の中心地であった京畿道の引揚者および被害が相対的に甚大であったことを解明した。

続く第3節では，富仁地域の華僑農民の野菜組合であった農業公議会に紛糾があったことを取り上げて，その実態および原因について検討すると同時に，その紛糾が同地域の華僑農民の野菜栽培および販売を弱体化させた一つの要因であったことを明らかにした。

第4節では，朝鮮人農民の野菜栽培の拡大が華僑農民の野菜栽培を萎縮させた一つの原因であったことを提示した。そのような現象は京畿道など朝鮮の南部地域に目立ち，北部地域ではほとんどみられなかったことを紹介した。なお華僑農家戸数が1931年排華事件以降南部地域では非常に緩慢な増加をしていたのに対して，北部地域では1930年代半ば頃には1930年の水準をほぼ回復したことを示し，その原因は朝鮮人農家の野菜栽培の程度，北部地域の人口増加および所得増加にあったことを提示した。

第11章

日中戦争期華僑農民による野菜栽培および販売の変容

はじめに

　本章では，日中戦争期華僑農民の野菜栽培および販売が日中戦争そのものにどのように影響され，さらに戦時統制強化によってどのように変容したか，検討する。

　この課題を解明するために，まず，日中戦争による華僑農民の引揚状況，それが朝鮮の野菜供給に及ぼした影響を考察する。その後，朝鮮総督府の野菜増産政策およびその一環として華僑農民をいかに活用したかについて検討する。最後には華僑農家の戸数が1940年代初めに急増した原因，日中戦争以前と比べて野菜栽培および販売がどのように変容したかについて，朝鮮の北部地域を中心に検討する。

第1節　日中戦争の影響

　日中戦争は1931年排華事件および満洲事変時のように華僑農民の大量引揚をもたらした。華僑農家の戸数は1936年12月の2,858戸から1937年12月の2,098戸に27％減少した（〔表10-1〕参照）。道別に見れば，京畿道が同時期に315戸から75戸に76％減少して最も激しく，黄海道が61％，平安南道が45％，咸鏡南道が24％の順で減少率が高く，平安北道と咸鏡北道以外の道はすべて減少した。特に京畿道の華僑農家は1931年排華事件以後，徐々に回復へと推移しつつあったが，日中戦争によって再び減少に転じ，

表 11-1　日中戦争期華僑農家の戸数の推移（単位：戸）

道　別	1936年	1937年	1940年	1943年
京畿道	315	75	144	188
忠清北道	28	5	6	11
忠清南道	44	16	21	22
全羅北道	85	37	38	44
全羅南道	31	20	18	29
慶尚北道	43	13	11	15
慶尚南道	12	2	0	2
黄海道	315	122	186	349
平安南道	328	180	336	759
平安北道	797	845	1,047	1,384
江原道	43	10	18	20
咸鏡南道	348	265	359	635
咸鏡北道	469	508	679	980
合　計	2,858	2,098	2,863	4,438

出典：朝鮮総督府『朝鮮総督府統計年報』（各年）；南朝鮮過度政府編纂（1948年）16～25頁。

　その減少幅は同事件時の減少率の56.4％より一層激しかった[1]。
　京畿道における華僑農民の引揚状況を具体的に見てみよう。仁川中華農会の会員は戦争勃発当初こそ平静を保っていたが，朝鮮華僑商人が共同で所有する利通丸が日本軍に抑留され，戦争が長期化する兆しが出てくると動揺し始めた。同会の于本海会長が帰国すると不安が増幅され，1937年9月中旬には戦前に富仁地域にあった約700名の華僑農民のうち500名が帰国し，残留したのは209名（59戸）に過ぎなかった[2]。
　京城府の場合，1936年12月末には65戸の華僑農家が562反（16万8,600坪）の野菜を耕作していたが，日中戦争直後には華僑農家が6戸，作付面積は45反（1万3,500坪）に激減した[3]。同府内でも永登浦方面以外の西部方面，龍山方面，東部方面の華僑農家はすべて引き揚げた。さらに，京城府

1）京畿道（1940年）14頁。
2）1937年9月24日，朝鮮総督府警務局「一般支那人ノ状況」『治安状況（昭和十二年）』。
3）稲垣辰男「蔬菜栽培の奨励に就て」『朝鮮農会報』第11巻第12号（朝鮮農会，1937年12月）26～27頁。1936年12月末に1反歩以上の野菜を栽培する朝鮮人および日本人農家は566戸であった。

の中央物産に出入りして野菜販売に従事していた約300名の華僑野菜行商は戦争による不安と，日本人消費者が華僑行商より買わなくなったために約半数が引き揚げた[4]。

　ところで，以上のような華僑農民および行商の大量引揚は都市部を中心に野菜不足および価格急騰をもたらした。京城府の場合，華僑農民が供給する野菜は需要野菜に占める比重がさほど高くなかったため目立った影響はなかった[5]が，キムチ漬けの時季を迎えて華僑農民引揚による白菜供給減少が白菜の価格にどれだけ影響するかが注目されていた[6]。

　仁川府は華僑農民の引揚で深刻な影響を受けた地域の一つであった。富仁地域の華僑農民の野菜栽培および販売は1931年～日中戦争以前に排華事件，仁川府庁の野菜市場への介入，仁川農業公議会の内紛などで萎縮を余儀なくされたものの，同府需要野菜の供給において依然として高い比重を占めていたことは，第10章で確認した通りである。

　富仁地域の華僑農民が引き揚げる際に野菜畑を朝鮮人野菜商に廉価で売り渡したため仁川府の秋季の野菜供給には問題が発生しないはずだったが，朝鮮人野菜商が暴利を取るために野菜販売を控えたのが響いて野菜価格が暴騰した[7]。仁川府の警察当局は朝鮮人野菜商に対する取締を強化するほか，府が日本より野菜移入を増やす方針を打ち出したが，キムチ漬け時季を迎えた消費者の不安を払拭するには及ばず，野菜不足の大混乱が続いた[8]。華僑農民の大量引揚は1938年の春季の野菜生産量を減少させ，野菜価格は４月初めには２倍に暴騰して，野菜が肉類より高くなる異様を呈

4）京城商工会議所「北支事件に関する法令及諸調査」『経済月報』第259号（京城商工会議所，1937年８月）26頁。
5）京城府の1936年の野菜消費量は府内生産量が消費総量の14％，遠隔地搬入量が34％，同府近郊の六つの郡からの搬入量が52％を占めていた（稲垣辰男（1937年12月）26頁）。
6）京城商工会議所「日支事変の影響調査」『経済月報』第260号（京城商工会議所，1937年９月）24頁。
7）「仁川野菜生産者撤去로（で）今年『김장』（キムチ漬け）은（は）大恐慌？」『東亜日報』1937年８月26日；「野菜奸商跋扈仁川署厳重히（に）団束（取締）」『東亜日報』1937年９月３日。
8）「野菜類飢饉未免？仁川府의（の）緩和策도（も）」『東亜日報』1937年９月16日。

し，府民の家計に多大な支障をきたした[9]。その結果，同年6月に新町の公設野菜市場内の野菜小売相場は朝鮮の大都市の中では最も高かった[10]。このような現象は富仁地域における華僑農民の野菜生産がどれだけ高い比重を占めていたかを改めて浮き彫りにするものであった。

　富仁地域とともに華僑農民による野菜栽培が盛んであった平壌府でも華僑農民が大量に引き揚げて仁川府と同様な結果をもたらした。平壌府およびその付近の華僑農家200戸（農民約600名）は8月末には半数に減少し[11]，朝鮮人野菜商による野菜の売り控えが響くと府内の野菜価格は以前より3～5割高騰した[12]。同府民は華僑農民によって栽培されて名声を博していた「平壌白菜」が華僑農民の引き揚げで姿を消す恐れがあると懸念するほどであった[13]。鎮南浦府でも富仁地域および平壌府と同様の事態が起きて，同府の警察当局は暴利を貪る行商を「暴利取締令」によって処罰すると脅かしながら野菜価格高騰の沈静化に必死に取り組んでいた[14]。

　黄海道の兼二浦でも華僑農民および華僑野菜商の突然の引揚によって野菜不足をきたした[15]。忠清北道の鳥致院[16]，新義州府でも野菜価格が戦前より大幅に値上がり，当局はその対策に追われていた[17]。

　要するに，日中戦争は華僑農民の大量引揚をもたらし，華僑農民による野菜供給が多かった大都市を中心に野菜価格の高騰をきたして，住民の生活に大きな影響を及ぼしたのである。

---

9)「厨房経済에（に）異状野菜類十割이（が）暴騰仁川은（は）物価高에（に）悲鳴」『東亜日報』1938年4月2日。
10)「全鮮一の野菜高仁川台所脅威大根1本が10銭」『西鮮日報』1938年6月2日。
11)「平壌支那人撤帰로（で）菜蔬需給問題」『東亜日報』1937年8月31日。
12)「支那人의（の）帰還으로（で）野菜飢饉의（の）惨状」『朝鮮日報』1937年8月28日；「蔬菜飢饉解消平壌府民漸く安堵」『京城日報』1937年9月8日。
13)「支那人農家引き揚げで平壌白菜姿消す」『朝鮮新聞』1937年9月5日。
14)「支那農民撤帰로（で）南浦野菜飢饉野菜時価는（は）漸高形勢」『東亜日報』1937年8月29日。
15)「支那農夫撤帰로（で）南浦野菜飢饉」『東亜日報』1937年8月28日。
16)「燕岐郡農会斡旋으로（で）蔬菜組合設立」『東亜日報』1938年3月9日。
17)「暴利野菜商鉄椎！」『東亜日報』1937年9月22日。

第2節 朝鮮総督府の対応

1 野菜増産政策

　前節では，華僑農民の大量引揚が大都市を中心に野菜価格の高騰をもたらして住民の生活を苦しめたことについて述べたが，それに対して朝鮮総督府農林局は「国辱的重大問題」と認識していた[18]。そこで，朝鮮総督府は華僑農民に頼らず「我等の蔬菜は我等の手にて[19]」という野菜の自給自足の達成を緊急の政策課題として位置づけた。

　朝鮮総督府が野菜の自給自足の達成を政策課題としたのは華僑農民への野菜依存からの脱却だけなく，「朝鮮は兵站基地として多量の蔬菜を軍に供給す可き恰好の地[20]」と，朝鮮を日本軍の戦争遂行のための野菜供給基地として位置づけたことも背景にあった。しかし，朝鮮は1930年代にも必要とする野菜の相当の金額を日本からの移入に頼っていた。その移入額は1930年に181万円，1936年に527万円[21]，1937年には華僑農民の引揚の影響もあって708万円に急増した[22]。

　朝鮮総督府は前述のような目標および野菜の自給自足の達成のために野菜増産政策を打ち出した。まず朝鮮総督府農林局は戦争後華僑農民が引き揚げた後に残った小作地を該当の華僑農民が戻っても小作権を該当農民に与えないで，朝鮮人農民にその小作権を与える方針を決め，9月1日に各道庁にその実施を下達した[23]。各道庁はその指示にしたがって各府尹および各郡守あてに「中華民国人小作農にして小作権を抛棄せる者および小作

---

18)「野菜飢饉時代来！家庭生活에（に）影響」『東亜日報』1937年9月3日。
19) 稲垣辰男「蔬菜栽培の奨励に就て」『朝鮮農会報』第11巻第12号（朝鮮農会，1937年12月）28頁。
20) 武内晴好「朝鮮に於ける蔬菜増産計画に就て」『朝鮮農会報』第12巻第10号（朝鮮農会，1938年10月）36頁；朴（1995年）54頁。
21) 小早川九郎編（1960年）114頁。1936年の場合，朝鮮の野菜消費額の約8％が日本からの移入に依存していた。
22)「朝鮮蔬菜産額意外로（に）貧弱」『東亜日報』1938年2月26日。
23)「支那人大量帰国과（と）菜蔬飢饉의（の）対策 支那人小作土地를（を）全部朝鮮農民에（に）」『朝鮮日報』1937年9月3日夕刊；「支那人の引揚で野菜類が朝鮮人に栽培奨励全鮮に通牒を発す」『朝鮮新聞』1937年9月3日；稲垣辰男（1937年12月）28頁。

契約解除の原因ある者については速かにこれを解除する等の方法により努めて内鮮人農業者をして此等の土地の自作又は小作を為さしめ」るように通達を出した[24]。この措置によって，1934年の朝鮮農地令で小作地は3年ごとに更新することになり，ちょうど1937年はその満期に当たる年であるため，引き揚げた華僑小作農は契約更新ができなくなり，小作権を奪われかねなかったと考えられる。一方，平安南道農務課小作係は，収穫を地主と小作人が折半する朝鮮の小作慣行は野菜栽培のみでは小作人の生活が苦しいため，地主を説得して小作慣行を改め，朝鮮人農民の野菜栽培を奨励しようとした[25]。

それと同時に，朝鮮総督府農林局は各道に「野菜栽培奨励方」の指示を出した[26]。その指示に則して平安北道，江原道，咸鏡南道以外の10か道は1938年度野菜増産計画を練り上げたが，その計画について京畿道を中心に具体的に見ていこう。京畿道を取り上げる理由は，前述のように華僑農民の引揚者が相対的に多かったこと，野菜の約3割を日本など他地域に依存していて野菜増産が緊急に必要な地域であったこと[27]，京畿道庁は1938年度野菜増産の予算として2万2,091円を計上して10か道のうち最も多かったこと，にある[28]。

京畿道庁は野菜増産計画として，5,177円の人件費を計上し，野菜栽培指導のため高陽郡，始興郡，富川郡など3か郡に技術員3名を設けると同時に，前年より引き続き特殊農家指導の嘱託1名を設置した[29]。「蔬菜組合奨励費」の予算の6,804円は，高陽郡，始興郡，富川郡，仁川府，京城府に，30名を一つの野菜組合として12か所を設立し[30]，各組合に各園芸模

---

24)「蔬菜を作れ！ 支那人の小作権抛棄」『朝鮮新聞』1937年9月18日。
25)「支人の引揚に伴ふ平壌府の野菜飢饉」『平南毎日新聞』1937年9月9日。
26)「野菜栽培는（は）朝鮮人의손으로（の手で）」『朝鮮日報』1937年9月3日。
27)「京城府蔬菜供給難一年消費三百四十七万余円輸入만（だけで）百十三万円」『毎日申報』1938年3月18日。
28) 武内（1938年10月）43〜46頁。以下，この資料を基に述べる。
29) その具体的な対策を練るための技術員の会議が1938年9月14日に開催された（「奨励費로（で）万余円計上京畿蔬菜積極栽培十四日関係技術員会議開催具体的対策을（を）協議」『毎日申報』1938年9月15日）。

範囲を設置して病虫害駆除灌水設備，共同出荷木框醸熱材料を補助した。野菜組合が設置される地域は華僑農民の野菜栽培が盛んであった地域と重なり，道当局の政策が華僑農民引揚の隙を利用して同地の華僑農民の野菜栽培の地位を奪おうとする意図がうかがえる。

　なお，京畿道庁は中国から大量に輸入されていた唐辛子[31]の栽培補助のために，同道の農会を通して道内40か所に集団栽培を行わせ，1か所を1町歩内外として各所に3.5円の肥料代を補助した。京畿道庁は野菜加工貯蔵タンクを3か所に設置し1か所当たり1,000円の補助金を出す一方，野菜組合の事業資金として5,280円を設け，農具費，半促成栽培のため木框費を貸し付けた。また，優良野菜を一堂に集めて比較研究をする品評会開催のために300円の予算を計上した。

　一方，朝鮮総督府および京畿道庁の野菜増産の方針の下，道の各府庁および各郡庁も野菜増産の計画を練り上げて計画を実行に移した。京城府庁は野菜増産のための奨励施設として野菜組合を設立し，その組合に種子購入代および病虫害駆除予防費の補助をなし，また同府庁主催で講習会および品評会などを開催して園芸作物の栽培に関する技術の向上と品質の改善を図ることにした。京城府内の鐘岩，往十里，漢江，龍江の4か所に野菜指導学校を設け，専任の技術員を通して集中的指導を行った。それと同時に，野菜指導学校に補助金を出した[32]。仁川府庁勧業係は1937年12月に同府朱安町と櫻町の2か所に野菜組合を設立した[33]。さらに1938年には府内の各部落に野菜組合を1か所ずつ設置するように指導し，堆肥貯蔵を奨励した[34]。開城府庁は1938年11月に朝鮮の白菜種子を代表する開城白菜種の

---

30)「蔬菜組合十二個所京城，高陽，始興，仁川等地新設集団的으로（に）蕃椒栽培」『毎日申報』1938年3月18日。
31) 唐辛子の輸移入額は1925年113万5,732斤・11万2,952円，1930年358万6,327斤・44万6,424円，1935年360万3,412斤・47万7,264円であったが，そのほとんどは山東省からの輸入であった（朝鮮総督府（1937年）95頁）。
32) 稲垣辰男（1937年12月）28頁；「蔬菜学校出現！」『東亜日報』1937年10月13日。
33)「仁川野菜組合組織」『東亜日報』1937年12月19日。
34)「仁川府内各部落의（の）蔬菜組合을（を）組織堆肥貯蔵도（も）奨励」『毎日申報』1938年9月21日。

名声を取り戻すために朝鮮人の野菜組合を組織させて優良種子の採取および栽培方法の改善を図った[35]。

京畿道のみならず他の道でも京畿道庁と同様な野菜増産計画を打ち出した。華僑農民の引揚げが多かった平安南道庁は3,572円の増産予算を組み，技術員2名の設置，野菜貯蔵施設補助，野菜適地部落8か所を選定して集中指導を行い，各部落に潅漑用井戸施設を設ける施設補助を行った。同道の農会は野菜栽培農家のため野菜集荷場の設備補助や病虫害駆除予防設備費の補助を行った[36]。なお平安南道庁は朝鮮総督府に補助金を申請して温床設備2か所の設置，運搬および荷卸場の設備を整えることを計画していた[37]。

それでは，朝鮮総督府および各道の野菜増産の政策は期待したような効果を生んだのだろうか。〔表11-2〕をみよう。朝鮮の野菜生産量は1938年に4億871万貫であったのが，1939年には旱魃などの悪天候によって3億貫に急減した後，少しずつ回復していったが，1938年の水準を回復することはなかった。生産性を示す反当たり生産量は1938年に228から1939年には162，1940年に203，1941年に208，1942年に182に下落の傾向をみせて

表11-2　日中戦争期朝鮮内の野菜作付面積・生産量・生産額の推移

調査年度	作付面積（町歩）	生産量（貫）	反当生産量(貫)	生産額（円）
1931	147,479.1	335,188,008	227	38,193,684
1938	179,398.5	408,716,216	228	71,550,121
1939	185,808.1	300,626,655	162	80,602,217
1940	183,455.6	371,520,559	203	109,992,424
1941	182,468.2	378,949,809	208	112,058,497
1942	189,812.3	346,085,461	182	115,255,803

出典：朝鮮総督府農商局「昭和十八年十二月第八十四回帝国議会説明資料」『朝鮮総督府帝国議会説明資料』第8巻（不二出版，1994年）74頁より作成。

---

35)「蔬菜組合을（を）組織코（しようと）品質向上을（を）企図」『東亜日報』1938年12月3日。
36)　武内晴好（1938年10月）47～48頁。
37)　武内晴好（1938年10月）51～52頁。

いた。すなわち，朝鮮総督府の野菜増産政策が功を奏することがなかったことが分かる。その理由の一つは少ない予算にあった。各道庁の野菜増産の予算額は1938年度に3万709円で，その予算は各道庁勧業費の0.2％に過ぎず，その予算で野菜増産を実現するには絶対的に不足であった[38]。そのほか，戦時統制期には戦争遂行のために大量の労働力が徴発されて野菜栽培をする朝鮮人および日本人農民が減少したばかりか，化学肥料など営農資材の欠乏が野菜生産増加を妨げた主要な要因であったと考えられる。

以上のような野菜の生産量減少によって，野菜の小売価格は，京城府の場合，1933年の同府の年平均小売物価を100とした指数では，1937年末に124，1938年末に147，1939年末に181，1940年末に214，1941年末に186，1942年末に229であり，日中戦争期に野菜価格が急騰していることが歴然とする[39]。野菜価格の上昇率は主食の穀類（1942年185）よりも高かった。

朝鮮内野菜生産量の減少は再び日本からの野菜移入の増加をもたらした。1937年に708万円であった移入額は1938年に788万円，1939年には悪天候などの影響で1,252万円に急増した[40]。1939年度の京城府中央卸売市場の野菜および果物の入荷量のうち，朝鮮内入荷量は全体の46.2％（京畿道は全体の34.2％）に過ぎず，日本からの入荷量が47.9％（本州24.3％，九州11.9％，四国11.7％），台湾からの入荷量が5.5％，その他外国からの入荷量が0.4％で，日本および外国が同市場入荷量の半分以上を占めていた[41]。

以上の検討により，朝鮮総督府の野菜増産計画は野菜生産の増加をもたらしたのではなく，かえって野菜生産量の減少および野菜価格の高騰をきたし，その政策は功を奏することなく失敗したといえよう。

---

38) 武内晴好（1938年10月）43頁；朴（1995年）54頁。
39) 朝鮮殖産銀行調査部「調査・資料 都市に於ける浮動購買力の研究－京城府に於ける浮動購買力の研究－」『殖銀調査月報』第57号（朝鮮殖産銀行，1943年2月）12頁。
40) 朝鮮総督府（1940年？）116頁。1939年の野菜移入額の内訳は生菜が645万6,193円，乾菜が437万984円，漬物が169万5,325円であった。
41) 京城府（1941年）69頁。日本だけなく台湾より野菜が大量に入荷されていたことは日本帝国内の野菜の流通と関連して注目される。それと関わる記事は，「野菜23万梱台湾에서（から）大量入荷」『毎日申報』1940年1月19日。

2　華僑農民の活用

　日中戦争直後,朝鮮総督府は華僑農民の引揚を機会に朝鮮人および日本人農民による野菜増産を図ったが失敗に終わった。ここでは,そのことが華僑農民にどのような影響を及ぼしたかについて検討したい。

　朝鮮総督府は,先述したように,戦争直後治安上の理由から一旦引き揚げた朝鮮華僑に対して再上陸を厳しく制限し,中国人農民をはじめとする中国人の入国および再入国を事実上禁止していたが,日本軍が朝鮮華僑の故郷である山東省および河北省などを占領すると,1938年4月に引揚中の華僑商人およびその家族に対しては再上陸を許可したが,華僑農民など労働者はその対象に含まれていなかった。

　ところが,〔表11-1〕を見れば,華僑農家の戸数は1937年12月末に2,098戸から1940年には2,863戸に36.5％も増加した。さらに1943年12月末には4,438戸になり1937年12月より111％増加したばかりか,華僑農家戸数が最高であった1930年の3,331戸よりも33％増え,朝鮮近代期では最高の華僑農家戸数を記録した。この結果をみる限り,朝鮮総督府の華僑農民に対する入国および再入国において何らかの政策的変化があったことが読み取れる。

　それと関わる朝鮮総督府の関連史料は見つからないが,駐京城総領事館は「最近に至り日本全国が労働力の不足を非常に感じたため,華工華農の需要も増加した。故に最近1,2年に華工の入鮮は再び増加の趨勢を現している[42]」と,朝鮮内の華僑農民に対する需要が華僑農民の増加をもたらしたと指摘した。この指摘は前節の検討を踏まえるならば,朝鮮総督府が意欲的に実施した野菜増産計画が頓挫すると,総督府は野菜栽培に優れていた華僑農民を活用しようとする動きがあったと考えられる。朝鮮総督府は1941年に「地方都市ニ於テハ大部分近郊ノ蔬菜ヲ以テ自給シ得ル実情ニ

---

42)　原文「至最近因日本全国甚感労働力之欠乏,華工華農之需要亦随之増加,故近一両年,華工之入鮮,復現増加趨勢」(1942年7月1日収,駐京城総領事館報告〔朝鮮華僑概況〕「駐京城総領事館半月報告」『汪偽僑務委員会档案』(同上档案)。

アルモ大都市ニ在リテハ冬季蔬菜ノ不足ヲ告ゲ年々約千五百万貫ノ蔬菜ヲ移入シツツアル状況ナリ斯ノ如キ供給不足ハ冬季寒冷ノ為蔬菜ノ生産全ク無[43]」と，冬季野菜栽培の必要性を唱えていたが，この冬季野菜の栽培は華僑農民が得意としていた分野であった。

朝鮮総督府が華僑農民を活用した事例は，釜山府において確認される。釜山府消費の野菜は地元生産および隣接地からの供給より日本および他の道（どう）に依存する比率が相対的に高かった。日中戦争以前の1931年頃，釜山府の野菜消費額30万円のうち約5割は日本からの移入によるものであった[44]。1940年には同府の年間野菜消費量の28.5％を日本および他の道（どう）より移入していてその比重は1931年より下がったが，京城府の20.0％，平壌府の20.5％，大邱府の25.7％より高く，野菜の外部依存率が高い府としての地位に変わりはなかった（〔表11-3〕参照）。

さて，日本国内で戦争の影響によって野菜生産量が減少して野菜の配給制が実施されると，ジャガイモ，玉葱，胡瓜などの野菜の移入は，朝鮮総督府と日本国内の野菜配給機関の帝国農会が協議を行って朝鮮割当量が決定されたため，以前よりも移入量の減少を余儀なくされた[45]。なお朝鮮総督府は1940年12月に各道知事あてに「生鮮食料品ノ出荷統制ニ関スル件」を公布して野菜の出荷を統制し[46]，釜山府は朝鮮の他の道（どう）からも野菜移入が困難な状況になった。釜山府としては野菜の自給自足が府の最緊急課題の一つであったのである。

釜山警察署の畑田署長は1942年に府内の野菜増産に華僑農民を活用する計画を立てた[47]。しかし，釜山府およびその付近の華僑農民は1923年に32名[48]，1934年12月に9名[49]に過ぎず，同府はそもそも華僑農民が少ない地

---

43) 朝鮮総督府「第七七回（昭和十六年十一月臨時議会）帝国議会説明資料」『朝鮮総督府帝国議会説明資料』第2巻（不二出版，1994年）188頁。
44)「釜山府蔬菜消費의（の）五割은（は）移入補充」『毎日申報』1932年2月13日。
45)「内地産蔬菜類의（の）朝鮮割当을（を）決定」『毎日申報』1941年5月1日。
46) 朝鮮総督府「第七七回（昭和十六年十一月臨時議会）帝国議会説明資料」『朝鮮総督府帝国議会説明資料』第2巻（不二出版，1994年）188頁。
47) 1942年8月，駐釜山領事館報告「釜山領事館一九四二年四月至十二月分工作報告及呈送報告之来往文書」『汪偽外交部档案』（同2061-1160）。

表11-3 朝鮮の主要都市における野菜消費状況（1940年）

府別	人口 （名）	所要総数量 (a)・(貫)	地元生産量 (b)・(貫)	隣接地供給量 (c)・(貫)	道外搬入数量 (d)・(貫)	道外搬入率 (d/a)・(%)
京城	935,464	20,580,208	2,605,214	13,850,816	4,124,178	20.0
大邱	178,923	3,936,306	876,185	2,047,064	1,013,057	25.7
釜山	249,734	5,494,148	464,709	3,463,706	1,565,733	28.5
平壌	285,965	6,291,230	587,178	4,413,878	1,290,174	20.5
咸興	75,320	1,657,040	70,100	838,107	748,833	45.2
清津	197,918	4,354,196	861,980	△1,498,086	4,990,302	114.6
合計	1,923,324	42,313,128	5,465,366	23,115,485	13,732,277	32.5

出典：朝鮮総督府「第七七回（昭和十六年十一月臨時議会）帝国議会説明資料」『朝鮮総督府帝国議会説明資料』第2巻（不二出版，1994年）188頁を基に作成。
注：清津府の△は隣接地より供給される量より供給する量が多いことを示す。

域であった。日中戦争直後，同府の華僑農民はすべて引き揚げて釜山府には1942年に1戸の農家も残っていなかったため，畑田署長は以前新義州に勤務した時に，現地の華僑農民が野菜栽培に優れていることを知り，駐釜山領事館を通じて華僑農民数人の派遣を要請した。同領事館の斡旋で王振和など華僑農民が同年6月に釜山府に到着して野菜栽培を始めた。しかし，同地は新義州より野菜の成長が十数日遅いため，害虫が非常に多く野菜が虫に食われて，彼らの試みは失敗した。彼らは再度野菜栽培に挑んだが失敗した。そこで彼らが新義州に帰ろうとすると，畑中署長によって農薬の提供と生計補助で慰留された[50]。

引き続き，10月には王均智などの華僑農民が同府沙下面に野菜栽培を試みたが失敗して野菜栽培を継続できないと判断し，駐釜山領事館に相談して新義州に帰ろうとしたが，今回も畑田署長によって引き留められた。畑田署長は今回は同府栄町在住の宇田精一郎に彼らを雇用させて，一人当たりに毎月に生活費として50円を支給することと，野菜を販売して得られた

48）朝鮮総督府（1924年a）146頁。
49）1934年12月28日編，駐釜山領事館報告「一九三四年末季僑民人数与職業之調査」『南京国民政府外交部公報』第8巻第1号（同上資料）219頁。
50）1942年8月，駐釜山領事館報告「釜山領事館一九四二年四月至十二月分工作報告及呈送報告之来往文書」（同上档案）。

利益の半分を華僑農民に支給することを提案し，華僑農民がこれを受け容れて，野菜栽培を継続することになった[51]。

新義州から派遣された華僑農民たちの野菜栽培が功を奏したか，1943年には釜山警察署の荒井警部が直接新義州に赴いて釜山に野菜農園を経営する華僑農民の募集を行った。駐新義州領事館および新義州中華農会[52]との協議の結果，同農会の荘鵬吉会長と孫忠信副会長，「蔬菜生産業組合」の王彩副組合長が荒井警部とともに釜山の野菜農園の候補地を視察して，同地が野菜栽培に適合しているかについて調査することになった[53]。

以上のように釜山警察署が新義州の華僑農民を活用して野菜増産を図ったことがどれだけの成果を上げたかは不明であるが，この事例を通して同府が野菜増産のために華僑農民を必死になって活用しようとしたことが浮き彫りになったと考えられる。朝鮮の大都市は野菜自給率に程度の差はあるが基本的に野菜不足の状況にあったため，釜山府のように行政当局が華僑農民を活用して野菜増産を図ったのは他の府でもあったと考えられる。

もちろん，朝鮮総督府が華僑農民だけに依存して野菜増産を図ったのではなかった。朝鮮総督府農林局は1941年8月朝鮮で需要の多い大根，白菜，茄子，ニンニクなど野菜栽培を4か年計画で5.4億貫にする目標を打ち出し[54]，国民総力運動指導委員会は1941年8月に各家庭の空き地に野菜を栽培するように各地の聯盟に通牒して全住民の運動として推進した[55]。しかし，朝鮮総督府の野菜増産計画は目標を達成することなく，朝鮮の野菜不足は益々深刻さを増していった。そうなればなるほど華僑農民の存在は大きくなり，朝鮮総督府および各地方当局は華僑農民を活用して野菜増

---

51) 1942年8月，駐釜山領事館報告「釜山領事館一九四二年四月至十二月分工作報告及呈送報告之来往文書」（同上档案）。
52) 1942年7月に新義州中華農会の会員数は118名であった。農会の経費は栽培耕地の面積に応じて決められた（1942年8月，駐新義州領事館報告「一九四二年度日本方面華僑概況月報表」（同2088-372））。
53) 1943年4月，駐新義州領事館報告「駐新義州領事館一九四二年一月至四月分工作報告及呈送報告之来往文書」（同2061-1162）。
54) 「蔬菜増産計画樹立四個年間五億四千万貫을（を）目標로（に）農林局予算을（を）作案中」『毎日申報』1941年8月8日；「蔬菜栽培四年計画」『毎日申報』1941年8月10日。
55) 「蔬菜栽培四年計画」『毎日申報』1941年8月10日。

産を図ろうとしたのだろう。それが1940年以降華僑農家の戸数および華僑農民の人口が急増した一つの要因であったと考えられる。

第3節　華僑農民の野菜栽培および販売の実態

1　野菜栽培

　日中戦争期，華僑農家の増加には1931年～日中戦争勃発以前にみられた地域的格差が再び現れた。朝鮮の南部地域と北部地域における1937年と1943年の華僑農家の戸数を比較した場合，南部地域と北部地域のいずれも増加したが，南部地域の戸数増加率は86％なのに対して北部地域の戸数増加率は114％で，華僑農民の移住が北部地域に相対的に多かった（〔表11-1〕参照）。華僑農家の戸数は1943年に南部地域では331戸（全体の7.5％）だったのに対して，北部地域では4,107戸（同92.5％）で北部地域が圧倒的に多く，日中戦争以前より北部地域集中度が一層高くなった。

　なぜこのような現象がもたらされたかについて，華僑農家の野菜栽培の実態把握を基に検討してみたい。南部地域の代表的な華僑農家の野菜栽培地の富仁地域は1942年に華僑農家が120戸（農民は約500名）で，日中戦争以前の水準を回復していなかった。なお華僑農家の作付面積は資本がやや多い農家は約1,000坪，少ない農家は数百坪に過ぎなかった[56]。1920年代に同地の華僑農家の作付面積はそれをはるかに超えていたため，作付面積が以前より狭くなったことが分かる。このような理由として，まず考えられるのは小作料である。農村部の年間の小作料は坪当たり10～20銭であったが，富仁地域などの都市部は50～60銭で都市部がはるかに高かった[57]。また前述したように日中戦争勃発直後に華僑農民が本国に引き揚げて自然に小作権を奪われたケースも多かったことも働いたと考えられる。一方，同地には仁川中華農会がそのまま存続していて，幹事長1名（曲毓

---

56) 1942年7月15日収，駐仁川辦事処報告〔仁川辦事処轄境内僑務概況〕「駐京城総領事館半月報告」（同上档案）。
57) 1942年7月1日収，駐京城総領事館報告〔朝鮮華僑概況〕「駐京城総領事館半月報告」（同上档案）。

松），副幹事長1名，幹事5名で構成されていた[58]。同会の会員は山東省の文登県，栄成県が多く，日中戦争以前と変わらなかった。

次は北部地域の華僑農民の野菜栽培について，戦時期に華僑農家の戸数増加率が最も高かった平安南道を中心に見ていこう。朝鮮開港期から華僑農民の野菜栽培が活発であった鎮南浦府には，1942年に華僑農家53戸が戸当たり平均2,000〜3,000坪を耕作していた。富仁地域の華僑農家より作付面積が広いことが確認されると同時に，同府の1920年代の作付面積とほとんど変わらないことが分かる。華僑農家の小作料は坪当たり10銭であって，富仁地域より割安であった。華僑農耕業主は1942年に鎮南浦中華商会に所属されて毎月会費を支払っていたが，その金額は雑貨商と中華料理店および飲食店より低く，華僑農民が華僑商人より所得が低かったことが分かる[59]。

平壌府およびその周辺の華僑農家の戸数は戦前の水準を完全に回復していた。平壌府には1942年に27戸，船橋里に70戸，大同郡に153戸，合計250戸に上った。船橋里の華僑農家は約18万坪の野菜を栽培し，大農は6,000坪，小農は約1,000坪，戸当たり平均約2,517坪を耕作していた。同地の小作料は坪当たり14〜15銭で鎮南浦よりやや高かった。同地には野菜組合が組織されていて華僑農家はこの組織を通じて糞を購入していた[60]。大同郡の華僑農家は大農が5,000坪，小農が1,000坪の野菜を栽培していて，小作料は坪当たり10銭で，船橋里より安く鎮南浦と同水準であった。同郡にも華僑農耕業主の野菜組合が組織されていた[61]。

黄海道の黄州郡には華僑農家の戸数は不明だが，大農は9,000坪，小農は1,000〜2,000坪の野菜を栽培していた。坪当たりの小作料は土地によっ

---

58) 1942年7月15日収，駐仁川辦事処報告〔仁川辦事処轄境内僑務概況〕「駐京城総領事館半月報告」（同上档案）。同会の年収入は2,000円であった。
59) 1942年5月15日編，駐鎮南浦辦事処報告〔鎮南浦辦事処轄境平安南道僑務情形〕「駐京城総領事館半月報告」（同上档案）。
60) 1942年5月15日編，駐鎮南浦辦事処報告〔鎮南浦辦事処轄境平安南道僑務情形〕「駐京城総領事館半月報告」（同上档案）。
61) 1942年5月15日編，駐鎮南浦辦事処報告〔鎮南浦辦事処轄境平安南道僑務情形〕「駐京城総領事館半月報告」（同上档案）。

て7銭，10銭，14銭と一定していなかった。華僑農家は肥料を華僑農家の野菜組合を通じて購入していた[62]。駐元山副領事館管轄の咸鏡南道，咸鏡北道，江原道の華僑農民は小作料として坪当たり年に約15円を支払っていた。栽培する野菜は白菜と大根が主をなし，その種子は中国から運んできたもので[63]，山東省産の種子であった。

　その小作料についてであるが，戦時期には小作料の決定に変化が生じた。朝鮮総督府は1939年12月に「小作料統制令」を公布し，1939年9月18日を基準として小作料を引き上げること，その他の負担をそれ以前より小作人に不利に改定することを原則的に認めなかった[64]。華僑農家は従来地主との契約で小作料を支払ってきたが，地主が勝手にその小作料を引き上げることが規制されたため，小作料統制令は一見華僑農家に有利なようにみえる。しかし，不利な立場になった地主が小作の満期になれば小作地を受け取ったり，満期になっていないのに途中で小作地を売り出す者が現れて，地主と華僑農家との間に争いが発生し，華僑農家は脅威を感じていた[65]。それについて地方当局および小作委員会がどのように対応したかは不明であるが，朝鮮総督府が食糧および野菜増産のために同統制令を実施した以上，行政的に介入して問題解決を図ったと考えられる。

　一方，朝鮮の北部地域の華僑農民の出身地は南部地域と異なっていたようである。華僑農民による野菜栽培が盛んであった元山府の元山華僑小学には1943年頃に166名の在学生があったが，そのうち父兄を山東省出身とする学生は146名で全体の88％を占めていた。山東省出身の学生を県別に分類すれば日照県が66名で全体の45％と最も多く，文登県が19名でそれに続いた[66]。1942年の元山中華商会の役員26名のうち商人は22名で最も多

---

62) 1942年7月27日収，駐鎮南浦辦事処報告〔黄海道黄州郡僑務情形〕「駐京城総領事館半月報告」（同上档案）。
63) 1942年4月，駐元山副領事館報告「元山華僑概況」『南京国民政府外交部公報』第41巻（同上資料）19頁。
64) 朝鮮総督府（1940年）292～293頁；「小作料統制令遂成立九・一八比率로（で）停止」『東亜日報』1939年11月18日。
65) 1942年7月1日収，駐京城総領事館報告〔朝鮮華僑概況〕「駐京城総領事館半月報告」（同上档案）。

く,商人の出身県は福山県,文登県,牟平県など山東省の東沿岸地区がほとんどを占めていて[67],文登県出身の学生は父兄が商人であったと推定される。

一方,日照県は先述したように山東省の中でも貧困な地域で経済的な理由により朝鮮に移住した者が多く,そのほとんどは朝鮮の移住先で野菜栽培に従事していた[68]。なお,日照県出身者の移住先は朝鮮の北部地域に集中していた。例えば,元北朝鮮華僑Ａ氏の証言はそれを裏付ける[69]。彼の母方の祖父は日中戦争期に故郷の日照県から鎮南浦を経て清津府(咸鏡北道の首府)に移住し,最初から野菜栽培を行ったという。彼の父方の祖父も日照県出身で日中戦争期に清津府に移住して最初は日本人の日雇いとして土木建築の仕事をした後,野菜栽培に転じた。なお,1931年排華事件の被害者を出身地別に見れば,日照県出身者が86名に上り,山東省の他県の被害者の人数をはるかに上回ったばかりか,被害者の居住地はほとんど平壌府をはじめとする北部地域に集中していた[70]。以上の諸事情を考慮するならば,元山華僑小学の日照県出身の在学生66名の父兄はほとんど農民であったと考えられる。

それが事実とすれば,朝鮮の南部地域には相対的に裕福な文登県,栄成県などの山東省の東沿岸地区出身の農民が多かった反面,北部地域には日照県出身の農民が多数を占めていたことになる。日照県出身の農民が朝鮮の南部地域ではなく,北部地域に移住が集中していたのは小作料が南部地域より北部地域が安かったため野菜栽培を始めるに負担が軽かったこと,第9章で明らかにしたように,日照県出身の朝鮮移住には連鎖移住(chain migration)が確認されており,日中戦争期にも連鎖移住が行われたためである。

---

66) 菊池(2005年)137頁。
67) 1942年1月17日収,駐元山副領事館報告「元山中華商会請求備案」(同2088-377)。
68) Chao(1998) pp.466-469.
69) 2010年12月13日および2011年1月23日に電話を通じて行ったＡ氏へのインタビューによる。
70) 1932年1月8日発,山東省日照県呈〔旅韓難民死傷及財産損失調査表〕「損失調査(一)」『駐韓使館保存档案』(同03-47,222-15)。

最後に，日中戦争期に華僑農家の野菜生産量は農家戸数および作付面積を基準として判断するならば，富仁地域など南部地域の作付面積が減少したのに対して，華僑農家の9割以上が位置していた北部地域の戸当たり作付面積は戦前とほとんど変わらなかったため，戦前より戸数が増加した分，朝鮮全体の華僑農家による野菜生産量は戦前より増加したとみるのが妥当であろう。但し，戦時統制および営農資材の欠乏などが華僑農民の野菜生産の制約要因として働いたため，その増加率は戸数増加率を下回ったと考えられる。

2　野菜販売

　ここでは，華僑農家が生産した野菜の販売が戦時統制強化の実施によってどのように変容したかについて検討したい。

　朝鮮総督府は1939年9月18日に各種物価を凍結する，いわゆる「9・18停止令」を公布する際に，野菜は値段の変動が激しく地方と時期によって著しい差があるためにその対象から外した[71]が，野菜不足が深刻化すると，1940年11月15日に野菜に対して斤量本位の公定価格制を実施することとした[72]。

　この公定価格制の導入は華僑農家の野菜販売に直接的な影響を及ぼすことになる。平壌府船橋里の華僑農家は従来通り生産した野菜を平壌府の寿町公設市場に運び入れて販売していたが，官庁が定めた公定価格で販売しなければならなかった[73]。野菜を公定価格より高く販売する場合は「価格等統制令」違反で処罰された。華僑農民の中にはこの法規に違反した者が多く[74]，華僑農家の野菜組合はその対策に取り組んでいた。例えば，1942年5月に設立された「鎮南浦中華蔬菜批発及販売組合」はその規則の第5条に，組合員が不正な野菜販売を行った場合は組合より除名されて2年間

---

71)「野菜果物生鮮等에（に）公定価格遂実施」『東亜日報』1940年3月10日。
72)「蔬菜公定価実施（十五日付）市場에（に）検察의（の）炯眼配給機構整備가（が）緊急」『毎日申報』1940年11月16日。
73) 1942年5月15日編，駐鎮南浦辦事処報告〔鎮南浦辦事処轄境平安南道僑務情形〕「駐京城総領事館半月報告」(同上档案)。

組合への再加入が許されないこと，野菜の販売価格は公定価格にしたがうべきで勝手にそれより高く販売してはいけないと定めていた[75]。

公定価格制の導入にもかかわらず，野菜不足が益々深刻化すると，やがて朝鮮総督府は1943年9月30日に朝鮮総督府令302号「朝鮮青果物配給統制規則」を公布して野菜配給割を施行した[76]。野菜は同年11月20日より毎戸の人数に応じて配給が始まった[77]。野菜の配給制の実施に合わせて農民に対して強制供出が始まった。1943年頃から黄海道海州に居住していた楊春祥氏は「朝鮮人および日本人農民が仮に1,000株の白菜を栽培すれば700株が供出させられたが華僑農民は750株を供出させられて250株しか野菜組合を通じて販売できなかった」と話した[78]。なお彼は当時の野菜配給割について次のように述べた。「町会総代が愛国班別に野菜を割り当てて組長を経て愛国班長に交付した。私が所属した愛国班には華僑と朝鮮人しかいなかった。玉葱は朝鮮であまり生産されなかったために九州から運ばれてきたものを配給した」。

一方，華僑農家の野菜販売は主に華僑野菜行商によって行われるのが一般的であったが，戦時統制強化はその方法にも変化をもたらした。日中戦争期朝鮮では中国領事館の官員さえ領事館所在地以外に旅行および出張する際は必ず当局に旅行許可を申請する必要があり[79]，一般の華僑の移動は

---

74) 例えば，1940年に有罪判決を言い渡された外国人（ほとんどは華僑）のうち，経済法令違反が156名で朝鮮阿片取締令違反の124名，阿片煙に関する罪の31名を上回って最も多かった。1939年の経済法令違反者は57名であった。経済法令違反外国人のうち価格等統制令の違反者が全体の約6割を占めて最多であった（朝鮮総督府法務局「第七九回帝国議会説明資料」『朝鮮総督府帝国議会説明資料』第4巻（不二出版，1994年）19・21頁；朝鮮総督府官房・学務・法務・警務局「第八六回（昭和十九年十二月）帝国議会説明資料」『朝鮮総督府帝国議会説明資料』第10巻（不二出版，1994年）84頁）。
75) 1942年8月22日収，駐鎮南浦辦事処報告〔鎮南浦中華蔬菜批発及販売組合規章〕「駐京城総領事館半月報告」（同上档案）。
76) 「蔬菜，果実，魚介類朝鮮서도（でも）配給統制」『毎日申報』1943年10月1日。その前に京城府では1942年10月から朝鮮人のキムチ漬けに不可欠な唐辛子の臨時配給統制を施行し，唐辛子以外の野菜に対しては「蔬菜臨時配給統制」を実施していた（京城府総務部経済課（1943年）179～181頁・187～193頁）。
77) 「蔬菜，果物，魚介類의（の）統制運用方針発表」『毎日申報』1943年10月12日；「蔬菜生産地出荷量（を）統制食口대로（に応じて）毎戸配給」『毎日申報』1943年10月28日。
78) 2010年5月4日に韓国大邱にて行った楊春祥氏へのインタビューによる。朝鮮米の場合は1940～44年に総生産量の43％～64％が供出された（李（1999年）325頁）。

厳しく制限された。鎮南浦府の華僑野菜行商は保安上の理由で「鎮南浦中華蔬菜批発及販売組合」発給の証明書に管轄の警察署経済係の印章が押されたものを携帯して行商しなければならなかった[80]。しかし，アジア太平洋戦争後朝鮮在住華僑による諜報事件が相次いで発生して1941年に6名，1942年に26名，1943年に43名，1944年には9月末までで61名が検挙され[81]，朝鮮総督府の華僑に対する取締は益々強化されたため，華僑行商による野菜販売はほとんどできなかった。それは，駐京城総領事館管轄内において失業して本国に引き揚げた華僑野菜商が1944年2月から10月までに68名に上った[82]ことからもうかがえる。

野菜の販売は戦争末期になるにつれて野菜市場，野菜行商がなくなっていた。平安南道平原郡順安面では，面の定期市がなくなって野菜不足が深刻化すると，日本人は華僑の野菜畑（当時日本人はは支那人農場と呼んでいた）を訪ねて栽培した野菜を直接購入した[83]。

一方，戦時統制期華僑農家の所得および生活は全般的に戦前より悪化した。野菜の公定価格制により一定の収入は保障されたが，諸経費の増加で収益は減少せざるを得なかった。野菜栽培の生産費のうち高い比重を占めていた肥料代の値上がりが激しく，船橋里の場合，1馬車当たりの糞は以前1.5円であったのが1942年には4.0円に2.7倍も上昇した。しかも馬夫に手間賃として50銭を支払っていた。なお，華僑農耕業主が雇う農夫の賃金は1920年代より5～6倍も上昇した[84]。小作料は「小作料統制令」によって

---

79)「第二次領事会議記録　1943年」（同上档案）。朝鮮在住中国領事館の官員には日本外務省発給の身分証明票が支給された。
80) 1942年8月22日収，駐鎮南浦辦事処報告〔鎮南浦中華蔬菜批発及販売組合規章〕「駐京城総領事館半月報告」（同上档案）。
81) 朝鮮総督府官房・学務・法務・警務局「第八六回（昭和十九年十二月）帝国議会説明資料」『朝鮮総督府帝国議会説明資料』第10巻（不二出版，1994年）80頁。華僑の諜報活動については菊池（2011年）309～317頁が詳しい。ただ，菊池氏の論考は東洋文庫所蔵の『中華民国国民政府（汪精衛政権）駐日大使館档案』に依拠して述べているが，朝鮮総督府側の史料は利用していない。例えば，高等法院検事局思想部発行の『思想彙報』には華僑の時局関係犯罪に関する調査結果が掲載されているが，菊池氏が取り上げていない事件が多数みられる。
82)「大使館所管領事館工作報告1943.12～1944.4月分」『中華民国国民政府（汪精衛政権）駐日大使館档案』（同2-2744-39）。
83) 林（2008年）74～75頁。

引上を禁止されたが，肥料代の上昇，賃金引上などの諸経費の増加は華僑農家の利益を圧迫した。さらに野菜の強制供出が始まったために華僑農家が販売できる野菜は少なくなり，収入は一層減少したと考えられる。

おわりに

　以上，華僑農民の野菜栽培および販売が日中戦争にどのように影響され，戦時統制強化によっていかに変容したかについて考察してきたが，その結果を以下にまとめておく。

　まず，日中戦争は華僑農民の大量引揚をきたし，華僑農民による野菜供給が多かった大都市を中心に野菜価格の高騰が生じて，住民の生活に大きな影響を及ぼしたことを明らかにした。朝鮮総督府はそれを深刻に受けとめて華僑農民に頼らない野菜の自給自足の達成と，朝鮮を日本軍の戦争遂行のための野菜供給基地として位置づけ，野菜増産政策を推し進めた。

　しかし，朝鮮総督府の野菜増産計画は野菜生産の増加をもたらしたのではなく，かえって野菜生産量の減少および野菜価格の高騰をきたし，その政策は功を奏することなく失敗に終わった。この政策の失敗による野菜不足と，日本からの野菜移入の減少は朝鮮総督府に華僑農民を活用する政策に転換させた。それについては，釜山府の事例を取り上げて明らかにした。この事例を通して野菜不足に伴う朝鮮総督府の華僑農民の活用という要因が1940年代初めに中国人農民の朝鮮移住を急増させて，朝鮮近代期に最大の華僑農民人口をもたらした朝鮮側のプル要因であった。

　北部地域の野菜栽培の作付面積は戦前と変わりなく，各地には華僑農家の野菜組合が組織されて，華僑農家はその組織を通じて糞などの有機肥料を調達していた。最後に，華僑農民が生産した野菜の販売は野菜の公定価格制および配給制の実施と強制供出，朝鮮総督府による野菜行商に対する移動の制限によって，戦前より萎縮を余儀なくされたことを明らかにした。

84）1942年5月15日編，駐鎮南浦辦事処報告〔鎮南浦辦事処轄境平安南道僑務情形〕「駐京城総領事館半月報告」（同上档案）。

第Ⅲ部の小結論

　ここでは，各章のまとめは各々の「おわりに」に委ねて，以上の検討結果が東アジア近代史，朝鮮近代史，華僑近代史の文脈においていかなる意味を持ち，どのような示唆を与えるかについて，検討してみたい。
　まず，東アジア域内における山東省出身中国人農民の朝鮮移住がもたらしたヒト，モノ，カネ，情報の流れをまとめてみよう。中国人農民の朝鮮移住は，山東省での経済的困窮というプッシュ要因と朝鮮在住日本人などの野菜需要及び朝鮮内供給不足というプル要因，連鎖移住によってもたらされた。中国人農民の移住に伴い，山東省産の野菜種子が山東省から朝鮮に持ち運ばれて，野菜栽培の情報（技術）が山東省から朝鮮に流れ込んだ。華僑農民が生産した野菜は朝鮮各地のみならず日本にまで移出された。華僑農民が野菜栽培および販売で稼いだカネは山東省に還流した。このように，中国人農民の朝鮮移住および朝鮮での野菜栽培は東アジア地域のヒト，モノ，カネ，情報の流れを促進する役割を果たしていたといえよう。
　次は朝鮮近代史の文脈において示唆することについてみよう。第1に，朝鮮近代の農業問題に関する従来の研究は米穀及び米作をめぐる諸問題が中心であった[1]が，第Ⅲ部の検討を通じて，野菜及び野菜栽培も主要な農業問題の一つであったことが明らかになったと考えられる。朝鮮近代は常に野菜が不足して日本などより大量の野菜を輸移入に依存する構造にあって，朝鮮総督府は同一の通貨圏下の野菜移入は貿易収支を悪化させなかっ

1）その理由は次の通りである。朝鮮の農業生産総額に米穀が占める比重は1910年〜1935年に約5〜6割を占めて他の作物の比重を大きく上回っていた。なお朝鮮の農家が米穀の対日輸移出で得た収入は日本産の織物などの工産物の消費に充てられ，いわゆる日本と朝鮮の間の貿易における「綿米体制」の根幹をなしていた。農業が産業の中心であった植民地朝鮮において米作は朝鮮総督府，地主，農民の間の重層的な関係のもとで行われて多様な政治経済的な問題を含んでいた。米作が主に小作人によって栽培されたため，地主と小作人との間には小作率をめぐる対立が常に存在して小作争議および農民運動に発展したほか，それが朝鮮人の民族解放運動にエスカレートしたこともしばしばあった。

たためにそれを深刻に受け止めず，日中戦争以前までは野菜増産政策を積極的に施行した形跡はみられない。朝鮮総督府は日中戦争直後に野菜の自給自足および朝鮮を戦争遂行の野菜供給基地として位置付けざるをえなくなってようやく野菜増産計画を打ち出したが，期待したほどに野菜生産の増加をもたらすことなく，野菜増産政策は失敗に終わり，野菜の強制供出および配給制を実施するに至った。

　第2に，第Ⅲ部で検討の結果，華僑農民は朝鮮近代期都市部の需要野菜の供給において高い比重を占め，朝鮮の野菜不足解消に寄与する一方，朝鮮人農民に商業的野菜栽培への刺戟を与えると同時に，朝鮮人農民の野菜栽培技術の発展に貢献したと考えられる。

　次は華僑近代史の文脈において示唆することについてみよう。東南アジア華僑の農業活動は活発に行われていた。英領馬来では華僑がパイナップル，タピオカの栽培を独占した。蘭領東印度では華僑が砂糖，コーヒー，タバコ，茶などを栽培して，仏領印度では胡椒，泰国ではゴム，砂糖を栽培した[2]。なお，朝鮮華僑農民のように，仏領印度，泰国，英領馬来の都市部や都市近郊では華僑農民によって野菜及び果物の栽培が盛んに行われていた[3]。東南アジアにおける華僑野菜栽培農民は広東省出身者が多く，朝鮮では山東省出身者によって占められていたことと対照的である。

　一方，サヴェリエフ氏の研究によれば，近代極東ロシアの都市部や都市近郊では「清国人は野菜を栽培しており……ハバロフスク市，ウラジオストク市などではその販売をほぼ独占して」いた[4]。その華僑野菜栽培農民はほとんど山東省出身であって，朝鮮華僑農民と同様であった。山東省，河北省などから満洲に移住した中国人農民は移住前と同じ野菜，大豆，高粱，粟，トウモロコシ，小麦などの畑作物の栽培を行い，朝鮮人農民の

2）芳賀（1941年）126～127頁。各地の農民及び農夫の人口は相対的に多かった。英領馬来では華僑総数の39％，仏領印度では16％，泰国では10％，蘭領東印度では21％が各々農民であった（福田（1939年）88頁）。
3）企画院編纂（1939年）154頁；満鉄東亜経済調査局（1941年）169～170頁；芳賀（1941年）150～154頁。
4）イゴリ・R・サヴェリエフ（2005年）219頁。

水稲耕作とは異なっていた。すなわち，東アジアに移住した山東省出身農民は移住先において野菜栽培を主に行うという特性を有していた。

　日本華僑は，1899年公布の勅令第352号及び内務省令第42号，内務大臣訓令第728号によって，従前の居留地及び雑居地以外における居住及び業務を禁止されたため，農業活動が不可能であった。このため，1930年の国勢調査による華僑農民は39名しかなかった[5]。それに対して，日本在住朝鮮人はそのような制限が設けられなかったため，1939年現在全国の自作農，小作農，農夫の朝鮮人農民は約1万名に達した[6]。日本では華僑農民が形成されなかったことは，朝鮮華僑史と日本華僑史の主要な相違点の一つである。

5）内閣統計局（1938年）207頁。
6）安岡（2010年）61頁。安岡氏の研究は日本農業史研究において民族マイノリティである朝鮮人農民の観点から帝国日本の農村についてアプローチした最初の研究成果として注目される。

第Ⅳ部
華僑労働者

平壌の大同江岸に作業する華僑石工たち
出典：朝鮮総督府（1932年a）写真146頁。

　第Ⅳ部では，中国人労働者が朝鮮に移住した経緯，その移住に伴う朝鮮人労働者との関係，華僑労働者を取り巻く諸問題をめぐる統監府および朝鮮総督府の対応，清国および中国総領事館の対応について検討し，近代東アジアにおける華僑労働者の移動の一端を明らかにする。そのため，第12章では，1909年度～1911年度に広梁湾塩田築造工事に雇用されていた華僑契約労働者（苦力）問題を事例として取り上げる。なお，この検討結果を土台に，植民地期華僑労働者問題について，朝鮮総督府の政策，華僑社会の対応，1930年代と日中戦争期に華僑労働者の人口が減少しなかった理由について検討する。

第12章

広梁湾塩田築造工事の華僑労働者問題

はじめに

　本章では，朝鮮開港期における華僑労働者の移住，作業，送還，朝鮮人労働者との関係などについて，広梁湾塩田築造工事で働いていた華僑労働者の問題を取り上げて明らかにする。同時に，この検討結果を土台に植民地期の華僑労働者問題について概観してみたい。

　華僑労働者，特に苦力といわれる低賃金で雇用され海外において単純・過酷な労働に従事する中国人労働者の本格的な海外移住はアヘン戦争の数年後から始まった。移民先は東南アジア，南北アメリカ，ハワイ，オーストラリア，南アフリカなどが主で，これらの地域および国における苦力虐待などの問題はよく知られている[1]。

　しかし，近代朝鮮における華僑労働者に関してはその人数と朝鮮社会への影響を考えれば既存の研究は非常に少なく，対象時期も「韓国併合」以後の植民地期に限られている[2]。

　事実，朝鮮開港期における華僑労働者の数は少なくなかった。〔表12-1〕の通り，鉱山，製造業，雑業などに従事する労働者は1906年～1910年の間に年平均3,100名に上り，各年の華僑人口の3～4割を占め，商業従

---

[1] これに関する研究成果としては，可児（1979年），昊（1988年），顔（1990年），斯波（1995年）118～160頁，などがある。
[2] 朝鮮華僑労働者に関連する研究は管見の限り，松田（2002年）と『むくげ通信』に掲載された堀内氏の一連の論考しかない（参考文献の一覧を参照）。

表 12-1　朝鮮開港期華僑の職業別人口（名・％）

年次	農水産 (a)	鉱工業 (b)	雑業 (c)	労働者 (b+c)	比　重 (b+c/d)	商業	公務 自由業	合計 (d)
1906	641	611	883	1,494	40.8	1,468	58	3,661
1907	525	58	2,071	2,129	38.2	2,866	60	5,580
1908	770	142	3,900	4,042	40.5	5,063	95	9,970
1909	1,839	604	2,442	3,046	31.8	4,578	105	9,568
1910	1,573	515	4,276	4,791	40.5	5,387	67	11,818

出典：統監府『統監府統計年報』（各年）と朝鮮総督府『朝鮮総督府統計年報（明治四十三年）』（朝鮮総督府，1912年）153～155頁から作成。
注：人口には従事者およびその家族も含まれている。

事者に次いで多かった。農民の人口を労働者に含めれば商業従事者の人口を上回った。

　他の資料にも華僑労働者が多かったことが確認される。1892年に仁川清国居留地に居住する華僑521名のうち職工（労働者）は371名で最も多く，商人100名，官吏27名，農民22名の順であった[3]。米国人経営の雲山金鉱には1902年7月に華僑労働者268名が働いていた[4]。1903年10月には133名に減少した[5]が，1908年7月には約700名に増加した[6]。ロシアが1903年4月に軍港化を図って占領した平安北道の龍岩浦の開発工事に，同年9月に華僑労働者600～700名が働いていた[7]。咸鏡北道羅南にある煉瓦工場には700名の華僑労働者が働いていて，朝鮮人労働者800名と衝突が起こり，死者3名，負傷者約60名を出し，鏡城駐屯日本軍の発砲によってようやく鎮圧されるという大事件があった[8]。以上のように，朝鮮開港期にはすでに華僑労働者が少なからず働いており朝鮮人労働者と衝突する事件も起きていたのである。

3）仁川府編纂（1933年）1526頁。
4）「雑報」『皇城新聞』1902年7月14日。1903年10月には133名に減少している（「雑報」『皇城新聞』1903年10月13日）。
5）「雑報」『皇城新聞』1903年10月13日。
6）「無頼支那人捕縛」『大阪毎日新聞』1908年8月2日。
7）枕流生「龍岩浦の実況」『開花期在韓日本人雑誌資料集：韓半島』第1巻第1号（1903年11月）（復刻版，壇国大学校附設東洋学研究所，2006年）149頁。
8）「清韓人夫衝突」『大阪毎日新聞』1909年7月6日。

そこで本章では，朝鮮開港期における華僑労働者問題を具体的に検討するため，広梁湾塩田築造工事で働いていた華僑労働者（苦力）の問題を取り上げることにしたい。その理由は二つある。一つ目は，後述のように，同工事に雇用された華僑労働者は確認された人数だけでも1909年度に808名，1910年度に約3,000名以上に上り，朝鮮開港期の単一事業にこれだけの華僑労働者が働いていた例は他にみられないためである。二つ目は同工事の華僑労働者の中には待遇問題などで多数の逃走者が発生し，その処理をめぐって統監府と駐朝鮮清国総領事館との間で激しいやりとりが繰り広げられるが，それを通して双方の華僑労働者に対する認識や政策をうかがうことができるからである。

　本章で主に利用する史料は『駐韓使館保存档案』のうち「広梁湾塩場各案」である。この史料は，「宣統元年広梁湾塩場招工事」，「宣統二年広梁湾塩場招工事」，「宣統三年広梁湾塩場工人逃回事」の三部構成になっていて，同工事の華僑労働者問題を1909年～1911年にわたって時系列的に分析することが可能である。各々の史料は華僑労働者の募集，待遇，逃走，送還などをめぐって駐韓国清国総領事館および駐鎮南浦清国領事館の対応，同総領事館と統監府とのやりとりを記録した公文書であり，朝鮮開港期の華僑労働者問題を解明する上で有効な史料である。

第1節　広梁湾塩田築造工事の実施経緯

　本節では，広梁湾塩田築造工事の華僑労働者問題の検討に先立って，韓国政府度支部[9]が平安南道の広梁湾に塩田を設置する計画を立てた背景および経緯について先行研究[10]を踏まえつつ見てみたい。

　広梁湾に塩田を築造する主要な目的は外国産塩の大量輸入にあった。朝鮮に外国産塩が本格的に税関を通じて輸入されたのは1876年の開港以降で

---

9) 統監府が韓国の塩田政策を推進する実質的な機関であったことは間違いないが，同工事は大韓帝国政府の度支部の名義によって行われた。したがって本章では「統監府」，「度支部」を便宜的・代替的に使用する。
10) 李（1991年）；田中（1996年）；弁（2004年）。

ある。その時から1890年代までは日本産塩が主に輸入されていたが，日露戦争直前の1903年から清国産塩の輸入が急増して日本産塩の輸入を初めて上回った[11]。なお台湾産塩が1905年から輸入され始め[12]，朝鮮の食塩輸入額は1901年～1905年の年平均約13万6,441円から1906年から5年間には年平均35万7,670円と2.6倍になった[13]。1908年には，外国産塩の国内食塩消費に占める割合が約30％を占め[14]，なかんずく清国産塩は外国産塩輸入額の73％[15]という圧倒的な比重を占めていたほか，清国産塩は山東省からジャンクにて税関を通さない密輸も多かった[16]ため，朝鮮に流通していた外国産塩のほとんどは清国産塩と言っても過言ではなかった。

　清国産塩が大量に輸入された原因は安価な価格にあった。清国産塩は朝鮮在来食塩と日本産塩より品質劣等で色黒く，結晶粗大で使用に不便であったが，その市場価格が100斤当たり平均1.399円（小売価格）であり，朝鮮産塩の2.522円より50％程度も安いため価格競争力を有していた[17]。

　このように朝鮮産塩と清国産塩の市場価格に大きな開きをもたらしたのはその製塩方法にあった。朝鮮産塩は薪，石炭などを燃料とする煎熬塩田法を主に利用していて，森林乱伐などで燃料費が割高な朝鮮では塩価の約半分を燃料費が占めていた[18]ため，塩の価格を下げにくい構造にあった。それに対して清国産塩は天日塩田法で製塩されて燃料費が煎熬塩田法に比べてほとんどかからない[19]ため，安価な天日塩を朝鮮に輸出することがで

---

11)「京釜沿線ニ於ケル塩ノ需給状況」『通商彙纂』（1906年8月）。
12) 日本人6名は1904年9月に釜山に韓国台塩販売合資会社を設立した。この会社は台湾総督府専売局より朝鮮一円の独占販売特許を得て台湾塩の輸入にあたっていた（更月誌「韓国に於ける台湾塩の現状及将来」『朝鮮之実業1』第1号（1905年5月）（復刻版，壇国大学校附設東洋学研究所，2003年）57頁。
13) 朝鮮総督府（1916年）33頁。特に，1906年から輸入量および輸入額の両方において急増する傾向にあった。
14) 李（1991年）563頁；一記者「韓国の製塩」『朝鮮』通巻22号（朝鮮雑誌社，1909年12月）48頁。
15) 度支部（1910年）215頁。
16) 度支部（1907年a）52頁；木浦領事館「木浦の塩業」『朝鮮之実業1』第2号（1905年6月）124頁。
17) 度支部（1910年）216頁。
18) 谷垣嘉市「木浦附近の塩田」『朝鮮之実業2』第10号（1906年2月）222頁。

きたのである。

　かくて統監府は朝鮮での天日塩田の築造が清国産塩の輸入防止につながると判断して計画を進めることになる[20]。支度部臨時財源調査局は塩業の改善と財源確保のために朝鮮内の塩業調査を行い[21]，1907年9月に官営製塩試験場として仁川府朱安に1町歩の天日塩田を，慶尚南道東萊府の龍湖に2.37町歩の煎熬塩田を竣成した[22]。両塩田での試験の結果，朱安塩田は「採収量，品質，色澤共ニ清国，台湾等ノ天日製塩ニ比シ決シテ遜色ヲ認メザルノ好果ヲ収メ」たのに対して，龍湖塩田は「生産費ノ節約困難ニシテ到底天日塩ニ対抗スルコト困難ナルヲ確メ」たため，天日塩田築造計画で進められることになった[23]。

　なお度支部は1907年10月4日から約1か月にわたって韓国政府財政顧問付の山田重次郎，統監府書記官の赤倉吉三郎を清国の関東州，直隷省，山東省に派遣し，同地の主要な塩田の調査を行わせた。2名は視察後の報告書の結論として，「今回視察セル清国各地ノ塩業ハ天日製塩式ニシテ且ツ規模ノ広大ナルカ故ニ其ノ生産費ハ実ニ僅微ナリ韓国ノ塩業ハ今後急速ニ天日製塩式ニ変更ヲ要スルハ固ヨリ論ヲ俟タサレハ」とした上で，「天日製塩田築造ニ最モ適当セル場所ヲ選定スルコト」を提言した[24]。

　統監府が朱安天日塩田の試験結果と清国での天日塩田視察報告を根拠に平安南道三和府の広梁湾に天日塩田を築造することを内外に打ち出したのは1908年3月であった[25]。しかし，度支部は1907年10月初めに農商工部に広梁湾に天日塩田を築造することを通知し，「国有未墾地利用法」に則して同地を他人に貸与しないよう協力を求めた[26]ことから，この時には広梁

---

19) 度支部（1907年a）49頁。例えば，山東省の孫家畭塩田（約400町歩の面積）でも従来より煎熬塩田法を採用して製塩してきたが燃料高による収支悪化に苦しみ，天日塩田に改築したという。
20) 理由はそれだけではなかった。統監府は朝鮮の統治費用の財源確保と将来の専売制への移行も考慮していた（田中（1996年）484頁；李（1996年）367〜371頁）。
21) その報告書が，度支部（1907年b）である。
22) 度支部（1910年）217頁。
23) 朝鮮総督府専売局（1936年）297頁。
24) 度支部（1907年a）54頁。
25) 「南浦製塩」『皇城新聞』1908年3月4日。

湾はすでに天日塩田の築造候補地として選定されていた可能性もある。

　1909年1月頃に官営事業として確定された広梁湾天日塩田の築造計画によれば，1909年から3か年間の継続事業として広梁湾に1,000町歩（300万坪）の天日塩田を築造して，朝鮮食塩消費量の約3分の1に達する年間1億2,000万斤の食塩を生産する巨大なプロジェクトであった。その所要予算は116万4,287円（1909年度韓国政府歳入予算（借入金除外）の約8％に相当する）という巨額であった[27]。

　さて，統監府はなぜ広梁湾に巨大な天日塩田を築造することになったのだろうか。統監府が広梁湾を選定した主要な理由は，「支那塩輸入の中心たる鎮南浦に近く，地勢亦製造に便宜なる」ところにあった[28]。1908年1月〜8月の清国産塩の輸入量は鎮南浦，龍岩浦，何日里浦，北下洞，新義州など平安南・北道および黄海道などの港を通じたものが輸入総量の約7割を占めていたが，なかんずく鎮南浦港が輸入総量の25.9％を占めて最も多かった[29]。この平安南・北道と黄海道の住民が消費する塩額の70〜80％は清国産塩であった[30]。したがって清国産塩の大量輸入によって朝鮮産塩は「漸次販路ヲ侵食セラレ就中平安南北道及黄海道ノ如キ最モ甚シク日々塩田ノ荒廃ヲ見ルノ実況[31]」にあった。これにより，統監府は清国産塩の大量輸入によって荒廃した平安南・北道および黄海道の塩業の発展および保護を図ろうとして，広梁湾を選択したことが分かる。

　さらに，広梁湾は天日塩田の築造において地質的，自然環境的，気候的に適していた。度支部は1907年に広梁湾に官員を派遣して調査した結果，「広梁湾ノ面積ハ約四千六百町歩ニシテ干潟地三千町歩余アリ湾内海水ノ比重二度ヲ下ラサルト湾口ノ小ナルト干潟地ノ粘土質ニシテ且ツ広大ナル

---

26)「勿許貨与」『皇城新聞』1907年10月5日。
27) 度支部（1910年）16・220〜221頁。広梁湾天日塩田の計画面積は朱安天日塩田の9万6,189坪より約30倍広かった。築造予算の年度別配分は1909年度に22万9,587円，1910年度に50万5,047円，1911年度に42万5,366円であった（内閣法制局官報課「予算」『官報』4328号（韓国政府，1909年3月18日）；「鎮南浦だより」『大阪毎日新聞』1909年5月19日）。
28) 一記者「韓国の製塩」『朝鮮』通巻22号（朝鮮雑誌社，1909年12月）48頁。
29) 臨時財源調査局「塩輸入累計表」『財務彙報』第1号（度支部，1908年10月）115〜119頁。
30) 李（1991年）563頁。
31) 度支部（1910年）214頁。

トヲ利用シ適当ノ設備ヲナサハ好個ノ新塩田開築地タルヲ疑ハス[32]」と，天日塩田の開設地として広梁湾は非常に恵まれた地質的，自然的環境を有していることが報告された。なお広梁湾が位置する平安南道西部地方は雨が少なくて朝鮮の中でも最寡雨地方の一つとされ，夏季には非常に乾燥して天日製塩に好都合な天候の地であった[33]。

このような経緯で，度支部はまず1909年度に広梁湾の斎山里附近の第5区と第7区に約40万坪の塩田を築造する計画を推進することになる（〔表12-2〕参照）。度支部臨時財源調査局は1909年4月に工事予定地の実測および設計を行い，5月には官員を同地に出張させて塩田築造の事務を取り扱わせ[34]，工事を開始した。

第2節　1909年度の華僑労働者問題

1　華僑労働者の募集

度支部は同工事現場に臨時財源調査局広梁湾出張所[35]を設置して労働者の作業指導および監督を行うことにしていたが，労働者の募集は直接行わず漢城所在の西山組にその仕事を請け負わせた。その理由は華僑労働者を

表12-2　広梁湾天日塩田の築造計画および進捗状況（1910年8月現在）

区　別	面　積（坪）			工事着工年月	工事竣工見込み年月
	塩田	貯水池および堤防	計		
1区	163,309	69,691	233,000	1910.6	1910.10
2区	880,496	136,604	1,017,100	未着手	―
3区	634,971	77,729	712,700	未着手	―
4区	386,394	43,891	430,285	1910.4	1910.12
5区	171,431	59,967	231,398	1909.5	1910.7
6区	549,944	108,807	658,751	1910.4	1910.12
7区	120,142	61,811	181,953	1909.11	1910.8
合　計	2,906,687	558,500	3,465,187	―	

出典：度支部（1910年）221～222頁。

32）度支部（1907年b）2頁。
33）仲摩編（1930年）279頁。
34）鎮南浦新報社編（1910年）45～46頁。

めぐる問題から責任を回避するためでもあったが，詳細は後述する。

　西山組は広梁湾塩田築造工事の労働者を「何故にや当局者は日韓人を使役せず支那苦力を使用せる……広梁湾塩田築造費中の大部分を占むるは人夫の労銀にして……当局者が苦力を使用するに至りたるは他に理由あるに非らず労銀の低廉なるが為め[36]」であった。西山組が華僑労働者に支給しようとした賃金は1日31銭であったが，その賃金は1909年4月中の鎮南浦における朝鮮人人夫の賃金55銭と日本人人夫の賃金70銭[37]よりはるかに安かった。鎮南浦理事庁[38]の理事官は安価な華僑労働者の賃金について，「不日管内三和府広梁湾ニ於テ開始セラルヽ塩田工事ニ関シ千五百名ノ支那労働者ヲ使役スル趣ニシテ彼等ニ対スル賃銭非常ニ低廉ナレハ今後該工事ニ使役スル勞働者ニ就テハ大ニ注意ヲ要スル[39]」と警戒するほどであった。

　しかし，西山組が華僑労働者を募集しようとしたのには他の要因もあった。西山組関係者の植杉が6月1日に駐鎮南浦領事館を訪問した際，銭領事代理より華僑労働者は日本人および朝鮮人労働者と一緒に働くのかという質問に対して，「これ等の塩田築造の事は他国の労働者には製作できる者がいない[40]」ため雇わないと答えており，華僑労働者が天日塩田の築造

35）同事務所の職員は赤倉吉三郎書記官，二宮常八技師，主事4名（日本人2名・朝鮮人2名），技手5名（日本人4名・朝鮮人1名），嘱託1名（日本人），雇用3名（日本人3名），工夫11名で，合計26名であった。そのほかに臨時駐在巡査2名（日本人1名，朝鮮人1名）がいた（「塩田職員」『鎮南新報』1909年6月9日）。この新聞は銭広禧鎮南浦領事代理が馬廷亮総領事に差し出した稟文に添付されたものである（1909年4月27日（新暦6月14日）収，銭広禧鎮南浦領事代理稟「広梁湾塩場各案」『駐韓使館保存档案』（同02-35，062-23））。以下銭広禧鎮南浦領事代理は銭領事代理と略記する。

36）「広梁湾塩田事業」『大阪毎日新聞』1909年7月7日。

37）度支部「第七款労銀」『財務彙報』第16号付録（『隆熙三年　韓国経済月報』第4号）（度支部，1909年6月）58頁。

38）日露戦争後，日本帝国主義は朝鮮の外交権を剥奪した後，1906年に既存の領事館を理事庁に改編した。朝鮮内10か所の理事庁のうち，鎮南浦理事庁は鎮南浦および黄海道北部一帯の地域を管轄した。理事庁には理事官，副理事官などを置いた。各地の理事庁は「韓国併合」まで外国の各領事館と外国人をめぐる諸問題について外交交渉に当たっていた。

39）1909年5月17日発，鎮南浦理事官ヨリ統監府宛「外国官民ノ帝国政府及人民ニ対スル感情其他類似事項」『統監府文書』8（2000年）384頁。

40）原文「此等塩池建築事他国工人無能製作者」（1909年5月4日（新暦6月21日）収，銭領事代理ヨリ馬総領事宛稟（同上档案）。華僑労働者を塩田築造の経験があるために募集したということは，「鎮南浦より　広梁湾人夫」『大阪朝日新聞』1909年6月14日にも出ている。

技術を有していたことを重視していたことがうかがえる。植杉本人は以前台湾での天日塩田の築造工事で華僑労働者を雇用して工事を行った経験があった[41]。

かくて西山組は5月26日に大連に同組の福田鎮夫の代理として有川万吉（契約時に甲）を派遣して，同地在住の日本人宮本定彦の紹介の中国人「大工頭」（招工頭）の張少卿（契約時に乙）との間に全15か条の中国人労働者供給に関する合同（以下「契約書」とする）を交わし，張少卿を通じて中国人労働者募集を行うことになった[42]。

この「契約書」は，後述するように，華僑労働者の逃走事件などの主要な原因になるため，詳しく述べておきたい。まず，「契約書」の第3条には「乙ハ明治四十二年五月〇日ヨリ全年十一月十五日マデ毎日支那人夫七百五十人ヲ供給ス但此人員ノ半数以上ハ天日製塩田築造工事ニ経験アルモノタルベシ」と定められ，第5条には中国人労働者は6月7日までに現場に到着しなければならないこと，第7条には到着が遅れた場合は「相当賠償の責任」を負うとの文言が入っていた。中国人労働者の賃金は「一人ニ付金参拾壱銭」に，作業時間は「普通労働時間」とあいまいに定められていた。なお賃金の支払いは「甲ハ人夫ノ賃金ヲ毎月二回官ヨリ下ケ金アル毎ニ甲乙立会ノ上之ヲ受領シ同時ニ乙ニ支払フ」ことになっていた。

その第6条には「甲ヨリ輸送費並ニ賃金前貸トシテ乙ニ貸与シタル金員ハ就業ノ始メヨリ三ヶ月間六回ニ作業賃金ノ内ヨリ控除計算スルモノトス但貸与金ニハ一ヶ月参分ノ割合ニテ利息算息ヲ付スル」と定められ，同組は大工頭側および中国人労働者に輸送費および賃金前貸として貸与金を与え，その貸与金には1か月3％の利子が付くものであった。

さらに，作業場では「官吏ノ指揮監督ヲ受ケ」る（第8条）ことになっており，官吏と中国人労働者との間に問題が起こる可能性があった。最後に，契約書には食事，作業中病気および死亡した中国人労働者および作業

---

41) 1909年5月4日（同6月21日）収，銭領事代理ヨリ馬総領事宛裏（同上档案）。
42) 1909年4月20日（同6月7日）収，銭領事代理ヨリ馬総領事宛裏（同上档案）；1909年4月27日（同6月14日）発，馬総領事ヨリ銭領事代理宛函（同上档案）。この档案には中文と日文の契約書が収められている。

途中に帰国を希望する労働者への対応に関する内容は一切盛り込まれていなかった。以上のとおり，「契約書」は全般的に大工頭および中国人労働者に非常に不利な内容になっていたのである。

　一方，この「契約書」の内容に対して，中国人労働者の送出地である芝罘の地方官は労働者の賃金が非常に低いと断言した[43]。1日31銭の賃金水準は，同時期の満洲移住山東労働者の賃金は18か地域での食事付き賃金が平均約17銭，7か地域での食事無し賃金が平均約26銭であった[44]ため，食事無しの広梁湾中国人労働者の賃金がやや多かったが，広梁湾での1日3食の食事費の如何によっては，手取り賃金は満洲より少なくなる可能性もあった。なお，銭領事代理は労働者到着の間際にこの「契約書」を入手して，馬廷亮総領事に「その契約書は相互に利益を享有するところがなく，有川氏側の拘束にすぎない。……将来紛争の発生が免れ難い」と報告した[45]。案の定，銭領事代理の憂慮は現実のものとなってしまう。

2　華僑労働者の逃走原因

　大工頭の張少卿が募集した労働者488名は大連経由の永田丸にて6月2日午後6時に鎮南浦港に到着した[46]。労働者は大連経由で来たが，その出身地はほとんどが山東省であった[47]。労働者はその夜に鎮南浦港から北西

---

43) 1909年4月21日（同6月8日）発，山東省登莱青膠兵備道徐ヨリ馬総領事宛函（同上档案）。
44) 荒武（2008年）195〜197頁。同著の〔表4-3〕のうち，食事付きと食事無しの地域だけを選び平均賃金を求めた。
45) 原文「其合同無甚互相享有利益之処，不過有川氏一面之約束……将来難免不滋事端」（1909年4月20日（同6月7日）収，銭領事代理ヨリ馬総領事宛函（同上档案））。
46) 1909年4月20日（同6月7日）収，銭領事代理ヨリ馬総領事宛函（同上档案）；1909年4月21日（同6月8日）発，山東省登莱青膠兵備道徐ヨリ馬総領事宛函（同上档案）。
47) 1909年5月12日（同6月29日）収，銭領事代理ヨリ馬総領事宛函（同上档案）。植民地期における華僑労働者のほとんどは山東省出身であったことは明らかであるが，この事実をもって開港期にもそうであったことがうかがえる。当時京城の「石工大工其他の人夫は山東人が多い。此等は毎年三四月に渡来して十二月上旬頃には皆帰国する。芝罘には移民会社の如き一種の問屋があって此等の職工および人夫を募集して周旋する。旅行免状の下付願，領事館の裏書申請に至るまで僅かの手数料で辨じ呉れる。毎年山東人の芝罘を経由する者が約二十万人と註せられておる。其大部分は満洲に赴き，一部が浦塩と此韓国とに来る」（満韓萍士「京城に於ける清国人の社会的状態」『朝鮮』通巻11号（朝鮮雑誌社，1909年1月）61〜62頁）とされ，開港期にすでに朝鮮は山東省の労働者にとって主要な移住先の一つであったのである。

方向へ約16 km離れた工事現場に移動し，到着したのは翌日の午前10時であった。しかし，「到着当日ヨリ二三十名宛一団トナリテ続々逃走シ六月五日現在就業人員ハ僅カニ二百十名ニ過キス」の状態であった[48]。同月10日に鎮南浦港に到着した第2陣の労働者320名のうち100名も同月12日までに相次いで逃走した。今回は工事現場の日本人監督者が労働者の逃走を制止する過程で労働者10名が殴打されて怪我する不祥事が発生したのみならず，逃走労働者が駐鎮南浦領事館に行って保護を要請し，問題が表面化した[49]。

　それではなぜ労働者は到着まもなく相次いで工事現場から逃走したのだろうか。その原因について，逃走した労働者78名が連名で駐鎮南浦領事館に出した6月18日付の嘆願書[50]を基に見てみよう。

　第1の原因は大工頭側の不誠実さにあった。工頭は出発前に乗船と同時に金銭（前貸金と見られる）を支払うと約束したにもかかわらず，大半はその金銭をもらえなかった。第1陣の労働者は1銭ももらえず，第2陣の労働者は金銭が支払われないことを理由に乗船を拒否したため，工頭は労働者一人当たりに20～30銭を支払った。これによって，第1陣の労働者は船上で食べ物もなく，第2陣の労働者はその金でシャオピン（焼餅）を買って食べたという。このことから，大工頭側は「契約書」の第6条にある貸与金について労働者にきちんと伝達しなかったことが分かる。なお，嘆願書によれば，大工頭側は労働者を募集する際に，鉄道工事の作業をすること，賃金と食事代あわせて1日50銭を支給すると労働者を騙したという。

　第2の原因は，労働者の受入側の度支部臨時財源調査局広梁湾出張所および西山組の不誠実な対応にあった。第1陣の労働者は工事現場に到着した時に食器と箸が与えられず手で食べた。食事は毎日3回与えられたが量

48）1909年6月7日発，韓国駐箚憲兵司令部鎮南浦憲兵分遣所長ヨリ統監府宛報告「平安南道広梁湾人夫ノ件」『統監府文書』6（2000年）204頁。
49）1909年4月27日（同6月14日）収，銭領事代理ヨリ馬総領事宛裏（同上档案）。
50）この嘆願書の最後には労働者78名の名前と各人の指紋が押されていた（1909年5月12日収，銭領事代理ヨリ馬総領事宛裏（同上档案））。

が十分ではなく満腹にならなかったのが常であったという[51]。労働者の宿舎は竹を架設して藁で覆いかぶせた粗末なもので，風雨を遮ることさえできなかった。

　第3の原因は，工事と日本人監督の厳しさにあった。宿舎と工事現場は7〜8里（1里は500 m）と離れていて，工事は砂浜に沖積した土砂の中に両足を入れて行うため行動が非常に不便であったという。鉄道工事に従事することを予想してきた労働者にとってこの種の仕事は厳しかったと考えられる。工事現場では日本人20名が工事監督を行い，工事現場から離れるのを許可せずこれに違反した労働者は殴られた。なお工事監督は各労働者に仕事を始める前に木札を与え，作業成果が悪ければ作業終了後に監督がこの札を回収したが，この札がなければその分の賃金が支給されないと言われた。

　逃走労働者は以上の三つの原因を取り上げ，嘆願書の最後の部分で「このため死ぬより逃走を選んだ。また再び広梁湾に戻りたくない。なんとか私たちを送り私たちを中国に送り届けて帰れるように後ろ盾になってください[52]」と切実に訴えた。

　以上の労働者の逃走原因は，駐鎮南浦領事館が6月12日と17日に2回にわたって領事館警察を工事現場に派遣して調査した結果とほぼ一致する。しかし，6月18日の黄長連巡査の報告[53]には嘆願書にはない新しい情報が多く含まれているため紹介しておこう。

　6月17日現在で工事現場には甲・乙・丙・丁と呼ばれる四棟の労働者宿舎があった。甲の宿舎には大工頭1名，小工頭6名，会計1名，残留労働者130名，乙の宿舎には大工頭2名，小工頭4名，残留労働者78名，丙の宿舎には大工頭2名，小工頭2名，残留労働者35名，丁の宿舎には大工頭2名，小工頭2名，残留労働者50名がいた。同月17日現在での残留労働者

51）1909年5月4日（同6月21日）収，銭領事代理ヨリ馬総領事宛稟（同上档案）。
52）原文「故此逃跑寧死亦不願再回広梁湾求設法送我們送我們回中国求作主」（1909年5月12日（同6月29日）収，銭領事代理ヨリ馬総領事宛稟（同上档案））。
53）1909年5月4日（同6月21日）収，銭領事代理ヨリ馬総領事宛稟（同上档案）。この報告書はこの稟文に添付されていた。

の人数は293名であり，515名が逃走したことになる。これほど労働者の人数が減少したにもかかわらず，実際に働かない大工頭，小工頭が22名にも上っていたが，これも後述するように労働者の不満の原因になる。

労働者の逃走原因としては，労働者への賃金支払時期がきたのに支給されなかったこと，工頭1名が労働者の逃走を阻止する過程で怪我したこと，日本人の工事監督が小工頭を殴打したこと，同月16日に工事現場に朝鮮人労働者約20名が加わったこと，などの事実が報告された。黄巡査は西山組の工事監督者の佐藤東太郎と面談したところ，彼は労働者の賃金はまだ度支部より到着していないため同部に連絡することと，宿舎を改善すると回答したという[54]。

一方，日本側は労働者逃走の原因についてどのように把握していたか見てみよう。日本人発行の地元紙の『鎮南浦新報』は，第1陣の逃走原因について次の七点を挙げた。①大工頭の張少卿が鎮南浦に来なかったこと，②収容家屋がきわめて粗造で雨露さえ凌ぐことができず労働者が辛抱できなかったこと，③食べ物が粗悪であったこと，④大連出帆の際には日本に行くと思っていた労働者が多かったこと，⑤労働者は契約上の労役の内容を承知していなかったこと，⑥何回働いて賃金をいくらもらえるか知らず不安に思っていたこと，⑦アヘンを自由に吸煙できないこと，であった[55]。⑦以外は嘆願書と黄巡査の報告とほとんど一致する。統監府も「賃金ノ低キト待遇ノ酷薄ナルトニ由リ」労働者が逃走したと把握していた[56]。

これをもって，統監府と清国総領事館は逃走原因に関してほぼ一致した見解を有していたと考えられるが，双方には残留労働者の待遇改善と逃走労働者の処理をめぐっては認識の食いちがいがあって，双方の間では激しいやり取りが繰り広げられた。

---

54) 1909年5月4日（同6月21日）収，銭領事代理ヨリ馬総領事宛案（同上档案）。同工事現場には西山組より7名の工事監督者が派遣されていた。
55) 「苦力逃亡原因」『鎮南浦新報』1909年6月9日。この記事は，1909年4月27日（同6月14日）収，銭領事代理案（同上档案）に添付されていた。
56) 1909年5月8日（同6月25日）収，臨時統監府総務長官取扱石塚英蔵ヨリ馬総領事宛（同上档案）。以下，臨時統監府総務長官取扱石塚英蔵は石塚総務長官と略記する。彼は1908年10月28日から1910年6月14日までに総務長官として務めた。

3 華僑労働者問題をめぐる日清間の外交交渉

双方の外交交渉を具体的に検討するに先立って，双方の交渉の仕組みについて述べておこう。

駐鎮南浦領事館は広梁湾塩田築造工事現場から近いところに位置していた関係で，双方の交渉は同領事館の働きかけからはじまるのが常であった。同領事館が同工事現場の労働者問題に関して清国総領事館に稟文を上申すると，同総領事館は同領事館の稟文に基づき，在朝外国人関係業務を担当する統監府の外事局（外務部）および京城理事庁に照会して事実確認と問題解決を促した。照会を受け付けた統監府は同工事現場を担当する度支部に照会しながら同総領事館と交渉を行った。もう一つの交渉のルートとして，同領事館が総領事館の指示を受けながら鎮南浦理事庁と交渉する場合もあった（〔図12-1〕参照）。

それでは日清間の外交交渉について見てみよう。銭領事代理は問題解決のため日本側に提議する「草案10条」を用意し，6月16日に馬総領事に送付した[57]。この草案10条の内容は次の通りである。①朝鮮各道の労働者の賃金（食費含む）は50銭であり，31銭の賃金は非常に安い。なお今回の工事は大変な作業であることを考慮して，賃金を引き上げること，②運送費を労働者に支払わせるべきでなく，各作業場が支給すべきこと，③「契約書」のうちこのように労働者を困苦，不安にさせるところがあれば早速廃止すべきこと，④「契約書」を新しく作成し，各項を具体的に取り決めて契約を結ぶこと，⑤労働者の作業時間は毎日の作業を何時間とするのかを「契約書」内に記載するのが通例であること，⑥労働者が病気にかかり，怪我をし，死亡する等のことについていかに処理し救済するかを「契約書」内に入れるべきこと，⑦工事現場には現在家屋がなく労働者は風雨を凌げず苦しめられている。当該作業場の主任は建築工事を迅速に行うべきこと，⑧毎年冬季の結氷期には作業ができないため，「契約書」に労働者を本国に運送して帰国させるという内容を入れること，⑨労働者が法律に

---

[57] 1909年5月1日（同6月18日）収，銭領事代理ヨリ馬総領事宛稟（同上档案）。

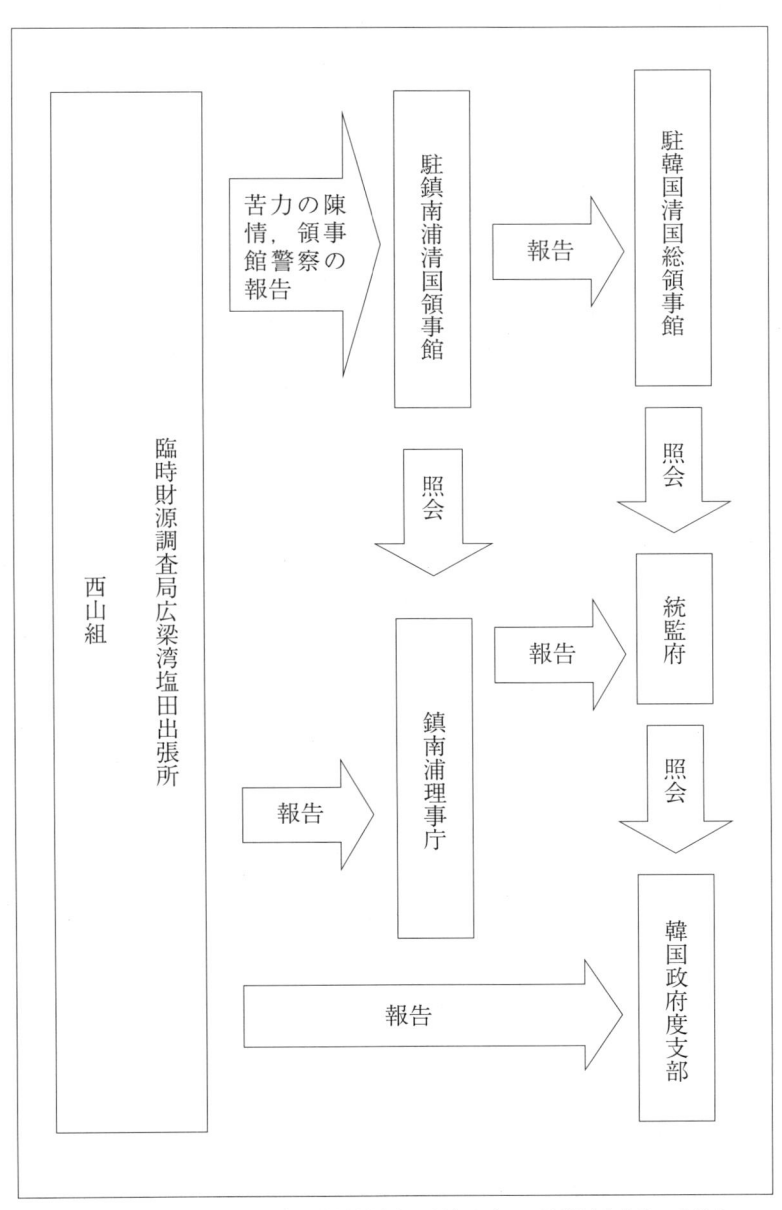

図 12-1 ● 広梁湾塩田築造工事の華僑労働者問題をめぐる日清間外交交渉の仕組み

違反したことがあれば現場の官員は該当の者を本館に引き渡し清国の法律にしたがって処罰すること，作業場の人員が勝手に労働者に拷問を加えてはならないこと，⑩本館は随意に警察を工事現場に派遣して労働者を保護することができ，該当作業場は警察の受け入れの責任があるべきこと，であった。

以上のように，草案10条の①〜⑧は労働者の待遇改善と再び逃走労働者が出ないように「契約書」内容の根本的な見直しを図った内容で，⑨と⑩は駐鎮南浦領事館による同工事現場の労働者保護への積極的な関与を意図した内容になっている。とりわけ⑨と⑩の要求の背景には，1899年9月に締結された「韓清通商条約」の第5款の朝鮮華僑に対する清国の領事裁判権およびそれに付随する領事館警察の権限[58]を利用して，工事現場での日本人監督による労働者迫害を防ごうとする意図がうかがえる。これに関しては後述する。

馬総領事は銭領事代理の草案10条を検討して妥当であると判断しながらも，草案10条を提議した場合，日本側がおそらく難題を要求してくると思い，同案の提議をしばらく遅らせるように銭領事代理に指示した[59]。

一方，銭領事代理は6月17日および18日の両日に78名の労働者が新たに逃走して各処で乞食をしていることが分かると，6月18日午前9時に秋本豊之進鎮南浦理事官および西山組の有川万吉と労働者問題について協議を行った。その際，銭領事代理は主に二つの問題解決を促した。すなわち，鎮南浦に逃走してきた数十名の労働者を適当な場所に置くこと，運送費を労働者に支払わせることをやめさせることであった。それに対して，有川は「工人はすでに逃走して仕事を願わない。その意に従って勝手に自ら帰国するほかない」と銭領事代理の要求に応じなかった[60]。銭領事代理は賃金が支給されなかったために労働者が逃走したことを取り上げて自力では

---

58) 原文「中国民人在韓国者如有犯法之事中国領事官按照中国律例審辦」（統監府（1908年）413頁））。
59) 1909年5月1日（同6月18日）発，馬総領事ヨリ銭領事代理宛函（同上档案）。
60) 原文「工人既逃出不願作工，只好随其意便自行回国」（1909年5月4日収，銭領事代理ヨリ馬総領事宛稟（同上档案））。

帰国できないと反論した。それで，有川は当分の間各逃走労働者に焼餅2枚を与えることを約束したが，理事庁の官員が焼餅を購入して各労働者に支給する際に，有川が突然現れてその焼餅を持ち帰ったため銭領事代理は猛反発した[61]。

馬総領事も問題解決のために動き出した。馬総領事は6月19日に石塚総務長官に函文を送付し，逃走の原因および労働者への虐待の事実を取り上げた後，西山組が清国の法律を守らず「ひそかに」大連で労働者を募集したことを問題とし，度支部および大連の地方官に連絡を取り，同地で勝手に労働者を募集し労働者を運送しないよう求めた[62]。それと同時に，馬総領事は華北の地方官に電報を打って，西山組による労働者募集を禁じるように要請し，協力を取り付けた[63]。なお，馬総領事は6月23日に鎮南浦に逃走してきた78名の労働者に賃金を支給して帰国させるように石塚総務長官に強く要求した[64]。銭領事代理も同日に秋本理事官に鎮南浦に逃走してきた労働者94名（人数が増加していた）を安心して，休養させる方法を講じるよう要請して，至急回答を求めた[65]。

統監府は馬総領事および銭領事代理の函文に対して同出張所，秋本理事官，西山組と共同で対策を練り上げ，石塚総務長官は6月25日に次のような回答をした。

　　現時服役スル者僅ニ百六十名ニ減少セル趣ニ有之候然ルニ右労働者ニ対スル措置ハ一切請負人ニ於テ之ヲ取計フヘキモノニシテ度支部ニ於テハ直接之ニ干渉スヘキ筋合ニ無之随テ其責任ハ本邦人請負者ト契約シタル貴国人大苦力頭ニ在ルハ勿論ノ次第ニ有之候得共度支部ハ其関係延テ事業ノ進捗ニ影響アルヲ認メ請負人ト交渉ノ上労働夫ノ賃金支払ヲ改テ出来高払トナシ家屋及飲食物ニ多少ノ改良ヲ加ヘシメタル為現時残留ノ百六十余名ハ

---

61) 1909年5月4日収，銭領事代理ヨリ馬総領事宛柬（同上档案）。
62) 1909年5月2日（同6月19日）発，馬総領事ヨリ石塚総務長官宛函（同上档案）。
63) 1909年5月8日（同6月25日）収，沈承俊ヨリ馬総領事宛函（同上档案）。
64) 1909年5月6日（同6月23日）発，馬総領事ヨリ石塚総務長官宛函（同上档案）。
65) 1909年5月6日（同6月23日）発，銭領事代理ヨリ秋本理事官宛函（同上档案）。

已ニ満足シテ日々服役セル趣ニシテ[66]。

　すなわち，石塚総務長官は同工事現場の労働者問題は請負人の西山組と，同組と契約を結んだ大工頭の張少卿にあり，度支部にはその責任がないと述べ，労働者の逃走による事業進捗の影響を認めて賃金を出来高払いに改めて家屋および飲食物の改善を行ったと回答したのである。なお，石塚総務長官は逃走労働者78名の措置については，「是又全然請負契約者タル貴国人大苦力頭ノ責任ニ帰スル次第ニ有之候得共応急救済ノ方法トシテハ寧口貴国領事代理ヲシテ右等労働者ニ懇諭セシメ已ニ待遇上幾分ノ改良ヲ加ヘタル広梁湾塩田工事場ニ復帰シ他ノ残留労働夫全様服役スルノ得策タルコトヲ諒解セシムルノ外有之間敷被存候[67]」と回答し，事実上馬総領事の要求を退けた。ただし，大連地方における労働者募集については，「ゴ請求ニ応シ本件落着ニ至ル迄一応差止メ」るように措置したと回答し，この件だけは受け容れた。

　このような日清間の外交交渉は日本の新聞にも取り上げられた。石塚総務長官が馬総領事に回答した翌日の6月26日付の『大阪朝日新聞』はその様子を次のように伝えた。「高梁湾塩田工事に使用せる支那苦力に対し工事請負人の日本人が其の待遇等に付面白からざる点ありとて苦力三百名は逃走し七十名は清国領事館にて保護をなせるが右に関し京城清国総領事は統監府に向かって手痛き抗議を申込み目下切に交渉中なり」[68]。

　しかし，石塚総務長官は残留労働者が「満足シテ日々服役」していると言ったが，そうではなかった。6月24日の夜に広梁湾に派遣した畢巡査より，労働者が罷工して日本人が薪と米を支給せずにいて暴動が起こる恐れがあるとの報告を受け，銭領事代理は領事館巡査長の黄書亭および鎮南浦華商公会書記の鄭克選を派遣して，事態を沈静化した事件があった。な

---

66) 1909年5月8日（同6月25日）収,石塚総務長官ヨリ馬総領事宛（同上档案）。
67) 1909年5月8日（同6月25日）収,石塚総務長官ヨリ馬総領事宛（同上档案）。
68) 「支那苦力小給」『大阪朝日新聞』1909年6月26日。他の新聞にも同様な内容の記事が掲載された。たとえば,「支那人夫と度支部」『大阪毎日新聞』1909年6月26日と「塩田人夫逃走事件」『門司新聞』1909年6月27日がある。

お，駐鎮南浦領事館は逃走労働者98名について鎮南浦華商公会を通じて一時的に宿舎と金員を提供していた[69]。

馬総領事は労働者罷工の報に接して工事現場の状況が石塚総務長官の回答と一致しないと判断し，銭領事代理に工事現場における最近の労働者の状況を報告するように指示した[70]。その指示に従って銭領事代理は畢巡査を派遣して再度工事現場を調査させた。彼の報告は次のようなものであった。工事現場で働いている労働者の人数は188名と少なくなかった。宿舎の改善はまだ行われず雨天時には座って寝るしかなく，労働者は不安に思っていたという。なお，西山組が賃金の支給日を守らず労働者がそれに不満を感じて作業しないことがたびたび起こっていた。労働者の賃金は出来高払いに変更されて1日35銭となっていると言われたが，大工頭および宮本定彦（契約者の一人）など10名が作業をせずに1日1円20銭～1円50銭を受領していて，実際に労働者が受領する賃金は28銭か31銭に過ぎないため，彼らに対する労働者の不満は根強かったという。以上をもって，畢巡査は「各点は依然として前日と状況が同じである」と，石塚総務長官の回答が「多少ノ改良ヲ加ヘシメタル」ことは言葉の一面に過ぎないと報告した[71]。

一方，鎮南浦に逃走してきた労働者98名は工事現場に戻ろうとしなかったため，その処理をめぐって馬総領事および銭領事代理は苛立っていた。その背景には逃走労働者の保護費用の負担問題があった。駐鎮南浦領事館は逃走労働者を同領事館警察の部屋に泊まらせながら，鎮南浦華商公会の協力を得て逃走労働者に食事を提供していたが，時間が経つにつれて逃走労働者の人数が増加して食費などの費用負担が増え，一刻も早い解決に迫られていた[72]。その中，6月29日に平安南道順安郡の「浅野順安採金所」

---

69) 1909年5月12日（同6月29日）収，銭領事代理ヨリ馬総領事宛稟（同上档案）。
70) 1909年5月13日（同6月30日）発，馬総領事ヨリ銭領事代理宛函（同上档案）。
71) 原文「各節仍与前日情形相同」（1909年5月18日（同7月5日）収，銭領事代理ヨリ馬総領事宛稟（同上档案））。
72) 1909年5月12日（同6月29日）収，銭領事代理ヨリ馬総領事宛稟（同上档案）；1909年5月18日（同7月5日）収，銭領事ヨリ馬総領事宛稟（同上档案）。

から日本人の山田仁三郎が華僑趙某を帯同してきて，逃走労働者70名を同所の鉱石運搬夫として雇用したい旨を伝え，黄書亭領事館巡査長と契約書を交わし，70名が同所に移った[73]。

銭領事代理は畢巡査の報告をもとに統監府に問題解決を促すために「善後辦法六条」（善後策6条）を作成して馬総領事に上申した[74]。その内容は次の通りである。①賃金は一人当たり約50銭に改善されたものの，賃金の支払を日給制ではなく半月制にしたので労働者の懸念を免れないこと，②労働者の運賃を賃金より控除することを内容とする「契約書」の第6条を廃止すること，③賃金は労働者に直接支給すること，④米および薪の支給も賃金の支給方法と同様にすること，工頭の食費は労働者の賃金から控除されているがこれを見直すこと，⑤大工頭，小工頭，会計など無用な者を早急に運送して帰国させること，⑥以前のことおよび費やしている各費用を今後の賃金より絶対差し引かないよう労働者に宣言すること，であった。草案10条が契約書の見直しおよび労働者の保護に重点が置かれていたとすれば，善後策6条は逃走労働者がこれ以上出ないように工事現場で起こっている懸案問題の解決に重点を置いていたといえよう。

それでは，馬総領事と銭領事代理は日本側と問題解決のためにどのように交渉を行ったかについて見てみよう。銭領事代理は馬総領事に統監府と協議する時，今後逃走労働者の数が増える場合は該当労働者を鎮南浦理事庁に引き渡さざるをえないこと，旅費4円があれば送還できること，逃走労働者の食費などの諸経費に対して「保護賠償」を請求することなどを上申した[75]。馬総領事は6月27日に銭領事代理より労働者罷工の報告を受けた直後，官員に函文を持たせて，石塚総務長官の回答とは合致しないこと

---

73) 1909年5月18日（同7月5日）収，銭領事代理ヨリ馬総領事宛稟（同上档案）。この稟文の差出日は7月3日であった。その契約書によれば，賃金は1日35銭～40銭，食費は1日15銭と定められていた。同採金所は浅野総一郎が韓国政府より1908年に認可を受けた砂金鉱山として3か面に跨る約140万坪の巨大な鉱山であった（浅野編（1913年）52頁）。7月11日現在で70名の労働者が同所で働いていることが確認される（1909年5月26日（同7月13日）収，銭領事代理ヨリ馬総領事宛稟（同上档案））。

74) 1909年5月18日（同7月5日）収，銭領事代理ヨリ馬総領事宛稟（同上档案）。この稟文の差出日は7月2日の晩であった。

75) 1909年5月12日（同6月29日）収，銭領事代理ヨリ馬総領事宛稟（同上档案）。

を統監府に詰問し，問題解決のために度支部と協議するように要請した[76]。

このような馬総領事の抗議によって，統監府は度支部と協議を行い，清国側の要求を受け容れる方向に動いた。統監府は7月2日に清国総領事館に，鎮南浦理事庁は翌日の3日に，度支部が工事現場の華僑労働者を直接雇用すること，逃走労働者一人当たり4円の旅費を支給して送還すること，逃走労働者の「保護賠償」としては1日15円を支給する旨を伝えてきた[77]。この3点について具体的に協議するため，同月4日と6日に駐鎮南浦領事館で鎮南浦理事庁警部長，広梁湾塩田主任兼臨時財源調査局主事の長田義彦，同技手の二宮常八，そして西山組の西山義成などが参加した会議が開かれた[78]。この会議で合意された内容およびそれがどのように処理されたかについて見てみよう。

まず，工事現場の残留労働者に対する待遇問題は度支部が直接雇用して請負作業をすることに決まった。すなわち，以前の西山組と大工頭との間に交わされた「契約書」は無効になった。賃金の支払回数を増やした。米の費用も各労働者が支給される賃金より差し引かれず，食堂で米などを随意に買うようにした。なお，銭領事代理は警部長などと相談して西山に各労働者の賃金勘定を精算させようとしたが，西山は各労働者の賃金から従前の船賃，米，そして工頭に支払った費用を差し引けば非常に足りず，各労働者は西山組に平均4〜8円の借金があったため，受け容れようとしなかった。

しかし，銭領事代理が再三反駁し相談した結果，西山は残存の米，焼餅，そして残余の10数円を各労働者に分配することで折り合い，賃金勘定の精算問題も解決された。銭領事代理は工事現場に赴いて調査し，40名の労働者が残留を希望することを把握し，75名の労働者は帰国を希望したため鎮南浦に移動させた。

---

76) 1909年5月13日（同6月30日）発，馬総領事ヨリ銭領事代理宛函（同上档案）。
77) 1909年5月17日（同7月4日）発，馬総領事ヨリ銭領事代理宛函；1909年5月18日（同7月5日）収，銭領事代理ヨリ馬総領事宛稟（同上档案）。
78) 1909年5月26日（同7月13日）収，銭領事代理ヨリ馬総領事宛稟（同上档案）。

次は逃走労働者の送還問題であるが，西山組は鎮南浦にある114名の労働者に船便のチケットと食事を用意して，該当労働者を7月6日午後4時発の大連行きの隅田丸に乗船させた[79]。順安採金所で働いていた70名の労働者と7月4日午前に広梁湾より逃走してきた約60名の労働者は同領事館が西山組より60円を預かり送還帰国させることになった。この費用は7月16日が期限でそれを過ぎれば同理事庁を通して西山組に返すことになった。最後に，同領事館は西山組からの「保護賠償」費の200円を鎮南浦華商公会に受け取らせて，この「賠償」の一件も妥協が成立した。

　なお，銭領事代理は6月29日の夜に車巡査を工事現場に派遣して40名の労働者の状況を調査したところ，労働者の賃金は一人当たり60〜70銭，工事監督による虐待などの弊害はないこと，宿舎も修理されていたことが確認され，広梁湾塩田築造工事の華僑労働者問題は完全に解決された。

　しかし，この問題解決の結果をめぐって統監府と総領事館の間には若干の認識の食いちがいが見受けられる。石塚総務長官は問題解決後に馬総領事に公文を送付したが，その一部を抜粋してみよう。「特別ヲ以テ救助送還ノ事ニ決シ本月六日ヲ以テ旅費食料等ヲ与ヘ送還済……貴翰中保護賠償費云々有之候処当方ヨリ旅費等ヲ支出セシメタルハ決シテ保護賠償ノ性質ニアラス全ク貴国労働夫ノ困苦ヲ察シテ特ニ救恤ノ趣旨ニ出タルモノニ有之候」[80]。すなわち，石塚総務長官は今回の華僑労働者の送還はあくまでも「救恤ノ趣旨」による善意であって，「保護賠償」費にあたらないことを主張したのである。

　石塚総務長官がこのように主張した理由は，「賠償」という言葉には他人の権利を侵した者がその損害に対して保障する意味があり，「保護賠償」費を認めた場合は労働者の募集，虐待，逃走などに対して韓国政府および統監府がその法律的責任を認めることになりかねないためであろう。要するに，統監府は同工事における華僑労働者とそれに関わる諸問題は

79）労働者114名の送還に関しては，「支那苦力問題」『大阪朝日新聞』1909年7月8日にも掲載された。
80）1909年6月4日（同7月20日）収，石塚総務長官ヨリ馬総領事宛函（同上档案）。

「契約書」締結の当事者の西山組と大工頭側の責任にあるとの立場を変えなかったのである。

　それでは，なぜ労働者の待遇改善と逃走労働者の送還に消極的であった統監府が突然立場を変えて，清国総領事館の要求をほとんど受け容れたのだろうか。その理由としてはまず西山組の華僑労働者募集の非合法性を取り上げることができる。

　アヘン戦争後，アメリカ西部，ハワイ，中南米，オーストラリア，東南アジアにおける経済開発，帝国主義による中国の半植民地化によって，中国人労働者（苦力）が大量に海外に移住する中，中国人労働者に対する虐待問題が多発し，清国政府はその対応に腐心していた。総理衙門は1866年にイギリス，フランスと交渉の末，中国人を海外に連れ出して働かせるにあたって，地方官の検査を経なければ労働者の出国を認めない「イギリスとフランス人による中国人の雇用を規定する協約」を定めた[81]。広梁湾塩田築造工事の労働者問題が発生していた1909年には，清国政府および地方官庁には「保工局」が設置されて労働者の保護活動に当たっていた。なお，清国の東南各省は海外に赴く労働者が多いため，募集する国の官員と妥当な「章程」（規約）を締結してから労働者の海外渡航を許可していた[82]。

　清国総領事館が今回の労働者問題をめぐって統監府に「今回西山義成の代表人の有川万吉が大連に行きひそかに華工を韓国に募集してきた」と抗議した[83]のは，以上のような手順を踏まえなかった非合法性を指摘したものであった。それに対して，統監府は，中国人労働者募集は西山組と大工頭の契約によって行われたため，労働者問題をめぐってそのすべての責任を双方に転嫁したが，それにはやや問題があった。

　というのは，西山組の植杉が6月1日に駐鎮南浦領事館を訪問した際

81）　その細目第2条に，地方官の許可を得ずに中国人を出国させた場合には，法律によって厳罰に処することが明記されていた。この協約は両国によって批准されなかったため，清国政府によってそれに代わる「国際移住規則案」が提案されたが再び批准が拒否され，清国政府は1867年に同規則を公布した（イゴリ・R・サヴェリエフ（2005年）33～34頁）。
82）　1910年2月16日（同3月26日）収，貔子窩地方官同長齢ヨリ馬総領事宛函（同上档案）。
83）　1909年5月2日（同6月19日）発，馬総領事ヨリ石塚総務長官宛函（同上档案）。

に，銭領事代理より中国人労働者の募集者の主事とその責任者について質問されて，「このことは本来韓国度支部官員を主長として貴国に派遣して，苦力を募集した者は有川氏である」と回答した[84]ことから分かるように，度支部が直接・間接的に労働者募集に関わっていて，その事実を清国側は把握していたためである。なお，同工事現場の監督の中には度支部所属の官員が含まれていたため，度支部が華僑労働者への虐待などの責任から逃れ難かった。清国総領事館がこの問題を統監府に交渉のカードとして切り出して統監府に譲歩を迫り，結局統監府が総領事館の要求を受け容れたのである。

統監府が華僑労働者問題をめぐって総領事館の要求を受容した二つ目の原因は同問題に対する厳しい世論にあった。鎮南浦地域では工事開始以前に韓国政府が自国民を雇用せず中国人労働者を雇用することに対して非難の声が上がっていた[85]。なお鎮南浦地域の有識者は逃走労働者問題に対して「韓国政府は国民に衣食の料を与ふるを以て暴徒掃蕩の一策とし盛んに土木事業を起して韓国労働者を使役したるが今回に限り支那苦力を使用したるは政策上よりいふも頗る矛盾の措置なり[86]」と批判していた。一方，広梁湾塩田築造工事の華僑労働者問題は京城の華僑社会にも知られて，京城在住の華僑商人が本国に引き揚げようとする噂が流れ，彼らと取引する日本人および朝鮮人商人の間に恐惶をきたしたという事実があり，統監府は神経を尖らせていた[87]。統監府にとって逃走労働者の処理が長引けば長引くほどこのような世論は益々悪化し，それが朝鮮統治に支障を招来しかねないと判断して華僑労働者問題の早期解決を図ったとみられる。

ところで，以上のような華僑労働者をめぐる諸問題は，広梁湾塩田築造

---

84) 原文「此事本為韓国度支部官員主長派往貴国招工者為有川氏」（1909年5月4日（同6月21日）収，銭領事代理ヨリ馬総領事宛某（同上档案））。
85)「鎮南浦より　広梁湾人夫」『大阪朝日新聞』1909年6月14日。
86)「広梁湾塩田事業」『大阪毎日新聞』1909年7月7日。「暴徒掃蕩」とは，1908年春から朝鮮各地に起きた朝鮮人「義兵」に対する鎮圧を指す。統監府は「義兵」を武力鎮圧すると同時に各種工事を起こして華僑人を雇用していたようで注目される。
87) 1909年7月1日発，韓国駐箚憲兵司令部ヨリ統監府宛「清国商人等本国引揚ノ流説ニ就テ」『統監府文書』第6巻（2000年）230頁。

工事の進捗にも支障をきたした。度支部および西山組は当初1,500名の中国人労働者を募集する予定であったが，清国総領事館の募集中止の要求に遭遇し，その半分をやや上回る808名しか同工事に雇用できなかったばかりか，その808名のうち最終的に工事現場に残留した労働者は40名しかなかった。このような事情により，第5区と同時に工事開始の予定であった第7区は，〔表12-2〕のように，同年10月まで着工しえない状況にあった。

第3節　1910年度の華僑労働者問題

1　「苦力雇入取扱覚書」

　度支部は1909年度に引き続き1910年度には第4区の約39万坪と第6区の約55万坪の塩田築造工事を実施することになった。その築造計画面積は1909年度より3倍以上広く，その予算は前年度より約2倍多かった。このため，同部は1909年度より多い2,500名の中国人労働者を雇用することを決め，同部臨時財源調査局広梁湾出張所長の赤倉吉三郎は1910年2月26日に志岐組代表の志岐信太郎と請負契約を結び，今回は志岐組が中国人労働者を募集することになった。

　度支部および統監府は昨年度の華僑労働者問題を顧みて労働者募集に非常に慎重な姿勢で臨む。まず，三浦彌五郎京城理事庁理事官が馬総領事に送付した次の公文をみよう。

　　本年三月十五日頃ヨリ起工シ同十月中旬迄ニ竣工可致都合ニ有之短時日間ニ多大ノ労力ヲ要スルノミナラス塩田築造工事ニ就テハ韓国人夫ハ一般ニ無経験ナルヲ以テ其ノ欠ヲ補フト共ニ傍ラ之カ築造方法ヲモ知得セシメンカ為該工事ニ経験アル清国苦力約二千五百ヲ天津，芝罘及貔子窩等ノ各所ヨリ募集シ該地ヨリ一列引率シ鎮南浦ニ上陸セシメ……苦力ノ募集，使役，賃銭ノ支払並ニ衛生等ニ関シテハ別紙覚書ニ照シ確ク実行可致旨願出候間貴官ニ於テモ事情御承悉ノ上苦力募集各地ノ当該地方官ニ対シ応分ノ庇護及援助ヲ与ヘラレ候様御取計相成度[88]。

すなわち，この公文は，統監府が1909年度の華僑労働者問題で清国側から非合法的な募集で責められたこと，労働者逃走による工事の遅延といった苦い経験を踏まえ，前もって清国総領事館に2,500名の中国人労働者募集の計画を知らせて，協力を求めたものである。公文のなかに言及されている「別紙覚書」は「苦力雇入取扱覚書[89]」（以下，「覚書」とする）を指し，この「覚書」は志岐組代表の志岐信太郎代理人の川島朔造が労働者の募集，作業，賃金の支払，衛生などについて作成したものである。

　この「覚書」は1909年度に問題となった「契約書」に比べて大分改善がなされていた。第1に，作業時間および賃金の改善である。1日の労働時間は「契約書」では時間が明記されなかったが「覚書」では10時間と定められた。賃金は「契約書」の31銭から「参拾銭以上」とした上，夜間作業の場合は賃金の5割増と定められた。なお，労働者との協定によって1小区を労働者に請負作業をさせてその場合の賃金は出来高支払いとした。賃金の支払方法は各労働者が選定した工頭に支給し，賃金の支給期日は作業翌日または数日毎とした。

　第2に，作業環境の改善である。「覚書」には工事用器具の貸与，食器および炊具の供給，家屋の供給が明記された。特に家屋は防寒設備，排水施設，炊事場，衛生施設を整えることが具体的に記され，医師を嘱託として病気にかかった労働者の手当てをすることも含まれていた。

　第3に，1909年度に問題となった旅費については，同組がすべて負担することが明記された。作業期間（3月10日～10月15日）を過ぎて不用になった労働者，疾病および解雇の労働者は速やかに送還することが記された。

　第4に，「契約書」にはなかった労働者の保護の条項が加えられた。すなわち，「治安上其他保護上ニ関シ支那巡警二名以上ノ駐派ヲ請願シ」という内容は逃走労働者などの問題を未然に防止しようとする統監府および同組の強い意志がうかがえる。なお，三浦理事官は同公文に志岐組が中国

88）1910年1月24日（同3月5日）収，三浦理事官ヨリ馬総領事宛函（同上档案）。
89）この「覚書」は三浦理事官が馬総領事に宛てた公文に添付されていた（1910年1月24日（同3月5日）収，三浦理事官ヨリ馬総領事宛（同上档案））。

人労働者の募集者との「人夫供給契約書」のために作成した模範的な案を添付してきた。その内容は「覚書」が下敷きになっているが，それに労働者募集者に労働者を雇い入れる際に，塩田築造工事であること，作業方法，賃金，家屋，保護方法などを丁寧に説明して労働者を不安にさせないことが盛り込まれていた[90]。

「覚書」および「人夫供給契約書」は全体的にみて，統監府および度支部が前年度のような労働者問題が再発しないように，前年度に一時実現された度支部による労働者の直接雇用については盛り込まれなかったものの，清国側が昨年度の労働者問題の際に提議した草案10条と善後策6条がほとんど反映されたと考えてもよい。

馬総領事はその規定がすべて妥当であると満足を表し，その規定を募集先の天津，芝罘（煙台），貔子窩（営口）の各道允（地方官）に函文および規定を送付して，労働者を募集する者（志岐組）に総領事館と各道允が相互に准単（証書）を発給して各地方の保工局にその准単を受け取って保管させるように指示した。なお，各地方官により募集された労働者の鎮南浦への到着日付，船名を先に電報で報告するようにした[91]。ただ，招工頭（労働者募集者）が該当する地域で募集する際には，各地の保工局に進言して労働者募集のことについて面談するように条件付けた[92]。

しかし，「覚書」の内容が「契約書」よりも改善されたとはいえ，前年度のような労働者問題が再発しないとは限らないため，張国威鎮南浦領事は労働者保護の方法を講じるため動き出した。張領事は3月8日に赤倉書記官（臨時財源調査局広梁湾出張所長）と面会した際に，彼は今回の労働者募集はすべて同組に請け負わせたと言い，度支部の責任ではないことを強調したため，不安を抱いた。なお，張領事は応募してくる労働者は「愚かな」山東出身者が多いため，争いを避けられないことを心配し，「覚書」に則して領事館警察3〜4名を派遣・駐在させて，労働者の保護に当

90) 1910年1月24日（同3月5日）収，三浦理事官ヨリ馬総領事宛函（同上档案）。
91) 1910年1月27日（同3月8日）発，馬総領事ヨリ張国威鎮南浦領事宛函（同上档案）。
92) 1910年2月2日（同3月12日）発，馬総領事ヨリ張領事宛函（同上档案）。

たらせようとした。この件については，赤倉書記官と駐在警察の経費について話し合い，工頭が受領する人件費総額の3％を経費に充てることで合意した[93]。その経費は駐鎮南浦領事館あるいは鎮南浦華商公会より明細書を志岐組代理人に手渡し，代理人がその経費を領事館に支払うことにした。そして領事館警察の制服は志岐組が購入することになった[94]。

一方，天津，芝罘，貔子窩などの地方官から「覚書」と労働者募集者に対して馬総領事に問い合わせることが相次いだ。貔子窩の地方官は近年東南各省で労働者を誘拐して海外に連れていくことが非常に多いため，官員を派遣して労働者を募集する国の官員と規約を結んでから募集を許可していることを取り上げて，今回の「覚書」は清国の官員と日本の官員が締結したものではないと「覚書」の効力に疑問を呈した[95]。芝罘担当の地方官は同組代理人の川島朔造が所持している准単は3か所（天津，芝罘，貔子窩）のすべてにおいて使えるかどうか，募集する者は代理人の代理なのか，総領事館が発給した准単の様式および枚数について問い合わせた[96]。

とにかく志岐組の中国人労働者募集は総領事館の協力の下に前年度に比べて順調に進められ，4月2日に永田丸で第1陣の苦力765名が鎮南浦港に到着し，翌日に広梁湾に着いた[97]。

2 華僑労働者の逃走原因および外交交渉

馬総領事が妥当な規約とした「覚書」と，総領事館の協力の下で募集されてきた中国人労働者であったが，第1陣の中に逃走者が発生した。第1陣の765名のうち約400名が到着間もない4月5日夜10時に逃走した事件が発生した。その原因は，工頭の朱顕章の報告によれば，志岐組が労働者に対して虐待したことはなく，ただ到着日に米飯が足りなかったこと，それに冷たい泥濘に脚を入れて地面の氷を解かす厳しい作業にあったという。

---

93) 1910年2月1日（同3月11日）収，張領事ヨリ馬総領事宛稟（同上档案）。
94) 1910年2月2日（同3月12日）発，馬総領事ヨリ張領事宛函（同上档案）。
95) 1910年2月16日（同3月26日）収，貔子窩地方官周長齢ヨリ馬総領事宛函覆（同上档案）。
96) 1910年2月27日（同4月6日）収，芝罘地方官余則達ヨリ馬総領事宛函覆（同上档案）。
97) 1910年3月3日（同4月12日）収，張領事ヨリ馬総領事宛稟（同上档案）。

逃走労働者の中には平壌の平南線鉄道建設工事の現場で働いている者もあったとされたが定かではない。

張領事は領事館警察を派遣して注意深く警備すること，工頭を通じて労働者を安心させるように指示すると同時に，志岐組と作業環境の改善について協議するように命じた[98]。

なお，4月下旬に残留労働者のうち病気および死亡する者が出るという出来事があった。張領事は5月1日に畢領事館巡査長を派遣し，病気を患う労働者は33名で，すでに4名の労働者が死亡したこと，4名の死体は同組によって葬られて，病人は日本人医師によって治療を受けていることを把握した。志岐組の対応については，張領事はおおむね「覚書」に則して処理されていると満足を示し，双方の間に問題が発生することはなかった[99]。

かくて，1909年度とは異なり，引き続き第2陣の労働者1,015名が4月12日と14日に天津から，汽船ではなく帆船を利用して奉天より第3陣の373名が到着した。この第2陣の労働者にも問題が発生した。志岐組は第2陣の労働者が作業下手であることを理由に，彼らに一小区を請け負わせて出来高に応じて賃金を支払おうとしたが，労働者はそれを受け容れなかった。「覚書」には「苦力トノ協定ニ依リ」という文言があり，志岐組が無理やりに請け負わせることはできなかった。広梁湾の駐在警察が調停に当たり作業を続けることになったが，5日後に労働者は請負作業が厳しいことを理由に作業を中止し，志岐組と衝突することになった。労働者は同組に賃金を請求したが，それに対して，志岐組は天津で募集する際に労働者に前貸した金額が大洋2,500元（約3,500円に相当）であるが，該当労働者の残額の賃金は約1,000円に過ぎずその差額が大きいため，支払を承諾しなかった。労働者がそれについて不満を持ち，問題を引き起こす気配を漂わすと，張領事は駐在警察に武力によって弾圧すると同時に，労働者

---

98) 1910年3月3日（同4月12日）収，張領事ヨリ馬総領事宛裏（同上档案）。他の裏文には762名が芝罘より到着したと報告されている（1910年4月4日（同5月12日）収，張領事ヨリ馬総領事宛裏（同上档案））。
99) 1910年4月4日（同5月12日）収，張領事ヨリ馬総領事宛裏（同上档案）。

には無分別に行動させないよう指示を出した[100]。

　この問題の解決をめぐって駐鎮南浦領事館と志岐組の間に交渉が行われた。張領事は5月9日に志岐組代表人の池田菊松，第2陣の労働者募集者の川烟竹馬などと会同した。そして，広梁湾駐在の車巡査が同領事館に連れてきた6名の工頭の事情を聴取した。工頭の話によれば，工事は難しく作業は非常に厳しいため，賃金を請求して天津に送還するように要求したが，同組は前貸金を理由に送還してくれないということで，同領事館が把握していた事実とほぼ一致していた。同領事館は同組に労働者には2,500元の返済能力がないこと，「覚書」第7条に「疾病解雇等ノ場合ニ於テハ……速ニ本国ニ送還」することが明記されていることを取り上げて，同組に前貸金の取消と送還を求めた。

　しかし，同組は応じようとしなかった。1909年度に領事代理を務めた銭書記は同組と再三協議した結果，双方は同組が第7条の通り該当労働者の送還旅費を負担すること，該当労働者の賃金約1,000円は送還費用および前貸金の返済に充てることで折り合った。この合意により，同組は各労働者に40銭を旅費として支給し（約900名の労働者で総額は約360円になる），作業中止の日から乗船する日までの米の供給をすることになり[101]，同組が譲歩した形で決着が付けられた。

　労働者901名は5月12日に同組が用意した第13号永田丸に乗船して帰国の途に着き，この問題は完全に解決された[102]。この問題は朝鮮語新聞には次のように報道された。「広梁湾塩田工場で作業していた清国労働者100名〔ママ〕は賃金引上のため同盟罷工した後，854名は12日に海路で帰国し，残りは鎮南浦に行って農業を経営するか陸路で帰国するという」[103]。この記事の内容において労働者の同盟罷工の原因を労働者の賃金引上においたこと，送還労働者の人数を854名としたことは，前述の駐鎮南浦領事館が把握し

100）1910年4月4日（同5月12日）収，張領事ヨリ馬総領事宛桑（同上档案）。
101）1910年4月4日（同5月12日）収，張領事ヨリ馬総領事宛桑（同上档案）。
102）1910年4月8日（同5月16日）収，張領事ヨリ馬総領事宛桑（同上档案）。11日の夜に鎮南浦港に入港した永田丸には広梁湾塩田築造工事に雇用される労働者348名が乗船していた（「労働者到着」『大韓毎日新報』1910年5月17日）。

ていた事実と食いちがう。しかし，広梁湾塩田築造工事の労働者が同盟罷工したこと，12日に海路で帰国の途に着いたということは一致する。

以上のように，前年度の華僑労働者問題とは異なり，今回は統監府と清国総領事館という中央レベルにまで持ち込まれず，鎮南浦の地方レベルで駐鎮南浦領事館と志岐組の間で迅速かつスムーズに解決されたのは，1909年度の「契約書」よりも改善された「覚書」があったこと，同工事現場の駐在領事館警察が労働者と志岐組の間で仲介の役割をよく果たしたためであったことを指摘することができよう[104]。

ところで，志岐組代表人の池田菊松は7月10日に同領事館を訪問して，大連，天津，芝罘より募集してきた労働者は引き続き逃走して現在残っているのは，余孫井工頭グループの労働者800名しかないと説明し，彼らは自願して広梁湾にきた者で同組が清国に行って募集した者ではないため，「覚書」とは無関係であると主張した。事実，芝罘より募集してきた残留労働者360名は5月中旬に賃金問題などをめぐって志岐組と対立してほとんど帰国した[105]。天津より募集してきた労働者は前述の通りで，奉天より募集してきた373名の労働者は定かでないが，逃走したか帰国した。

同領事館は，同組が「覚書」を廃棄して同領事館の工事現場での警察への干渉を避けたい意図があることを見抜いていた。案の定，志岐組は8月1日の朝に駐鎮南浦領事館に電話連絡を通して9月3日までに広梁湾駐在領事館警察の撤収を要求してきた。なお同組は今後は清国に行って労働者の募集を行わないと申し入れ，「覚書」の破棄を婉曲に宣言したのである。それに対して，同領事館は領事館警察の派遣と駐在は「覚書」によるものであること，工事現場にはまだ労働者約1,000名が働いていて，労働

---

103)「清工夫罷工詳報」『皇城新聞』1910年5月17日。他の新聞には苦力900名が同盟罷業を行い，そのうち850名が芝罘に向かって出発したと報じられた（「清国労働者」『大韓毎日新報』1910年5月17日）。
104) 駐鎮南浦領事館は鎮南浦理事庁と同工事の華僑労働者問題で交渉を行っていた。華僑労働者の劉蘭亭と松崎組（志岐組の下請）の矢島久蔵が賃金勘定のことでトラブルが発生し，同領事館は7月中旬に連日同理事庁と交渉に当たっていた（1910年6月7日（同7月13日）収，張領事ヨリ馬総領事宛菓（同上档案））。
105) 1910年4月8日（同5月16日）収，張領事ヨリ馬総領事宛菓（同上档案）。

者問題の処理は「覚書」に拠っていることを理由に，同組に何度もその要求を撤回させようとした。しかし，それが受け容れられなかったため，馬総領事は京城理事庁に照会し，志岐信太郎に「覚書」を遵守するように要求した[106]。

それではなぜ志岐組は8月1日という時期に駐在領事館警察の撤収を要求したのだろうか。その直接的な原因は統監府による志岐組への命令があったと考えられる。7月下旬になると，「韓国併合」の時期がほぼ決まり，朝鮮と列国との間に締結された条約について，日本「政府部内に多少の議論もあり左れども是は合併と共に一切消滅するものと為すことに解釈定ま[107]」っていた。恐らく日本政府のこの方針に則して統監府が志岐組に広梁湾駐在の領事館警察を撤収させるように命じたのだろう。

それが決定的な原因であろうが，その他に同工事現場における労働者と朝鮮人労働者との衝突事件がその背景にあったようである。6月2日の夜に同工事現場において華僑労働者300名と朝鮮人労働者700名が石を投げ合うなど激しく衝突，双方に多数の負傷者が発生する事件があった。この衝突は4日午前3時にようやく沈静化されたが，その原因は日頃の作業中に生じた双方の葛藤にあった[108]。特に，この衝突の過程で工事現場駐在の車巡査が労働者を指揮したことが問題となり，車巡査は帰館措置にされたほか，積極加担した労働者19名は解雇された[109]。この事件によって駐在領事館警察が直ちに撤収されたのではなかったが，統監府および志岐組が駐在領事館警察の派遣について見直す契機になったのは確かであろう。

清国総領事館が広梁湾駐在領事館警察の撤収の要請にいかに対応したかは不明であるが，その対応の如何に関係なく，日本政府は8月29日に「韓

---

106) 1910年6月29日（同8月4日）収，張領事ヨリ馬総領事宛稟（同上档案）。
107) 「内外の形勢」『大阪毎日新聞』1910年8月1日。
108) 「韓清役夫衝突」『大韓毎日新報』1910年6月5日；「韓清人争闘」『皇城新聞』1910年6月5日。この事実により，朝鮮人労働者も同工事に多数雇用されていたことがうかがえる。華僑労働者が相次いで逃走および帰国して，同組としては労働者の補充をせざるを得なかったのだろう。なお，統監府としても同工事に華僑労働者を雇用したことで悪化した地元の世論に配慮したことも背景にあったと考えられる。
109) 「広梁湾紛擾解分」『皇城新聞』1910年6月14日。しかし，この事実は「広梁湾塩場各案」の档案には出てこない。

国併合ニ関スル宣言」を公布して欧米列国および清国が韓国政府と締結した諸条約が無効に帰したため，その影響を受けざるを得なかった。馬総領事は同宣言に応じて駐鎮南浦領事館をはじめとする各領事館に領事館警察の撤収を指示し[110]，同工事現場の駐在領事館警察も9月3日までには撤収されたと考えられる。

一方，1910年度の同工事も華僑労働者問題によって，第4区と第6区の作業進捗度は両区とも8月現在で40%[111]にとどまっていた。1911年までに1,000町歩の天日塩田を築造する計画は予定より遅れた1914年3月にようやく達成された[112]が，その遅れの原因の一つは以上のような華僑労働者問題があったのである。

第4節　「韓国併合」直後の華僑労働者問題

ここでは，「韓国併合ニ関スル宣言」により，清国の領事裁判権および領事館警察が撤廃された後，広梁湾塩田築造工事の華僑労働者問題がどのように処理されたかについて検討してみたい。

朝鮮総督府の明石元二郎警務総長は1911年1月20日付で馬総領事に次のような公文を送付した。

> 五十八名ノ貴国人ハ……苦力頭ニ逃走セラレシ為メ傭銭ヲ受取ルコト能ハサルニ至リ困難ノ極，同地駐在貴国領事ノ保護ヲ願出タルモ目的ヲ達セス遂ニ鎮南浦警察署ニ哀訴シタルヲ以テ同署ハ有志者ニ計リテ一定ノ醵金ヲ得，之ヲ貴国領事ヲ経テ前掲貴国民一人ニ対シ一円宛ヲ飯国旅費トシテ交付シ……客年十二月三十日発程徒歩ニテ帰国ノ途ニ就キタルヲ以テ同警察署警察官ハ保護ノ為メ同行致候然ルニ本月七日平安北道宣川ニ到着シタ

---

110) 1910年8月9日（同9月12日）収，馬総領事函（中央研究院近代史研究所編（1972年）7121頁）。
111) 度支部（1910年）222頁。清国の領事館警察の撤収時期は他の欧米諸国より遅かったという。その理由は，「清国に限り言語風俗他と異るものあれば従来の巡捕を我警察の通訳として採用支配する方反て便宜なるべしとの議両国官憲間に交渉成り一両日中実行の事とせり」とのことであった（「領事警察撤退」『大阪朝日新聞』1910年9月6日）。
112) 朝鮮総督府専売局（1936年）302頁。築造された塩田の面積は934町歩であった。

ル際前掲交付金全部費消シテ最早前程ノ費ニ乏シク加フルニ厳寒ニシテ……遂ニ同地ヨリ汽車ニ乗ラシメテ新義州ニ輸送シ……右ニ就キ警察ニ於テ汽車賃其他ノ費用ヲ要シ其費額目下調査中……費額ニ対シ貴総領事ノ御配慮ニ依リ相当辨償ヲ得度本官ノ希望……更ニ其費額ヲ可及通知候条何分ノ義御回示相煩度照会[113]。

　すなわち，この公文は，広梁湾塩田築造工事に雇用されていた華僑労働者が工頭の逃走により，賃金を受け取れず帰国できない事態に遭遇し，駐鎮南浦領事館に保護を願い出て，鎮南浦警察署が同地の有志者に募金を募り労働者一人当たりに1円の旅費を支給し，警察官の保護の下，徒歩にて送還していたところ，各労働者の旅費がなくなったことと，厳冬のため，労働者58名を汽車で輸送した結果，汽車賃およびその他の費用が発生して，明石警務総長がその弁償を馬総領事に希望する内容である。

　明石警務総長は3月14日付の小松緑外事局長宛の公文で，その費用が104.99円であることを明らかにし，清国総領事館と交渉して弁償してもらうように要請した。その内訳は汽車賃が61.8円，旅費が21円，食費が18.85円，橇賃4.6円であった[114]。引き続き，小松外事局長は3月28日に馬総領事に104.99円の弁償を公式的に請求し[115]，労働者送還の弁償をめぐる双方の外交交渉がはじまった。

　馬総領事は5月15日付の公文にて，その弁償の件について納得しがたいところがあると，即答を避けた[116]。さらに，馬総領事は5月27日付の明石警務総長宛の公文では，警察官の労働者の保護および送還については感謝を表しながらも，送還費用については地方レベルの些細な問題であり，各該当の地方官と領事が相談して解決することが望ましいという旨を伝え

113）1910年12月20日（新暦1911年1月20日）収，朝鮮総督府警務総長明石元二郎ヨリ馬総領事宛（同上档案）。
114）1911年3月14日，明石警務総長ヨリ小松外事局長宛「清国苦力送還費ニ関スル件」（同上档案）。
115）1911年3月1日（同3月30日）収，小松外事局長ヨリ馬総領事宛（同上档案）。
116）1911年4月17日（同5月15日），馬総領事ヨリ小松外事課長宛函（同上档案）。

た[117]。かくて，労働者58名の送還費を提供した平安北道警察部長の水間春明は張領事に宛てた6月3日付の公文で，104.99円の弁償を正式に求めた[118]。

それに対して張鎮南浦領事は，6月10日付の公文で送還費用の弁償に応じなかった。その理由および本件に関する清国側の認識は次の通りである。志岐組および宮阪与八郎（同組の下請）などが雇用した労働者は年末の工事停止で，労働者138名が本国に帰国しようとしたが，同組および宮阪が賃金の支給を延び延びに遅らせて実現されず，双方が対立していたところ，同領事館が鎮南浦府庁と何回も交渉して，張領事と同組代理人の池田，安田鎮南浦警察署長と協議した結果，宮阪外2名が労働者の賃金として88.036円，同組が61.964円を各々支給し，合計150円で労働者138名の送還費用とした。当時，送還する人数は多く金額は少ないため，汽車による送還が難しく徒歩による送還となり，労働者一人当たり1円を支給して100名が12月30日に帰国の途に着いたという[119]。

この内容と前述の明石警務総長の公文の内容とは少し食いちがうところがある。第1に，明石警務総長は労働者が帰国できない理由について「苦力頭ニ逃走セラレシ為メ傭銭ヲ受取」できなかったとしたが，張領事は志岐組および宮阪が賃金を支給しなかったと主張する点である。双方の主張を照らし合わせれば，工頭が同組より受け取った労働者の賃金を持ち逃げして，同組は賃金を支払い済みであると主張する反面，労働者は賃金を受け取れなかったため賃金支給を要求して，双方が対立したと考えられる。

第2に，双方が取り上げる労働者の人数が異なる。明石警務総長は58名の労働者を送還したと言った反面，張領事は100名が鎮南浦を出発したと言っており，双方の間には相当の差が存在する。その原因は，小松総務部

117）1911年4月25日（同5月27日），馬総領事ヨリ明石警務総長宛函（同上档案）。
118）1911年6月3日，水間春明平安北道警察部長ヨリ張領事宛「労働者送還費ニ関スル件」（同上档案）。
119）1911年5月14日（同6月10日），張領事ヨリ水間警察部長宛函（同上档案）。138名のうち100名しか出発しなかった理由は定かではないが，残りの労働者は鎮南浦地域に残って労働に従事していたと考えられる。

長官の公文によれば，鎮南浦出発時の労働者の人数はそもそも98名であって，「出発後間モナク五名逃走シ更ニ江西ニ達スル途中ニテ二十四名平壤ニテ十一名総計四十名逃走シ」たためであった[120]。

　第3に，送還する労働者に支給した1円の出所が異なる。明石警務総長は鎮南浦警察署が「有志者ニ計リテ一定ノ醵金ヲ得」たものであると言った反面，張領事は志岐組と宮阪外2名より受け取った不払い賃金であると主張したのである。どちらの主張が正しいかは史料の制約から定かではないが，各労働者への1円の支給について，朝鮮総督府は労働者への人道的な配慮の意味で，清国総領事館は不払いの賃金を受け取った意味で，各々受け止めようとしたのは間違いない。以上のことを踏まえて言えば，138名の労働者は1910年度の「覚書」の適用を受けない者で，同組と工頭の間の契約書には旅費，送還などの内容が盛り込まれていなかったと考えられる。

　張領事は以上をもって，「その（送還）責任は本来労働者を募集してきた志岐組および宮阪等の諸人にある」として，送還費用について弁償しがたい旨を平安北道警察部長に伝えた[121]。ただ，送還費用の弁償を拒絶した他の背景には，張領事が104.99円という送還費用は大金であるため領事館では調達できないと言っているように，財政的な問題もあった[122]。

　朝鮮総督府はこのような清国総領事館および駐鎮南浦領事館の出方に不満をあらわにする。小松総務部長官の馬総領事宛の次の公文をみよう。

　　労働者救済方法ニ関シテハ既ニ当時関係貴我官憲協議ノ上決定実行セラレ
　　タルモノニシテ今日ニ於テ更ニ其ノ請求ニ応スルヲ得ストノ回答ニ接シタ
　　ル……今日ニ於テ警務部長ノ照会ニ応スルヲ拒絶セラルノハ一向其ノ理由

120）1911年6月8日（同8月2日）収，臨時朝鮮総督府総務部長官事務取扱小松緑ヨリ馬総領事宛「清国苦力送還費ノ件」（同上档案）。
121）1911年5月14日（同6月10日），張領事ヨリ水間警察部長宛函（同上档案）。張領事は7月2日付の馬総領事あての裏文に，同様な内容の報告をした（1911年6月9日（同7月4日）収，張領事ヨリ馬総領事宛裏（同上档案））。
122）1911年6月9日（同7月4日）収，張領事ヨリ馬総領事宛裏（同上档案）。

ヲ発見スルニ苦シマサルヲ得ス[123]。

　小松総務部長官の強硬な出方に，馬総領事は7月18日付の回答文では，送還費用を支払いがたいという内容は一切なく，鎮南浦を出発した労働者は100名であるのに，なぜ58名しか帰国しなかったかについて照会するのみであった[124]。小松総務部長官が8月2日に送還途中の労働者が相次いで逃走したためであるという回答をしたのは，先述の通りである。その時，馬総領事は送還費用の支払はやむを得ないと判断していたようで，本国の外務部にその旨を伝え，外務部よりそれを許可する公文が届いたのは，9月11日であった[125]。その二日後，馬総領事は小松総務部長官に本国政府が送還費用の支払を許可したことを伝え，函文に104.99円の第一銀行切手一枚を同封し[126]，この問題は決着した。

　ところで，今回の労働者問題の処理をめぐる日清間の外交交渉においては，1909年度および1910年度の労働者問題と異なる点が確認される。1909年度の逃走労働者の送還問題では統監府および度支部が西山組に指示して「契約書」にない旅費の支給，海路による輸送をしたが，今回は旅費の支給はあったものの徒歩による送還であった。なお，徒歩送還の過程で生じた諸費用を清国側は最初に拒絶したが，結局譲歩を迫られて受け容れたことは1909年度および1910年度の外交交渉ではみられなかった清国側の交渉態度である。

　なぜそのように態度が変わったかは「韓国併合」と関係がある。「韓国併合」直後，清国は自国民保護の要であった領事裁判権と領事警察権を撤廃させられて，広梁湾塩田築造工事現場への領事館警察の派遣および駐在が不可能となり，以前のような保護活動ができなくなった。それに伴い清国側は労働者問題の外交交渉でも交渉力の低下を余儀なくされたと考えら

---

123) 1911年6月2日（同6月27日）収，小松総務部長官ヨリ馬総領事宛（同上档案）。
124) 1911年6月23日（同7月18日），馬総領事ヨリ小松総務部長官宛函（同上档案）。
125) 1911年7月19日（同9月11日）収，陳懋鼎・施肇基・曽述棨・顔惠慶ヨリ馬総領事宛函復（同上档案）。
126) 1911年7月24日（同9月16日）収，馬総領事ヨリ小松総務部長官宛函（同上档案）。

れる。

　最後に，日清間の外交交渉の仕組みが「韓国併合」後に若干の変化をみたことを記しておこう。駐鎮南浦領事館は「韓国併合」以前には鎮南浦理事庁が交渉の相手であったが，それ以後には鎮南浦府庁および鎮南浦警察署などの地方当局に変わっている。それは各地の理事庁が「韓国併合」後に撤廃されたためである。清国総領事館は「韓国併合」以前は統監府の京城理事庁，外事局などが交渉の相手であったが，それ以後には朝鮮総督府の総務部および外事局に変わった。植民地期朝鮮において華僑をめぐる日中間の外交交渉は基本的に1911年度の日清間の外交交渉の仕組みを踏襲して行われた。

第5節　植民地期の華僑労働者問題

　以上みてきたように，本章では広梁湾塩田築造工事に雇用されていた華僑労働者を取り上げ，朝鮮開港期における華僑労働者問題の実態を検討した。ここでは，この検討によって明らかになった事実をまとめた後，それを土台に植民地期華僑労働者問題について概観してみたい。

　まず，韓国政府度支部および統監府が広梁湾に天日塩田を築造することになったのは，清国産の安価な天日塩の大量輸入によって朝鮮の製塩業が打撃を受けたためその輸入防止をする必要があったことと，広梁湾が天日製塩に適した地質的，自然環境的，気候的条件を備えていたことが背景にあった。

　広梁湾天日塩田築造工事には1909年度に808名，1910年度に3,000名以上の労働者が山東省をはじめとする華北から募集されてきたのは，安価な賃金と塩田築造の技術を有していたことが考慮されたためであった。しかし，同工事の労働者は相次いで逃走し，その問題解決をめぐって日清間には外交交渉が展開されたが，その様態は1909年度，1910年度，1911年度（「韓国併合」直後）に各々異なっていた。

　1909年度の華僑労働者問題では，西山組と大工頭の間に結ばれた「契約書」が労働者に一方的に不利な内容であったこと，大工頭側が「契約書」

の内容を労働者に十分説明せず騙したこと，厳しい作業環境と工事現場の監督による虐待など，複合的な要因によって発生した。清国総領事館および駐鎮南浦領事館は同問題解決のために逃走労働者の送還，作業環境の改善に重点を置いて統監府および鎮南浦理事庁と外交交渉を繰り広げたが，統監府が同労働者問題の責任は「契約書」の当事者である西山組と大工頭側にあると主張し，清国総領事館の要求を退けたが，総領事館は西山組がひそかに華僑労働者を募集してきた非合法性，度支部が直接・間接的に募集に関与していたことを取り上げて譲歩を迫り，統監府は逃走労働者の送還および工事現場の労働者を度支部が直接雇用することとした。

　1910年度の華僑労働者問題では，統監府が1909年度のような問題を起こさないために清国総領事館に1909年度の「契約書」を改善した労働者募集の「覚書」を送付して同総領事館に協力を求めた。「覚書」には工事現場に領事館警察の派遣および駐在を認める文言があって，総領事館は「覚書」の内容に満足を表明し，志岐組に労働者募集の証書を発行する一方，労働者募集先の地方官に函文を送付して志岐組の労働者募集に協力するように要請した。

　1910年度にも厳しい作業環境に耐えられない労働者が相次いで逃走したり，志岐組との摩擦があったが，「覚書」および駐在領事館警察の役割によって，駐鎮南浦領事館と志岐組の間の交渉で解決された。しかし，志岐組が1910年度の労働者問題解決において重要な役割を果たしていた駐在領事館警察を9月3日までに撤収するように求め，清国側がこれに抵抗したが，「韓国併合」による清国の領事裁判権とそれに付随する領事警察権が撤廃されたため，それを受け容れざるを得なかった。

　「韓国併合」直後の同工事の華僑労働者問題は清国の領事裁判権および領事警察権の撤廃が日清間の外交交渉にどのような影響を及ぼしたかを表す良い事例である。すなわち，1911年度に労働者送還費用問題をめぐって日清間に激しいやり取りが繰り広げられたが，1909年度および1910年度の場合には旅費の支給と汽船による送還がなされたものが，1911年度には陸路の徒歩による送還，送還途中に発生した費用を総領事館が負担するこ

とで決着付けられたことは，治外法権の撤廃による清国側の交渉力の低下を如実に物語るものとして注目される。

　この広梁湾塩田築造工事の華僑労働者問題は植民地期華僑労働者問題に示唆することが多く，前者をもとに後者を概観してみたい。中国人労働者が広梁湾塩田築造工事で募集されたのは，何よりも朝鮮人労働者より安価な賃金にあったが，この点は植民地期の経済開発に伴う華僑労働者の需要増加をもたらした主因であった。それ以外にも華僑労働者供給地の地理的近接性，朝鮮の産業化および都市化に伴う労働者の需要，華僑労働者に対する朝鮮人労働者の能率の低さおよび日本人労働者の生活程度の高さなどの要因があった[127]。

　植民地期華僑労働者の人口は開港期より急増した。1930年10月現在での朝鮮内の土木建築労働者の人口は8万4,984名であったが，そのうち朝鮮人は5万8,720名（全体の69.1％），日本人が14,975名（同17.6％），華僑が11,285名（同13.3％）で，華僑労働者が土木建築労働者の10％以上を占めていた。とりわけ，単純肉体労働で技術を必要としない石工と土工だけを取ってみれば7,759名に上り，朝鮮人の2万3,953名よりは少ないが日本人の1,940名をはるかに上回り，朝鮮内での石工および土工の23％を占めるほどであった[128]。

　なお，広梁湾塩田築造工事の華僑労働者の送出地は主に山東省であったが，植民地期も同様であって[129]，従って近代朝鮮華僑労働者は山東省出身が中心をなしていたといえる。同工事の華僑労働者には1910年度に朝鮮労働者と激しく衝突して負傷者が多数発生する事件があったが，植民地期には華僑労働者の増加に伴いそのような衝突事件が後を絶たず発生した。それに関しては補論Ⅰの第5節に委ねたい。

　1909年度の華僑労働者問題は大工頭側の横行が主要な原因であったが，植民地期にもしばしば工頭の横行による事件が発生していた。例えば，京

127）小田内（1925年）56頁。
128）朝鮮総督府（1934年 a）258～259頁。
129）朝鮮総督府警務局保安課（1934年）56頁。

畿道始興郡朝鮮総督府専売局君子塩田の工頭の宋玉山は1924年8月～9月分の華僑労働者の賃金約600円を持ち逃げ，労働者たちは工頭の事務所に駆けつけて賃金を請求したが支払われなかったため，同事務所の会計に暴行する事件があった[130]。咸境北道雄基郡では1927年7月に工頭の沈久全が雇用主から領収した労働者の賃金を横領して逃走した事件があった[131]。

このような華僑労働者の保護および救済のために，朝鮮華僑社会で1929年に設立されたのが「中華労工協会」である[132]。同協会の規則を通じて同協会がどのような活動をしていたか見てみよう。規則は全6章37項目からなっていた。第1章の総則には，同協会の目的が労働者間の連絡，生活向上，および雇用主と労働者間紛争の未然防止および解決と定められていた。総事務所は京城に置き，朝鮮各道に事務分所(どう)を設置することになっていた。会員は朝鮮華僑労働者および華僑労働者と関係のある華僑とするが，必要な場合は日本人の加入も認めた。その理由としては，華僑労働者を雇用する事業主がほとんど日本人であったことを考慮して，華僑労働者の保護，救済の問題を円滑に進める狙いがあったと考えられる。第2章では，会員を普通会員と特別会員に分類し，朝鮮華僑労働者および華僑労働者と関係のある華僑が普通会員となり，その会費は毎月30銭とした[133]。

第3章では職員構成と職務が定められていた。職員は会長1名，幹事長1名，幹事3名で構成され，幹事3名は会長，幹事長を補佐し，各主管の渉外，庶務，書類整理，会計などの事務を担当した。評議員10名は会長を助けて一切の会務および会員同士の紛争を審議する役割，労働者管理員は会長と幹事長の命令を受けて労働者を募集しその労働者に仕事を紹介する役割を担っていた。

なお，会員の労働者に対する各種の便宜および救済措置が盛り込まれて

---

130)「中国人夫暴行始興郡에서（で）」『東亜日報』1924年10月10日。
131)「苦力首領이賃金横領逃走雄基署大活動」『中外日報』1927年7月16日。
132) 1929年3月18日収，中華民国僑鮮労工協会発起人ヨリ駐朝鮮総領事呈「中華民国僑鮮労工協会成立呈請備案」『駐韓使館保存档案』（同03-47, 179-01）。
133) 1929年収，中華民国僑鮮労工協会ヨリ駐朝鮮総領事函「中華民国僑鮮労工協会成立呈請備案」『駐韓使館保存档案』（同03-47, 179-01）。

いた。同協会は会員の華僑労働者に代わって管轄の警察署に労働者居住申請を行うこと，仕事中に怪我をした場合は会員に代わって雇用主と一切の交渉を行うほか，その医療費および食費などを負担すると同時に相当の慰問金を支給することになっていた。会員の労働者が病気で仕事ができない場合は，適切に処理することや諸費用を負担し，帰国時には相当の旅費を支給することになっていた。一方，会員の労働者が工事契約期間中に理由なしに逃げ隠れするか，他所に移動する場合は会員の資格が取り消されることになっていた。以上の事項以外に，同規則の第4章には集会関係（定期総会・臨時総会・職員会），第5章には会計関係，第6章に付則が各々定められていた[134]。

この規則に則して，中華労工協会の総事務所が1929年京城に設立されたことを皮切りに，その事務分所（支部および分部）が1929年および1930年に清津[135]，平壌[136]，元山[137]，仁川[138]，咸興[139]などに相次いで設立された。

次は，華僑労働者の移住に対する朝鮮総督府の対応についてみよう。開港期にはすでに華僑労働者問題が発生していて，「韓国併合」の前後に，「日本朝鮮両人に対抗せる清国労働者（六千四百三十六名）は益々増加せんも計り難き為に母国より渡来せる労働者は勿論朝鮮労働者に取りて少からざる影響を生ずべし故に適当なる手心を加へざるべからずと当局は苦慮し[140]」ていた。

日本政府および統監府がその苦慮の末に公布したのが統監府令第52号であった。この府令は「条約ニ依リ居住ノ自由ヲ有セサル外国人ニシテ労働ニ従事スル者ハ特ニ地方長官ノ許可ヲ受クルニ非サレハ従前ノ居留地以外

134）1929年収，中華民国僑鮮労工協会ヨリ駐朝総領事函「中華民国僑鮮労工協会成立呈請備案」『駐韓使館保存档案』（同03-47，179-01）。
135）朝鮮総督府警務局（1931年b）31頁。
136）「中華労工会平壌支部設立」『中外日報』1929年10月24日。
137）朝鮮総督府警務局（1931年b）31頁。
138）「仁川中国人労工協会設立」『中外日報』1930年5月28日。
139）朝鮮総督府警務局（1931年b）31頁。
140）「府令と労働者」『大阪朝日新聞』1910年9月14日。

ニ於テ居住シ又ハ其ノ業務ヲ行フコトヲ得ス，前項ノ労働ノ種類ハ朝鮮総督之ヲ定ム，第一項ノ規定ニ違反シタル者ハ百円以下ノ罰金ニ処ス[141]」という内容となっている。すなわち，地方長官（道知事）の許可がなければ外国人労働者のほとんどを占めていた華僑労働者の居住および就労は禁じられたのである。

なお，1910年10月1日公布の朝鮮総督府令第17号では第52号の「労働ニ従事スル者」を農業，漁業，鉱業，土木，建築，製造，運搬，挽車，沖仲仕業其他雑役に従事する者と規定し[142]，華僑農民のみならず漁民，鉱夫とともに土木建築労働者および工場労働者などもその対象になった。

しかし，朝鮮総督府が華僑労働者のうち神経を尖らせていたのは「団体」で移住する苦力であった。馬総領事が有吉忠一総務長官宛に統監府令第52号に関して問い合わせたところ，有吉総務長官は1911年2月28日に「本令制定ノ目的カ主トシテ貴国人労働者中将来団体ヲ成シテ内地ニ渡来シ又ハ生業ニ従事スル者ニ対スル取締ノ施行ニ存シ既ニ朝鮮内地ニ在リ若ハ今後来ラントスル箇々ノ労働者ニハ重ヲ置カサル次第ニ有之候」と回答した[143]。すなわち，有吉総務長官が言う「団体ヲ成シテ」くる労働者とは苦力であり，その苦力を最も警戒していたのである。

その半月後の1911年3月14日に，政務総監は各地方長官宛に「清国人労働者内地居住許可ニ関スル件」（官通牒第30号）を出し，華僑労働者の居

---

141) 韓国学文献研究所編『朝鮮総督府官報1』（復刻版・亜細亜文化社，1990年）26頁。この府令は，日本政府が1899年の条約改正の後に内地雑居に伴って単純労働者が大挙流入するのを未然に防ぐために，同年8月4日から実施した勅令第352号の内容と非常に似通っている。その第1条は「外国人ハ条約若ハ慣行ニ依リ居住ノ自由ヲ有セサル者ト雖従前ノ居留地及雑居地以外ニ於テ居住，移転，営業其他ノ行為ヲ為スコトヲ得但シ労働者ハ特ニ行政官庁ノ許可ヲ受クルニ非サレハ従前ノ居留地及雑居地以外ニ於テ居住シ又ハ其ノ業務ヲ行フコトヲ得ス」，第2条は「前条第一項但書ニ違反シタル者ハ百円以下ノ罰金ニ処ス」となっている。このような理由により，統監府令第52号は勅令第352号を参考に作成したと思われる。勅令第352号の成立過程については，許（1990年a）が詳細である。
142) 安井（2005年）148頁。1930年10月現在の各職種別華僑労働者人口は，農民11,502名，土木建築労働者11,285名，工場労働者8,678名，運搬5,742名，鉱夫2,589名，漁民68名であった（朝鮮総督府（1934年a）248～263頁）。
143) 1911年1月30日（新暦1911年2月28日）収，朝鮮総督府総務長官有吉忠一ヨリ馬総領事宛「領事裁判権合併後有関巡警防疫労働関係」『駐韓使館保存档案』（同02-35，067-04）。

住および労働許可の出願は「今後総テ所轄警察官署又ハ其ノ事務ヲ取扱フ官署」を通して交付することになり，各地の警察署が華僑労働者の管理を担うようになった[144]。

　一方，中国人労働者の朝鮮移住は1920年代に急増した。朝鮮移住のプル要因は朝鮮総督府による経済開発に伴う労働力需要の増加，プッシュ要因は山東省および河北省の天災および軍閥内戦による経済的困窮にあった[145]。1920年代は東南アジア，日本華僑労働者の人口も大幅な増加[146]にあることを考慮すれば，プッシュ要因がプル要因より強かったと考えられる。朝鮮では華僑労働者の急増を受けて朝鮮人労働界の反発，朝鮮人と華僑労働者の衝突の頻発で中国人労働者の入国制限を求める世論が強まったが，朝鮮総督府は入国制限措置に踏み切らなかった。その理由は，朝鮮総督府が「朝鮮人の満洲移住の関係よりして，余りに厳しく支那人の渡来を制限するは却て在満朝鮮人圧迫等の報復問題を惹起する虞あり[147]」と判断していたためであった。

　朝鮮総督府は朝鮮人労働界の世論に配慮して，華僑労働者の使用制限を行った。1911年5月に内訓甲第9号「官営事業に清国人使用禁止の件」を公布して官営事業に華僑労働者を使用するときはその都度朝鮮総督の認可を受けるようにし，1922年8月以後は道知事の認可を得るようにした。民営事業の場合は，1924年7月に至り民営事業主が中国人労働者を募集する時は募集前に予め警察署の承認を受けるようにした。この措置にもかかわらず華僑労働者が急増する事態が生じると，朝鮮総督府は1930年12月に各道に通牒し，官営事業および官庁補助事業に華僑労働者を使用する時労働者総数および延人員の10分の1以内とし，民営事業はおおむねその5分の

---

144) 韓国学文献研究所編『朝鮮総督府官報3』(復刻版・亜細亜文化社，1990年) 613頁。
145) 例えば，1920年代山東省と河北省において天災がなかったのは1922年しかなく，毎年水害，旱魃，病虫害などに見舞われた（李 (2008年) 175頁）。
146) 日本では1921年頃から華僑労働者が急増したことを受けて，日本政府は1924年に華僑単純労働者の取締を一層強化して事実上入国を許可しなかった。1920年代の中国人労働者の入国規制については，許 (1990年b) と山脇 (1994年) の第2章が詳細である。特に山脇氏の研究は中国人労働者の入国規制を朝鮮人労働者と関連づけて分析しているのが特徴である。
147) 朝鮮総督府警務局 (1978年) 189頁。

1以内を標準として使用制限を強化した[148]。

　この措置が出されたにもかかわらず、華僑労働者の人数は増加したばかりか、1931年排華事件直後に一時減少に転じたが、その人数は徐々に回復していった。かくて朝鮮総督府は1934年9月より中国人労働者をはじめとする中国人の入国に対して、100円以上の提示金を所持しない者、就職先が確実でない者の入国を制限した。この入国制限措置について駐京城中国総領事館および京城中華商会は朝鮮総督府に繰り返してその取下を求めた。田中武雄外事課長は入国制限制度を設けた理由について、「最近日本内地ニ於ケル失業問題ニ関聯シ内鮮一体トナリ労働者需給ノ調整ヲ計ルコトト相成タル結果余儀ナク貴国労働者ノ入鮮ニ対シ日本内地ニ入国スルト同様ノ制限ヲ設ケタル次第ニシテ[149]」と回答した。すなわち、朝鮮総督府は華僑労働者の増加によって惹起された朝鮮人失業者の日本渡航を阻止して、日本国内の失業問題を解決するのが、入国制限を行った主要な理由として取り上げたのである。

　事実、朝鮮総督府は1927年の「労働ノ需給調節方策ニ関スル調査」に、「朝鮮人労働者ノ……内地渡航者及満洲移住者ハ毎年五、六万人ノ多数ニ昇リ居ルニモ拘ラズ、朝鮮内ノ土木工業ニハ労働者ノ不足ヲ訴ヘ、企業者ニ於テハ支那人労働者ノ使用ヲ余儀ナクセラルル奇現象ヲ呈シツツアリ。……支那人労働者ノ侵入ヲ防遏[150]」することが急務であると判断していた。なお、日本国内の失業問題が1929年から深刻化すると、日本政府が1929年7月に内閣直属の諮問機関として設置した社会政策審議会は、日本国内の失業者救済に関する審議を行い、日本に渡航する朝鮮人労働者の数を調整する方策の一つとして、「支那人労働者ノ朝鮮入国ニ関スル取締ヲ励行スルコト」を決議した[151]。

　しかし、朝鮮総督府は前述の通り満洲在住朝鮮人および朝鮮人の満洲移

---

148) 朝鮮総督府警務局保安課（1934年）63頁。
149) 1934年9月27日発、田中武雄外事課長ヨリ盧春芳駐京城中国総領事宛「中国人労働者取締ニ関スル件」『昭和九年　領事館往復綴（各国）』（韓国国家記録院所蔵）。入国制限問題については、堀内（2005年）1〜8頁に詳しく論じられている。
150) 朝鮮総督府・台湾総督府・樺太庁・関東庁及南洋庁調査（1927年）4頁。

住への悪影響を恐れて早速「入国ニ関スル取締ヲ励行」することを控えていたが，満洲国の樹立を受けてそのような憂慮がなくなったと判断して実施に移したのが，1934年9月からの入国制限であったと考えられる。日本政府は1934年10月30日に朝鮮内の農村振興運動の強化，救済事業の実施，満洲および朝鮮北部地域への移住促進を骨子とする，朝鮮人の内地渡航を減らすための「朝鮮人移住対策の件」を閣議決定したが，中国人に対する入国制限はそれに先駆けて実施されたものであった。

しかし，この入国制限措置の効果は限定的であった。華僑労働者の人口は1933年に3万7,732名であったのが，1934年には4万9,334名，1935年には5万7,639名，1936年には6万3,981名に増加して，1936年の華僑労働者数は1930年の93％まで回復した。これは朝鮮の北部地域における経済開発に必要とする華僑労働者に対する旺盛な需要，すなわちプル要因によってもたらされたものである[152]。

朝鮮総督府は日中戦争直後に治安問題で中国人労働者の入国を禁止したが，朝鮮北部地域での経済開発および各種工事による労働者需要，朝鮮人労働者の不足などにより[153]，1938年に国策上重要な工事に限って華僑労働者の使用および入国を許可した[154]。ただ，朝鮮華僑社会がその撤廃を求めつづけていた入国制限の措置は日中戦争期にも解除されることはなかった。しかしその後，華僑労働者の人数は急速に増加していった。

例えば，咸鏡南道および咸鏡北道の場合，清津茂山線，吉州恵山線，端川豊山線，平壌元山線の各種の土木工事，長津江発電所および日本窒素肥料興南工場の設立工事などがあって大量の華僑労働者を必要としていた。中国人労働者を募集する日本人工事請負業者がその居住および就労許可の手続きを代行したことにより，中国人労働者の朝鮮への移住は容易であっ

---

151) 西成・森武編（1988年）47頁。
152) 堀内（2011年）1〜7頁。
153) 各業界の華僑労働者の必要を要望する関連記事は次の通りである。「労働者太不足으로（で）苦力数百名移住」『東亜日報』1938年1月12日；「支那人労働者輸入을（を）陳情鉱業協会에서（で）」『東亜日報』1938年2月4日；「支那人労働者輸入要望熾烈土木協会도（も）陳情」『東亜日報』1938年2月9日。
154) 松田（2002年）334頁。

たという。駐元山副領事館が1941年12月に調査した咸鏡南道および咸鏡北道における華僑労働者（おもに苦力）の人数は2,880名であったのが，その6か月後には3,464名と20％増加した。1942年の華僑人口が朝鮮近代期に最高を記録したことを考えれば，日中戦争期の華僑労働者の人口も戦前より増加したと考えられる。なお，日中戦争期にも工頭の搾取や病気により一人で帰国できない華僑労働者もあって，そのような場合は駐元山副領事館が金銭を出して労働者を本国に送還することがあった[155]。

　以上，植民地期の華僑労働者問題について概観したが，開港期よりその人数は桁違いに増加していて，華僑労働者問題は開港期より一層複雑化した様子を呈していたことが分かった。本章では，紙幅の関係で植民地期華僑労働者問題の事例を取り上げて詳細に述べることができなかった。別稿に譲りたい。

---

155) 1942年9月23日収，駐京城総領事館報告〔元山副領事館管内苦力華工状況〕「駐京城総領事館半月報告」『汪偽僑務委員会档案』（同2088-373）。

第Ⅳ部の小結論

　ここでは，朝鮮華僑労働者問題が東アジア近代史，華僑近代史，朝鮮近代史の文脈においていかなる意味をもち，どんな示唆を与えるかについて，検討してみたい。

　まず，東アジア域内における山東省出身中国人労働者の朝鮮移住がどのような仕組みの下に行われたかについてみよう。中国人労働者の朝鮮移住は，山東省の経済的困窮というプッシュ要因と，朝鮮内の経済開発に伴う労働力需要の増加と朝鮮人労働力がその需要を満たさなかったというプル要因の絡み合いによって生じた。朝鮮華僑労働者の人数は決して少なくなかった。例えば，1930年の華僑労働者は4万8,541名であったが，同年の山東省人の満洲移住者数（労働者，農民，商人などすべて）は約65万名であって[1]，朝鮮移住労働者数は満洲移住者数の7.5％を占めていた。労働者だけを取ってみれば，山東省人の満洲移住者数の約10％が朝鮮に向かったことになり，山東省人の労働者にとって朝鮮は主要な移住先の一つであったといえよう。

　このような山東省労働者の朝鮮移住は東アジア域内の労働者移動に少なからぬ影響を及ぼしたことを第12章において確認した。日本政府が設置した内閣直属の諮問機関の社会政策審議会は，日本に渡航する朝鮮人労働者の数を減らす方策の一つとして中国人労働者の朝鮮入国を制限する決議をしたが，これは朝鮮総督府によって1934年9月から実施された100円の提示金制度で実現された。しかし，1930年代半ばから朝鮮の北部地域に各種の経済開発が進められて労働力需要が旺盛であったため，日中戦争期にも中国人労働者の朝鮮移住は戦前よりかえって増加した。

　次は華僑近代史の文脈において華僑労働者問題が示唆することについてみよう。東南アジアの鉱工業などに従事する華僑労働者は1930年代に英領

1）路（1987年）50～51頁。

馬来は華僑人口総数の23％，仏領印度は28％，泰国は20％，蘭領東印度は30％，フィリピンは25％を各々占めていて約120万名に達していた[2]。その出身省は広東省，福建省が中心になっていた。朝鮮華僑労働者は東南アジア華僑労働者に比べてその人数は相対的に少なく，その出身省は山東省出身が多いという特性を持つ。

　鉱工業に従事する山東省出身の労働者は満洲，極東ロシア，樺太にも多かった。満洲は19世紀末からロシア，日本による鉄道および都市建設，中国人資本などによる近代的工場の設立，日本による満洲国の経済開発などによって労働力需要が常に旺盛であって，山東省および河北省より中国人が同地に大量に移住した。1936年に満洲に移住した中国人のうち労働者は，鉱工業に13万9,787名，土木建築に8万2,500名，運輸に2万2,201名，雑役に3万8,069名，合計28万2,557名で移住者総数の78％を占めていた[3]。

　極東ロシアでは第1次世界大戦まで金鉱山の労働者の大部分は山東省出身の華僑労働者であった。それ以外にも華僑労働者は鉄道工事，都市部の建設工事の大工，石工として，工場の労働者，埠頭の人夫として働いていた。1906〜1910年の極東ロシアに渡航した山東省人などの華僑労働者数は約38万名に達した[4]。

　樺太の場合，樺太庁が1920年代に華僑労働者を季節労働者として地域開発事業に雇用することを許可し，山東省および河北省で募集された中国人労働者が同地に移住して，鉄道敷設および製紙工場の建設工事現場で働いた[5]。

　以上の通り，山東省は近代東アジア域内に労働力を供給する一つの源であった。山東省とともに近代東アジア域内の下級労働者の労働市場にもう

2）福田（1939年）88頁。華僑労働者の主要な働き先は錫鉱山，ゴム加工業，椰子油製造業，精米業，製糖業などであった。
3）髙岡・上原（1943年）23〜24頁。
4）南満洲鉄道株式会社東亜経済調査局（1927年 a）21〜23頁・イゴリ・R・サヴェリエフ（2005年）224〜231頁。
5）樺太の華僑労働者については，阿部（2001年）を参照されたい。

一つの労働力供給源は朝鮮であった。水野直樹氏は朝鮮人の国外移住について，1930年の時点で朝鮮人は日本に42万名，中国に61万名（うち60万名は満洲），ロシアに19万名が居住していたことを取り上げて，「朝鮮人の国外移住は，東アジアに生じた労働力移動の重要な一環であった」と捉えた[6]。朝鮮人労働者と中国人労働者は東アジア域内の労働市場において朝鮮の労働市場のように競合関係にあった。極東ロシアの当局および関東庁は朝鮮人労働者を牽制するために山東省人を労働者として雇用する事例が見受けられる[7]。

さて，日本華僑労働者数は非常に少なかった。1930年の国勢調査による日本華僑有業者2万4,245名のうち，労働者数は工業2,263名，交通業1,644名，農業39名，水産業9名，鉱業8名で[8]，合計約4,000名で，同年の朝鮮華僑労働者数の約10分の1に過ぎなかった。朝鮮華僑労働者に多かった土木建築労働者は土工241名しかいなく，理髪師および美容師は2,767名，裁断工および裁縫工は703名で相対的に多かった。その理由は，中国人労働者は，1899年公布の勅令第352号および内務省令第42号，内務大臣訓令第728号によって，従前の居留地および雑居地以外における居住および「業務」を禁止されたためである。

それに対して，朝鮮総督府は1910年に勅令第352号に類似する統監府令第52号及び数回の通牒を出して華僑労働者の居住および業務を制限したが，朝鮮総督府は日本政府の内務大臣訓令第728号の「労働者は雑役に従事する者を除く外，総て従前の居留地及雑居地以外に於て居住し，其の業務を行ふことを許可すべからず」[9]のような強力な訓令を出さなかったばかりか，統監府令第52号を厳格に実行しなかった。それが朝鮮華僑労働者の数が日本華僑労働者の数を常に上回った一因だった。

一方，朝鮮総督府の対華僑労働者に対する政策は日本帝国の「勢力圏」

---

6) 水野（1999年）256頁。
7) イゴリ・R・サヴェリエフ（2005年）227頁；阿部（2001年）19〜20頁。
8) 内閣統計局（1938年）207頁。
9) 安井（2005年）149~150頁。

の台湾総督府と比較してはどうであろうか。台湾総督府は1895年11月に「清国人台湾上陸条例」を制定して治安上の必要から中国人労働者の上陸を禁じた[10]。1899年8月には「清国労働者取締規則」の発布でわずかに入国の途が開かれ，引き続き，台湾での労働需要の増加に伴い，台湾総督府は1904年9月に「支那労働者取締規則」を制定して，台湾渡航を希望する中国人労働者は予め中国人労働者取扱人から渡航証明書を受け，さらに警察官庁から上陸許可証を得て常時携帯し，帰国の際に返納させた。台湾総督府は日本政府および朝鮮総督府のような入国制限措置を執ることなく，中国人労働者の導入を日本および朝鮮に比較して積極的に進めようとした。その結果，朝鮮ほどではないが，中国人労働者の台湾入国者数は日本をはるかに上回り，1930年は1万2,392名，1936年は1万9,108名に上った[11]。中国人労働者の受入に関する規制の度合いは同じ日本帝国の「勢力圏」の中でも日本政府，朝鮮総督府，台湾総督府の順に厳しかったと考えられる[12]。

　最後に，朝鮮近代史において今回の研究結果が示唆することについてみよう。朝鮮近代史の文脈において労働者問題の焦点は労働運動，戦時期の労務動員に向けられてきた[13]。前者は労働現場における日本人資本家および朝鮮総督府の搾取，抑圧に対する朝鮮人労働者の抵抗に，後者は日本帝国主義による朝鮮人の労働力収奪に主眼が置かれている。しかし，今回の検討結果，朝鮮の労働市場には華僑労働者が多く雇用されていて，朝鮮労働者の競合相手であったこと，それに伴って双方間の摩擦，衝突が相次いでいたことが明らかになった以上，今後，華僑労働者，日本人労働者を盛り込んで朝鮮の労働市場のメカニズムを構造的に解明する必要があると考えるべきであろう。

---

10) 安井（2005年）74～75頁。
11) 菊池（2011年）224～225頁。
12) このような考え方は，阿部（2003年）によって，すでに提起されている。
13) その研究成果については，朝鮮史研究会編（2011年）247～248頁・284頁を参照されたい。

補論 I

1931年排華事件の近因と遠因

はじめに

　1931年排華事件が朝鮮華僑の歴史および社会経済においてターニング・ポイントの役割を果たしたことは，第Ⅰ部～第Ⅳ部で確認した通りである。

　一方，この事件は1930年代初めの日中関係を俯瞰した場合，万宝山事件→1931年排華事件→日貨ボイコット→中村大尉事件および日本内での反中感情悪化→柳条湖事件（満洲事変）につながる線上にあって，1930年代の日中関係の悪化をもたらした重大な事件の一つであった。なお，この事件の余波は朝鮮，満洲，中国，日本に跨る東アジア地域に及んでおり，近代東アジア史の重要な一頁を飾っている。しかし，この事件に関する真相は80年経った今でも十分解明されていないのが実情である。

　1931年排華事件に関する研究は，最初には事件それ自体についてよりも，日本の満洲侵略との連関性に注目した研究から始まった。緑川勝子氏は，万宝山事件と1931年排華事件は日本が満洲侵略と朝鮮支配の強化を意図して引き起こした事件として位置づけ，両事件の間には暗黙的に深い連関性があると主張しているが，具体的な根拠を提示してはいない[1]。朴永錫氏は基本的に緑川氏の観点に立ちながら，両事件の実態把握および，両

1）緑川（1969年）。

事件以前の満洲における朝鮮人と中国人との関係についても考察を行っており，この分野の研究では先駆的な成果であると考えられる。しかし，朴永錫氏は万宝山事件および1931年排華事件の原因について日本が大陸侵略のためにでっちあげた事件であると主張するが，両事件の連関性を裏付ける確かな証拠を提示しているとは思えない[2]。兪辛焞氏は朴氏の研究成果を土台に万宝山事件→1931年排華事件→満洲事変の連関性を日中外交史の中でとらえた[3]。

なお，緑川氏，朴氏，兪氏はいずれも1931年排華事件の原因および万宝山事件との連関性の根拠として『朝鮮日報』の7月2日付および3日付の号外の誤報記事を取り上げている。駐長春日本領事館が『朝鮮日報』の金利三記者に万宝山事件を誇張した情報を流し，朝鮮総督府当局がその記事を意図的に検閲通過させて1931年排華事件を引き起こし，日本の満洲侵略の口実を作ろうとしたという構図を提示しているが，これは史実に基づいたものではなくあくまでも推測に過ぎない。したがって，現在のところ，日本が緑川氏，朴氏，兪氏の推論のように1931年排華事件を計画的に企てたと判断しうる根拠は乏しいと言わざるをえない。

一方，近年では1931年排華事件それ自体に関する研究が進んでいる。叢成義氏は主に『革命文献』を利用して同事件をめぐる日中両国間の外交交渉，朝鮮華僑の対応などを紹介している[4]。張セユン氏は1931年排華事件が最初に発生した仁川地域に焦点を当てて，同地域で1931年排華事件がいかに展開されたか，事件後の朝鮮人加害者に対する裁判がいかに行われたかについて述べている[5]。菊池一隆氏は被害者の朝鮮華僑および中国側の視点から主に中国側の雑誌および新聞記事を駆使して，同事件の実態を具体的に描き出している[6]。

以上の先行研究を土台に，同事件が発生した遠因に注目した研究成果も

2）朴（1970年）；朴（1978年）；朴（1981年）。
3）兪（1986年）62～86頁。
4）叢（2002年）。
5）張（2003年）。
6）菊池（2007年）。

図補 I-1　平壌排華事件によって廃墟となった華僑商店街
出典：アジア民衆法廷準備会編（1992年）81頁。

出ている。趙景達氏は植民地朝鮮を民衆史的観点でとらえる中で，逸脱した民衆の暴力の一例として同事件を取り上げて，その原因について商業圏や労働市場における朝鮮人と華僑との日常的摩擦がその根底にあったことと，朝鮮総督府治安当局の意識的な手抜きにあったと言及した[7]。孫承会氏は1920年代に朝鮮内での華僑人口増加（特に労働者の増加），朝鮮社会における朝鮮人の華僑に対する文化的蔑視の蔓延，頻発する両民族間の衝突が同事件を誘発させた原因であったこと，最大の被害地であった平壌事件を取り上げて被害者および中国側の史料に基づいて，暴動の悲惨さを明らかにし，朝鮮総督府および朝鮮人の責任を強調しようとした[8]。

　以上のような諸先行研究によって，ベールに包まれていた同事件の真相

7）趙（2008年）123～128頁。
8）孫（2009年）141～164頁。

は少しずつ明らかにされつつあるが，以下のような研究課題が残されていると考えられる。

第1に，朝鮮総督府治安当局の同事件への具体的な対応が解明されていない点である。趙景達氏は治安当局が同事件の鎮圧において「手抜き」があったと言及しているが，そのような手抜きがどのような仕組みの下でなされ，同事件にどのような影響を及ぼしたかについて具体的に解明する必要がある。なお，孫承会氏は同事件の遠因として事件以前の朝鮮社会と朝鮮華僑との関係について述べているが，その関係が同事件にどのように結びついているかについては，検討していない。

第2に，諸先行研究は中国側の公文書（特に『革命文献』第33輯）および中国発行の雑誌と新聞などを利用したため，中国側の視点に立って同事件をとらえがちであった。しかし，同事件は中国側の史料に加えて日本側の史料を提示し，双方の史料を照らし合わせながら検討することによってこそ，その真相が明らかにされるのではなかろうか。

したがって，本補論では，今まで利用されなかった朝鮮総督府警務局発行の『鮮内ニ於ケル支那人排斥事件ノ概況[9]』（1931年7月），同警務局の「鮮支人衝突事件ノ原因状況及善後措置[10]」（1932年6月），同事件当時の朝鮮総督府治安責任者の日記および回顧録などの日本側の史料と，台湾国史館所蔵の『外交部档案』の中の「朝鮮暴動」，台湾中央研究院近代史研究所档案館所蔵の『駐韓使館保存档案』の中の同事件の「韓民排華暴動案（一）〜（三）」，「損失調査（一）」などの中国側の史料を駆使して，同事件の近因と遠因の解明に迫る。

第1節 │ 1931年排華事件に関する朝鮮総督府の見解

リットン調査団が1932年に満洲事変の調査のために日本，中国，満洲を訪問して調査活動を行ったことはよく知られているが，その際にあわせて朝鮮を訪問したことはあまり知られていない。同調査団は日本（1932年2

---

9) 朝鮮総督府警務局『鮮内ニ於ケル支那人排斥事件ノ概況』（朝鮮総督府，1931年a）。
10) 朝鮮総督府警務局（1932年）。

月29日～3月11日)，中国および満洲（3月14日～6月30日）を調査した後，7月1日午前8時50分に京城駅に到着した。

京城に入ったリットン調査団はリットン調査委員長をはじめとする5名の調査委員，随行員および夫人など17名と，日本側では同調査団の日本参与委員の吉田伊三郎（駐トルコ大使）など17名であった。同調査団は京城駅到着後に宿泊地の朝鮮ホテル→ホテルにて盧春芳駐朝鮮中国総領事との会談（午前9時00分～9時05分）→宇垣一成朝鮮総督の訪問（10時40分～11時30分）→各委員自由行動の日程を済ませ[11]，翌日朝に京城を出発した。

この日程の中ではリットン委員長が盧春芳総領事と短時間の会談を行ったこと，リットン調査団と宇垣総督との約50分間に亘る会談が注目される。朝鮮の新聞では，同調査団の朝鮮訪問について「朝鮮は帰り道に通過するに過ぎないため，朝鮮ではあまり調査することはないが，昨年平壌で発生した中国人被害事件は両国の紛争の一因になったため，この事件の書面報告と口答説明を聴取するかもしれない。警務局では報告材料を作成した」と報じており[12]，同調査団の目的が1931年排華事件の調査にあったことがうかがえる。リットン委員長が盧春芳総領事と会談したのは1931年排華事件に関する内容であったと考えられる[13]。今回のリットン調査団の訪問には中国参与委員の顧維鈞（元外交部長）が同行していなかったため，総領事として同事件に関する中国側の立場および新しい情報などをリットン委員長に伝えたと推定される。

同調査団の京城訪問は同年6月初旬に決定されて早速朝鮮総督府に知らされた。朝鮮総督府は外事課が中心となって訪問の際に中国参与委員の顧維鈞より質問されるであろう12点を選定し，各関係局および部がその質問

11)「天下의（の）視聴을（を）集中한（させた）国連調査団入京」『東亜日報』1932年7月2日。5名の調査委員はイギリスのリットン伯爵，アメリカのマッコイ少将，フランスのクローデル中将，ドイツのシュネー博士，イタリアのアウドロバンディ（元外交官）であった。
12)「国際調査団一日京城着」『東亜日報』1932年6月30日。
13) 朝鮮語新聞でもその可能性を言及した，「中領事訪問五分間密談」『東亜日報』1932年7月2日の記事がある。

の回答準備に当たった。12点のうち1点が1931年排華事件に関する質問で，その他はすべて満洲在住朝鮮人に関する質問であった。つまり，朝鮮総督府はリットン調査団が京城を訪問する際に中国参与委員より1931年排華事件に関する質問がなされるであろうと見込んでいたのである。

1931年排華事件に関する質問への資料準備は朝鮮総督府治安当局の警務局が担当して，ここで練り上げた文書が先述した『鮮支人衝突事件ノ原因状況及善後措置』である。この文書はリットン調査団のために1932年6月に準備したものであり，日本政府および朝鮮総督府の同事件に対する公式的な見解とみなしてもよい。その文書の一部を抜粋してみよう。

> 昨年吉林省万宝山三姓堡ニ於ケル支那官民ノ鮮農圧迫問題ハ痛ク鮮内一般朝鮮人ノ感情ヲ刺戟シツツアリシ処偶々七月二日ニ至リ両者ノ関係全ク危機ニ瀕セリトノ報伝ハルヤ全鮮的ニ異常ノ衝動ヲ与ヘ鬱勃タル復讐心ハ遂ニ爆発シテ全鮮的ニ報復的ノ暴動ヲ惹起スルニ至レルモノナリ……本府ニ於テハ予テヨリ最近支那官民ノ鮮農圧迫ノ報頻リニ来リ朝鮮人一般ノ空気次第ニ悪化ノ兆アリシヲ察知シ殊ニ万宝山事件発生スルヤ専ラ予防ノ警戒ヲ厳ニシ在留支那人ノ保護ニ努メツツアリタルガ在留支那人ハ全鮮各地ニ殆ムド限ナク分布シ其ノ大部分ハ短時日ノ間ニ転々トシテ移動スル者ナルヲ以テ之カ保護ノ至難ナルコトハ実ニ想像ノ外ニ在リ而モ本事件ハ突嗟的，勃発的ナリシ為之カ保護警戒ニハ尠カラザル苦心ト困難トヲ感シタル処ニシテ事件勃発スルヤ各地ニ散在スル支那人ニ対シテハ努メテ之ヲ集団セシメテ保護スルコトトシ学校病院社寺等ノ公営建物ヲ開放シテ収容シ道府面等ノ公共団体又ハ内鮮人篤志家ノ寄付ニ寄リ炊出シ給与等ヲ為スト共ニ特ニ警察官ヲ配置シテ之カ保護警戒ノ万全ヲ期シタリ本事件ニ依ル死亡者ハ鄭重ナル儀式ヲ以テ夫々埋葬スルト共ニ本府ニ於テハ救恤金十四万五千円ヲ支出シ遭難者又ハ其ノ遺族ニ贈与セル処彼等ハ喜テ之ヲ受ケ我官憲ノ厚キ誠意ニ感謝スル処アリタリ[14]。

---

14) 朝鮮総督府警務局（1932年）。

警務局は今回の事件の発生の原因について，万宝山三姓堡における中国官民による朝鮮人農民圧迫と，中国官民と朝鮮人農民との「危機ニ瀕セリトノ報伝」を取り上げた。これは，日本の外務省が同事件をめぐって中国の外交部との交渉の際に，同事件の原因は満洲における中国官民の朝鮮人農民圧迫および駆逐にあった[15]とする主張と一致する。しかし，警務局は「危機ニ瀕セリトノ報伝」が導火線になったと認識したが，『朝鮮日報』の7月2日付および3日付の号外記事が誇張されたとか誤報であったなどの言及は一切していない。

　同事件に対する予防および鎮圧については，「予防ノ警戒ヲ厳ニシ」ていたが，華僑が「全鮮各地ニ殆ムド限ナク分布」していたことと，同事件が「突嗟的，勃発的ナリシ為」に事件が拡大したと，やむをえなかった点を強調している。さらに，朝鮮総督府は遭難者およびその遺族に「救恤金十四万五千円ヲ支出」し，「厚キ誠意」を示したと説明している。

　一方，警務局は上記の文書の後ろに「事件被害表」を添付していたが，それを分かりやすく作成し直したのが〔表補Ⅰ-1〕である。まず，華僑の死傷者だけでなく，朝鮮人および警察官の死傷者を同時に掲載しており，朝鮮総督府が同事件を「鮮支人衝突事件」として位置づけようとする思惑がうかがえる。

　警務局が事件直後の1931年7月24日現在にまとめた華僑の死亡者数は118名，重傷者数は45名，軽傷者数は150名（負傷者数合計195名）であった[16]。〔表補Ⅰ-1〕と比べれば，死亡者数が1名増えただけで負傷者数は同様であった。その1名は平壌での死亡者で，7月24日以降に新たに死亡が確認されたと推定される。なお，1931年7月の警務局資料に盛り込まれていた暴行脅迫565件，放火104件，投石器物破損849件，中国パン喰逃22件，野菜略奪盗取23件[17]は，警務局のリットン調査団への答弁資料からは

---

15) 南満洲鉄道株式会社「再び万宝山問題起り之に因して朝鮮事件勃発す」『満蒙事情』（南満洲鉄道株式会社，1931年7月25日）17頁。
16) 朝鮮総督府警務局（1931年a）別紙第一号，7頁。
17) 朝鮮総督府警務局（1931年a）別紙第一号，7頁。

補論Ⅰ　1931年排華事件の近因と遠因　── 423

表補 I-1 ● 朝鮮総督府発表の1931年排華事件による被害状況（1932年6月現在）

道　別	華僑			朝鮮人			警察官		
	死亡	重傷	軽傷	死亡	重傷	軽傷	死亡	重傷	軽傷
京畿道	2	4	13	1	0	2	0	0	34
京城府	0	2	10	1	0	1	0	0	0
仁川府	2	2	3	0	0	1	0	0	34
慶尚南道	0	0	1	0	0	0	0	0	0
黄海道	0	0	11	0	0	2	0	0	3
平安南道	112	33	72	1	5	24	0	9	41
平壌府	96	33	63	0	5	22	0	9	30
鎮南浦府	0	0	7	0	0	0	0	0	0
その他	16	0	2	1	0	2	0	0	11
平安北道	2	7	44	0	0	0	0	0	0
江原道	1	0	7	0	0	0	0	0	0
咸鏡南道	2	1	2	1	0	0	0	0	0
合　計	119	45	150	3	5	28	0	9	78

出典：朝鮮総督府警務局（1932年）。

外されていた。

　さて，リットン調査団と宇垣総督との会談で，リットン調査団から1931年排華事件に関する質問があったかは不明であるが，あったとすれば，警務局が用意した『鮮支人衝突事件ノ原因状況及善後措置』を基に説明したであろう。1932年10月1日に国際聯盟の理事会に提出されて翌日に公表された『リットン報告書』には，同事件に対して日本側は「民族的感情ノ自然的爆発ニ依ルモノニシテ日本官憲ハ右暴動ヲ出来得ル限リ速ニ鎮圧セリ」，「日本政府ハ七月十五日回答ヲ発シ右暴動ノ発生ニ対シ遺憾ノ意ヲ表シ且ツ死者ノ家族ニ対シ賠償金ヲ提供セリ」と掲載されており[18]，1932年6月の警務局の文書がその土台になっていることが分かる。

　しかし，『リットン報告書』には，同事件による死亡者数が127名，負傷者数が392名，財産損失額が250万円と掲載されており，警務局が提示した

---

18) 中央公論社（1932年11月）75頁。

〔表補Ⅰ－1〕の統計は反映されなかった。一方の中国政府がリットン調査団に提出した同事件による朝鮮華僑の死亡者数142名，負傷者数546名（重傷者数120名，軽傷者数426名），財産損失額416万3,103.07円も却下された[19]。つまり，リットン調査団は日本側の被害調査統計は過小評価，中国側の被害調査統計は過大評価されていると判断したのである。

以上のように，朝鮮総督府は同事件に対して予防に徹し，速やかに鎮圧したという見解を示したが，それが事実であったかについて，以下に検討していこう。

第2節　朝鮮総督府の初期対応の問題点

1　『朝鮮日報』の号外記事への対応

『朝鮮日報』の号外記事が同事件に与えた影響に関しては，日中双方とも同事件の導火線の役割を果たしたとの一致した見解を示している。したがって，朝鮮総督府の『朝鮮日報』の号外記事の検閲，発行直後の警備，同記事の波及効果について検討することは，同事件の真相解明の一つの手がかりになる。

『朝鮮日報』7月2日付の号外の見出しは「中国官民八百名襲撃　多数同胞危急　長春三姓堡問題重大化　日駐屯軍出動」，記事の内容は「二日暁三姓堡ノ中国官民八百余名カ動員シテ朝鮮農民ト衝突シ朝鮮農民カ多数殺傷セラレ」となっていた[20]。同新聞の3日付の号外には朝鮮人農民が殺傷されたという文言はないが，見出しは「三姓堡日，中官憲一時間余交戦　中国騎馬隊六百名出動　急迫セル同胞安危」，「三百余名中国官民カ　三姓堡同胞ヲ包囲　事態益々険悪化」というように，朝鮮人を刺戟する語句になっていた[21]。

日本語新聞の『京城日報』の万宝山事件に関する報道の見出しは，「協

---

19) 顧維鈞「参与国際連合会調査委員会中国代表処説帖」116頁，羅編（1978年）672～673頁から再引用。
20) 同記事の日本語訳は，高等法院検事局思想部『高検　思想月報』第2巻第7号（高等法院検事局，1932年10月）67頁による。
21) 高等法院検事局思想部（1932年10月）68～69頁。

約を破って万宝山水路破壊　支那側の暴挙に　問題は再び紛糾」（7月2日付），「支那暴民又も万宝山を襲撃　日本警官を現地に派遣」（7月3日付）であった。『東京朝日新聞』は「鮮農と支那人　万宝山で大衝突」，「警官隊百名急援」（7月3日付）で，両新聞とも同事件による緊迫した様相を伝えてはいるが，朝鮮人が殺傷されたという文言はなかった。朝鮮で発行されていた他の朝鮮語新聞も同様であって，実際に衝突はあったものの双方に負傷者も出なかったため，殺傷されたと報じた『朝鮮日報』7月2日付の号外は明らかな誤報であったのである。

　それでは，なぜ，『朝鮮日報』は誤報を出してしまったのだろうか。号外の記事を転送した『朝鮮日報』長春支局長の金利三記者が書いたと言われる「朝鮮日報記者之謝罪声明書」が中国語新聞の『吉長日報』の1931年7月15日付に掲載されたが，その中には「急速の報道の必要に迫られ，長春の日本各機関の宣伝材料を採用した」こと，「この材料は事実と異なるところが多い」と書いてあった[22]。前述の緑川氏，朴氏，兪氏の研究はいずれもこの点を万宝山事件と排華事件の連関性，両事件を日本の計画的な企ての有力な根拠と位置づけている。

　しかし，「朝鮮日報記者之謝罪声明書」というのは，満洲の朝鮮人抗日団体の「吉林韓僑万宝山事件討究委員会」が，日本当局が金記者に虚偽情報を提供した証拠を明らかにするため，7月14日に金記者を吉林に呼び出し，「謝罪書」を作成させた後，彼を射殺してその「謝罪書」を『吉長日報』に発送したものである[23]。それが金記者によって作成されたものなのか，強制で書かされたのか，同委員会のメンバーによって書かれたのか，その真偽はいまだに定かではない[24]。したがって，同事件を日本による計画的な企てと断定することは今のところできない。

---

22) 同記事の内容は，『天津大公報』1931年7月19日付の「金利三在吉被殺生前発謝罪声明書」という記事の中に転載された。
23) 朴（1978年）119頁。しかし，中国の新聞は，金記者を殺害したのは日本の使嗾を受けた日本領事館警察の朴昌廈であると報道した（「鮮記者金利三在吉被日捕撃死」『天津大公報』1931年7月17日）。しかし，朴昌廈は中国官憲に逮捕されたが後ほど釈放された。
24) 閔（1999年）167～169頁。

それでは，この『朝鮮日報』7月2日付の号外が排華事件にどのように影響したかその経過を見てみよう。この号外は首都圏の京城，仁川で最初に配布されたため，その反応も両地域にいち早く現れた。『朝鮮日報』仁川支局長の崔晋夏（新聞記者）はこの号外の配達状況について次のように証言した。「当日本紙夕刊ハ午後六時頃配達シ終リ，同時頃京城本社ヨリ電話アリ万宝山事件ニ関スル号外ヲ十時頃ノ列車テ送付スルカラトノ事テアリマシタカラ私ハ配達ヲ呼ンテ待タセテ居リマシタ所漸ク終列車テ上仁川駅ニ着キマシテ夜遅クモアリ，翌朝ニテモ配達セシメ様トモ考マシタカ，新聞ノ使命トシテ逸早ク読者並ニ世間ニ報道スル事ガ最大ノ任務テアリ，且他新聞ニ先シラレテハト云フ考カラ早速配達サシタノテアリマス」[25]。この号外は11時50分に仁川に到着し，支局の配達員により購読者320名に配達されたのは，2日午前0時であった[26]。

　その約1時間後の3日午前1時10分に府内龍岡町の中華料理店が朝鮮人5名に襲撃されたことを皮切りに，午前2時頃には同府栗木里，仲町，外里の中華料理店および散髪屋が朝鮮人に相次いで襲われ，午前8時には富平郡多朱面の華僑農民王某，9時には栗木里の中国パン行商が襲われて殴打される事件が発生した[27]。3日午前2時頃に京城府付近の高陽郡新堂里の日本人農家に雇用されていた華僑農民2名が野菜車を引いて京城に向かう途中で朝鮮人2名に殴打され[28]，3時には京城府光化門外に華僑2名が朝鮮人に殴打された[29]。

　仁川事件に関わったことで警察および検事の尋問を受けた朝鮮人22名の調書を見れば，そのほとんどが「朝鮮農民カ多数殺傷」されたという同号外を読んだか，その内容を誰から聞いたかが，華僑襲撃の動機であったと供述した。華僑に乱暴した徐福男（20歳・大工見習）は「人ノ話ニ依ルト

25）国史編纂委員会編輯（2003年）280頁。
26）国史編纂委員会編輯（2003年）393頁。
27）朝鮮総督府警務局（1931年a）別紙第二号，30～31頁。
28）朝鮮総督府警務局（1931年a）別紙第二号，8頁。
29）「鮮案関係文件　駐朝鮮総領事館呈文（二十年七月二十二日）」『天津大公報』1931年8月30日。

図補 I–2　平壌排華事件の加害者の裁判が行われた平壌地方法院及び平壌覆審法院
出典：朝鮮総督府（1932年 a）22頁。

満洲ニ居ル鮮人ガ沢山支那人ニ殺サレタカラ朝鮮在住支那人ニ対シ其復讐」をするのが，犯行の目的であったと陳述した[30]。華僑を暴行し，傷害を与えた尹承儀（23歳・牛車挽）は仁川事件について，「新聞号外ニテ満洲ニ居ル鮮人カ支那人ニ沢山殺サレタト云フ事テアリマシテ，同シ吾々鮮人ハ非常ニ支那人ヲ憎ム事ニナリ仁川ニ居ル支那人ヲ苦シメテ遣ルト云フ事カラ起ッタ問題テアリマス」と陳述した[31]。なお，華僑家屋の破壊と警察を殴打した姜相基（23歳・労働）は「通行人カラ，今回北満洲万宝山付近ニ於テ支那人ト鮮人カ不図シタコトカラ衝突ヲ始メ，其レカ為鮮人二百名カ虐殺サレタ」ことを聞いて犯行したと陳述しており[32]，「朝鮮農民カ多数殺傷」されたと報じた『朝鮮日報』の号外記事は「二百名カ虐殺サレ

30）国史編纂委員会編輯（2003年）289頁。
31）国史編纂委員会編輯（2003年）248頁。
32）国史編纂委員会編輯（2003年）297頁。

タ」と誤って伝えられ，それが一層朝鮮人を刺戟したことがうかがえる。

なお，1932年4月15日に京城覆審法院で第2審判決を受けた趙己栄（27歳・運送店人夫），崔蓋天（25歳・精米所人夫），林部成（22歳・牛油商），文元培（22歳・燐寸会社職工），李玉乭（20歳・燐寸会社職工），申奉乭（23歳・日稼），李神道（22歳・精米所人夫），朴凡用（26歳・荷馬車挽）の判決文[33]を見ても，『朝鮮日報』の号外記事が端を発していた。

それでは，朝鮮総督府が問題の同号外の新聞発行を容認した理由はどこにあったのだろうか。当時，朝鮮総督府は朝鮮の言論を弾圧する厳しい検閲制度を施行していた。その担当部署の警務局図書課は印刷されて納本されたすべての新聞を発行前に治安妨害，取調必要，軍事関係などに抵触しないか徹底的に検閲し，そのような記事があれば削除，発売禁止，押収，発行停止および禁止の行政処分を執った。『朝鮮日報』だけでも，1920年から1930年まで押収処分された記事は411件に上った[34]。

特に，1927年12月に発生した排華事件を前後して中国官民による満洲在住朝鮮人に対する迫害問題を扱った記事のうち，治安妨害と判断されて押収された記事は18件に達した。例えば，『朝鮮日報』1927年2月23日付の「満洲에（に）初有怪変　二百同胞突然検挙　奉天省当局의（の）使嗾받고（受け）　吉林省官憲의（の）暴挙」を見出しとする記事，『朝鮮日報』1927年5月14日付の「中国輯安県下에흘은（に流れた）　二百余白衣族의（の）碧血　遺棄한（した）屍体엔（には）烏鵲이（が）蝟集　嗚呼神人共怒할（する）此惨事」を見出しとする記事は，朝鮮人を刺戟する理由で押収されたのである[35]。

なお，迫害されていた満洲在住朝鮮人の救済のために1927年12月9日に

---

33)「万宝山報復に端を発する仁川騒擾殺人被告事件」『東亜法政新聞』1932年5月5日。
34) 鄭晋錫（1998年）6～16頁。
35) 鄭晋錫（1998年）410～412・441～444頁。中国官憲による満洲在住朝鮮人に対する迫害は彼らを日本の満洲侵略の尖兵として看做したことがその背景にあった。迫害は1925年から始まったが1927年に入って激化し，内容は退去強要，不当課税，朝鮮人学校閉鎖，小作禁止，不法逮捕，営業耕作の妨害など多岐に亘っていた。詳細は「国際聯盟調査員来鮮ノ場合ノ答弁資料ニ関スル件」『国聯支那調査委員関係書類』（韓国国家記録院所蔵）と朴（1978年）47～64頁を参照されたい。

朝鮮では「在満同胞擁護同盟」が設立されたが，その創立席上で満洲在住朝鮮人問題の善後策を盛り込んだ声明書について，警務局はその内容が「鮮支人間ノ感情ニ刺戟ヲ与フル虞アリタルヲ以テ其ノ発表ヲ禁止」し[36]，その声明書採択を記事化した朝鮮文の『中外日報』1927年12月11日付の記事を押収した[37]。つまり，警務局図書課は満洲在住朝鮮人に対する迫害記事の一部およびそれに対応する「在満同胞擁護同盟」の活動については，朝鮮内の朝鮮人と華僑との感情を刺戟しかねないと判断して押収したのである。

朝鮮総督府も「万宝山事件発生スルヤ之ガ成行如何ニヨリテハ鮮内ニ甚大ナル影響ヲ及ボスモノト認メ六月十一日拓務省及外務省ニ対シ理由ヲ具シテ善処方要望シ爾来経過ヲ注視シツツアリタル処七月二日ニ至リ長春領事ヨリ万宝山事件ニ関シ日支官憲交戦中ナリトノ電報ニ接シタルニヨリ注意シツツアリタル処[38]」であったにもかかわらず，『朝鮮日報』7月2日付の号外を行政処分にせず発行させたのは納得しがたい。中国側はこの点を朝鮮総督府の同事件における責任の一つであると主張し，『リットン報告書』にもそれが反映されている[39]。

しかし，警務局は同号外がもたらす結果を知っていながら意図的に検閲通過させたか，検閲において手抜きがあったか，現在のところでは断定しがたい。ただ，いずれをとっても厳しい検閲制度を実施していた朝鮮総督府の同事件に対する責任は免れないであろう。

2　仁川事件への対応

仁川事件は3日午後に拡大していった。同日午後に始作偕，崔斎信，張

---

36) 朴編（1989年）113～114頁。
37) 鄭晋錫（1998年）473～474頁。
38) 朝鮮総督府警務局（1931年 a）10頁。
39) 1931年8月8日，王文政呈〔関於韓人暴動加害華僑案之意見書〕「朝鮮暴動排華」『外交部档案』（台湾国史館所蔵，登録番号0671.32-4728）。『リットン報告書』には，「日本及朝鮮ノ新聞ハ七月一日ノ万宝山事件ニ付支那在留民ニ対スル朝鮮民衆ノ憎悪ノ念ヲ起サシムルガ如キ性質ノ扇動的且不正確ナル記事ノ掲載禁止ヲ受ケザリキ」と記されていた（中央公論社（1931年11月）75頁）。

有明，劉維青などが朝鮮人による暴行と投石によって負傷する事件が相次いで起こった。さらに，同日午後9時45分には約5,000名の群集が仁川府庁前に喊声を上げて支那町を襲撃しようとしたが警察の制止で失敗した後，10時30分には約100名の群衆が仁川警察署前に集まって検束者を奪還しようとした。警察によって散らされた群衆は花町付近の華僑家屋に投石し，内里の平壌館（中華料理店）付近では数千名の群衆が華僑家屋に投石して暴行を振るい，警戒中の警察官1名と騎馬1頭が負傷した[40]。仁川事件は3日夜になって拡大の一途を辿っていたのである。

一方，駐朝鮮中国総領事館は僑民保護に素早く対応した。駐仁川辦事処より3日午前9時に僑民の被害報告を受けると，張維城総領事は早速に仁川警察署に連絡を取り僑民の保護を切実に要請した。魏副領事は午前10時に元警務局長盛岡二郎を歓送するため京城駅に出向いていた外事課の楊事務官と面談して各道当局に僑民保護の指示を出すように要請した。張総領事は3日午後2時に李仲剛主事を連れて楊事務官を訪問し，仁川に憲警（武装警察）を派遣して暴徒の取締および制止を再度要請した[41]。それに対して，楊事務官は「貴総領事は貴国僑民に我慢して衝突を避けるように伝達してほしい。また貴国政府に上申して万宝山事件を早く解決してほしい」という話だけで，その要請を受け容れようとしなかった[42]。張総領事は4日午前10時に楊事務官を再度訪問して仁川に武装応援警察を派遣して鎮圧するとともに，各道の軍と警察に命令して僑民の居住地を厳重警備するように要請した[43]。張総領事は同日午後に仁川を視察して午後9時に京城に帰り，再び仁川に武装応援警察を派遣して僑民を保護するように要請した[44]。

それでは，朝鮮総督府および仁川警察署は中国総領事館の僑民保護の要

40) 朝鮮総督府警務局（1931年a）別紙第二号，31頁。
41) 「鮮案関係文件　駐朝鮮総領事館呈文（二十年七月二十二日）」『天津大公報』1931年8月30日。
42) 原文「請貴総領事伝達貴国僑民，忍耐避免衝突，並呈貴国政府，速解決万宝山事件」（「三日下午二時与楊代理外事課長談話」『天津大公報』1931年8月30日）。
43) 「四日上午十時与楊代理外事課長談話」『天津大公報』1931年8月30日。
44) 「鮮案関係文件　駐朝鮮総領事館呈文（二十年七月二十二日）」『天津大公報』1931年8月30日。

請に対してどのように対応したか見ていこう。同警察署は3日午後3時に京畿道警察部長あてに応援警察官の派遣を申請し，午後4時30分に澁谷警部補以下6名の騎馬隊および警部補1名と巡査40名の制服警察官が派遣された[45]。しかし，4日午後9時頃に数千名の群衆が華僑家屋を襲撃破壊し，さらに警察官に反抗して外里派出所に殺到して窓ガラスを破壊し，電線を切断するなど公権力に挑戦する様相が現れた。その時，警察官は「已ムナク抜刀シテ必死ノ鎮圧ニ努メ五日午前三時更ニ京城ヨリ急派セル警察官五十一名ノ応援下ニヨリ漸ク群衆ヲ退散セシメタ」という[46]。この時に初めて警察官に武装を命じた[47]。さらに，『京城日報』には5日午前2時に龍山憲兵分隊から上原分隊長指揮の下に憲兵16名が仁川に救援出動された[48]と報じられたが，警務局の史料ではそれに関して一切言及されていない。以上をもって，朝鮮総督府の治安当局は駐朝鮮総領事館の要請を受け容れて警察を武装させたのではなく，群衆の暴動に対応し切れなかったためにやむを得ず武装させたことが分かる。その武装も「抜刀」する程度の軽武装に過ぎなかった。

　5日（日曜日）朝に魏副領事は総督府を訪問して楊事務官に，仁川に早速武装応援警察を派遣すること，京城府内外の僻地の僑民を各警察署が総領事館にまで護送すること，僑民の多い地域には早速武装軍警を派遣して切実に保護すること，他道(どう)に早速武装警戒するように命令すること，等の4点を要請した[49]。楊事務官は警務局に要請して午後4時30分仁川に警部補1名，巡査20名を派遣すると同時に警務局の高等警察課長が同地に出張して指揮をとり，仁川事件はようやく沈静化に向かった[50]。

---

45) 朝鮮総督府警務局（1931年 a）12頁。
46) 朝鮮総督府警務局（1931年 a）4頁。同史料の他の部分では，4日夜に事態の深刻化を受けて，同日夜11時頃に警部補2名，巡査52名を仁川に急遽派遣したという（朝鮮総督府警務局（1931年 a）12頁）。
47) 朝鮮総督府警務局（1931年 a）12頁。
48)「憲兵の応援」『京城日報』1931年7月6日。
49)「五日提出応急辦法四条」『天津大公報』1931年8月30日。
50)「駐朝鮮総領事館呈文（二十年七月二十二日）」『天津大公報』1931年8月30日；朝鮮総督府警務局（1931年 a）12頁。

それでは，今回の朝鮮総督府および仁川警察署の対応と1927年12月に起きた仁川での排華事件の対応を比べてみよう。京畿道警察部は1927年の仁川事件への対応について次のように述べた。「十二月十五日午後四時三十分頃仁川府内ニ於テ鮮童十数名ノ支那人ニ対スル軽侮的暴行ヲ為シタルヲ動機トシ仁川府内支那町ヲ除ク一角及隣接地域ニ居住セル支那人ニ対シ鮮人ノ暴行事件発生シタルモ所轄仁川署ノ急速ナル措置ニ依リ数時間ヲ出テスシテ鎮静スルニ至リ……形勢漸ク不穏ナ状態アリシヲ以テ即時応援警察官ヲ急派シ充分徹底セル警戒ヲ加ヘタル為メ数日ニシテ平常ニ復シ」[51]。仁川警察署の素早い対応によって仁川府の華僑被害者は重傷1名，軽傷22名，暴行を受けた者79名，物件および現金被害の見積額3,665円で[52]，1931年7月の仁川事件に比べて非常に軽微であったのである。他の地域でも警務局および各道警察部の素早い対応で朝鮮内の被害は，死亡2名，重傷11名，軽傷54名，暴行を受けた者273名，財産損失額9,567円に過ぎなかった[53]。

　このように1927年が1931年の仁川排華事件より軽微な人的損失，財産損失に済ませたのは，「所轄仁川署ノ急速ナル措置ニ依」るものであり，駐京城英国総領事館も1927年12月の仁川事件勃発後に，朝鮮総督府当局によって「決定的な措置が執られ，武装警察は道路のパトロールを行い，華僑を襲撃するどんな試みも即刻鎮圧した」と本国に報告している[54]。

　それでは，なぜ今回の仁川事件では朝鮮総督府によって「急速ナル措置」が執られなかったのだろうか。その原因究明のために当時の治安担当

---

51) 朴編（1989年）111〜112頁。
52) 朴編（1989年）114〜115頁。
53) 朝鮮総督府警務局（1927年）6頁。しかし，駐朝鮮総領事館の調査によれば，被害額は警務局が見積もっていた9,567円をはるかに上回った。例えば，駐仁川領事館の調査によれば，仁川事件の直接損失額は1万8,261.35円，被害者の医薬費471.2円，休業期間損失額593.8円であった（「仁川鮮人暴動華人被害報告書」『駐韓使館保存檔案』（同03-47, 168-01））。各地の華僑被害報告については，「韓人仇華暴動案事件報告」『駐韓使館保存檔案』（同03-47, 168-07）を参照されたい。
54) Consul-General Paton, Annual Report of Affairs in Corea for 1927, Volume 12 *Korea : Political and Economic Reports 1924-1939, Japan and Dependencies*, Archive Editions, an imprint of Archive International Group, 1994, pp.447-448.

者の総督，政務総監，警務局長などの動向をみる必要がある。

　仁川事件が発生する3日午前1時10分から警察の武装によって暴動が収拾に向かった5日午後まで，朝鮮総督府の主要な治安担当者はあいにくほとんど京城の総督府に不在であった。6月17日に任命された斎藤実総督の後任の宇垣一成総督は7月14日午後7時に京城に到着する[55]まで東京に滞在していた。6月19日に任命された今井田清徳政務総監は7月2日に東京を出発して伊勢神宮，桃山両御陵参拝をして予定通り7月7日午後7時に京城に着任した[56]。6月26日に任命された池田清警務局長は7月5日午後7時に京城に着任した[57]。警務局長不在の際に治安を担当すべき田中武雄保安課長は7月3日午前10時に元盛岡二郎警務局長と京城駅を出発，7月5日午後7時に新任の池田警務局長に随行して京城に戻ってくるまで不在であった[58]。朝鮮駐在の各国の総領事館および領事館との外交を担当する外事課長の穂積真六郎は7月1日に児玉秀雄元政務総監の離任に同行して，7月7日の今井田政務総監の着任時に同行して戻ってきた[59]。

　ただ，田中保安課長は3日午前10時まで京城にいたため，3日早朝に発生した仁川事件の報告を受けていた。彼は1943年に今井田総監の遺稿伝記に寄せた文の中にその時を次のように述べた。

---

55)「宇垣総督を迎ふけさ釜山に上陸今夕七時京城着任」『京城日報』1931年7月15日。
56)「今井田総監を迎ふ今朝釜山に上陸今夕七時京城着任」『京城日報』1931年7月8日。
57)「万宝山事件は現地保護の方針けふ釜山上陸の池田警務局長談」『京城日報』1931年7月6日。
58)「万宝山事件は現地保護の方針けふ釜山上陸の池田警務局長談」『京城日報』1931年7月6日。彼は1891年に生まれた。1919年に朝鮮総督府に赴任して以来，咸鏡北道警察部長（1922年），警務局高等警察課長（1924年），同保安課長（1926年），京畿道警察部長（1928年），警務局保安課長（1929年），官房外事課長（1932年），警務局（1936年）など主に警務関係に携わり，1942年には政務総監に就任して1944年7月24日まで務めた（韓国国史編纂委員会の韓国史データベース（http://db.history.go.kr）；秦（1981年）392～393頁）。
59)「今井田総監入港す」『京城日報』1931年7月8日。彼は1889年に生まれた。朝鮮総督府理財課（1914年）勤務を皮切りに黄海道地方係（1915年），平安南道地方係長兼審査係長（1917年），鉄道局監理課（1918年），京畿道財務部長（1921年），釜山税関長（1923年），総督府会計課長（1926年），外事課長（1929年），殖産局長（1932年）などを歴任して1941年に依頼免官した（韓国国史編纂委員会の韓国史データベース（http://db.history.go.kr））。以下，朝鮮総督府の官僚の職歴は基本的に韓国史データベースを利用したことを明らかにしておき，注を付記しない。

表補 I-2　1931年排華事件当時の朝鮮総督府の治安関係者の動向

職　　責	姓　　名	動　　　　向
朝鮮総督	斎藤　実 宇垣　一成	6月17日更迭 6月17日任命，7月14日京城着任
政務総監	児玉　秀雄 今井田　清徳	6月19日更迭，7月1日離任 6月19日任命，7月7日京城着任
警務局長	森岡　二郎 池田　清	6月26日更迭，7月3日離任 6月26日任命，7月5日京城着任
警務局保安課長	田中　武雄	1929年～1932年7月，7月3日午前10時～7月5日午後7時京城不在

出典：1931年8月8日，王文政呈〔関於韓人暴動加害華僑案之意見書〕「朝鮮暴動」『外交部档案』（同0671.32-4728）；朝鮮総督府（1935年b）人事1・7頁をもとに作成。

　満洲事件の原因を為しました万宝山事件の直後でありまして，鮮支人の衝突が万宝山に於て起りました。その余波を受けまして，朝鮮人の支那人に対する報復の行動が，全朝鮮に漲りまして，最後には約二百数十名の支那人が殺されたのであります。この事件を斯くも拡大せしめ，又非常に惨憺たる結果を来らせましたところの当の責任者は，実は私でありまして，当時警務局長が更迭になりまして，私は保安課長を勤めて居ったのでありますが，全く私が見透しが誤って，大した事はあるまい，或は又少し位の事はあっても宜からうというふやうに考へて居りましたのが，非常な勢ひを以て支那人の虐殺となって現はれまして，遂に数百名を突破する死者を出したのでありました[60]。

　なお，彼は1959年2月18日に行われた「朝鮮近代史料研究会　第38回研究会」にも同様の趣旨の発言をした。「私は実は，『あれだけ朝鮮人をいじめたんだから，まあ支那人も少しやられても，これ事業自得じゃないか』というような，大っぴらなことは言わんけれどもちょっと取り締まりの手を緩めたんです……それで，あまりひどい警戒体制をとらずに私は警務局

---

60) 今井田清徳伝記編纂会（1943年）859頁。当時の保安課長が後に死亡者数を「約二百数十名」と証言したのは，警務局発表の死亡者数である119名と食い違う。この発言は警務局が華僑被害者調査を徹底的に行わなかったことをうかがわせる。

長が東京から来るときに、私にも、『前任者と広島の厳島で事務引継ぎがあるから、ちょっと立ち会ってもらいたい』と言ってきたわけで、私はそれは京城をあけるべきじゃなかったと思うんです、本当は」[61]。

当時の外事課長の穂積も「はじめ仁川で中国人街を襲撃して店舗をこわし、死傷者まで出すという事件が起こった。私はすぐ警務局に行って、田中保安課長に取締と警戒を頼んだ。田中君は泰然として『警務局を信頼なさい。このくらいのことにビクともすることではなし、少しくらい騒いだ方がよいくらいだ。ちょうどよい時期に、ピタリと鎮めてみせますよ』とえらい自信だった。私は辞任された児玉総監ご夫妻を東京までお送りして、新しい総監をお迎えに出張した。私も、事態を少し甘く見ていたような傾きがあったようだ」と後に述懐しており[62]、二人の証言は概ね一致する。

以上の二人の証言によって、仁川事件の際に朝鮮総督府が「急速ナル措置」を取らなかったのは、朝鮮総督府の治安責任者の不在、田中保安課長の甘い事態認識およびサボタージュにあったことが分かる。このような朝鮮総督府の仁川事件への対応における誤りは、平壌など朝鮮内各地に暴動が飛び火して大惨事を引き起こす、重大な契機を与えることになったが、それについては次節に検討することにしたい。

第3節 平壌事件の近因

1 平安南道当局の平壌事件対応の問題点

平壌事件が本格的に始まったのは仁川事件発生から約70時間も経った、7月5日夜であった。警務局がまとめた報告書のうち平壌事件に関する内容を抜粋してみよう。

---

61) 宮田監修（2001年）203〜204頁。
62) 穂積真六郎（1974年）70頁。しかし、穂積の述懐は事実と齟齬するところがある。彼は1959年2月18日に行われた「朝鮮近代史料研究会　第38回研究会」でも同様な証言をした（宮田監修（2001年）210頁）。事実、彼は7月1日に児玉元政務総監に同行して日本に行って、新任の今井田政務総監に同行して京城に戻ってきたのは7月7日夜であって、仁川事件が勃発した7月3日午前には京城にいなかった。

万宝山事件悪化ノ新聞号外ニ刺戟セラレタル平壌府内外ノ朝鮮人ハ本月三，四日京城，仁川ニ於ケル事件ヲ知リ一層動揺ヲ来シ四日夜旧市街（鮮人街）ニ於テ支那人ヲ殴打セル事件三件アリ一般ノ空気漸次険悪化ノ傾向アリタルヲ以テ警戒中ノ処五日午后九時頃何者カ府内竹殿里支那商店復合盛及謙合盛門戸ヲ破損シタル者アリ之ヲ修理中ノ支那人ト通行ノ朝鮮人トノ間ニ一，二口論小競合ヲ生ジタルニ其ノ付近ニ在リシ群衆ハ漸次其ノ数ヲ増シ数十名ヨリ数百名トナリ一斉ニ喊声ヲ挙ゲタルヲ導火線トシテ午后九時半頃新倉里方面ニアリシ約二百余名ノ群衆之ニ和シテ其ノ数三千数百名ニ達シ支那人民家ヲ襲ヒ投石，殴打，暴行ヲ為シ更ニ上水口里ニ三百名将別里ニ二百名新陽里ニ五千ノ群衆暴動化スルニ至リ漸次新市街（内地人街）ニ移動拡大シ午后十時頃ニハ寿町公設市場付近ニ約三百名厳町刑務所付近ニ約五百名橋口町，大和町方面ニモ数百名ノ鮮人一団トナリ漸次全市内外一般ニ亘リテ移動シ共ニ支那人家屋ニ集団殺到シテ器物商品ヲ破壊シ支那人ヲ手当リ次第殴打暴力ヲ加ヘ殆ド凶暴ノ限リヲ尽シ遂ニ左記ノ如キ被害ヲ見ルニ至リ警察官亦五十名負傷セリ而シテ群衆ハ翌六日午前二時頃ニ至リ漸ク解散セシムルヲ得タリ[63]。

　上記の引用文の中で，警務局は4日夜に旧市街において華僑を殴打する事件が3件あったことを明らかにしているが，それは，4日午後5時に履郷里の華僑商店で数名の朝鮮人が襲撃して店員を殴打して逃走した事件，升典里の華僑経営の浴場に数名の朝鮮人が襲撃して主人を殴打した事件，同午後5時30分に里門里で朝鮮人3名が通行中の華僑2名を暴行した事件を指す[64]。

　しかし，『朝鮮日報』の記事によれば，4日午後5時から府内の華僑商店6軒（新陽里の壁興徳，竹田里の永厚昌，新昌里の永盛楼，里門里の和盛楼および東昇楼，普通門外の華僑野菜商80名）を襲撃して華僑5名が負

63）朝鮮総督府警務局（1931年a）5〜6頁。
64）朝鮮総督府警務局（1931年a）別紙第二号，37頁。

傷する事件もあった[65]。さらに，5日午前5時には府外の平安南道江東郡晩達面にある明治炭鉱の華僑労働者を朝鮮人が襲撃して1名を殺害する事件が発生し，同時間に同郡順川面舘下里にある中華料理店に泥酔した朝鮮人が侵入して主人を殴打する事件もあった[66]。以上のように，平壌府および府外地域では朝鮮人による襲撃事件が4日午後5時から相次いで発生していて，5日夜の大暴動の予兆は4日夜から5日朝にすでに現れていたのである。

したがって，治安当局が5日夜の大暴動以前にどのような予防活動を展開していたかは，平壌事件の解明において非常に重要である。警務局は7月3日午前1時に仁川事件の始まりを受けて各道に警戒するように通牒し，引き続き4日夜より5日朝に亘って仁川，京城での事態拡大を受けて再度各道に厳重警戒するように通牒し，仁川府外里の派出所が襲撃されたことを受けて5日午前3時に3度目に各道に警戒の通牒を出した[67]。

しかし，警務局の通牒は警察の武装を含めた積極的な警戒ではなかったようである。田中保安課長は平壌の大暴動が発生した翌日に「鮮支人間における単なる小競合の程度であれば従来通りの警戒を以て進むが若し暴民化し事件が重大性を帯ぶるにおいては遺憾ながら弾圧を加へるより他に途がない[68]」と悠長に話していたためである。警務局の通牒に従って，平安南道警察部は管下各署に「平壌府内ニハ支那人居住者多数[69]ナルヲ以テ六月四日私服査察員ヲシテ主義者，思想団体其ノ他一般民衆ノ動静ヲ査察セシムルト共ニ外勤員ヲシテ警戒セシメ[70]」る程度にとどめていた。

しかし，このような警戒体制には問題があった。3日と4日に仁川，京

---

65)「平壌市内中国人商店六個所襲撃」『朝鮮日報』1931年7月6日。
66) 朝鮮総督府警務局（1931年a）各地ニ於ケル被害状況其ノ三，12頁。
67) 朝鮮総督府警務局（1931年a）10頁。
68)「重大化すれば弾圧の外なし鮮支人衝突事件で田中保安課長語る」『京城日報』1931年7月7日。
69) 平壌府の華僑人口は12か府の中では新義州府9,071名，京城府8,275名に次いで3番目に多い3,534名であった。なお平壌府を含んだ平安南道の華僑人口は8,775名で平安北道，京畿道，咸鏡南道に次ぐ4番目であった（朝鮮総督府（1934年b）40～41頁）。
70) 朝鮮総督府警務局（1931年a）11頁。

城で朝鮮総督府の予想を超える暴動が発生していたこと，4日午後から平壌府内外にはすでに華僑襲撃が多発していたことに加えて，華僑および華僑商店が集中している平壌府の旧市街は朝鮮人と入り混じってチャイナタウンが形成されていた京城，仁川，元山，釜山よりも被害を受けやすい地域であったことを考慮すれば，治安当局は同地に武装警察を配置して厳重に取り締るか，同地の華僑を安全な場所に移動させる必要があったと考えられる。

　なお，事態の成り行きに不安を募らせていた平壌華商商会の張景賢常務委員が5日午前中に平壌警察署を訪問して僑民保護を切実に要請した際，安藤高等係主任は「もし本地に暴徒発生あれば，本署は必ず切実に保護する。かりに鮮人と偶然会えば，わざわざ譲ってほしいと思います。そして早めに門を閉めてぜひとも一切安心してほしい[71]」と言い，田中保安課長のように大きな自信を示した。安藤主任の回答に不安を感じた張常務委員は同商会に戻ってきて直ぐ各僑民に気をつけて防備するように通知した[72]。平壌華商商会は4日夜に幹部会議を開き，自衛策として今夜より午後10時以前に閉店することを決議していた[73]。

　次に，平壌事件発生直前および直後における，平安南道治安当局の同事件への対応について考察してみよう。当時，平安南道および平壌府の治安責任者は園田寛平安南道知事，安永登平安南道警察部長，藤原喜蔵内務部長，山下正蔵平壌警察署長であった。園田知事，安永警察部長，藤原内務部長が5日夜の大暴動の前後にどのような活動をしていたかを示す貴重な史料がある。当時朝鮮総督府官房の通訳官を務めていた田中徳太郎が同年

---

71)　原文「本地倘有暴動発生，本署必切実保護，苟遇有鮮人，諒■望特別容譲，並従早閉門一切可請安心」(「汪使調査　鮮案報告書　外部発表之全文」『中央日報』1931年8月27日)。
72)　「汪使調査　鮮案報告書　外部発表之全文」『中央日報』1931年8月27日。
73)　「中国人商店夜間徹市」『朝鮮日報』1931年7月6日。
74)　「標題　田中徳太郎8（昭和6年8月2日）」『斎藤実文書　書簡の部』(国立国会図書館，分類番号1029)。田中通訳官は排華事件の際に下関まで今井田政務総監を出迎えに行き，7月7日朝に今井田総監の随行員として釜山港に到着した(「今井田総監入港す」『京城日報』1931年7月8日)。この書簡は草書で書いてあった上に字がよく見えず解読が非常に困難であった。仏教大学の李昇燁氏のご教示を頂いた。記して感謝したい。

8月2日に斎藤元総督にあてた書簡が,それである[74]。田中通訳官[75]は斎藤総督在任中(1919年8月13日～1927年12月10日,1929年8月17日～1931年6月17日)に斎藤総督の朝鮮語通訳官を務めた側近で,斎藤総督が更迭されて東京渋谷区仲町に在住の時にも朝鮮の内部情報を定期的に書簡で報告していた。この書簡の最初の部分には,斎藤元総督の人事請託,今村武志内務局長(1929年11月8日任命)と松村松盛殖産局長(1928年3月29日任命)の退官(二人とも1931年7月22日)に関する朝鮮人の世論を伝え,二人が再度朝鮮に勤務できるように要請する内容が盛り込まれていた。いまだ確実な論証の段階にはないが,田中通訳官は総督,政務総監など総督府中枢と接する機会が多く,朝鮮総督府の内部情報に精通する立場にあったために,ベールに包まれた平壌事件の解明に,この書簡は重要な手がかりになると考えている。

　　去月初旬仁川及平壌ニ起リタル支那人逆殺事件ハ真ニ遺憾ノ次第……既ニ御承知之御事ト奉存候得共,平壌ニ於テハ府内丈ニテ死人九十余人……之ニ府外ノ者ヲ含スルトキハ百数十人ト相成候由,何故ニ斯ル失態ヲ招キタルヤニ付テハ吾口一致,道警察部ノ所置当ヲ得サリシ為ト申居候,尚夜料亭玉屋ニテ「ゴルフ」会ノ宴会ヲ催,知事内務警察ノ部長方出席開宴中鮮人有志及支那人ヨリ頻ニ危険ヲ訴ヘ保護ヲ請ヒタルモサル心配ハ無用ナリ,君達ハ大丈夫ナリナド申シテ相手ニセザリシトカニテ,随テ殺人行為始マリテヨリ二時間目ニ警察官武装シ三時間目ニ署長出動シ四時間目ニ警察部長出動シタル由,加当夜ハ中野東拓理事ノ宴会モアリテ之ニ合流ノ為知事内務部長ハ藝者ヲ自動車ニ満載シテ鮮人螺集ノ中ヲ通過シテ料亭七星屋ニ至リ斯ル呑気ナル太平楽気(ナ)リシ為,其ノ惨激ハ当夜之ヲ知悉スルニ至ラズ。

---

75) 彼は1908年に統監府平壌財務監督局主事に任命されて朝鮮勤務をはじめ,1910年には朝鮮総督府総務部人事局通訳生,1921年には総督官房秘書課通訳官になり,その後日本が敗北するまで通訳官として務めた。

田中通訳官は平壌事件で虐殺の失態を招いた理由について、「道警察部ノ所置当ヲ得サリシ為」と総督府では共通に認識していたことを伝えた。5日夜の「ゴルフ会」の宴会に出席していた園田知事、安永警察部長は、平壌の朝鮮人有志と華僑より頻繁に危険を訴えられて保護の要請を受けていたにもかかわらず、「心配ハ無用ナリ」、「君達ハ大丈夫ナリ」と無視し、同事件の初期対応に問題を呈したのである。かくて、「殺人行為始マリテヨリ二時間目ニ警察官武装シ三時間目ニ署長出動シ四時間目ニ警察部長出動シタル」有様であった。『京城日報』の記事によれば、安永警察部長が平壌警察署に駆けつけて警察官の指揮を執ったのは11時10分で、その時はすでに府内の華僑家屋、商店がほとんど襲撃された後であった[76]。

　なお、園田知事および藤原内務部長は事件の最中に中野東洋拓殖株式会社理事の宴会に合流するため、芸者を自動車に満載して料亭に赴き、同事件を知ったのは翌朝であったことは、非常事態に際して「呑気ナル太平楽気」と言わざるをえない。その結果、平安南道より警務局に同事件の報告がなされたのは、暴動事件発生から約15時間が経過した翌日午前11時であった[77]。5日午後9時から始まった大暴動は6日午前2時まで続き、平壌警察署の発表によれば、その時間までに確認された死亡者は44名（男性41名、女性3名）、重傷者82名（男性68名、女性14名）、軽傷者36名に上り[78]、6日午前9時までに平壌警察署広場に収容された華僑避難民は約3,300名に達した[79]。

　平安南道治安当局の同事件に対する「呑気ナル」対応に対しては穂積外事課長も後年に次のように婉曲に指摘した。「平壌の知事は、温厚にして秀才なる園田寛[80]さんであったが、警察的な経験はない方だったし、警察

---

76)「平壌署へ避難　被害者も多数」『京城日報』号外1931年7月6日。
77)　朝鮮総督府警務局（1931年a）10頁。そのために朝鮮総督府より東京の拓務省に同事件の報告が遅くなり、拓務省は6日朝に朝鮮総督府に至急報告するように電命した（「軍隊出動を見ず鎮圧したい平壌の情報何も来ぬので拓務省が朝鮮へ問合せ」『東京朝日新聞』1931年7月7日）。
78)　朝鮮総督府警務局（1931年a）別紙第二号、37頁。
79)「襲撃暁に及ぶ三千三百余名の避難者を軍隊を以て保護す」『京城日報』1931年7月7日。
80)　彼は1923年に朝鮮総督府監察官室の監察官に就任して以来、外事課の事務官、森林部長を歴任した後、1929年1月29日から平安南道知事に就任した。

部長[81]は内地から来たての人で，朝鮮の事情を知らない方だった。それに，警察に関する自信と，今度のことはすこしぐらい騒がした上，止めて見せようという心のゆるみから，さすが田中君も，全鮮への注意に十分でなかった点もあったろう」[82]。なお，日本政府の一部からも今回の不祥事には朝鮮総督府の警備上の手落ちがあったと非難する[83]一方，『東京朝日新聞』7月7日付の社説でも，「仁川の不穏に鑑みて警戒と取締りに手落の無きことを心懸くべきであったのに，そのことの無かったと思はれるのは，何としても怠慢のそしりを免れないであらう[84]」と指摘した。

　以上の田中通訳官の書簡および穂積外事課長の証言をもって，5日夜に発生した平壌事件の近因の一つは，平安南道治安責任者の職務怠慢にあったことは明らかになったと考えられる。

2　流言蜚語の影響

　一方，平壌事件の拡大には流言蜚語の広がりがあったことを軽視してはならない。外事課の楊事務官は7月8日～10日に平壌事件の調査活動を終えて次のように語った。「平壌では万宝山事件の直後同地移住の朝鮮人が二千名も惨殺されてゐるとか，平壌においても支那人が朝鮮人を襲撃して惨殺したとか，或は電車の中で朝鮮人が支那人のために刺殺されたなどと真しやかに流言が宣布されたので人心が極度に激昂し，当局の全力を徹した警戒にも拘らす斯る事件を惹起したものだと思ふ」[85]。すなわち，楊事務官は流言蜚語が同事件を拡大させた原因であったと分析したのだが，当局の「呑気ナル」対応の責任を回避する意図の発言とも映るが，根拠がある話である。

　当時東亜日報記者として同事件を取材した呉基永も5日夜の襲撃事件に

81）安永警察部長は1930年10月に警務局事務官として任命され，1931年に平安南道警察部長に赴任した（「辞令」『東亜日報』1930年10月14日）。
82）穂積真六郎（1974年）70～71頁。
83）「総督府当局の警備上の手落ち」『東京朝日新聞』1931年7月7日。
84）「社説　朝鮮の報復暴動」『東京朝日新聞』1931年7月7日。
85）「『流言蜚語が事件を拡大した』平壌に出張調査した楊外事課事務官談」『京城日報』1931年7月12日。

ついて同様に回顧した。「だれかの口から恐ろしい流言が広がった。『永厚湯（著者：中国人の銭湯）に浴していた朝鮮人4名が刺殺された』，『大馳嶺里（府外）に朝鮮人30名が中国人に全員殺された』，『西城里に中国人が群れを成して武器を持って朝鮮人を殺害しながら城のうち（府内）へ入ってくる途中である』，『長春では同胞60名が虐殺されたそうだ』。非常時の群衆を扇動する流言と蜚語は実に偉大な力を持っていた。冷静に戻れば常識的に判断されるとんでもない話が遂に戦慄する殺人劇を演出してしまった」[86]。

　平壌出身で同事件を目撃した小説家の金東仁も呉記者と類似した流言蜚語が飛び交っていたことを証言した。「様々なデマがまかれた。『ゼンジュッゴル（村）中国人銭湯にはちょうど朝鮮人客が7，8名いたが，この騒動が始まると銭湯主人の中国人は刀を持って風呂に飛び込んで裸の浴客たちを全員殺した』……『料亭東華園には遊興客が何人かいたが騒動が始まると中国人たちが刀を持って客室に飛び込んで入り，お客も妓生（芸者）をすべて殺した』……『某商館には朝鮮人使用人がいたが全員惨殺された』……一見尤もらしいこんな話を交わしながら興奮した群衆は布地を引き裂くのに余念がなかった」[87]。

　群衆が新しい情報に敏感になっていたその時に，このようなもっともらしい流言蜚語は群衆の感情を刺戟して華僑への襲撃を一層激化させたと考えられる。先述の仁川事件でも，京城事件でも「各種ノ流言蜚語盛ニ行ハレ」ていてそれが群衆を刺戟した[88]。このような例は，1923年の関東大震災の際に「朝鮮人が暴動化した」，「井戸に毒を入れ，また放火して回っている」というような流言蜚語が，日本人による朝鮮人および華僑などへの襲撃および虐殺事件を惹起したことと極めて類似する。

86）呉基永「平壌暴動事件回顧，在満同胞問題　特輯」『東光』第25号（1931年9月4日）10頁。
87）琴童「柳絮狂風에（に）춤추는（踊る）大同江의（の）悪夢，三年前朝中人事変의（の）回顧」『開闢』新刊第2号（1934年12月）8頁。呉と金が書いた二つの作品を通して同事件によって醸し出された民族意識の問題点を検討した李相瓊（2010年）は，文学の側面から同事件を分析した論考として注目に値する。
88）朝鮮総督府警務局（1931年a）5頁。

平安南道当局は流言蜚語が広がらないように躍起になった。平壌府尹（知事）は7月6日に「官憲ヲ信頼シ流言蜚語ニ惑ハサレ」ないように平壌府民に諭告を出した[89]。平安南道庁は7日に流言蜚語の事例を三つ（中国人による乳児殺害，万宝山および奉天付近で中国人が多数殺害されたこと，中国人が団結して朝鮮人に復讐すること）取り上げて，各々について「虚偽無根한（な）宣伝」に過ぎないとした上で，それを信用しないように告げた[90]。しかし，流言蜚語はその性格上力強く生きて成長し，群衆が当局の説明を信用しようとしないのが一般的であり，なかなか沈静化されなかった[91]。

　5日夜の大暴動後にも流言蜚語が広がりを見せていた模様だが，治安当局はどのように対応したかについてみよう。朝鮮総督府は伊藤事務官および三橋警務課長を6日夜に急派する一方，電話と電報を通じて事後の警備警戒，予防取締，被害者および避難民の処置などについて指示を出したという。園田知事が補助憲兵および軍の出動を要請し，朝鮮総督府は平壌に補助憲兵50名と兵士30名，鎮南浦に兵士40名を派遣し，鎮圧に万全を期したという[92]。しかし，兵士が派遣されたのは6日夜であって，6日の午前と午後は朝鮮人暴徒による華僑とその家屋および商店の再襲撃がほしいままにされたばかりか，警戒中の警官と大衝突を演じる有様であった[93]。なお，6日昼間武装した騎馬警官が，朝鮮人暴徒が棍棒を持って，必死に逃げる華僑を追いかけているのに積極的に制止することなく，不動の姿勢で見て見ぬふりをするか，空に向けて威嚇射撃していたと，同事件を経験した元平壌居住の横山義子氏は回想した[94]。治安当局の暴動鎮圧における微

---

89) 1931年7月6日，朝鮮総督府尹大島良士諭告「朝鮮暴動排華」『外交部档案』（同0671.32-4728）。
90) 1931年7月7日，平安南道庁急告「朝鮮暴動排華」（同上档案）。
91) 流言蜚語の発生，構造，性格については，清水（1937年）を参考にした。
92) 朝鮮総督府警務局（1931年 a）10〜11頁。平壌および鎮南浦に派遣されたのは平壌歩兵77連隊の兵士であった（「鎮南浦へ軍隊を急行」『京城日報』1931年7月7日）。
93)「四隊の巡察隊で街々の警備に当る」「素麺工場に押寄せた一千名の集団」『京城日報』1931年7月7日。
94) 横山（1994年）30〜45頁。横山氏は当時平壌の崇義女学校に勤務していた。

温的な態度により，華僑襲撃は平壌府の近隣地域の鎮南浦府，大同郡，江東郡，江西郡，龍岡郡，平原郡に飛び火して，9日まで暴行・放火が続き，警務局の発表だけでも16名の死者が出た[95]。

このような警察の鎮圧態度は内外の批判を浴びた。平壌の朝鮮人指導者の曹晩植など3名は7月11日に園田知事を訪問した際，「今度の事件では警官が目睹する前で殺傷を敢行した。そして武装警官で全市を警戒した2日目（6日）に中国人家屋の再襲撃および破壊と放火があったのは警察の無能でなければ無誠意によるものだ」と抗議した[96]。

一方，神戸で発行されていた英字紙の『The Japan Chronicle』は平壌事件の背景について分析した記事において，平壌の警察は暴徒の攻撃に対して無力であり動員可能な軍隊を投入しなかったことに疑問を呈した[97]。事実，平壌に投入された補助憲兵50名と兵士30名は主に道立医学講習所に収容されていた華僑避難民の保護活動を行っていた[98]。5日夜の大暴動を省みれば，速やかな兵力の動員がなされ，武力鎮圧を行うべきであったが，朝鮮総督府がそのような指示を出さなかったのは，サボタージュとしか受け容れようがない。横山義子氏の回想録には，6日午後に華僑怪我人を治療した久保田医師は「治安維持の為で事件の拡大を抑止しているだけで日本は第三者の立場として積極的行動は許さないのでしょうね，国策というものもあるでしょうから[99]」と言っていたことが記されているが，彼の話は当時の平壌在住日本人知識人の共通認識でもあったようである。

朝鮮総督府はなぜ5日夜の平壌事件の直後，速やかな部隊の出動とそれによる武力鎮圧を行わなかったのか，武装警官はなぜ暴徒を積極的に鎮圧

---

95) 朝鮮総督府警務局（1931年a）各地ニ於ケル被害状況其ノ三，12〜14頁と〔表補Ⅰ-1〕を参照。
96) 「知事를（を）訪問実例들어（上げて）問責平壤暴動事件에대하야（に対して）団体連合会委員이（が）」『東亜日報』1931年7月13日。
97) "Heijo : Behind The Scenes," *The Japan Chronicle,* July 14th 1931. 同新聞はこの記事以前にも「排華暴動」（7月9日付），「万宝山事件」（7月11日付）について深層分析した記事を出した。同新聞は1868年に創刊されて日本における外国語ジャーナルでは発行部数が最も多かった。
98) 「配給の握りめしに飢えを凌ぐ軍隊に護られ」『京城日報』1931年7月7日。
99) 横山（1994年）43頁。

補論Ⅰ　1931年排華事件の近因と遠因　445

しなかったのか。これらの疑問について，宇垣総督の日記を通じて，その理由の一端をみてみよう。

宇垣総督は1931年9月7日付の日記に，「平壌事件は誠に遺憾なる出来事なりしなり。乍レ併他面に於ては鮮人の気魄が尚存在することを示して柔軟に流れつつある内地人にも相当の警戒を与へたり。又支那人の朝鮮進出までも某程度までは阻止し得たり[100]」と，平壌事件を肯定的に受け止めているようにとらえかねない認識を示した。すなわち，彼は平壌事件について，中国官憲による満洲在住朝鮮人の迫害について朝鮮人が座視せず奮い立ったことを称え，華僑の朝鮮移住をある程度阻止しえたと評価したのである。

このような認識と関連して，9月4日付の日記では，彼は「其他朝鮮人の中には支那を大国，支那人を大国人と称呼し居るもの尚多し。保守事大の因襲深き鮮人の此心理は軽視してはならぬ。……雄邦日本人の名ありて之れに伴ふ擁護が行届かざる時即ち実の伴はざるときは結局は事大思想の支配が益々擡頭し来るの恐れあり。経世上注意すべき所である[101]」と，朝鮮人に中国の影響力が増加することを非常に警戒していた。彼のこのような警戒心を裏返してみるならば，両民族を乖離させる方が朝鮮統治上望ましいと認識していたと解釈することも可能である。

宇垣総督は平壌事件直後の7月7日付の日記に「余に急遽任に就くべきを勧告し呉れたる好意者もありしが，左迄慌る丈けの事でもなく夫々指示を与へて予定の行程を執り赴任することとせり矣[102]」と記し，平壌事件を「左迄慌る丈けの事でもな」いという認識をしていたことが分かる。当時朝鮮における軍隊の出動は一切宇垣総督に一任されている状況であって[103]，彼の以上のような1931年排華事件に対する認識の下ではそもそも素

---

100) 宇垣一成（1970年）810頁。
101) 宇垣一成（1970年）809～810頁。
102) 宇垣一成（1970年）802～803頁。宇垣総督は予定通り11日午前東京を出発して伊勢神宮，桃山御陵に参拝した後，14日午後7時に着任した。
103)「軍隊出動を見ず鎮圧したい平壌の情報何も来ぬので拓務省が朝鮮へ問合せ」『東京朝日新聞』1931年7月7日。

早い軍隊の出動および鎮圧は期待しえなかったのではなかろうか。

一方これまでの検討により，1931年排華事件は関東軍および朝鮮総督府によって満洲侵略のためにでっちあげられた事件ではなかったことが明らかとなった。田中保安課長は1959年に同事件のでっちあげ説について次のような見解を示した。「私は公平に考えてそれはありません。むしろ，いまさっきの権（寧一）さんのあれでも，平壌事件のようなものはあんなものはあんた，日本が利用するならあんな事件を起こさないほうが。万宝山事件だけでたくさんなんです，利用するとすれば。平壌事件はこっちが悪いんだから，朝鮮人が。だから，平壌事件がなかったほうが口実にするにはよかったと。そうでしょう？　私の考えはそこです」[104]。

つまり，田中保安課長は「でっちあげた事件」ではなかったことを熱く抗弁したのであるが，今までの検討に則して判断するならば，彼の話は嘘とはいえないだろう。しかし，朝鮮総督府が1931年排華事件をでっちあげたわけではなかったとしても，事件の発生および拡大において朝鮮総督府の治安責任者のサボタージュおよび職務怠慢があったことは，今回の検討によって明確になったと考えられる。

第4節　日本政府および朝鮮総督府の事件処理

1　日中間の外交交渉

排華事件が沈静化した後，日中両国の間には同事件解決をめぐる激しい外交的やりとりが展開された。

日本政府は平壌事件直後の7日に閣議を開いて同事件への対策を協議し，①加害者は騒擾罪として厳重に処罰すること，②今回の事件は官憲がやったのではなく，まったく暴民がやったのだから国際問題は起こらないが，被害者に対しては損害の状況を把握して慰問方法を講じること，③中国側から損害賠償の要求があった場合は政府としても好意をもって考慮すること，などを決定した。なお，閣議では将来の対策に関して，今回の事

104）宮田監修（2001年）208頁。
105）「鮮支衝突に関し閣議対策を協議」『東京朝日新聞』1931年7月8日。

件の原因が中国側の朝鮮人農民圧迫にあることを指摘して中国側と協議をして将来の禍根を一掃することで意見の一致をみた[105]。

一方，中国外交部は7日に日本外務省あてに「貴国官憲が事前に之を制止すること能はず，事後に於ても亦た切実に保護せざるは国民政府の深く遺憾とする所なり。依て今回中国在留民の蒙りたる損害に関しては，追て取調の上更めて交渉することを留保する」という公文を送付した[106]。それに対して，外務省は早速「日本政府としては国際公法上の国家の責任はないと信ずる。たゞ官憲の警備の上に落度があったとすればそこに責任問題が発生するわけであるが，今日までの調査並に報告によれば日本官憲の処置について失態と認むべき事実はない[107]」という見解を公表した。この時点で朝鮮総督府より平安南道の治安責任者の職務怠慢などが日本政府に正確に報告されたとは考えにくく，外務省は警備の上で落ち度がなかったという朝鮮総督府からの報告を基に，賠償の責任はないと主張したのだろう。

この問題をめぐる日中の第1回交渉は7月11日に上海外交部辦事処にて重光葵代理公使と王正廷外交部長の間で行われた。重光代理公使が同事件に関して遺憾の意を表明すると同時に，上記の閣議決定事項および外務省の方針を説明したことに対して，王部長は汪栄宝駐日本公使を朝鮮に派遣して被害調査を行った上で，正式に損害賠償を要求する旨を伝え，会議は30分で終わった[108]。

第2回交渉は同月15日に開かれて，重光代理公使は先述の7日付の中国政府の同事件に関する抗議文に対して，日本政府の回答文を王部長に手渡した。その要点は，①「朝鮮総督府官憲に於て全力を挙げて暴行の予防鎮圧と，中国人の保護に当りたる」こと，②「国法に據り加害者を厳戒に処

---

106)外交時報社「鮮支人衝突事件の真相（日支外交交渉の開始）」『外交時報』第640号（外交時報社，1931年8月1日）176頁。
107)「公法上の責任なし損害賠償とは以ての外外務省の意向」『東京朝日新聞』1931年7月8日。
108)「朝鮮事件」『京城日報』1931年7月12日；南満洲鉄道株式会社「時事　再び万宝山問題起り之に因して朝鮮事件勃発す」『満蒙事情』118号（1931年7月25日）18〜19頁。

罰すべき」こと，③「被害者に対しては……速かに救恤の道を講」じること，④万宝山事件が同事件の原因であること，であった[109]。すなわち，日本政府は今回の事件への責任を認めず被害者の救恤で問題を解決しようとする一方，今回の事件については中国官憲による満洲在住朝鮮人迫害が原因であると主張し続け，今回の事件に対する中国政府の外交攻勢に対処しようとしたのである。

　それに対して，中国政府は17日付で重光代理公使あてに 2 回目の抗議文を送付した。朝鮮総督府が事前事後に取った処置には問題がなかったという日本側の見解については，万宝山事件は単なる中国地方官憲の満洲在住朝鮮人農民圧迫事件に過ぎないのに日本と朝鮮の各新聞が故意に誇大報道をなし朝鮮華僑を虐殺せしめたこと，中国領事が朝鮮の地方官憲に記事の危険性について注意を喚起して華僑の保護を希望したが地方官憲は適切な措置を執らなかったこと，事件発生後の地方官憲の鎮圧行動は速やかでなく事件を拡大させたこと，などを取り上げて日本政府の回答を受け容れがたいと反駁した[110]。

　中国政府より朝鮮華僑の被害調査の命令を受けた汪公使は15日午前 8 時に釜山港に到着して23日に新義州を離れるまで，釜山，京城，永登浦，仁川，平壌，鎮南浦，新義州などを訪問して被害調査を行い，その後，奉天，北平，上海を経て南京に帰着し，外交部に調査結果を報告したのは 8 月 3 日であった。

　日本政府は中国政府の 2 回目の抗議文に対する回答文を送付したが，それが外交部に届いたのは 8 月10日であった。その内容は，①1927年排華事件が満洲在住朝鮮人農民圧迫によって起きたことを引用して今回の事件の原因は万宝山事件にあること，②新聞その他の取締は十分に行っており，死者多数を出したがこれは平壌一地方に限られる事実だということを挙げて，事前事後共に華僑の保護に手抜きはなかったこと，③完全な法治国家

---

109)「朝鮮事件の我政府の回答文」『京城日報』1931年 7 月16日；南満洲鉄道株式会社（1931年 7 月25日）22頁。
110)「日本の責任を支那側強調　第二次公文の要綱」『東京朝日新聞』1931年 7 月21日。

においては個人の事件について国際法上国家に責任はないこと，④よって賠償の義務はないと反駁し，⑤罹災者に対しては自発的に救恤すること[111]，となっていた。すなわち，日本政府は1回目の回答文と同様に同事件への取締，鎮圧，保護において手抜きはなかったことを再度主張し，汪公使の調査結果に基づいた中国政府の賠償要求を事前に拒否したのである。

しかし汪公使の調査結果をもとに，王外交部長は8月24日に第3回目の抗議文を上村伸一駐南京領事に手渡した。同抗議文の要旨は「日本政府の対支回答は不満足にして到底具体的交渉に入り難し」と前置きし，その内容は次のようなものであった。①1931年排華事件の発生は日本政府がその責任を負うこと，②既に責任が明白なる以上日本政府は国際公法上中国に対し正式に遺憾の意を表すること，③日本警官の処罰，④損害賠償額として，死者1名につき5,000円，財産損害賠償250万円を要求すること，⑤今後同様な事件が発生しないよう保証するとともに，華僑の行方不明者に対しては日本政府が責任をもって調査し，その被害の賠償は将来に保留すること，華僑帰国者の朝鮮に現存する財産については充分な保証をなし，朝鮮に戻り復業するときには充分な便宜を与えることを保証すること，などであった[112]。同抗議文には死傷者，行方不明者および被害者の明細書が添付されていたと考えられるが，中国政府が8月27日に中国国民に公表した汪公使の調査報告書には中国側が把握した人数および財産損失額ではなく，朝鮮総督府が発表したデータを引用する程度にとどまっていた。このことから，この時点で中国政府は正確な被害状況を把握していなかったと推定される。

駐朝鮮総領事館が各領事館および中華商会を通じて調査した死傷者人数および被害額がまとめられたのは9月上旬以降であった。それによれば，死者は142名（そのうち平壌は133名），重傷120名（うち平壌は74名）であった。各地華僑の直接間接損失額は，駐鎮南浦領事館管轄地域が266万

111）国際聯盟協会「朝鮮事件に関する外交々渉」『国際知識』第11巻第9号（国際聯盟協会，1931年9月1日）113頁。
112）外交時報社「朝鮮事件第三回対日抗議」『外交時報』第643号（外交時報社，1931年9月15日）185～186頁。

3,646.13円(平壌府254万5,888.57円,鎮南浦府11万7,757.56円),駐仁川辦事処管轄地域65万3,752.32円,駐朝鮮総領事館管轄地域64万4,124.59円,駐元山領事館管轄地域が3万2,947.73円,駐新義州領事館管轄地域が4万8,263.22円,駐釜山領事館管轄地域が1万4,791.41円で,合計は405万7,525.4円であった[113]。なお,故郷に帰国した朝鮮華僑の被害状況は,駐朝鮮総領事館が1931年9月に山東省,河北省政府に同事件による各省内の死傷者および財産損失表の作成を依頼し,各省政府が各県に訓令を出して調査を行い,各省政府を通して駐朝鮮総領事館に報告されて1932年上半期に,やっと明らかになった[114]。

ところで,日本政府は中国政府の賠償および責任者処罰を盛り込んだ第3回抗議文に回答しなかった。その理由は,当時日中両国間には1931年排華事件以外にも万宝山事件,中国での日貨ボイコット,中村大尉事件などの外交懸案が山積していたばかりか,9月18日の満洲事変の勃発によって同事件を真正面から解決する雰囲気ではなかったことと,根本的に日本政府および朝鮮総督府には1931年排華事件に対する責任者の処罰および賠償を行う意志がまったくなかったことにあったと考えられる。

2 責任者の処分および救恤金支給

以上みてきたように,日本政府は中国政府が要求する責任者の処罰を受け容れようとしなかったが,しかし,朝鮮総督府としては,今回の事件において重大な責任がある田中保安課長,平壌事件における平安南道治安当局者の重大な職務怠慢を把握した以上,紀綱を糺すためにも何らかの処分をしなければならなかった。なお,日本国内でも今回の事件について「朝鮮統治上に一大欠陥を暴露したのであるから,新任当局としては其の始末を厳正にして,総督政治の威信を内外に恢復せん事を切望する」という世論があった[115]。

---

113) 「韓民排華暴動案(三)」『駐韓史館保存档案』(同03-47, 205-13)。顧維鈞参与委員はこのデータをもとに朝鮮華僑の人的物的被害をリットン調査団に報告したようである。
114) 「損失調査(一)」『駐韓史館保存档案』(同03-47, 222-15)。
115) 半澤玉城「鮮支衝突事件」『外交時報』第639号(外交時報社,1931年7月15日)6頁。

宇垣新任総督がそのような内外の世論にいかに対応して，治安責任者をどのように処分したかみてみよう。
　まず，田中保安課長について。彼は同事件の責任を負う覚悟をして今井田政務総監を訪ねたところ，「偶に御話はありましたが，あまり多くを述べられませぬで，ニタッと笑はれて，『いや，却って君こそ，大変御苦労であった』，かういふ事を私に申されました……責任者であるところの私に，激励と御苦労であったといふ言葉を戴いた[116]」という。すなわち，今井田政務総監は田中保安課長への責任追及は一切しなかったどころか，かえって励ましたのである。田中保安課長は処分を受けることなく，1933年には官房外事課長に異動して，1936年4月には警務局長に昇進し（9月まで務める），1942年5月には総督の次の実力者である政務総監にまで上り詰めた[117]。
　警務局において田中保安課長とともに重大な責任者の一人であった三橋孝一郎警務課長は，同事件直後の7月29日に辞任をして[118]，日本政府内務省警保局保安課長兼高等課長に転勤した。その後，1936年9月に警務局長として再び朝鮮に戻り，1942年6月まで務めた。穂積外事課長は1932年7月に殖産局長に昇進して1941年11月まで約9年間務めた。
　次は平壌事件の治安責任者の処分について。平壌事件が収拾に向かった9日，安永警察部長は今回の事件の責任を負って園田知事に辞表を出し，園田知事と山下警察署長も辞表を提出する予定であるという報道が出た[119]。園田知事は同事件直後に穂積外事課長に電話で「うるさくて仕事ができないから呼びかえしてくれ」と依頼してきた[120]という。宇垣総督は7月22日に総督府記者団と定例会見を行い，平壌事件の責任者の処分について質問を受け，処分すべき者がいれば処分するとした上で，園田知事が23

116）今井田清徳伝記編纂会（1943年）859～860頁。
117）韓国国史編纂委員会の韓国史データベース（http://db.history.go.kr）。
118）彼は辞任の理由として盛岡警務局長の退官，両親への孝行および子供の教育を取り上げた（「依願免本官退官について三橋課長語る」『京城日報』1931年7月30日）。
119）「平南警察部長辞表曇（を）提出」『東亜日報』1931年7月10日。
120）穂積真六郎（1974年）71頁。

日，24日に総督府に公務でくるため，その詳細な報告を聞いた上で検討すると答えた[121]。『東亜日報』では，宇垣総督が同知事を召喚して，藤原喜蔵内務部長，安永警察部長，赤沢高等課長，山下警察署長を処分すると報じた[122]。

結局，園田知事は1931年9月23日付で退官した[123]。安永警察部長は同年10月1日に朝鮮総督府官房文書課勤務を命じられた[124]。山下警察署長は退官して1932年10月に平壌府内のバスの経営者に就職し[125]，1937年には平壌保護観察所嘱託保護司，1942年には平壌中央青果（株）の代表になった[126]。一方，田中通訳官の書簡の中で園田知事と同席していた内務部長の藤原喜蔵は園田知事の後任として平安南道知事に昇進して1935年4月1日まで務めた[127]。赤沢高等課長は退官することなく，1932年に元山警察署長へ異動した[128]。

以上のように，宇垣総督が排華事件の治安責任者のうちその責任を取って免職させた者は一人もいなかった。園田知事と山下警察署長は退官したが，他の責任者は昇進して朝鮮総督府の中核的な官僚になった。多数の死亡者と財産損失をもたらし，治安責任者の手落ちおよび職務怠慢が明らかであった同事件への責任者への処分は事実上なされなかったと言っても過言ではない。

次に，日本政府が同事件の華僑被害者への賠償を拒否して，その代わりに被害者に救恤金を与えることを明言したが，それがどのように処理されたか，見ていこう。

---

121)「人事異動は一段落是れ以上考へてゐぬ」『京城日報』1931年7月23日。
122)「平壌事件으로（で）園田知事召喚」『東亜日報』1931年7月24日。
123) 朝鮮総督府（1935年b）人事19頁。
124)「辞令」『東亜日報』1931年10月2日。
125)「株式組織으로（で）府内뻐스（バス）実現不日間에（に）出現」『中央日報』1932年12月16日。
126) 韓国国史編纂委員会の韓国史データベース（http://db.history.go.kr）。
127) 朝鮮総督府（1935年b）人事15頁。彼は1920年に警務局事務官として勤務をはじめて，咸境南道警察部，官房秘書課に勤めた後，1928年から平安南道内務部長として勤務していた。
128) 彼は1921年に鎮南浦税関に勤務をはじめて警務局に多年間勤務した後，1930年に平壌警察署高等警察課長に就任した。
129)「朝鮮騒擾善後策政府の方針決定」『東京朝日新聞』1931年7月11日。

日本政府は7月10日の閣議で同事件の被害者については「朝鮮総督府の名において適当なる慰問救済の途を講ずる」ことを決定した[129]。この閣議決定によって，日本政府は被害者に対しては賠償ではなく，朝鮮総督府による「適当なる慰問救済」の方法を講じることになったのである。

　朝鮮総督府は同事件の処理対策として20万円を日本政府に要求し，それについて拓務省および大蔵省において折衝を重ねて，要求された警備費5万5,000円を除き，救恤金9万5,000円および救恤施設費5万円，合計14万5,000円を朝鮮総督府第2予備金より支出することで合意した。警備費5万5,000円は朝鮮総督府の1931年度の予算で負担することになった[130]。大蔵大臣が17日に開かれた定例閣議にその内容を報告し救恤金として14万5,000円の支出が正式に決定された[131]。

　実際にこの救恤金が被害者にいかに支給されたかについて，今井田政務総監が8月4日に堀切拓務次官に宛てた救恤金支給に関する公文を基に検討してみよう。

　　七月十日京畿道ニ於テ京城仁川ノ避難民慰問ノ為地方費ヨリ二千円ヲ支出スルコトニ決シ内務部長ヨリ京城中国商務会会頭宮鶴汀ニ対シ其ノ旨ヲ通ジタル処宮ハ官庁ヨリノ慰問金品ハ総領事ト相談ノ上ナラデハ受ケ難シト回答シ総領事ト協議ノ上本国政府ニ電報ニテ伺送シタルガ如シ。京城ニ於ケル中国側ノ態度此ノ如クナリシヲ以テ内務部長ハ慰問金ノ半額千円ヲ携帯シ十一月(ママ)仁川ニ赴キ中国総領事館仁川分駐所主任蔣文鶴立会ノ上商総会会頭伝(ママ)（傅）紹禹ニ之ヲ交付シタル処両人共深ク道庁ノ同情ヲ謝シ喜ンデ収納シタリ。京畿道ノ慰問金ニ対スル中国側ノ態度京城ト仁川ト斯ノ如ク区々ナリシヨリ後日予備金支出ノ弔慰見舞金ノ問題モ生ズルコトトテ本府外事課長ハ十二日総領事並商総会会頭訪問ノ際坐談トシテ今回ノ事件ハ誠ニ遺憾トスル処ナルガ之ニ対スル官民ノ慰問弔慰ハ真ニ同情ノ念ノ発露ニシテ官庁トシテモ国内ニ事件ノ生ジタル際ハ罹災者ノ内国人タルト外国

130）「朝鮮事件の救済金けふ持回閣議で決定」『東京朝日新聞』1931年7月16日。
131）「朝鮮事件給与金二十万円蔵相閣議へ報告」『東京朝日新聞』1931年7月18日。

人タルトヲ問ハズ慰問スルヲ常例トスルモノナルヲ以テ……両人共自分達トシテハヨク理解シ居ルモ本件ニ関シテハ目下本国ニ経伺中ナリト語レリ[132]。

　すなわち，朝鮮総督府は京城および仁川の被災者に慰問弔慰金を与えようとしたが駐朝鮮総領事館が本国の指示を待っていることを理由に拒否したのである。中国外交部は7月13日に張総領事に，日本政府が遭難した僑民に対して支給する慰問金および旅費は一切受け取らないように電命し，ただし無料運賃は許可とした[133]。中国政府は被害者に賠償金ではなく，慰問金，救恤金として支給して同事件を解決しようとする日本の意図を見抜いていたのである。

　朝鮮総督府は中国政府の抗議にもかかわらず被害者への慰問金および救恤金の支給を推し進めた。朝鮮総督府は「予備金支出が決定セバ内務局ヨリ機ニ応ジテ迅速ニ配布スル心組ナリシ処恰モヨシ十六日平安南道知事ヨリ中国ニ帰還スル者ノ中ニ死亡者ノ遺族並ニ負傷者アリテ慰問金ヲ希望シツツアリトノ来電アリシニヨリ内務局ヨリ道庁ニ対シ第二予備金勅裁前ト雖モ至急救済ノ必要アルモノニ対シテハ便宜ノ方法ニ依リ立替交付スベキ旨申送リ十八日道ニ於テ遺族九名負傷者四十四名ニ対シ夫々弔慰金見舞金ヲ道地方費ヨリ立替交付」した[134]という。

　なお，今井田政務総監は「弔慰金等ノ問題ハ上述ノ如キ経過ニテ中国政府ヨリ総領事ニ対シ拒否ノ電命アル如ク察セラルル点ヨリ尚多少ノ困難ハアルベキモ平壤ニ於テハ既ニ一部収納シ居リ仁川ニ於テモ道庁ノ慰問金ヲ受取リ居ル等ノ事実ヨリ見テ割合順調ニ運ビ得ベク想像セラル内務局ニ於テハ目下至急死傷者ノ身元等ニ関スル調査ヲ進メ出来得ル丈ケ迅速ニ交付

---

132) 1931年8月4日発，朝鮮総督府政務総監今井田ヨリ堀切拓務次官宛「官秘第110号　鮮支人衝突ニ関スル件」（JACAR（アジア歴史資料センター）Ref.B 02030167700（第8画像），〔昭和6年7月28日から昭和6年8月13日〕「万宝山農場事件」（外務省外交資料館））。
133)「排華案之近訊」『上海時報』1931年7月15日；「救恤金など一切受取るな」『京城日報』1931年7月15日。
134) 1931年8月4日発，朝鮮総督府政務総監今井田ヨリ堀切拓務次官宛「官秘第110号　鮮支人衝突ニ関スル件」（JACAR（アジア歴史資料センター）Ref.B 02030167700（第9画像））。

ヲ完了スベク手配中ナリ」と報告した[135]。

朝鮮総督府は今井田政務総監の報告の通り救恤金の支給を進めて，救恤金の予算として計上されていた14万5,000円を被害者およびその遺族に贈与し[136]，この内容は『リットン報告書』に掲載されている。

しかし，朝鮮総督府は「彼等ハ喜テ之ヲ受ケ我官憲ノ厚キ誠意ニ感謝スル処アリタリ」と述べているが，朝鮮総督府のサボタージュおよび治安責任者の職務怠慢によってもたらされた同事件の被害者に中国政府が要求する賠償金ではなく小額の救済金が支給されたのは，中国政府および被害者にとっては納得しえない措置であったと考えられる。

3 加害者の処罰

ここでは，日本政府が同事件をめぐる外交交渉において加害者に対しては「国法により加害者を厳戒に処罰」すると明言したが，それが言葉通りに実行されたか，平壌事件の加害者の処罰を中心に検討したい。

平壌事件に対する加害者の検挙は事件収束直後から開始され，7月8日午前までの検挙者数は370名（うち女性3名）に上った[137]。引き続き，平壌警察署および大同警察署は11日午前8時より約400名の警官が50班に分かれて平壌府内で一斉検挙に着手し，旧市街並びに朝鮮人多数を擁する各種工場等を厳重に捜査した結果，華僑被害に関わる窃盗品および掠奪品などを多数発見し，12日午前6時までに平壌警察署が185名，大同警察署が77名を新しく検挙した[138]。

同月17日までに平壌事件で検挙された723名はすべて取調を受けて，そのうち平壌地方法院検事局に致送された者は346名，即決拘留処分された者は80名，残りの297名は釈放された。検事局は日曜日の19日にも被疑者

---

135) 1931年8月4日発，朝鮮総督府政務総監今井田ヨリ堀切拓務次官宛「官秘第110号　鮮支人衝突ニ関スル件」（JACAR（アジア歴史資料センター）Ref.B 02030167700（第9画像））。
136) 朝鮮総督府警務局（1932年）。
137)「四百名検挙」『東京朝日新聞』1931年7月9日。
138)「大検挙更に続行累計八百名を突破平壌大同両署の大活動学生方面へも進む」『朝鮮新聞』1931年7月13日。

の取調にとりかかり，24日朝までに予審に回付された者は160名，公判に回付された者は150名に上った[139]。平壌刑務所では今回の事件で被疑者500名を収監して監房が不足する事態が発生し，工場2棟を臨時監房にするなど大混雑となった[140]。平壌地方法院検事局によれば，27日現在の拘禁総数は670名，予審回付192名，公判回付200名，取調中102名，釈放176名であった[141]。朝鮮内では27日までに検挙された被疑者は1,500名を突破したが，そのうち検事局など司法官庁に拘束された者は714名に上ったため，平壌事件が朝鮮内の検挙者数および拘束者総数の約4～5割を占めて最も多かった[142]。

平壌地方法院検事局は8月3日までに取調を終えて，253名を予審回付，231名を公判回付に決定して，公判のために4日午前9時から4名の検事と2名の予審判事（いずれも日本人）が府内各方面の華僑被害現場の検証を行った[143]。同法院は8月13日までに公判に回付された250名のうち，窃盗，傷害，暴行罪などの軽犯罪は単独審理，殺人，放火，騒擾などの重い犯罪は合議公判にすることに決定し，単独審理は10日から開始された[144]。

合議公判は18日午前9時50分に平壌地方法院第一法廷で開廷された。龍岡郡居住の李謙用（38歳）は当地の消防士でありながら華僑の家屋に放火した罪で検事より8年を求刑され，2名の朝鮮人弁護士は懲役5年に執行猶予するように弁護した[145]。

引き続き，7月8日に江東郡で華僑1名を鋸，石，棍棒で殺害した犯人

---

139)「三百名送局二百九十名은（は）釈放」『東亜日報』1931年7月21日；「予審百六十名公判百五十名」『東亜日報』1931年7月26日。
140)「平壌刑務所大困難演出」『東亜日報』1931年7月22日。
141)「公判回付만（だけで）総計二百名」『東亜日報』1931年7月30日。
142)「全朝鮮의（の）総検挙者一千五百名突破」『東亜日報』1931年7月27日。
143)「送局者六百余名中二百五十名予審에（に）平壌事件取調段落」『東亜日報』1931年8月6日。
144)「平壌事件大公判十八日로（で）連続開廷」『東亜日報』1931年8月13日。
145)「平壌事件大公判今日부터（より）開廷開始」『東亜日報』1931年8月19日。裁判は裁判長1名（日本人），陪席判事2名（日本人1名，朝鮮人1名），検事2名（日本人1名，朝鮮人1名），弁護士2名（朝鮮人2名）によって行われた。
146)「平壌事件公判第一日三名에겐（に）死刑求刑」『東亜日報』1931年8月20日。

補論Ⅰ　1931年排華事件の近因と遠因　457

の金連植，鄭良善，高元奎の3名に対して検察は死刑を求刑して，法廷は凍えるような雰囲気に包まれた[146]。8月25日に開廷された公判において判事は先述の李謙用には懲役1年，金連植には無期懲役，鄭良善には懲役15年，高元奎には懲役13年を言い渡した。同事件に臨む司法当局の態度がよく表われている今回の言い渡しについて平壌の朝鮮人社会は一大衝動を受けたという[147]。

　10月13日に17歳の金德淳は暴徒群衆と華僑襲撃に参加して棍棒で華僑に重傷を負わせた罪で検事によって12年が求刑されたが，朝鮮語新聞では若者には酷い重刑であると報じられ，結局20日の裁判では裁判長が5年に減刑を言い渡した[148]。同じ17歳の安炳ソルは暴徒とともに華僑家屋の襲撃，殺人の意図で殴打した罪で11月に検事によって6年の重刑が言い渡され，朝鮮人弁護士は6年は重刑であると不服を申し立てて平壌覆審法院に控訴した[149]。

　このように，重刑が言い渡された裁判のほとんどは平壌覆審法院に控訴された。その背景には，被告と弁護士が平壌事件は中国官憲による満洲在住朝鮮人農民弾圧および治安当局のサボタージュにあったと見ていたためであった。例えば，鎮南浦府居住の朴来鳳（23歳）と元文永（21歳）は騒擾，放火の罪で検事によって懲役6年が求刑されたところ，朝鮮人弁護士は重刑求刑に対して「警官の態度が問題」であると反駁し，2名の被告は罪にならないと思って放火したと陳述した[150]。朝鮮総督府の言論統制によって被告の陳述および弁護士の弁論は新聞などに詳細に紹介されていないが，仁川事件の裁判記録を参考にしても同様な陳述および弁論が行われていたと考えられる。

　以上の被告のうち，平壌覆審法院に控訴した被告の判決結果は，金連植は無期懲役，鄭良善は13年，高元奎は13年，安炳ソルは4年が各々言い渡

---

147)「最初의（の）重罪判決無期懲役言渡」『東亜日報』1931年8月25日。
148)「十七歳少年被告에（に）十二年重刑求刑」『東亜日報』1931年10月15日；「中人襲撃犯五年을（を）言渡」『東亜日報』1931年10月22日。
149)「十七歳少年六年役言渡」『東亜日報』1931年11月2日。
150)「昨日엔（に）両名審理懲役六年求刑」『東亜日報』1931年8月24日。

され，鄭良善は2年，安炳ソルは2年減刑されたが，金連植と鄭良善は一審通りに確定されて減刑されなかった。

　平壌事件をはじめとする1931年排華事件において最後に刑が確定されたのは張風鎮被告（26歳・下駄直し）であった。彼は7月21日に平壌警察署員によって逮捕されて，華僑36名を殺害したと供述して同事件の首魁とみなされた者であった[151]。張被告は8月16日に予審判事によって殺人，殺人未遂，騒擾，建造物損壊などで有罪判定が下されて，平壌地方法院に回付された。彼は1932年4月13日に開廷された裁判で，予審での陳述を覆して華僑3名を殴打したこと，東昇楼の襲撃に加担したのみであると供述したが，検事は死刑を求刑した。それに対して朝鮮人の官選弁護士は事件の証拠が不充分であること，被告の殺人行為を何によって認定するか不明であると弁論した[152]。官選弁護士は平壌覆審法院に控訴して，同年7月8日の公判では張被告に無期懲役が言い渡された。裁判長は張被告に9名の華僑を撲殺したこと，数人の殺人未遂の罪を適用した[153]。このように122名の華僑が殺された平壌事件で，死刑が言い渡された被告は一人もいなかった。

　しかし，今回の排華事件の加害者では死刑判決が言い渡された者が1名いた。金学珍（38歳・鉱夫）は7月10日に平安北道義州郡に金相根（26歳）と共謀して華僑1名を石で撲殺した後死体を焼失した疑いで，新義州地方法院では無期懲役が言い渡されたが，被告と検事が同時に平壌覆審法院に控訴し，1931年9月に金学珍被告は死刑，金相根被告は15年を言い渡された[154]。

　平壌地方法院および平壌覆審法院で有罪判決を受けた450名の刑量を分けてみれば，罰金刑が44名（全体の9.8％），3か月～8か月が130名（28.9

---

151)「支那人三十六人を殺害した凶悪犯人平壌署に逮捕さる」『京城日報』1931年7月23日；「中人三十六名殺害犯捉」『東亜日報』1931年7月24日。しかし，警察の現場検証の結果，彼が殺害した人数は21名であったことが明らかになった（「二十一名丈の殺害を自白，平壌事件凶賊」『京城日報』1931年7月25日）。
152)「平壌殺人鬼張鳳鎮公判」『東亜日報』1932年4月5日。
153)「平壌排華事件首魁張鳳鎮無期懲役」『毎日申報』1932年7月13日。
154)「義州中国人殺害犯平壌覆審에서（に）死刑」『東亜日報』1931年9月21日。

％），1年～9年が245名（54.4％），10年以上が31名（6.9％）[155]で，1年以上の刑量が相対的に多かった。このような処罰は関東大震災の際に朝鮮人および華僑を襲撃，虐殺した日本人に対する処罰と比べればどうであろうか。同事件の加害者の日本人は殺害，殺害未遂，傷害致死，傷害の4つの罪名で362名が起訴されたが，そのほとんどは執行猶予となって釈放されたとされ，平壌事件の加害者に対する処罰は相対的に非常に厳しかったと判断することができる。

有罪確定者の罪名は，殺人74名（全体の16.4％），家財破壊破棄72名（16.0％），暴行39名（8.7％），騒擾および騒擾附和随行39名（8.7％），建造物破壊38名（8.4％），暴民指揮扇動35名（7.8％），殺人未遂32名（7.1％），放火29名（6.4％），窃盗・窃取・横領28名（6.2％），商品毀損破壊28名（6.2％），投石25名（5.6％），避難収容所および襲撃8名（1.8％），器物・設備破壊3名（0.7％）の順で多かった。殺人および殺人未遂を合わせれば106名で全体の約23.6％に上った。家財破壊破棄，建造物破壊，器物および設備破壊は合わせて113名に上り，群衆が華僑の住宅および商店の建物と器物をほしいままに破壊したことが分かる。この結果により，平壌事件がいかに過激であったかが改めて浮き彫りになったと考えられる。

次は有罪確定者の年齢と職業についてみよう。有罪確定者の450名を年齢別に分けてみれば，10代が70名（全体の15.6％），20代が273名（60.7％），30代が75名（16.7％），40代が22名（4.9％），50代が9名（2.0％），60代が1名（0.1％）であった。20代が全体の6割を占めて最も多く，30代と10代が合わせて3割強で，10代～30代が主に平壌事件に加担したことが分かる。有罪確定者の職業は労働者が305名（全体の67.8％），無職48名（10.7％），農民46名（10.2％），商人41名（9.1％），その他10名（記者3名

155）高等法院検事局思想部「中華民国人襲撃事件判決有罪確定（第一報～十三報）」『高検　思想月報』第1巻第7号（1931年10月15日）・第1巻第8号（1931年11月15日）・第1巻第9号（1931年12月15日）・第1巻第10号（1932年1月15日）・第1巻第11号（1932年2月15日）・第1巻第12号（1932年3月15日）・第2巻第1号（1932年4月15日）・第2巻第2号（1932年5月15日）・第2巻第3号（1932年6月15日）・第2巻第4号（1932年7月15日）・第2巻第5号（1932年8月15日）・第2巻第6号（1932年9月15日）・第2巻第7号（1932年10月15日）の資料をもとに集計した。後述の統計も以上の資料に基づいたものであり，注は省略する。

・学生3名・会社員2名・医師1名・公務員1名・2.2％）の順で多かった。以上の結果により，平壌事件は10代〜30代の労働者，失業者，農民などが中心であったことが明らかになった。

　しかし，記者，公務員，医者，会社員などの7名に有罪判決が言い渡されたことは，朝鮮人知識人も少なからず平壌事件に関わったことをうかがわせる。5日夜の平壌暴動を目撃した小説家の金東仁は「相当な知識階級にあるとみてきた人々も，興奮して群衆たちを指揮して走り回る模様をみた」と証言した[156]。なお，平壌は「東洋のエルサレム」と言われるほどキリスト教会とクリスチャンが多い地域であったが，内外より多数のクリスチャンが平壌事件に深く関わったという噂があって，朝鮮語新聞の『基督新報』は平壌の「クリスチャンは絶対にこの事件に参加しなかった」ことと，平壌基督教青年会が被害を受けた華僑の慰問，救済活動を積極的に展開したことを紹介する記事を出した[157]。しかし，その噂の真偽は明らかでないため，今後検討が必要であろう。

　平壌事件に記者として関わった金明煥（29歳）と金化徳（21歳）は暴民扇動の罪で各々2年と1年を言い渡され，金昌渉（29歳）は脅迫，器物破壊，殺傷などの罪で10年の重刑を言い渡された[158]。金化徳と金昌渉は万宝山事件の誤報を出した『朝鮮日報』の記者であった。仁川事件で暴動扇動の嫌疑を受けていた前述の崔晋夏も『朝鮮日報』仁川支局長兼記者であった。このように記者身分で同事件に関与したのはほとんど『朝鮮日報』記者であったことは，先述の閔氏が指摘したように『朝鮮日報』が中国官憲による満洲在住朝鮮人農民の迫害問題に対して朝鮮人民衆の輿論を呼び起こして対応しようとしていた姿勢[159]と深く関係がある。

　以上の検討に基づいて考えるならば，朝鮮総督府の司法当局は平壌事件の加害者について厳正に処罰したと結論付けることができるだろう。その

156）琴童（1934年12月）9頁。
157）呉文煥「平壌教会時評（二）朝中人衝突事件」『基督新報』1931年8月19日。
158）高等法院検事局思想部「中華民国人襲撃事件判決有罪確定（第五報・第九報・第12報）」『高検　思想月報』（1932年2月15日・1932年6月15日・1932年6月15日）。
159）閔（1999年）169〜171頁。

背景には，中国政府および国民が1931年排華事件の加害者の裁判の成り行きを注目していて，朝鮮総督府としてそれを意識せざるをえなかったことが考えられる。国民党の機関紙の『中央日報』は，1931年8月19日に開廷された裁判で金連植，鄭良善，高元奎に対して検察が死刑を求刑したことを囲み記事で大きく報道していた[160]。もう一つは，同事件では朝鮮人暴徒が警察の駐在所および華僑収容所を襲撃したり，警察の鎮圧に対抗することが多く，朝鮮総督府としては失墜した公権力の回復および朝鮮統治の強化の必要に迫られていたことも，その背景にあったと考えられる。

第5節　1931年排華事件の遠因

以上の検討結果より，1931年排華事件は万宝山事件の誤報が導火線となって，朝鮮総督府の予防および鎮圧におけるサボタージュおよび職務怠慢が，同事件の発生および拡大の近因であったことが明らかにされた。しかし，その近因はあくまでも同事件の火付け役に過ぎず，朝鮮人が華僑を虐殺した同事件発生以前における両者の関係が解明されなければならない。すなわち，同事件の近因のみならず，遠因もあわせて検討する必要性がある。本節では，平壌事件を中心に同事件の遠因の検討を行いたい。

1　朝鮮人労働者と華僑労働者の対立

平壌事件は10代～30代の朝鮮人の労働者，失業者，農民などが主軸をなしていたことを前節において明らかにしたが，なぜそのような結果になったかについてみよう。

平壌府の華僑人口は1920年代後半に急増していた。1925年と1930年の国勢調査を比較した場合，この5年間における華僑の人口増加率は111.8％で，朝鮮人の66.8％，日本人の14.5％をはるかに上回り，1930年には府内の千名のうち25名は華僑であるほど多かった。なお，平壌府の有業者に限ると，その比重が一層高くなり，府全体の4.7％を占めていた（〔表補Ⅰ

---

160)「平壌暴動首犯之供詞」『中央日報』1931年8月28日。

表補 I-3 ● 平壌府在住華僑の職業（1930年10月）

職業別	人口（名・％）	内訳（名）
農水産業	413（16.9％）	農耕業主130・作夫作女178・農業手助99・その他6
鉱工業	1,012（41.4％）	大工269・鋳物工105・家具職69・菓子製造工67・石工61・煉瓦製造44・煉瓦積工39・左官34・石切出夫33・木工32・裁断工25・パン製造19・車大工16・製材工16・靴下製造工15・その他168
商　業	762（31.2％）	行商159・店員155・物品販売業主142・料理人77・料理店の客引63・料理店業主29・理髪師23・その他114
交　通	64（2.6％）	運搬夫46・配達夫17・運輸取扱業主1
公務自由業	22（0.9％）	会計書記9・教員および教育従事者7・その他6
家事使用人	23（1.0％）	―
その他有業者	146（6.0％）	掃除夫90・雑役夫46・日傭10
小　計	2,442（100％）	
無業者	1,092	従属者1,048・学生34・その他10
合　計	3,534	―

出典：朝鮮総督府（1934年b）172～191頁から作成。

-3〕参照）。

〔表補I-3〕のように，華僑有業者のうち物品販売業主などを除けばほとんどが労働者，農民であって，その人口は約2,000名に上っていた。なお，平壌府，鎮南浦府および郡地域を含めた平安南道の華僑有業者は6,784名であり，同道の華僑農民および労働者は約6,000名以上に達していた[161]。平安南道の華僑農民および労働者の人口は1930年には1925年より約2倍以上増加したことで，平安南道の労働市場では1920年代後半に労働者の雇用をめぐって朝鮮人労働者と華僑労働者との摩擦が頻繁に起きていた。

その対立を象徴するのが，平安南道平原郡東頭面の平安水利組合の工事である。朝鮮総督府は朝鮮産米増殖計画の一環として朝鮮内に貯水池など

161）朝鮮総督府（1934年b）152～153頁。

灌漑設備の工事を推進していた。1925年までは低調であったが，朝鮮総督府が1926年より同工事の費用として政府斡旋資金の負担比率を高める計画を発表した以後，朝鮮内での貯水池の工事は急速に増加しはじめた[162]。平安水利組合の工事は平原平野の4,700町歩の農地に農水を供給するため700町歩の貯水池を築造する平安南道最大の大工事で，工事費は約322万円を計上していた[163]。

　小寺組は同工事のうち堤防工事を50万円で請け負って1927年10月から工事を開始した。この工事には朝鮮人労働者が各地より集まり最初は1日約1,000名の朝鮮人労働者が働いていた。ところで，1928年2月16日に朝鮮人労働者は労働争議を引き起こし，華僑労働者を排斥する決議をした。その理由は，小寺組が昨年12月以来朝鮮人労働者の賃金を最低40銭，最高55銭に引き下げた結果，生活苦に強いられた朝鮮人労働者が怠業を実施し，それに対応して同組は華僑労働者を中国より連れてきて，朝鮮人労働者には能率が悪いことを口実に仕事を与えず華僑労働者の使用を増やしたことに不満を抱いたためであった[164]。小寺組にとっては予想したより2倍の工事費がかかり[165]，費用削減のために能率の良い華僑労働者を雇用しなければならない事情があった。

　この問題が解決されないため，工事現場の朝鮮人労働者の李雲壁は同年4月30日に朝鮮労働総同盟平壌聯盟に朝鮮人労働者の救済を求める陳情をした[166]。朝鮮人労働者は仕事が与えられない上，安い賃金で辞める者が多

---

162)　松本（1991年）66〜61頁・66〜67頁。その事業費の負担比率は，1925年までは国庫補助金が全体の27％，政府斡旋資金が32％，企業者（地主など）が42％であったが，1926年にはその比率が各々21％，68％，11％になって，企業者負担が格段に減少した。
163)　「民間有志로（で）発起된（された）平南一의（の）大水組平原平安水利組合」『東亜日報』1927年8月24日。この工事は朝鮮総督府の関心が高く，起工から3年目に当たる1930年10月23日に斎藤総督および園田知事出席の上に竣工式が行われた（「総督を迎へたる平安水利組合竣工式」『西鮮日報』1930年10月25日）。
164)　「平安水組工事에（に）労働争議勃発」『朝鮮日報』1928年2月20日。他の新聞では，朝鮮人労働者の賃金は最低30銭，最高60銭，華僑労働者の賃金は最低60銭，最高1円であったと報じられた（「당치안은（とんでもない）口実로（で）朝鮮労働者를（を）駆逐」『中外日報』1928年5月3日）。
165)　「平安水組工事中止五百余名失職彷徨」『東亜日報』1928年12月6日。
166)　「平安水組工事場에서（で）千余労働者가（が）彷徨」『朝鮮日報』1928年5月4日。

く発生し，1928年5月初めの朝鮮人労働者は200名に減少した反面，華僑労働者は450名に増加していた[167]。

このような対立が長引き，工事現場での朝鮮人労働者と華僑労働者の間の感情が悪化し，同年6月7日午前8時頃に双方の労働者の運搬道具がぶつかって華僑労働者1名が重傷を負ったことをきっかけに，朝鮮人労働者300名と華僑労働者150名が対峙したため，平原警察署が警察を派遣して両者は一旦解散したが，その日の午後9時に華僑労働者200名が朝鮮人労働者の宿泊先を襲撃し，双方が衝突して多数の負傷者が出る重大な事件が発生した[168]。この事件後，同工事現場の華僑労働者は1929年3月末に27名に減少したが，大同郡の平安水利組合の工事現場では依然として193名が働いていた。

一方，安州郡雲谷面の順南水利組合の工事現場には193名の華僑労働者が働いていたが，1929年3月末に朝鮮人労働者が華僑労働者を殴ったことを契機に双方の労働者が衝突した結果，双方に多数の負傷者が発生する事件があった[169]。

1929年3月末現在，平安南道の土木建築工事に使用されている華僑労働者は755名に上り，朝鮮人4,856名（日本人は344名）よりは少なかったものの全体の13%を占めていた。平壌府内だけをみれば，華僑労働者は47名で朝鮮人労働者65名（日本人は9名）に肉薄する人数であった[170]。

このような水利組合の工事現場での両労働者の対立および衝突が，平壌事件にどのような影響を及ぼしたかを示す事例がある。1931年7月6日午後2時に大同郡長水院水利組合の工事現場で朝鮮人労働者が華僑労働者に暴行を振るって2名を殺害した事件であった[171]。同事件の詳細を知るすべ

---

167)「당치않은（とんでもない）口実로（で）朝鮮労働者를（を）駆逐」『中外日報』1928年5月3日。
168)「水組工事中의（の）朝中人衝突」『中外日報』1928年6月10日；「中国苦力과（と）朝鮮人夫数百名対峙便戦」『東亜日報』1928年6月10日。
169)「安州水利組合工事中三百労働者乱闘」『朝鮮日報』1929年4月1日。
170)「三月末調査의（の）平南労働者」『中外日報』1929年4月19日。
171) 朝鮮総督府警務局（1931年a）各地ニ於ケル被害状況其ノ三，12頁。同水利組合は1929年6月4日認可を受けて8月初めに着工した（「長水原水利認可」『中外日報』1929年6月7日；「長水院水利着工」『中外日報』1929年8月8日）。

はないが，以上の検討により朝鮮人労働者が華僑労働者に日頃抱いていた悪感情が基で万宝山事件の誤報と流言蜚語に刺戟されて華僑労働者を殺害したと考えられる。

　双方の労働者間の衝突は他の労働現場でも相次いで起こっていた。1930年4月5日午後8時に江東郡晩達面勝湖里にある小野田セメントの採石場で藤田組の下で働いていた朝鮮人労働者150名と華僑労働者80名の間に大乱闘が発生，双方に10数名の重軽傷者が出て，そのうち華僑労働者1名は危篤な状況にあった。衝突は，石を運ぶ双方の労働者の運搬道具が衝突して二人の労働者が負傷したことからエスカレートして大乱闘に拡大した[172]。なお，平壌府箕林里の埋立工事場に使役していた華僑労働者たちが低賃金を理由に船橋里の堤防工事場に移動したことに憤慨した朝鮮人および日本人労働者10数名が1929年10月に共謀して当地の華僑労働者の家屋を襲撃する事件もあった[173]。

　1930年10月現在で平安南道の炭鉱では華僑482名が働いていたが，その炭鉱でも双方の労働者の間に衝突が散見される。1928年8月6日午後6時頃，大同郡林原面三神洞炭鉱で朝鮮人鉱夫と華僑鉱夫の間に格闘があった。朝鮮人鉱夫李某（17歳）が飲料水を運搬していたところ，華僑鉱夫が飲料水を求めたことを断り，それに華僑鉱夫が憤慨して李某を殴打し，それをみていた朝鮮人鉱夫が制止しようとしたところ華僑鉱夫4～5名が駆けつけて暴行し，朝鮮人鉱夫100名が復讐するため華僑宿舎を襲撃し，警察が緊急出動して鎮圧した[174]。

　その3日後の8月9日午後11時30分には江東郡東津面加藤無煙炭鉱でも双方の鉱夫が衝突した。朝鮮人鉱夫と華僑鉱夫の間にトラブルが発生して，華僑鉱夫2名が暴行を受けて重傷したことを知った隣の朝鮮無煙炭鉱で働いていた華僑鉱夫約100名が加藤無煙炭鉱の朝鮮人鉱夫を襲撃するという噂が流れ，江東警察署が警察を派遣して厳重警戒に当るという事件も

---

172)「中国人労働者一隊와（と）朝鮮労働者大乱闘」『中外日報』1930年4月7日；「中国職工과（と）大格闘両方数十名重軽傷」『東亜日報』1930年4月7日。
173)「中人家襲撃一時大乱闘」『東亜日報』1929年10月26日。
174)「三神炭鉱에서（で）朝中人大便戦」『東亜日報』1928年8月10日。

あった[175]。

　このような炭鉱での対立および衝突も平壌事件の際に影響を及ぼしたと考えられる。江東郡晩達面の明治炭鉱の華僑鉱夫が付近の朝鮮人に襲撃されて1名の華僑鉱夫が殺害された事件があった[176]。なお，平壌事件に関わって確定刑を受けた者のうち鉱夫が44名（全体の9.8％）に上り非常に多かったことが注目される。平壌事件以前に平安南道の各炭鉱での双方の鉱夫の間の悪感情および衝突が朝鮮人鉱夫を同事件に加担させた原因であっただろう。

　平壌府内でも同事件直前に華僑労働者をめぐる各種の問題が確認される。平壌木物商組合は1931年1月初旬に大恐慌による物価引下に伴い大工の賃金を2～3割引き下げようとした。それに対して平壌木工（大工）組合は2～3割の賃金引下は組合員の生活をさらに苦しめるものであるとして同盟罷業に踏み切った[177]。木工組合は持久戦をするため120名の組合員が巡営里に共同作業部を設置し，家具などの製造と販売に着手した[178]。一方，各木物商は4月中旬に各地より華僑木工を連れてきて作業を再開して木工組合に対抗した。木工組合は採用された華僑木工および平壌中華商会とも交渉したが円満な解決を得られなかった[179]。結局，木工組合は形勢が不利になったため，4月22日に罷業をやめて各自自由に復職することになって，4か月間にわたる双方の対立は解決された[180]。

　つまり，木工組合が木物商組合に敗北宣言をしたのだが，それを余儀なくされたのは木物商組合による華僑木工の雇用にあり，これによって朝鮮人木工が華僑木工に対して悪感情を抱くことになっただろう。この事件は平壌事件発生直前に起こったこと，平壌事件で刑を言い渡された者のうち

---

175)「百余名中国人이（が）朝鮮人襲撃計画」『東亜日報』1928年8月14日。
176) 朝鮮総督府警務局（1931年a）各地ニ於ケル被害状況其ノ三，12頁。
177)「平壌木工組合の同盟罷業猶続く」『西鮮日報』1931年1月8日。木工組合は1936年5月にも木物商組合の賃金引下に不服して罷業を断行した（「平壌木工組合員が突如罷業を断行」『朝鮮新聞』1936年5月9日）。
178)「持久戦中の平壌木工組合員共同作業部を設置」『朝鮮新聞』1931年1月14日。
179)「中国人을（を）採用挑戦平壌木工罷業拡大」『朝鮮日報』1931年4月15日。
180)「平壌木工組合騒擾漸く解決」『朝鮮新聞』1931年4月25日。

10名が木工（大工）であったことは、上記の事件が朝鮮人木工を平壌事件に加担させた可能性が高いと考えられる。

　一方、漁業部門においても朝鮮人漁師と華僑漁師の対立および衝突が散見される。平壌府の大同江上流で1925年12月に朝鮮人漁師10数名（ほとんど貧民）と華僑漁師15名との間に衝突があった。朝鮮人漁師が華僑漁師の鵜を利用した漁業活動は魚の繁殖に支障をもたらすため自制を求めたにもかかわらず華僑漁師が毎日漁業活動を続けていることに不満を抱いたためであった[181]。朝鮮人漁師は翌年1月には平安南道知事に華僑漁師の漁業活動の停止を請願する嘆願書を提出した[182]。

　以上、平壌事件以前に平安南道在住の朝鮮人労働者と華僑労働者の対立および衝突、それと平壌事件との相関関係について検討してきたが、この点については事件当時すでに提起されていた。朝鮮華僑で京城帝国大学教授と紹介された董長治は1931年7月8日午前10時15分に北平駅に到着して同事件の遠因について、朝鮮華僑労働者の増加による「両国下層階級の直接衝突が日を追って顕著になり、後戻りできず、ちょっと触れるとすぐ爆発しそうな情況にあった」と語った[183]。事実、華僑および華僑労働者と朝鮮人労働者および住民との衝突は1931年排華事件以前に平安南道に限らず朝鮮各地で相次いで発生していて、危険水準に達していた（〔表補Ⅰ-4〕参照）。関東大震災の際の華僑虐殺事件に対する日本民衆の動機として同震災以前の華僑労働者と日本人労働者との間の軋轢を上げる点で、既存の研究はほぼ一致している[184]。1931年排華事件の際に華僑襲撃および虐殺に対する朝鮮人民衆の遠因および動機の一つは、検討したように双方の労働者間の軋轢および衝突にあったことはほぼ間違いないだろう。

　次に、平壌事件で刑を言い渡された450名のうち全体の10％を超える48

181）「中国人漁業者와（と）大乱闘」『東亜日報』1925年12月11日。
182）「中国人의（の）漁業을（を）防止해달라（を願う）嘆願」『東亜日報』1926年1月15日。
183）原文「両国下層階級之直接衝突、乃日見顕著、如箭在弦、一触即発」（「朝鮮暴動惨案」『天津大公報』1931年7月9日）。朝鮮総督府は彼について調べたところ、教授ではなく学生である可能性を提示した。
184）山脇（1994年）277～278頁。

表補 Ⅰ-4　『東亜日報』に掲載された朝鮮人と華僑の主要な衝突記事

掲載日付	内容
1923.3.17	京城府西小門に華僑魔術団30名と観衆との間にトラブルが生じて双方に多数の負傷者が発生
1923.8.7	慶尚南道晋州郡南鮮鉄道第4工区の工事中華僑と朝鮮人労働者が衝突
1924.3.11	江原道鉄原郡の日本人の水利組合の工事で華僑労働者が朝鮮人労働者の仕事を奪うことを理由に，朝鮮人労働者が華僑労働者の宿泊先を襲撃して華僑労働者1名を殺害
1927.11.25	京城府薫井洞で朝鮮人と華僑の間に一大格闘が発生。朝鮮人2名が華僑1名を殴打したことが原因
1928.5.3	京城府南大門通朝鮮銀行前で朝鮮人と華僑あわせて300名が衝突して双方に10数名の負傷者が発生。意思疎通の問題が原因
1928.6.23	全州裡里間鉄道工事場で朝鮮人労働者と華僑労働者の間にトラブルが発生して朝鮮人労働者が殴打されて重傷を負ったことを契機に，双方の労働者が衝突
1929.11.28	咸境南道利原郡で華僑魔術団と朝鮮人観衆の間に衝突があり，双方に多数の重軽傷者が発生
1930.10.19	京城府西小門町に朝鮮人と華僑あわせて400〜500名が大衝突
1931.4.16	全羅南道宝城郡の干拓工事場の朝鮮人労働者200名と華僑労働者200名が凶器を持って一大乱闘を演出し，双方に重軽傷者数10名が発生

注：1927.11.25の記事のみは『中外日報』である。

名が無職であったことと同事件とはどのような関係があるかについて検討してみよう。

世界大恐慌に端を発した不景気は朝鮮を襲い失業者は増える一方であった。駐京城英国総領事のホワイト（O. White）の報告書によれば，1930年の冬，朝鮮では失業が深刻な問題となり，朝鮮総督府はその対策として2,300万円の予算を計上していた[185]。

1930年3月での平壌府内における失業者は日本人200名，朝鮮人800名であった[186]。さらに同年6月末の調査では，平壌府で不景気のため仕事を

---

185) Consul-General White, Annual Report of Affairs in Corea for 1930, Volume 12 Korea： Political and Economic Reports 1924−1939, Japan and Dependencies, Archive Editions, an imprint of Archive International Group, 1994, p.478.
186)「平壌に散在する失業者既に一千名を突破す」『西鮮日報』1930年3月25日。

失った労働者の数は日本人が14名，華僑が11名に対して，朝鮮人は1,989名であった[187]。平壌事件直後の11月26日に実施した調査では，調査対象の朝鮮人2万9,620名のうち，1,698名（俸給生活者669名，日傭労働者648名，その他381名）が失業状態にあった[188]。どの失業調査も警察署が簡易調査したものであり正確さを欠いているが，平壌事件を前後して朝鮮人の失業者が急増して社会問題になっていたことは確かである。

なお，平壌府の朝鮮人家屋総戸数は1929年に2万2,560戸で，その約3分の1に当たる7,670戸は賃貸住宅，その84％の6,440戸は年間の家賃10円未満の貧困家庭であった。朝鮮人労働者の場合，月収入の4分の1を家賃の支払に充てていた[189]。すなわち，平壌事件直前の平壌府の朝鮮人の失業および貧困問題は非常に深刻な状況にあったことがうかがえる。

日本人作家の中西伊之助は平壌事件直前に同地を訪れて，ある知人の朝鮮人青年の話を借りて同地の貧困と閉塞感を次のように伝えた。「都会では朝鮮人はもうとても食へなくなりました。ここ五年あまりの間に物貨は倍以上になってゐます。十年以前から見れば三倍でせうね，それでみんな田舎へ引込みますが，田舎だって，物貨は少しばかり安いけれど，その代り仕事は全くありません，田舎からドンドン出て来るんですからね。といって出稼ぎするには旅費はなしといふ悲惨なものが多いんですから，とてももうどうにもならないんです……一時は日本の都会への出稼ぎもよかったやうですが，今では失業者が多くて全くだめです」。なお，平壌のある朝鮮人行商は「どうも，えゝ金儲けがなくて困るなア，アツ，ハ，ハ，ハ」と語った[190]という。

中西は失業と貧困がもたらした平壌在住朝鮮人青年の閉塞感をリアルに表現したが，このような10代～30代の無職の者の朝鮮総督府および社会に

---

187) 朝鮮総督府（1932年 a）109～110頁。
188) 「平壌労働者一千八百人」『東亜日報』1931年12月2日。
189) 「全平壌朝鮮人戸数의（の）三分一이（が）貰家生活」『東亜日報』1929年11月24日。日本人は家賃10円未満の戸数が借家戸数の3割に過ぎなかった。
190) 中西伊之助（1931年8月号）173頁。この随筆は，中西伊之助（1936年）に「怒れるコレア」という題目で再録された。

対する不満の矛先が平壌事件の際に華僑に向けられて華僑襲撃，虐殺の形で表出したと解釈することも可能ではなかろうか。不景気による朝鮮人失業者の増加と貧困が平壌事件の遠因の一つであったと考える所以である。

2　朝鮮人商人と華僑商人の対立

　平壌事件以前には朝鮮人商人と華僑商人との間で商業上対立することがしばしばあった。平壌府は朝鮮の北部地域の商工業の中心地で，商業は織物商が大きな勢力を形成していた。その織物商圏では華僑および日本人が織物輸入および卸売を掌握し，朝鮮人織物小売商は両織物卸売商より織物を仕入れる構造であった（第3章参照）。さらに，平壌府では他の府とは異なって華僑織物卸売商と朝鮮人織物小売商の取引の間に朝鮮人の「仲信組合」が入り，小売商は仲信組合を通じて織物を仕入れていて，より複雑な流通構造にあった。かくて，華僑卸売商と仲信組合および小売商，仲信組合と小売商との間に，不況期に支払期間と仲介料をめぐって対立が続出していた。

　平壌の華僑織物卸売商の同源興と日本人卸売商の共益社，秋田，寺正，高瀬，鬼頭は1922年9月に不景気を理由に商品代金の支払期間を30日から20日に短縮したほか，取引も銀行の手形取引の代わりに現金取引に換えた。平壌の朝鮮人布木商組合は翌年7月に支払期間を30日にすることを要求して，それが受け容れられないと，朝鮮人布木商組合は不買運動を展開したことがある[191]。

　同様な出来事が平壌事件直前にもあった。同府所在の華僑織物卸売商4軒（輸入も兼ねていた）は世界大恐慌の不景気を乗り切るための対策として，1931年1月に同府内での織物小売の実施と，農村地域での朝鮮人織物小売商に割安な販売を行い，これに対して平壌の朝鮮人布木商組合が猛反発した[192]。その理由は二つあった。華僑織物卸売商4軒は従来朝鮮人織物

---

191)「平壌布木商対貿易商問題」『東亜日報』1923年7月11日；「日本人綿糸貿易商의（の）専横에（に）憤慨」『東亜日報』1923年7月12日。布木商組合と仲介組合は1919年に設立された。
192)「中国貿易商의（の）専横에（に）六十布木商蹶起」『東亜日報』1931年1月27日。

商に仲信組合を通じて卸売をしてきたが，彼らが府内で小売に進出することは同府内の朝鮮人織物商にとっては朝鮮人消費者を華僑織物卸売商に奪われる恐れがあったこと[193]，華僑織物卸売商が農村地域の朝鮮人小売商に平壌の朝鮮人織物商より割安で商品を販売することは同府内の朝鮮人織物商にとって従来の顧客を奪われる恐れがあったこと[194]，であった。朝鮮人布木商組合は商圏死守のため，華僑織物卸売商側に小売中止と農村地域の小売商への割安な販売の中止を強力に求めたが，華僑卸売商側は後者については受け容れたが，府内での小売販売中止の要求は受け容れようとしなかった[195]。しかし，布木商組合が華僑織物卸売商取扱商品の不売運動を起こす気配を強めると，華僑卸売商側が府内での小売販売について朝鮮人小売商の販売価格より1匹当たり10銭高く販売することで折り合い，この問題は一段落した[196]。

　一方，仲信組合と布木商組合との間では仲介料などを理由にトラブルが相次いで発生していた。両組合は，1920年8月に布木商組合の組合員は仲信組合より商品を仕入れること，その仲介料を商品別に定めた契約を締結した。しかし，布木商組合は1921年に不景気を理由に仲信組合に仲介料引下を要求して仲信組合と衝突したが，その時は仲信組合が譲歩して円満に解決された[197]。

　1927年12月には，布木商組合の会員宋相漸が華僑か日本人の織物卸売商より直接織物を仕入れたため，仲信組合は契約違反を理由に宋相漸との一切の取引を停止した。布木商組合は仲信組合の宋に対する処分に反発して取引中止処分を取り消すように要求したが，仲信組合はそれに応じなかった[198]。布木商組合が仲信組合の組合員のうち何軒かと指定仲介制を導入することで対抗しようとしたため問題は長引いた。双方の膠着状況は平壌の

---

193)「初志를（を）貫徹布木商側吳学洙談」『東亜日報』1931年1月27日。
194)「中国貿易商의（の）專橫에（に）六十布木商蹶起」『東亜日報』1931年1月27日。
195)「交涉은（は）決裂最後로（に）非売同盟？」『東亜日報』1931年1月27日。
196)「中国人貿易商対布木問題解決」『東亜日報』1931年1月28日。
197)「平壤布木商組合仲信組合円満妥協」『東亜日報』1921年4月6日。
198)「布商要求拒否仲信組合에서（が）」『東亜日報』1927年12月23日。

朝鮮人商工業界の重要な懸案問題となり，平壌商工協会が仲介をなして1929年4月24日に，仲信組合が宋相漸との取引中止を解除すること，布木商組合は指定仲介制を撤廃することで合意して，問題は解決された[199]。

双方の対立は元をたどれば，朝鮮人織物商が織物の卸売市場圏を華僑織物卸売商に掌握されていたためであり，このようなトラブルが起きるたびに華僑織物卸売商に不満の矢先が向けられやすかった。

このような朝鮮人と華僑織物商の商業上の対立は平壌事件の際にいかに現れたのだろうか。平壌事件で有罪判決を言い渡された朝鮮人商店主は41名で，同事件の有罪判決を受けた450名の約9％を占めており，決して少なくなかった。商店主を商業の種類別に分けてみれば，雑貨商店主10名，酒類販売店主5名，米穀商店主4名，看板商店主3名，理髪業店主3名，飲食店主2名，精肉商店主2名，菓子商店主2名，洗濯屋店主2名，牛仲介業2名，薪炭商店主1名，古物商店主1名，金物商店主1名，時計商店主1名，指物商店主1名，仲介業1名であった。雑貨商店主の中には織物商店主が含まれているので，前述のような商業上の対立や恨みが同事件につながった可能性は十分ある。なお，商店主の罪名は家具家財商品の破壊および破損が10名，騒擾暴民付和随行が6名，暴行が6名，建造物破壊が5名，殺人が6名，放火が2名，暴民指揮襲撃および暴行が2名，窃盗が1名，殴打殺害未遂が1名，警察への投石が1名，その他が1名の順で多く，家具家財商品の破壊および破損の罪が最も多かった。

朝鮮総督府は同事件の遠因として双方の商業上の対立および朝鮮華僑の商業発展を挙げていた。警務局の三橋警務課長は平壌事件を調査して7月13日朝に京城に帰任した後，同事件の原因について，次のように語った。「この事件の原因については色々考ふべきことがあり落ちついて研究せねばならぬ問題であるが，先づ僕の調査によれば大体に於て平常から鮮支人間に蘊醸されてゐた経済的関係その他の反感が例の万宝山事件や京仁地方の暴挙に刺戟されて突発したものだと思ふ……暴行朝鮮人の多数は不思議

---

199)「仲信組合과（と）布木商紛糾円満히（に）解決」『東亜日報』1929年4月25日。

にも支那人の家に使用されてゐた朝鮮人および商売がたきの付近住民であった」[200]。

穂積外事課長も「朝鮮内で朝鮮人の商圏がずんずんずんずん支那人に侵されるんです。床屋さんだ，何屋さんだ，というのが支那人のほうが商売がうまいものだからずんずん取られるので，その点においても朝鮮の人は非常に焦慮を感じていたんですね[201]」と話していた。

治安担当者の報告に基づいて宇垣総督も7月7日の日記に「原因としては平素の商売，仕事の競争より敵視の観ありし所へ満洲殊に間島に於ける鮮人の圧迫により感情大に尖鋭化しあり，夫れに万宝山に於ける支那人の暴挙事件の報道が導火線となりて爆発したりしなり[202]」という認識を示した。

以上のような同事件の遠因に対する朝鮮総督府の治安責任者の話は，同事件における朝鮮総督府の責任を逃れる意図による発言なのか否か検討する必要がある。しかし，朝鮮総督府は1931年排華事件と非常に似通った状況の下に発生した1927年排華事件の原因について，「朝鮮ニ於テハ近年鮮内諸事業ノ興隆ト支那内地ニ於ケル時局ノ影響トニ依リ支那人ノ渡来スル者甚ダ多ク労働者ハ勿論雑貨商布木商飲食店等各方面ニテ鮮人同業者ヲ圧スルノ慨アリテ一般ニ快ラサル折柄在満鮮人圧迫状況ノ宣伝サレタル為メ之ガ報復トシテ在鮮支那人ヲ迫害スルノ暴挙ヲ惹起シタリ[203]」と分析しており，前述の朝鮮総督府の治安責任者の話は責任回避の発言として受け止めるわけにはいかない。朝鮮華僑の商業，農業，製造業における経済力は朝鮮人を圧していたばかりか，それについて朝鮮人が非常に警戒していたことは，第Ⅰ部〜第Ⅲ部において検討した通りである。

したがって，平壌府における朝鮮人商人と華僑商人の商業上の対立および華僑商人の商業上の優位が同事件の遠因の一つであったといえよう。

---

200)「今度の暴挙は連絡がない『暴行朝鮮人の多数は支那人の使用人か商売敵』三橋警務課長談」『京城日報』1931年7月15日。
201) 宮田監修（2001年）210頁。
202) 宇垣一成（1970年）802頁。
203) 朝鮮総督府警務局（1927年）1〜2頁。

おわりに

　以上見てきたように，本補論では1931年排華事件の近因と遠因について検討した。その検討結果について以下にまとめておく。

　まず，近因について。朝鮮総督府警務局が『朝鮮日報』1931年7月2日付の号外（特に朝鮮人農民が多数殺傷されたという記事）を行政処分とせず発行させたことが，1931年排華事件の導火線になったことを明らかにしたが，この点は既存の研究結果と一致する。しかし，警務局がその影響を知っていながら意図的に検閲通過させたか，落ち度があったかの真偽は定かではない。

　二つ目は，仁川事件の初期対応および鎮圧における朝鮮総督府警務局のサボタージュがあったことを解明した。仁川事件が発生する7月3日午前10時から平壌事件が発生した7月5日午後7時の間に，朝鮮総督府の治安責任者の総督，政務総監，警務局長，警務局保安課長はすべて京城にいなかったため，素早く適切な措置を執れなかった事情があった上，3日午前10時まで京城にいた田中保安課長は「全く私が見透しが誤って，大した事はあるまい，或は又少し位の事はあっても宜からう」という甘い認識の下，積極的な初期鎮圧を怠ったことが，事件拡大の近因であった。

　三つ目に，最大の被害をもたらした平壌事件の近因は，非常時にもかかわらず，平安南道の治安関係者の園田知事，安永警察部長，藤原内務部長が5日夜に宴会に出席して「呑気ナル太平楽気」の状態で，同事件の初期対応に問題があったことを，田中通訳官の斎藤元総督への手紙を通じて明らかにした。なお，各種の流言蜚語がまかれて群衆を一層暴動化させたことも同事件拡大の近因であった。

　このような近因によって発生した1931年排華事件について，日本政府および朝鮮総督府はどのように事件処理を行ったか，責任者処分，救恤金支給，加害者処罰を各々取り上げて検討した。日本政府は中国政府との外交交渉において同事件の原因については中国官憲による満洲在住朝鮮人農民への迫害にあったこと，同事件への対応に手抜きがなかったことを提示して，中国政府の責任者の処罰と被害者への賠償金支払の要求を拒否した。

日本政府および朝鮮総督府は以上のような方針の下で責任者の処分を行い，同事件の治安責任者のうちその責任を取って免職された者は一人もなかった。園田知事と山下警察署長が退官したが，他の責任者は昇進して朝鮮総督府の中核官僚になった。多数の死亡者と財産損失をもたらし，治安責任者の手落ちおよび職務怠慢が明らかであった同事件への責任者への処分は事実上なされなかったといっても過言ではない。日本政府および朝鮮総督府は華僑被害者に対しては，賠償金ではなく，中国政府が反対していた被害者への救恤金支給を強行して，14万5,000円を手渡した。

　しかし，朝鮮総督府は朝鮮人加害者に対しては厳正に処罰したことを『高検　思想月報』の「中華民国人襲撃事件判決有罪確定」の資料を通して明らかにした。平壌事件に関わって有罪確定された450名を刑量別，罪名別，職業別，年齢別に分析した。刑量は1年以上の者が全体の6割を占めていて罰金刑は約10％に過ぎなかった。罪名は殺人および殺人未遂，家財破壊破棄，暴行，騒擾および騒擾附和随行，建造物破壊，暴民指揮扇動，放火の順で多かった。有罪確定者の年齢は20代が60.7％，30代が16.7％，10代が15.6％で，10代〜30代が全体の93％を占めた。職業は労働者，無職，農民が多かった。この結果により，平壌事件は10代〜30代の労働者，失業者，農民などが同事件の主軸をなしていたことが明らかになった。

　次に同事件の遠因について平壌事件を事例に検討を行った。まず，平壌事件以前に，平安南道には華僑労働者の増加に伴い土木工事現場，炭鉱，漁業において朝鮮人労働者との軋轢および衝突が多発していたことを事例に挙げながら明らかにすると同時に，そのような軋轢および衝突が平壌事件にいかにつながったかについて分析した。なお，不景気による朝鮮人失業者の増加と貧困が平壌事件の遠因の一つであることも提示した。最後に，朝鮮人と華僑商人の商業上の対立および華僑商人の商業上の優位が遠因の一つであることを平壌の織物商業界，宇垣総督の日記，三橋警務課長および穂積外事課長の証言を通して明らかにした。

　以上をもって，1931年排華事件は日本が満洲侵略のために意図的に引き

起こしたのではなく，各種の近因と遠因が絡み合った複合的な要因によって発生した事件であったと結論づけることができると考えられる。

補論 Ⅱ
韓国および北朝鮮華僑の形成および経済活動

はじめに

　本補論では，朝鮮解放後，韓国および北朝鮮華僑がいかに形成され，その経済活動が植民地期に比べてどのように変容したか，その連続面および断絶面の双方について考察する。

　アジア太平洋戦争において日本の敗北は東アジア地域の政治経済に激変をもたらし，朝鮮華僑を取り巻く環境を一変させた。日本帝国主義の統治より解放された朝鮮半島は分断されて，北緯38度以南は米軍，その以北はソ連軍が各々進駐して占領し，両地域では各々軍政が実施された。その過程を経て，南朝鮮地域には1948年8月に大韓民国（韓国），北朝鮮地域には1948年9月に朝鮮民主主義人民共和国（北朝鮮）が各々建国された。終戦直後，中国大陸では国共内戦が再開され，勝利した共産党が1949年10月1日には中華人民共和国を建国して，中華民国政府は台湾に移転した。1950年6月25日に北朝鮮が韓国を武力挑発して朝鮮戦争が勃発し，米軍と人民解放軍などが参戦した中，朝鮮半島は1953年7月に休戦するまで3年間戦争状態にあった。このように解放初期に韓国および北朝鮮華僑を取り巻く政治的環境は目まぐるしく変化したのである。

　本補論では，このような解放初期に韓国および北朝鮮華僑に対する米軍政庁・韓国政府の政策および北朝鮮政府の政策，中華民国および中華人民共和国の韓国および北朝鮮華僑に対する政策，各々の政策が東アジア域内

における中国人の移動に与えた影響，両国華僑の経済活動について具体的に検討したい。

第1節 解放初期韓国華僑の政治環境

1 米軍政庁および韓国政府の対華僑政策

米軍政庁の韓国華僑に対する政策のガイドラインになったのが，「米軍占領下朝鮮地域の民政に関する米国陸軍最高司令官への基本指令――SWNCC 176/8」である。この基本指令の第8項「戦争捕虜，国際連合国国籍者，中立国国籍者およびその他」により，米軍政庁には韓国華僑を「連合国国民」として分類し，帰国を希望する華僑には各種の便宜の提供，健康および福祉の保護，財産の保管および保護が義務付けられた[1]。

米軍政庁が最初に携わった韓国華僑に関する業務は，本国帰国を希望する華僑の送還であった。解放直後，ソウルおよび仁川地域で送還を希望する華僑は2,800名であった。そのうち1,400名は戦時中山東省より日本に送られ，1945年初めに朝鮮にきた労働者であった[2]。1945年10月12日現在，仁川居住の950名の労働者は米軍のために港湾の労働をしていた。1,900名の労働者は元駐京城総領事館および漢城中華商会のグラウンドに野宿していた。米軍政庁外務処中国課が彼らの送還業務を行い，南京国民政府の駐京城総領事館および駐釜山領事館の元官員がその業務の手配において重要な役割を果たしていた。同年12月29日に100名の労働者を乗せた船舶が仁川港を出発したことを皮切りに，1948年5月28日までに送還された華僑は1,940名であった[3]。しかし，実際に送還された人数は送還を希望した2,800名を下回ったばかりか，送還された華僑は以前から朝鮮に居住していた華

---

1) 神谷編（1976年）171～185頁。この指令は米国の三省調整委員会（State-War-Navy Coordinating Committee）極東分科委員会によって作成され，マッカーサー司令官に伝達されたのは1945年10月17日であった。その後，駐韓米軍司令官および米軍政庁に下達された。
2) 駐韓米軍司令部（1988年）647頁。彼らが，1942年東條内閣の「華人労務者内地移入ニ関スル件」という閣議決定によって日本に半強制的および強制的に日本に連れて来られた「華人労務者」であったかは不明である。「華人労務者」は日本全国の135事業所に3万8,935名が送られ，過酷な労働に耐えられず死亡した労務者は6,830名とされる。
3) Repatriation of Other Foreign Nationals, History of the United States Armed Forces in Korea（HUSAFIK）pp.52-57, 駐韓米軍司令部（1988年）646～651頁から再引用。

僑ではなくほとんど前述の労働者であった。

　なお，米軍政庁は韓国華僑の福祉にも配慮した。日本人が引き揚げて残った住宅（「帰属住宅」）は米軍政庁の「敵産管理処」が管理していた。1948年末現在，韓国華僑3,296戸のうち2割に該当する677戸が帰属住宅に居住していた[4]。さらに，敵産管理処の発表によれば，仁川の帰属住宅4,500戸のうち500戸が華僑のものとされ，『朝鮮日報』はそれを指して「主客転倒」と非難した[5]。これは当時韓国で日本，満洲など海外より帰国した韓国人が住宅不足で困っていた時期に，華僑に帰属住宅が多く占められていることへの韓国人の不満を反映する記事であった。裏を返せば，米軍政庁が韓国華僑の福祉に対して優遇していたことを証拠付ける記事であった。

　米軍政庁は中国人および華僑の出入国に関する特別な法律を制定していなかった。例えば，1948年7月に外務処仁川連絡事務所は中国人の入国審査を強化するために新しく臨時上陸許可申請書2通，写真4枚を要求する[6]ことになったが，以前の入国にはこのような手続きさえもなかったようである。解放初期に仁川，群山を通じて山東省より1946年～1948年に入国した遅建藩氏，樊継善氏[7]，王修網氏[8]，慕永文氏[9]，楊静波氏[10]はいずれも入国審査を受けずに簡単に入国したと証言した。

　華僑の経済活動は戦時期にあった各種の統制が撤廃されて，戦時統制期よりはるかに自由化された。特に，民間貿易についてみれば，米軍政庁が

4）朝鮮銀行調査部（1949年）Ⅱ-63頁。
5）「主客顚倒（の）仁川商街敵産은（は）華商이（が）거이（ほとんど）占有」『朝鮮日報』1948年10月13日。
6）「外国人出入国手続変更」『貿易新聞』1948年7月1日。
7）1999年8月大邱華僑協会にて行ったインタビューによる。彼は1921年に青島で生まれて商業を営んだ後，1946年に仁川に移住した。彼の夫人は1947年に仁川に移住した。移住後，仁川華僑自治区公所（後の仁川華僑協会）で外務担当の職員を務めた。朝鮮戦争の時に大邱に避難して同地に定着した。国民党員として長年活動した後，現在は台湾に居住している。
8）2005年8月成立行にて行ったインタビューによる。彼は1929年に生まれた。1947年に韓国に移住して，親戚のある全羅南道霊光の雑貨商店に働いた。朝鮮戦争勃発直後の1950年8月に大邱に移住し，1956年に雑貨商店の成立行を開業した。
9）1999年9月に彼が経営する北京大飯店（大邱所在）にて行ったインタビューによる。彼は1931年に山東省の栄成で生まれた。1948年に仁川に入国して中華料理店の店員として働いた。朝鮮戦争の時に光州に避難に行って中華料理店に働いた後，1956年に大邱へ移住して1972年に中華料理店を開業した。

1946年7月に公布した外国貿易規則第1号によって外国貿易の免許制が導入されたが，免許を受けられる対象には韓国人とともに華僑も含まれた[11]。なお，米軍政庁は小規模の中国帆船と交易船が韓国の開港場に入港することを許可した[12]。これらの米軍政庁の措置は，華僑に民間貿易を自由に行うことを可能とし，対中国および香港貿易の主要な担い手となる一つの契機を与えた。解放初期仁川に居住した欒継善氏は「米軍と華僑の関係は米国と蔣介石の関係が友好であったため非常に良かった。華僑は『一等国民』として経済活動も社会活動も非常に自由であった」と話した[13]。

　韓国華僑の人口は解放直前に韓国地域に居住していた華僑が1944年5月に約1万2,000名であったのが，1949年5月には2万1,885名に増加した[14]。その後，朝鮮戦争時に少し減少するが，自然増加もあって1957年4月には4,506戸，2万2,734名に微増した[15]。このように韓国華僑の人口が戦時より増加した背景には山東省，北朝鮮より中国人および華僑の流入があったためであった。

　前述の欒継善氏，遲建藩氏，慕永文氏，楊静波氏はいずれも国共内戦に巻き込まれた山東省から避難するために親戚および友人を頼りに韓国に移住した。先述の北朝鮮の海州に居住していた楊春祥氏は1948年に海州華僑聯合会より人民解放軍の徴集令の通知を受けて，さっそく韓国への越境を決心し，韓国の延安に行った後，1951年の「1・4後退[16]」の時に小船で仁川にきた[17]。山東省莱陽出身の邱丕昭氏は江源道鉄源（当時は北朝鮮領

---

10) 2006年5月27日に清州市の雅観園（次男経営の食堂）にて行ったインタビューによる。彼は1920年に山東省で生まれて1947年に韓国に移住した。最初は故郷に妻と娘を残してきたため，8年間働いて帰るつもりであったという。移住後，ソウルの華僑貿易会社の興昌公司の書記として働き，朝鮮戦争の時に釜山に避難した。釜山では香港から砂糖，小麦粉などを輸入する貿易に従事していたが，事業がふるわなかったため，1959年全州に移住して中華料理店の雅観園を開業した。
11) 朝鮮銀行調査部（1948年）Ⅰ-120〜121頁。
12) South Korean Interim Government Activities, Summation of United States Army Military Government Activities in Korea, No.28, January 1948.
13) 1999年8月大邱華僑協会にて行ったインタビューによる。
14) 大韓民国公報処統計局（1953年）25頁。この人口には華僑以外の外国人も一部含まれている。
15) 華僑史編纂委員会編（1958年）65頁。

図補 II-1　1950年5月10日に開催された韓国華僑自治聯合総会全体代表大会に参加した各自治区代表たち
出典：大邱華僑協会提供。

域）に居住していたが政情不安のために1949年に越境して仁川にきた[18]。解放初期中国に帰国した元北朝鮮華僑慕徳政の回想によれば，海州の巨商孫鶴齢（福盛長店主），華盛園店主の範氏，鴻発園店主の于氏，蓬莱閣店主の官氏，源成東店主の魏氏，東恒茂店主はすべて越境して韓国に移住したという[19]。

このように，北朝鮮の政情不安のために越境して韓国に移住した華僑は少なくなかった。駐漢城中華民国総領事館は解放後から1947年7月末までに600名[20]，その後も移住者は増えつづけて1948年末までには数千名に達

16) 朝鮮戦争は最初北朝鮮軍の一方的な攻撃で展開されたが，1950年9月15日米軍による仁川上陸作戦が成功を収めて国連軍の反撃がはじまり，国連軍は北朝鮮の主要都市を占領した。しかし，同年10月に中華人民共和国が参戦して戦況は逆転され，翌年1月4日にソウルが再び北朝鮮軍および人民解放軍によって占領された。「1・4後退」というのは，韓国政府がソウルから撤収したことを指す。
17) 2005年2月20日大邱市の自宅にて行ったインタビューによる。
18) 1999年8月および2004年5月20日大邱市の中華料理店にて行ったインタビューによる。
19) 慕（2003年）308頁。
20)「在留華僑一万二千」『貿易新聞』1947年9月22日。

したと推定した[21]。すなわち，山東省および北朝鮮より国共内戦と政情不安などのプッシュ要因が同地域在住の華僑を韓国に移住させたのである。

それとは反対に，韓国が北朝鮮および山東省より中国人の移住をプルする要因も働いた。韓国華僑は「連合国国民」として福祉，入国，貿易をはじめとする経済活動において優遇されて，後述のように華僑経済が活況を呈していたことは，山東省および北朝鮮からの移住を誘引する力になったと考えられる。

解放初期に韓国華僑の職業にも変化が生じた。1948年末の韓国華僑の職業別人口は貿易会社，雑貨商，飲食店を含めた商業が約7割に達して圧倒的に高く，植民地期の約3～5割を大幅に上回った。とりわけ，飲食店経営および従業員が有業者数の4割を占めていたことは，植民地期と異なる点として注目される（〔表補Ⅱ-1〕参照）。植民地期に5～6割を占めていた農民，労働者の比重は28.4％に減少した。

一方，韓国政府樹立後，韓国華僑を取り巻く環境は米軍政期（1945.9～1948.8）から一変した。韓国華僑の地位は「連合国国民」の地位から普通の外国人の地位に戻ったのである。それに反共国家を標榜する韓国は中国大陸の共産化で山東省などからの移住を制限する措置を執った。

李承晩大統領は1949年11月初めに「外国人潜入に対する大統領談話」を発表した。この談話は，同年6月より国共内戦で中国大陸より避難してくる中国人が急増したことを受けて，政府当局者へ法律に違反する避難中国人の入国を厳しく制限するように命令するものであった[22]。引き続き，韓国政府は1949年11月17日に「外国人の入国出国と登録に関する法律」を公布した[23]。第3条に「外国人が入国しようとする時には有効な旅券あるいはこれに代わる証明書を持参しなければならず，所持金30万ウォン以上あることを提示しなければならない」と定められた。以前の中国人に対す

---

21) 編輯室「在韓国華僑概況」『韓中文化』創刊号（韓中文化協会，1949年3月）59頁。
22) 「外国人潜入에（に）대한（対する）大統領談話」『週報』1949年11月2日号，1～2頁（大韓民国公報処編輯，復刻版，ソンイン，1997年）。
23) 大韓民国政府公報処発行『官報』第223号（1949年11月17日），大韓民国政府公報処（1987年）155頁より再引用。

表補 Ⅱ-1　韓国華僑の職業別人口（1948年末，単位は名・％）

職業別	公務自由	農業	貿易会社	雑貨商	飲食店	労働者	小　計	無　職	合　計
人　数	260	1,938	189	3,148	4,632	1,324	11,491	5,468	16,959
比　重	2.3	16.9	1.6	27.4	40.3	11.5	100.0	―	―

出典：編輯室「在韓国華僑概況」『韓中文化』創刊号（韓中文化協会，1949年3月）61頁より作成。

る臨時上陸許可申請書および写真の提示よりも入国手続きが一層強化されたのであるが，特に30万ウォン以上の所持金の提示は1934年9月より朝鮮総督府により実施された100円の提示金を参考に作られたと考えられる。第9条には「30日以上滞留しようとする外国人は外務部長官の居住許可を受けなければならない」，第10条には「居住許可を受けた外国人はその居住する市，府，邑，面長に登録しなければならない」と定められ[24]，植民地期の統監府令第52号は労働者の居住および労働を制限する措置であったが，この法律は中国人すべてを対象に拡大したものであった。さらに，植民地期には管轄の警察署に居住および就労の登録をしなければなかなかったが，この法律では外務部長官の居住許可を受けて居住する地域の首長に登録するように強化された。

　この法律の公布は，国民党の敗北とそれに伴う中華人民共和国の建国により，反共を旗印にしていた韓国が，共産化された中国大陸からの中国人の入国を制限する必要に迫られたことがその背景にあったが，この法律の実施によって山東省および河北省からの中国人移住および民間貿易が事実上禁止されて，韓国華僑は社会経済の面で大きなダメージを蒙ることになった。近代朝鮮における朝鮮華僑の社会経済は山東省および河北省とのつながりを抜きにしては語れないほど密接な関係にあっただけに，韓国と両地域とのヒト，モノ，カネ，情報の流れが完全に切断されたことの影響は容易に想像できよう。

　さらに朝鮮戦争の勃発は韓国華僑の社会経済活動をさらに萎縮させた。

---

24) 大韓民国政府公報処発行『官報』第223号（1949年11月17日）。

華僑経済の中心地であったソウルと仁川が北朝鮮の占領下に入り，釜山などの南部地域に避難を余儀なくされた。米軍政期に一時活況を取り戻した仁川の善隣洞（旧支那町）はマッカーサー司令官が率いる仁川上陸作戦の際に砲撃を受けて多大な被害を蒙り，朝鮮戦争による韓国華僑の損失は30億ウォン以上に達したと推定された[25]。

2　南京国民政府の元官員の送還問題

ここでは，米軍政期に南京国民政府の元官員の処理をめぐって米中間の外交交渉がいかに行われたか，中華民国の駐漢城総領事館の開設の経緯について検討してみたい。

米軍は1945年9月に韓国を占領した後，南京国民政府の駐京城総領事館，駐仁川辦事処，駐釜山領事館を閉鎖した。元官員は蒋介石の国民政府への忠誠に転向し，元官員とその家族は米軍政庁の保護管理を受け[26]，前述のように米軍政庁の華僑送還業務を手伝っていた。

日本の敗戦によって南京国民政府が解散すると，中華民国政府はその政府など親日政権に参加した者を親日協力者（漢奸）として処罰することを決め，1945年9月下旬から中国内の漢奸の逮捕に乗り出した[27]。

元官員の処理と関連して先に動き出したのは米軍政庁であった。米軍政庁は駐華米国大使館に連絡を取り，中華民国政府が元官員についてどのように処理するかその方針が決定されているかについて照会した。米国大使館はその連絡を受け付けて1946年5月6日付に中華民国外交部あてに照会する公文を送付した[28]。米軍政庁は元官員の身柄を監視する一方，元官員および家族あわせて120名の生活をサポートしていた。その照会について，外交部はその件の処理のためにすでに邵毓麟を外交部駐韓国代表として任命して派遣することを決定していると回答した[29]。一方，邵毓麟駐韓

---

25) 華僑史編纂委員会編（1958年）82頁。
26) 駐韓米軍司令部（1988年）646頁。
27) 朴（2010年）105頁。
28) May 6, 1946, from the Embassy of the United States of Americato the Ministry of Foreign Affairs of the Republic of China,「韓国僑務案」『外交部档案』（同0670-4460）。

国代表は5月4日付の外交部への呈文にて各元官員のリストを添付し，元官員を逮捕拘束して送還して法院に引き渡すことを提案した[30]。それに対して，外交部は邵毓麟に韓国に到着したら米軍と協議して元官員を逮捕拘束して送還するように指令を出した[31]。

しかし，米国政府から中華民国政府に大使待遇の邵毓麟駐韓国代表の派遣は認められなかった[32]ので，元官員の送還問題は進展がなく解決されずにいた。同年9月16日に駐華米国大使館のターナー（W. T. Turner）1等書記官が外交部を訪問して，米軍政庁が保護している元官員および家族120名の処理のため，中華民国政府が同人員の送還のために船舶を提供することと，送還するまでに120名にかかる費用の負担を要請した。外交部はその要請を受け容れず，南京国民政府の元駐日大使館員の処理を参考に，120名および彼らの財産，公文書などを中国戦区米国総部代表に引き渡し，再び中華民国国防部に引き渡すように求めた[33]。それと同時に，外交部は国防部および司法行政部にその事実を報告した[34]。

駐華米国大使館は外交部の9月27日付の公文について，船舶の提供および費用負担問題に関して言及していないことを取り上げて，二つの問題に関する中華民国政府の意向を明らかにするように要請する公文を送付し

29) 1946年5月26日発，中国外交部ヨリ駐華米国大使館宛節略（同上档案）。邵駐韓国代表が任命されたのは1946年3月24日であった。邵駐韓代表の任務は「外交部駐韓代表工作計画要領」によれば，南京国民政府の官員の処理以外に，米軍とソ連軍の動向を把握すること，韓国の各政党の政治動向を把握すること，韓国における中国の権益保持（対日賠償のために韓国に残して引き揚げた日本人財産の把握，韓国在住中国人の損失を調査して救済を行うこと，今後の対韓貿易政策のために韓国経済の状況を調査すること，中韓友好のための文化宣伝工作）であった（邵（1980年）78頁）。
30) 1946年5月4日発，駐韓国代表邵毓麟ヨリ外交部宛呈（同上档案）。元官員のリストは以下の通りである。駐京城総領事館9名（馮文雄副領事，黄博羣副領事，楊静泉副領事，詹泉官随習領事，黄治江随習領事，徐孜耕随習領事，林憲和主事，江春禧主事，周鎮柏主事），駐仁川辦事処2名（王孝儀随習領事，鄧俊山主事），駐釜山領事館6名（胡延極総領事待遇領事，楊嘯鶴副領事，廉定成副領事，蒋達泉随習領事，陳威徳主事，胡宗懋主事），駐新義州領事館3名（周冠南領事，盧禹玖随習領事，曲有成随習領事），駐鎮南浦辦事処2名（楊紹権副領事，孫国勲主事），駐元山副領事館4名（王永晋副領事，呉業興随習領事，張文英主事，程忠猷主事）。
31) 1946年5月28日発，外交部ヨリ駐韓国代表邵毓麟宛指令（同上档案）。
32) 邵（1980年）82頁。その理由については後述する。
33) 1946年9月27日発，外交部ヨリ駐華米国大使館宛函（同上档案）。
34) 1946年9月27日発，外交部ヨリ国防部・司法行政部宛函（同上档案）。

た[35]。外交部は駐華米国大使館に駐韓国代表の派遣がなされていないことを理由に米国側が船舶を用意して同人員を送還して国防部に引き渡し，司法行政部が同人員を処理するように協力を求めた[36]。ターナー 1 等書記官は10月21日付で外交部亜東司韓国課の Yu Long-ping 課長に公文を送り，米軍政庁が船舶を用意して送還する場合の費用負担，送還までの同人員にかかる費用負担を中華民国政府がするか否かを照会した[37]。Yu Long-ping 課長は10月24日付の公文にて送還費用および送還までの費用負担を受け容れる旨を伝え[38]，同人員の送還作業は急速に進められ，ターナー 1 等書記官は11月末日に同人員を上海に送還することができるという見通しを示した[39]。

米軍政庁が用意した船舶「LST Q-043」は12月 2 日に上海に到着した。乗船していたのは馮文雄元領事をはじめ11名の元官員とその家族20名をあわせて31名であった。120名が送還される予定であったのが，なぜ31名になったかについては不明である。11名の元官員は早速上海高等法院検察処に移送され[40]，漢奸裁判を受けるようになった。

以上の南京国民政府の元官員の送還問題の検討を通じて，米軍政期における韓国華僑問題をめぐる外交交渉の一端が明らかになった。すなわち，当時韓国と中華民国との間には公式的な外交関係が成立しておらず，米軍政庁は南京にあった駐華米国大使館を通じて中華民国政府と交渉を行っていたことが浮き彫りになったのである。

一方，駐韓国代表の派遣の頓挫と駐漢城中華国国総領事館の開設の経緯

---

35) October 3, 1946, from the Embassy of the United States of America to the Ministry of Foreign Affairs of the Republic of China（同上档案）。
36) 1946年10月17日発，外交部ヨリ駐華米国大使館宛函（同上档案）。今回も外交部は同日に国防部および司法行政部に函文を送付してその事実を報告した（1946年10月17日発，外交部ヨリ国防部・司法行政部宛函（同上档案））。
37) October 21, 1946, from William T. Turner, First Secretary of the Embassy of the United States of America to Yu Long-ping, Chief of Korean Section, Department of East Asia Affairs, Ministry of Foreign Affairs of the Republic of China（同上档案）。
38) October 24, 1946, from Yu Long-ping to William T. Turner（同上档案）。送付したのは同月28日であった。
39) November 18, 1946, from William T. Turner to Yu Long-ping（同上档案）。
40) 1946年12月 6 日収，外交部駐滬（上海）辦事処ヨリ外交部宛代電（同上档案）。

について，邵毓麟の回顧録をもとにみてみよう。駐華米国大使館は1946年5月7日に，米軍政庁が関係各国政府に代表1名をソウルに派遣して各国の財産および権益の事務を行うように要請してきたことを伝え，外交部に中華民国代表の名前およびその家族の名前を照会するよう依頼した。外交部は邵毓麟を駐韓国代表として派遣する旨を米国政府に伝達してその許可を待っていたが，米国政府は6月に邵毓麟の派遣について困難であるという回答を送ってきた。その理由は米国政府が中国，英国，ソ連が軍事担当肩書きの人員を派遣して韓国に軍事的に影響力を強めることを警戒していたためであった。かくて米国政府は中華民国政府に僑民業務を担当する総領事の派遣を要請した。外交部は8月に駐漢城総領事の派遣を決定し，11月4日に駐漢城総領事に劉馭万を任命した[41]。このような経緯によって，邵毓麟の派遣は白紙になったのである。

劉馭万総領事は1947年2月5日にソウルに着任して[42]，同月10日に韓国華僑3,000名が参集した中で駐漢城総領事館が正式に開館した[43]。国民党の南京国民政府が1938年1月に当時の駐京城総領事館を閉鎖してから9年ぶりに再開したことになる。この総領事館が開館される以前の僑務は漢城中華総商会が担当していた[44]が，10日からは総領事館がその業務を担うことになった。

劉総領事は北朝鮮華僑の保護活動も展開した。1947年6月に「鮮北僑民代表」（北朝鮮華僑代表・名前は不明）が駐漢城総領事館に来て北朝鮮在住の僑民が圧迫を受けていることを伝え，早速対策を講じて保護してほしいと訴えた。劉総領事は第2回米ソ共同委員会[45]に参加するためにソウル

---

41) 邵（1980年）81〜82頁。邵は劉総領事について「外交経験の全くない人物で，王外交部長の同郷の交誼で任命された」と批判した。
42) 「中華民国劉総領事着任」『漢城日報』1947年2月6日。
43) 「中国総領事館開館青天白日旗下三千僑参集」『漢城日報』1947年2月11日。
44) 「新領事마즌（迎えた）華僑의（の）歓喜使館은（は）十日開館」『漢城日報』1947年2月7日。
45) この委員会は朝鮮半島の臨時政府樹立を援助する目的で米ソ占領軍司令官によって設置されたものである。第1回委員会は1946年3月20日にソウルで，第2回委員会は1947年5月21日にソウルで開催され，6月25日にはソウルで委員会と韓国の政党，社会市民団体との合同会議が開かれた。

に滞在していたソ連側代表のシュティコフ（T. E. Shtikov）大将に米国側を通じて接触を図り，同問題解決を図ろうとした[46]が，結局失敗に終わった。

一方，外交部は劉総領事に北朝鮮にある南京国民政府の元官員9名の所在把握とソ連軍当局と交渉して9名を本国に送還するように指示した[47]。その指示に従って劉総領事は着任後その所在把握に努めたが，韓国と北朝鮮の国境が封鎖されているために確認のしようがないと報告すると同時に，外交部に駐華ソ連大使館と交渉するよう要請した[48]。外交部は8月6日に駐華ソ連大使館に9名の元官員および彼らの財産と公文書の引渡を要求した[49]。ソ連大使館より回答がないと再度同様な内容の公文を10月9日に送付した[50]。しかし，同档案にはソ連大使館よりの回答文がないため，9名の元官員の中国送還は実現されなかったと考えられる。

一方，韓国政府樹立後，中華民国は1949年1月4日に韓国政府を公式に承認し，同年ソウルに駐韓国中華民国大使館を開設し，邵毓麟が初代大使として赴任した。韓国は同年台北に韓国大使館を開設して，申錫雨が初代大使として赴任した。このような両国の大使級外交関係は1992年に韓国と中華人民共和国との間に国交が成立するまで続いた。

植民地期朝鮮華僑の中華商会組織は，解放初期に変容を余儀なくされた。駐漢城総領事館開設後，総領事館は韓国を48自治区に分けて1区に1公所を設け，ソウルに各公所を統括する「南韓自治総会」を設置した。しかし，各地には中華商会もそのまま存続していて，各地の中華商会を統括する旅鮮中華商会聯合会という組織もあった。朝鮮戦争勃発後には，釜山に自治区と中華商会を合併した「旅韓華僑団体聯合会辦事処」が組織された[51]。休戦後，「旅韓華僑団体聯合会辦事処」は反共救国聯合会と合併し

46）1947年6月15日収，漢城総領事劉馭万ヨリ外交部宛代電（同上档案）。
47）その9名は，新義州領事館の官員3名，鎮南浦辦事処の官員2名，元山副領事館の官員4名であった。
48）1947年6月21日発，漢城総領事劉馭万ヨリ外交部宛呈（同上档案）。
49）1947年8月6日発，外交部ヨリ駐華ソ連大使館宛節略（同上档案）。
50）1947年10月9日発，外交部ヨリ駐華ソ連大使館宛節略（同上档案）。
51）盧（1956年）20頁。

て韓国華僑自治聯合総会に改組され，1960年には華僑協会の組織に変わり[52]，現在まで続いている。

第2節　解放初期北朝鮮華僑の政治環境

　解放直前の北朝鮮地域における華僑人口は1944年5月に5万9,010名[53]であって，韓国地域よりはるかに多かった。この約6万名の華僑を取り巻く政治環境がいかに変容したかについて，宋伍強氏の研究[54]を参考に述べたい。

　中国共産党にとっては解放初期に北朝鮮華僑を国民党支持から引き離して共産党に転向させることが一つの課題であった。中共中央東北局は1946年8月末に北朝鮮労働党および駐朝鮮ソ連軍司令部の許可を得て駐朝鮮辦事処を設置した。この辦事処は最初国共内戦のために中国共産党と北朝鮮との関係強化を重視したが，中共中央東北局より1946年下半期と1947年上半期の2回にわたり北朝鮮華僑を管理する幹部が派遣されて，華僑業務に加わることになった。一方，北朝鮮労働党は中央僑務委員会を1946年11月に設置して北朝鮮華僑の業務を担当させた。その傘下には各道僑務委員会が設置されていた。

　駐朝鮮辦事処は1947年中央僑務委員会の協力を得て，北朝鮮華僑を共産党支持者にすること，華僑農民に土地を分配すること，華僑学校を再建するなどの事業を推進した。

　駐朝鮮辦事処は北朝鮮華僑の組織化を図り，1946年11月に華僑聯合会が組織として機能しはじめ，1947年2月1日平壌に北朝鮮華僑聯合総会が正式に設立された。植民地期にあった中華商会組織は解放とともに閉鎖され，「華僑会」に名前をかえて活動していた。そのような組織が華僑聯合

---

52) 王（2008年）260頁。2002年2月に中華人民共和国を支持する「漢城中国僑民協会」が新しく設立された。韓国華僑および台湾と米国に再移住した元韓国華僑の社会組織については，拙稿（2010年）を参照されたい。
53) 朝鮮総督府（1944年a）2〜15頁。5万9,010名という人口は当時の北朝鮮地域に居住する華僑人口を合計したものである。
54) 宋（2010年b）72〜86頁。

会に一部吸収された。この聯合総会の傘下には平壌および各道に分会が設けられ、その責任者は中国国内から派遣された。各道分会は各道華僑の一切の業務を行った。1947年4月15日に各道分会代表者が参加した第1回北朝鮮華僑聯合総会の代表大会が開かれ、中国人民解放軍による中国全土の「解放」を支持、北朝鮮の社会主義建設への積極的参加を僑民に促すことを決議した。

しかし、北朝鮮華僑の中には国民党に依存する考え方が根強く、中国共産党との関係構築に消極的な立場を示す者が多かった。北朝鮮労働党は非協力的な華僑の財産を没収した。そのような政策に不満を抱いていた華僑は組織的に抵抗した。例えば、中国共産党および北朝鮮労働党に反対する華僑200名と朝鮮人800名が1949年に韓中反共愛国青年団を組織して反共活動を展開した[55]。北朝鮮華僑の多数が解放初期に韓国に越境してきたと述べたが、その背景にはこのような政治的要因もあったと考えられる。

北朝鮮華僑の人口は解放直前の約6万名から1947年には4万5,000名、1949年には4万名[56]に急減した。このような人口減少の原因は、韓国への移住に加えて、中国への帰国者が多かったことによる。解放直前北朝鮮地域には第12章で分析したように苦力が多かったが、この労働者たちが大量に中国に帰国したのである。

一方、朝鮮戦争は北朝鮮華僑にも多大な影響を及ぼした。当時北朝鮮に居住していた呉起勲氏は朝鮮戦争の体験を次のように語った。「1950年12月頃に米軍の戦闘機が北朝鮮軍の駐屯していた旧日本軍基地を爆撃した。私の家はその基地のすぐ隣にあった。その日私は外出中だった。急いで家に帰ってみると、家が全焼していた。飼っていた豚、鶏、山羊は全部死んでいた。弟は即死し、母親は重傷を負って10日後に死んだ（この話をしながら涙を流した）。北朝鮮は貧しかった。解放後北朝鮮にあった親戚が韓国に行っていたので彼らを頼りにするため、「1・4後退」の時に父親、妹と3名で北朝鮮を逃れて韓国へ避難した。避難途中米軍が避難民を無差

---

55) 秦（1983年）121〜122頁。
56) 朝鮮中央通信社（1998年）58〜59頁。

別虐殺する場面を何回も目撃した。大田,裡里を経て,大邱に到着した」[57]。

呉氏家族のように韓国に避難した者もあったが,北朝鮮華僑の多くが中国に帰国した。その結果,北朝鮮華僑の人口は1958年に1万8,082名に激減し,韓国華僑人口を下回ることになる。

この激動の解放初期を経て北朝鮮華僑の職業にも変化が生じた。〔表補Ⅱ-2〕のように,有業者のうち農民が約9割を占めて圧倒的に多かった。北朝鮮地域に多かった労働者は539名,商人は369名に過ぎなかった。北朝鮮政府の社会主義政策,朝鮮戦争などの影響により,北朝鮮華僑の職業が農民に一極集中してしまったのである。

一方,1949年10月1日に中華人民共和国が樹立された後,両国の間に国交が樹立した。朝鮮戦争勃発当時,北朝鮮には中華人民共和国大使館が設

表補 Ⅱ-2 北朝鮮華僑の職業別人口（1958年）

戸数＼職業	戸数(戸)	人数(名)	比重(％)(a)	家族(名)	合計(名)	比重(％)(b)
農　民	2,884	10,933	89.9％	―	10,933	71.9％
労働者	444	539	4.4％	1,143	2,126	14.0％
商　人	249	369	3.1％	596	1,214	8.0％
教職員	153	199	1.6％	403	755	5.0％
その他	48	122	1.0％	―	170	1.1％
合　計	3,778	12,162	100.0％	2,142	15,198	100.0％

出典：楊・孫（1991年）303頁より作成。
注：比重（a）は有業者のうち各職業が占める割合,比重（b）は家族の人数を含めた人口のうち各職業の人数が占める比重である。農民の人数10,933名のうちには家族も含まれている。

57）1999年8月に大邱華僑協会事務室および2006年4月25日に大邱市の自宅にて行ったインタビューによる。呉氏は1929年に山東省の諸成で生まれた。1935年か1936年頃に家族で平安北道の雲山北鎮に移住した。彼は雲山北鎮華僑小学3年生の時に家族の生計を立てるために学業を辞めて父親と鉱夫として働いた。鉱山には華僑労働者約40〜50名が働いていて,朝鮮人が作業の監督をしていたという。仕事は2交代で昼間の班と夜間の班に分かれていた。鉱山の仕事は非常に厳しく二人の賃金では家族の生計を立てることができなかったという。1943年頃に厳しい作業に耐え切れず家族全員で平壌から近い農村に逃げた。そこには日本軍が駐屯していて,父親と一緒に請負業者の土木労働者として部隊付近および部隊内の工事をしたという。

置されておらず，駐朝鮮辦事処から改編された中国東北行政委員会駐朝鮮商業代表団があるのみであった。中華人民共和国政府は朝鮮戦争直後の1950年7月に柴軍武参事官を大使館開設のために派遣して大使館業務を開始し，8月4日に倪志亮が初代駐朝鮮中華人民共和国大使に就任した。

第3節　韓国および北朝鮮華僑の経済活動

1　韓国華僑の貿易活動―万聚東を中心に―

解放直後，韓国は政治経済的な混乱が続き，特に経済は日本帝国経済圏から切り離され，さらに分断の影響により企業の生産活動が正常化されず，深刻な物資不足の状況が続いていた。米軍政庁は，不足する物資を海外から輸入しなければならなかったが，日本との民間貿易は韓国が再び日本経済に従属させられることを防止するために厳しく制限した一方，中華民国，香港，マカオなどの中華圏との民間貿易を奨励した。米軍政庁の韓国華僑に対する優遇政策もあって，この中華圏との民間貿易を独占したのが韓国華僑の貿易会社であった。

解放初期韓国華僑の貿易会社のうち最も経営規模が大きかったのは万聚東であった。〔表補Ⅱ-3〕は，韓国商工部貿易局が1948年の年間貿易額が多い華僑貿易会社13軒をリストアップしたものである。万聚東は輸入額が4億1,645万ウォン，輸出額が2億4,880万ウォン，合計6億6,525万ウォンで華僑貿易会社の中では群を抜いて1位であった。万聚東の貿易額は1948年の仁川港貿易額の6.7％を占めるほど大きく，当時韓国人貿易会社として相対的に規模の大きかった建設実業，和信貿易，天一，中央の貿易規模を凌駕していたため，事実上，万聚東が韓国最高の貿易会社であったのである。〔表補Ⅱ-3〕に注目すべきは13軒の貿易会社のうち仁昌公司以外はすべて仁川に本社を設けていたことで，仁川が韓国華僑の対中華圏貿易の中心であったことがうかがえる。

万聚東の経営活動を裏付ける史料が残っていないため，1949年から1951年会社閉鎖時まで万聚東に勤務した邱丕昭氏の証言[58]と，韓国語新聞の『貿易新聞』および『商業日報』の記事を土台に同会社の経営活動を再

表補 II-3 ● 韓国華僑経営の主要な貿易会社の1948年の貿易額（単位：千ウォン）

会社名	本社所在地	経営主	輸入額	輸出額	合　計
万聚東	仁川	姜茂禎	416,450	248,804	665,254
仁昌公司	ソウル	史煥章	296,672	282,199	578,871
互恵貿易	仁川	—	331,658	196,954	528,612
啓中貿易	仁川	夏子範	294,298	93,234	387,532
正興徳	仁川	王国禎	204,717	157,293	362,010
華僑服務	仁川	—	141,120	86,293	227,413
益昌盛	仁川	—	58,191	24,984	83,175
天徳洋行	仁川	鄭家賢	39,272	36,432	75,704
中韓貿易	仁川	—	34,742	19,461	54,203
広泰成	仁川	孫景三	35,938	6,070	42,008
益泰東	仁川	—	9,621	8,144	17,765
福隆祥	仁川	—	8,692	2,929	11,621
南方華僑	仁川	—	4,919	804	5,723
合　計	—	—	1,876,290	1,163,601	3,039,891

出典：朝鮮銀行調査部（1949年）IV-71頁から作成。

現してみたい。万聚東は仁川善隣洞の隣の新浦洞に本店，ソウルの小公洞に支店を置いた。本社および支店の従業員数は各々30名と10名であった。万聚東は姜茂禎，李慶文などが共同出資して設立した合資会社であった。同会社は貿易会社のみならず飲食店，醸造工場，唐麺工場なども経営し，姜茂禎社長はジープで本店と支店を行き来しながら会社を経営していた。

　万聚東は朝鮮植民地期に設立された当時は雑貨商であった。1928年当時仁川府内里に位置した万聚東は小麦粉および雑貨を販売して，年間の売上額は3万円に過ぎず，規模の大きい雑貨商ではなかった[59]。しかし，万聚東は1930年代に他の業種にも進出したようである。秦裕光によれば，万聚東は宿泊施設を有して仁川港に入港する中国人を相手に旅館業以外に両替，汽車の切符など各種の旅行サービスまで提供し，貿易業も兼ねていた

58) 1999年8月および2004年5月20日大邱市の中華料理店にて行ったインタビューによる。彼は1953年7月朝鮮戦争の休戦協定が結ばれた後，大邱に移住して醸造工場を設立して成功を収め，1990年～1994年に大邱華僑協会長を務めた。現在はアメリカに居住している。
59) 京城商業会議所「朝鮮に於ける外国人の経済力」『朝鮮経済月報』第159号（京城商業会議所，1929年3月）34頁。

という[60]。

　解放前後に万聚東の店主は王承謁（元仁川農業公議会長）[61]から姜茂禎に代わっていた。店主が王承謁から姜茂禎に入れ替わった経緯は不明であるが，解放前後の混乱期に姜茂禎が王承謁より万聚東を買取したと考えられる。

　万聚東は解放初期に前述の通り韓国最大の貿易会社に発展したが，貿易業以外にも他の営業を行っていた。邱丕昭氏の次の証言に注目してみよう。

　　本社のすぐ隣の建物に宿舎があった。2～4名が宿泊できる小部屋が八つ，10名程度泊まれる大部屋が三つあった。各部屋には貿易業務を行えるように椅子とテーブルが置かれていた。宿舎には香港の貿易会社から派遣された出張員，上海，山東省の龍成と石島などからきた小商人たちが滞留していた。滞留する商人は約50～60名であった。万聚東は彼らに食事ばかりか各種の商業的便宜を提供した。私は彼らの商業の手伝いや客室の掃除をした。客商たちは大部分山東省出身であった。万聚東は彼らに通関業務のサービスを提供した。また，彼らと韓国華僑雑貨商および韓国人貿易業者との取引の仲介を行い，取引が成立すれば取引額の約1％を手数料として受け取った[62]。

　邱丕昭氏の証言によれば，万聚東は大阪川口にあった行桟に違いない。万聚東の経営者の姜茂禎が山東省文登出身であったこと，その客商がほとんど山東省出身であったこと，各種の商業的サービスを提供して手数料を受け取っていたことなどがそれを裏付ける。客商が50～60名滞在していた

60）秦裕光「万聚東」『中央日報』1979年11月15日。秦氏は1917年新義州に生まれた。3歳の時に山東省に帰り私塾7年，青島市礼賢中学（4年）を卒業して，1937年に京城に移住した。移住後永登浦に中華飲食店の「鴻陞楼」を経営した。解放後漢城華僑自治区副区長（1955～1960年），漢城華僑協会会長（1969～1971年，1973年～1975年）を歴任した。
61）万聚東の店主が1940年までに王承謁であることは〔付表10〕の33番によって確認される。
62）1999年8月および2004年5月20日大邱市の中華料理店にて行ったインタビューによる。

ことを考慮すれば，大阪川口の行桟を基準として万聚東は大桟であった。

解放初期仁川港は対中華圏貿易が盛んになるにつれて香港から蘇州号，湖南号，南昌号，四川号などの汽船（上海と福州経由），中国の石島，天津，青島，大連などを往来する貿易船に乗って入港する遠距離客商で賑わった。例えば，1948年4月7日に仁川港に入港した蘇州号の乗客リストをみれば，中国人が34名，韓国人が4名，米国人が1名で全体乗客の88%が中国人であった[63]。

万聚東に宿泊する客商は韓国の法律と商業情報に乏しく韓国人および華僑雑貨商などと直接取引することは容易ではなかったために万聚東のような行桟に依存せざるをえなかっただろう。特に，遠方から来た客商は貨物の輸出入通関に隘路があったが，仁川港税関の通関業者13名のうち3名が華僑で彼らが仁川港の通関業務をほぼ独占していた[64]とされ，万聚東もその華僑通関業者を利用して通関業務を円滑に行った。

邱丕昭氏の証言によれば，万聚東の客商の中には香港の義泰行から派遣された出張員がいたという。義泰行の店主は山東省出身で，その出張員も山東省出身であった。一方，万聚東は香港貿易のために義泰行に出張員を1～2名派遣していた。出張員は香港の商業情報に精通していなかったため必要物資の購買と販売を行えなかった。義泰行が対韓国貿易で万聚東に依存したのと同じく，万聚東は対香港貿易で義泰行に依存したという構図で，両会社は相互依存の関係にあったのである。万聚東の次に貿易規模が大きかった興昌公司に書記として働いた楊静波氏は香港に出張員を派遣して貿易活動を行っていたと証言した[65]が，その出張員も香港にある山東幫の行桟か貿易会社を頼っていた。なお，山東省の各地および上海よりきた万聚東の客商は送出地と韓国の間のモノの流れを仲介する役割を果たす存

---

63)「蘇州号乗客名簿」『貿易新聞』1948年4月18日。中国人34名のうち2名は女性，32名は男性であった。
64)「船舶의（の）仁川集中은（は）中国人通関業者通함이（通すのが）原因」『貿易新聞』1948年5月27日；「外国市場化防止하라（せよ）駆逐当한（された）国産品貿易界는（は）華商이（が）弄絡」『朝鮮日報』1948年10月3日。通関手数料は輸出入価格の2%であった。
65) 2006年5月27日に清州市の雅観園（次男経営の食堂）にて行ったインタビューによる。

在であり，万聚東にとって重要な通商網であった。

　一方，香港に本店を置いた英国系会社の太古洋行はソウル小公洞に本事務室を設けて，臨時事務所を仁川の万聚東本店の一角に設置していた[66]ことが注目される。太古洋行仁川臨時事務所には同洋行から派遣された社員2〜3名が常駐して同洋行所属の汽船の旅客，貨物および海上保険の業務を取り扱っていた。太古洋行は，万聚東の客数が多く，最大の貿易会社であったことを考慮して臨時事務所を万聚東に設置したのだろう。

　邱丕昭氏の証言によれば，解放初期仁川には万聚東のみならず同順東，広泰成，益泰東なども行桟を運営していたという。これらの行桟も店主はすべて山東省出身であり，行桟と貿易業を兼営していた。しかし，万聚東の客商の数が50〜60名の大桟であったのに対して，同順東，広泰成，益泰東などの客商の数は20〜30名で小桟であった。万聚東の貿易額が最も多かったのは，行桟の客商の数が多かったこと，香港，上海，山東省などからきた客商を通商網として活用したことが，その背景にあった。

　万聚東がこのような通商網をいかに活用して貿易活動を行っていたのか見てみよう。万聚東が香港の義泰行と協力関係を結んだ契機は韓国の貿易関連制度と関係がある。1947年7月中旬から米軍政庁によって始まった「確認信用状先手制度」は韓国から外国に輸出する場合は輸入を希望する国家の貿易業者より信用状を受け取った後，輸出を行うようにするものだった[67]。この制度のため万聚東は香港および中華民国に対して信用状の発行に協力してくれる貿易会社を必要とし，義泰行の出張員が万聚東に滞在することを契機に双方は自然に協力関係を結んだと推定される。

　万聚東が義泰行の協力を得て香港から1948年4月と5月に仁川および釜山に入港した6隻の汽船で輸入した商品は紙類2,685万ウォン，化学原料

---

66)「広告」『貿易新聞』1948年7月5日。
67) 安鎬烈「南朝鮮의（の）貿易行政」『経済評論』創刊号（1948年7月）9〜10頁。この制度については香港と中華民国に通商網を持っていなかった韓国人貿易業者より批難が多かった（「信用状問題至急取消하라（せよ）貿易協会서（から）陳情」『東亜日報』1947年7月2日）が，1948年1月31日に実施された「信託船積制」以前までに継続した（「信用状問題至急取消하라（せよ）貿易協会서（から）陳情」『東亜日報』1947年7月2日）。

1,058万ウォン,生ゴム1,026万ウォン,染料1,000万ウォンであった[68]。紙類の輸入は解放初期新聞用紙の需要増加,化学原料と染料の輸入は化学工場と繊維工場での需要増加,燃料生ゴムの輸入はゴム靴工場での需要増加によるものであった。

一方,万聚東が1948年5月に香港行き南昌号に船積みした輸出貨物は鯣(するめ)などの水産物であった。鯣の輸出が多かったのは当時香港とシンガポール(新嘉坡)に屋台の石焼鯣の人気があってその需要によるもので[69],韓国の1948年の年間対香港輸出において鯣が輸出額1位を占めていた[70]。

なお,万聚東は仲介貿易も行っていた。万聚東は1948年に国共内戦の激化によって満洲産紅蔘の主要な消費地であった上海,香港などに輸送ができなくなったことに着眼して,まずその紅蔘を大連に船積みして仁川港を通じて輸入した後,仁川税関より1948年5月10日に輸出許可を得て香港に425万ウォンの紅蔘を再輸出した。広泰成と益泰文も万聚東と同様な方法で各々338万ウォンと132万ウォンを再輸出した[71]。

一方,万聚東は公式的な貿易以外に密貿易も行っていたことが確認される。『商業日報』1948年11月23日付の記事をみよう。

> 今年7月より10月にかけて仁川港米軍部隊通訳の卿某は張某というブローカーを通じて万聚東に重油百ドラム缶,同順東に重油百七ドラム缶,広泰成に同八十ドラム缶,湧勝和に同八十ドラム缶,その他六名の中国人業

---

68) 『貿易新聞』1948年4月4日・4月18日・5月13日・5月17日・5月27日。
69) 「私の履歴書 陳舜臣」『日本経済新聞』2004年6月22日。
70) 朝鮮銀行調査部(1949年)Ⅳ-60頁。
71) 「可憎한(な)中国人의(の)商略」『貿易新聞』1948年7月14日。一方,このような華僑貿易会社による満洲産紅蔘の再輸出は韓国産紅蔘の対香港輸出に影響を与えるとして韓国人貿易業者より反発を受けて一時禁止された。しかし,万聚東の李慶文,同順東の韓鳳鳴,仁川中華商会通訳の丁信は仁川税関を訪問して再輸出禁止措置は韓中間の貿易振興に悪影響を及ぼす恐れがあるとして強力に抗議した(「機船장크(ジャンク)船積還不許常套的인(な)華商의(の)陳情을(を)물리쳐라(拒絶しなさい)」『貿易新聞』1948年7月26日)。丁信は邱丕昭氏を万聚東に紹介した者である。彼は朝鮮戦争勃発後台湾に留学して牧師になった。大邱中華基督教会(1962〜1974年)および漢城中華基督教会(1974〜1978年)の牧師を歴任した後,カナダに移住した。2003年に死没した。丁信と邱丕昭氏は姻戚関係である(邱丕昭氏の証言と旅韓中華基督教聯合会(2002年)67〜68頁)。

図補 II-2　朝鮮戦争中の1951年11月14日に大邱華僑協会を訪問した王東原駐韓国中華民国大使および随行員と同協会の役員たち
出典：大邱華僑協会提供。

者に闇価格で販売したという。前記各業者たちは船舶燃料用配給という名目で取得したことを口実に青島，秦皇島方面に密輸した事実が発覚。最近第一管区庁に厳重な取調を重ねたところ一段落した模様で，不拘束で一件書類だけが送庁されたという。飛鳥の威勢を誇る姜茂禎氏も数時間の留置を余儀なくされた[72]。

　この記事は，万聚東をはじめとする仁川在住華僑貿易会社などが米軍部隊から流出された重油を闇価格で購入して華北に密輸出したことが発覚し，関連の華僑が厳重な調査を受けたが拘束されずに終わったという内容である。万聚東などが重油を密輸した背景には華北が国共内戦により重油の需要が旺盛で高い値段で取引されていて，密輸で多大な利益を上げられるという事情があった。当時重油などの石油製品は米国より輸入されて石油配給機関を経由して民間人に配給されていた[73]。万聚東などが配給機関

---

72)「中共에(に) 油類提供한 在仁川華商의(の) 密輸跳梁」『商業日報』1948年11月23日。
73)「石油1,000드럼（ドラム缶）断電応急用으로（で）配給」『貿易新聞』1948年7月15日。

を通さず重油を闇価格で取得したのは違法であった。同順東の韓鳳鳴などが九つの貿易会社が所有する船舶15隻の燃料用として購入したと釈明したが，取得した重油の量が過度に多いことは密輸のための購入として受け止めるしかなかった[74]。なお，解放初期に石油製品は輸出許可品目録に含まれていなかった輸出禁止品であり[75]，税関を通さず華北に輸出したのは明白な密輸であった。

ところで，明白な密輸事件であるにもかかわらず万聚東代表の姜茂禎などは全員不拘束処理されたことに注目する必要がある。その背景を示す一つの事例がある。1948年7月に山東省居住の王炳南など9名の中国人と韓国人1名がガソリン118ドラム缶を石島に輸出したところ当局に摘発されたが，逮捕された中国人4名は裁判に「一等国民という優越と領事館の庇護で中国に追い出されただけ」の処分を受けた反面，韓国人1名は10万ウォンの罰金刑に処された[76]。すなわち，中国人は「連合国国民」として優遇されて違法行為をしても法律に則って処罰されなかったのである。万聚東代表の姜茂禎は当時旅鮮中華商会聯合会長，仁川中華商会代表，仁川華僑自治区公所代表の肩書きで朝鮮華僑を代表する「飛ぶ鳥の威勢」を誇っていた者であっただけに，処罰される可能性は低かったのだろう。しかし，華僑貿易会社にとって華北に張り巡らしていた通商網を有して高い利益が得られる案件があれば，法の網をくぐってでもモノを運ぶことは十分ありうることで，特に解放初期は政情不安による法秩序が乱れていた時期であった。

一方，〔表補Ⅱ-4〕は解放初期韓国の国別輸入比重を示したものであるが，1946年～1948年における中国および香港が占める比重は全体輸入額の8割～9割に達し，そのほとんどを華僑貿易会社が担っていた。韓国政府はこのように，民間貿易が華僑によって掌握されている事態を非常に憂

---

74)「中共에（に）油類提供在仁川華商의（の）密輸跳梁」『商業日報』1948年11月23日。
75) 朝鮮銀行調査部（1948年）Ⅰ-121頁。
76)「揮発油密輸타가（するところ）一等国民들（たち）法網에（に）」『貿易新聞』1948年8月11日。米軍政庁が韓国人の処罰に適用した法律は関税法第78条，刑法第60条，軍政法令第120条第2項であった。

表補 Ⅱ-4　解放初期韓国の国別輸入比重（単位：％）

国別＼年次	1946	1947	1948	1949	1950	1951	1952	1953
中　国	91.7	29.0	8.7	14.0	8.8	1.2	11.8	4.9
香　港	—	60.6	70.0	59.4	3.4	17.9	7.8	3.1
日　本	7.8	0.3	9.7	14.4	69.1	72.8	59.2	47.7
米　国	0.2	10.1	11.6	12.2	10.5	3.8	11.3	16.6
その他	0.3	0.0	0.0	0.0	8.2	4.3	9.9	27.7
合計	100.0	100.0	100.0	100.0	100.0	100.0	100.0	100.0

出典：朝鮮銀行調査部（1949年）Ⅳ-52～53頁；韓国貿易協会（1954年）統計；韓国貿易協会（1957年）13頁。
注：1950年からの対中輸入額は中華民国（台湾）からの輸入額である。

慮していた[77]。

　韓国政府は華僑貿易会社の民間貿易を制限する各種の措置を執った。韓国政府が1949年に実施した「輸入割当制度」（輸出の実績に合わせて政府が輸入業者に輸入量を割り当てる制度，貿易収支改善が目的）と「対外貿易其の他取引の外国為替取扱規則」（輸入用外国為替は輸出で獲得した外国為替以外の使用を禁止した規則）は，輸入より輸出の実績が相対的に少なかった華僑貿易会社に不利に作用した[78]。

　なお，韓国政府は1949年11月と12月初めに韓国華僑の密貿易について厳罰処分にすることを公言した[79]。邵毓麟駐韓国中華民国大使は12月10日と11日大使館に華僑代表160名が参加した会議で，密貿易を念頭に「すべての韓国華僑は韓国の法律を守り韓国人とよい関係を維持しなければならない。韓国の法律を犯す者は処罰を受けるかこの国から追放される」と警告した[80]。しかし，韓国政府は密貿易の取締の一環で1949年末と1950年初めにソウルおよび仁川の華僑貿易会社の倉庫を封鎖した。韓国の司法当局によって調査を受けた華僑の貿易会社は約30軒，倉庫が封鎖された貿易会

---

77) 李（1996年）141頁。
78) 王（2008年）207～210頁。解放初期韓国政府の外国為替政策については，崔（2000年）が詳しい。
79) 「李範奭国務総理，農地改革問題에대해（について）記者와（と）問答」『漢城日報』1949年11月8日；「在韓華僑潜商에（に）警告」『東亜日報』1949年12月10日。

社は5～6軒に上った[81]。

　韓国政府が工業化に必要な物資を日本から輸入する政策[82]は華僑貿易会社を不利な立場に立たせた。韓国の輸入貿易において日本の比重が1949年に14％だったのが，1950年と1951年には約7割に高くなって，香港と中華民国は1950年と1951年に各々12％と19％に激減した（〔表補Ⅱ-4〕参照）。この対日輸入を担っていた貿易業者は韓国人貿易業者と日本在住韓国人貿易業者であった。韓国人貿易業者は日本に支店を設置して日本の貿易会社と直接取引を行うか，日本在住韓国人貿易業者を介して貿易を行った[83]。一方，華僑貿易業者は朝鮮近代期大阪川口の行桟を通じて織物類などを仕入れていたが，その行桟は日中戦争末期における日中貿易の杜絶によってダメージを蒙り，さらに川口は米軍の空爆によって焼け野原になっていた[84]。川口の行桟の機能不全は華僑貿易業者にとって重要な通商網を失うことに他ならなかった。

　なお，中国大陸の共産化と朝鮮戦争は華僑貿易会社の通商網に甚大な打撃を与えた。韓国政府が公布した「外国人の入国出国と登録に関する法律」は韓国と中華人民共和国の間のヒト，モノ，カネ，情報の移動を厳しく制限する措置であった。この法律により，万聚東などの行桟に泊まっていた山東省および上海からきた客商の貿易業務は事実上不可能になり帰国

---

80) December 16, 1949, from American Embassy, Seoul to Secretary of State, Washington, Records of the U.S. Department of of State relating to the Internal Affairs of Korea, 米国務省（1995年），313頁）。この会議ではその他に次の4点が決意された。①韓国華僑は韓国とともに反共に参加する，②太平洋条約の促進のために韓国，フィリピン，その他の国の各国大統領にメッセージを送付する，③韓国の飛行機の購入のために寄付金の募金を行う，④38度線に位置した韓国保安軍および陸軍病院に電報および慰問団を派遣する。
81) 邵（1980年）134頁。
82) 韓国解放後から韓国政府樹立するまでの両国の貿易は基本的にSCAPと米軍政庁の間の政府間貿易であった。韓国の産業施設のほとんどは植民地期に設置されたものであるため部品，原材料を日本から輸入しなければ韓国の産業復興は達成できない事情があった。かくてSCAPの仲介で第1次韓日通商協商が1949年3月に開催されて4月1日から1年間に輸出2,929万ドル，輸入4,868万ドルをすることに合意した。その後，1949年10月，1950年3月，1951年3月に各々韓日通商協商が開かれた（車（2002年）63～64頁）。
83) 車（2002年）162～168頁。日本に支店を開設していた韓国人貿易業者は1952年63名，1957年141名であった。
84) 内田・塩脇（1950年）93・98頁。

せざるをえなかった。朝鮮戦争の勃発によって，邱丕昭氏の証言によれば，香港の貿易会社から派遣されていた出張員と客商全員が避難を余儀なくされて香港に帰国したという（中には死者も出たという）。一方，韓国政府と中華民国政府は両国の貿易の拡大のために1950年5月台北で通商協定を締結した[85]が，朝鮮戦争の影響と植民地期の朝鮮と台湾の貿易が双方の農産物の交易が中心で相互補完性が欠如していたため，両国間の貿易は少なかった（〔表補Ⅱ-4〕参照）。さらに韓国華僑貿易業者はほとんど山東省出身であるため，福建幇中心の台湾には通商網が確立されていなかったと考えられる。

以上のような理由により，万聚東は山東省，上海，香港などに張り巡らせていた通商網が切断されて以前のような対中華圏貿易はできなくなり，1951年「1・4後退」の際に閉店して，従業員は全員釜山などに避難したという。万聚東の経営者の一人であった李慶文と邱丕昭氏は避難先の釜山の国際市場に小規模貿易会社を設立して香港から小麦粉，砂糖などを輸入したが商売が振るわず撤退したという。解放初期に韓国の民間貿易を牛耳っていた華僑貿易会社は万聚東と同じ軌道を辿りほとんど閉店してしまった（〔表補Ⅱ-4〕では天徳洋行のみが残った）。1958年頃に韓国政府より許可を受けた華僑貿易会社は僑豊公司と天徳洋行の2軒しかなかった[86]。解放初期華僑経済の中核をなしていた貿易会社の没落といえよう。

2　商業

〔表補Ⅱ-5〕はソウル市在住華僑の商店数および工場数を示したものである。解放直前ソウルには17軒の雑貨兼織物商があったが，解放以後急増して1949年4月には61軒に増えた。仁川には約30軒の雑貨兼織物商があった[87]。雑貨兼織物商は織物類だけでなく，香港およびマカオから輸入された中国産絹織物，背広の生地，日用雑貨，豆油，中国特産物などを販売し

---

85) 大韓民国公報処編輯「週間日誌」『週報』第60号（1950年5月31日）1頁。
86) 華僑史編纂委員会編（1958年）83頁。
87) 朝鮮銀行調査部（1949年）Ⅱ-66・71頁。

表補Ⅱ-5　ソウル市在住華僑の商店数および工場数

時期別 職業別	解放以前 （軒）	解放以後 （軒）	1948年10月 （軒）	1949年4月 （軒）
飲食店	175	157	329	389
雑貨商	17	27	41	61
貿易商	4	11	17	36
鋳物製造業	5	2	7	10
薬種商	6	2	8	8
その他	18	40	57	58
合　計	225	239	459	562

出典：朝鮮銀行調査部（1949年）Ⅱ-64～65頁から作成。
注：この統計には永登浦在住華僑の戸数は含まれていない。解放以後というのは解放直後から1948年10月の間に新設された店舗および工場を指す。

ていた。ソウルの主要な雑貨兼織物商は瑞増徳，裕盛恒，義生徳，新興東，和興隆，複大成，同発祥，泰東号，金生永，志恒号，源春茂，竜源号であった。仁川の主要な雑貨兼織物商は双盛興（店主は林豊年），天合桟（同周錫九），万盛号（同発世周），同盛永（同紗敬毓），永盛興（同李仙舫），協昌永（同賀香九），裕豊徳（同王軒志）であった。仁川の雑貨兼織物商の中に「裕豊徳」が含まれているが，朝鮮近代期華僑織物輸入商を代表する京城の「裕豊徳」が復活したわけではなく，「双盛興」のように朝鮮開港期の華僑織物輸入商の「双盛泰」などの店号を取ったに過ぎないと考えられる。

　一方，日中戦争期仁川の織物卸売商の中では貿易会社に転換した商店が確認される。1948年10月に仁川には27軒の華僑貿易会社があったが，その中の福生東（店主は王興西），徳生祥（同郭日栄），仁合東（同孫徳敬），誌興東（同王少楠）などは仁川の織物輸入商および卸売商として営業を展開していた織物商であった。しかし，植民地期織物商から貿易会社に転換した会社は〔表補Ⅱ-3〕に登場するほど大手貿易会社ではなく，いずれも小規模であった。

　一方，中華料理店および飲食店の増加が注目される。〔表補Ⅱ-5〕の示すように，ソウルの中華料理店および飲食店は日本の敗戦直前に175軒で

あったのが，1949年4月には389軒に2.2倍に増えた。主要な中華料理店の中の雅敍園，第一楼，悦宝楼，大観園などは植民地期にも存在していた大型中華料理店であって，新設された料理店も多かった。中華料理店および飲食店はソウル市在住華僑の商店および工場数の約7割を占めて圧倒的に多く，貿易会社とともにソウル市在住華僑の商業および経済の中心的な存在であった。仁川の中華料理店および飲食店は69軒に上り，雑貨商約30軒，貿易会社27軒をはるかに上回った。主要な中華料理店の共和春，松竹楼，中華楼は植民地期にもあった大型中華料理店であった。華僑貿易会社の衰退に伴い，華僑全戸数の約4割は中華料理および飲食店で占められ[88]，中華料理店が華僑経済の中心となり，この傾向は1980年代までに続いた。

他方，北朝鮮華僑の商業活動は解放初期にいかなる変容を遂げたか見てみよう。1948年の華僑戸数の職業別分布は農業戸数が全体の45％で最も多く，商業戸数が18％でその次であった[89]。華僑の商業は小規模の中華飲食店がほとんどを占めて雑貨商は少なかった[90]。北朝鮮政府は1955年から社会主義改造を標榜して華僑の中華料理店および雑貨商の合作化を進め，1957年の華僑商業の合作社数は450軒に上り，そのうち269軒が中華飲食店であった[91]。この合作社に従事する華僑は国営商業部門の職員となり，華僑経営の中華料理店および商店は完全に姿を消すことになった。

3 製造業

植民地期華僑を代表する製造業の鋳物業は解放後大きな転換期を迎えた。解放直後に既存の華僑鋳物工場に加えて新しい工場が相次いで設立されて1949年には14軒に増えた。〔表補Ⅱ-6〕の示す通り，植民地期に設立された鋳物工場は双和祥，福聚盛，泰興鉄工廠，双和永，金城鉄工所しか

---

88) 華僑史編纂委員会編（1958年）65頁。
89) 1958年1月1日，中華人民共和国駐朝鮮大使館「関于在朝鮮華僑情況資料」『中国外交部档案』（中華人民共和国外交部档案館，登録番号106-01130-03）。
90) 楊・孫（1991年）308頁。
91) 1958年1月1日，中華人民共和国駐朝鮮大使館「関于在朝鮮華僑情況資料」（同上档案）。

表補 Ⅱ-6 解放初期韓国華僑鋳物工場の現況（1949年）

所在地	工場名	設立年	従業員（名）	生産量（個・貫）
ソウル	福聚盛	1923	ー	ー
	双和祥	1922	ー	ー
	華興鉄工廠	ー	ー	ー
	泰興鉄工廠	1925	ー	ー
	双興鉄工廠	ー	ー	ー
	その他2か所	ー	ー	ー
釜山	双和興	1945.12	ー	釜月4,000個・機械鋳物3万貫
	高麗鋳物工廠	1947.8	ー	釜月3,000個・機械鋳物1万5,000貫
群山	華豊泰	1946.4	16	釜月1万500個・犁年8,000個・火鉢月1,000個
大邱	双和永	1923	12	釜月3,000個・火鉢
	勝利鋳物工廠	ー	15	釜月8,600個
大田	東茂鋳物工廠	1946.11	ー	釜月1,000〜1,500個（200万〜300万圜）
清州	金城鉄工所	1925	19	釜月500個・農具月50個

出典：朝鮮銀行調査部（1949年）Ⅱ-63〜75頁から作成。

なく，それ以外の鋳物工場は解放直後に設立された工場であった。その設立の経緯は多様であった。大邱の勝利鋳物工廠はそもそも日本人と朝鮮人の合資会社であったが，同地の有力華僑商人の慕文錦[92]などが韓国人の持ち株を5万ウォンで買収した工場であった。群山の華豊泰は同地の韓国人と華僑3名が共同出資して1946年4月に設立され，その関係で職工16名のうち韓国人は9名，華僑は7名であった。

解放初期に新しく設立された華僑鋳物工場はほとんどソウルの双和祥に

---

92) 彼は山東省黄県東麻院慕家村出身で1913年に京城府の双興号（建築請負会社）に書記として就職，15年には同社の設計職員として就職，1917年に離職して，1920年から大邱の双興号の経理として就職した。1933年に大邱中華商会副主席，1936年に同主席，1937年に大邱中華料理飲食店組合長，1939年に旅鮮中華商会聯合会の幹事に選出され，1941年に大邱華僑小学の設立を主導した（1943年2月2日収，駐釜山領事館ヨリ僑務委員会宛報告「大邱華僑学校備具各項書表」『汪偽僑務委員会档』（同2088-569））。大邱双興号の総経理であった姜義寛（黄県出身）が1931年排華事件で帰国した後，総経理になって，大邱・慶北地域の主要な宗教建築（基督教関係）に携わった。彼が1920年代に設立した中華料理店の鞏芳閣は大邱・慶北地域を代表する中華料理店として地域民に愛された。大邱在住華僑の経済および教育活動については，拙稿（2005年）と拙稿（2007年）を参照されたい。

よるものであった。植民地期の「宋氏系列工場」は本店が中国の安東にあったが，南北分断により双和祥が本店の役割を担うことになり，双和祥は相次いで新しい鋳物工場を設立した。双和祥は1945年12月に釜山に双和興，1947年には同地に韓国人所有の工場を買収して高麗鋳物工廠を設立した。前述の大邱の勝利鋳物工廠も大邱の系列工場の双和永と提携関係にあったとされ，事実上双和祥の傘下にあった工場であった。双和祥はこのような工場を含めて韓国の各地に約10軒の鋳物工場を傘下に収めていた[93]。

華僑鋳物工場の生産量は朝鮮釜の生産量を基準とした場合，日中戦争以前の生産量を完全に回復したばかりかそれを上回った。日中戦争以前に華僑鋳物工場の年平均朝鮮釜生産量は約1万個であったが，〔表補Ⅱ-6〕のように，ソウルの鋳物工場は不明であるが，金城鉄工所以外はすべて年間1万個以上を生産していた。朝鮮銀行調査部は「南韓内の主要都市に彼らの鋳物工場がないところがない状態で，各家庭の必需道具の釜はほとんど華僑工場によって供給されている[94]」と指摘しており，華僑の鋳物工場は解放初期に非常な活況を呈していたことがうかがえる。

その後，華僑鋳物業は韓国華僑の代表的な製造業としてあり続けたが，1970年代以降アルミニウムの登場などによる朝鮮釜に対する需要が減少し，閉鎖される工場が相次ぎ，現在慶尚南道に2軒（東昌鋳造廠と双和興）と全羅南道に2軒（東興鋳物廠と大興鋳物廠）が残っているだけである。

鋳物業以外は中国の白酒を製造する醸造工場，唐麺(とうめん)および小麦粉を製造する製粉工場が中華料理店および飲食店の増加に伴い活況を呈した[95]。主要な醸造工場は，ソウルに銀酒公司，泉興公司，徳源公司，永源公司，仁和居があって[96]，仁川に万聚東醸造部，同順東醸造部，仁生利醸造部などがあった[97]。主要な製粉工場は仁川の万聚東唐麺工場[98]，双和唐麺工場[99]

---

93) 朝鮮銀行調査部（1949年）Ⅱ-72頁。
94) 朝鮮銀行調査部（1949年）Ⅱ-63頁。
95) 朝鮮銀行調査部（1949年）Ⅱ-63頁。
96) 朝鮮銀行調査部（1949年）Ⅱ-67頁。

があった。

　一方，解放後北朝鮮における華僑の靴下製造業と鋳物業はどのように変容されたか見てみよう。まず，日中戦争期に新義州に一つしか残っていなかった靴下製造工場の仁和興の行方である。史料がないため知るすべがないが，戦争末期に原料入手が困難となり閉鎖を余儀なくされたか，解放初期の混乱および朝鮮戦争によって消滅した可能性が高いと考えられる。

　華僑鋳物工場は日中戦争期に約10軒が北朝鮮地域に存続していたため，解放後にも工場を稼動していた可能性が高い。元北朝鮮華僑Ａ氏も，清津には1950年代半ばまで華僑経営の鋳物工場が２軒あったと彼の母親から聞いたと証言した[100]。二つの鋳物工場は〔表8-3〕に出る清津府浦項町にあった福盛東と同興公であったと考えられるが，２軒の華僑鋳物工場は北朝鮮政府の各産業における集団化政策によって1950年代の後半に清津華僑鋳物協会組合に改組され，1958年には完全に国営企業になった[101]。

　解放初期北朝鮮には鋳物工場以外に小規模の硝子工場，製粉工場などがあったが，これらの工場も北朝鮮政府の集団化政策によって1958年にはすべて国営企業に転換し，その経営主は労働者として生産活動に従事することになった[102]。

4　農業

　植民地期華僑農民は都市周辺に野菜を栽培して都市部に野菜を独占的に供給していたが，解放後，そのような様態がどのように変わったか，見てみよう。

　韓国華僑農家は1948年10月に富仁地域に215戸（1,044名（男性647名・

97）朝鮮銀行調査部（1949年）Ⅱ-71頁。仁川の醸造工場は各貿易会社によって事業の一部として経営されていた。
98）朝鮮銀行調査部（1949年）Ⅱ-71頁。貿易会社の万聚東が経営していた。
99）朝鮮銀行調査部（1949年）Ⅱ-74頁。鋳物工場の双和永鋳物工場が経営していた。
100）2010年12月13日と2011年1月23日に電話を通じたＡ氏（1980年に北朝鮮で生まれる）へのインタビューによる。彼の父親は1953年に，母親は1952年に北朝鮮で生まれた。
101）楊・孫（1991年）308頁。
102）楊・孫（1991年）307〜308頁。

女性397名)),群山に17戸,光州に14戸,大邱に13戸,釜山に2戸,木浦に2戸,大田に1戸があった[103]。始興郡と高陽郡の華僑農家戸数は確認できないが,解放初期にもこの地域は野菜栽培が盛んであった地域とされ,約40～50戸の華僑農家が野菜栽培を行っていたと考えられる[104]。以上の華僑農家の戸数はあわせて約300戸になり,未確認の他の農村地域の華僑農家を入れるならば1943年に韓国地域にあった華僑農家戸数と同水準であったと推定される。この事実は解放初期に韓国華僑農家の移動はほとんど行われなかったことを示唆する。

　一方,華僑農家が小作する農地には変化が生じた。敗戦によって日本人が本国に引き揚げたため,東洋拓殖株式会社および日本人所有の土地はすべて新韓公社の管轄に帰属した[105]。華僑農家は朝鮮近代期日本人および朝鮮人地主から土地を借りて野菜栽培を行ってきたため,日本人地主より借りていた華僑農家は新韓公社と契約を結び小作料を支払うようになったのである。例えば,富仁地域の華僑農家は2万1,000坪を新韓公社の耕地を借りて野菜栽培を行い[106],同地の華僑農家の耕作面積は22万2,000坪[107]に上っていたため,全体の約10％が新韓公社の耕地であったことになる。群山の華僑農家は17戸のうち14戸が新韓公社の土地を小作し,光州の華僑農家は9,900坪の新韓公社の土地を小作していた[108]。

　華僑農家が小作していた新韓公社所有の土地は同公社所有の土地払下の際に問題となった。米軍政庁で数回検討した結果,華僑に対しては耕作権のみを認め,所有権は一切認めないことが決定された[109]。

---

103) 朝鮮銀行調査部 (1949年) Ⅱ-68・71・73～75頁。
104) その根拠は次の通りである。同地域の華僑戸数は141戸であったが,野菜栽培が活発な富仁地域の農家戸数が同地域の全戸数の約3割を占めていたことを同地域に当てはめるならば,大体40～50戸になる (華僑誌編纂委員会編 (1958年) 52頁)。
105) 新韓公社は1946年2月21日の米軍政庁法令第52号によって設立された。新韓公社所有の耕地は韓国の全耕地の12.3％に達した (金 (1990年) 25～27頁)。
106) 1948年1月16日収,旅韓華僑国民大会代表王興西稟〔朝鮮概況報告及意見書〕「韓国僑務案」『外交部档案』(台湾国史館所蔵,登録番号0670-4460)。
107) 朝鮮銀行調査部 (1949年) Ⅱ-71頁。
108) 朝鮮銀行調査部 (1949年) Ⅱ-73～74頁。
109) 「対中国人農地払下問題耕作権만 (のみ) 許容키로 (するように) 決定」『大衆日報』1948年5月14日。110) 朝鮮銀行調査部 (1949年) Ⅱ-71頁。

一方，富仁地域には解放初期に仁川中華農会（会長は救牛成）が存続し，華僑農家への種子斡旋，肥料の配給，その他農事改良など，植民地期と同様な業務を担当していた[110]。野菜の種子は中国より輸入したもので，同地域の華僑農家の栽培する野菜はキャベツ，白菜，茄子，胡瓜，葱，大根など，植民地期とほとんど変わらなかった。

　しかし，解放初期，需要者の大部分を占めていた日本人が引き揚げた結果，野菜販売は以前のような好景気を見ることはなかった[111]。ソウルの華僑野菜商は1949年4月15日現在に3軒しかなく，永登浦区の6軒を含めても，植民地期と比べれば格段に減少していた。

　他方，解放後，北朝鮮華僑農家の野菜栽培について見てみよう。北朝鮮臨時人民委員会が1946年3月5日に「北朝鮮土地改革に対する法令」を公布して土地改革を行い，華僑農家にも影響を及ぼした。この法令第2条と第3条によって「日本国家，日本人および日本人団体の所有地」はすべて没収され，朝鮮人地主でも1戸の農家で5町歩以上所有者，自耕せずに全部小作させている所有者の土地，面積にかかわらず継続的に小作させている全土地はすべて没収された[112]。これによって日本人および朝鮮人地主から小作していた華僑農家の小作地は没収されて人民委員会の財源へ帰属し，華僑農家には人民委員会と契約を結び耕作権が与えられた[113]。華僑農家には土地所有権が与えられず，土地の耕作権のみが与えられたのである。

　解放初期北朝鮮華僑農家の野菜栽培に関しては資料がない中，当時黄海道海州に居住していた楊春祥氏の証言は非常に参考になる。

　　解放直後海州には20戸の華僑農家が野菜栽培を行っていた。主に海州の郊外に韮，白菜，大根，葱などを栽培した。解放直後しばらく野菜行商で

111）朝鮮銀行調査部（1949年）Ⅱ-71頁。
112）金（2002年）469頁。
113）同年3月8日に公布された「土地改革法令に関する細則」第10条による（金（2002年）473頁）。

生活費を稼いだ。華僑農家から野菜を買い付けてリヤカーに載せて戸別訪問して販売した。日本に引き揚げずにいた日本人の住宅を訪ねて，日本語で「野菜要りませんか。いろんな野菜がありますよ」と声をかけて販売した。日本人は玉葱，葱，胡瓜が好きだった。占領軍のソ連軍人の家族にも野菜を販売したことがある。華僑農家は役所に供出をしなければならなかった。生産した野菜の3分の1を供出した。華僑農民たちは生産した野菜を役所に運び役所に手渡した[114]。

彼の証言によれば，華僑農家の野菜栽培は解放以前のように行われていて，野菜行商は認められていたようである。野菜行商の買い手に日本人とロシア人もあったことは興味深い。なお華僑農家生産の野菜が戦時統制期のように供出の対象であったことも新しい事実である。

北朝鮮華僑農民の人口は在北朝鮮華僑の人口減少に伴い減少した。1943年の北朝鮮地域の華僑農家は〔表9-1〕の示すように4,127戸に上っていたが，1958年には2,884戸に30％も減少した[115]。しかし，北朝鮮華僑の総戸数に占める華僑農家の比重は1948年には45％，1958年には76％に高まった[116]。すなわち，北朝鮮華僑は1950年代後半に農業中心の職業構成へと完全に変わったことが分かる。その華僑農家も1950年代半ばより北朝鮮政府による農業の集団化政策によって1958年3月に華僑農家の93.3％が農業協同組合に所属して野菜栽培を行っていた[117]。

5 労働者

植民地期朝鮮華僑労働者は朝鮮の経済開発に伴う労働力需要と送出地の経済的困窮が相乗して山東省，河北省などより朝鮮に移住してきた経緯があったが，解放初期韓国および北朝鮮経済の停滞は労働力需要を減退さ

114）2010年5月4日韓国大邱の自宅にて行ったインタビューによる。
115）楊・孫（1991年）303～304頁。
116）1958年1月1日，中華人民共和国駐朝鮮大使館「関于在朝鮮華僑情況資料」（上同档案）と〔表補Ⅱ-2〕。
117）宋（2010年a）10頁。

せ,両国における華僑労働者数も減少に転じた。

1948年末現在,韓国華僑労働者は鋳物工場,土木建築を中心に1,324名が働いていて,有業者総数の約1割を占めるにとどまった(〔表補Ⅱ-1〕参照)。釜山および群山の華僑労働者は大工,瓦工,石工などの土木建築の技術労働者と華僑経営の鋳物工場で働く鋳物工であった[118]。

そもそも華僑労働者が集中していた北朝鮮では解放初期に政情不安,朝鮮戦争,経済開発の停滞により,華僑労働者の多くは帰国したか農民に転職したと考えられる。北朝鮮華僑労働者は1958年に444戸に539名の労働者(家族を含めれば2,126名)に過ぎなかった(〔表補Ⅱ-2〕参照)。その華僑労働者は鉱山,紡織工場,機械工場などで働いていた[119]。

おわりに

以上に見てきたように,韓国および北朝鮮華僑にとって解放初期は短い期間にもかかわらず,その後の両国華僑の政治経済的地位の大枠を決定した重要な時期であった。

日本の敗北とアジア太平洋戦争の終焉は東アジア域内のヒトの移動に多大な影響を及ぼした。近代期東アジア域内のヒトの移動は,日本→朝鮮・台湾・関東州・満洲・樺太,朝鮮→日本・満洲・極東ロシア・樺太,山東省→満洲・朝鮮・極東ロシアの方向に流れていた。しかし終戦後,東アジア域内におけるヒトの移動は近代期の方向とは逆流する様態をもたらした。東アジア在住日本人はすべての地域から引き揚げ,東アジア地域に移住していた朝鮮人の多数が韓国および北朝鮮に引き揚げた。引き揚げた朝鮮人の中には再び日本に移住する者もあったが,日本からの引揚者に比べれば少なかった。

終戦後,朝鮮華僑の移動はより複雑であった。北朝鮮華僑は労働者を中心に中国に帰国したか韓国に越境し,解放直前の北朝鮮華僑人口より激減したが,韓国華僑は本国に引き揚げた者は少なく国共内戦を逃れて山東省

---

118) 朝鮮銀行調査部(1949年)Ⅱ-72〜73頁。
119) 楊・孫(1991年)307頁。

から韓国に移住した者，北朝鮮の政情不安のために韓国に越境した者が多く，韓国華僑の人口は解放直前よりはるかに増加した。その背景には米軍政庁の韓国華僑に対する優遇政策と経済的繁栄というプル要因も働いた。

しかし，中国大陸の共産化および韓国と北朝鮮の分断の固定化は，朝鮮半島と山東省の間の中国人の移動を極めて制限し，中国大陸から韓国および北朝鮮への新移住者の補給が行われず，韓国および北朝鮮華僑社会は停滞の様態を呈した。

一方，韓国華僑の経済活動は解放初期に非常に活発に行われた。米軍政庁および韓国政府は資本主義市場経済を導入した上，とくに米軍政庁は華僑を優遇する政策を執った。仁川に本社を置く華僑貿易会社は行桟の運営を通じて香港，上海，山東省などに通商網を張り巡らせ，韓国の対中華圏貿易を独占する勢いがあった。しかし，中国大陸の共産化を契機に韓国と上海，山東省との交易が不可能となったこと，朝鮮戦争の影響，韓国の貿易の中心軸が中華圏から日本にシフトしたこと，韓国政府の華僑貿易会社に対する各種の規制などが絡み合って，華僑貿易会社はほとんど閉店を余儀なくされた。その結果，華僑の商業は中華料理・飲食店が中核をなすことになり，このような傾向は1980年代まで続いた。華僑鋳物工場の数は解放初期に増加し，中国人の野菜栽培も仁川地域を中心に活発に行われ，植民地期との連続面を見出すことができた。

一方，北朝鮮華僑の経済活動は，ソ連および北朝鮮政府による社会主義経済システムの導入で非常に制限された。華僑経営の中華料理・飲食店と鋳物工場は国有化され，華僑農民は農業協同組合に加入させられて野菜栽培を強いられた。北朝鮮華僑の職業は農業協同組合に所属する農民が全体の7割以上を占めて圧倒的に高かった。北朝鮮華僑の経済（活動）は植民地期に比べて連続面より断絶面が多かったことが浮き彫りになったと考えられる。

終　章

近代史のなかの朝鮮華僑

　本章では，序章で提起した研究課題に関する検討結果を各部の「小結論」を踏まえつつまとめた後，中国人の朝鮮移住および朝鮮での社会経済活動が東アジア近代史もしくは東アジア国際通商，朝鮮近代史，華僑近代史においてどのように位置づけ評価できるかについて総合的に検討した結果について述べて締めくくりたい。

1　華僑の人口増加および経済盛衰の原因

　朝鮮華僑の人口が1931年排華事件，日中戦争直後を除いて植民地期に増え続けた理由は受入地のプル要因（pull factor），送出地のプッシュ要因（push factor），連鎖移住（chain migration）要因の三つに基づいてまとめることができる。

中国（山東省・河北省等）	国　境	朝鮮（各地）
プッシュ要因	⇒ ⇒ ⇒ ⇒　⇒ ⇒ ⇒ ⇒ ⇒ ⇒ ⇒ ⇒　⇒ ⇒ ⇒ ⇒ ⇒ ⇒ ⇒ ⇒　⇒ ⇒ ⇒ ⇒	プル要因 呼び寄せ

図終-1　中国人の朝鮮移住の概念図
出典：本論の内容をもとに著者作成。
注：⇒は中国人の移動を指す。

まず，受入地である朝鮮のプル要因について各部門に分けてまとめてみよう。華僑織物商が朝鮮に多く進出した背景には朝鮮米の対日移出増加に伴う朝鮮人農民の所得増加により織物に対する需要が増加したことであった。華僑靴下製造業者および鋳物業者も1920年代に朝鮮での靴下および朝鮮釜の需要増加と，鋳物業者の場合は朝鮮総督府による釜および鍋に対する関税率引上も華僑鋳物業者の朝鮮移住を促進する主要な要因であった。華僑農民の朝鮮移住には，日本人など外国人および朝鮮人の野菜需要増加，朝鮮での慢性的な野菜不足がその背景にあった。華僑労働者の朝鮮移住は朝鮮総督府による各種の経済開発に伴う労働力需要の増加と，華僑労働者の安価な賃金と高い作業効率などが要因として働いた。

　次に送出地のプッシュ要因については，朝鮮華僑のほとんどは山東省出身であり同地の政治経済的要因が中国人の朝鮮移住を促した側面があった。本論で取り上げた日照県出身で1980年代に韓国から同地に帰国した元韓国華僑の朝鮮移住の要因は「生計をたてるため」が全体の63％を占めて最も多く，「移住先の親類と友達を頼りに」が全体の26％でその次であった。この調査で経済的理由が中国人の朝鮮移住の主要なプッシュ要因であったことは明白であるが，華僑の職業によってプッシュ要因は多岐に亘っていた。華僑が朝鮮の織物商業界に進出した背景には山東省での商業資本の蓄積があった。中国人農民の朝鮮移住は山東省の優れた野菜栽培技術と優良種子によるものであった。靴下製造業者と鋳物業者の朝鮮進出は二つの産業が中国では「民族産業」として発達していたことが背景にあった。このように中国人の朝鮮移住のプッシュ要因は経済的要因に加えて他の要因も働いていたのである。

　最後に連鎖移住要因については，前述したように，日照県出身の朝鮮移住の26％が「移住先の親類と友達を頼りに」とする調査結果に明らかに現れている。華僑織物商は支配人の出身地の者を店員として呼び寄せることが慣例となっていた。華僑の野菜栽培にしても呂建芳氏の証言によって同郷の親族や村人を呼び寄せていたことが明らかになった。華僑鋳物業者はその従事者のほとんどが河北省交河県出身で，典型的な連鎖移住の例であ

ることが解明された。

　しかし，中国人の朝鮮移住は以上のプル要因，プッシュ要因，連鎖移住要因がばらばらに影響して行われたというより，三つの要因が有機的に絡み合って行われたと考えられよう。

　一方，朝鮮総督府の対華僑政策は中国人の朝鮮移住に影響を与える重要な要因であった。朝鮮総督府が実施した民営事業および官営事業における華僑労働者の雇用制限，提示金制度などは中国人の朝鮮移住にハードルとして作用した。朝鮮を一部の戦場とした日清戦争と日露戦争，日中間の満洲事変と日中戦争，1931年排華事件などは中国人の朝鮮移住に一時的に歯止めをかけたばかりか，華僑の本国への大量引揚を招き，華僑人口の減少をもたらした。

　朝鮮人および日本人の経済活動を圧迫するほど華僑経済が発展した原因は，以上のプル要因，プッシュ要因，連鎖移住要因と深い関係があるが，三つの要因を結びつける華僑のネットワーキング能力および経営力に注目したい。華僑織物輸入商は芝罘，上海，大阪などに通商網を張り巡らせて織物の輸移入に当たると同時に，朝鮮各地に華僑の卸売商，小売商を流通網にして販売を行い，朝鮮織物商業界において一角を構築していた。華僑の鋳物工場は中国の安東（現在の丹東）の本店によって経営が仕切られ，各支店の工場が相互協力する関係にあった。新義州の華僑靴下製造業者は平壌の織物卸売商の販売ネットワークを利用して朝鮮各地に販売していた。華僑農民は野菜栽培および販売のために野菜組合を設立して協力し合うとともに，華僑野菜商店および行商と連携して販売を行っていた。華僑人口が朝鮮の総人口に占める比重は約0.3％に過ぎなかったにもかかわらず，大きな経済力を発揮しえた背景にはこのような華僑ネットワークの存在があったのである。

　一方，華僑経済が1930年代に入り衰退し始め，朝鮮解放直前に瀕死状態に陥った原因は基本的に発展の要因がうまく働かなかったことによる。日中関係の悪化がエスカレートする最中に発生した1931年排華事件は華僑経済全体にダメージを与えた。華僑織物商は銀行の貸し渋りと資金回収の困

難により破産が相次いで，商店数が同事件発生以前より45％も減少した。新義州の華僑靴下製造業者は，販売を担っていた平壌の華僑織物卸売商が同事件によって大打撃を蒙り破産したために販売先を失い，工場の閉鎖を余儀なくされた。華僑農民と労働者は商人ほどではなかったが，同事件の影響を受けて引き揚げる者が多かった。

朝鮮総督府の対華僑政策も以前より厳しくなった。華僑織物輸入商が独占的に輸入していた中国産絹織物に対しては1924年に100％の奢侈品関税を賦課し，中国産麻織物に対しては段階的に輸入関税率を引き上げて1937年には80％に達し，華僑織物商の競争力の根源であった二つの織物が朝鮮の市場から駆逐された。また，朝鮮総督府が1934年9月より100円の提示金制度を設けたことによって華僑農民および労働者の朝鮮移住は制限された。

日中戦争勃発後の戦時統制強化は華僑経済を一層衰退させた。華僑織物商は織物の供給不足と配給制の実施，公定価格の実施などにより経営が一層厳しくなり閉店して本国に引き揚げる者が多かった。華僑鋳物業者は戦争遂行のために原料の銑鉄の配給量が年々減少して工場稼動率の低下を招き，閉鎖する工場が多かった。一方，朝鮮総督府は朝鮮内の野菜不足と労働力不足を補うために中国人農民と労働者の移住については受け入れる方針をとり，彼らは増加する傾向にあった。

さて，朝鮮解放初期における朝鮮華僑の移動および経済活動は韓国と北朝鮮の間で異なる様相を呈した。北朝鮮華僑は解放直後には労働者を中心に中国に帰国したか韓国に越境して解放直前の北朝鮮華僑人口より激減したが，韓国華僑は本国に引き揚げた者は非常に少なく国共内戦を逃れて山東省より韓国に移住した者，北朝鮮の政情不安のために韓国に越境する者が多く，韓国華僑の人口は解放直前よりかえって増加した。

韓国華僑の経済活動は米軍政庁および韓国政府による資本主義市場経済の導入，米軍政庁の対華僑優遇政策などに支えられて活発に行われ，貿易業，中華料理・飲食店，鋳物業などが一時的に栄えたが，韓国政府の華僑貿易会社に対する貿易活動の制限，中華人民共和国の樹立による対中貿易

の中断,朝鮮戦争による被害に見舞われて衰退した。

他方,北朝鮮華僑の経済活動はソ連および北朝鮮政府による社会主義経済システムの導入で様々な制限を受け,華僑経営の中華料理・飲食店と鋳物工場などはほとんど国有化され,華僑農民は農業協同組合に加入させられ,華僑経済はほとんど姿を消した。

2　近代東アジア経済のなかの朝鮮華僑

本論での検討により,中国人の朝鮮移住および朝鮮での社会経済活動が,東アジア域内におけるヒト,モノ,カネ,情報の流れを促進する役割を果たしたことが明らかになった。

まず,東アジア域内における中国人の朝鮮移住についてみよう。朝鮮と中国および満洲との間のヒトの移動に関する従来の研究は,朝鮮人の満洲移住が中心で,その逆方向の中国から朝鮮への移住は最近まであまり取り上げられなかったが,その移動は朝鮮人の満洲移住ほどではなかったものの決して少なくなかったことを提示できた。

なお,双方のヒトの移動には連関性が見出せた。すなわち,朝鮮総督府は中国人の朝鮮移住が増える事態を受けて入国制限を行おうとしたが,朝鮮人の満洲移住および満洲在住朝鮮人の保護のために満洲国の成立以前には入国制限を施行しなかったことが,代表的な例である。一方,中国人の朝鮮移住増加は朝鮮人の日本への移住を促進する側面があり,日本政府は朝鮮総督府に中国人の「朝鮮入国ニ関スル取締ヲ励行」することを要求したこともあった。このような史実は中国人の朝鮮移住が東アジア域内のヒトの連鎖移動において一つの環節をなしていたことを傍証するものである。

第2に,中国人の朝鮮移住および朝鮮での社会経済活動は東アジア域内におけるモノの移動を促進した。華僑織物輸入商は上海から英国産綿織物,中国産麻織物および絹織物を独占輸入していたのみならず,朝鮮総督府の輸入織物に対する高関税賦課と朝鮮市場における日本産織物の競争力向上に対応して,大阪などから日本産綿織物および絹織物を移入した。さ

らに裕豊徳などの織物輸入商は中国内の販売ネットワークを利用して日本産織物の再輸出も行った。華僑織物輸入商は上海，芝罘，大阪などに通商ネットワークを張り巡らして織物の輸移入および再輸出を行い，東アジア域内において織物を運ぶ商人の役割を担っていたことが明らかになった。

　華僑農民の活発な野菜栽培は山東省産野菜種子の朝鮮への大量輸入をもたらした。富仁地域の華僑農民によって生産された野菜は朝鮮各地のみならず日本にまで移出され，華僑農民の朝鮮での野菜栽培が東アジア域内における野菜種子と野菜の移動を促進する側面があった。それとは逆に，華僑の朝鮮での靴下製造業および鋳物業への参入によって従来中国より輸入された靴下，釜および鍋の輸入が減少されるケースもあった。

　第3に，中国人の朝鮮移住および朝鮮での社会経済活動は東アジア域内のカネの移動を促進した。華僑織物商の資本主は山東省出身がほとんどで，朝鮮に最初に投資する時は山東省から朝鮮にカネが流れたが，織物商の経営活動が軌道に乗ってからは朝鮮で稼いだ収入の一部が山東省の本店および資本主に送金された。華僑の靴下製造工場および鋳物工場はその本店が大体安東に位置していた関係で，朝鮮の各支店で稼いだ収入は本店の安東に定期的に送金された。華僑農民が野菜販売で得た収入，華僑労働者の賃金収入は年末年始の帰国の際に持ち帰った。このように華僑の朝鮮での経済活動は朝鮮から中国にカネを流出する構造をもたらしたため，朝鮮総督府は日中戦争期，そのカネが国民党軍と共産党軍に流れないように各種の制限を強化する措置を執った。

　第4に，中国人の朝鮮移住および朝鮮での社会経済活動は朝鮮への情報（技術）の移動をもたらした。華僑農民の活発な野菜栽培は朝鮮人農民への野菜栽培技術の伝播や山東省産野菜種子の使用を促したことが明らかになった。なお，第8章では解明し得なかったが，華僑の鋳物業者の朝鮮釜製造技術も朝鮮人製造業者に移転されたと考えられる。

　以上，中国人の朝鮮移住および朝鮮での社会経済活動が東アジア域内のヒト，モノ，カネ，情報の移動を促進したことを提示した。それとは反対に朝鮮総督府の中国人に対する入国制限および経済活動規制，1931年排華

事件，戦時統制経済は四つの移動を停滞および衰退させた。これらの事実は各部で明らかにした通りである。

なお，朝鮮華僑問題が日中関係，ひいては東アジアを揺り動かした側面があったことは，1931年排華事件の事例を通して明らかになった。同事件は中国人の朝鮮移住の増加および経済力の伸張，両民族間の文化的摩擦を遠因とし，中国官民による満洲在住朝鮮人に対する圧迫と朝鮮総督府のサボタージュを近因として発生したことを明らかにした。日中両国は同事件の解決をめぐって外交交渉を行ったが，責任者処分，被害者への賠償問題に対する双方の隔たりが大きいために決裂し，満洲事変を引き起こす一つの近因になった。

総じて言えば，朝鮮華僑は居住地と送出地の山東省と河北省を軸足としながら，満洲，上海，大阪などを取り囲んだ，東アジアを場として社会経済活動を展開し，東アジア近代史を織り成す重要なアクターであったと位置づけることができると考えられよう。

3　朝鮮近代史のなかの朝鮮華僑

中国人の朝鮮移住および朝鮮での社会経済活動が朝鮮近代史に与えた影響は少なくない。

華僑織物商は朝鮮織物商業界において織物商店総数の約2割，売上総額の約2～3割を占め，都会および農村地域において日本人織物商および朝鮮人織物商を圧迫する勢力を形成していた。なお，華僑織物商は京城および仁川の織物輸入商を頂点に各府の織物卸売商を経て農村地域の小売商および行商にいたるまで，朝鮮内の流通ヒエラルキーの全体に浸透していた。

華僑織物商と朝鮮人織物商との関係は，都市部では華僑織物商が流通メカニズムにおいて朝鮮人織物商より上位に位置し，農村地域では華僑織物小売商と朝鮮人織物小売商が拮抗する関係にあった。既往の朝鮮近代史研究では植民地期に朝鮮人商人が朝鮮総督府の日本人商人擁護政策によって零細な小売商に転落・衰退したことに焦点を合わせたが，本論での検討に

より朝鮮人商人は日本人商人だけでなく華僑商人の圧迫も受け，それが朝鮮人商人を小売商に転落させた一因でもあったことを提示した。それに対して，華僑織物商と日本人織物商との関係は日本産織物の販売および仕入をめぐって基本的に相互協力する関係にあり，日本人織物商は日本産織物の販売拡大のために華僑織物商を活用した側面があった。朝鮮総督府は朝鮮の2大商業の一つが華僑織物商によって一角が占められている実態に直面して，華僑織物輸入商によって独占的に輸入されていた中国産絹織物および麻織物に高関税をかける手段などで華僑織物商の勢力を弱体化させた。

華僑製造業者は靴下製造業および鋳物業において頭角を現していた。新義州の華僑靴下製造業者は朝鮮人の「民族資本」を象徴する平壌の朝鮮人靴下製造業者に脅威を与える存在にまで発展した。華僑鋳物業者は朝鮮釜の製造において日本人鋳物業者，朝鮮人鋳物業者を市場から駆逐して朝鮮釜市場を独占する勢力を形成するに至った。日本人資本が朝鮮の製造業を独占していた植民地期に，華僑資本が二つの製造業において日本人資本と朝鮮人資本を圧迫していた事実は，今回初めて明らかにされた。

華僑農民による野菜栽培は朝鮮近代史の文脈において三つの示唆を与える。第1に，近代朝鮮の農業問題に関する従来の研究は米穀および米作をめぐる諸問題が中心であったが，今回の検討で野菜および野菜栽培も主要な農業問題の一つであったことが明らかになった。第2に，華僑農民は朝鮮近代期都市部の需要野菜の供給において高い比重を占め，朝鮮の野菜不足問題の解決に寄与する一方，朝鮮人農民に商業的野菜栽培への刺戟を与えると同時に，朝鮮人農民の野菜栽培技術の発展に貢献したことが明らかになり，近代朝鮮農業発展の立役者として華僑農民も考慮に入れるべきであろう。

次に華僑労働者問題が朝鮮近代史において示唆することについてみよう。朝鮮近代史の文脈において労働者問題の焦点は労働運動，戦時期の労務動員に向けられていた。前者は労働現場における日本人資本家および朝鮮総督府の搾取，抑圧に対する朝鮮人労働者の抵抗に，後者は日本帝国主

義による朝鮮人の労働力収奪の検討に主眼が置かれていた。しかし，今回の検討結果，朝鮮の労働市場には華僑労働者が多く雇用されていて，朝鮮人労働者の競合相手であったこと，それに伴って双方間の摩擦，衝突が相次いで発生していたことが明らかになった以上，今後，華僑労働者，日本人労働者を組み込んだ朝鮮の労働市場のメカニズムを構造的に解明する必要が提起された。

　以上の織物商，靴下及び鋳物製造業，野菜栽培及び販売，労働市場のどちらをとってみても，朝鮮人及び朝鮮人資本は「チャイニーズ・インパクト」（Chinese impact）に晒されていたといえよう。また朝鮮を植民地支配していた日本帝国，日本人および日本人資本もこの「チャイニーズ・インパクト」への対応に直面していた。その対応の失敗を象徴するのが1931年排華事件であったと考えられる。

　このような朝鮮華僑問題を朝鮮近代史の文脈において捉えるためには，既存の植民地期の歴史的領域のA・B・Cに華僑および華僑資本というDを加えることの必要性を提示することができた（〔図序-3〕参照）。朝鮮近代史においてこれまで議論されてきたことは三角形の△ABCの領域であり，朝鮮華僑はその議論の「蚊帳の外」にあった。本論を通じて三角形の△ABCの領域には収めきれない史実が多数提示されたため，朝鮮近代史（特に植民地期）の歴史領域に華僑・華僑資本を取り入れたダイヤモンド型の◇ABCDの領域を設定するのが妥当ではないかと考えられる。

　それによって，朝鮮総督府の対華僑政策（$\overline{AD}$），朝鮮人と華僑の関係（$\overline{BD}$），日本人と華僑の関係（$\overline{CD}$），朝鮮人と華僑の関係に対する朝鮮総督府の関与および政策（$\overline{ABD}$），日本人と華僑の関係に対する朝鮮総督府の関与および政策（$\overline{ACD}$）を設定および説明する途が開かれるだろう。なお，華僑は支配者でも被支配者でもない外国人の立場であり，朝鮮人と日本人の関係（$\overline{BC}$），朝鮮総督府の対朝鮮人政策（$\overline{AB}$），対日本人政策（$\overline{AC}$）を客観的に捉える視点を提供しうると考えられる。

4 華僑近代史のなかの朝鮮華僑

最後に，中国人の朝鮮移住と朝鮮での経済活動が華僑近代史の文脈において示唆を与えることは何かについて考察するために，日本華僑との比較を試みたい。それをまとめたのが〔表終-1〕である。

第1に，中国人の両国への経済活動を目的とする定住時期には両者の間に相当な違いがある。日本華僑は徳川幕府初期に長崎に移住して主に日中貿易に従事し，唐人屋敷（唐館）という開港場内の一定の場所に居住した。それに対して中国人が経済活動を目的に朝鮮に移住および定住を始めたのは日本華僑より200年から300年遅れた1882年の朝清商民水陸貿易章程の締結後である。日本華僑の経済活動の歴史は朝鮮華僑のそれより長く持続しているという特徴が見出せる。

第2に，朝鮮華僑が1910年以降，日本華僑の人口を常に上回っていた点である。朝鮮開港期には日本華僑の人口が常に朝鮮華僑の人口を上回ったが，「韓国併合」の1910年に朝鮮華僑の人口が初めて日本華僑の人口を上回って以来，その差は広がる一方であった。朝鮮華僑の人口が最も多かった1942年の人口は8万3,169名で朝鮮総人口の0.3％を占めていた。それに

表終-1 朝鮮華僑と日本華僑の比較

国および地域別 比較対象	朝 鮮 華 僑	日 本 華 僑
①中国人定住開始時期 （経済活動を基準に）	1882年頃	徳川幕府初期
②最多人口およびその年 総人口に対する比重	83,169名・1942年 朝鮮総人口の0.3％	31,890名・1930年 日本総人口の0.05％
③労働者定住および労働制限	制限なし（開港期） 許可制（植民地期）	原則的に定住禁止
④入国制限（提示金制度）	1934年9月より実施	1920年代初めより実施
⑤経済活動の類型	華商・華工混合型	華商型
⑥華僑経済の中心	織物商	貿易商
⑦主要な幇	山東幇・河北幇	福建幇・広東幇・三江幇
⑧土地所有権の有無	所有権ある	賃借権のみある

出典：本論の内容に基づいて作成。

対して日本華僑の人口は最多年の1930年に3万1,890名，日本総人口の0.05％に過ぎなかった。日本華僑の人口の少なさは朝鮮華僑に比べても明らかである。

　第3に，日本と朝鮮における華僑人口に大幅な開きをもたらした主要な原因は，日本政府と朝鮮政府および朝鮮総督府の華僑労働者に対する政策の差に起因するものであった。日本政府が1899年7月に公布した勅令第352号・内務省令第42号・内務大臣訓令第728号は，華僑の従前の居留地および雑居地以外における居住および労働を禁止する措置で，それによって華僑労働者の定住は厳しく制限された。それに対して，朝鮮政府は中国人労働者の移住に関して一時期を除いては制限を設けることはなかった。統監府が1910年8月に公布した統監府令第52号では華僑労働者の定住および労働を許可制としたが，内務大臣訓令第728号のように定住を禁止する命令を出さずその代わりに官営事業および民営事業における華僑労働者の使用制限を行うのが主であって，それも厳格に施行されなかった。

　第4に，日本政府と朝鮮総督府はいずれも中国人の入国に対して提示金制度を設けて入国制限を行った共通点があるが，その施行時期は異なる。日本政府は1920年代初めに提示金として最初30円を要求したが1923年6月より100円の現金もしくは同額以上の商品を所持することに強化した[1]。朝鮮政府は提示金制度を設けることはなかったが，朝鮮総督府は日本政府より遅れた1934年9月より同制度を施行した。両地域における提示金制度の実施時期に差をもたらしたのは，朝鮮総督府が満洲在住朝鮮人の保護および朝鮮人の満洲移住のために満洲国樹立後に実施したことが背景にあった。

　第5に，日本華僑の経済活動は商人を中核とする「華商型」，台湾華僑は「華工型」であった反面，朝鮮華僑の経済活動は商人，労働者，農民をすべて持ち合わせる「華商・華工混合型」であったという特質を持つ。特に，野菜栽培を行う華僑農民は東アジアでは日本および台湾ではほとんど

1）山脇（1994年）162頁。

見られず，朝鮮と極東ロシアにしかいなかった。朝鮮華僑の「華商・華工混合型」は東南アジア華僑の経済活動の類型に近い。

　一方，日本華僑の経済活動は近代期を通して「華商型」であったが，朝鮮華僑の経済活動は時期によって変容がみられる。すなわち，朝鮮開港期および植民地初期には「華商型」，1920年代から商人に加えて農民，労働者人口が急増して，1930年代以降は「華工型」が「華商型」より優位になった。解放初期の韓国華僑は貿易商および中華料理店を中心とする「華商型」，北朝鮮華僑は農民を中心とする「華工型」であった。なお，日本華僑は日本政府の制限などにより華僑経営の製造工場がほとんどなかったが，朝鮮華僑は靴下製造業，鋳物業などにおいて日本人および朝鮮人業者を圧迫する勢力を形成していたことは，朝鮮華僑の特質といってもよい。

　第6に，日本華僑経済の中核は貿易商であるのに対して朝鮮華僑のそれは織物商であった。日本華僑の貿易商は本国の華僑商人および東南アジア華僑を仲介して日本産雑貨および織物などを輸出する貿易業を主に営んでいたが，朝鮮華僑の織物商は中国および日本より英国産および日本産織物を輸入して朝鮮内および中国に販売した。つまり，日本華僑の貿易商は輸出貿易中心，朝鮮華僑の織物商は輸入貿易中心であった。朝鮮華僑の織物商は京城および仁川の織物輸入商を頂点に各府の織物卸売商を経て農村地域の小売商および行商にいたるまで朝鮮内織物の流通ヒエラルキーの全体に浸透して蜘蛛の巣のように結ばれていたが，この点は東南アジア華商と非常に似通ったものである。それに対して，日本華僑の貿易商は日本産商品の輸出が中心であったことが働いて，朝鮮華僑のように国内に体系化した商業システムを構築していなかった。

　第7に，朝鮮華僑は山東幇が全体の8〜9割を占めて圧倒的に多く[2]，日本華僑が福建幇，広東幇，三江幇の三幇中心であることと異なる。大阪

2）1990年代初めの中国の各省別華僑華人人口は広東省が2,000万名，福建省が700万名，広西省が200万名，海南省が185万名，山東省が41万名で，4番目に多かった（可児・游編（1995年）241頁）。なお，山東省出身の華僑華人の主要な居住地は香港，マカオ，ロシア，朝鮮半島である（方・謝編（1993年）318頁）。

川口に山東幇が形成されていたが，日本華僑のなかではマイノリティに過ぎなかった。台湾華僑は福建幇，東南アジア華僑は福建幇，広東幇，三江幇が中心であったため，日本・台湾・東南アジア華僑はその出身地が華南であるという共通点を有する反面，朝鮮，極東ロシア華僑は山東幇，河北幇を中心とする華北であるという共通点がある。各地域の華僑の出身地が各々異なることは，その経済活動および商業ネットワークの形成に強い影響をもたらしたことは各部で確認した通りである。

　第8に，日本政府は近代期に日本華僑をはじめとする外国人に土地所有権を与えず賃借権のみを認めたが，朝鮮総督府は朝鮮華僑に朝鮮民事令に基づき土地所有権を与えた。朝鮮政府は華僑をはじめとする外国人の内地における土地所有権を認めていなかったが，統監府が1906年10月に勅令第65号「土地家屋証明規則」を公布して内地における外国人の土地所有権を合法化し，朝鮮総督府がその規則を植民地期間に維持したという歴史的経緯があった。

　以上のように，朝鮮華僑は日本帝国の「勢力圏」に定住していたにもかかわらず，日本華僑とは少なくない相違点を有していた。しかし双方とも1930年代に入り経済活動の萎縮を余儀なくされたという共通点がある。日本華僑の経済活動に関する先行研究は，貿易商の商業ネットワークおよび日本と中国および東南アジアを結びつける橋渡し的役割の解明に焦点が当てられ，1930年代以降の経済的衰退についてはあまり注目してこなかったきらいがある。例えば，〔表1-4〕の『商工資産信用録』に掲載された日本華僑会社数は，1941年には1927年に比べて62%の大幅な減少を示していることなどにもっと注目すべきであろう。

　朝鮮華僑織物商の衰退については，第Ⅰ部で1931年排華事件および満洲事変，朝鮮総督府の規制，日中戦争および戦時統制強化がその原因であったことを明らかにしたが，日本華僑貿易商の衰退もそのような観点から捉えるべきであろう。華僑織物商の衰退の他の要因としては，朝鮮内の紡織産業の発達が華僑織物輸入商の輸入活動を弱体化させたこと，それに伴い朝鮮人織物小売商の勢力拡大があったことを指摘することができる。それ

と関連して,日本人小売商人が19世紀末から東南アジアの農村部に進出して日本商品の販売網を拡充した[3]こと,第1次世界大戦以降に日本の商社,銀行,海運などの大企業の東南アジア進出により1932年・1933年には現地華僑の販売網に必ずしも依存しない日本人の販売ネットワークができ上がった[4]ことも,日本華僑貿易商の衰退に拍車をかけた一つの要因であったと考えられる。

　序章において朝鮮華僑は東南アジア華僑の比較対象として良い素材になる可能性を示したが,ひとまず日本華僑の良い比較対象であることは以上の検討によって明らかになったと考えられる。一方,東アジア華僑と一口にいっても東南アジア華僑のように各地域によって異同があることが浮き彫りになった。朝鮮華僑が東南アジア華僑の良い比較対象になりうる可能性については各部の「小結論」の部分で示しておいたが,東南アジア華僑に対する知識が不充分な著者ゆえに双方を比較するまでには至らなかった。次の研究課題としたい。

5　複眼的朝鮮華僑像の提示へ向けて

　本書は朝鮮華僑について広範な史料を参照しつつも,方法や着眼点の限定によりある一つの像を描き出すことを試みた。逆に言えば,主に経済史的にアプローチしたため,次のような課題を残すこととなった。

　第1に,朝鮮華僑の社会経済活動について検討すると述べたが,社会活動についてはあまり議論することができなかった。朝鮮華僑の「幇」(同業会・同郷会・宗親会)という社会組織と華僑学校が華僑経済発展および華僑社会をまとめる役割を果たしていた側面があり[5],華僑経済発展と華僑の社会組織及び華僑学校との相関性に注目した,社会的側面を加味した社会経済史的研究が必要であろう。

　第2に,朝鮮華僑問題が日中関係に与えた影響については,1931年排華

---

3)　倉沢 (1992年) 70頁。
4)　杉山・イアン (1990年) 97～99頁。しかし,その流通システムがどの程度の地理的な広がりをもっていたかは明らかにされていない。
5)　拙稿 (2007年・2010年・2010年a) を参照されたい。

事件と広梁湾塩田築造工事の華僑労働者問題を除いて十分検討することができなかった。二つの問題以外にも日中間の交渉に上がった朝鮮華僑問題は多く存在した。日中関係史という視点から朝鮮華僑問題を捉えなおすことも必要である。

　第3に，朝鮮華僑労働者問題は一つの部を設定しながらも一つの章でしか検討できなかった。東アジア域内の労働力の連鎖移動の視点から華僑労働者を朝鮮人労働者と日本人労働者の移動と関連付けて綿密に捉える必要がある。

付　表

・以下に掲載する〔付表〕は，商業興信所が発行した『商工資産信用録』のうち，第16回（1915年発行），第19回（1918年），第21回（1921年），第23回（1922年），第26回（1925年），第30回（1929年），第33回（1932年），第37回（1936年），第38回（1937年），第42回（1941年）分の中で，朝鮮華僑会社のみを収録したものである。
・『商工資産信用録』における各会社の資産および信用程度は符号で表記されている。資産および信用程度の符号は各発行年によって異なる場合があり，以下に各回の符号表を記しておく。各〔付表〕と〔符号表〕を照らし合わせて各会社の資産及び信用程度を確認することができる。例えば，〔付表１〕の１番の怡泰桟は正味身代の符号は「Q」，信用程度の符号は「C」であるが，「Q」は〔第16回商工資産信用録の符号表〕では推定資産金額が7.5万円以上〜10万円未満，「C」は「普通」の信用程度であることが分かる。

〔第16回商工資産信用録の符号表〕

符　号	正味身代（推定資産）金額	符　号	信用程度
G	100万円以上	A	最厚
H	75万円以上〜100万円未満	B	厚
J	50万円以上〜75万円未満	C	普通
K	40万円以上〜50万円未満	D	薄
L	30万円以上〜40万円未満	E	無
M	25万円以上〜30万円未満		
N	20万円以上〜25万円未満		
O	15万円以上〜20万円未満		
P	10万円以上〜15万円未満		
Q	7.5万円以上〜10万円未満		
R	5万円以上〜7.5万円未満		
S	3.5万円以上〜5万円未満		
T	2万円以上〜3.5万円未満		
U	1万円以上〜2万円未満		
V	0.5万円以上〜1万円未満		
W	0.3万円以上〜0.5万円未満		
X	0.2万円以上〜0.3万円未満		
Y	0.1万円以上〜0.2万円未満		
Z	0.1万円未満		
△	無		

出典：商業興信所『第十六回　商工資産信用録（大正四年）』（復刻版，『明治大正期商工資産信用録』第 8 巻大正四年（下），クロスカルチャー出版，2009年）から作成。

〔第19・21・23・26・30回商工資産信用録の符号表〕

符　号	正味身代（推定資産）金額	信　用　程　度		
		甲	乙	丙
G	100万円以上	Aa	A	B
H	75万円以上～100万円未満	A	B	C
J	50万円以上～75万円未満			
K	40万円以上～50万円未満			
L	30万円以上～40万円未満			
M	25万円以上～30万円未満			
N	20万円以上～25万円未満			
O	15万円以上～20万円未満	B	C	D
P	10万円以上～15万円未満			
Q	7.5万円以上～10万円未満			
R	5万円以上～7.5万円未満			
S	3.5万円以上～5万円未満	C	D	E
T	2万円以上～3.5万円未満			
U	1万円以上～2万円未満			
V	0.5万円以上～1万円未満			
W	0.3万円以上～0.5万円未満	D	E	F
X	0.2万円以上～0.3万円未満			
Y	0.1万円以上～0.2万円未満			
Z	0.1万円未満	E	F	―
△	未　詳	―	―	―

出典：商業興信所『第三十回　商工資産信用録』（商業興信所，1929年）から作成。

〔第33・37・38回商工資産信用録の符号表〕

符　号	正味身代（推定資産）	信用程度の符号		
		甲	乙	丙
Ga	1,000万円以上	Aa	A	B
Gb	500万円以上～1,000万円未満			
Gc	300万円以上～500万円未満			
Gd	200万円以上～300万円未満			
G	100万円以上～200万円未満			
H	75万円以上～100万円未満			
J	50万円以上～75万円未満			

K L M N	40万円以上～50万円未満 30万円以上～40万円未満 25万円以上～30万円未満 20万円以上～25万円未満	A	B	C
O P Q R	15万円以上～20万円未満 10万円以上～15万円未満 7.5万円以上～10万円未満 5万円以上～7.5万円未満	B	C	D
S T U V	3.5万円以上～5万円未満 2万円以上～3.5万円未満 1万円以上～2万円未満 0.5万円以上～1万円未満	C	D	E
W X Y	0.3万円以上～0.5万円未満 0.2万円以上～0.3万円未満 0.1万円以上～0.2万円未満	D	D	F
Z	0.1万円未満	E	F	
△	未　詳	─	─	─

出典：商業興信所『第三十八回　商工資産信用録』（商業興信所，1937年）から作成。

〔第42回商工資産信用録の符号表〕

正味身代の符号	取扱高(又ハ年収)の符号	金　　　　額
Ga	Ga	1,000万円以上
Gb	Gb	500万円以上～1,000万円未満
Gc	Gc	300万円以上～500万円未満
Gd	Gd	200万円以上～300万円未満
G	G	100万円以上～200万円未満
H	H	75万円以上～100万円未満
J	J	50万円以上～75万円未満
K	K	40万円以上～50万円未満
L	L	30万円以上～40万円未満
M	M	25万円以上～30万円未満
N	N	20万円以上～25万円未満
O	O	15万円以上～20万円未満
P	P	10万円以上～15万円未満
Q	Q	7.5万円以上～10万円未満
R	R	5万円以上～7.5万円未満

S	S	3.5万円以上～5万円未満	
T	T	2万円以上～3.5万円未満	
U	U	1万円以上～2万円未満	
V	V	0.5万円以上～1万円未満	
W	W	0.3万円以上～0.5万円未満	
X	X	0.2万円以上～0.3万円未満	
Y	Y	0.1万円以上～0.2万円未満	
Z	Z	0.1万円未満	
F	—	負債超過	
△	△	未　詳	

信用程度ノ順位	C_A	C_B	C_C	C_D	C_E

出典：商業興信所『第四十二回　商工資産信用録』（商業興信所，1941年）から作成。

〔付表１〕『商工資産信用録』に掲載された朝鮮華僑会社の目録（第16回・1915年）

番号	会社名	代表	所在地	営業の種類	調査年月	正味身代	信用程度
1	怡泰桟	黄華瑛	仁川	雑貨・旅館	1914.4	Q	C
2	怡泰昌	姜鳳彩	釜山	織物	1914.8	Z	D
3	豊盛永	孫嗣永	京城	鉄物・織物	1914.1	U	C
4	豊盛永	孫嗣昇	京城	鉄物・雑貨	1914.8	T	C
5	東源東	宮鶴汀	京城	銀	1914.1	Y	D
6	東興隆	孫条五	京城	織物雑貨	1915.8	V	C
7	東興成	曾文徳	馬山	織物	1915.3	Z	D
8	東記	姚厚基	京城	布木雑貨	1915.6	Y	D
9	東昌興	張子純	仁川	織物	1914.9	T	C
10	東升永	許文若	京城	綿布雑貨	1915.2	W	C
11	東順興	韓秀峰	大田	布木	1915.5	W	C
12	東盛徳	曲渭賓	京城	獣皮漢薬・雑貨	1915.4	U	C
13	同和東	孫信卿	京城	中国織物	1914.12	S	C
14	同源興	—	仁川	布木	1914.6	T	C
15	同興徳	曲毓椿	京城	布木雑貨	1915.3	Z	D
16	同益茂	李凌富	京城	布木雑貨	1915.2	Y	D
17	同義茂	—	清州	布木	1915.6	X	C
18	同聚福	吉慶	京城	布木雑貨	1915.4	Y	D
19	同順泰	譚傑生	京城	雑貨織物	1915.6	G	B
20	同順興	—	清州	布木	1915.6	W	C
21	同盛東	—	大田	布木	1915.5	W	C
22	徳和盛	—	平沢	布木	1915.3	Y	D

23	德泰源	林香亭	元山	織　　物	1914.9	O	C
24	德興隆	楊竹三	元山	織　　物	1914.9	O	C
25	德興源	張魯斎	京城	織　　物	1915.3	U	C
26	德興号	鄭以賢	京城	雑　　貨	1915.4	U	C
27	德興仁	—	清州	布　　木	1915.6	Y	D
28	德記号	趙名德	釜山	織物染料	1914.8	Z	D
29	德昌盛	高倍俊	釜山	織　　物	1914.8	Z	D
30	德聚和	丁寿山	釜山	呉服木綿金巾	1914.8	O	C
31	德聚永	—	平沢	布　　木	1915.3	X	C
32	德順福	王連三	京城	織　　物	1915.3	S	C
33	德順福	千寿山	仁川	布木雑貨	1914.8	T	C
34	德順永	張玉堂	大邱	織物雑貨	1915.3	U	C
35	德成東	徐子声	平壌	織物雑貨	1914.11	W	C
36	長発隆	劉銀生	京城	土木建築請負	1915.7	U	C
37	利豊洋行	趙応来	晋州	織　　物	1914.2	O	D
38	和聚公	—	仁川	織物雑貨	1914.8	T	C
39	泰安洋行	楊培昌	平壌	雑　　貨	1914.1	T	C
40	泰盛東	常鑛川	仁川	織　　物	1915.7	T	C
41	双興号	慕文序	京城	土木建築請負	1915.7	W	C
42	謙和盛	徐乗謙	平壌	織物雑貨	1915.9	U	C
43	源生東	王宝軒	仁川	織　　物	1914.1	U	C
44	源生号	揚汝瑚	馬山	織　　物	1915.3	V	C
45	元春茂	王受益	京城	織　　物	1915.3	T	C
46	福興来	—	清州	布　　木	1915.6	V	C
47	福祥東	曲樹堂	京城	綿布雑貨	1915.2	Z	D
48	福聚東	—	大邱	織　　物	1915.3	O	C
49	福盛永	王学清	京城	布木雑貨	1915.3	Y	D
50	文泰興	—	群山	織物雑貨	1914.1	V	C
51	広和順	曲紹庭	京城	織　　物	1915.3	T	C
52	公和長	—	仁川	織物雑貨	1914.2	O	C
53	公来号	余巨川	釜山	織物雑貨	1914.6	O	C
54	恒落祥	呂鴻均	京城	綿布雑貨	1915.2	Y	D
55	恒順和	孫建施	釜山	金巾雑貨織物	1914.8	X	C
56	鴻昌永	—	元山	織　　物	1914.9	O	C
57	洪順泰	李鼎煥	京城	布　　木	1914.3	W	C
58	洪順福	欒德懋	京城	洋織物	1914.12	△	D
59	合順興	—	清州	布　　木	1915.6	V	C
60	永発東	王德倬	釜山	絹綿織物・雑貨	1914.9	X	C
61	永来盛	—	仁川	織　　物	1914.6	S	C
62	永順義	—	清州	布　　木	1915.6	Y	D

63	栄興号	司徒紹	京城	建築請負・雑貨	1915.7	U	C
64	天興義	干乾正	京城	布木雑貨	1915.4	V	C
65	伝利号	張時英	京城	織物雑貨	1915.4	P	B
66	安合号	王立業	京城	食料雑貨	1915.4	V	C
67	安昌号	袁敬乏	京城	食料雑貨	1914.3	S	C
68	西公順	宋藎南	仁川	織物	1914.8	T	C
69	三和盛	—	平壤	金物	1914.9	O	C
70	三合永	—	元山	金巾	1915.5	U	C
71	義和利	—	群山	金巾雑貨	1914.1	V	C
72	義和吉	趙敷周	全州	雑貨	1914.4	U	C
73	義興号	—	大田	布木	1915.5	△	D
74	義合東	孔慶琳	京城	布木雑貨	1914.8	Z	D
75	義昌号	紀東明	京城	布木雑貨	1915.4	Z	D
76	義順号	—	大田	布木	1915.5	Z	D
77	義成公支店	—	大邱	絹布金巾	1915.3	W	C
78	義盛号	王家紳	京城	布木雑貨	1915.2	V	C
79	義生盛	—	今川	食料品・雑貨	1915.3	O	C
80	錦成東	—	仁川	織物	1914.8	O	C
81	錦成東	鄧受茲	京城	織物雑貨	1915.4	S	C
82	錦生号	—	大田	布木	1915.5	Z	D
83	裕豊徳	—	京城	布木砂糖・麥粉	1915.3	R	C
84	裕泰春	林宏久	京城	布木雑貨	1915.3	W	C
85	裕昌公	張尉人	京城	食料雑貨	1914.4	Y	D
86	裕順徳	—	京城	織物雑貨	1914.7	W	C
87	徐坤生	—	京城	土木建築請負	1915.7	Z	D
88	聚成号	孫方臣	京城	織物雑貨	1915.3	T	C
89	春盛永	梁鳳坡	平壤	織物雑貨	1915.4	O	C
90	仁和東	孫守忠	京城	布木雑貨	1914.4	X	D
91	仁来盛	—	仁川	織物	1914.8	R	C
92	瑞豊和	叢聖敵	京城	食料雑貨	1914.4	X	C
93	瑞泰号	孫金甫	釜山	織物雑貨	1915.3	X	D
94	瑞盛泰	宋金銘	京城	織物	1915.3	T	C

出典：商業興信所『第十六回　商工資産信用録（大正四年）』（復刻版，『明治大正期商工資産信用録』第8巻大正四年（下），クロスカルチャー出版，2009年）外国人10～15頁から作成。

〔付表２〕『商工資産信用録』に掲載された朝鮮華僑会社の目録（第19回・1918年）

番号	会社名	代表	所在地	営業の種類	調査年月	正味身代	信用程度
1	怡泰棧	梁綺堂	仁川	雑貨旅館	1918.6	Q	B
2	怡泰昌	姜鳳彩	釜山	綿布・海産物	1918.7	U	C
3	豊盛永	欒景玉	京城	雑貨織物	1917.6	U	C
4	東和昌	姜鴻瑞	仁川	食料品・雑貨	1917.4	V	C
5	東和昌	姜子云	仁川	食料雑貨	1917.9	U	C
6	東泰興	林希蘭	公州	雑貨布木	1917.1	X	D
7	東泰興	李春楼	群山	綿布雑貨	1917.1	U	C
8	東源東	宮鶴汀	京城	銀賣買	1918.5	X	D
9	東興徳	李殿厚	大田	布木雑貨	1917.11	Z	E
10	東興盛	曾広興	馬山	綿布	1917.8	V	C
11	東興成	曲渭賓	京城	獣皮漢薬・雑貨	1917.8	U	C
12	東記	姚厚基	京城	布木雑貨	1917.6	V	C
13	東升永	許文莫	京城	綿布雑貨	1917.1	Y	D
14	東順興	韓典郷	大田	雑貨	1917.1	X	D
15	東盛和	孫文播	新義州	布木雑貨	1918.4	Z	E
16	東盛福	—	江景	布木雑貨	1917.1	X	D
17	東盛号	張時英	京城	土木建築請負	1917.9	P	B
18	東生福	王述章	江景	綿布雑貨	1917.1	Z	E
19	同和東	孫信卿	京城	中国織物	1917.12	S	C
20	同源興	孫菩卿	平壤	織物雑貨・金物	1918.1	T	C
21	同興徳	曲毓椿	京城	布木雑貨	1917.6	Z	E
22	同益茂	李凌富	京城	布木雑貨	1917.6	Y	D
23	同聚福	吉慶	京城	布木雑貨	1917.1	X	D
24	同順泰	譚傑生	京城	雑貨織物・漢薬	1917.11	G	Aa
25	同生東	劉祥桐	沙里院	織物雑貨	1918.7	Z	E
26	同生東	—	論山	金巾雑貨	1917.7	W	D
27	同生福	—	城津	朝鮮人向雑貨	1918.7	V	C
28	同盛長	張鳳軒	木浦	綿布染料	1918.5	△	D
29	同盛公	王子謙	平壤	織物雑貨	1917.8	U	C
30	同盛公	曲子安	鎮南浦	綱鍛布木・雑貨	1917.9	U	C
31	同盛永	沙敬毓	仁川	布木雑貨	1917.7	U	C
32	同成和	—	平壤	織物雑貨	1917.12	W	D
33	徳泰源	林香亭	元山	織物	1917.12	U	C
34	徳興隆	楊竹三	元山	織物	1918.6	△	C
35	徳興源	張魯斎	京城	織物	1917.6	U	C
36	徳記号	趙名徳	釜山	綿布染料	1918.7	△	D
37	徳昌盛	高倍俊	釜山	綿糸布	1917.7	Z	E

536 ── 付　表

38	德聚和	丁寿山	釜山	絹木綿	1918.7	△	C
39	德順福	干寿山	仁川	布木雑貨	1917.6	T	C
40	德順永	張玉堂	大邱	絹綿麻布	1917.11	V	C
41	德盛東	徐子声	平壌	織物雑貨	1918.7	△	C
42	德盛興	—	天安	雑貨	1917.12	V	C
43	德盛興	徐秉鑑	遂安	織物雑貨	1917.1	△	E
44	德盛永	朱金鎔	沙里院	織物雑貨	1918.4	Y	D
45	德成和	黄建山	平壌	織物雑貨	1917.12	V	C
46	德成仁	呉紹唐	金泉	織物	1917.7	Y	D
47	德生恒	壬惠庭	京城	漢薬	1917.8	W	D
48	長発隆	劉銀生	京城	土木建築請負	1917.2	U	C
49	和記号	蕭延華	江景	布木雑貨	1918.6	U	C
50	和信興	楊從宗	大田	布木雑貨	1917.12	△	D
51	和生号	—	大邱	織物	1918.7	△	D
52	和盛永	—	元山	布木雑貨	1918.7	△	D
53	和盛裕	—	全州	布木雑貨	1918.6	△	C
54	何沢民	—	京城	食料雑貨	1917.5	U	C
55	泰来興	刑日理	全州	金巾雑貨	1917.7	Z	E
56	泰盛東	—	仁川	織物	1917.6	T	C
57	叢文炳	—	京城	大工	1917.6	Z	E
58	双興号	慕文序	京城	土木建築請負金物	1918.5	V	C
59	双盛福	榔仁興	江景	綿布雑貨	1917.1	V	C
60	双誠興	苑用武	江景	金巾雑貨	1918.7	V	C
61	莱永興	—	釜山	絹綿布	1918.7	X	D
62	万盛德	趙宗来	京城	獣皮・朝鮮皮	1918.6	W	D
63	万盛公	張叔明	仁川	織物	1917.6	U	C
64	万盛公	張庠臣	大邱	絹布綿糸	1918.7	△	D
65	慶興德	孟憲詩	平壌	朝鮮人向雑貨	1918.4	T	C
66	慶興德	孟憲謨	宣川	朝鮮人向雑貨	1918.7	V	C
67	慶興順	劉墨齊	江景	金巾雑貨	1918.7	U	C
68	慶盛長	孔漸鴻	大邱	綿布靴	1918.7	W	D
69	慶盛長	孔漸鴻	仁川	布木雑貨	1917.7	V	C
70	経済号	劉景震	慶州	織物	1917.2	Y	D
71	乾泰和	鄭賢卿	安州	布木雑貨	1918.7	W	D
72	乾昌泰	梁瑞郷	尚州	織物雑貨	1917.12	△	D
73	源泰号	金同慶	仁川	洋服	1917.12	V	C
74	源増永	伝叙五	井邑	金巾雑貨	1918.7	V	C
75	源来盛	初百平	江景	金巾雑貨	1917.7	W	D
76	源生仁	王宝軒	仁川	織物	1917.1	S	B
77	伝利号	張時英	京城	織物雑貨	1917.12	P	B
78	復逢盛	袁仁堂	江景	金巾雑貨	1918.7	Z	E

79	復盛昌	陳世庸	京城	食料雑貨	1918.4	Y	D
80	福来興	—	論山	布　　木	1918.6	V	C
81	福祥東	曲樹堂	京城	布木雑貨	1917.6	Y	D
82	福聚東	李鏡亭	大邱	絹綿布	1918.7	X	D
83	福聚東	李鏡亭	仁川	織　　物	本店大邱	—	—
84	福順昌	—	清州	雑　　貨	1917.1	Z	E
85	福盛興	孔憲釧	公州	布木雑貨・糖粉	1917.1	V	C
86	福盛永	王学清	京城	布木雑貨	1917.11	Y	D
87	文泰興	王福田	江景	金巾雑貨	1917.12	V	C
88	広和順	曲紹庭	京城	織　　物	1917.6	T	C
89	広源恒	—	仁川	布木雑貨	1917.8	Y	D
90	広栄泰	—	京城	漢　　薬	1918.4	U	C
91	広昇号	林喜亭	京城	土木建築請負	1917.6	U	C
92	恒発祥	呂鴻均	京城	綿布雑貨	1918.3	Y	D
93	恒昌永	—	城津	朝鮮人向雑貨	1918.4	U	C
94	恒盛永	雛子均	平壌	中国雑貨	1917.4	Z	E
95	鴻昌永	—	元山	織　　物	1918.7	T	C
96	鴻順東	周天忠	裡里	金巾雑貨	1918.6	X	D
97	興順号	—	金堤	布木雑貨	1917.7	X	D
98	洪順福	欒徳懋	京城	織　　物	1917.9	△	D
99	洪順興	林順興	公州	布木雑貨	1917.1	X	D
100	合記号	劉広福	京城	綿布雑貨	1918.3	Y	D
101	合盛長支店	王友三	大邱	織物針	1918.7	△	D
102	永豊泰	李永泰	元山	織　　物	1917.9	W	D
103	永和泰	孫永和	元山	布木雑貨	1918.7	W	D
104	永増和	王寿山	安城	布　　木	1918.3	V	C
105	永来盛	—	仁川	織　　物	1917.1	S	C
106	永合利	許吉臣	京城	雑貨麦粉・中国靴	1917.4	X	D
107	永聚和	—	城津	朝鮮人向雑貨	1918.4	U	C
108	永盛東	—	大田	布木雑貨	1917.12	△	D
109	永盛東	姜燕堂	京城	雑貨書籍・獣皮	1917.4	W	D
110	永盛泰	徐希孟	元山	織　　物	1917.12	X	D
111	永盛合	刑子融	京城	漢　　薬	1918.6	V	C
112	永成和	曲丕濱	釜山	靴雑貨	1917.9	△	D
113	永成仁	郝鏡海	木浦	綿糸布・染料	1918.5	△	D
114	栄興号	司徒紹	京城	土木建築請負雑貨	1917.6	V	C
115	天平公司	—	釜山	綿麻布	1918.7	△	D
116	天和徳	趙　秋	新義州	雑　　貨	1917.6	Y	E
117	天和泰	—	元山	綿　　布	1918.6	X	D
118	天興益	鄒欣令	京城	雑貨麦粉	1918.3	W	D
119	天興義	千乾正	京城	布木雑貨	1917.6	V	C

120	天合棧	—	仁川	客　　主	1918.6	V	C	
121	天盛和	—	天安	雜　　貨	1918.3	X	D	
122	天盛興	黃廷弼	仁川	布木雜貨	1917.3	W	D	
123	天成泰	空文軒	永同	布木雜貨	1917.8	V	C	
124	安合号	王立業	京城	食料雜貨	1918.5	T	C	
125	西義順	林書紳	井邑	金巾雜貨	1917.9	W	D	
126	三合永	譚韞亭	元山	織　　物	1918.6	T	C	
127	義和利	解規以	全州	布木雜貨	1918.7	U	C	
128	義和永	李星五	尚州	織物雜貨	1917.12	△	C	
129	義和吉	趙敷周	全州	布木雜貨	1917.9	U	E	
130	義泰成	—	金泉	織物雜貨	1918.2	△	E	
131	義增永	干俊鄉	尚州	織物雜貨	1917.12	△	C	
132	義勝東	—	鎭南浦	委託販賣	1917.11	U	C	
133	義昌号	紀東明	京城	布木雜貨	1917.8	Y	D	
134	義昌棧	張宝亭	平壤	委託賣買・雜貨	1918.7	Y	D	
135	義聚永	李代軒	金泉	織物雜貨	1917.11	△	D	
136	義盛号	主家紳	京城	布木雜貨	1917.9	V	C	
137	義成公支店	孫中選	大邱	綿布染料	1917.9	△	D	
138	義生盛	—	仁川	雜　　貨	1918.4	T	C	
139	協泰和	史憲章	新義州	織物雜貨	1918.7	V	C	
140	協泰和	陳書山	宣川	織物雜貨	本店新義州	—	—	
141	玉慶東	常崑玉	江陵	綿　　布	1918.7	V	C	
142	玉成東	—	京城	食料雜貨	1918.3	Z	E	
143	吉盛永	郭光煒	釜山	絹綿麻布	1918.7	V	C	
144	金生慶	劉金華	金泉	綿布雜貨	1917.11	△	D	
145	錦生東	雛丕詩	群山	布木雜貨	1918.7	W	D	
146	錦生号	劉書翰	大田	布　　木	1917.12	Z	E	
147	錦成東	劉善棣	京城	織物雜貨	1917.9	T	C	
148	裕豊德	—	京城	織物雜貨	1918.3	R	B	
149	裕興東	姜恒裕	金堤	布木雜貨	1917.9	W	D	
150	裕興源	周子章	京城	漢　　藥	1917.11	Z	E	
151	裕順德	杜冀階	京城	漢藥雜貨	1918.4	W	D	
152	志興東	王連陸	京城	中国雜貨・酒	1917.4	U	C	
153	志興東	—	仁川	中国人向雜貨	本店京城	—	—	
154	徐坤生	—	京城	土木建築請負	1917.8	Z	E	
155	正興永	王嗣崑	井邑	布木雜貨	1917.9	△	D	
156	聚豊和支店	—	慶州	綿糸布	1917.2	△	D	
157	聚和祥	孫衡軒	仁川	織物雜貨	1918.6	V	C	
158	聚和祥	—	群山	織物雜貨	1918.8	U	C	
159	聚成号	孫方臣	京城	織　　物	1917.7	T	C	
160	春記棧	曲維銘	仁川	客　　主	1917.5	T	C	

161	春成興	劉聿軒	平壤	織物雜貨	1918.7	△	C
162	春盛興	劉建元	仁川	布木雜貨	1917.8	Z	E
163	春盛永	梁鳳坡	平壤	織物雜貨	1918.7	△	C
164	新合盛	—	鎮南浦	雜貨・委託販賣	1917.9	W	D
165	仁和東	孫守忠	京城	布木雜貨	1917.8	V	C
166	仁和成支店	—	大邱	織　物	1917.11	△	E
167	仁来盛	王心甫	仁川	織　物	1917.6	R	B
168	仁興福	李仙洲	江景	布木雜貨	1918.6	Z	E
169	仁合東	—	元山	綿布煙草	1918.6	△	E
170	仁合東	—	仁川	雜　貨	1918.2	V	C
171	仁記号	呂仁軒	金泉	綿布雜貨	1917.3	Z	E
172	仁盛興	牟福堂	公州	綿布雜貨	1917.1	△	D
173	成発和	曲寰海	釜山	織　物	1917.7	Z	E
174	成記号	龍殿甲	元山	織　物	1918.7	W	D
175	政興厚	李樹賓	江景	金巾雜貨	1917.9	△	D
176	瑞豊徳記	王汎清	京城	雜　貨	1918.3	W	D
177	瑞泰号	孫金甫	釜山	織物雜貨	1918.7	△	C
178	瑞昌徳記	田昌魁	京城	食料雜貨	1917.1	Z	E
179	瑞盛泰	宋金銘	京城	織　物	1917.5	T	C
180	瑞成東	遅文祥	元山	織　物	1918.6	W	D
181	瑞成祥	遅文瑞	元山	織　物	1918.6	V	C

出典：商業興信所『第十九回　商工資産信用録（大正七年）』（復刻版，『明治大正期商工資産信用録』第10巻大正七年（下），クロスカルチャー出版，2009年）外国人 9〜17頁から作成

〔付表３〕『商工資産信用録』に掲載された朝鮮華僑会社の目録（第21回・1921年）

番号	会社名	代　表	所在地	営業の種類	調査年月	正味身代	信用程度
1	怡泰桟	梁綺堂	仁川	洋食料品	1920.1	P	B
2	一家春	徐仲三	京城	中国雜貨	1920.5	X	D
3	豊盛永	欒景壬	京城	雜貨織物	1920.2	S	C
4	東和昌	姜子云	仁川	食料雜貨	1919.7	V	C
5	東涯居	姜鳴九	鎮南浦	酒雜貨	1919.3	X	D
6	東源東	宮鶴汀	京城	金銀賣買	1920.7	T	C
7	東興成	曾広興	馬山	綿　布	1920.8	U	C
8	東興成	曲渭賓	京城	漢藥雜貨	1919.5	U	C
9	東升永	許文英	京城	雜　貨	1919.5	Z	E
10	東生福	王述章	江景	布木雜貨	1919.8	X	D
11	東生福	—	城津	綿　布	1919.2	T	C

12	東成興	張履泰	京城	雜貨・食料品	1920.5	X	D
13	東成号	—	京城	土木建築請負	1919.11	N	A
14	同源興	孫善卿	平壤	織物雜貨・金物	1919.6	S	C
15	同益茂	李凌福	京城	布木雜貨	1919.1	V	C
16	同聚福	任余亭	京城	布木雜貨	1920.7	U	C
17	同春盛	汝春堂	仁川	布木雜貨	1919.9	V	C
18	同順泰	譚傑生	京城	雜貨織物・漢藥	1920.5	G	A
19	同順号	—	河東	綿布雜貨	1919.4	W	D
20	同盛德	夏永德	群山	綿布雜貨	1920.6	△	—
21	同盛長	張鳳軒	木浦	絹綿麻布	1920.1	△	C
22	同盛永	—	仁川	布木雜貨	1920.7	U	C
23	同成和	鍾宝林	平壤	織物雜貨	1919.4	V	C
24	同成号	崔振梅	仁川	雜　貨	1919.7	W	D
25	同生福	—	城津	朝鮮人向雜貨	1919.6	V	C
26	德　泰	蔡興発	京城	洋　服	1920.1	X	D
27	德泰東	杜豊東	鎮南浦	布木雜貨	1919.8	V	C
28	德泰源	林香亭	元山	織　物	1919.3	U	C
29	德慶祥	王栄詰	元山	織物雜貨	1919.11	V	C
30	德興東	孫德雲	鳥致院	布木雜貨	1919.9	Z	E
31	德興隆	楊竹三	元山	織　物	1919.3	T	C
32	德興仁	郝子九	清州	布木雜貨	1920.5	V	C
33	德康号	—	咸興	綿　布	1920.3	V	C
34	德聚和	林亦農	釜山	絹綿麻布	1920.3	△	D
35	德聚永	宮長仁	平沢	布木雜貨	1920.3	W	D
36	德順福	干寿山	仁川	布木雜貨	1919.6	T	C
37	德順福	王連三	京城	織　物	1919.12	O	B
38	德順永	張玉堂	大邱	綿糸布	1920.3	△	C
39	德順永	張玉亭	馬山	綿糸綿布	1920.8	U	C
40	德盛東	鹿賛亭	木浦	綿麻布・雜貨	1920.8	△	D
41	德盛東	徐子声	平壤	布木雜貨	1919.5	U	C
42	德成和	黄建山	平壤	布木雜貨	1920.5	T	C
43	德生恒	王惠庭	京城	漢藥毛皮	1920.2	T	C
44	利盛德	鄒紹芳	群山	布木雜貨	1920.7	Z	E
45	和泰号	王宗仁	仁川	織　物	1920.1	R	B
46	和康号	王輯五	江景	布木雜貨	1920.4	V	C
47	和記号	蕭王華	江景	布木雜貨	1919.8	T	C
48	和昌信	林芸章	群山	布木雜貨	1919.9	△	—
49	和聚公	—	仁川	織物雜貨	1920.6	S	C
50	和信興	楊從宗	大田	布木雜貨	1919.9	△	—
51	和生号	趙崑生	大邱	絹綿糸布	1919.8	△	C
52	和盛永	譚曉亭	元山	綿布	1919.9	X	D

53	何沢民	—	京城	食料品・舶来雑貨	1920.8	U	C
54	泰盛東	常鎮川	仁川	織物雑貨	1920.1	S	C
55	双興号	慕文序	京城	土木建築請負金物	1920.7	U	C
56	双成発	李切有	仁川	布木雑貨	1919.7	V	C
57	増盛和	呂茂梅	仁川	布木雑貨	1919.7	W	D
58	万盛公	張叔明	大邱	絹綿布・雑貨	1920.3	△	—
59	慶興徳	孟憲詩	平壌	朝鮮人向雑貨	1920.6	S	C
60	慶興徳	劉墨齊	江景	布木雑貨	1920.7	U	C
61	慶祥徳	—	新義州	織布雑貨	1920.2	△	—
62	慶盛長	孔漸鴻	大邱	綿布靴	1919.3	V	C
63	乾泰和	—	平壌	布　木	1919.9	U	C
64	謙合盛	王　鈺	平壌	織物雑貨	1920.5	U	C
65	源　泰	金周慶	仁川	洋　服	1920.4	U	C
66	源　泰	楼元任	京城	洋　服	1920.1	W	D
67	源記号	判鳳山	平壌	織物雑貨	1920.8	U	C
68	源生号	揚汝瑚	馬山	織　物	1920.7	U	C
69	伝利号	張時英	京城	織物雑貨	1920.2	N	A
70	復盛昌	陳世庸	京城	食料雑貨	1919.2	Y	D
71	福興東	—	清州	布木雑貨	1920.5	Z	E
72	福聚東	李鏡亭	大邱	綿糸布	1920.4	T	C
73	福聚東	李鏡亭	仁川	織　物	本店大邱	—	—
74	福聚公	—	清津	綿　布	1919.7	U	C
75	福成東	王棟臣	江景	布木雑貨	1919.6	△	—
76	福盛永	王尚敏	京城	布木雑貨	1920.3	U	C
77	文泰興	王福田	江景	布木雑貨	1919.9	△	C
78	広和順	曲紹庭	京城	織　物	1919.5	S	C
79	広源恒	—	仁川	布木雑貨	1919.7	U	C
80	恒発祥	李元仲	京城	綿布雑貨	1919.9	V	C
81	恒豊号	孔慶蘭	京城	布木雑貨	1920.1	W	D
82	鴻泰東	—	咸興	綿　布	1920.3	U	C
83	鴻昌永	常瑞亭	元山	織　物	1919.3	△	C
84	鴻順東	周元忠	裡里	布木雑貨	1920.6	V	C
85	興盛和	宋川孔	仁川	旅　館	1920.7	U	C
86	宏順永	呂宋道	鳥致院	布木雑貨	1919.11	W	D
87	合記号	劉広福	京城	織　物	1920.1	U	C
88	合順興	—	清州	布木雑貨	1920.5	U	C
89	合盛長	王友三	大邱	絹綿布	1920.3	△	C
90	永豊泰	—	元山	綿　布	1919.3	W	D
91	永和東	王景仙	釜山	綿布・海産物	1919.8	△	D
92	永和泰	孫永和	元山	綿布雑貨	1919.3	W	D
93	永来盛	—	仁川	織　物	1920.1	R	B

94	永慶春	馬春宴	清州	布木雜貨	1920.2	V	C
95	永興和	孫永焜	元山	織物雜貨	1919.11	W	D
96	永合利	許吉臣	京城	織物雜貨・麥粉	1919.4	Y	D
97	永義和	張漢臣	木浦	絹綿布・雜貨	1920.1	V	C
98	永昌源	鄭化南	木浦	綿布雜貨	1919.5	W	D
99	永聚和	—	城津	朝鮮人向雜貨	1919.6	U	C
100	永盛東	姜燕堂	京城	雜貨書籍・獸皮紙	1919.4	V	C
101	永盛東	—	大田	布木雜貨	1919.9	△	—
102	永盛泰	徐希孟	元山	織 物	1919.3	W	D
103	永成和	曲丕濱	釜山	雜貨靴	1919.7	△	D
104	永成仁	郝鏡海	木浦	綿布雜貨	1920.5	△	C
105	榮 泰	陳茗芳	京城	洋 服	1920.1	Z	E
106	栄昌号	—	栄山浦	綿麻布・雜貨	1919.9	X	D
107	天和德	龍振声	元山	貿 易	1919.3	△	—
108	天和泰	王樹田	元山	綿 布	1919.12	W	D
109	天泰興	王鴻庭	光州	絹綿布・雜貨	1919.1	T	C
110	天合棧	—	仁川	客 主	1920.7	V	C
111	天順泰	牟介福	鳥致院	布木雜貨	1919.11	S	C
112	天盛興	黃廷弼	仁川	布木雜貨	1919.9	V	C
113	安利号	孫修五	京城	酒漢藥	1919.1	W	D
114	安合号	王立業	京城	食料雜貨	1920.7	R	B
115	西義順	林書銘	井邑	綿布雜貨	1919.12	T	C
116	三合永	譚云亭	元山	織 物	1919.3	U	C
117	三義成	—	河東	綿布雜貨	1919.4	W	D
118	義和東	—	鉄原	布木雜貨	1919.1	X	D
119	義和利	解規以	全州	布木雜貨	1920.7	U	C
120	義興号	—	大田	布 木	1919.9	X	D
121	義興盛	王心甫	仁川	織物・雜穀麥粉	1919.11	S	C
122	義昌盛	孫丕勤	江景	綿布雜貨	1919.9	△	—
123	義聚永	—	金泉	絹綿布	1919.9	△	—
124	義生東	賈連芳	清州	布木雜貨	1920.5	X	D
125	義生德	林香亭	元山	綿布雜貨	1919.3	△	—
126	義生号	曲綿祉	金泉	綿布雜貨	1919.8	V	C
127	義生盛	周鶴山	仁川	雜 貨	1919.1	△	—
128	義盛号	主家紳	京城	布木雜貨	1920.2	V	C
129	義成公	孫中選	大邱	絹綿布・染料	1919.4	△	C
130	協源盛	孫春圃	大邱	絹麻布・雜貨	1919.1	V	C
131	協昌号	—	木浦	綿布糖粉・雜貨	1919.7	X	D
132	協順興	張享栄	公州	綿布雜貨	1919.5	Z	E
133	吉盛興	孫德仁	江景	綿布雜貨	1920.1	△	—
134	吉盛永	郭光煒	密陽	絹綿麻布	1920.6	V	C

135	錦生東	鹿德奎	群山	綿布雜貨	1920.6	△	―
136	錦成東	趙謙益	京城	織物雜貨	1919.7	S	C
137	裕豊德	李書芸	京城	織物雜貨・糖粉	1920.1	N	A
138	裕昌厚	―	義州	雜　貨	1920.6	V	C
139	裕順德	杜蓂階	京城	漢藥雜貨	1920.2	T	C
140	志興東	王連陸	京城	中國雜貨・酒	1919.1	T	C
141	志成東	―	馬山	雜　穀	1920.7	△	D
142	祥　興	張鴻海	京城	洋　服	1920.1	U	C
143	正興永	陳興倫	井邑	綿布雜貨	1919.11	△	―
144	聚昌德	孫逢周	群山	綿布雜貨	1920.6	Y	D
145	聚成号	孫方臣	京城	織物雜貨	1920.5	R	B
146	春記棧	曲維明	仁川	旅　館	1919.11	T	C
147	春成興	劉敬修	平壤	織物雜貨	1920.6	U	C
148	春盛永	梁鳳坡	平壤	織物雜貨	1920.2	R	B
149	新合盛	揚君瑞	鎮南浦	雜貨・委託販賣	1919.3	V	C
150	新盛号	王致新	木浦	絹綿布・雜貨	1920.1	△	C
151	晋德永	汪汶健	羅南	雜　貨	1920.4	U	C
152	仁和東	孫守慧	京城	布木雜貨	1920.3	T	C
153	仁和盛	孫恕甫	大邱	綿布雜貨	1920.3	△	―
154	仁泰恒	王樹嵐	群山	綿布雜貨	1919.9	V	C
155	仁合東	―	仁川	雜　貨	1920.1	U	C
156	仁聚東	張儀亭	群山	綿布雜貨	1920.6	Z	E
157	是亦堂	鍾桐音	京城	藥　種	1920.1	U	C
158	成康号	趙玉基	咸興	綿　布	1920.3	Y	D
159	成記東	―	咸興	綿　布	1920.3	T	C
160	成記号	龍殿甲	元山	織物雜貨	1919.3	V	C
161	成生和	―	咸興	綿　布	1920.3	U	C
162	瑞豊德	王汎清	京城	雜　貨	1919.4	X	D
163	瑞昌德	田占魁	京城	布木雜貨・菓子	1919.1	△	―
164	瑞祥号	孫植軒	馬山	綿糸布	1920.8	T	C
165	瑞生德	梅汝清	京城	雜　貨	1919.4	W	D
166	瑞成東	遲文祥	元山	織　物	1920.7	V	C
167	瑞成祥	遲文瑞	元山	織　物	1920.7	U	C
168	瑞盛泰	宋金銘	京城	織　物	1920.2	R	B

出典：商業興信所『第二十一回　商工資産信用録（大正十年）』(復刻版，『明治大正期商工資産信用録』第12巻大正十年（下），クロスカルチャー出版，2009年）外国人11～17頁から作成。

〔付表4〕『商工資産信用録』に掲載された朝鮮華僑会社の目録（第23回・1922年）

番号	会社名	代表	所在地	営業の種類	調査年月	正味身代	信用程度
1	怡泰桟	梁綺堂	仁川	洋食料品	1922.6	O	B
2	怡泰昌	姜芝亭	釜山	絹綿麻布	1922.8	T	C
3	輔仁号	黄克忠	鎮南浦	織物石炭	1921.2	U	C
4	豊盛永	欒景玉	京城	雑貨織物	1921.1	△	—
5	東和号	王蕩周	京城	雑貨綿布	1922.6	△	C
6	東和昌	姜子雲	仁川	食料雑貨布木	1921.3	V	C
7	東泰興	崔文泰	公州	雑貨	1921.11	V	C
8	東源東	宮鶴汀	京城	金銀売買	1921.7	U	C
9	東興徳	張紋繡	安城	綿布雑貨	1921.8	T	C
10	東興盛	曾興来	馬山	絹綿糸麻布	1921.12	S	C
11	東興成	曲渭賓	京城	漢薬雑貨中国棗	1921.7	U	C
12	東升永	許文英	京城	雑貨	1921.7	V	C
13	東順興	孫進伝	清州	綿布雑貨	1921.11	△	—
14	東順興	韓典郷	大田	綿糸布雑貨	1921.11	△	—
15	東順興	趙修美	釜山	絹綿麻布	1922.8	T	C
16	東茂盛	陳子欣	慶州	絹綿布綿糸	1921.12	△	—
17	東盛福	李春海	江景	金巾雑貨	1922.7	Z	E
18	東生福	王述章	江景	綿布雑貨	1921.7	Y	D
19	東盛福	隋登雲	城津	綿布	1922.7	T	C
20	東成興	張履泰	京城	雑貨食料品	1921.7	X	D
21	東成号	高汝明	京城	土木建築請負	1922.8	△	C
22	同泰興	郷雲	清州	布木雑貨	1921.6	Z	E
23	同源興	王融賓	平壌	綢緞雑貨布木	1921.7	T	C
24	同合永	孫邊軒	清津	織物	1922.7	T	C
25	同益茂	李凌富	京城	布木雑貨	1922.7	V	C
26	同聚福	任余亭	京城	布木雑貨	1922.2	U	C
27	同春福	孫文堂	仁川	雑貨	1921.10	W	D
28	同春盛	沙春堂	仁川	布木雑貨	1922.3	U	C
29	同順泰	譚傑生	京城	雑貨織物漢薬	1922.7	G	Aa
30	同盛徳	夏永徳	群山	綿布雑貨	1921.7	V	C
31	同盛長	張華亭	木浦	絹綿麻布	1922.7	T	C
32	同盛永	沙敬毓	仁川	雑貨	1922.6	U	C
33	同成徳	欒成立	釜山	綿布	1921.10	T	C
34	同成徳	殷祥亭	京城	食料雑貨	1922.7	W	D
35	同成合	王瑞亭	平壌	綢緞雑貨	1922.1	W	D
36	同成号	崔振梅	仁川	雑貨	1921.7	W	D
37	同生福	—	城津	綿布雑貨	1922.7	T	C

38	德泰	蔡興発	京城	洋　　服	1921.7	Z	E
39	德泰東	杜豊五	鎮南浦	織物雜貨	1921.10	U	C
40	德泰源	林香亭	元山	織　　物	1921.7	U	C
41	德源祥	林樹蕎	羅南	織　　布	1921.7	V	C
42	德興隆	楊兆祥	元山	織　　物	1921.3	U	C
43	德興永	孫德雲	鳥致院	布木雜貨	1921.6	Z	E
44	德興永	孫德潤	鳥致院	布木雜貨	1921.7	W	D
45	德興裕	程肅泰	平壤	雜　　貨	1922.3	W	D
46	德興仁	郝子九	清州	布木雜貨	1921.10	Z	E
47	德康号	孫建湖	咸興	綿　　布	1921.7	U	C
48	德永祥	—	平壤	織　　物	1921.8	T	C
49	德記号	湼名德	釜山	絹綿麻布	1922.8	W	D
50	德昌盛	高倍儉	釜山	絹綿布	1922.8	U	C
51	德聚和	林亦農	釜山	絹綿布	1922.3	R	B
52	德聚永	宮長仁	平沢	布木雜貨	1921.8	W	D
53	德聚成	孫方臣	京城	織　　物	1922.5	R	B
54	德春盛	韓秉順	鎮南浦	煉瓦材木	1921.4	V	C
55	德順泰	—	会寧	雜　　貨	1921.12	U	C
56	德順福	王連三	京城	織　　物	1922.5	N	A
57	德順永	張玉堂	大邱	絹綿布綿糸	1922.8	△	C
58	德順永	張玉亭	馬山	絹綿糸布	1921.12	U	C
59	德盛東	孫傑松	京城	食料雜貨	1922.6	W	D
60	德盛東	王鼎允	平壤	綢緞布木雜貨	1921.7	U	C
61	德盛興	郭占栄	天安	雜貨食料綿布	1921.7	R	B
62	德盛永	趙德音	光州	織物雜貨	1921.9	U	C
63	德盛昌	王啓謀	仁川	織　　物	1922.6	V	C
64	德成和	宋景山	平壤	布木雜貨綢緞	1921.7	U	C
65	德生恒	王惠庭	京城	漢藥毛皮	1921.2	T	C
66	兆　昌	鄭以初	京城	材　　木	1922.4	S	C
67	中和順	—	鉄原	雜　　貨	1921.2	W	D
68	利華号	孔憲船	公州	布木雜貨	1921.11	V	C
69	利盛德	鄒世寿	群山	絹綿布雜貨	1921.9	V	C
70	王公温	—	京城	建築請負	1921.7	X	D
71	和泰号	王仲仁	仁川	織　　物	1922.7	S	C
72	和興公	王元慶	京城	食料雜貨	1922.7	W	D
73	和記公司	王克嚴	平壤	雜　　貨	1921.6	W	D
74	和記号	蕭延華	江景	布木雜貨	1922.7	S	C
75	和昌信	林芸章	群山	金巾雜貨	1921.7	W	D
76	和聚公	楊勳堂	仁川	織物雜貨	1921.11	S	C
77	和順利	王敬亭	平壤	綢緞布木	1921.9	W	D
78	和信興	楊從宗	大田	布木雜貨	1921.7	V	C

79	和生号	―	大邱	絹綿糸布雑貨	1922.5	△	D
80	和盛永	譚曉亭	元山	綿　　布	1921.7	W	D
81	和盛祐	―	全州	布木雑貨	1922.6	△	D
82	何沢民	―	京城	食料舶来雑貨	1922.9	U	C
83	泰東商号	王東泉	釜山	絹綿麻布	1922.8	T	C
84	泰和興	―	安城	綿布雑貨	1921.8	U	C
85	泰興東	王連陞	京城	雑　　貨	1921.10	T	C
86	泰升東	常鎮川	仁川	織　　物	1922.6	T	C
87	泰盛東	常鎮川	仁川	織物雑貨	1921.3	T	C
88	譚秋明	―	京城	中華料理	1922.7	S	C
89	双成発	李切有	仁川	布木雑貨	1921.7	V	C
90	双盛福	柳仁興	江景	綿布雑貨	1922.7	△	C
91	双誠興	范用武	江景	布木雑貨	1922.7	△	C
92	増盛和	呂茂梅	仁川	布木雑貨	1921.7	W	D
93	莱永興	徐希孟	釜山	絹綿麻布	1922.8	U	C
94	莱益興	―	釜山	絹綿麻布	1922.8	W	D
95	万昌号	紀大鴻	京城	布木雑貨	1921.5	W	D
96	万聚東	王承謁	仁川	雑　　貨	1921.3	X	D
97	万盛和	―	釜山	絹綿麻布	1922.8	W	D
98	万盛公	―	大邱	絹綿麻布綿糸	1922.5	△	D
99	慶興徳	孟憲詩	平壌	雑　　貨	1922.7	T	C
100	慶興順	劉墨斎	江景	綿布雑貨	1921.7	U	C
101	慶盛長	張仁菴	大邱	絹綿布	1922.1	△	D
102	乾泰和	鄭賢郷	平壌	布木綢緞	1921.1	U	C
103	謙合盛	王　鈺	平壌	綢緞布木	1922.1	T	C
104	源泰	楼元任	京城	洋　　服	1922.7	W	D
105	源泰号	沙伯臣	馬山	絹綿麻布	1921.11	△	D
106	源泰号	金同慶	仁川	洋　　服	1921.7	U	C
107	源来盛	初百平	江景	金巾雑貨	1922.7	△	D
108	源増永	伝叙王	井邑	金巾雑貨	1921.7	△	C
109	源興東	呂祚濱	論山	金巾雑貨	1922.7	△	D
110	源記号	孫広霖	元山	布　　木	1921.6	Z	E
111	源生義	王述明	鳥致院	布木雑貨	1921.7	W	D
112	源生南	判鳳山	平壌	綢緞布木	1921.1	U	C
113	元和桟	趙漢庭	仁川	旅　　館	1921.3	W	D
114	元亨利	任賁山	釜山	絹綿麻布	1922.8	△	C
115	伝利号	張泰彬	京城	織　　物	1922.7	Q	B
116	復豊成	孫丕喬	仁川	雑　　貨	1921.3	W	D
117	復聚桟	郭秋舫	仁川	旅　　館	1921.3	V	C
118	復盛東	―	江景	金巾雑貨	1922.7	△	D
119	復盛桟	史祝三	仁川	旅　　館	1921.10	X	D

120	復盛義	孔雲平	論山	金巾雑貨	1921.7	W	D
121	復盛昌	陳世庸	京城	食料雑貨	1922.7	U	C
122	福藥興	—	論山	布　木	1921.7	△	C
123	福洪盛	楊運義	釜山	絹綿麻布	1922.8	V	C
124	福聚東	李鏡亭	大邱	絹綿麻布綿糸	1922.5	U	C
125	福聚東	李鏡亭	仁川	織　物	本店大邱	—	—
126	福聚東	千進盛	京城	雑　貨	1922.7	W	D
127	福聚公	—	清津	布　木	1922.7	T	C
128	福順興	王振岡	鳥致院	布木雑貨	1921.7	W	D
129	福成東	王棟臣	江景	金巾雑貨	1921.7	△	D
130	福成興	孔憲釧	公州	布木雑貨	1921.6	U	C
131	福盛永	王尚敏	京城	布木雑貨	1922.2	U	C
132	文泰興	王福田	江景	綿布雑貨	1921.7	U	C
133	文泰興	—	論山	布木雑貨	1921.4	S	C
134	広和順	馬秀臣	京城	織　物	1921.3	Q	B
135	広和順	林廸永	群山	布木雑貨	1921.10	△	—
136	広興隆	劉広祁	京城	布木雑貨	1922.6	U	C
137	広栄泰	譚盛市	京城	漢　薬	1921.7	U	C
138	恒発祥	李允仲	京城	綿布雑貨	1921.7	W	D
139	恒豊号	孔慶蘭	京城	布木雑貨	1921.7	V	C
140	恒昌永	—	城津	綿布雑貨	1922.7	U	C
141	鴻泰東	趙湘州	咸興	綿　布	1922.6	U	C
142	鴻興福	張平原	京城	雑　貨	1922.4	X	D
143	鴻順東	周元忠	裡里	綿布雑貨	1922.7	X	D
144	公泰仁	曲占臨	利川	布　木	1922.7	U	C
145	公泰盛	—	浦項	絹綿布	1922.1	T	C
146	公安号	馮家棋	京城	パン製造食料雑貨	1922.7	V	C
147	公聚興	曲文甫	京城	洋食雑貨	1921.7	W	D
148	公聚仁	胡■軒	京城	布木雑貨	1922.2	V	C
149	興順利	曲聖清	金堤	布　木	1922.6	T	C
150	興盛和	宋川孔	仁川	旅　館	1921.3	V	C
151	洪発福	蕭相清	鳥致院	布　木	1922.4	Z	E
152	洪順興	李程九	金泉	絹綿布	1921.5	Z	E
153	合盛長	王友三	大邱	綿絹糸・麻布	1922.5	U	C
154	永豊泰	王玉明	元山	綿　布	1921.7	U	C
155	永和泰	孫永和	元山	綿布雑貨	1921.7	V	C
156	永和福	暹興鈺	京城	菓子製造雑貨	1922.7	W	D
157	永増和	王寿山	安城	綿布雑貨	1921.8	V	C
158	永来盛	張子余	仁川	織　物	1922.6	Q	B
159	永慶春	馬春宴	清州	布木雑貨	1921.7	Z	E
160	永興和	孫永焜	元山	綿布雑貨	1921.7	W	D

161	永合利	許吉臣	京城	雜貨中国靴	1921.7	Z	E
162	永記号	張夢齡	羅南	布　木	1922.7	U	C
163	永記号	韓興海	釜山	絹綿布	1922.8	V	C
164	永義和	趙翰臣	木浦	絹綿麻雜貨	1921.7	U	C
165	永聚和	一	城津	朝鮮人向雜貨	1922.7	U	C
166	永聚和	楊緑喬	尚州	絹綿布	1921.12	V	C
167	永順利	王樹勤	釜山	絹綿布靴下製造	1922.8	△	C
168	永盛東	姜燕堂	京城	雜貨書籍紙	1921.7	V	C
169	永盛東	楊從先	大田	布木雜貨	1921.7	V	C
170	永盛東	韓鳳岐	元山	綿布雜貨	1921.7	V	C
171	永盛合	刑子融	京城	漢　藥	1921.7	U	C
172	永生仁	王宗海	金泉	絹綿布雜貨	1921.5	△	D
173	永成仁	鄒鏡海	木浦	絹綿布雜貨	1922.6	T	C
174	永瑞祥	孫金甫	京城	絹綿麻布	1922.1	S	C
175	栄　泰	陳茗芳	京城	洋　服	1921.7	Z	E
176	瀛仙居記	陳芝山	京城	雜貨酒	1921.10	X	D
177	天和徳	竜振声	元山	貿　易	1921.7	V	C
178	天和泰	王樹田	元山	綿　布	1921.7	W	D
179	天合桟	一	仁川	旅　館	1921.7	V	C
180	天順泰	牟介福	鳥致院	布木雜貨	1921.7	T	C
181	天盛和	柳樂堂	天安	絹布雜貨貸金	1921.7	Q	B
182	天盛興	黃廷弼	仁川	布木雜貨	1921.7	V	C
183	天成泰	宮文軒	仁川	織　物	1921.3	△	
184	天成合	劉中基	公州	布　木	1921.6	V	C
185	安利号	孫修五	京城	酒漢藥	1921.7	V	C
186	安合号	王立業	京城	食料雜貨中国菓子	1922.3	S	C
187	西禎祥	曲文甫	京城	雜　貨	1922.7	W	D
188	西義順	林書銘	井邑	金　巾	1921.7	V	C
189	三合永	譚維中	仁川	織　物	1922.7	S	C
190	三合盛	馬耀庭	鎮南浦	塩委託販賣	1921.4	W	D
191	義豊号	劉陞基	京城	雜貨酒	1922.7	X	D
192	義豊祥	趙友彬	天安	織物雜貨料理	1922.4	X	D
193	義和利	解規以	全州	金巾雜貨	1921.7	U	C
194	義和吉	趙敷周	全州	金巾雜貨	1921.7	U	C
195	義和盛	孫秀柱	仁川	日用雜貨	1921.3	Z	E
196	義増永	一	尚州	絹綿麻雜貨	1921.12	T	C
197	義興号	一	大田	布　木	1921.7	W	D
198	義興永	季香谷	尚州	絹綿布雜貨	1921.12	V	C
199	義昇徳	宗鋒	尚州	綿布雜貨	1921.5	V	C
200	義昌号	紀束明	京城	布木雜貨	1921.5	V	C
201	義昌盛	孫丕勤	江景	布木雜貨	1922.7	△	C

202	義昌桟	張宝亭	平壌	委託販賣	1921.6	X	D
203	義順興	—	江景	布木雜貨	1922.7	Z	E
204	義生東	賈連芳	清州	布木雜貨	1921.7	Z	E
205	義生徳	千倍緣	元山	綿布雜貨	1921.7	Y	D
206	義生号	曲綿祉	金泉	綿糸布雜貨	1921.8	T	C
207	義生盛号	周鶏林	仁川	洋食料品	1922.8	U	C
208	義盛号	王家紳	京城	布木雜貨	1921.7	V	C
209	義成公	孫中選	大邱	絹綿麻布	1922.8	U	C
210	共和盛	剤清済	釜山	絹綿麻布	1922.8	Z	E
211	協興裕	元聚祥	群山	絹綿麻布	1921.7	T	C
212	協興裕	強殷三	仁川	織　物	1921.3	R	B
213	協義号	揚金堂	麗水	布木雜貨	1922.6	V	C
214	協順興	張享栄	公州	綿布雜貨	1921.6	W	D
215	協盛東	孫守忠	京城	布木絹布貿易	1921.9	Q	B
216	玉成東	焉瑛椿	京城	食料雜貨中国菓子	1921.7	V	C
217	玉成東支	欒仲玉	開城	麥粉砂糖煙草	1921.1	V	C
218	吉盛興	孫德仁	江景	綿布雜貨	1922.7	Z	E
219	吉盛永	孫香圃	密陽	絹綿麻布	1922.8	T	C
220	久盛東	—	尚州	絹綿麻布綿糸	1921.11	X	D
221	錦生東	鄒丕詩	群山	綿布雜貨	1921.8	T	C
222	錦成東	劉棣軒	京城	綢緞雜貨	1922.2	S	C
223	裕豊徳	李書冀	京城	織物麻布雜貨	1922.3	P	B
224	裕増徳	陳松山	京城	雜　貨	1921.10	W	D
225	裕興東	姜垣裕	金堤	綿布雜貨	1921.3	△	—
226	裕昌永	林月東	会寧	雜　貨	1921.12	V	C
227	裕順徳	楊獻庭	京城	漢藥雜貨	1921.7	U	C
228	裕順盛	杜夢芳	京城	和洋雜貨	1921.7	W	D
229	明成泰	盧記万	元山	客　主	1921.1	△	—
230	志興東	王連陸	仁川	中国雜貨	1921.10	T	C
231	祥興	祥張鴻	京城	洋　服	1921.7	U	D
232	集昌号	司子明	京城	織　物	1922.6	U	C
233	聚成号	孫方臣	京城	織物雜貨	1921.7	R	B
234	春記桟	曲敬斎	仁川	旅館	1922.6	T	C
235	春成興	劉敬修	平壌	綢緞布木	1921.6	U	C
236	春盛永	梁鳳坡	平壌	綢緞布木	1922.1	S	C
237	新合盛	揚君瑞	鎮南浦	塩委託販賣	1922.3	Z	E
238	新盛号	王致新	木浦	絹綿麻布雜貨	1922.7	T	C
239	晋徳永	汪乾甫	羅南	布　木	1921.7	T	C
240	震興号	寧哲郷	釜山	絹綿麻布	1922.8	Z	F
241	仁和東	孫守慧	京城	布木雜貨	1921.8	T	C
242	仁和盛	孫恕甫	大邱	綿布雜貨麻布	本店仁和東	—	—

243	仁泰恒	王樹嵐	京城	布木雑貨	1921.8	V	C
245	仁合東	畢明齊	仁川	雑　　貨	1921.7	U	C
246	仁記号	呂仁軒	金泉	綿糸布雑貨	1921.8	W	D
247	仁聚東	張儀亭	群山	綿布雑貨	1922.7	X	D
248	人和福	王景仙	仁川	織　　物	1922.6	T	C
249	是亦堂	鍾桐音	京城	薬　　種	1921.7	V	C
250	成泰号	沙伯臣	咸興	綿　　布	1921.6	T	C
251	成興号	杜紹昌	鳥致院	布木雑貨	1921.7	X	D
252	成記東	龍輔宸	咸興	綿布雑貨	1922.6	U	C
253	成生和	林明軒	咸興	綿　　布	1921.7	U	C
254	盛康号	趙王基	咸興	綿　　布	1921.7	X	D
255	瑞豊徳	王汎清	京城	雑貨中国菓子	1922.7	V	C
256	瑞泰号	孫金甫	京城	絹綿布	1922.1	Q	B
257	瑞泰号	孫金甫	釜山	絹綿布雑貨	本店京城	—	—
258	瑞増号	唐修益	元山	綿布雑貨	1922.6	Z	E
259	瑞生徳	梅汝清	京城	雑　　貨	1922.2	W	D
260	瑞成東	遅文祥	元山	綿　　布	1921.10	V	C
261	瑞成祥	遅文瑞	元山	織　　物	1921.7	U	C
262	瑞盛泰	宋金銘	京城	織　　物	1921.7	R	B

出典：商業興信所『第二十三回　商工資産信用録』（商業興信所，1922年）外国人10～18頁から作成。

〔付表5〕『商工資産信用録』に掲載された朝鮮華僑会社の目録（第26回・1925年）

番号	会社名	代　表	所在地	営業の種類	調査年月	正味身代	信用程度
1	怡泰桟	梁綺堂	仁川	洋食料品	1924.12	P	B
2	怡泰昌	姜芝亭	釜山	絹綿麻布	1925.5	T	C
3	輔仁号	黄忠克	鎮南浦	穀物石炭	1924.1	△	C
4	宝徳恒	孔慶貴	京城	金物材木雑貨	1924.8	S	C
5	東望福	李真和	江景	織物雑貨	1924.6	Z	E
6	東和昌	姜子雲	仁川	織物雑穀食料雑貨	1925.3	T	C
7	東来盛	曾広来	釜山	絹綿麻布綿糸	1924.7	T	C
8	東興徳	—	安城	織物雑貨靴下製造	1924.9	T	C
9	東興昌	曾広来	晋州	絹綿麻布	1925.1	V	C
10	東興成	曲渭賓	京城	漢薬雑貨	1924.8	U	C
11	東　記	姚厚基	京城	織物雑貨	1925.6	U	C
12	東記号	王永恕	倭館	綿糸布ゴム靴	1925.2	W	D
13	東昌和	曲宜敏	井邑	織物雑貨	1925.2	W	D
14	東聚成	子哲卿	仁川	織物雑貨	1924.5	Z	E

15	東順興	韓守任	江景	織物雜貨	1924.1	Y	D
16	東順興	孫進伝	清州	綿布雜貨	1924.12	Z	E
17	東順興	趙修具	釜山	絹綿麻布	1924.8	T	C
18	東生泰	孫傑模	忠州	織物雜貨	1925.1	△	—
19	東生福	隨登雲	城津	織物雜貨	1925.3	S	C
20	東成興	張福成	京城	雜貨食料品	1925.6	W	D
21	同増茂	王教王	元山	海産雜貨	1925.5	X	D
22	同源興	王融賓	平壌	織　物	1925.1	T	C
23	同合興	沙昭鈴	筏橋	織物雜貨加工	1924.3	V	C
24	同益茂	李凌福	京城	織物雜貨	1924.1	V	C
25	同勝公	堯経義	忠州	織物糖粉	1924.11	T	C
26	同聚福	任余亭	京城	織物雜貨	1924.1	T	C
27	同聚興	千鼎臣	栄山浦	織物雜貨	1925.4	W	D
28	同聚興	沙文毓	順天	織物雜貨	1925.5	U	C
29	同春福	孫文堂	仁川	織物雜貨	1925.4	W	D
30	同春盛	沙春堂	仁川	織物雜貨	1925.3	U	C
31	同順泰	譚傑生	京城	貸家雜貨織物	1924.2	△	—
32	同盛東	雛文用	木浦	織物雜貨	1925.2	X	D
33	同盛徳	夏永徳	群山	織物雜貨	1925.3	V	C
34	同盛徳	王正軒	京城	食料雜貨	1925.6	W	D
35	同盛長	張鳳幹	木浦	織物雜貨	1924.7	U	C
36	同盛和	楊子謙	順天	織物雜貨	1925.4	U	C
37	同盛和	楊子謙	麗水	絹綿麻布ゴム靴	1924.1	U	C
38	同盛永	沙敬毓	仁川	雜　貨	1925.4	△	D
39	同成興	鐘宝林	平壌	織物雜貨	1924.6	Z	E
40	同成号	崔振梅	仁川	雜貨雜穀	1924.5	W	D
41	同生東	劉耕桐	沙里院	織　物	1925.1	V	C
42	同生泰	許寿臣	仁川	雜貨靴下製造	1924.12	X	D
43	同生福	孫鳳山	城津	織物雜貨	1925.2	U	C
44	徳発祥	孫秀峰	京城	織物雜貨	1924.12	U	C
45	徳泰源	弘慶章	元山	織　物	1925.5	U	C
46	徳泰昌	孔漸鴻	大邱	絹綿布雜貨	1924.3	△	D
47	徳源祥	林樹蕎	羅南	織　物	1925.5	X	D
48	徳興永	孫縁川	元山	織　物	1925.5	U	C
49	徳興永	于鳳池	釜山	絹綿麻布靴下製造	1924.12	W	D
50	徳興永	孫徳潤	鳥致院	織物雜貨	1924.12	W	D
51	徳興裕	程肅泰	平壌	雜　貨	1924.6	X	D
52	徳合永	劉克尊	京城	雜　貨	1924.8	Y	D
53	徳記号	趙名徳	釜山	絹綿麻布	1925.5	W	D
54	徳昌盛	高培儉	釜山	絹綿麻布	1924.7	U	C
55	徳勝仁	田子良	井邑	織物雜貨	1924.9	Z	E

56	德衆和	林亦農	釜山	絹綿麻布	1924.12	S	C
57	德聚永	龍起棠	平沢	織物雑貨	1924.9	W	D
58	德聚福	任善福	光州	織　物	1925.2	V	C
59	德聚成	孫方臣	京城	織　物	1925.3	R	B
60	德春盛	韓秉順	鎮南浦	煉瓦材木	1924.6	V	C
61	德順泰	黄克領	会寧	雑　貨	1924.6	W	D
62	德順福	王連三	京城	織　物	1925.4	O	B
63	德順永	張玉堂	大邱	絹綿麻布	1925.4	U	C
64	德盛興	郭占栄	天安	織物雑貨	1925.3	S	C
65	德盛興	常瑛基	羅州	織物雑貨	1925.4	W	D
66	德盛号	王聖軒	釜山	絹綿麻布	1925.5	W	D
67	德盛号	王鼎元	平壌	織　物	1925.2	U	C
68	德盛昌	王啓謀	仁川	織　物	1924.6	V	C
69	兆　昌	鄭以初	京城	材　木	1924.1	△	—
70	利盛德	雛紹芳	群山	織物雑貨	1925.3	U	C
71	隆興德	呂翰章	栄山浦	織物雑貨	1925.4	X	D
72	王公温	—	京城	建築請負	1924.3	T	C
73	和泰号	孫金甫	仁川	織　物	1924.8	S	C
74	和興公	王元慶	京城	食料雑貨	1925.6	X	D
75	和記公司	王克厳	平壌	織物雑貨	1925.5	V	C
76	和記号	蕭祝三	江景	料理織物雑貨	1925.3	T	C
77	和昌信	林芸章	群山	織物雑貨	1925.4	V	C
78	和聚興	張続敬	大田	織物雑貨	1925.4	△	—
79	和聚公	楊子馨	仁川	織　物	1924.9	T	C
80	和盛興	楊清林	光州	織　物	1925.2	U	C
81	和成号	趙崑生	大邱	絹綿糸布雑貨	1924.3	Z	E
82	和成号	湯子剛	安東	綿糸雑貨	1924.1	V	C
83	和成祐	王乙青	全州	織物雑貨	1924.6	X	D
84	何沢民	—	京城	食料品	1924.6	U	C
85	泰東商会	王東泉	釜山	絹綿麻布	1925.2	X	D
86	泰和永	葉明山	安城	織物雑貨	1924.9	U	C
87	泰安洋行	楊培昌	平壌	洋雑貨	1925.5	T	C
88	泰升東	常鎮川	仁川	織　物	1924.6	T	C
89	双興号	慕文序	京城	建築請負	1924.6	U	C
90	双成発	李発林	仁川	織物雑貨	1924.6	U	C
91	双成福	柳仁興	江景	織物雑貨	1924.6	V	C
92	双成公	錦文財	平壌	鋳　物	1925.3	X	D
93	双誠興	范用武	江景	織物雑貨	1924.5	V	C
94	増盛和	呂茂楼	仁川	織物雑貨	1924.5	X	D
95	通和恒	劉振樅	麗水	絹綿麻布ゴム靴	1925.5	Y	D
96	莱永興	徐希孟	釜山	絹綿麻布海産物	1925.5	V	C

97	万増利	千万英	忠州	織物雜貨	1924.12	V	C
98	万昌号	紀大鶴	京城	織物雜貨	1924.1	W	D
99	万聚東	王承謁	仁川	雜貨	1925.2	U	C
100	万順徳	周厚東	群山	織物雜貨	1924.11	Z	E
101	万盛公	張庫臣	大邱	絹綿麻布綿糸	1924.7	△	C
102	慶興徳	孟憲詩	平壤	朝鮮人向雜貨	1925.5	T	C
103	慶興順	劉墨齊	江景	織物雜貨	1925.3	U	C
104	慶順福	楊瑞臣	鎮南浦	委託賣買	1925.5	V	C
105	慶盛長	張仁萑	大邱	綿糸布	1925.1	W	D
106	謙和号	楊偉林	麗水	絹綿麻布ゴム靴	1925.3	W	D
107	謙合盛	王鈺	平壤	織物	1925.1	T	C
108	謙義号	張駿基	全州	織物雜貨	1925.3	U	C
109	源東盛	初北平	江景	織物雜貨	1924.6	W	D
110	源泰	楼元任	京城	洋服	1924.8	X	D
111	源泰号	砂伯臣	馬山	絹綿麻布	1925.1	S	C
112	源泰号	金同慶	仁川	洋服	1925.5	V	C
113	源増永	伝叙王	井邑	織物雜貨	1925.2	V	C
114	源来盛	初百平	江景	金巾雜貨	1924.6	W	D
115	源興東	呂祚濱	論山	織物雜貨	1924.6	X	D
116	源盛■	初同順	平沢	織物雜貨	1924.9	Y	D
117	源生登	伝惟輸	京城	織物雜貨	1924.1	T	C
118	源生盛	伝帷幹	京城	織物雜貨	1925.6	T	C
119	元和桟	梁供九	仁川	旅館	1925.3	T	C
120	元亨利	任善相	釜山	絹綿麻布洋傘靴	1925.4	V	C
121	扶春茂	劉春	安東	綿糸布雜貨	1924.1	Y	D
122	復豊成	孫丕喬	仁川	雜貨	1924.5	Y	D
123	復盛東	劉漢基	江景	織物雜貨	1925.5	Z	E
124	復成東	高敞等	馬山	外米麥粉綿糸布	1924.1	Z	F
125	復成東	史祝三	仁川	旅館	1925.3	U	C
126	福興成	楊運義	釜山	絹綿麻布打綿	1924.12	V	C
127	福聚東	李鏡亭	大邱	絹綿麻布	1924.9	V	C
128	福聚公	欒鎮東	清津	織物	1925.5	V	C
129	福聚盛	宋亮明	高陽	朝鮮釜	1924.4	V	C
130	福順興	房喜泰	光州	織物雜貨	1924.5	Y	D
131	福盛長	遅中山	筏橋	織物雜貨	1924.3	V	C
132	福盛永	王尚敏	京城	織物雜貨	1924.9	U	C
133	文泰興	解天慶	群山	織物雜貨	1925.3	T	C
134	広和順	馬秀臣	京城	織物	1925.4	Q	B
135	広和順	林由長	群山	織物雜貨	1925.4	V	C
136	広和順	馬秀臣	京城	織物	1924.3	Q	B
137	広興隆	劉広福	京城	織物雜貨	1925.6	V	C

138	広栄泰	譚盛市	京城	漢　　薬	1925.6	U	C
139	恒豊号	孔慶蘭	京城	織物雑貨	1925.6	W	D
140	恒昌永	紀本堂	城津	織物雑貨	1924.12	U	C
141	鴻泰祥	—	咸興	織　物	1925.1	U	C
142	公泰仁	孫俊文	京城	綿　　布	1924.9	U	C
143	公安号	馮燁庭	京城	パン製造食料雑貨	1925.6	V	C
144	公聚泰	孔漸鴻	大邱	絹綿麻布	1924.9	W	D
145	公聚興	呉明軒	京城	和洋雑貨	1925.6	W	D
146	興順利	曲聖清	金堤	織物雑貨	1925.3	V	C
147	興盛和	劉富滋	仁川	旅　　館	1924.9	V	C
148	洪順興	林順興	公州	織物雑貨	1924.9	U	C
149	合盛長	王友三	大邱	綿絹糸麻布	1925.5	Z	E
150	永豊泰	王玉明	元山	織　物	1924.5	V	C
151	永和泰	孫永和	元山	織　物	1925.5	V	C
152	永和福	湿興鈺	京城	菓子製造雑貨	1924.1	W	D
153	永増和	王寿山	安城	織物雑貨	1924.9	U	C
154	永来盛	傅維貢	仁川	織　　物	1925.2	Q	B
155	永興徳	劉子平	平壌	朝鮮人向雑貨	1925.5	S	C
156	永興和	孫永焜	元山	織　物	1925.5	X	D
157	永合利	許吉臣	京城	雑貨中国靴	1925.6	W	D
158	永記号	張夢齢	羅南	織　物	1925.5	X	D
159	永記号	韓興海	釜山	絹綿麻布	1925.6	W	D
160	永義和	趙幹臣	木浦	織物雑貨	1925.5	V	C
161	永昌源	鄭化南	木浦	織物雑貨	1925.2	U	C
162	永聚和	干立英	城津	織物雑貨	1925.3	U	C
163	永順号	王樹勤	晋州	絹綿麻布綿布	1925.1	T	C
164	永順福	干豊蘭	木浦	織　物	1925.5	X	D
165	永盛東	—	大田	織物雑貨	1925.4	△	—
166	永盛東	姜謂才	京城	雑貨書籍	1925.6	U	C
167	永盛泰	翰鳳岐	元山	織物雑貨	1924.5	U	C
168	永盛合	刑子黻	京城	薬	1925.5	T	C
169	永生仁	王宗海	金泉	絹綿布雑貨	1924.8	△	D
170	永成仁	郝鏡海	木浦	織物雑貨	1924.5	△	—
171	永瑞祥	孫金甫	京城	織　物	1924.11	S	C
172	栄興号	司徒紹	京城	建築請負	1925.3	T	C
173	益成東	王述績	木浦	織　物	1925.5	Z	E
174	天和徳	竜振声	元山	海鼠獣皮薬	1925.5	U	C
175	天和泰	王樹田	元山	織　物	1925.5	W	D
176	天泰興	王鴻庭	光州	織　物	1925.2	V	C
177	天増利	曲子貴	金堤	織物雑貨	1924.6	Z	E
178	天合桟	王禋庭	仁川	旅　　館	1925.5	V	C

179	天昌順	劉斯開	群山	織物雜貨	1925.2	V	C
180	天順泰	牟介福	鳥致院	織物雜貨	1925.4	U	C
181	天盛興	黃建弼	仁川	織物雜貨	1925.5	U	C
182	天成泰	宮文軒	仁川	織物雜貨	1924.6	△	C
183	安康号	鄭興鄕	安州	織　物	1925.2	V	C
184	安合号	王立業	京城	食料雜貨	1925.2	S	C
185	三合永	譚云亭	元山	織　物	1925.5	T	C
186	三合永	譚維中	仁川	織　物	1924.9	T	C
187	三合盛	王兆薰	鎮南浦	塩委託販賣	1924.6	V	D
188	義德号	黃廷文	麗水	綿麻布ゴム靴	1924.1	W	D
189	義和利	解鳳閣	全州	織物雜貨	1925.2	U	C
190	義和吉	李振用	全州	織物雜貨	1925.2	V	C
191	義和盛	孫秀柱	仁川	日用雜貨	1925.5	Y	D
192	義記号	高義基	麗水	絹綿麻布	1924.1	V	C
193	義昌棧	張宝亭	平壤	雜　貨	1925.5	U	C
194	義昌盛	孫丕連	江景	織物雜貨	1925.3	V	C
195	義昌棧	張宝亭	平壤	委託販賣雜貨	1924.6	U	C
196	義聚盛	玉冰瑞	麗水	絹綿麻布	1924.1	W	D
197	義生泰	孔鳳沙	清津	織　物	1925.5	U	C
198	義生号	四棉祉	金泉	綿糸布雜貨	1925.3	V	C
199	義生盛	周鷄林	仁川	洋食料品	1925.5	U	C
200	義盛号	王家紳	京城	織物雜貨	1925.6	V	C
201	義成公	孫中選	大邱	綿糸布	1925.4	△	D
202	協泰昌	王心甫	仁川	織　物	1924.8	R	B
203	協源盛	孫春圃	光州	織物雜貨	1925.4	W	D
204	協興裕	林毓蒼	群山	織　物	1924.9	T	C
205	協興裕	林毓芬	仁川	織　物	1924.12	R	B
206	協義号	楊金堂	麗水	絹綿麻布	1924.1	X	D
207	協昌号	潘榮輝	木浦	織物雜貨糖粉	1925.5	W	D
208	協成泰	呉子明	京城	中国靴	1925.5	X	D
209	玉慶東	—	江陵	織物雜貨	1925.6	U	C
210	玉成東	焉瑛禧	京城	食料雜貨	1924.3	U	C
211	吉盛興	—	江景	織物雜貨	1925.5	X	D
212	久盛東	孔瑶臣	尚州	絹綿麻布	1925.1	W	D
213	金谷園	周世顯	京城	中華料理	1924.11	T	C
214	金生慶	劉雲慶	金泉	綿糸布雜貨	1925.3	U	C
215	錦生東	雛培詩	群山	織物雜貨	1925.3	T	C
216	錦成東	劉棣軒	京城	織物雜貨	1925.3	R	B
217	裕豊德	李書黃	京城	織物雜貨	1925.4	△	B
218	裕豊仁	賈維均	公州	織物雜貨	1925.3	X	D
219	裕興東	姜恒裕	金堤	織物雜貨	1924.6	V	C

番号	会社名	代表	所在地	営業の種類	調査年月	正味身代	信用程度
220	裕昌永	黄克鎮	会寧	織物雑貨	1924.6	W	D
221	裕順盛	杜馥庭	京城	雑貨	1925.6	X	D
222	誌興東	孫長栄	仁川	雑貨穀物旅館	1925.3	T	C
223	誌興東	王連陸	京城	中国雑貨焼酎	1924.9	T	C
224	聚源和	林騰九	仁川	織物雑貨	1924.9	△	D
225	聚盛東	孫永偏	筏橋	織物雑貨	1924.3	W	D
226	集昌号	司子明	京城	織物雑貨	1925.6	V	C
227	春紀桟	曲敬齋	仁川	旅館	1924.6	T	C
228	春成興	劉敬修	平壤	織物	1925.6	T	C
229	春盛永	梁鳳坡	平壤	織物	1925.2	S	C
230	新合盛	揚君瑞	鎮南浦	塩雑貨	1925.5	V	C
231	新盛号	王致新	木浦	織物雑貨	1925.4	△	D
232	晋徳永	汪乾甫	羅南	織物	1925.5	V	C
233	震興号	寧哲卿	釜山	綿糸絹綿麻布	1924.7	Y	D
234	信徳永	雛紋台	大田	織物雑貨	1924.8	△	E
235	仁泰恒	王樹嵐	群山	織物雑貨	1925.2	U	C
236	仁合東	楊仁盛	仁川	織物	1925.5	U	C
237	仁聚東	張儀亭	群山	織物雑貨	1924.11	V	C
238	仁成号	張嵐蔵	木浦	織物	1925.5	X	D
239	人和福	王景仙	仁川	織物	1924.9	Y	D
240	成泰号	沙伯臣	咸興	織物	1924.1	U	C
241	成興号	杜昌紹	鳥致院	織物雑貨	1925.4	V	C
242	成記号	片培義	元山	織物	1925.5	T	C
243	全増旭	張学由	井邑	織物	1924.9	V	C
244	瑞豊徳	王汎清	京城	雑貨菓子	1925.6	V	C
245	瑞泰号	孫金甫	京城	鉄	1925.3	P	B
246	瑞生徳	梅汝清	京城	雑貨	1924.3	V	C
247	瑞成東	渥文祥	元山	織物	1925.5	W	D

出典：商業興信所『第二十六回　商工資産信用録（大正十四年）』（復刻版、『明治大正期商工資産信用録』第14巻大正十四年（下）、クロスカルチャー出版、2009年）外国人10〜19頁から作成。

〔付表6〕『商工資産信用録』に掲載された朝鮮華僑会社の目録（第30回・1929年）

番号	会社名	代表	所在地	営業の種類	調査年月	正味身代	信用程度
1	怡泰桟	梁綺堂	京城	食料雑貨	1928.9	P	B
2	怡泰昌	姜芝亭	釜山	絹綿麻布	1928.9	T	C
3	宝記号	初雲梓	咸興	綿布	1928.11	Y	D
4	豊順桟	徐桂松	仁川	織物宿屋	1929.5	V	C
5	東和昌	陳廷賢	群山	織物雑貨雑穀	1928.4	U	C

6	東和昌	姜子雲	仁川	織物雜貨	1929.5	V	C
7	東華興商店	張統德	京城	和洋家具製作	1929.5	Z	E
8	東海楼	王文海	京城	中華料理	1928.6	△	—
9	東莱盛	曾広来	釜山	絹綿麻布	1929.5	T	C
10	東興成	曲渭賓	京城	雜貨	1928.12	T	C
11	東　記	姚厚基	京城	織物雜貨	1928.1	△	—
12	東聚成	子哲卿	仁川	織物雜貨	1928.5	V	C
13	東順興	趙修昊	釜山	絹綿麻布	1929.6	U	C
14	東生福	隋登雲	城津	織物	1929.4	RW	B
15	東成興	張福成	京城	雜貨食料品	1929.6	W	D
16	同発祥記	李培発	仁川	食料品雜穀	1929.5	Z	F
17	同源興	王融賓	平壤	織物	1929.5	S	C
18	同益茂	李凌富	京城	雜貨織物	1929.5	U	C
19	同聚福	任余亭	京城	織物雜貨	1929.5	T	C
20	同春盛	沙春堂	仁川	織物雜貨	1929.5	U	C
21	同順泰	譚傑生	京城	貸家雜貨織物	1929.6	△	A
22	同盛德	夏永德	群山	織物雜貨	1928.2	△	—
23	同盛公	韓文元	釜山	鋳造	1929.6	V	C
24	同盛号	崔振海	仁川	雜貨穀物	1929.5	V	C
25	同盛永	沙敬毓	仁川	雜貨	1929.1	T	C
26	同生東	劉相桐	沙里院	織物	1929.5	V	C
27	同成泰	許寿臣	仁川	雜貨靴下製造	1928.5	T	C
28	同生福	孫鳳山	城津	織物雜貨	1928.7	W	D
29	徳発祥	李善逮	京城	織物雜貨	1929.5	U	C
30	徳余坦	王克亨	載寧	織物雜貨	1929.5	V	C
31	徳泰源	孔広璋	元山	織物	1928.1	T	C
32	徳興永	孫豫川	元山	織物	1928.12	U	C
33	徳昌隆	高学信	釜山	絹綿麻布	1928.9	W	D
34	徳昌恒	張旭初	釜山	絹綿麻布	1929.2	Y	D
35	徳昌号	王維堂	雄基	糖粉雜貨	1929.4	W	D
36	徳昌盛	高倍儉	釜山	絹綿麻布	1928.9	W	D
37	徳聚東	張香亭	鎮南浦	塩委託	1929.5	U	C
38	徳聚成	孫方臣	京城	織物	1929.5	R	B
39	徳衆和	林亦農	釜山	絹綿麻布	1928.1	S	C
40	徳順福	王連三	京城	織物	1929.5	△	—
41	徳順永	張玉堂	大邱	絹綿麻布	1929.5	U	E
42	徳盛和	華方述	群山	織物雜貨	1928.4	△	E
43	徳盛興	王述彭	木浦	絹綿雜貨	1928.5	△	—
44	徳盛号	王鼎元	平壤	織物	1929.5	T	C
45	徳盛昌	王啓謀	仁川	織物	1928.5	V	C
46	徳成興	薰修森	密陽	絹綿布雜貨	1929.6	V	C

47	徳生東	鹿徳奎	群山	織物雑貨	1928.4	△	C
48	中和義	王子亨	載寧	織物雑貨	1929.5	W	D
49	鎮泰号	孔紹郁	咸興	綿　布	1928.11	Z	E
50	利盛徳	雛紹芳	群山	織物雑貨	1928.5	△	D
51	王公温	—	京城	建築請負	1928.8	△	—
52	和泰号	孫金甫	仁川	織　物	1929.5	R	B
53	和興公	王元慶	京城	食料雑貨	1928.6	X	D
54	和昌信	林芸章	群山	織物雑貨	1929.5	X	D
55	和聚公	楊子馨	仁川	織　物	1929.5	T	C
56	和順利	徐明斎	大邱	絹綿麻布	1929.5	V	C
57	和盛興	温蘭亭	仁川	朝鮮人向雑貨	1928.5	W	C
58	何沢民	—	京城	食料品	1928.2	△	C
59	雅叙園	徐鴻州	京城	中華料理	1928.6	△	C
60	大観園	王丕釣	京城	中華料理	1929.6	U	C
61	泰安洋行	楊培昌	平壌	洋雑貨	1929.5	T	C
62	双和利	賈広発	平壌	鋳　造	1929.5	W	D
63	双和祥	宋智明	京城	朝鮮釜	1928.1	△	—
64	双華興	于徳泉	京城	朝鮮釜製造	1928.9	△	—
65	双興和記	慕文翰	京城	土木建築請負	1929.5	△	D
66	双興永	張殿臣	群山	鋳　造	1928.5	U	C
67	双盛発	李発林	仁川	織物雑貨	1928.5	U	C
68	増興泰	曹増彦	元山	綿　布	1929.4	Z	E
69	増盛和	呂義梅	仁川	織物雑貨	1928.5	W	D
70	通聚合	金学洙	釜山	絹綿麻布	1928.5	R	B
71	莱永興	徐希孟	釜山	絹綿麻布	1929.6	V	C
72	万豊号	紀有余	京城	織物雑貨	1929.1	△	—
73	万昌号	紀大鶴	京城	織物雑貨	1929.2	△	—
74	万聚東	王承謂	仁川	雑　貨	1929.5	U	C
75	万順徳	周厚東	群山	織物雑貨	1929.5	Z	E
76	万成号	紀大鶴	京城	靴下帽子製造	1928.1	△	—
77	慶興徳	孟憲詩	平壌	靴下製造	1928.4	P	B
78	慶順徳	楊瑞臣	鎮南浦	塩委託	1929.5	U	C
79	慶盛長	張仁菴	大邱	綿糸布	1928.4	△	D
80	謙泰興	牟晏海	元山	漢薬海蔘	1928.5	Z	E
81	謙合盛	王鈺	平壌	織　物	1929.5	R	B
82	謙茂号	張駿基	全州	織物雑貨	1928.4	V	C
83	源泰洋服店	楼元任	京城	洋　服	1928.6	V	C
84	源泰号	金同慶	仁川	洋　服	1928.5	W	D
85	源増永	伝叙五	井邑	織物雑貨	1928.5	U	C
86	源興徳	劉徳増	平壌	雑　貨	1929.5	T	C
87	源興長	—	長城	織　物	1928.12	X	D

88	元和棧	梁供九	仁川	雜貨旅館	1929.5	T	C	
89	元興東	王宗仁	元山	綿　布	1929.4	X	D	
90	元亨利	任善相	釜山	絹綿麻布	1929.3	U	D	
91	蚨聚永	用玉田	仁川	綿布雜貨	1929.5	W	D	
92	阜盛号	王家綬	京城	雜　貨	1928.6	△	—	
93	復盛昌	陳世庸	京城	食料雜貨	1929.6	W	D	
94	復成棧	史祝三	仁川	旅　館	1928.5	U	C	
95	復成義	—	陝川	絹綿布雜貨	1928.5	V	C	
96	福豊成	孫丕喬	仁川	雜　貨	1928.5	Y	D	
97	福源東	馬仲厚	京城	藥種貿易	1928.1	△	—	
98	福興盛	楊運義	釜山	絹綿麻布打綿	1928.3	V	C	
99	福章洋服店	王甫章	京城	洋　服	1929.6	U	C	
100	福聚東	李鏡亭	大邱	絹綿麻布	1928.1	V	C	
101	福聚東	李鏡亭	仁川	織　物	本店大邱	—	—	
102	福聚盛	宋亮明	高陽	鑄　造	1929.2	△	—	
103	福成興	孔憲釗	公州	織物雜貨	1928.5	U	C	
104	福盛永	王学明	堤川	織物雜貨	1928.7	△	—	
105	文聚德	曲文選	木浦	織　物	1928.5	△	—	
106	広和順	葛松濤	京城	織　物	1929.5	P	B	
107	広和順	林廸長	群山	織物雜貨	1929.5	△	E	
108	広興隆	孫中朝	京城	織物雜貨	1929.6	U	C	
109	広栄泰	譚盛沛	京城	漢　藥	1929.6	△	D	
110	恒豊号	孔慶蘭	京城	織物雜貨	1929.7	V	C	
111	恒興東	孫相泉	平壤	雜　貨	1929.6	X	D	
112	恒記号	林昌固	羅州	絹綿麻布	1928.5	X	D	
113	恒順号	王　鐸	安州	雜　貨	1928.5	T	C	
114	恒成永	鄒子坮	平壤	雜　貨	1929.5	W	D	
115	鴻泰東	趙湘洲	咸興	綿　布	1928.1	U	D	
116	鴻興泰	鄒鴻三	元山	綿　布	1929.5	Z	E	
117	鴻昌栄	許子沂	城津	綿　布	1929.4	U	C	
118	公和昌	劉乾信	平壤	洋家具	1929.5	Y	D	
119	公泰仁	孫俊文	京城	綿　布	1928.12	△	—	
120	公合東	高紹譲	雄基	委託販賣	1928.1	U	C	
121	公安号	鴻燁庭	京城	パン製造雜貨	1929.6	V	C	
122	公聚泰	孔漸鴻	大邱	絹綿麻布	1928.12	△	C	
123	公聚興	呉明軒	京城	和洋雜貨	1928.5	△	—	
124	興盛和	劉富叔	仁川	旅　館	1928.5	V	C	
125	合興東	—	元山	綿　布	1929.4	W	D	
126	永豊泰	王玉明	元山	織　物	1929.6	W	D	
127	永豊裕	張升三	京城	藥　種	1928.1	△	—	
128	永来盛	傅維貢	仁川	織　物	1929.5	R	B	

129	永源長	干耀亭	咸興	綿　布	1928.11	V	C
130	永興德	劉子平	平壤	朝鮮人向雜貨	1929.5	R	B
131	永合利	許吉臣	京城	雜貨中国靴	1928.6	V	C
132	永勝泰	徐憲章	元山	穀物海蔘	1928.2	V	C
133	永聚福	年織文	咸興	綿　布	1928.11	X	D
134	永順福	千豊蘭	木浦	織　物	1928.1	W	D
135	永順号	韓鳳岐	元山	穀　物	1928.1	Y	E
136	永順盛	華宗元	大邱	絹綿麻布	1928.5	△	D
137	永盛東	揚子芳	仁川	靴下製造	1928.5	Y	D
138	永盛東	姜渭方	京城	獣皮紙物	1928.3	T	C
139	永盛福	張指日	木浦	絹綿麻布	1929.5	△	―
140	永盛号	千峻昌	咸興	綿　布	1928.11	Z	E
141	栄興号	司徒紹	京城	建築請負	1929.6	T	C
142	悦宝楼	王善卿	京城	中華料理	1929.6	V	C
143	益德永	于明軒	清津	綿　布	1928.11	W	D
144	天和德	龍振声	元山	海蔘薬品	1929.5	U	C
145	天和隆	龍貴興	元山	綿　布	1928.12	W	D
146	天和泰	王樹田	元山	織　物	1928.5	W	D
147	天合桟	王熙庭	仁川	旅　館	1928.5	U	C
148	天成泰	官文坪	仁川	織　物	1929.5	△	―
149	天盛興	黄建弼	仁川	織物雜貨	1928.5	U	C
150	安康号	鄭賢卿	安州	織　物	1929.5	U	C
151	安合号	王立業	京城	食料雜貨	1929.6	R	B
152	三合永	譚云亭	元山	織　物	1928.1	T	C
153	三合盛	宮潤術	鎮南浦	塩委託	1929.5	U	C
154	義利吉	李振用	全州	織物雜貨	1928.8	V	C
155	義和利	解鳳岡	全州	織物雜貨	1928.8	U	C
156	義記号	高義基	麗水	綿糸布ゴム靴	1929.3	X	D
157	義昌桟	張宝亭	平壤	雜　貨	1929.5	T	C
158	義聚永	李升軒	金泉	絹綿麻布雜貨	1928.2	△	D
159	義聚成	王輯五	釜山	絹綿麻布	1929.5	W	D
160	義順永	劉志貴	群山	織物雜貨	1929.4	△	―
161	義順義	劉志貴	群山	織物雜貨	1928.4	△	D
162	義盛公	王家紳	京城	綿糸雜貨	1929.6	V	C
163	義成仁	徐維仁	釜山	絹綿麻布海産物	1929.4	V	C
164	義生盛	周鶴林	仁川	料　理	1928.5	U	C
165	協泰昌	王心甫	仁川	織　物	1929.2	R	B
166	協興裕	張慎五	群山	織物雜貨	1929.3	△	―
167	協興裕	林統芬	仁川	織　物	1929.5	R	B
168	協呈祥	千倍祥	京城	雜　貨	1929.6	△	C
169	協昌号	番栄輝	木浦	絹綿麻布	1929.5	W	D

170	協成永	呉子明	京城	中国靴	1929.6	Z	F
171	玉成東	焉漢禧	京城	食料雑貨	1928.6	U	C
172	玉成祥	賀金琳	元山	綿布雑貨	1929.4	W	D
173	金谷園	周世頭	京城	中華料理	1929.6	T	C
174	錦生東	鄒培詩	群山	織物雑貨	1928.2	△	C
175	錦成東	趙謙益	京城	織物雑貨	1929.6	R	B
176	裕豊徳	李書蔞	京城	織物雑貨	1929.6	△	―
177	裕豊徳	李書蔞	釜山	絹綿麻布	本店京城	―	―
178	誌興東	孫長栄	仁川	雑貨穀物旅館	1929.5	R	B
179	徐大鴻	―	群山	原　塩	1928.4	W	D
180	祥泰号	趙福恩	京城	洋　服	1929.4	Z	E
181	祥興洋服店	張鴻海	京城	洋　服	1929.4	Z	E
182	集昌号	司子明	京城	雑　貨	1929.5	△	C
183	春記桟	曲敬斎	仁川	旅　館	1928.5	T	C
184	春盛興	劉聿軒	平壌	唐麺製造	1929.5	T	C
185	春盛永	張景賢	平壌	織　物	1929.5	T	C
186	順泰号	銭信二	仁川	洋　服	1928.5	X	D
187	順興義	趙殿英	群山	織物雑貨	1929.5	△	―
188	新和興	蕭銘新	裡里	綿布雑貨	1929.4	△	D
189	新合盛	梁順祥	鎮南浦	塩委託	1929.5	U	C
190	新盛号	王致新	木浦	織　物	1929.4	△	―
191	晋徳永	汪乾甫	清津	綿　布	1928.11	U	C
192	震興号	脊貴麒	釜山	絹綿麻布	1928.9	Z	E
193	仁和永	馬厚斌	群山	織物雑貨	1929.5	△	―
194	仁泰恒	王樹嵐	群山	織物雑貨	1928.4	△	C
195	仁合東	楊仁盛	仁川	織　物	1928.5	U	C
196	仁聚東	張儀亭	群山	織物雑貨	1929.5	△	―
197	成泰号	沙泊臣	咸興	綿　布	1928.1	U	C
198	成記東	龍輔宸	咸興	綿　布	1928.1	V	C
199	成記号	宇倍義	元山	織　物	1928.12	△	―
200	西義順	鄒敬亭	井邑	織物雑貨	1929.5	△	D
201	西成興	林琴堂	大田	織物雑貨	1929.3	△	―
202	瑞豊徳	王汎清	京城	雑貨菓子	1929.6	V	C
203	瑞泰号	孫金甫	京城	織　物	1929.5	P	B
204	瑞泰号	孫金甫	釜山	絹綿麻布	本店京城	―	―
205	瑞生徳	梅汝清	京城	雑　貨	1929.1	△	―
206	瑞生東	渥文祥	元山	織　物	1929.6	W	D

出典：商業興信所『第三十回　商工資産信用録』（商業興信所, 1929年）外国人11〜19頁から作成。

〔付表7〕『商工資産信用録』に掲載された朝鮮華僑会社の目録（第33回・1932年）

番号	会社名	代　表	所在地	営業の種類	調査年月	正味身代	信用程度
1	怡泰桟	梁東涯	京城	食料雑貨	1931.6	P	B
2	怡泰昌	姜芝亭	釜山	絹綿麻布	1932.7	T	C
3	東和昌	姜子雲	仁川	織物雑貨	1932.6	W	D
4	東華興	張統徳	京城	和洋家具製作	1931.6	X	D
5	東海楼	王文海	京城	中華料理	1932.7	△	C
6	東莱盛	曾広来	釜山	絹綿麻布	1932.7	T	C
7	東興利	張言誠	木浦	織　物	1931.6	Y	D
8	東興成	曲渭賓	京城	雑　貨	1932.7	U	C
9	東祥記	姚興業	京城	織物雑貨	1932.7	V	C
10	東聚成	子哲卿	仁川	織物雑貨	1932.6	V	C
11	東順興	趙修昊	釜山	絹綿麻布	1932.7	V	C
12	東成興	張福成	京城	雑貨食料品	1931.6	W	D
13	同益茂	李凌富	京城	雑貨織物	1931.2	T	C
14	同順泰	譚廷澤	京城	貸家雑貨織物	1932.7	△	―
15	同盛徳	夏永徳	群山	織物雑貨	1932.6	W	D
16	同盛泰	干香亭	城津	織　物	1931.6	T	C
17	同盛公	韓文元	釜山	鋳　造	1932.7	W	D
18	同盛永	沙敬毓	仁川	雑　貨	1932.6	U	C
19	同成号	崔書藻	仁川	雑穀雑貨	1932.6	W	D
20	徳利号	田兆基	京城	建築請負	1932.7	V	C
21	徳泰源	孔慶璋	元山	織　物	1932.6	T	C
22	徳興永	孫豫川	元山	織　物	1932.6	T	C
23	徳裕祥	揚圭芳	釜山	絹綿麻布	1932.7	Y	D
24	徳昌隆	高学信	釜山	絹綿麻布	1932.7	W	D
25	徳昌号	王維堂	雄基	糖粉雑貨	1931.6	U	C
26	徳昌盛	高倍儉	釜山	絹綿麻布	1932.7	W	E
27	徳聚昌	朱昌三	仁川	原塩雑穀	1932.6	V	C
28	徳聚成	孫方臣	京城	織　物	1931.3	T	C
29	徳聚和	林亦農	釜山	絹綿麻布	1932.7	T	C
30	徳順福	王連三	京城	織　物	1931.5	△	―
31	徳順永	張玉堂	大邱	絹綿麻布	1931.1	T	C
32	徳盛和	夏永徳	群山	織物雑貨	1932.6	Z	E
33	徳盛昌	王啓謀	仁川	織　物	1932.6	V	C
34	徳成利	隋登雲	城津	織　物	1931.6	T	C
35	徳生祥	郭占栄	仁川	雑　貨	1932.6	W	D
36	和興公	王元慶	京城	食料雑貨	1932.7	X	D
37	和聚興	温蘭亭	仁川	雑　貨	1932.6	U	C

38	和聚興	張緒敬	大田	綿糸布雜貨	1931.7	△	—
39	和聚公	楊翼之	仁川	織　物	1932.6	U	C
40	和盛興	温蘭亭	仁川	雜　貨	1931.6	W	D
41	雅叙園	徐鴻州	京城	中華料理	1932.7	△	C
42	大観園	王不釣	京城	中華料理	1931.7	U	C
43	泰興鉄工廠	王敬五	京城	鋳　工	1932.1	W	D
44	泰昌祥	孫長栄	仁川	雜　貨	1932.6	W	D
45	双和祥	賈駿才	京城	朝鮮釜製造	1931.3	V	C
46	双成発	李発林	仁川	織物雜貨雜穀	1932.6	U	C
47	増成和	呂茂梅	仁川	織物雜貨	1932.6	Z	E
48	莱永興	徐希孟	釜山	絹綿麻布	1932.7	X	D
49	万聚東	王承諨	仁川	雜　貨	1932.6	U	C
50	慶盛長	張仁菴	大邱	絹綿麻布	1932.7	W	D
51	源泰洋服店	楼元任	京城	洋　服	1932.7	U	C
52	源泰号	高林汝	仁川	洋　服	1932.6	Z	E
53	元和桟	張晋三	仁川	雜穀旅館	1932.6	U	C
54	元亨利	任善相	釜山	絹綿麻布	1932.7	V	C
55	阜盛号	王家綏	京城	雜　貨	1932.7	V	C
56	復合盛	王　鈺	平壌	織　物	1932.5	△	C
57	復聚東	孫衍渤	大邱	絹綿麻布	1932.7	X	D
58	復盛昌	陳世庸	京城	食料雜貨	1931.7	W	D
59	福音建築廠	王公温	京城	建築請負	1931.5	△	—
60	福源東	馬仲厚	京城	薬種貿易	1931.6	△	C
61	福興盛	楊運義	釜山	絹綿麻布打綿	1932.7	V	C
62	福章洋服店	王甫章	京城	洋　服	1931.7	U	C
63	福聚東	李鏡亭	仁川	織　物	1932.6	V	C
64	福聚盛	宋亮明	高陽	鋳　造	1931.3	△	—
65	広和順	葛松濤	京城	織　物	1931.3	△	B
66	広栄泰	譚盛沛	京城	漢　薬	1931.7	V	C
67	恒豊号	孔慶蘭	京城	織物雜貨	1931.7	W	D
68	恒記号	許子清	城津	綿　布	1931.3	Y	D
69	恒昌栄	許子沂	城津	綿　布	1931.3	U	C
70	鴻泰祥	孫　蓮	咸興	綿　布	1931.3	U	C
71	鴻昌栄	許子沂	城津	綿　布	1931.3	U	C
72	公和東	隨承鎬	咸興	綿　布	1931.6	X	D
73	公和昌	劉乾信	平壌	洋家具	1932.6	W	D
74	公安号	馮燁庭	京城	パン製造食料雜貨	1931.7	V	C
75	公聚泰	曲占臨	大邱	絹綿麻布	1931.2	T	C
76	公聚興	呉明軒	京城	和洋雜貨	1932.7	V	C
77	合興東	楊鴻余	元山	綿　布	1931.6	X	D
78	永豊裕	張升三	京城	薬　種	1932.7	U	C

79	永来盛	伝守亭	仁川	織　　物	1932.6	S	C
80	永源長	干翔亭	咸興	綿　　布	1931.6	U	C
81	永順盛	華宗元	大邱	絹綿麻布	1932.7	Z	E
82	永盛東	姜渭方	京城	獣皮紙物	1932.7	T	C
83	永盛号	干峻昌	咸興	綿　　布	1931.6	Z	E
84	栄興号	司徒紹	京城	建築請負	1931.6	U	C
85	悦宝楼	王善卿	京城	中華料理	1931.7	V	C
86	益徳永	干明軒	清津	綿　　布	1931.6	V	C
87	益合永	孫信卿	清津	綿　　布	1931.6	T	C
88	益生薬房	—	京城	薬種雑貨	1931.2	△	C
89	天和徳	龍振声	元山	海参漢薬	1931.6	V	C
90	天和隆	龍貴興	元山	綿　　布	1931.6	X	D
91	天合桟	張停郷	仁川	旅　　館	1932.6	V	C
92	安合号	王芝福	京城	食料雑貨	1931.7	S	C
93	三合興	鄒愛齢	京城	雑　　貨	1932.5	W	D
94	三合永	譚云亭	元山	綿　　布	1931.6	T	C
95	義和吉	李振用	全州	紙物雑貨	1932.5	V	C
96	義和利	解鳳岡	全州	紙物雑貨	1932.5	V	C
97	義聚成	玉輯五	釜山	絹綿麻布	1932.7	V	C
98	義成仁	徐維仁	釜山	絹綿麻布海産物	1932.7	W	D
99	義生泰	孫鳳洲	清津	綿　　布	1932.6	T	C
100	義生盛	周鶴林	仁川	織　　物	1932.6	V	C
101	協興裕	張慎五	群山	織物雑貨	1932.5	△	—
102	協興裕	張殷三	仁川	織　　物	1932.6	△	C
103	協成永	呉子明	京城	中国靴	1932.7	X	D
104	玉成東	焉漢禧	京城	食料雑貨	1932.7	V	C
105	玉成祥	賀金琳	元山	綿布雑貨	1931.6	V	C
106	金谷園	周世頭	京城	中華料理	1931.6	T	C
107	錦成東	趙謙益	京城	織物雑貨	1931.8	△	—
108	錦生東	鄒培詩	群山	綿　　布	1932.1	T	C
109	裕豊徳	李書冀	京城	織物雑貨	1931.6	△	—
110	裕豊徳	李書冀	釜山	絹綿麻布	本店京城	—	—
111	裕東号	郝善魁	京城	薬種雑貨	1932.5	△	C
112	裕盛興	孫盛良	木浦	織　　物	1931.4	Z	E
113	誌興東	王少楠	仁川	雑貨穀物旅館	1932.6	U	C
114	祥泰号	趙福恩	京城	洋　　服	1931.6	Z	E
115	集昌号	司子明	京城	雑　　貨	1931.7	△	C
116	春記桟	孫祝三	仁川	旅　　館	1932.6	V	C
117	順泰号	銭信仁	仁川	洋　　服	1932.6	Z	E
118	順興義	趙殿英	群山	織物雑貨	1932.6	△	—
119	晋徳永	汪乾甫	清津	綿　　布	1932.6	U	C

付表　565

番号	会社名	代　表	所在地	営業の種類	調査年月	正味身代	信用程度
120	新和興	蕭銘新	裡里	綿布雑貨	1932.5	△	D
121	新盛号	王致新	木浦	織　　物	1932.6	U	C
122	仁合東	姜肇健	仁川	織　　物	1932.6	V	C
123	成泰号	王慎五	咸興	綿　　布	1931.6	U	C
124	成興東	李成典	木浦	織　　物	1931.6	Z	E
125	成生和	林明軒	咸興	綿　　布	1931.6	U	C
126	瑞豊徳	王汎清	京城	雑貨菓子	1931.3	△	C
127	瑞泰号	孫金甫	釜山	織　　物	1932.7	△	B
128	瑞成東	遅煥銘	元山	綿　　布	1932.6	W	D
129	瑞成祥	千鴻蓮	元山	綿　　布	1932.6	W	D
130	瑞生徳	邱世業	京城	雑　　貨	1931.9	△	D

出典：商業興信所『第三十三回　商工資産信用録』（商業興信所，1932年）外国人 1 ～ 5 頁から作成。

〔付表 8〕『商工資産信用録』に掲載された朝鮮華僑会社の目録（第37回・1936年）

番号	会社名	代　表	所在地	営業の種類	調査年月	正味身代	信用程度
1	怡泰桟	梁東涯	京城	洋食料品	1935.4	S	C
2	怡泰昌	姜芝亭	釜山	絹綿布	1935.5	U	C
3	東和昌	孫景三	仁川	雑　　貨	1935.5	U	C
4	東華興	張統徳	京城	和洋家具製作	1935.6	X	D
5	東海楼	王文海	京城	中華料理	1936.6	V	C
6	東莱盛	曾広来	釜山	絹綿布	1935.5	T	C
7	東興茂	呂諤廷	平壌	雑　　貨	1935.1	R	B
8	東興成	曲渭賓	京城	雑　　貨	1936.1	U	C
9	東祥記	姚興業	京城	織物雑貨	1936.6	U	C
10	東聚成	千哲卿	仁川	織物雑貨	1935.5	U	C
11	東順興	趙修昊	釜山	絹綿布	1936.5	V	C
12	同泰豊	趙城宣	宣川	食料品	1936.3	T	C
13	同樂館	徐民卿	信川	料　　理	1936.5	X	D
14	同益茂	李凌富	京城	雑貨織物	1935.5	U	C
15	同順泰	譚廷瑚	京城	貸家雑貨織物	1936.6	P	B
16	同生泰	許壽臣	仁川	雑貨織物	1936.5	△	—
17	同盛徳	—	群山	織物雑貨	1936.3	Z	E
18	同盛公	韓文元	釜山	鍋釜鋳造	1936.5	W	D
19	同盛永	王揉堂	仁川	日用雑貨	1936.2	T	C
20	同成号	崔書藻	仁川	日用雑貨	1935.3	V	C
21	徳発東	劉志千	平壌	雑　　貨	1935.11	V	C
22	徳泰源	孔慶璋	元山	織　　物	1936.5	R	B

23	徳記号	王有徳	元山	製材指物	1936.5	V	C
24	徳昌隆	高学信	釜山	絹綿布	1936.5	W	D
25	徳昌号	王珪璋	雄基	糖粉食料雑穀	1936.3	T	C
26	徳聚昌	朱品三	仁川	原塩雑貨	1935.5	V	C
27	徳聚和	林亦農	釜山	絹綿布	1936.4	△	—
28	徳盛興	郭占栄	天安	織物雑貨	1935.12	S	C
29	徳盛昌	王啓謀	仁川	織　物	1936.3	V	C
30	徳成利	隋登雲	城津	綿　布	1936.5	S	C
31	徳生祥	郭占栄	仁川	日用雑貨織物	1936.4	Q	B
32	張潤財	—	仁川	洋　服	1935.5	X	D
33	中華号	孫永林	京城	ペンキ塗	1936.3	Z	E
34	利源号	王克敏	安州	陶器金物	1936.5	V	C
35	劉守符	—	京城	貸家及瓦製造	1936.6	T	C
36	和興公	王元慶	京城	食料雑貨	1935.9	V	C
37	和田号	孫希孟	定州	食料品	1935.9	X	D
38	和聚公	楊翼之	仁川	織　物	1936.4	S	C
39	和盛興	温蘭亭	仁川	織物雑貨	1936.5	W	D
40	雅叙園	徐鴻州	京城	中華料理	1936.6	U	C
41	大観園	王丕鈞	京城	中華料理	1935.6	U	C
42	泰興鉄工廠	王敬五	京城	鋳　物	1935.2	V	C
43	泰昌祥	孫長栄	仁川	日用雑貨	1936.5	W	D
44	双和永	楊栄田	釜山	雑　貨	1935.5	X	D
45	双和祥	賈駿才	京城	釜製造業	1936.6	T	C
46	双成発	李発林	仁川	海産物織物雑貨	1936.5	S	C
47	双盛東	朱荘臣	平壌	鋳　造	1936.5	U	C
48	万聚東	王承諤	仁川	日用雑貨旅館	1935.5	T	C
49	源泰洋服店	楼元任	京城	洋　服	1936.6	U	C
50	源泰号	高林汝	仁川	洋　服	1936.5	Z	E
51	源泰号	王慎五	咸興	織　物	1936.5	U	C
52	元和桟	張晋三	仁川	日用雑貨	1935.5	U	C
53	阜盛号	王家綬	京城	麦粉糖粉雑貨	1936.6	V	C
54	復成桟	史祝三	仁川	旅館織物	1935.5	U	C
55	復盛昌	陳世庸	京城	食料雑貨	1935.6	V	C
56	福音建築廠	王公温	京城	建築請負	1935.6	U	C
57	福源東	馬仲厚	京城	薬種貿易	1935.6	U	C
58	福興盛	楊運義	釜山	絹綿布	1936.5	V	C
59	福章洋服店	王甫章	京城	洋　服	1936.6	U	C
60	福聚鉄工廠	宋亮明	京城	鋳物製造	1936.1	U	C
61	福順盛	—	群山	布　木	1935.5	Y	D
62	福生東	王世安	平壌	雑　貨	1935.11	T	C
63	恒昌東	林日東	清津	綿　布	1936.3	U	C

64	恒昌栄	于百浤	雄基	綿　布	1936.3	T	C
65	公安号	鴻燁庭	京城	パン製造食料雑貨	1935.6	V	C
66	公聚興	呉明軒	京城	織物雑貨	1936.6	V	C
67	洪昌徳	王佐周	平壌	雑　貨	1936.5	Z	E
68	永豊裕	張升三	京城	薬　類	1935.9	T	C
69	永盛東	姜渭方	京城	獣皮雑貨卸	1935.11	T	C
70	永順館	宋学礼	信川	料　理	1936.5	X	D
71	永盛興	李仙舫	仁川	織物雑貨	1936.2	T	C
72	永盛裕	張銀濤	京城	織　物	1935.9	T	C
73	栄興号	司徒紹	京城	建築請負	1935.6	U	C
74	悦宝楼	王善卿	京城	中華料理	1935.6	V	C
75	益徳永	于明軒	清津	綿　布	1936.4	U	C
76	益合永	孫信卿	清津	綿　布	1936.3	R	B
77	益昌盛	孫深五	平壌	織　物	1936.5	R	B
78	天和徳	趙星五	元山	海産漢薬毛皮	1936.5	T	C
79	天合桟	張信郷	仁川	旅館織物	1935.5	T	C
80	天盛和	柳鍾挙	天安	織物雑貨糖粉	1935.12	U	C
81	安合号	―	京城	食料雑貨	1935.12	R	B
82	三合興	鄒愛齢	京城	雑貨布木	1935.1	U	C
83	義和永	―	全州	ゴム靴	1935.9	X	D
84	義聚成	玉輯五	釜山	絹綿布	1936.5	V	C
85	義成仁	徐維仁	釜山	絹綿麻布海産物	1936.5	W	D
86	吉順盛	―	群山	織物雑貨	1935.5	W	D
87	協興裕	張殷三	仁川	織　物	1936.4	S	C
88	姜鏡文	―	京城	瓦製造	1936.6	T	C
89	玉成東	焉瑛春	京城	食料雑貨	1936.6	U	C
90	玉盛徳	孫貴玉	平壌	雑　貨	1935.11	V	C
91	金谷園	周世頭	京城	中華料理	1935.6	T	C
92	錦成東	曲人端	仁川	織　物	1935.5	T	C
93	錦生東	―	群山	織　物	1935.9	T	C
94	裕豊徳	周敬思	京城	織　物	1936.6	N	A
95	裕豊徳	周敬思	釜山	絹綿布	本店京城	―	―
96	裕豊徳	周敬思	群山	織　物	本店京城	―	―
97	裕東号	孫傑臣	京城	漢　薬	1935.6	V	C
98	裕信徳	李善富	京城	輸　出	1935.2	W	D
99	裕成恒	曲盤石	京城	食料品雑貨	1935.1	V	C
100	誌興東	王少楠	仁川	海産物雑穀	1935.5	U	C
101	集昌号	司子明	京城	雑　貨	1936.6	U	C
102	春記桟	孫祝三	仁川	旅　館	1936.5	V	C
103	順泰号	銭信仁	仁川	洋　服	1936.3	V	C
104	新盛号	王致新	木浦	織　物	1936.5	T	C

105	慎昌洋服店	應士成	仁川	洋　　服	1935.5	W	D
106	仁合東	姜壨鐸	仁川	織　　物	1936.5	U	C
107	成泰号	王恩溥	咸興	綿　　布	1936.5	S	C
108	牲茂永	―	群山	雑　　貨	1936.3	Y	D
109	瑞豊徳	王汎清	京城	雑貨菓子	1935.2	U	C
110	瑞泰号	孫金甫	釜山	絹綿布	1935.5	R	B
111	瑞生徳	邱世業	京城	雑貨中国菓子	1936.6	V	C

出典：商業興信所『第三十七回　商工資産信用録』（商業興信所，1936年）外国人1〜6頁から作成。

〔付表9〕『商工資産信用録』に掲載された朝鮮華僑会社の目録（第38回・1937年）

番号	会社名	代　表	所在地	営業の種類	調査年月	正味身代	信用程度
1	安合号	―	京城	食料雑貨	1937.4	T	C
2	怡泰桟	唐遠森	京城	洋食食品	1937.3	V	C
3	永順盛	張書保	大邱	織　　物	1936.11	V	C
4	永順館	宋学礼	信川	料　　理	1937.6	X	D
5	永盛興	李仙舫	仁川	織物雑貨	1936.2	T	C
6	永盛東	姜渭方	京城	獣皮雑貨卸	1937.6	T	C
7	永盛裕	張銀濤	京城	織　　物	1937.5	T	C
8	永豊裕	張升三	京城	薬　　類	1937.2	S	C
9	栄興号	司徒紹	京城	建築請負	1937.3	U	C
10	益合永	孫信卿	清津	綿　　布	1937.6	R	B
11	益昌盛	孫深五	平壌	織　　物	1937.6	R	B
12	益徳永	于明軒	清津	綿　　布	1937.6	T	C
13	悦宝楼	王善卿	京城	中華料理	1937.6	V	C
14	王栄益	―	群山	雑　　貨	1937.5	X	D
15	雅叙園	徐鴻州	京城	中華料理	1936.6	U	C
16	義聚成	玉輯五	釜山	絹綿布	1936.5	V	C
17	義成仁	徐維仁	釜山	絹綿麻布海産物	1936.5	W	D
18	義和永	―	全州	ゴム靴	1937.6	X	D
19	吉順盛	―	群山	織物雑貨	1937.6	W	D
20	吉昌号	王宝錬	元山	綿　　布	1937.6	V	C
21	協興裕	張殷三	仁川	織　　物	1936.4	S	C
22	姜鏡文	―	京城	瓦製造	1936.6	T	C
23	玉成東	焉瑛春	京城	食料雑貨	1936.6	U	C
24	玉盛徳	孫貴玉	平壌	雑　　貨	1937.6	V	C
25	金谷園	周世頭	京城	中華料理	1937.6	T	C
26	錦生義	陳子義	博川	織物雑貨	1936.7	W	D

27	錦生東	—	群山	織　　物	1937.6	T	C
28	錦成東	曲人端	仁川	織　　物	1937.5	T	C
29	元和桟	張晋三	仁川	日用雑貨	1937.5	U	C
30	源泰号	高林汝	仁川	洋　　服	1936.5	Z	E
31	源泰号	王愼五	咸興	織　　物	1937.6	T	C
32	源泰	楼元任	京城	洋　　服	1936.6	U	C
33	呉経倫	—	京城	理　　髪	1937.6	V	C
34	公安号	鴻燁庭	京城	パン製造雑貨	1937.6	V	C
35	公聚興	呉明軒	京城	織物雑貨	1936.6	V	C
36	洪昌徳	王佐周	平壌	雑　　貨	1937.6	Z	E
37	恒昌栄	許子沂	城津	綿　　布	1937.5	S	C
38	恒昌栄	于百浤	雄基	綿　　布	1936.3	T	C
39	恒昌東	林日東	清津	綿　　布	1937.6	U	C
40	三合興	鄒愛齢	京城	雑貨布木	1937.6	T	C
41	誌興東	王少楠	仁川	海産物雑穀	1937.5	U	C
42	集昌号	司子明	京城	雑　　貨	1936.6	U	C
43	春記桟	孫祝三	仁川	旅　　館	1936.5	V	C
44	順泰号	銭信仁	仁川	洋　　服	1936.5	V	C
45	愼昌	應士成	仁川	洋　　服	1937.5	W	D
46	新盛号	王致新	木浦	織　　物	1936.5	T	C
47	仁合東	姜鼉鐸	仁川	織　　物	1936.5	U	C
48	瑞生徳	邱世業	京城	雑貨中国菓子	1937.6	V	C
49	瑞豊徳	王汎清	京城	雑貨菓子	1937.6	U	C
50	成生合	隋禹川	咸興	綿　　布	1937.6	T	C
51	成泰号	王恩溥	咸興	綿　　布	1937.6	S	C
52	牲茂永	—	群山	食　　料	1937.6	Y	D
53	双成発	李発林	仁川	海産物織物雑貨	1936.5	S	C
54	双盛東	朱荘臣	平壌	鋳　　造	1937.6	U	C
55	双和祥	賈駿才	京城	釜製造業	1936.6	T	C
56	泰興	王敬五	京城	鋳　　物	1937.6	V	C
57	泰昌祥	孫長栄	仁川	日用雑貨	1936.5	W	D
58	大観園	王丕釣	京城	中華料理	1937.6	U	C
59	中華号	孫永林	京城	ペンキ塗	1936.3	Z	E
60	張潤財	—	仁川	洋　　服	1937.5	X	D
61	天合桟	張信郷	仁川	旅館織物	1937.5	T	C
62	天盛和	柳鍾挙	天安	織物雑貨糖粉	1937.3	U	C
63	天和徳	趙星五	元山	海産漢薬毛皮	1937.6	T	C
64	東華興	張統徳	京城	和洋家具製作	1937.6	W	D
65	東海楼	王文海	京城	中華料理	1936.6	V	C
66	東源号	温習之	京城	雑　　貨	1936.12	W	D
67	東興成	曲渭賓	京城	雑　　貨	1937.6	T	C

68	東興茂	呂諤廷	平壤	雑　　貨	1937.6	R	B
69	東聚成	千哲卿	仁川	織物雑貨	1937.5	U	C
70	東順興	趙修昊	釜山	絹綿布	1936.5	V	C
71	東順泰	蔵宣順	京城	食料雑貨	1937.6	W	D
72	東順德	一	京城	織　　物	1937.4	M	A
73	東祥記	姚興業	京城	織物雑貨	1936.6	U	C
74	東生泰	牟介福	忠州	織　　物	1936.12	V	C
75	東莱盛	曾広来	釜山	絹綿布	1937.1	T	C
76	東和昌	孫景三	仁川	雑　　貨	1937.5	U	C
77	同益茂	李凌富	京城	雑貨織物	1937.6	W	C
78	同聚福	伝鴻寿	江界	織　　物	1936.7	W	D
79	同順泰	譚廷瑚	京城	貸家雑貨織物	1936.6	P	B
80	同勝公	孫中翰	忠州	織　　物	1936.12	W	D
81	同生泰	許寿臣	仁川	雑貨織物	1936.5	U	C
82	同成号	崔書藻	仁川	日用雑貨	1937.5	V	C
83	同盛永	王抹堂	仁川	日用雑貨	1936.3	T	C
84	同盛公	韓文元	釜山	鍋釜鋳造	1937.5	W	D
85	同盛興	趙哲臣	京城	食料雑貨	1937.5	Y	D
86	同泰豊	趙城宣	宣川	食料品	1936.3	T	C
87	同来興	孫立檀	信川	織　　物	1936.11	U	C
88	同樂館	徐民卿	信川	料　　理	1937.6	X	D
89	德聚昌	朱品三	仁川	原塩雑穀	1936.5	V	C
90	德聚和	林亦農	釜山	絹綿布	1936.4	△	―
91	德昌号	王珪璋	雄基	糖粉食料雑貨	1936.3	T	C
92	德昌隆	高学信	釜山	絹綿布	1936.5	W	D
93	德成利	隋登雲	城津	綿布糖粉	1937.5	T	C
94	德生祥	郭占栄	仁川	日用雑貨織物	1936.4	Q	B
95	德盛興	郭占榮	天安	織物雑貨	1937.3	T	C
96	德盛昌	王啓謀	仁川	織　　物	1936.3	V	C
97	德泰源	孔慶璋	元山	織　　物	1937.6	Q	B
98	德発東	劉志千	平壤	雑　　貨	1937.6	V	C
99	阜盛号	王家綏	京城	麥粉糖粉雑貨	1937.5	W	D
100	復成桟	史祝三	仁川	旅館織物	1937.5	U	C
101	復盛昌	陳世庸	京城	食料雑貨	1937.6	V	C
102	福音建築廠	王公温	京城	建築請負	1937.1	△	―
103	福源東	宮心恩	京城	藥　　種	1937.4	U	C
104	福興盛	楊運義	釜山	絹綿布	1936.5	V	C
105	福聚鉄工廠	宋亮明	京城	鋳物製造	1936.1	U	C
106	福順盛	一	群山	布　　木	1937.6	Y	D
107	福章洋服店	王甫章	京城	洋　　服	1937.4	U	C
108	福生東	王世安	平壤	雑　　貨	1937.6	T	C

付　表　──　571

109	万聚億	邦日栄	延安	織物雑貨	1936.11	W	D
110	万聚東	王承謁	仁川	日用雑貨旅館	1937.5	T	C
111	裕信徳	李善富	京城	輸　　出	1937.6	W	D
112	裕成恒	曲盤石	京城	食料品雑貨	1936.12	U	C
113	裕東号	孫傑臣	京城	漢　　薬	1937.6	V	C
114	裕豊徳	周敬思	京城	織　　物	1937.6	L	A
115	裕豊徳	周敬思	釜山	絹綿布	—	—	—
116	裕豊徳	周敬思	群山	織　　物	—	—	—
117	楊廷珍	—	洪城	雑　　貨	1937.3	V	C
118	利源号	王克敏	安州	陶器金物	1937.6	V	C
119	劉守符	—	京城	貸家及瓦製造	1936.6	T	C
120	劉常義	—	洪城	雑　　貨	1937.3	U	C
121	和興公	王元慶	京城	食料雑貨貿易	1937.3	U	C
122	和聚公	楊翼之	仁川	織　　物	1936.4	S	C
123	和盛興	温蘭亭	仁川	織物雑貨	1936.5	W	D
124	和田号	孫希孟	定州	食料品	1937.6	X	D

出典：商業興信所『第三十八回　商工資産信用録』（商業興信所，1937年）外国人 1～6 頁から作成。

〔付表10〕『商工資産信用録』に掲載された朝鮮華僑会社の目録（第42回・1941年）

番号	会社名	代　表	所在地	営業の種類	調査年月	正味身代	年収	信用程度
1	永盛興	李仙舫	仁川	織　物	1941.3	P	G	Cc
2	永盛泰	曲盛三	清津	織　物	1941.7	S	P	Cc
3	永徳興	蘇徳軒	京城	織　物	1941.2	Q	N	Cc
4	益合永	孫信郷	清津	綿布織物	1941.7	K	G	Cc
5	益泰東	王靖海	仁川	海産物	1940.12	S	J	Cc
6	益徳永	于明軒	清津	織　物	1941.7	O	H	Cc
7	義生泰	張希文	清津	織　物	1941.7	S	N	Cc
8	協興裕	張殷三	京城	織　物	1939.1	P	J	Cc
9	錦生東	—	群山	織　物	1940.2	P	G	Cc
10	公合東	高紹譲	雄基	糖　粉	1941.7	T	N	Cc
11	恒昌栄	許子芹	城津	織　物	1941.7	P	K	Cc
12	恒昌東	林日東	清津	織　物	1941.7	S	L	Cc
13	三合興	宇文泉	京城	食料品雑貨	1941.2	S	Q	Cc
14	誌興東	王連陞	仁川	海産食料品	1941.1	S	J	Cc
15	新生徳	李詞新	京城	織　物	1940.12	P	G	Cc
16	仁合東	于為儀	清津	織　物	1941.7	R	N	Cc
17	仁盛東	于会江	清津	食料品	1941.7	S	O	Cc

18	瑞増徳	李欽与	京城	織　　物	1941.3	S	H	Cc
19	双成發	李発林	仁川	海産物	1940.1	T	L	Cc
20	双盛興	林豊年	仁川	織　　物	1940.3	T	O	Cc
21	天合桟	張信郷	仁川	織　　物	1941.1	S	J	Cc
22	天順裕	王伝璐	仁川	織　　物	1941.1	T	N	Cc
23	東興成	曲渭賓	京城	雑　　貨	1940.4	S	Q	Cc
24	東和昌	孫景三	仁川	海産物	1941.2	Q	M	Cc
25	同盛永	沙敬毓	仁川	織物雑貨	1941.2	O	G	Cc
26	同生泰	李文珍	仁川	雑貨織物	1941.7	S	L	Cc
27	同生徳	李万年	京城	織　　物	1941.4	N	Gd	Cc
28	徳成利	隋登雲	城津	織　　物	1941.7	Q	K	Cc
29	徳生東	―	群山	織　　物	1940.9	Q	G	Cc
30	徳盛興	廓鴻童	仁川	織　　物	1941.7	T	O	Cc
31	福源東	宮心性	京城	薬　　種	1940.9	S	O	Cc
32	福　章	王甫章	京城	洋　　服	1939.11	R	Q	Cc
33	万聚東	王承謁	仁川	雑　　貨	1940.1	S	N	Cc
34	裕盛徳	王鈞衡	京城	織　　物	1940.8	Q	G	Cc
35	裕豊徳	周敏思	釜山	絹綿布	本店京城	―	―	―
36	裕豊徳	―	群山	織　　物	1940.9	Q	G	Cc
37	劉鴻彬	―	群山	織　　物	1941.5	V	M	Cc
38	劉醒鶴	―	群山	織　　物	1941.5	X	R	CD
39	裕豊徳	周敬思	京城	織　　物	1941.4	J	Gb	CB
40	和興公	王元慶	京城	食料雑貨	1940.5	T	N	Cc
41	和聚昌	楊翼之	仁川	織　　物	1941.3	P	K	Cc

出典：商業興信所『第四十二回　商工資産信用録』（商業興信所，1941年）外国人10～19頁から作成。

朝鮮華僑関連年表

註：項目頭の数字は月をさす。

年次	東アジア史および朝鮮史	朝鮮華僑関係事項
開港期・大韓帝国期		
1876	2　朝日修好条規（江華島条約）調印 8　朝日修好条規附録・通商章程に調印 10　釜山開港	
1880	4　元山開港	
1882	5　朝米修好通商条約調印 7　壬午軍乱起きる 8　日本軍，9日に仁川到着 8　清国軍，大院君を天津へ連行	8　丁汝昌・馬建忠，10日に艦船を率いて仁川到着 8　呉長慶広東水師提督，軍艦泰安・拱北，招商局の商船鎮東・日新に陸軍2千名を率いて南陽湾到着，商船には中国人商人も乗船 10　朝清商民水陸貿易章程締結，その後中国人の朝鮮移住が本格的に開始
1883	1　仁川開港 2　朝鮮政府，中央行政官庁の一部整理を実施 7　改訂朝日通商章程調印 11　朝英修好通商条約・朝独修好通商条約調印	4　朝鮮奉天辺民交易章程（中江貿易章程）議定 6　朝鮮吉林商民随時貿易章程（吉林貿易章程）議定 10　総辦朝鮮商務委員の陳樹棠，漢城着任 11　「輪船往来上海朝鮮公道合約章程」締結 11　駐釜山日本領事および日本人商人の徳興号排斥事件が起きる 11　仁川商務委員の李乃栄，業務開始 12　招商局の富有号の運行開始（翌年1月運行停止）
1884	5　漢城駐屯の清国兵士の半数帰国 12　甲申政変起きる	3　朝清商民水陸貿易章程改訂，清国に内地通商を認める 4　仁川口華商地界章程締結 5　漢城に中華会館設立 6　釜山商務委員の陳為焜，商務開始 9　元山商務委員の劉家驄，5日に赴任 9　清国，24日朝鮮政府に呉長慶祠設立を許可

1885	4	日本,朝鮮での内地通商権均霑	1	仁川商務公署館竣工
	4	日清,天津条約調印,日清両軍,7月に朝鮮から撤退	2	漢城商務公署館竣工
			11	袁世凱朝鮮総理交渉通商事宜着任,漢城商務公署が漢城総理公署へ
	10	清国,大院君を帰国させる		
1886	3	朝清,中国代辦朝鮮陸路電線続款合同に調印	5	袁世凱,仁川清国居留地の越界拡張を朝鮮政府に要求,1887年に各国共同居留地の東側の三里寨が清国居留地に編入される
	6	第2次朝露秘密協定問題		
	12	朝清,釜山電線条約調印	6	龍山商務公署新設
1887	8	駐米国朝鮮公使派遣問題	10	清国軍艦による人参密輸事件
1888	8	朝露陸路通商章程調印,慶興府開市	1	釜山商務公署館竣工
			4	招商局の広済号,仁川港に入港(日清戦争直前まで運航)
1889	4	日本郵船,長崎ウラジオストク線を改組して上海・芝罘・仁川経由の航路開設,肥後丸運航開始	6	朝鮮政府,関係当局に華僑による内地店舗開設を厳禁するように指示
			6	華僑商人4～5名,26日清州牧の市場に騒乱を起こす
	11	朝日通漁章程締結	10	龍山商務公署館竣工
	11	咸鏡道防穀令事件起きる	11	朝鮮政府,関係当局に執照(内地旅行券)携帯せず内地に入る外国人を逮捕して関係国の領事館に引き渡すよう指示
1890	2	朝鮮政府,防穀令解除	1	漢城の朝鮮人商人,華僑・日本人商人の市外退去を求めて徹市,朝鮮政府,華僑商人の龍山移転要求
	12	李鴻章,朝鮮政府に平壌府の鉄島を開港場にするよう要求,朝鮮政府は断る		
1891	3	ロシア汽船会社 Sheveleff,上海ウラジオストク線開設,芝罘・仁川・釜山・元山経由	12	漢城府,華僑商人など外国人に家屋を販売しないように公布,代理朝鮮総理交渉通商事宜唐紹儀が朝鮮政府に抗議して撤廃される
	4	朝清,元山電線規約調印		
1892	12	東学教徒の公州集会	8	袁世凱,漢城に韓語学堂設立
			10	同順泰と朝鮮政府,10万両の借款提供に調印
			11	同順泰と朝鮮政府,10万両の借款提供に調印
1893	1	東学教徒,参礼集会	8頃	清国匪賊60名,甲山および丹川府などの地方を襲撃,督辦交渉通商事務南廷哲,10月4日に袁世凱に該当匪賊の逮捕を要請
	4	東学教徒,報恩集会		
	4	駐朝鮮日本公使の大石正巳,防穀令賠償問題で朝鮮政府に最後通牒を発する		

1894	4	全羅道で甲午農民戦争の第1次蜂起きる	2・3	同順泰，汽船鎮東号で上海から白米輸入
	6	朝鮮政府，清国に出兵を求める，日清両軍，朝鮮に出兵	7	袁世凱，漢城を離れて天津に帰国，朝鮮政府，清国政府に三つの貿易章程の破棄を通告
	7	日本軍，景福宮などを占領，豊島沖海戦（朝鮮を戦場に日清戦争開始），甲午改革始まる	7	朝鮮政府，漢城総理公署および龍山分署，仁川・元山・釜山の商務公署閉鎖，朝鮮華僑が大量に引き揚げる
	7	駐日本清国公使の汪鳳藻，9日に米国公使を訪問して僑民保護を要請，受け容れられる	8	唐紹儀，2日にドイツ船に乗って帰国
			10	元仁川在住華僑，朝鮮に続々戻り始める
			12	駐朝鮮日本公使館，12日朝鮮政府に中国人の不法入国を取り締るように要請
	8	日本政府，4日に勅令第137号を公布	12	朝鮮政府，17日の官報に保護清商規則公布
	12	金弘集・朴泳孝連立政権成立	12	漢城在住華僑商人，19日に駐朝鮮英国総領事館に僑民保護を要請する公文を送る
1895	4	日清講和条約（下関条約），17日に調印，露仏独の日本に対する三国干渉	1	朝鮮政府，保護清商規則細則制定
			1	唐紹儀，朝鮮入国
	5	台湾総督府設置	9	朝鮮政府，駐朝鮮英国総領事館による朝鮮華僑の保護を承認
	10	朝鮮の王后殺害事件（乙未事変）	11	唐紹儀，漢城北幇董事陳徳済の代わりに曲殿臣を南幇北幇広幇の総董事に任命
	11	日清，遼東半島還付条約調印	12	清国政府，唐紹儀を朝鮮総商董に任命
	12	断髪令施行	12	同順泰，銀行から金巾を抵当にして1,600円を借入
1896	1	「清国人台湾上陸条例」施行	5	朝鮮政府，駐朝鮮米国公使館の依頼を受け容れて中国人料理人の雲山金鉱行きの執照を発行
	1	朝鮮政府，太陽暦採用		
	2	高宗国王，駐朝鮮ロシア公使館へ（露館播遷）	6	朝鮮政府訳官の朴台栄，唐紹儀を訪問して両国間の条約締結を促す
	4	『独立新聞』創刊	7	朝鮮政府，趙秉稷を唐紹儀に送り，両国間の通商条約締結を要求
	7	日清通商航海条約調印		
	7	独立協会創立	8	唐紹儀，「華商規条」制定
	11	独立門起工式	11	清国政府，唐紹儀を駐朝鮮総領事に任命
1897	2	高宗，駐朝鮮ロシア公使館から慶運宮に還宮	1	唐紹儀駐朝鮮総領事，漢城に着任
			4	唐総領事，労働者を雇って漢城総領事館の修理を行う，6月に完成して正門を開放する
	8	香港上海銀行，仁川に代理店を設置，その業務はホームリンガー商会が担当	7	唐総領事，総領事館に漢城在住の主要な華僑商人を招待

	10	朝鮮政府，国号を大韓帝国と改める	9	朝鮮政府，再度唐紹儀に朝清通商条約の締結を促したが断られる
	10	木浦・鎮南浦開港		
	11	ドイツ，山東省の膠州湾占領		
1898	3	ロシア，大連・旅順を租借，ドイツ，膠州湾を租借	5	警務庁，華僑10名が漢城で不法採石していることを制止
	5	馬山港・城津港開港	8・9	華商義盛生，木浦各国居留地地区の公売に落札して営業開始，同順泰も地区を購入
	6	戊戌変法運動起きる		
	7	イギリス，威海衛租借	10	唐紹儀，本国帰国，湯肇賢が総領事職を代理
	11	韓国政府，独立協会を解散		
1899	3	山東省で義和団蜂起	1	清国全権大臣徐寿朋，25日に漢城到着
	5	漢城の市街電車開通	2	韓清間国交再開の第1次会談，15日に開催
	7	日本政府，28日に勅令第352号・内務省令第42号・内務大臣訓令（訓第728号）公布	2	日本公使，韓国政府に釜山で不正商行為を行った華僑商人を保護清商規則によって処理するように要求
	8	台湾総督府，「清国労働者取締規則」施行	4	仁川の第一銀行支店，金塊買収を積極的に行い，華僑商人より金塊の買収権を奪う
	8	大韓帝国国制公布	9	韓清通商条約，11日に調印
	12	平壌開市	11	朝鮮人兵士，漢城で華僑商人に傷害を与える事件発生
1900	5	列強による義和団鎮圧戦争開始	5	駐鎮南浦清国領事館開設
	7	ロシア軍の満州占領開始	11	朝鮮人兵士，漢城で華僑木工の王玉徳を殴打する事件発生
	7	京仁鉄道全通，京仁間電話開通		
1901	2	韓国政府，貨幣条例公布	1	徐寿朋公使，韓国政府に華僑漁師による朝鮮沿岸での漁業活動を許可するように要請，韓国政府は6月に断る
	9	義和団事件に関する北京議定書調印		
	11	李鴻章死去，袁世凱が李鴻章を継いで直隷総督兼北洋大臣に就任	6	漢城の二宮街に朝鮮人兵士と華僑商人および領事館警察と衝突する事件発生
			7	仁川税関，清国漁船10隻に対して漁業許可を受けずに朝鮮沿岸で操業したことで罰金を課する
1902	1	日英同盟調印	5	仁川在住華僑商人が資金を集めて駐仁川領事館内に仁川華僑学堂（仁川華僑小学の前身）を設置
	5	日本の第一銀行韓国支店，銀行券発行		
	9	朴済順駐清国韓国公使赴任	6	安城郡，同地の華僑商人の馬聖烈が販売する英国産織物を没収する事件発生

年	月	事項	月	事項
1903	4	韓国政府，13か府および各港監理に外国人による内地での土地家屋購買および店舗開設を禁止するように指示	1	平壌の朝鮮人警察，同福昌商店に侵入して華僑店員を殴打して商品を略奪する事件発生
	4	ロシア，龍岩浦を占領して土地買収を開始	4	韓清電線連接条約調印
	8	満洲・韓国をめぐる日露交渉開始	6	朝鮮人宋秀万など4名，同順泰の貨票および第一銀行券の流通反対運動を展開
			9	ロシア，龍岩浦で華僑労働者600～700名を雇用して建築工事を行う
1904	1	韓国政府，日露開戦時の局外中立を宣言	5	李夏栄外部大臣，駐韓国清国公使と龍川郡の黄草坪に中国人が無断侵入する件について協議
	2	日本軍，鎮海湾を占拠して仁川に上陸（日露戦争開始）	7	韓清辺界善後章程議定
	2	韓日議定書調印	10	朝鮮人商人と華僑商人，黄海道海州広石浦に課税問題で争い，朝鮮人が清国の船舶を襲撃する事件発生
	3	日本の韓国駐剳軍司令部，漢城に設置	12	清国政府，曾広銓を駐韓国清国公使に任命
	5	日本軍，安東に兵站部を設置して軍政を実施		
	8	日本軍，大連を占領		
	8	第1次韓日協約調印		
1905	5	京釜鉄道全通	4	曾広銓公使，外部大臣李夏栄に昨年冬雲山金鉱に韓清両国の労働者が衝突した事件について調査を要請
	7	桂・タフト協約成立	10	外部大臣朴済純，曾広銓公使に華僑商人が開城の蔘圃を往来しながら紅蔘を製造して密売する弊害を禁じるように要請
	7	貨幣整理開始	12	清国政府，曾広銓公使の帰国を命じる
	9	ポーツマス条約		
	11	「乙巳保護条約」（第2次韓日協約）調印，朝鮮の外交権剥奪される		
	12	韓国政府，14日に独仏清日駐在公使に撤収を命じる		
1906	2	統監府設置	2	清国政府，駐韓公使の撤収を決定し，馬廷亮を総領事に任命，駐韓国総領事館開設
	3	伊藤博文統監，漢城着任	2	同順泰と朝鮮人商人，宮内府特許用達会社を設立，同順泰は同会社の会計部長になる
	4	京義鉄道全通	4	馬廷亮総領事，漢城着任
	4	新義州に税関設置	7	三栄組合組織，裕豊徳を特約店に指定
	10	土地家屋証明規則公布	10	馬廷亮総領事，義州・龍岩浦を視察して領事館開設を協議
	10	統監府，外国および外国人関係の事項に関しては各観察使・郡守が統監の指揮を受けることを韓国政府に強要，監理署廃止	11	馬廷亮総領事，伊藤統監，長谷川大将，各部大臣を招待してパーティーを開く

			11	漢城に華商学堂落成
1907	1	新義州理事庁開設	6	馬廷亮総領事，京城孤児院慈善演奏会に20円を寄付
	2～4	国債補償運動起きる	8	京城税関局出張所，一般貨物の輸出入通関手続きを開始
	6	ハーグ密使事件起きる		
	7	日本の圧力で高宗退位，純宗が即位，第3次韓日協約調印		
	8	韓国の軍隊が解散される		
	8	統監府，臨時間島派出所を龍井に設置，1909年11月に廃止		
	9	新義州の鴨緑江に船舶の運航を開始		
	10	度支部，山田重次郎と赤倉吉三郎を塩田調査のために清国に派遣		
1908	1	財務監督局・財務署を設置	7	統監府，紅蔘専売法を公布，同順泰が輸出の権利を持つ（後に朝鮮総督府は三井物産にその販売権を与える）
	3	度支部，平安南道三和府広梁湾に天日塩田築造計画発表	10	新義州華商公会巡捕の姚貴春，賭博する苦力を殺害する事件発生
	4	清津開港		
	12	東洋拓殖株式会社創立		
1909	2	統監府，家屋税・酒税・煙草税を新設して公布する	1	駐新義州清国領事館設立
	6	伊藤統監退任し，曾禰荒助副統監が統監に任命される	3	清国政府，「大清国籍条例」公布
	7	日本政府，6日の閣議で「韓国併合」方針を決定する	3・4	統監府と駐韓国清国総領事館，5回に亘って「仁川釜山及元山清国居留地設定委員会」開催
	9	間島に関する日清協約調印	6	苦力488名，3日に広梁湾塩田工事場に到着
	10	安重根，ハルビン駅で伊藤博文元統監を射殺	7	新義州在住華僑の劉金有，朝鮮人商人を殺す事件発生
	10	韓国銀行創立	7	広梁湾塩田工事場より逃走した苦力114名，6日に清国に向かって鎮南浦港出港
	10	三井物産京城支店設立	8	コレラが新義州で発生，華僑13名死亡
			12	馬廷亮総領事，統監府高官およびその夫人を華僑運営の演劇場に招待
1910	4	日清，鴨緑江鉄橋架設協定に調印	3	統監府外務部長小松緑と馬廷亮総領事，「仁川，釜山及元山に於ける清国居留地規定」に調印
	5	寺内正毅，第3代統監に就任	4	苦力765名，3日に広梁湾塩田工事場到着
	7	憲兵警察制度発足	6	苦力300名と朝鮮人労働者700名，2日広梁湾

年	月	事項	月	事項
	7	日本政府，英国政府に朝鮮の現行の関税率を維持することを表明		塩田工事場に衝突
植民地期					
	8	「韓国併合」，国号を朝鮮と改める	8	統監府令第52号，「条約により居住の自由を有せる外国人に関する件」が公布される
	8	「韓国併合に関する宣言」を発表	10	総督府令第17号が公布され，統監府令第52号の労働者の対象を規定
	10	朝鮮総督府設置，寺内正毅統監が初代総督に		
	10	平南線開通		
	11	タウンゼント商会，ホームリンガー商会より香港上海銀行の仁川代理店業務を引き受ける，1930年まで業務継続		
1911	10	辛亥革命	3	政務総監，14日に「清国人労働者内地居住許可に関する件」を各道知事に通牒，華僑労働者の内地での労働・居住許可は管轄の警察署担当に
	11	鴨緑江鉄橋竣工し，満鉄と朝鮮鉄道との直通運転を開始	5	朝鮮総督府，「官営事業に清国人使用禁止の件」を各道知事に通牒，総督許可が必要となる
	12	孫文が中華民国臨時大総統に選出される		
1912	1	中華民国建国，孫文が臨時大総統に就任	1	中華民国政府，京城に総領事館開設
	3	袁世凱臨時大総統就任	4	政務総監通牒（官秘第31号）「官営事業に清国人使用認可の件」，官営事業への華僑の使用を申請する場合は使用期間も申請することに
	3	中華国貨維持会成立		
	4	朝鮮不動産登記令施行		
1913	4	朝鮮総督府外事局長と各国総領事6名（中華民国は含まれていない），「在朝鮮各国居留地制度廃止に関する議定書」に調印	11	朝鮮総督府外事局長と富士英駐朝鮮総領事，「朝鮮に於ける支那共和国居留地廃止に関する協定」調印
	10	日本政府，中華民国承認，国号は支那共和国とする	12	中華民国商会法によって仁川中華商務総会組織
1914	1	湖南線全通	2	平壌華商公会設立
	7	孫文，東京で中華革命党を組織	3	京城地方法院仁川支庁検事分局，25日に富士英駐朝鮮総領事に東興隆，同和東，聚成号の調査を依頼する公文を送付
	8	第1次世界大戦勃発		

		9 京元線全通 11 日本，山東省膠州湾占領，1922年まで支配	3 5	31日に仁川，釜山，元山の中国居留地が廃止される 朝鮮総督府，制令第15号で「永代借地権に関する件」公布
1915	1 3 5	日本，中国に21か条要求 中国，各地で日貨排斥運動 日中，山東省に関する条約を締結し，日本はドイツの権利をすべて引き受ける	3	新義州華僑小学設立
1916	6	袁世凱死没，地方軍閥政治に入る	9	警務局保安課長通牒（保収第6880号・通牒名不明），華僑労働者の居住，就労できる範囲は旧各国居留地，旧清国居留地と京城，平壌，清津，新義州などに限定
1917	8 9 10 11	中国政府，宣戦布告して第1次世界大戦に参戦 孫文，広東政府を樹立 朝鮮水利組合令施行 ロシア，10月革命によりロマノフ王朝が倒れ，社会主義政権誕生	5 5	京城綿布同盟会設立，裕豊徳も会員 政務総監通牒（官秘第74号）「官営事業に支那人労働者使用に関する件」，華僑労働者を使用する工事請負人は警察署長を通じて認可申請書を提出することに
1918	2 8 8 11	京城布木商組合設立 日本，シベリア出兵（1922年10月に撤収） 日本で米騒動 ドイツ降伏，第1次世界大戦が終わる	2	総督府令第14号「外国人渡来に関する件」，旅券不所持者・日本の利益に反する者・救恤を要する者などの上陸を禁止
1919	3 4 5 6 7	朝鮮で独立運動（3・1運動）起きる 関東都督府廃止し，関東庁と関東軍司令部になる 中国で5・4運動起きる ベルサイユ条約調印 中華革命党が中国国民党に改組される	12	朝鮮総督府が中国産絹織物および麻織物の輸入関税率を40％に引き上げる噂が流れ，上海の中国人輸出業者は反対運動を展開
1920	1 4 7	国際連盟発足 三井物産，綿花部を独立させて東洋綿花株式会社を設立 安直戦争開始	4	京城の朝鮮織物卸売商店11軒，瑞泰号，裕豊徳，広和順など5軒の華僑織物輸入商に対して中国産麻布の先物契約価格の値引きと決済期間の延期を申し入れ，双方は協議に入る

年				
	8	朝鮮，関税据え置き期間満了に伴って新関税が実施される（統一関税実施）		
	10	朝鮮綿糸布商聯合会創立		
	12	朝鮮産米増殖計画実施		
1921	5	広東新政府の成立，孫文が大総統に就任	1	新義州中華商会義州支部設置
	5	中国共産党設立	3	馬廷亮総領事，救国団事件で華僑が多数逮捕されたことに対して総督府に抗議
	11	ワシントン会議開始	5	新義州地方会，華僑労働者の増加を受けて官営事業および民間事業において朝鮮人労働者の使用を奨励するように決議
			8	京城府鐘路管内の華僑理髪業者，同地の日本人および朝鮮人業者の組合に合流
1922	2	ワシントン会議条約調印	1	新義州府真砂町に永成東靴下工場設立
	2	日中，「山東懸案解決に関する条約」に調印	4	中国国民党東京支部結成
	12	日本，青島から撤兵	8	朝鮮総督府（保1068号）「官営事業に支那人使用禁止の件」，華僑労働者の使用認可を総督から道知事に移管
	12	朝鮮物産奨励会設立	8	平壌地方の洪水によって同地在住華僑農民53戸が浸水，被害額は1万円
1923	1	孫文・ヨッフェ宣言	5	馬廷亮総領事，汎太平洋朝鮮協会の副会長に選任される
	9	関東大震災，朝鮮人および華僑虐殺事件起きる	8	雲山北鎮中華商務会設立
	11	平安北道庁を義州から新義州へ移転	8	警務局長通牒（保秘第63号）「支那人労働者取締の件」，華僑労働者使用認可については法令に準拠して一層厳重にするように
1924	1	中国で第1次国共合作成立	5	駐日本中国公使，日本政府の中国人入国に対する制限措置の撤廃を日本政府に要求
	5	米国で日本人移民排斥法が制定される	5	海州中華商会設立
	6	朝鮮郵船，朝鮮上海線を開設	6	沙里院中華商会設立
	10	第2次安直戦争	7	朝鮮総督府，31日に奢侈品関税公布
	11	段祺瑞，北京政府の執政に就任	7	警務局長通牒（保収第60号）「支那人居住労働許可取扱に関する件」，華僑労働者の募集着手前に許可を受けることに
			8	上海および朝鮮の中国産絹織物の中国人輸出入業者，奢侈品関税撤廃運動を展開
1925	3	孫文死没	4	平壌靴下製造業の労働争議発生，朝鮮人工場が華僑労働者を雇用したのが一因
	4	日本，治安維持法公布，5月には朝鮮に適用	8	京城西小門町の道路で朝鮮人20名と華僑30名が大乱闘
	4	張宗昌，山東軍務督辦就任		

	4	朝鮮共産党創立	11	張作霖と馮玉祥の対立を受けて,京城在住華僑は張作霖支持,駐朝鮮中国総領事館は馮玉祥支持で分裂
	6	三矢協定成立		
	11	張作霖と呉佩孚との内戦	11	京城の北幇会館,南幇会館,広東会館,各々京城府庁に財団法人の許可申請書を提出
	12	馮玉祥軍,天津に入る(馮奉戦争)		
1926	1	朝鮮総督府,景福宮内の新庁舎へ移転	7	朝鮮総督府各道警察部長会議,華僑労働者の使用問題について労働者の3分の1を最大限度に定めてその範囲を超えないように決定
	5	国共両党妥協成立		
	6	6・10万歳運動起きる	8	大邱京町万鏡館において朝鮮人と華僑が中国演劇のことで争い,華僑を襲撃
	7	国民革命軍を組織し,蒋介石が総司令官に就任,北伐開始	12	京城本町所在の駐朝鮮中国総領事館の敷地の売却の噂があり,朝鮮華僑が本国政府に抗議
	7	国民政府,関税自主に関する宣言	12	鎮南浦警察署,市内の三合盛,新合盛,慶順徳などを厳重取り締り,店主および店員すべてを検束
	10	国民革命軍,武漢占領		
	10	国民政府,僑務委員会設置		
1927	1	国民政府,武漢移転	3	国民党東京総支部特派員の簡竹斌,京城で鄭維芬,周世顯と会って朝鮮支部の勃起を試みる
	2	新幹会創立		
	3	朝鮮総督府,31日に「朝鮮営業税令」公布	4	光州中華商務会設立
	4	蒋介石,上海で反共クーデター,南京に国民政府を樹立	4	国民党京城支部の勃起大会開催
			5	国民党京城支部第1回月例会開催
			7	国民党京城支部,将介石支持宣言
	5	朝鮮総督府に土地改良部設置,朝鮮産米増殖計画推進	10	国民党京城支部,10日に青天白日旗を掲揚して革命記念日の記念式挙行
	5	第1次山東出兵,中国で排日運動起きる	12	全羅北道裡里で7日に俳華事件が起こり,その後忠清南道,忠清北道,京畿道へ拡大
	9	南京・武漢両政府合体		
	11	中国官民の満洲在住朝鮮人に対する圧迫加重		
	12	南京国民政府,ソ連と国交断絶		
	12	南京国民政府,外交部に僑務局設置		
1928	5	済南事件発生	2	新義州華僑小学舎増築
	5	中国,国貨提唱運動	4	清津華商商会設立
	6	張作霖爆死,張学良が後継者に	5	大邱華商公会の発会式
	6	国民革命軍,北京入城,南京国民政府,北伐成功および統一を宣言	6	駐鎮南浦中国領事館,晴天白日旗掲揚
			6	江景警察署,1日に同地の華僑農家に戸当たり2名の農民の滞留を許可してそれ以外の農民はすべて退去するように命じる

朝鮮華僑関連年表 ─── 583

	7	中国，全国反日会を組織	7	国民党京城支部代表5名，上海の国民党代表執行委員会に出席
	8	朝鮮土地改良令施行		
	9	山東省，国民党の統治圏に	10	京城中華総商会，関北地域の水害救済金として547円を寄付
	12	張学良，南京国民政府に合流	10	駐朝鮮中国総領事館，10日に青天白日旗を掲揚して盛大に国慶記念日の行事挙行
			12	駐仁川領事館，仁川警察署が管内無許可居住の華僑労働者に対して退去を命じたことについて仁川警察署に抗議
1929	1	元山労働者ゼネスト	1	鎮南浦中華農会設立
	2	南京国民政府，国籍法公布	1	国民党京城支部，南京中央党部の直属支部になる
	3	国民党駐日総支部再結成		
	3	日本軍，済南から撤収	2	平壌戒賭奨貯同盟会設立
	5	馮玉祥，反蒋介石抗戦	2	国民党朝鮮直属支部鳥致院第10分部設立
	6	国民党，僑務委員会を再編して党の中央執行委員会の下に中央僑務委員会を設置	3	京城および仁川の華僑織物商，京仁綢布聯合会設立，裕豊徳が会長
			4	国民党朝鮮支部大会開催
	6	日本，南京国民政府を承認	7	中華労工協会設立
	8	南京国民政府，「商会法」および「工商同業公会法」公布	9	黄海道長渕華僑公会設立
			10	国民党清津分部並に中華労工協会設立
			10	平壌中華労工協会設立
	10	世界大恐慌	11	仁川農業公議会事務停止，紛糾始まる
	11	光州学生運動起きる	12	中華労工協会元山分部設立
1930	1	朝鮮窒素肥料興南工場操業開始	2	平北龍川郡楊市警察署，請負業者に水利組合工事に華僑労働者使用を制限するように命令
	1	南京国民政府，華僑登記規則公布	3	新義州華工小学設立
			3	漢城華僑小学校董会設立
	4	国民党駐日総支部，内紛によって解消される	3	朝鮮総督府，「塩の輸入又は移入に関する件」を公布，華僑塩商に悪影響
	4	イギリス，威海衛還付	4	雲山郡北鎮邑雲山北鎮華僑小学設立
	5	新日中関税協定，6日に調印，日本は中国の関税自主権を承認	5	仁川中華労工協会設立
			5	駐仁川領事館閉鎖
	5	間島5・30蜂起起きる	8	中華労工協会咸興分部設立
	10	南京国民政府，威海衛に税関設置	10	仁川に駐京城総領事館辦事処を設立
			10	朝鮮総督府，国勢調査実施，華僑人口は9万1,783名
			11	警務局保安課長通牒（朝保秘第1662号）「支那人労働者の取締に関する件」，官民事業ともに華僑労働者の使用範囲を制限することに

年	月	事項	月	事項
1931	4	南京国民政府，台北に総領事館を開設	1	平壌の朝鮮人布木商組合と華僑貿易商との間に紛糾発生
	4	朝鮮総督府，農民窮民救済事業を実施	4	全南宝城市民と華僑労働者との間に乱闘
	5	新幹会解散	6	京城中華商会長の宮鶴汀，南京で開かれた国民代表会議に出席
	5	蒋介石の反対派，広東国民政府樹立	7	3日早朝から排華事件が起きる（13日まで続く），朝鮮華僑大量に引き揚げる
	7	2日中国吉林省で万宝山事件起きる	7	日中，排華事件をめぐる第1回交渉，11日に上海外交部辦事処にて行われる
	7	宇垣一成新任総督，14日京城着任	7	中国の軍艦，15日に華僑慰問のために仁川港に入港
	8	中村大尉事件，青島事件	7	駐日本汪栄宝公使，15日に排華事件調査のために釜山港に到着，23日まで調査活動
	9	満洲事変起きる	8	平壌排華事件の裁判，18日に始まる
			8	中国政府，27日に汪公使の調査報告書を公表
			9	延白郡黄海水利貯水池工事場に朝鮮人と華僑労働者が衝突
1932	1	日本軍，上海に戦線拡大（第1次上海事変）	1	仁川府在住日本人および朝鮮人，華僑が独占する新町野菜市場を開放するように仁川府庁に建議
	3	満洲国建国	2	咸北道評議会，窮民救済工事に華僑労働者使用を中止するように道当局に要求
	4	朝鮮総督府，朝鮮北部開拓計画樹立	3	仁川税関，南京国民政府検印の一部の小学校教科書に対して輸入禁止処分を執る
	5	日中上海停戦協定成立	7	リットン調査団1日京城駅に到着
	10	『リットン報告書』公表	9	中国政府，「駐朝鮮中華民国総領事館」の名称を「駐京城中華民国総領事館」にかえる
1933	2	日本軍，熱河侵攻	1	平北寧辺の安満線鉄道工事に華僑労働者だけを使用することについて朝鮮人が反発
	3	日本，国際連盟脱退	5	中国産麻織物に対する輸入関税率，約40%に引き上げる
	5	朝鮮総督府，外国為替管理法施行	6	平壌所在の3軒の華僑鋳物工場，鎮南浦副領事館に銑鉄の安定的な確保のための協力を要請
	5	日中関税互恵条約廃止	8	新義州華工小学設立
	5	塘沽停戦協定	9	元山華僑野菜販売社設立
	7	朝鮮総督府，農村振興運動開始	10	駐京城総領事館，双十節記念行事および漢城華僑小学の運動会開催
1934	2	蒋介石，新生活運動提唱	1	仁川警察署，支那町所在の義善堂内の在家裡という華僑団体に解散命令
	3	満洲国帝政実施	5	水原中華公会設立，その後中華商会に名称変
	5	朝鮮産米増殖計画による土		

年	月		月	
		地改良計画中止		更
	7	南昌で新生活運動促進総会成立	7	朝鮮総督府，民営事業においても華僑労働者使用比率を官営事業並みの使用総数の10分の1にする
	8	駐新義州満洲国領事館設立	8	警務局長，各道に中国人入鮮月報を作成して毎月報告するように指示
	10	朝鮮農地令施行		
	10	中国共産党の「万里の長征」始まる	9	朝鮮総督府，1日から現金100円以上，就職先確実な中国人のみ朝鮮への入国を許可，それに対応して京城在住華僑2,000名，2日に入国制限の撤廃を求めるデモを行う
	11	釜山—新京間直通列車運転開始	10	仁川港に入港した中国人労働者4名，現金100円所持しないために中国に送還される
			10	新義州の王子製紙工場の華僑労働者20名，罷業参加
1935	2	南京国民政府，各新聞社に「抗日排日貨停止命令」を出す	2	華僑300名，駐京城総領事館に集まって新生活運動推進準備会を開催，役員11名が選出される
	5	日満，「図們江国境を通過する列車直通運転及税関の手続き簡捷に関する協定」に調印	5	范漢生駐京城総領事と京城中華商会王公温主席，華僑400〜500名を招待して総領事館で園遊会を開催
	7	満洲国図們税関清津辦公処設立	6	咸興警察署，華僑鄭徳を華僑少年に排日思想を教育した疑いで検挙
			6	京城中華工会創立総会開催，会員は447名
	11	汪精衛襲撃事件，上海で中国人による日本人陸戦隊水兵狙撃事件	8	新義州華農小学設立
			11	平安北道警察部，新義州華工小学に排日教育を行った嫌疑で華僑10名を検挙
	11	南京国民政府，貨幣制度の抜本的な改革を断行，法幣制を導入	11	范漢生総領事，2週間に亘って朝鮮内僑民視察を行う
	11	冀東防共自治委員会（河北省）成立（12月に冀東防共自治政府に改称）	11	京畿道警察部，上海に出国する華僑船客に対して厳重警戒する
			12	新義州警察署，新義州華工小学の反満抗日教科書の使用と関連して関係者2名を滞留禁止する方針を決定
	12	冀察政務委員会成立	12	黄海道警察部，海州華僑小学を調査して書類と教科書全部を押収する
1936	2	2・26事件	2	平壌警察署，国民党平壌支部運営の華僑小学使用予定の排日教科書400冊を押収
	5	日本，中国駐屯軍増強		
	5	内蒙軍政府成立（察哈爾省）	3	元山華僑小学組織法成立，校董会を組織
	9	南京国民政府，徴兵令を発布	5	駐仁川辦事処，開港期韓国政府より貸与された2,771坪の共同墓地の土地を売却，朝鮮人居住者が反発
	12	西安事件		

	12	日本陸戦隊，2日に青島上陸（23日に撤収）	7・8	朝鮮総督府当局，駐清津中国領事館の領事孫秉乾など7名を軍機保護法違反で逮捕，7名全員帰国し，領事館施設は閉鎖される
			8	仁川支那町で火事発生
1937	5	朝鮮総督府，朝鮮暴利取締令発布	7	京城中華商会主席ら11名，11日に駐京城総領事館訪問
	5	駐京城満洲国総領事館開設	7	范漢生総領事，13日に各地の領事館と中華商会に新聞の報道に惑わされず帰国しないように訓令を出す，その後総督，警務局長および京畿道知事を訪問して華僑保護要請
	7	日中戦争開始		
	7	日本軍，13日に上海を攻撃（第2次上海事変）		
	7	27日に通州事件発生（～30日）	7	各領事館，14日に各道知事に華僑保護を要請
	8	八路軍の編成	7	朝鮮総督府，日中戦争で帰国した華僑には原則として朝鮮への再入国を不許可とする
	9	朝鮮総督府，「輸出入品等の臨時措置に関する法律」発布	7	京仁地域の華僑織物輸入商，大阪の日本織物問屋の在朝鮮支店の会の「寿仁会」に織物の先物契約の無条件解約要求
	10	神戸の国民党関係者13名，検挙される		
	10	蒙古聯盟自治政府成立	8	范総領事，各領事に引き揚げる僑民の不動産調査を命じる，朝鮮華僑が大量に引き揚げる
	11	日本軍，上海占領		
	11	日独伊防共協定	8	駐京城総領事館の凌曼寿領事，18日に范総領事との衝突で帰国する
	12	山西省自治政府成立，日本軍済南占領し治安維持会成立	8	范総領事，27日に脳溢血で倒れる
			12	范総領事，17日に朝鮮総督府および朝鮮軍司令部を訪問して臨時政府参加表明
	12	満洲労工協会設立	12	范総領事，18日に駐日本中国大使館に辞任通報
	12	日本軍，13日に南京占領，国民政府は重慶へ移転	12	忠北槐山在住華僑，18日に臨時政府支持決議
	12	14日に北平で王克敏を首席とする中華民国臨時政府設立	12	范総領事，北平から帰国して27日に各地の中華商会に臨時政府参加の訓令下達
			12	京城および仁川中華商会，28日に臨時政府参加表明
			12	范総領事，28日に武装警察官の協力の下で駐京城総領事館に青天白日旗を下ろして五色旗を掲揚
			12	范総領事，29日に各領事館に五色旗を掲揚するように命令する
1938	1	日本軍，10日に青島上陸，青島治安維持会成立	1	大邱在住華僑，2日に臨時政府支持決議
	1	近衛首相，16日に「国民政府を相手とせず」と声明	1	仁川華僑小学，日中戦争直後休校になり，開校の準備を進める
			1	重慶国民政府，20日に駐京城総領事館および各領事館を公式的に閉鎖
	1	広田弘毅外相，18日に日本華僑保護および臨時政府参	1	朝鮮総督府，臨時政府参加を躊躇する華僑を

朝鮮華僑関連年表

		加に官憲が介入しないように命じる		厳しく取り締る
	2	冀東防共自治政府，1日より臨時政府に合流	2	鉱山協会，華北出身の中国人労働者を各鉱山，炭鉱に使用できるように朝鮮総督府に要請
	2	日本軍，3日に芝罘占領，治安維持会成立	2	土木協会，中国人労働者の導入を朝鮮総督府に要請
	2	重慶国民政府，駐台北総領事館を5日に閉鎖する	2	范総領事，3日に朝鮮内の各華僑団体代表を招集し，旅鮮中華商会聯合会を組織，周慎九京城中華商会長が会長に選出される
	2	台湾12地域の華僑代表，台湾中華総会館および中華会館を解散して臨時政府支持する台湾華僑新民総公会結成	2	忠南唐津在住華僑22名，29日に維新政府支持を宣言して中華民国新民会組織
			4	日本人の牧野勢一，会寧で華僑向けの学術講習会設立（1939年9月に正華学校に昇格）
	3	日本軍，7日に威海衛占領	6	警務局保安課長通牒（朝保秘第308号）「支那人の入鮮及就労取締に関する件」，華僑労働者の使用は国策上重要な工事に限って認める
	3	南京で中華民国維新政府成立式典，28日に開催される		
	3	日華経済協議会設置	6	仁川中華商会の孫景三会長，21日に9か月ぶりに仁川港に入港する利通丸（朝鮮華商所有）を記念して懇親会を開く
	4	臨時・維新両政府，駐日辦事処設置		
	4	日本政府，国家総動員法公布，5月に朝鮮に適用	6	利通丸，22日に入港
	5	日本軍，徐州占領	7	范総領事，7日に日中戦争1周年に合わせて募金した655円を憲兵司令部に伝達
	10	日本軍，広東・武漢占領	10	朝鮮華僑，駐京城総領事館に双十節を期して日本軍の武漢占領を記念する式典挙行
	10	朝鮮総督府，物品販売価格取締規則公布		
	11	日本政府，東亜新秩序建設の声明	10	仁川在住華僑の張文有，7月4日にラジオ受信機を通じて中国の放送局電波を聴取したことで逮捕され，禁固4か月が言い渡される
	11	朝鮮総督府，経済警察新設	10	新義州府に「中満鮮飲食店聯合組合」設立される
	12	南次郎朝鮮総督，14日に臨時政府成立記念行事に祝典を送る	11	京畿道警察部外事課，仁川の同順東に雇用されていた華僑7名を為替管理違反嫌疑で逮捕
	12	汪精衛，18日に重慶脱出	11	咸北の各炭鉱，労働者不足で中国人労働者の導入を当局に要請
			12	新義州各工場，中国人労働者の使用制限を撤廃するように当局に要請
1939	3	日本軍，南昌占領	7	朝鮮総督府，小作料統制令を公布，この統制令によって，日本人地主および朝鮮人地主と華僑農民との小作料は1939年9月18日を基準に小作料を引き上げることが統制されることに
	4	北支経済視察団31名，京城到着		
	5	ノモンハン事件		
	7	米国，日米通商航海条約破棄	9	日本人，釜山草梁町の華僑土地5,500坪を主人の承諾なしで9万4,000円に売却した事件
	8	ソ連とドイツ，不可侵条約		

年	月	事項	月	事項
		締結		で，日本人が検束される
	9	日本，中国派遣軍総司令部設置	11	朝鮮総督府，「外国人の入国滞在および退去に関する規則」公布，施行日から10日以内に管轄警察署長に滞鮮許可の申請と写真 2 枚の提出が義務付けられる
	9	ドイツ軍，ポーランド侵攻，第 2 次世界大戦始まる		
	9	朝鮮総督府，18日に各種物価を凍結する（「9・18停止令」）		
	10	国民徴用令，朝鮮に施行		
	10	朝鮮総督府，価格等統制令公布		
1940	2	創氏改名実施	3	鎮川在住華僑24名，21日に会議を開き，汪政権樹立の記念行事と日本当局に国防献金を出すことを決定
	2	中国共産党，29日に延安会議開催		
	3	全日本華僑総会の発会式となる新中央政府成立慶祝大会，6 日東京で開催される	3	范総領事，30日に南京国民政府樹立を記念する行事開催，午後 6 時30分から京城府民会館に南次郎総督が参加した記念行事に出席
	3	臨時政府，維新政府の名称，21日に廃止される	4	旅鮮中華商会聯合会の周慎九会長，司子明副会長，鄭維芬総務が26日に南京で開催された汪政権成立の祝賀式に出席
	3	汪精衛の南京国民政府，30日に樹立		
	6	日本軍，1 日に宜昌占領	5	華北の中国記者団，4 日に京城到着
	9	日本軍，北部仏印進駐	10	京城府，30日に「奢侈品等製造販売制限規則」を告示，華僑中華料理店経営者に影響
	9	日独伊三国同盟	10	朝鮮総督府，小麦粉配給統制実施
	10	大政翼賛会発会式	11	総督府令第189号「外国人の入国滞在および退去に関する件」，防諜取締の強化のために外国人の入国管理を強化
	11	朝鮮総督府，野菜に対して斤量本位の公定価格制実施		
	11	日華基本条約，30日に調印，日本政府，汪精衛の南京国民政府を正式に承認	11	京城府庁，1 日から京城の飲食店および料理店に対して公定価格を実施
			11	南京国民政府僑務委員長の陣済成，朝鮮を訪問
	12	朝鮮総督府，各道知事あてに「生鮮食料品の出荷統制に関する件」公布		
1941	4	日ソ中立条約調印	1	南京国民政府，華僑登記施行細則公布
	4	平元線鉄道開通	5	駐京城総領事館，各地の華僑団体の名称を中華商会に改称するように指示
	5	全日本華僑総会，長崎で第 2 回大会開催	5	旅鮮中華商会聯合会，10日に第 2 回会員大会を開催，100円提示金制度の撤廃を決議して范総領事に要請
	5	重慶国民政府，孫文を国父に尊称		
	6	汪精衛，日本訪問	5	長崎で開かれた全日本華僑総会に范総領事および華僑代表10名参加
	6	独ソ戦争開始		

年	月	事項	月	事項
	6	日本軍, 南部仏印進駐	7	范総領事, 外事部長に100円提示金制度の撤廃要請
	7	枢軸各国, 汪政府承認		
	7	華北労工協会設立	8	駐釜山領事館, 在住華僑登記関連の業務開始
	11	南京国民政府, 孫文誕辰記念礼典開催	12	朝鮮総督府, 10日に「外国人旅行と居住とに関する臨時規則」公布
	12	朝鮮総督府, 物資統制令公布	12	范総領事, 駐神戸総領事に転勤
	12	日本対米英宣戦布告し太平洋戦争始まる	12	林耕宇新任駐京城総領事, 23日に朝鮮華僑は反共和平建国の国策と東亜新秩序建設を先導することを誓う声明発表
	12	日本軍, 25日に香港全島を占領	12	林総領事, 25日に京城着任
			12	京城華僑, 31日に漢城華僑小学の運動場に香港陥落慶祝大会開催
1942	2	日本軍, 新嘉坡占領	1	司子明旅鮮中華商会聯合会長, 17日に林総領事に再入国する華僑への100円提示金制度の撤廃を求める
	2	日本政府, 「朝鮮人労務者活用に関する件」を閣議決定, 労働者募集を「官斡旋」へ転換	1	林総領事, 18日に京城永登浦華僑親睦会に招待されて日中両国民の融和と合作のために日本語講習班開設を提案
	3	日本軍, 蘭領東印度占領		
	5	日本軍, フィリピンおよびビルマ占領	1	咸境北道に抗日運動を展開していた23名の華僑が当局に検挙される (「自起団」事件)
	5	日本政府, 朝鮮への徴兵制実施を閣議決定	2	林総領事, 100円提示金制度撤廃を朝鮮総督府鈴川寿男内政局長に要請
	5	中央線全通	2	元山在住華僑200名, 新嘉坡陥落を記念する式典に参加
	6	ミッドウェー海戦		
	6	朝鮮総督府, 企業整備令公布	2	林総領事および司子明会長, 各地の中華商会代表, 25日京城府民館にて汪主席真影奉戴式を挙行, 南総督および板垣朝鮮軍司令官も参席
	10	朝鮮総督府, 徴兵対象者把握のために朝鮮寄留令施行		
	10	治安維持法容疑で朝鮮語学会会員の検挙開始 (朝鮮語学会事件)	2	朝鮮総督府, 12日に林総領事の要請に応じて滞鮮許可証のない華僑に対し, 1月31日以前に朝鮮滞在の者には特殊華僑登記証を発行することに
	11	日本政府, 27日の閣議で「華人労務者内地移入に関する件」決定	3	駐京城総領事館, 30日に南京国民政府南京遷都記念式挙行
	12	全日本華僑総会, 「大東亜戦争」1周年記念に際して東京で臨時大会を開催	4	江界華僑講習会開校
			4	仁川在住華僑の史恒楽ら9名, 放火などを通じて抗日運動をした嫌疑で逮捕される (仁川事件)
			6	釜山警察署の畑田署長, 新義州から華僑農民を招致して野菜栽培を行う
			7	林総領事, 呉武将公祠に1931年排華事件の死

				者の位牌を置く
			7	司子明京城中華商会主席，華僑商人も「朝鮮生薬元卸組合」に加入できるように林総領事に要請，林総領事は司政局長に要請
			8	平北七平華僑小学設立
			9	林総領事，司子明会長，そして漢城華僑小学高級部学生，15日に国民総力朝鮮聯盟等諸団体主催の満洲国建国十周年慶祝式典に参加
			10	駐京城総領事館，10日に双十節記念式挙行
			12	林総領事，6日に旅鮮華僑帰国観光団を引率して本国に向かって出発
1943	1	南京国民政府，9日に対米英宣戦布告	2	新義州在住華僑，南京国民政府に5,514円の国防献金
	2	日本軍，ガタルカナル島から撤退	2	茂山華僑民会，南京国民政府に100円を国防献金
	5	全日本華僑総会の第3回大会，神戸で「大東亜共栄圏」地域の華僑代表が参加した中で開催	3	清津中華商会，6日に戦勝祈祷大会を開き，500円の国防献金を募金
	8	朝鮮で徴兵制実施	3	統営中華商会，11日に200円を国防献金
	9	イタリア無条件降伏	3	昌城郡大楡洞華僑小学設立
	9	朝鮮総督府，30日に企業整備委員会を設立，委員長は政務総監	4	平安南道定州華僑小学設立
	9	朝鮮総督府，「朝鮮青果物配給統制規則」を公布して野菜配給施行	4	厚昌郡厚昌華僑小学設立
	10	企業整備委員会，企業整備要綱確定	11	朝鮮内各華僑小学，3日の明治節に休校して終日国旗を掲揚
	11	大東亜会議，5・6日に東京で開催	11	新義州華僑・華農・華工小学の教師および学生200名，12日に孫文誕辰記念式挙行
	11	連合国首脳，22日にカイロ会談	11	朝鮮の各領事，24日・25日東京にある駐日本大使館で開かれた第2次領事会議に出席
			12	新義州領事館，管内七つの華僑小学を視察してその状況を把握する
1944	2	朝鮮総督府，6日に農業生産責任制公布	1	駐仁川辦事処官員，仁川華商貿易組合（組合長は孫景三）の会議に出席
	2	28日の日本政府次官会議に「華人労務者内地移入の促進に関する件」が決定される	3	元山の華僑経営の高級中華料理店3軒，朝鮮総督府の指示の下，5日から営業停止
			4	朝鮮華僑，僑民勤労奉仕隊組織
			4	朝鮮総督府，華僑中学の光華学校の設立を正式に認可
	3	朝鮮総督府，企業整備令実施，6月まで第1次企業整	7	駐釜山領事館管轄の四つの華僑商会，8日に

		備断行		2,000円を国防献金
	6	連合国軍, ノルマンディー上陸, マリアナ沖海戦	7	大邱中華商会の慕文錦主席, 28日に駐釜山領事館を訪問して大邱華僑小学卒業生の進学問題について館員と協議
	7	米軍, サイパン島を占領		
	8	朝鮮総督府, 第2次企業整備実施	8	朝鮮総督府, 満洲中国方面旅行証明辦法を改訂, 旅行者はチケット購入時に旅行証明書が必要となる
	11	汪精衛死没		
1945	2	連合国首脳, ヤルタ会談, 米軍, マニラ入城	1	旅鮮中華商会聯合会, 3日に陸軍戦闘機（旅鮮華僑号）1台, 海軍海上爆撃機1台を日本軍に献納
	4	米軍, 沖縄に上陸		
	5	ドイツ, 無条件降伏		
	7	連合国首脳, ポツダム会談		
	8	ソ連, 対日宣戦布告		
	8	14日に中ソ友好同盟条約締結		
		解放初期		
1945	8	日本, 15日に無条件降伏, 朝鮮解放	9	ソ連軍, 16日に北朝鮮に軍政樹立公布, 北朝鮮華僑労働者が大量に本国に引き揚げる
	8	ソ連軍, 20日に元山上陸	9	米軍政庁, 外事課開設, エンダース中佐が課長に
	9	連合国最高司令部, 2日東京に設置される	10	米国の三省調整委員会, 韓国華僑らの「連合国国民」に対する基本指令を下達して, 本国送還を優先的に行うこと, 財産を保護することを命じる（SWNCC 176/8）
	9	米軍, 8日に仁川上陸		
	9	米軍, 11日に米軍政施政方針発表, 20日に米軍政庁開く	12	米軍政庁, 29日に仁川港を通じて華僑を初めて送還する, 48年5月まで1,940名を送還
	9	重慶国民政府, 漢奸逮捕開始		
	10	李承晩, 16日に米国から帰国		
	11	重慶国民政府,「処理漢奸案件条例」公布		
	11	金九, 23日に中国から帰国		
	12	重慶国民政府,「懲治漢奸条例」公布		
	12	米英ソ, 17日にモスクワで外相会議		
1946	2	北朝鮮臨時人民委員会設立	1	米軍政庁, 4日に華僑240名を群山から上海に送還
	2	米軍政庁, 19日に「朝鮮への入国又は出国移動の管理および記録に関する件」公	2	米軍政庁, 華僑を虐待する者は軍政裁判にかけると発表

		布	4	韓中協会，韓中親善音楽大会開催
	3	北朝鮮，土地改革令公布	4	李承晩，天安中華商会長と会見
	3	米ソ共同委員会開催	5	漢城中華総商会代表，17日に中国国民大会予備会談に出席するために出国
	4	中国，漢奸裁判開始		
	5	米軍政庁，法令82号で貿易を許可制にする	5	米軍政庁，上海の旧日本大使館に朝鮮連絡所設置
	7	米軍政庁，9日に新韓公社を解散	5	米軍政庁，駐華米国大使館を通じて南京国民政府の元官員の処理について中華民国外交部に照会
	11	煙台（芝罘）と威海で国共内戦激化	8	中共中央東北局，朝鮮共産党および駐朝鮮ソ連軍司令部の許可を得て駐朝鮮辦事処を設置
	11	李承晩政治支援団体の独立促声愛国婦人会，宋美齢に韓中親善のメッセージを送る	9	米軍政庁と米政府，17日ソウルに中華民国総領事館開設を決定
	11	満洲中共軍司令部，満洲に新政府樹立宣言	11	中華民国外交部，4日に駐漢城総領事に劉馭万任命
	11	中国国民大会開催	11	韓国華僑代表7名，15日に国民大会参加のため米軍政庁に船便斡旋要請
	12	米軍政庁，10日に中国と正式に郵便交換	11	米軍政庁，19日に上海UP通信が朝鮮から引き揚げた華僑が韓国で抑圧を受けたと報道したのは事実でないと発表
	12	南朝鮮過度立法議院，12日に開院		
	12	宋美齢，独立促声愛国婦人会に回信	11	韓中文化協会，26日に発足，理事長は李始栄
			11	韓中臨時通航貿易辦法成立
			11	仁川華僑の于忠永，山東省から天日塩および白酒の密輸で逮捕される
			11	北朝鮮労働党，中央僑務委員会設置
			11	漢城中華総商会代表，李承晩の渡米に際してメッセージを送る
			12	米軍政庁，2日に南京国民政府の朝鮮公館の元官員11名およびその家族21名を上海に送還
			12	『漢城日報』，20日に週刊『華文漢城日報』を発行
1947	2	米軍政庁の初代民政長官安在鴻の就任式，10日に挙行	2	北朝鮮華僑聯合総会，1日平壤で設立
			2	劉馭万総領事，5日にソウル到着
	3	訪韓中国記者団，立法議員と懇談会	2	駐漢城中華民国総領事館，10日に開館
	4	米軍政庁，香港と貿易開始	2	ソウル市長，23日に漢城中華総商会に貧困華僑のために100万ウォンを伝達
	5	米ソ共同委員会，21日ソウルで再開	4	第1回北朝鮮華僑聯合総会の代表大会開催
	6	米軍政庁，3日に庁内の韓国人機構を南朝鮮過度政府に改称	4	中国国民大会に出席した韓国華僑代表の周慎九，帰国
			5	韓国華僑中華商会代表67名，15日に旅鮮中華商会聯合会を結成

朝鮮華僑関連年表　593

		6	米軍政庁，香港に紅蔘輸出開始	5	金九，17日に旅鮮中華商会聯合会会員全員を招待して「韓中親善の夜」の行事開催
		6	米軍政庁，輸出入許可制実施	7	韓国人貿易業者，米軍政庁に華僑によって貿易が壟断されていることを指摘して平等な地位を要求
				8	韓中協会，2日に会議を開いて顧問に蔣介石・李承晩，総裁に金九推戴
				8	韓中協会，31日に仁川支部結成
				9	韓中臨時通航貿易辦法公布
				9	平壌華僑中学開学
				12	韓中協会，中国国民大会に出席する華僑代表の王興西の歓送会を開く
1948	1	国連韓国委員会代表団，7日ソウルに到着	4	米軍政庁外務処，1947年度に仁川港を通じて入国した中国人は3,580名，出国者は1,454名と発表
	3	中国国民大会開催	8	中華民国外交部長，20日に韓国政府に国交樹立を願う書簡を送る
	5	北朝鮮，韓国への送電中止	9	許紹昌新任駐漢城中華民国総領事，16日ソウルに赴任
	7	米軍政庁，30日に「朝鮮への入国又は出国移動の管理および記録に関する件」改定，「南朝鮮出入国者に関する取締」が加えられる	10	韓中文化協会，6日に許総領事の歓迎会開催
	8	大韓民国，15日に建国，大統領は李承晩	12	韓国政府，6日に国籍法公布
	9	朝鮮民主主義人民共和国（北朝鮮），9日に建国，主席は金日成		
	9	韓米財政および財産に関する協定調印		
	12	国連，9日に韓国承認		
	12	韓米経済援助協定，10日に調印		
1949	1	中華民国政府，4日に韓国を正式承認	1	中華民国政府，17日に邵毓麟を初代駐韓国大使に任命
	4	韓日通商協定，23日に調印	4	華僑小・中学の管理が各地華僑聯合会から北朝鮮政府教育部へ移管
	5	韓国政府，1日に全国人口調査を実施	7	邵大使，25日ソウルに到着
	6	金九，29日に暗殺される	7	邵大使，28日に李大統領に信任状捧呈
	6	米軍，29日に韓国から撤収完了	8	蔣介石，訪韓して7日・8日に李承晩大統領と鎮海で会談
	10	1日に中華人民共和国樹立	11	韓国政府，17日に「外国人の入国出国と登録に関する法律」公布
	10	韓日通商会談，4日に開催		

	12	中華民国政府，7日に各国に首都を台北に移転したと通報	12	駐韓国中華民国大使館，10日に第1回全国僑務会議開催
	12	韓日通商協定，21日に発効	12	韓国政府，12月末から50年初までソウルと仁川所在の華僑貿易商の倉庫を封鎖
1950	1	韓米相互防衛援助条約，26日に締結	1	中華民国政府，韓国に貿易使節団派遣
	3	韓国政府，17日に「外国人の入国出国と登録に関する法律施行令」公布	1	邵大使，26日に韓国華僑代表と開城の軍部隊訪問
	4	韓国政府，6日に農地改革着手	4	韓国政府，中華民国に貿易使節団派遣
	5	第2代韓国国会議員選挙	5	仁川在住華僑，外国人登録に不満を表明
	6	韓日貿易協定，2日に調印	5	韓中通商協定，10日台北で調印
	6	韓国政府，22日に帰属財産の入札実施	7	中華人民共和国政府，北朝鮮に大使館開設のために柴軍武参事官派遣
	6	25日に朝鮮戦争勃発	7	駐韓国中華民国大使館，6日に大田に移転
	6	北朝鮮軍，28日にソウル占領	7	駐韓国中華民国大使館，14日に大邱に移転
	7	北朝鮮軍，15日に仁川占領	7	北朝鮮華僑聯合総会，16日に趙令徳をソウルに派遣してソウルに設置された華僑臨時委員会をソウル華僑聯合会として再編
	8	韓国政府，釜山に移転	7	仁川華僑聯合会，22日に結成される
	9	国連軍，15日に仁川上陸作戦成功	8	倪志亮初代駐朝鮮中華人民共和国大使，12日平壌着任
	10	国連軍，ソウル奪還	8	駐韓国中華民国大使館，19日に釜山移転
	10	中華人民共和国，25日に朝鮮戦争に参戦	9	駐韓国中華民国大使館，29日にソウル移転
			9	駐韓国中華民国大使館，ソウルに旅韓華僑団体聯合辦事処設置
			12	ソウル市，邵大使と協議して14歳以上のソウル在住華僑5,400名に市民証を交付することを公布
1951	1	韓国政府，4日に再び釜山に移転（「1・4後退」）	1	駐韓国中華民国大使館，3日に釜山に移転
	1	中華人民共和国軍，5日ソウル占領	6	平壌華僑中学，米軍の爆撃で破壊される
	3	国連軍，14日ソウル修復	9	邵大使，13日に辞任，王東原将軍が次期大使として任命される
	4	韓日通商協定，23日に調印	10	王東原駐韓国中華民国大使，釜山に着任
	7	朝鮮戦争休戦本会議，10日に開催		
	9	サンフランシスコ講和条約調印		
	10	韓日予備会談開始		
1952	1	韓国政府，19日に海洋主権宣言，李承晩ライン設定	1	旅韓華僑団体聯合辦事処，8日～10日に釜山で各都市の中華商会代表と華僑自治区代表の聯合代表大会開催

朝鮮華僑関連年表　595

	2	第1次韓日会談，15日に開催		
	8	第2代韓国大統領に李承晩当選		
1953	1	30日に釜山国際市場で大火災発生	10	駐韓国中華民国大使館，26日に釜山に避難している華僑のための「忠孝新村」を竣工
	2	韓国政府，15日に通貨改革断行		
	4	第2次韓日会談開催		
	7	朝鮮戦争休戦協定，27日に調印		
	8	韓国政府，ソウル還都		
	10	第3次韓日会談，6日に開催		
	11	李承晩大統領，27日から2泊3日の日程で中華民国を公式訪問		

参考文献

・日本語史料及び文献は50音順，中国語史料及び文献は筆者の拼音順，韓国語史料及び文献はハングル音順，英語史料及び文献はアルファベット順にしたがった。同一著者の場合は年代順に配列した。

1　1次史料

1）未刊行史料

（1）日本語史料

斎藤実『斎藤実文書　書簡の部』（国立国会図書館所蔵）。
商業興信所『商工資産信用録』第21〜42回（1921〜1941年）。
朝鮮総督府『国聯支那調査委員関係書類』（韓国国家記録院所蔵）。
朝鮮総督官房外事課『昭和三年　各国領事館往復』（韓国国家記録院所蔵）。
朝鮮総督官房外事課『昭和三年　領事館往復』（韓国国家記録院所蔵）。
朝鮮総督官房外事課『昭和四年　領事館往復』（韓国国家記録院所蔵）。
朝鮮総督官房外事課『昭和四・五・六・七年　各国領事館往復』（韓国国家記録院所蔵）。
朝鮮総督府外事課『昭和六年　在留外人関係綴』（韓国国家記録院所蔵）。
朝鮮総督府外事課『昭和七年　国聯支那調査委員関係書類』（韓国国家記録院所蔵）。
朝鮮総督府外事課『昭和七年　各国領事館関係』（韓国国家記録院所蔵）。
朝鮮総督府外事課『昭和八年　各国領事館往復綴』（韓国国家記録院所蔵）。
朝鮮総督府外事課『昭和九年　領事館往復綴（各国）』（韓国国家記録院所蔵）。
朝鮮総督府外事課『昭和十年　各国領事館往復関係』（韓国国家記録院所蔵）。
朝鮮総督府外事課『昭和十二年　領事館往復』（韓国国家記録院所蔵）。
朝鮮総督府外務部『昭和十三年　領事館関係綴』（韓国国家記録院所蔵）。
朝鮮総督府外事部外務課『昭和十四年　各国領事館往復関係綴』（韓国国家記録院所蔵）。
朝鮮総督府外務課『昭和十五年　領事館往復綴』（韓国国家記録院所蔵）。
朝鮮総督府外務課『昭和十六年　領事館関係綴』（韓国国家記録院所蔵）。
朝鮮総督府外務課『昭和十七年　領事館関係』（韓国国家記録院所蔵）。
朝鮮総督府外務課『昭和十七年　領事館表関係』（韓国国家記録院所蔵）。

その他（韓国国史編纂委員会ホームページ公開の朝鮮総督府史料）
　1937年9月14日，朝鮮総督府警務局「支那人ノ動静」『治安状況（昭和十二年）』。
　1937年9月24日，朝鮮総督府警務局「一般支那人ノ状況」『治安状況（昭和十二年）』。
　1937年10月15日，朝鮮総督府警務局「在留支那人ノ動静」『治安状況（昭和十二年）』。
　1937年12月24日，朝鮮総督府警務局「在留支那人ノ動向」『治安状況（昭和十二年）』。

1937年12月30日収,京畿道警察部長ヨリ京城地方法院検事正宛「華僑団体ノ動静ニ関スル件」『地検秘』第2284号。
1938年1月6日収,京畿道警察部長ヨリ警務局長宛「在仁川華僑団体ノ動静ニ関スル件」『地検秘』第11号。
1938年2月6日収,京畿道警察部長ヨリ京城地方法院検事正宛「京城中国総領事館ノ動静其他ニ関スル件」『地検秘』第263号。
1938年2月23日,朝鮮総督府警務局「新政権帰属後ニ於ケル中国人ノ動静」『治安状況(昭和十二年)』。
1941年3月28日収,京畿道警察部長ヨリ警務局長宛「国民総力運動ニ伴フ民情ニ関スル件」『京高秘』第141号ノ3。

(2) 中国語史料

・大邱華商公会『本会成立建築及捐款一覧表』(大邱華僑協会所蔵,1930年)。
・大邱華僑学校発起人『大邱華僑学校発起及成立』(大邱華僑協会所蔵,1943年)。
・『国民政府行政院档案』(中国第二歴史档案館所蔵)
　「日人対華商運銷日韓綢緞苛徴重税」(登録番号2-2315)。
・『中国外交部档案』(中華人民共和国外交部档案館所蔵)
　「関于在朝鮮華僑情形資料」(登録番号106-01130-03)。
・『中華民国国民政府(汪精衛政権)駐日大使館档案』(東洋文庫所蔵)
　「僑務档案(僑務教育)1943年」(登録番号2-2744-36)。
　「僑務档案(僑務教育)1944年」(登録番号2-2744-37)。
　「大使館所管領事館工作報告1943.4〜12月分」(登録番号2-2744-38)。
　「大使館所管領事館工作報告1943.12〜1944.4月分」(登録番号2-2744-39)。
　「大使館所管領事館工作報告1944.9〜12月分」(登録番号2-2744-41)。
　「第二次領事会議記録　1943年」(登録番号2-2744-51)。
・『駐韓使館保存档案』(台湾中央研究院近代史研究所档案館所蔵)
　「漢城衆商分挙各帮董事並議立会館」(登録番号01-41,028-04)。
　「華商人数清冊:漢城華商及西,日人姓名清冊巻」(登録番号01-41,040-19)。
　「華商人数清冊:華商人数清冊」(登録番号02-35,005-14)。
　「華商人数清冊:各口華商清冊」(登録番号02-35,041-03)。
　「各口商務情形:各口商務情形(一)」(登録番号02-35,056-01)。
　「華商総会各件(二)」(登録番号02-35,056-12)。
　「広梁湾塩場各案」(登録番号02-35,062-23)。
　「領事裁判権合併後有関巡警防疫労働関係」(登録番号02-35,067-04)。
　「華商調査」(登録番号03-47,021-02)。
　「潮商夏布事」(登録番号03-47,108-05)。
　「仁川鮮人暴動華人被害報告書」(登録番号03-47,168-01)。
　「取締華工曁限制華人野菜栽培者人数」(登録番号03-47,168-03)。
　「韓人仇華暴動案事件報告」(登録番号03-47,168-07)。
　「中華僑鮮労工協会成立呈請備案」(登録番号03-47,179-01)。

「中華農会会員冊」（登録番号03-47, 191-02）。
「交渉営業税」（登録番号03-47, 191-03）。
「織品徴税事宜」（登録番号03-47, 191-06）。
「仁川農会紛糾案」（登録番号03-47, 192-03）。
「仁川農会改組及賑捐」（登録番号03-47, 205-01）。
「韓民排華暴動案（三）」（登録番号03-47, 205-13）。
「仁川公設市場之菜類販売権」（登録番号03-47, 218-02）。
「僑商債務糾紛案」（登録番号03-47, 218-14）。
「請査示中国優良菜種名称及産地」（登録番号03-47, 218-17）。
「農業雑件」（登録番号03-47, 218-19）。
「損失調査（一）」（登録番号03-47, 222-15）。
「平壌等地華僑情形（一）」（登録番号03-47, 228-02）。
・『外交部档案』（台湾国史館所蔵）
「韓国僑務案」（登録番号0670-4460）。
「朝鮮暴動排華」（登録番号0671.32-4728）。
・『汪偽僑務委員会档案』（中国第二歴史档案館所蔵）
「一九四二年度日本方面華僑概況月報表」（登録番号2088-372）。
「汪偽政府駐朝鮮総領事館半月報告」（登録番号2088-373）。
「駐釜山領事館轄境各中華商会備案及其章程等」（登録番号2088-385）。
「関於朝鮮僑民回国観光団問題的来往文書」（登録番号2088-406）。
「大邱中華商会転慕文錦創設僑校請求補助」（登録番号2088-569）。
・『汪偽外交部档案』（中国第二歴史档案館所蔵）
「駐長崎，新義州領事館四一年三月至十二月分工作報告」（登録番号2061-890）。
「駐元山副領事館一九四二年一月至十二月分工作報告」（登録番号2061-1158）。
「駐釜山領事館一九四二年四月至十二月分工作報告及呈送報告之来往文書」（登録番号2061-1160）。
「駐新義州領事館一九四二年一月至四月分工作報告及呈送報告之来往文書」（登録番号2061-1162）。
「駐朝鮮釜山領事館一九四二年下半年工作報告」（登録番号2061-1346）。

（3）韓国語及び漢文史料
編者未詳『韓華記録』（서울（ソウル）大学校奎章閣所蔵，文書番号21768，1904年）。
韓一銀行『貸出에（に）關하넌（する）取締役会決議録』（韓国金融史博物館所蔵）。
韓一銀行『重役会決議録』（韓国金融史博物館所蔵）。

2）刊行史料

（1）日本語文献
浅野犀涯編『朝鮮鉱業誌』（京城日報社，1913年）。
安東商業会議所『安東工場一覧（大正十二年末現在）』（安東商業会議所，1924年）。

安東商工会議所『安東商工案内』(安東商工会議所, 1929年)。
安東商工会議所『安東ニオケル会社及工場一覧表』(安東商工会議所, 1937年？)。
飯野正太郎『昭和十三年度版　新義州商工案内』(新義州商工会議所, 1938年)。
飯野正太郎『昭和十五年度版　新義州商工案内』(新義州商工会議所, 1940年)。
今井田清徳伝記編纂会『今井田清徳』(今井田清徳伝記編纂会, 1943年)。
宇垣一成『宇垣一成2』(みすず書房, 1970年)。
小田内通敏『朝鮮に於ける支那人の経済的勢力』(東洋講座第七輯)(東洋研究会, 1925年)。
恩田鉄彌『韓国ニ於ル果樹蔬菜栽培調査』(農事試験場, 1909年？)。
外務省通商局『在芝罘日本領事館管内状況』(外務省通商局, 1921年)。
外務省通商局編纂『通商彙纂』第13巻(復刻版・不二出版, 1988年)。
神谷不二編『朝鮮問題戦後資料』第1巻(日本国際問題研究所, 1976年)。
華北事情案内所編『山東省事情』(北支事情解説パンフレット(第三輯))(華北事情案内所, 1939年)。
河井朝雄『大邱物語』(朝鮮民報社, 1931年)。
韓国学文献研究所編『日韓通商協会報告』(復刻版・亜細亜文化社, 1983年)。
韓国学文献研究所編『朝鮮総督府官報』(復刻版・亜細亜文化社, 1990年)。
木浦府『木浦府史』(木浦府, 1930年)。
企画院編纂『華僑の研究』(松山房, 1939年)。
群山府庁編纂『群山府史』(群山府, 1935年)。
京畿財務研究会編纂『所得税・営業税・資本利子税・朝鮮銀行券発行税　事務提要』(京畿財務研究会, 1928年)。
京畿道『農事統計　昭和二年度』(京畿道, 1929年)。
京畿道『農事統計　昭和十三年度』(京畿道, 1940年)。
慶尚北道編纂『慶尚北道統計年報(1919～1928年)』(慶尚北道, 1930年)。
京城商工会議所『京城に於ける工場調査』(京城商工会議所, 1943年)。
京城府『重要商品調査　綿布の部』(京城府, 1924年)。
京城府『京城府史』第3巻(京城府, 1934年)。
京城府『物品販売業調査』(昭和11年5月1日現在)(京城府, 1937年)。
京城府『物品販売業調査』(昭和15年5月1日現在)(京城府, 1941年a)。
京城府『昭和十四年度　第一回京城府中央卸売市場年報』(京城府, 1941年b)。
京城府産業調査会『鉄工業ニ関スル調査』(京城府産業調査会, 1936年)。
京城府総務部経済課『京城府ニ於ケル生活必需品配給統制ノ実情』(京城府, 1943年)。
航業聯合協会芝罘支部『昭和十四年版　芝罘事情』(航業聯合協会芝罘支部, 1939年)。
興中公司大連事務所『芝罘状況及大連中央卸市場概説(草稿)』(興中公司大連事務所, 1938年)。
国学資料院編『日帝下法令輯覧』(復刻版・国学資料院, 1996年)。
国史編纂委員会『駐韓日本公使館記録』(復刻版・国史編纂委員会, 1988年)。
国史編纂委員会『統監府文書』(復刻版・상림(サンリム)出版, 2000年)。
金敬泰編『通商彙纂　韓国篇』(復刻版, 麗江出版社, 1987年)。
小西勝治郎『朝鮮之金属商工録』(工業界社, 1929年)。

小早川九郎編『朝鮮農業発達史　発達篇』（朝鮮農会，1944年）。
小早川九郎編（再刊担当近藤釼一）『朝鮮農業発達史　資料篇』（1960年，友邦協会）。
佐藤正二郎『安東県及新義州』（図書普及会，1917年）。
信夫淳平『韓半島』（1901年）。
仁川日本人商業会議所『明治四拾年仁川日本人商業会議所報告』（仁川日本人商業会議所，1908年）。
仁川開港二十五年紀念会『仁川開港二十五年史』（仁川開港二十五年紀念会，1908年）。
仁川府編纂『仁川府史』（仁川府，1933年）。
商業興信所『明治大正期　商工資産信用録』（復刻版，クロスカルチャー出版，2009年）。
大邱商業会議所（吉田由巳編輯）『大邱』（大邱商業会議所，1928年）。
高岡熊雄・上原轍三郎『北支移民の研究』（有斐閣，1943年）。
度支部『清国関東州直隷省山東省塩業視察復命書』（財務週報第59号附録）（度支部，1907年 a）。
度支部『臨時財源調査局調査　韓国塩業調査報告　第一編』（度支部，1907年 b）。
度支部『韓国財政施設綱要』（統監府，1910年）。
田代安定『日本苧麻興業意見』（国光印刷，1917年）。
中央公論社『リットン報告書（和文）』（『中央公論』11月号別冊附録，1932年11月）。
朝鮮研究会編『最近京城案内記』（朝鮮研究会，1915年）。
朝鮮総督府『朝鮮総督府統計年報』（朝鮮総督府，各年）。
朝鮮総督府『京城商工業調査』（朝鮮総督府，1913年 a）。
朝鮮総督府『仁川港商工業調査』（朝鮮総督府，1913年 b）。
朝鮮総督府『朝鮮輸移出入品十五年対照表』（朝鮮総督府，1916年）。
朝鮮総督府『支那ニ於ケル麻布及絹布竝其ノ原料ニ関スル調査』（朝鮮総督府，1923年）。
朝鮮総督府『朝鮮に於ける支那人』（朝鮮総督府，1924年 a）。
朝鮮総督府（小田内通敏調査）『朝鮮部落調査報告　第一冊』（朝鮮総督府，1924年 b）。
朝鮮総督府『朝鮮の市場』（朝鮮総督府，1924年 c）。
朝鮮総督府『市街地の商圏』（朝鮮総督府，1926年）。
朝鮮総督府『朝鮮の物産』（朝鮮総督府，1927年）。
朝鮮総督府『調査資料第四十三輯生活状態調査（其四）平壌府』（朝鮮総督府，1932年 a）。
朝鮮総督府『昭和五年朝鮮国勢調査報告道編　第一巻京畿道』（朝鮮総督府，1932年 b）。
朝鮮総督府『昭和五年朝鮮国勢調査報告道編　第二巻忠清北道』（朝鮮総督府，1932年 c）。
朝鮮総督府『昭和五年朝鮮国勢調査報告道編　第三巻忠清南道』（朝鮮総督府，1932年 d）。
朝鮮総督府『昭和五年朝鮮国勢調査報告道編　第四巻全羅北道』（朝鮮総督府，1933年 a）。
朝鮮総督府『昭和五年朝鮮国勢調査報告道編　第五巻全羅南道』（朝鮮総督府，1933年 b）。
朝鮮総督府『昭和五年朝鮮国勢調査報告道編　第六巻慶尚北道』（朝鮮総督府，1933年 c）。
朝鮮総督府『昭和五年朝鮮国勢調査報告道編　第七巻慶尚南道』（朝鮮総督府，1933年 d）。
朝鮮総督府『昭和五年朝鮮国勢調査報告道編　第八巻黄海道』（朝鮮総督府，1933年 e）。
朝鮮総督府『朝鮮の産業』（朝鮮総督府，1933年 f）。
朝鮮総督府『昭和五年朝鮮国勢調査報告全鮮編　第一巻結果表』（朝鮮総督府，1934年 a）。
朝鮮総督府『昭和五年朝鮮国勢調査報告道編　第九巻平安南道』（朝鮮総督府，1934年 b）。

朝鮮総督府『昭和五年朝鮮国勢調査報告道編　第十巻平安北道』（朝鮮総督府，1934年 c）。
朝鮮総督府『昭和五年朝鮮国勢調査報告道編　第十一巻江原道』（朝鮮総督府，1934年 d）。
朝鮮総督府『昭和五年朝鮮国勢調査報告道編　第十二巻咸鏡南道』（朝鮮総督府，1934年 e）。
朝鮮総督府『昭和五年朝鮮国勢調査報告道編　第十三巻咸鏡北道』（朝鮮総督府，1934年 f）。
朝鮮総督府『昭和五年朝鮮国勢調査報告全鮮編　第二巻記述報文』（朝鮮総督府，1935年 a）。
朝鮮総督府『施政二十五年史』（朝鮮総督府，1935年 b）。
朝鮮総督府『昭和拾年農業統計表』（朝鮮総督府，1937年）。
朝鮮総督府『朝鮮法令輯覧』（朝鮮総督府，1940年）。
朝鮮総督府『朝鮮貿易月表　昭和十四年十二月』（朝鮮総督府，1940年？）。
朝鮮総督府『昭和十六年八月十日現在　第一回朝鮮労働技術統計調査結果報告』（朝鮮総督府，1942年）。
朝鮮総督府『人口調査結果報告其ノ一』（朝鮮総督府，1944年 a）。
朝鮮総督府『昭和十八年六月十日現在　朝鮮労働技術統計調査結果報告』（朝鮮総督府，1944年 b）。
朝鮮総督府『帝国議会説明資料』（復刻版・不二出版，1994年）。
朝鮮総督府学務局社会課『工場及鉱山に於ける労働状況調査』（朝鮮総督府，1933年）。
朝鮮総督府警務局『昭和二年在留支那人排斥事件状況』（朝鮮総督府，1927年）。
朝鮮総督府警務局『鮮内ニ於ケル支那人排斥事件ノ概況』（朝鮮総督府，1931年 a）。
朝鮮総督府警務局『外事関係統計』（朝鮮総督府，1931年 b）。
朝鮮総督府警務局『鮮支人衝突事件ノ原因状況及善後措置』（朝鮮総督府，1932年）。
朝鮮総督府警務局『最近に於ける朝鮮治安状況―昭和八年―』（復刻版・巌南堂書店，1978年）。
朝鮮総督府警務局保安課『高等警察報』第3号（朝鮮総督府，1934年）。
朝鮮総督府専売局『朝鮮専売史』（朝鮮総督府，1936年）。
朝鮮総督府総督官房文書課『朝鮮人の商業』（朝鮮総督府，1925年）。
朝鮮総督府内務局社会課『会社及工場に於ける労働者の調査』（朝鮮総督府，1923年）。
朝鮮総督府財務局『昭和十年度　朝鮮税務統計書』（朝鮮総督府，1937年）。
朝鮮総督府財務局『昭和十一年度　朝鮮税務統計書』（朝鮮総督府，1938年）。
朝鮮総督府財務局『昭和十二年度　朝鮮税務統計書』（朝鮮総督府，1939年）。
朝鮮総督府財務局『昭和十四年度　朝鮮税務統計書』（朝鮮総督府，1941年）。
朝鮮総督府・台湾総督府・樺太庁及南洋庁調査『人口問題ニ関スル方策ノ参考案』（1927年）。
朝鮮貿易協会（工藤三次郎編輯）『朝鮮貿易史』（朝鮮貿易協会，1943年）。
朝鮮綿糸布商聯合会『朝鮮綿業史』（朝鮮綿糸布商聯合会，1929年）。
鎮南浦新報社編『鎮南浦案内記』（鎮南浦新報社，1910年）。
帝国興信所『帝国信用録』（第17版）（帝国興信所，1924年）。
帝国製麻株式会社編『帝国製麻株式会社三十年史』（帝国製麻株式会社，1937年）。

東亜研究所第三調査委員会『華僑関係法規集（翻訳）』（東亜研究所，1941年）。
東亜同文会『支那経済全書』（東亜同文会編纂局，1908年）。
統監府『第一次統監府統計年報』（統監府，1907年）。
統監府『第二次統監府統計年報』（統監府，1908年a）。
統監府『韓国條約類纂』（統監府，1908年b）。
統監府農商工務部農林課『韓国ニ於ケル農業ノ経営』（統監府，1907年）。
東京高等商業学校『韓国ニ於ケル本邦貨物販路取調報告』（東京高等商業学校，1907年）。
徳家藤栄編輯『家庭工業調査』（京城商業会議所，1927年）。
徳永勲美『韓国総覧』（博文館，1907年）。
内閣統計局『昭和五年国勢調査最終報告書』（内閣統計局，1938年）。
中西伊之助『支那・満洲・朝鮮』（実践社，1936年）。
中村資良編『朝鮮銀行会社組合要録』（東亜経済時報社，1942年）。
仲摩照久編『日本地理風俗大系』第17巻（新光社，1930年）。
西浦半助『新義州案内』（国境文化協会，1930年）。
西成田豊・森武麿編『社会政策審議会資料集』第2巻（復刻版・柏書房，1988年）。
根岸佶『清国商業綜覧　第四巻』（丸善株式会社，1907年）。
南満洲鉄道株式会社天津事務所調査課『山東河北両省に於ける蔬菜事情』（北支経済資料第36輯）（南満洲鉄道株式会社天津事務所，1937年）。
南満洲鉄道株式会社東亜経済調査局『華僑』（南満洲鉄道株式会社，1927年a）。
南満洲鉄道株式会社興業部商工課『南満洲主要都市と其背後地　第一輯第一巻安東に於ける商工業の現勢』（南満洲鉄道株式会社，1927年b）。
南満洲鉄道株式会社興業部商工課『南満洲主要都市と其背後地　第二輯第一巻奉天に於ける商工業の現勢』（南満洲鉄道株式会社，1927年c）。
H.F.マックネヤ著・近藤修吾訳『華僑　その地位と保護に関する研究』（大雅堂，1945年）。
芳賀雄『東亜共栄圏と南洋華僑』（刀江書院，1941年）。
副業世界社編纂『朝鮮人会社・大商店辞典』（副業世界社，1927年）。
福田省三『華僑経済論』（巌松堂書店，1939年）。
平野義太郎編『方顕廷　支那の民族産業〔東研研究叢書第三巻〕』（岩波書店，1940年）。
平安北道編纂『昭和元年　平安北道統計年報』（平安北道，1928年）。
平安北道編纂『昭和二年　平安北道統計年報』（平安北道，1929年）。
平安北道編纂『昭和十年　平安北道統計年報』（平安北道，1937年）。
平壌郷土史編纂委員会編著『平壌誌』（国立出版社，1957年）。
平壌商業会議所『平壌全誌』（平壌商業会議所，1927年）。
平壌商工会議所『平壌のメリヤス工業と平南の農村機業』（平壌商工会議所，1943年）。
編者未詳『韓国各地日本棉布概況一斑』（1907年？）。
朴慶植編『朝鮮問題資料叢書第十一巻　日本植民地下の朝鮮思想状況』（アジア問題研究所，1989年）。
文定昌『朝鮮の市場』（日本評論社，1941年）。
満洲国実業部臨時産業調査局『メリヤス製品並にメリヤス工業に関する調査書』（満洲国実業部，1937年）。

満鉄東亜経済調査局『英領馬来・緬甸及濠洲に於ける華僑』(満鉄東亜経済調査局，1941年)。
山内喜代美『支那商業論』(巌松堂書店，1942年)。
山口豊正『朝鮮之研究』(巌松堂書店，1911年)。
山本西郎編『西原亀三日記』(京都女子大学，1983年)。
露国大蔵省編纂（農商務省山林局翻訳）『韓国誌』(農商務省山林局，1905年)。

(2) 中国語文献

羅家倫主編・中国国民党中央委員会党史料編纂委員会編輯『革命文献』33輯（中央文物供応社，1978年)。
中国第二歴史档案館編『南京国民政府外交部公報』（江蘇古籍出版社，1990年)。
中央研究院近代史研究所編『清季中日韓関係史料』（中央研究院近代史研究所，1972年)。
趙中孚・張存武・胡春恵主編『近代中韓関係史資料彙編』（第1冊〜第6冊）（国史館，1987年)。

(3) 韓国語及び漢文文献

高麗大学校亜細亜問題研究所編『旧韓国外交関係付属文書　第六巻外衙門日記』(高麗大学校出版部，1974年)。
国史編纂委員会編輯『中国人襲撃事件裁判記録』（国史編纂委員会，2003年)。
南朝鮮過度政府編纂『朝鮮統計年鑑　一九四三年版』（南朝鮮過度政府，1948年)。
大韓民国政府公報処『官報3』（復刻版・驪江出版社，1987年)。
大韓民国公報処統計局『檀紀4285年（西紀1952年）　大韓民国統計年鑑』（大韓民国公報処，1953年)。
朝鮮銀行調査部『朝鮮経済年鑑　1948年版』（朝鮮銀行，1948年)。
朝鮮銀行調査部『経済年鑑（1949年版）』（朝鮮銀行，1949年)。
朝鮮中央通信社『解放後十年日誌（1945〜1955）』（復刻版・선인（ソニン）文化社，1998年)。
韓国貿易協会『1954年版　貿易年鑑』（韓国貿易協会，1954年)。
韓国貿易協会『1956〜1957年版　貿易年鑑』（韓国貿易協会，1957年)。

(4) 英語文献

South Korean Interim Government Activities, Summation of United States Army Military Government Activities in Korea, No.28.
Volume 12 Korea : Political and Economic Reports 1924−1939, Japan and Dependencies, Archive Editions, an imprint of Archive International Group, 1994.（駐京城英国総領事館の本国への報告文）
駐韓米軍司令部『駐韓米軍史1』（復刻版・돌베개（ドルベゲ），1988年)。
米国務省『米国務省韓国関係文書』（復刻版・아름（アルム）出版社，1995年)。

2　2次史料（定期刊行物・インタビュー）

1）新聞

(1) 日本語

『大阪朝日新聞』
『大阪毎日新聞』
『大阪毎日新聞朝鮮版』
『京城日報』
『朝鮮新聞』
『朝鮮民報』
『東亜法政新聞』
『東京朝日新聞』
『西鮮日報』
『日本経済新聞』
『日本立憲政党新聞』
『門司新聞』

(2) 中国語

『香港華字日報』
『上海時報』
『天津大公報』
『中央日報』

(3) 韓国語

『基督新報』
『大衆日報』
『大韓毎日新報』
『独立新聞』
『東亜日報』
『貿易新聞』
『毎日申報』
『商業日報』
『時代日報』
『嶺南日報』
『朝鮮日報』
『朝鮮中央日報』
『中央日報』
『中外日報』

『漢城日報』
『皇城新聞』

(4) 英語新聞
『The Japan Chronicle』

2) 雑誌

(1) 日本語
『外交時報』
『改造』
『韓国中央農会報』
『韓半島』
『経済月報』
『高検　思想月報』
『国際知識』
『財務彙報』
『殖銀調査月報』
『思想彙報』
『新義州商工会議所月報』
『朝鮮』
『朝鮮及満洲』
『朝鮮経済雑誌』
『朝鮮公論』
『朝鮮出版　警察月報』
『朝鮮総督府調査月報』
『朝鮮農会報』
『朝鮮之実業』
『満蒙事情』

(2) 韓国語
『経済評論』
『開闢』
『農民』
『東光』
『三千里』
『実生活』
『週報』
『韓国中央農会報』
『韓中文化』

3）韓国華僑及び元北朝鮮華僑インタビュー

遅建藩氏（2003年1月28日に韓国ソウルにて）
賈鳳声氏（2003年12月1日に書面と電話）
欒継善氏（1999年8月に大邱華僑協会にて）
慕永文氏（1999年8月に韓国大邱の北京大飯店にて）
邱丕昭氏（1999年8月及び2004年5月20日に大邱市の中華料理店にて）
王修網氏（2005年8月に韓国大邱の成立行雑貨商にて）
王志成氏（2003年1月22日に韓国釜山にて）
呉起勲氏（1999年8月に大邱華僑協会事務室にて，2006年4月25日に大邱市の自宅にて）
邢誠文氏（2003年1月26日に韓国大邱にて）
徐国勲氏（2005年に書面にて）
楊春祥氏（2010年5月4日に韓国大邱にて）
楊静波氏（2006年5月27日に韓国清州の雅観園にて）
A氏（元北朝鮮華僑・2010年12月13日および2011年1月23日に電話を通じて）

2　研究書

（1）日本語文献

朝岡康二『鍋・釜』（法政大学出版局，1993年）。
アジア民衆法廷準備会編『写真図説　日本の侵略』（大月書店，1992年）。
荒武達朗『近代満洲の開発と移民』（汲古書院，2008年）。
イゴリ・R・サヴェリエフ『移民と国家：極東ロシアにおける中国人，朝鮮人，日本人移民』（御茶ノ水書房，2005年）。
内田直作『日本華僑社会の研究』（同文舘，1949年）。
内田直作・塩脇幸四郎共編『留日華僑経済分析』（河出書房，1950年）。
王恩美『東アジア現代史のなかの韓国華僑：冷戦体制と「祖国」意識』（三元社，2008年）。
岡本隆司『属国と自主のあいだ：近代清韓関係と東アジアの命運』（名古屋大学出版会，2004年）。
籠谷直人『アジア国際通商秩序と近代日本』（名古屋大学出版会，2000年）。
可児弘明『近代中国の苦力と「猪花」』（岩波書店，1979年）。
可児弘明・斯波義信・游仲勲編『華僑・華人辞典』（弘文堂，2002年）。
可児弘明・游仲勲編『華僑華人：ボーダレスの西紀へ』（東方書店，1995年）。
過放『在日華僑のアイデンティティの変容』（東信堂，1999年）。
河合和男『朝鮮における産米増殖計画』（未來社，1986年）。
川島真『中国近代外交の形成』（名古屋大学出版会，2004年）。
菊池一隆『戦争と華僑』（汲古書院，2011年）。
倉沢愛子『日本占領下のジャワ農村の変容』（草思社，1992年）。
金容燮（鶴園裕訳）『韓国近現代農業史研究：韓末・日帝下の地主制と農業問題』（法政大学出版局，2002年）。
金泳鎬『東アジア工業化と世界資本主義：第4世代工業化論』（東洋経済新報社，1988年）。

高承済『植民地金融政策の史的分析』(御茶の水書房，1972年)。
神戸華僑華人研究会編『神戸と華僑：この150年の歩み』(神戸新聞総合出版センター，2004年)。
小島昌太郎『支那最近大事年表』(有斐閣，1942年)。
沢村東平『近代朝鮮の棉作綿業』(未來社，1985年)。
斯波義信『華僑』(岩波新書，1995年)。
杉山伸也・イアンブラウン編著『戦間期東南アジアの経済摩擦：日本の南進とアジア・欧米』(同文舘，1990年)。
須川英徳『李朝商業政策研究』(東京大学出版会，1994年)。
塩川一太郎『朝鮮通商事情』(八尾書店，1895年)。
清水幾太郎『流言蜚語』(日本評論社，1937年)。
高嶋雅明『朝鮮における植民地金融史の研究』(大原新生社，1978年)。
趙景達『植民地期朝鮮の知識人と民衆』(有志舎，2008年)。
朝鮮史研究会編『朝鮮史研究入門』(名古屋大学出版会，2011年)。
古田和子『上海ネットワークと近代東アジア』(東京大学出版会，2000年)。
朴ソプ『1930年代朝鮮における農業と農村社会』(未來社，1995年)。
朴永錫『万宝山事件研究：日本帝国主義の大陸侵略の一環として』(第一書房，1981年)。
松本武祝『植民地期朝鮮の水利組合事業』(未來社，1991年)。
秦郁彦『戦前期日本官僚制の制度・組織・人事』(東京大学出版会，1981年)。
林洋武『戦中戦後，少年の記憶：北朝鮮の難民だった頃』(コロニー協会印刷所，2008年)。
平川均『NIES：世界システムと開発』(同文舘，1992年)。
穂積真六郎『わが生涯を朝鮮に：穂積真六郎先生遺筆』(友邦協会，1974年)。
福崎久一編『華人・華僑関係文献目録』(アジア経済研究所，1996年)。
堀和生『朝鮮工業化の史的分析』(有斐閣，1995年)。
宮田節子監修『朝鮮統治における「在満朝鮮人問題」』(未公開資料　朝鮮総督府関係者　録音記録（2））『東洋文化研究』第3号 (学習院大学東洋文化研究所，2001年)。
李鐘元『東アジア冷戦と韓米日関係』(東京大学出版会，1996年)。
林炳潤『植民地における商業的農業の展開』(東京大学出版会，1971年)。
廖赤陽『長崎華商と東アジア交易網の形成』(汲古書院，2000年)。
安井三吉『帝国日本と華僑』(青木書店，2005年)。
山内喜代美『支那商業論』(巌松堂書店，1942年)。
山脇啓造『近代日本と外国人労働者：1890年代後半と1920年代前半における中国人・朝鮮人労働者問題』(明石書店，1994年)。
兪辛焞『満洲事変期の中日外交史研究』(東方書店，1986年)。
横山義子『平壌眷想あるがま，：愛は民族を超えて』(近代文藝社，1994年)。

(2) 中国語文献
泊頭市地方誌編纂委員会編『泊頭市誌』(中国対外翻訳出版公司，2000年)。
崔承現『韓国華僑史研究』(香港社会科学出版社，2003年)。
方雄普・謝成佳編『華僑華人概況』(中国華僑出版社，1993年)。

昊風斌『契約華工史』(江西人民出版社, 1988年)。
華僑誌編纂委員会編『韓国華僑誌』(華僑誌編纂委員会, 1958年)。
梁必承・李正熙『韓国, 没有中国城的国家』(清華大学出版社, 2006年)。
劉素芬編『烟台貿易研究（一八六七〜一九一九）』(台湾商務印書館, 1990年)。
盧冠群『韓国華僑経済』(海外出版社, 1956年)。
路遇『清代和民国山東移民東北史略』(上海社会科学院出版社, 1987年)。
旅韓中華基督教聯合会『旅韓中華基督教創立九十週年紀念特刊』(旅韓中華基督教聯合会, 2002年)。
馬仲可『山東華僑研究』(新星出版社, 2005年)。
秦裕光『旅韓六十年見聞録：韓国華僑史話』(中華民国韓国研究学会, 1983年)。
邵毓麟『使韓回憶録　近代中韓関係史話』(伝記文学出版社, 1980年)。
王霖・高淑英編『万宝山事件』(吉林人民出版社, 1991年)。
顔清湟『出国華工与清朝官員：晩清時期中国対海外華人的保護（1851〜1911年）』(中国友誼出版公司, 1990年)。
楊昭全・孫玉梅『朝鮮華僑史』(中国華僑出版公司, 1991年)。
楊韻平『汪政権与朝鮮華僑（1940〜1945）：東亜秩序之一研究』(稲郷, 2007年)。
張兆理編著『韓国華僑教育』(華僑教育叢書編輯委員会, 1957年)。

(3) 韓国語文献

具선희（ソニ）ほか『韓国華僑의（の）生活과（と）正体性』(国史編纂委員会, 2007年)
権丙卓『薬令市研究』(韓国研究院, 1986年)。
権泰檍『韓国近代綿業史研究』(一潮閣, 1989年)。
金기원（ギウォン）『米軍政期의（の）経済構造』(平른산（プルン山）, 1990年)。
金민영（ミニョン）・金양규（ヤンギュ）『鉄道, 地域의（の）近代性受容과（と）社会経済的変容：群山線과（と）長項線』(선인（ソニン）, 2005年)。
金병율（ビョンユル）ほか『中国山東省의（の）菜蔬類生産, 流通, 輸出現況과（と）展望』(韓国農村経済研究院, 2004年)。
金인호（インホ）『植民地朝鮮経済의（の）終末』(신서원（シンソウォン）, 2000年)
羅愛子『韓国近代海運業史研究』(国学資料院, 1998年)。
大邱華僑定着百年記念事業会・大邱華僑協会編『大邱華僑定着百周年記念資料集』(大邱華僑定着百年記念事業会, 2006年)。
朴永錫『万宝山事件研究：日帝大陸侵略政策의（の）一環으로서（として）』(亜細亜文化社, 1978年)。
朴은경（ウンギョン）『韓国華僑의（の）種族性』(韓国研究院, 1986年)。
孫禎睦『韓国開港期都市変化過程研究：開港場・開市場・租界・居留地』(一志社, 1982年)。
安秉直編『韓国経済成長史』(서울（ソウル）大学校出版部, 2001年)。
梁必承・李正熙『차이나타운없는나라（チャイナタウンのない国）』(三星経済研究所, 2004年)。
尹海東『植民地의（の）灰色地帯』(歴史批評社, 2003年)。

李承烈『帝国과（と）商人』（歴史批評社，2007年）。
李玉蓮『仁川華僑社会의（の）形成과（と）展開』（仁川文化財団，2008年）。
李栄薫ほか『近代朝鮮水利組合研究』（一潮閣，1992年）。
李재하（ゼハ）・洪순완（スンワン）『韓国의（の）場市』（民音社，1992年）。
李憲昶『韓国経済通史』（法文社，1999年）。
鄭昞旭『韓国近代金融研究：朝鮮殖産銀行과（と）植民地経済』（歴史批評社，2004年）。
鄭晋錫『日帝時代民族紙押収記事모음（集）Ⅰ』（LG상남（サンナム）言論財団，1998年）。
趙璣濬『韓国企業家史研究』（民衆書館，1971年）。
趙璣濬『韓国의（の）民族企業』（韓国日報社，1975年）。
趙宰坤『韓国近代社会와（と）裸負商』（慧眼，2001年）。
車靭権『日帝下朝鮮의（の）租税政策』（韓国租税研究院，1998年）。
韓沽劤『韓国開港期의（の）商業研究』（一潮閣，1970年）。
許英蘭『日帝時期場市研究』（歴史批評社，2009年）。

(4) 英語文献

Lynn Pan（eds.）, The encyclopedia of the Chinese overseas, Harvard University Press, Cambridge Massachusetts, 1998.

3 研究論文

(1) 日本語文献

秋月望「朝中間の三貿易章程の締結経緯」『朝鮮学報』第115輯（朝鮮学会，1985年）。
阿部康久「1920年代の樺太地域開発における中国人労働者雇用政策」『人文地理』第53巻第2号（人文地理学会，2001年）。
阿部康久「近代日本の植民地における中国人労働者政策の地域的多様性とその背景」（日本華僑華人学会第1回大会発表レジュメ，2003年）。
石川亮太「開港後朝鮮における華商の貿易活動」『中国近代化の動態構造』（京都大学人文科学研究所研究報告，2004年）。
石川亮太「朝鮮開港後における華商の対上海貿易」『東洋史研究』第63巻第4号（東洋史研究会，2005年）。
石川亮太「開港期漢城における朝鮮人・中国人間の商取引と紛争：『駐韓使館档案』を通じて」『年報 朝鮮学』第10号（九州大学朝鮮学研究会，2007年）。
李正熙「米軍政期における在韓華僑の貿易活動」『華僑華人研究』第2号（日本華僑華人学会，2005年）。
李正熙「『日韓併合』と朝鮮華僑：地位の変容を中心に」『華僑華人研究』第5号（日本華僑華人学会，2008年）。
李正熙「朝鮮開港期における中国人労働者問題：『大韓帝国』末期広梁湾塩田築造工事の苦力を中心に」『朝鮮史研究会論文集』第47集（朝鮮史研究会，2009年）。
李正熙「南京国民政府期の朝鮮における華僑小学校の実態：朝鮮総督府の『排日』教科書取

り締まりを中心に」『現代中国研究』第26号（中国現代史研究会，2010年 a）。
李正熙「近代朝鮮華僑の社会組織に関する研究」『京都創成大学紀要』第10巻第1号（京都創成大学成美学会，2010年 b）。
伊藤泉美「関東大震災における横浜華僑：その被害と避難の実態」『孫文と華僑』（汲古書院，1999年）。
岩壁義光「日清戦争と居留清国人問題：明治二七年『勅令第百三十七号』と横浜居留地」『法政史学』（法政大学史学会，1984年）。
上田貴子「東北アジアにおける華人ネットワークの生成と衰退」『現代中国研究』第18号（中国現代史研究会，2006年）。
小原晃「日清戦争後の中朝関係：総領事派遣をめぐって」『史潮』新37号（歴史学会，1995年）。
綛谷智雄「在韓華僑の形成過程：植民地朝鮮におけるエスニックマイノリティー」『日本植民地研究』第9号（日本植民地研究会，1997年）。
梶村秀樹「日帝時代（前半期）平壌メリヤス工業の展開過程：植民地経済体制下の朝鮮人ブルジョアジーの対応の一例」『朝鮮史研究会論文集』第3集（朝鮮史研究会，1967年）。
梶村秀樹「日帝時代（後半期）平壌メリヤス工業の展開過程：植民地経済体制下の朝鮮人ブルジョアジーの対応の一例」『朝鮮史研究会論文集』第5集（朝鮮史研究会，1968年 a）。
梶村秀樹「李朝末期朝鮮の繊維製品の生産及び流通状況：1876年開国直後の綿業のデータを中心に」『東洋文化研究紀要』第46輯（東洋文化研究所，1968年 b）。
河明生「韓国華僑商業：1882年より1897年迄のソウルと仁川を中心として」『神奈川大学大学院経済学研究科研究論集』（神奈川大学大学院経済学研究科，1994年）。
河村一夫「在仁川釜山元山清国専管居留地に関する日清交渉」『朝鮮学報』第59輯（朝鮮学会，1971年）。
金義煥編「清国居留地設定委員会会見筆記」『朝鮮学報』第54輯（朝鮮学会，1970年）。
菊池一隆「戦時期朝鮮における華僑学校教育の実態と特質：神戸中華同文学校との比較検討」王柯編『阪神華僑の国際ネットワークに関する研究』（平成14年度～平成16年度科学研究費補助金（基礎研究（A）（1））研究成果報告書，2005年）。
菊池一隆「万宝山・朝鮮事件の実態と構造：日本植民地下，朝鮮民衆による華僑虐殺暴動を巡って」『人間文化』第22号（愛知学院大学人間文化研究所，2007年）。
許淑真「川口華商について」『日本近代とアジア：文化の交流と摩擦』（東京大学出版会，1984年）。
許淑真「日本における労働移民禁止法の成立：勅令第352号をめぐって」『東アジアの法と社会：布目潮風博士古稀記念論集』（汲古書院，1990年 a）。
許淑真「労働移民禁止法の施行をめぐって：大正13年の事例を中心に」『社会学雑誌』（神戸大学社会学研究会，1990年 b）。
許淑真「勅令352号と留日福清幇」『孫文と華僑』（汲古書院，1999年 a）。
許淑真「函館における福清幇」『華僑・華人史研究の現在』（汲古書院，1999年 b）。
酒井裕美「甲申政変以前における朝清商民水陸貿易章程の運用実態：関連諸章程と楊花津入港問題を中心に」『朝鮮史研究会論文集』第43集（朝鮮史研究会，2005年）。
斯波義信「華僑」『移動と交流』（岩波書店，1990年）。

斯波義信「比較研究の視点：Wang Gungwu 教授の評論を手がかりに」『華僑・華人史研究の現在』（汲古書院，1999年）。
須川英徳「開港期朝鮮における絹業について」『朝鮮学報』第127輯（朝鮮学会，1988年）。
杉原薫「華僑の移民ネットワークと東南アジア経済：19世紀末〜1930年代を中心に」『長期社会変動』（東京大学出版会，1994年）。
宋伍強「朝鮮戦争後における朝鮮華僑の現地化について：1958年前後における華僑聯合会と朝鮮華僑の国籍問題を中心に」『華僑華人研究』第7号（日本華僑華人学会，2010年 a）。
――「朝鮮半島北部地域の華僑社会に関する社会経済的分析」（兵庫県立大学経済学研究科博士学位請求論文，2010年 b）。
田中正敬「統監府の塩業政策について」『一橋論叢』第115巻第2号（日本評論社，1996年）。
――「植民地期朝鮮の塩需要と民間塩業：1930年代までを中心に」『朝鮮史研究会論文集』第35集（朝鮮史研究会，1997年）。
陳来幸「阪神地区における技術者層華僑ネットワーク一考：理髪業者の定着とビジネスの展開を中心に」『中国文化の伝統と現代：南腔北調論集』（東方書店，2007年）。
鄭然泰「日帝の地域支配・開発と植民地的近代性：浦口商業都市・江景地域の事例」『近代交流史と相互認識Ⅱ』（慶応義塾大学出版会，2005年）。
涂照彦「華人経済研究の課題と方法」『日本における華僑華人研究：遊仲勲先生古希記念論文集』（風響社，2003年）。
酉水孜郎「朝鮮の農村に於ける土地利用」『地理学評論』第12号（日本地理学会，1936年）
松田利彦「近代朝鮮における山東出身華僑：植民地期における朝鮮総督府の対華僑政策と朝鮮人の華僑への反応を中心に」『東アジアと「半島空間」：山東半島と遼東半島』（思文閣出版，2002年）。
松本武彦「華僑研究の現段階：特に日本における近年の成果を中心に」『中国近代史研究入門：現状と課題』（汲古書院，1992年）。
中西伊之助「満洲に漂泊ふ朝鮮人」『改造』（1931年8月号）。
水野直樹「朝鮮人の国外移住と日本帝国」『移動と移民：地域を結ぶダイナミズム』（岩波書店，1999年）。
緑川勝子「万宝山事件及び朝鮮内排華事件についての一考察」『朝鮮史研究会論文集』第6集（朝鮮史研究会，1969年）。
宮嶋博史「朝鮮甲午改革以後の商業的農業：三南地方を中心に」『史林』第57巻第6号（史学研究会，1974年）。
李秀允「日清戦争以前における朝鮮開港場をめぐる日中朝商人の確執」『日本植民地研究』第12号（日本植民地研究会，2000年）。
李秀允「朝鮮開国後の流通構造の変遷：開港場客主と外国商人をめぐって」『早稲田経済学研究』53号（早稲田大学大学院経済学研究科経済学研究会，2001年）。
李相瓊（郭炯徳訳）「1931年の『排華事件』と韓国文学」『植民地文化研究』第9号（植民地文化学会，2010年）。
李憲昶「旧韓末における忠清北道の市場構造」『朝鮮近代の経済構造』（日本評論社，1990年）。
橋谷弘「両大戦間期の日本帝国主義と朝鮮経済」『朝鮮史研究会論文集』第20集（朝鮮史研

究会，1983年）。
浜下武志「朝貢と条約：東アジア開港場をめぐる交渉の時代1834〜94」『周縁からの歴史』（東京大学出版会，1994年）。
浜下武志「19世紀後半の朝鮮をめぐる華僑の金融ネットワーク」『近代アジアの流通ネットワーク』（創文社，1999年）。
堀内稔「赴戦江水電工事と中国人労働者」『むくげ通信』183（むくげの会，2000年）。
堀内稔「植民地下朝鮮における中国人労働者（その2）：新聞社説に見る中国人労働者問題」『むくげ通信』192（むくげの会，2002年）。
堀内稔「植民地朝鮮における中国人労働者（その3）：中国人労働者と労働争議」『むくげ通信』199（むくげの会，2003年）。
堀内稔「植民地朝鮮における中国人労働者（その4）：1934年における中国人労働者の入国制限問題」『むくげ通信』209（むくげの会，2005年）。
堀内稔「植民地朝鮮における中国人労働者（その5）：鉱山と中国人労働者」『むくげ通信』217（むくげの会，2006年）。
堀内稔「植民地朝鮮における中国人労働者（6）：石工などの技術系労働と中国人と中国人」『むくげ通信』225（むくげの会，2007年）。
堀内稔「植民地期朝鮮における中国人労働者（その7）：新聞記事にみる万宝山事件の影響」『むくげ通信』231（むくげの会，2008年）。
堀内稔「植民地期朝鮮における中国人労働者（その9）：北朝鮮開拓と中国人労働者（上）」『むくげ通信』247（むくげの会，2011年）。
安岡健一「戦前期日本農村における朝鮮人農民と戦後の変容」『農業史研究』第44号（日本農業史学会，2010年）。
山内雅生「民国初期の山東省からの東北移民」『日本の青島占領と山東の社会経済：1914〜22年』（東洋文庫，2006年）。
吉野誠「領事館報告にみる朝鮮の内地市場：1900年の忠清南道」『朝鮮近代の経済構造』（日本評論社，1990年）。

(2) 中国語文献
叢成義「1931年韓國排華慘案與日本」『東北亜僑社網路與近代中國』（中華民國海外華人研究學會，2002年）。
高偉濃「中朝通商初年到朝鮮的粵商」『広東史誌』1988年第2期（広東省地方誌編纂委員会弁公室，1988年）。
李正熙「韓国華僑社会組織研究」『近30年来東亜華人社団的新変化』（廈門大学出版社，2010年）。
慕徳政「旅朝華僑与朝鮮経済」『韓華学報』第2輯（韓華史料篇）（韓華学会，2003年）。
孫科志「甲午戦争前朝鮮華商初探」『東北亜僑社網路與近代中國』（中華民國海外華人研究學會，2002年）。

(3) 韓国語文献
姜京洛「近代中国과（と）華北経済圏의（の）変化」『中国近現代史研究』第49輯（韓国中

国近現代史学会，2011年）。
姜抮亜「近代東아시아의（アジアの）超国的資本의（の）成長과（と）限界：在韓華僑企業同順泰（1874？～1937）의（の）事例」『慶北史学』第27輯（慶北史学会，2004年）。
姜抮亜「中日貿易摩擦의（の）展開와（と）朝中関係의（の）変化：1920～1930年代를（を）中心으로（に）」『近代転換期東아시아속의（アジアの中の）韓国』（成均館大学校出版部，2004年）。
姜抮亜「広東네트워크와（ネットワークと）朝鮮華商同順泰」『史学研究』第88号（韓国史学会，2007年）。
姜抮亜「近代転換期韓国華商의（の）対中国貿易의（の）運営方式：『同順泰宝号記』의（の）分析을（を）中心으로（に）」『東洋史学研究』第105輯（東洋史学会，2008年 a）。
姜抮亜「韓末彩票業과（と）華商同順泰号」『中国近現代史研究』第40輯（韓国中国近現代史学会，2008年 b）。
高承済「華僑対韓移民의（の）社会史的分析」『白山学報』第13号（白山学会，1972年）。
具범진（ボンジン）「『韓清通商条約』一部条文의（の）解釈을（を）둘러싼（めぐる）韓－清의（の）外交紛争」『大丘史学』第83輯（大丘史学会，2006年）。
権錫奉「清日戦争이후의（以後の）韓清関係研究（1894～1898）」『清戦争을（を）前後한（した）韓国과（と）列強』（韓国精神文化研究院，1984年）。
権錫奉「韓・清通商条約의（の）締結」『東方学誌』（西餘閔泳珪先生古稀記念論叢）（延世大学校国学研究院，1987年）。
権錫奉「韓末在朝鮮清商에（に）関한（する）研究：1900年初의（の）韓・清兵民紛争案을（を）中心으로（に）」『国史館論叢』第60輯（国史編纂委員会，1994年）。
金正起「朝鮮政府의（の）清借款導入（1882～1894）」『韓国史論』第3巻（서울（ソウル）大学校人文大学国史学科，1976年）。
金正起「1890年서울（ソウル）商人의（の）徹市同盟罷業과（と）示威闘争」『韓国史研究』第67集（韓国史研究会，1989年）。
金太웅（テウン）「1910年代 '京城府' 流通体系의（の）変動과（と）韓商의（の）衰退」『서울（ソウル）商業史』（태학사（テハク社），2000年）。
金希信「清末（1882～1894年）漢城華商組織과（と）그（その）位相」『中国近現代史研究』第46輯（韓国中国近現代史学会，2010年）。
柳承烈「韓末・日帝初期商業変動과（と）客主」（서울（ソウル）大学校博士学位論文，1996年）。
閔斗基「万宝山事件（1931）과（と）韓国言論의（の）対応：相異한（な）民族主義的視角」『東洋史学研究』第65輯（東洋史学会，1999年）。
朴尚洙「戦後 '漢奸' 裁判과（と）漢奸의（の）対日協力論」『中国近現代史研究』第47輯（韓国中国近現代史学会，2010年）。
朴섭（ソプ）「農業成長」『韓国経済成長史』（서울（ソウル）大学校出版部，2001年）。
朴永錫「万宝山事件이（が）朝鮮에미친（に及ぼした）影響」『亜細亜学報』第8輯（亜細亜学術研究会，1970年）。
朴현（ヒョン）「韓末・日帝下韓国人資本家의（の）銀行設立과（と）経営：韓一銀行의（の）事例를（を）中心으로（に）」（延世大学校修士学位論文，2000年）。

孫承会「1931年植民地朝鮮의（の）排華暴動과（と）華僑」『中国近現代史研究』第41輯（韓国中国近現代史学会，2009年）。

유승훈（ユソンフン）「20世紀初仁川地域의（の）소금（塩）生産：天日塩을（を）中心으로（に）」『仁川学研究』第3号（仁川学研究院，2004年）。

李求鎔「朝鮮에서의（での）唐紹儀의（の）活動과（と）그（その）役割：清日戦争前後期를（を）中心으로（に）」『東洋学論叢』（藍史鄭在覚博士古稀記念論叢）（東洋学論叢編纂委員会，1984年）。

李炳天「居留地貿易機構와（と）開港場客主」『経済史学』第8号（経済史学会，1984年）。

李炳天「開港期外国商人의（の）侵入과（と）韓国商人의（の）対応」（서울（ソウル）大学校博士学位論文，1985年）。

李永鶴「開港期製塩業에대한（に対する）研究：資本制的経営을（を）中心으로（に）」『韓国文化』第12集（서울（ソウル）大学校奎章閣韓国学研究院，1991年）。

李栄昊「統監府時期租税増加政策의（の）実現過程과（と）그（その）性格」『韓国文化』第18集（ソウル大学校奎章閣韓国学研究院，1996年）。

李銀子「'訴訟'案件을（を）通해본（じて見た）清日戦争以後（1895～1899）韓中関係研究」『中国近現代史研究』第38輯（韓国中国近現代史学会，2008年）。

李正熙「大邱의（の）華僑」『嶺南日報』1～6回（嶺南日報社，1999年）。

李正熙「解放以後韓国華僑資本蓄積과（と）그（その）意義（1945.8～1949）」（韓国経済学共同学術大会発表論文，2001年）。

李正熙「20世紀前半期大邱地域華僑의（の）経済的活動（1905～1955年）」『大丘史学』第80輯（大丘史学会，2005年）。

李正熙「中日戦争과（と）朝鮮華僑：朝鮮의（の）華僑小学校를（を）中心으로（に）」『中国近現代史研究』第35輯（韓国中国近現代史学会，2007年）。

李憲昶「1882～1910年間서울（ソウル）市場의（の）변동（変動）」『서울（ソウル）商業史』（태학사（テハク社），2000年）。

張세윤（セユン）「万宝山事件前後時期仁川市民과（と）華僑의（の）動向」『仁川学研究』第2-1号（仁川学研究院，2003年）。

張矢遠「日帝下大地主의（の）存在形態에（に）関한（する）研究」（서울（ソウル）大学校博士学位論文，1989年）。

全遇容「종로（鐘路）와（と）본정（本町）：植民都市京城의（の）두얼굴（二つの顔）」『歴史와（と）現実』第40号（韓国歴史研究会，2001年）。

全遇容「韓国近代의（の）華僑問題」『韓国史学報』第15号（高麗史学会，2003年）。

全遇容「韓末・日帝初서울의（ソウルの）都市行商（1897～1919）」『서울（ソウル）学研究』第29号（서울（ソウル）学研究所，2007年）。

趙宰坤『韓国近代社会와（と）褓負商』（혜안（ヘアン），2001年）。

朱益鐘「日帝下平壌의（の）메리야스（メリヤス）工業에（に）関한（する）研究」서울（ソウル）大学校博士学位論文，1994年）。

車喆旭「李承晩政権期貿易政策과（と）対日民間貿易構造」（釜山大学校博士学位論文，2002年）。

崔相伍「1950年代外換制度와（と）換率政策에관한（に関する）研究」（成均館大学校博士

学位論文，2000年）。
許英蘭「日帝時期서울의（ソウルの）'生活圏域商業'과（と）消費」『서울（ソウル）商業史』（태학사（テハク社，2000年）。
洪淳権「開港期客主의（の）流通支配에관한（に関する）研究」『韓国学報』第11巻2号（一志社，1985年）。

(4) 英語文献

Chao Zhongchen, "Report of Fieldwork On the Returned Overseas Chinese of South Korea in Rizhao City, Shandong Province", Elizabeth Sinn ed., The last half Century of Chinese Overseas, Hongkong : Hongkong University Press, 1998.

Kirk Wayne Larsen, "From suzerainty to commerce : Sino-Korean economic and business relations during the Open Port Period (1876-1910)", The degree of Doctor of Philosophy Ph.D dissertation, Harvard University Graduate School of Arts and Science, 2000.

Michael KIM, "The Hidden Impact of the 1931 Post-Wanpaoshan Riots : Credit Risk and the Chinese Commercial Network in Colonial Korea", Seoul : Sungkyun Journal of East Asian Studies.Vol.10 No.2, 2010.

Wang Gungwu, "The Status of Overseas Chinese Studies", Wang Ling-chi&Wang Gungwu (eds.), THE CHINESE DIASPORA Selected Essays Volume I, Singapore : Times Academic Press, 1998.

あとがき

　本書を著す契機は今から13年前に遡る。1999年5月日本へ取材のため訪れ，大阪鶴橋の焼肉店に朝鮮史研究の権威である姜在彦先生をインタビューする際，先生より韓国華僑の現状を調べてぜひ記事にしてほしいと頼まれたことから始まった。当時，著者は韓国に華僑がいる事実さえ知らなかったし，書く自信がなかったため，はっきりと約束をしなかった。

　韓国に帰ってから新聞社の仕事で華僑について調べる暇がなく手付かずにいた，8月のある日，先輩の記者が大邱に華僑協会と華僑学校があることを教えてくれた。さっそく大邱華僑協会の事務室に赴き，華僑のことについて質問したところ，きっぱりと断られた。その理由について聞いてみたところ，韓国人に長年にわたって差別されてきたため協力できないという回答であった。何とか華僑協会の方々を説得して協力を取り付け，大邱華僑中学の取材にいった。華僑中学の高等部3年生に，「韓国人についてはどう思いますか」という質問をしたところ，ある男性学生から「大嫌い！」という憤怒めいた叫びが跳ね返ってきた。

　著者はこの二つの出来事に遭遇して彼らの叫び声や不満を韓国社会に知らせなければならないと思い，本格的な取材にとりかかった。しかし，韓国華僑に関する資料がなかなか見当たらず，文献に頼るよりも多くの華僑をインタビューしてその生の声を聞くことに努めた。地元の大邱だけでなく，仁川，ソウルを訪ねて，華僑協会の関係者の話を聞くことができた。かつてチャイナタウンがあったとされる仁川の善隣洞，ソウルの明洞の駐韓国中国大使館前を取材したが，何軒の中華料理店が立ち並ぶ程度で，華僑の面影はほとんど残っていなかった。世界いたるところにあるといわれるチャイナタウンが中国から最も近い韓国にはなぜないのだろうかという疑問が，取材中著者の脳裏から離れなかった。

　華僑をインタビューするにつれて，朝鮮・韓国華僑は商業，農業，鋳物業，労働市場において並々ならぬ勢力を形成していたことが少しずつわ

かってきた。しかし，それを裏付ける史料がないこともあって，華僑の生きる姿，差別された事実を中心に，「大邱の華僑」というタイトルで全面6回の特集記事を掲載するしかできなかった（拙稿［1999年］）。後に分かったが，これが韓国新聞初の韓国華僑特集記事だったという。しかし，この特集記事に満足することはできず，かえって朝鮮・韓国華僑の歴史について疑問や好奇心がかき立てられた。

ちょうどその時に現在の大学に教鞭をとる機会に恵まれ，2000年から朝鮮・韓国華僑について本格的に研究しはじめた。本書はこの12年間にわたって朝鮮華僑について研究した成果をまとめたものである。本書の検討の射程が近代期に絞り込まれたこともあって，韓国華僑に関する検討は一部しか盛り込めなかった。

著者は本書を書きながら朝鮮華僑との不思議な縁を感じた。著者の家族史はまさに華僑のような「移動する民」であったためである。父方の祖父母は慶尚北道星州郡の寒村から1930年代に奉天（現在の瀋陽）に移住した農民であった。朝鮮解放直後の1946年7月，祖父と祖母は家族を連れて陸路を利用して故郷に引き揚げる途中，現在の北朝鮮のある地域で生まれたのが親父である。祖父母は生まれたばかりの親父を抱いて故郷に帰ってきた。

一方の母方の祖父母は父方の祖父母の故郷の隣の村から1930年代に広島に移住した。母親は1945年3月広島で長女として生まれた。祖父母は空爆の危険から逃れようと，長男と赤ん坊の母親を抱いて故郷に疎開したのは，広島に原爆が落とされる1週間前だった。もしも父方の祖父母が故郷に引き揚げずに奉天に残留したら，父親は朝鮮族として人生を歩んだであろう。母方の祖父母が故郷に疎開しなかったならば，母親は被爆したか，在日韓国・朝鮮人として生きたであろう。そうであれば，著者という「いのち」はこの世に生まれなかったかもしれない。

そのような著者が，「移動する民」の末裔として母親の生まれ地の日本に移住したニューカーマーとして，親父の祖父母とは逆方向に中国から朝鮮に移住した朝鮮華僑を研究していることに，奇異な運命のような何かを

感じざるを得なかった。朝鮮華僑について研究しながらすでに故人になった両家の祖父母を何度も思い出した。

　朝鮮華僑を研究した去る12年間を振り返れば苦労したという思いより幸福感が先に立つ。何より私自身を省察する時間であった。真理を軽んじる私，無知蒙昧や傲慢な私，仕事にいい加減な私，未熟な私を悟ることができた。それが改善されたかは別問題としても。

　研究途上で二つの大きな喜びがあった。著者の研究が下敷きになって2005年10月9日～11日に韓国華僑と韓国人が一つになって「大邱華僑定着100周年記念行事」が催された。11日にはソウル開催の世界華商大会に参加した120名の日本華僑が駆けつけてくれて行事は大盛況を収めた（この行事の開催経緯については，大邱華僑定着100周年記念会（2006年，123～132頁）を参照）。この記念会には大邱華僑中学の学生たちも参加し，ある女子高校生が閉幕式の晩餐会で「今回の行事を通じて華僑の自尊心を持つようになった。胸を張って私が華僑であることをいえるようになった」と話してくれた（その学生の感想文は，大邱華僑定着100周年記念会（2006年）267～268頁に掲載されている）。今回の行事で韓国人の差別に傷付けられた華僑学生たちの心が完全に癒されたとは思えないが，この研究をやってやりがいを覚える瞬間であった。なお，2004年出版の共著は韓国政府が永住の韓国華僑などの外国人に地方参政権を付与することに一助することができた。

　韓国の田舎で生まれ育ち，記者から転身して学問の世界に入った著者が，このような専門書を上梓することになったのは，多くの方々の学恩の賜物であることの証である。

　京都大学人文科学研究所教授の水野直樹先生との出会いに恵まれ，多くのご指導を仰ぐとともに，さまざまなご資料の提供をいただいた。水野先生のご指導と暖かい励ましがなければ，本書が世に出ることはなかった。水野先生に敬意と深い感謝の念を捧げたい。なお，水野先生が主宰する「移民の近代史」研究会（2006年～2011年3月）では多くの発表の機会をいただき，水野先生をはじめ松田利彦先生（国際日本文化センター教授），籠谷直

人先生（京都大学人文科学研究所教授），李昇燁先生（仏教大学准教授），蘭信三先生（上智大学教授），坂本悠一先生（九州国際大学教授）および新進気鋭の若手研究者たちより有益なコメントを数多くいただいた。研究会の皆様に心から感謝申し上げたい。

　姜在彦先生は筆者を朝鮮華僑研究に導いてくださったのみならず，何回も大阪鶴橋に呼び，先生より拙い研究成果にご関心とご激励をいただいた。先生の清貧な人格に出会ったことは著者にとって幸運であった。大学時代の恩師の金泳鎬先生（韓国檀国大学校碩座教授）は著者の研究をじっと見守り最後までやり通すように励まし続けてくださった。平川均先生（名古屋大学教授）は本書の構想段階から多くの有益なコメントと励ましの言葉をいただいた。3名の恩師には敬意と厚く御礼を申し上げたい。

　神戸華僑華人研究会の安井三吉先生（神戸大学名誉教授）は同研究会に多くの発表の場を提供し，なおご多忙中本校の原稿を読んでいただき貴重なコメントをしてくださった。先生に敬意をあらわすとともに厚く御礼を申し上げたい。同研究会の許淑真先生（元摂南大学教授），陳來幸先生（兵庫県立大学教授），菊池一隆先生（愛知学院大学准教授），過放先生（桃山学院大学教授），上田貴子先生（近畿大学准教授）などにも大変お世話になった。諸先生たちに心より感謝申し上げたい。

　李惠京先生（ソウル大学校人文学研究院教授）は本書の中国外交文書の日本語訳を直してくださった。長沢一恵先生（奈良大学講師）は草稿に丹念に目を通され直してくださった。朝鮮華僑を研究する先生たちからも有益なご教示をいただいた。姜抮亜先生（慶北大学校教授），石川亮太先生（佐賀大学准教授），宋伍強先生（中国広東外語外貿大学講師），陳姃湲先生（台湾中央研究院助研究員）など，諸先生に記して感謝を表したい。なお，楊韻平先生（台湾政治大学），王恩美先生（台湾師範大学助理教授），金慶海先生（故人）より貴重な資料のご提供をいただいた。心より感謝を表したい。

　本書は大邱華僑協会（特に蕭相瑗元会長と李志強元会長）および大邱華僑小・中学，漢城華僑協会および漢城華僑小学，仁川華僑協会，中華民国韓国華僑協会，煙台韓華聯議会および多数の韓国華僑のご協力とご支援の賜物

でもあり，心より感謝申し上げると同時に，本書をその恩返しの一部として捧げたい。

なお，著者の研究論文を読んでいただき，ご関心とコメントをしてくださった Bernard P. Wong 先生（サンフランシスコ州立大学教授），W. F. Vande Walle 先生（ベルギーのルーヴァンカトリック大学教授），張存武先生（台湾中央研究院教授），林満紅先生（台湾師範大学教授），庄国土先生（厦門大学南洋研究院長），張秀明先生（中国華僑華人歴史研究の編集長），朴ソプ先生（仁済大学校教授），全寅甲先生（仁川大学校教授），尹海東先生（漢陽大学校教授）にも敬意と感謝の意を表す。大学および大学院時代の先輩と後輩たちには大変お世話になった。皆様に感謝を申し上げたい。

成美大学に職を得ることができたのは，何ものにも代えられない感謝の原点である。中村福治先生（元立命館大学教授・故人），二場邦彦元学長（京都生協理事長），西垣寛人成美学園理事長，戸祭達郎学長をはじめとする教職員の皆様に感謝申し上げたい。なお，著書の諸作業を手伝ってくれた中国人留学生たちに感謝したい。

本書は韓国国際交流財団（Korea Foundation）の出版助成金の交付を受けて刊行される。研究途上ではトヨタ財団2005年度研究助成金をいただいた。記して感謝する。

出版に際しては忍びがたいほど勝手なお願いを快く聞き入れてくださり，気長に出版まで後押ししてくださった京都大学学術出版会の斎藤至さんに厚く御礼申し上げたい。

最後に，私事にわたり恐縮であるが，この研究をする間に大学の研究室で午後10時まで仕事をするくせがつき，家族に迷惑をかけることが多かったが，辛抱強く見守ってくれた妻と二人の子供，そして苦しい時の最後の支えとなってくれた両親と福知山福音自由教会の安孝明牧師ご夫妻と聖徒たちに本書を捧げる。

2012年3月
福知山市の成美庵にて著者

初出一覧

序　章　書き下ろし
第1章　「近代朝鮮における山東幇華商の通商網：大手呉服商を中心に」『神戸華僑華人研究会創立20周年記念誌（1987〜2007）』（神戸華僑華人研究会，2008年）に大幅な改稿を行った。
第2章　「植民地朝鮮における中国人の商業ネットワーク：呉服商を中心に」『国際学術研討会論文集：全球化下華僑華人問題的転変』（中華民国海外華人研究学会，2007年）に大幅な改稿を行った。
第3章　書き下ろし
第4章　書き下ろし
第5章　書き下ろし
第6章　書き下ろし
第7章　「日本帝国主義下在朝中国人の靴下製造業に関する研究」『京都創成大学紀要』第9巻第2号（成美学会，2009年）に加筆・修正を行った。
第8章　「近代朝鮮華僑製造業研究：以鋳造業為中心」『華僑華人歴史研究』2009年第Ⅰ期・総第85期（中国華僑華人歴史研究所，2009年）に加筆・修正を行った。
第9章　「近代朝鮮における中国農民の野菜栽培に関する研究：京畿道を事例として」『史林』94巻3号（京都大学史学研究会，2011年）に若干の加筆・修正を行った。
第10章　書き下ろし
第11章　書き下ろし
第12章　「朝鮮開港期における中国人労働者問題：『大韓帝国』末期広梁湾塩田築造工事の苦力を中心に」『朝鮮史研究会論文集』第47集（朝鮮史研究会，2009年）に加筆・修正を行った。
補論Ⅰ　「朝鮮内排華事件의（の）近因과（と）遠因」『仁川大学HK中国慣行研究事業団第3屆国際学術研討会論文集：韓国華僑的歴史，現実与展望』（仁川大学HK中国慣行研究事業団，2011年）に若干の修正を行った。
補論Ⅱ　「米軍政期在韓華僑の貿易活動：貿易会社万聚東を中心に」『華僑華人研究』第2号（日本華僑華人学会，2005年）に大幅な改稿を行った。
終　章　書き下ろし

索　引

日本語の50音順にしたがって配列した。

事項

●ア行
アジア太平洋戦争　356, 479, 513
足利　73-74
阿片紅蔘密輸事件　49
アヘン戦争　1
アロー戦争　1
安東（現在の丹東）　166, 218-219, 222-223, 229, 237-239, 248-249, 250, 263, 269
1・4後退　482-483, 492, 504
ウラジオストク　360
雲山金鉱　366
営業税　33-36, 37-38, 72, 94, 142-148, 173-174, 179, 187, 190-191, 195, 200
永代借地権　9
永田丸　374, 392, 394
英領馬来　206, 360
煙台　⇒　芝罘
塩売捌人規程　139
大蔵省　454
大阪川口　61, 85-86, 94, 208-209, 526
親分徒弟制度　118

●カ行
外交部　22-23, 81, 125, 134, 230, 242, 262, 327, 423, 448-449, 455, 486-490
外国為替管理法　180
外事課　22, 123, 126, 140, 146, 421, 431, 442
外事部　22
海州華僑聯合会　482
会寧（吉林）貿易章程　3
外務省　24, 356, 423, 430, 448
外務処仁川連絡事務所　481
外務部　22, 181-182, 196-198, 378, 401, 485
価格等統制令　354-355
華僑協会　491
華僑聯合会　491
華僑薬種商　141-142
華僑野菜販売ネットワーク　306-307
確認信用状先手制度　498
華商規条　6
各国居留地　285
河北省　85, 206, 248, 252, 273, 346, 408, 451, 485, 512, 515, 521
　―交河県　246, 248-250, 251-252, 257, 263, 269
河北帮ネットワーク　273
樺太　18, 414
漢奸　486, 488
咸境南道綿布雑貨商小売組合　191
韓国併合　3, 8-9, 22, 46, 48-49, 55, 69, 122, 206, 277, 293, 365, 372, 396-397, 401-403, 406, 524
漢城
　―華僑協会　496
　―商務公署　3
　―総理公署　3-4
　―中華基督教会　15, 326, 499
　―中華総商会　480, 489
　―中華民国総領事館　483, 486, 488-490
韓清通商条約　7-8, 380
関東州　18, 369
関東大震災　42, 124
企業整備（令）　193
北朝鮮華僑聯合総会　491-492
吉林韓僑万宝山事件討究委員会　426
9・18停止令　354
京畿道警察部　432-433
行桟　2, 42, 53, 85, 87, 94-95, 97, 119, 139, 156, 160, 207, 209
共産党　479, 491-492
強制供出　355, 357
極東ロシア　18, 207-209, 360, 526-527
桐生　72-74, 87
苦力雇入取扱覚書　389-396, 400, 403
群山中華商会　38
京城
　―卸商聯盟　151
　―華商総会　51, 53
　―商業会議所　35-37, 63, 76, 94, 100, 241, 252
　―中華（総）商会　64, 77-78, 81, 124-127, 143-

索　引　┠──623

145, 150-151, 182, 188, 196, 311, 326, 409
　　―中華料理飲食組合　196
　　―英国総領事館　123, 433
　　―中国総領事館　22-24, 180, 182, 193, 196, 198,
　　　202, 262, 267, 300, 346, 356, 409, 480, 487,
　　　489
　　―覆審法院　429
　　―府産業調査会　253
　　―府中央卸売市場　300, 345
　　―布木商組合　98-99
　　―理事庁　378, 389, 396, 402
京仁綢布商聯合会　96
原塩組合　141
元山
　　―華僑小学　352-353
　　―華僑野菜販売社　304
　　―中華商会　201, 352
　　―饅頭販売組合　201
　　―（中国副）領事館　35, 106, 192, 246, 251, 264,
　　　304, 352, 411, 451, 487
江景
　　―警察署　311
　　―中華商会　311
合股　50-51, 53, 55, 250, 251
広信号　96
甲申政変　3
公定価格（制）　190, 192, 203, 205-206, 354-357
江東警察署　466
広東幇　6, 39, 44-49, 52, 55
神戸　44, 61-62, 445
国際聯盟　424
国民精神総動員運動　197
国民党　326, 462, 485, 489, 491-492
　　―元山支部　304
　　―仁川分部　324
　　―駐朝鮮直属支部　326, 328
小作料統制令　352, 356
五色旗　182
国家総動員法　264
国共内戦　479, 482, 484, 491, 499-500, 514

●サ行
彩票　48
在満同胞擁護同盟　430
三栄組合　59, 63-64
三江幇　206, 524, 526-527
山東会館　79

山東華僑　273
山東産塩　137-141, 148
山東省　15, 26-27, 31, 41, 45, 50, 53-54, 85, 94,
　　　137, 157, 159-161, 181, 206-208, 252, 277, 285
　　　-286, 291-295, 312, 314, 343, 346, 351-353,
　　　359-361, 368-369, 374, 402, 404, 408, 413-415,
　　　451, 480-482, 484-485, 493, 496-498, 501, 503
　　　-504, 507, 512-516, 518, 520-521, 526
　　―黄県　53, 160-161, 207, 291, 295, 300, 507
　　―黄県地方法院　161
　　―高等法院　161
　　―登州府　45, 50, 312
　　―日照県　291-292, 294, 352, 353
　　―寧海州　45, 50-51, 54
　　―福山県　41, 45, 50
山東幇　6, 31, 39-40, 44-46, 48-49, 52-53, 55, 74,
　　　79, 85, 125, 206-209
執照　6
社会政策審議会　409
奢侈品関税　70-72, 74, 87, 101, 124-131, 147, 518
奢侈品等製造販売制限規則　198
上海　4, 8, 15, 47-48, 58, 61, 68-70, 74, 77, 79-81,
　　　86-87, 100, 124-126, 130, 132, 141, 147, 155-
　　　156, 180-183, 202, 208, 448-449, 488, 496-499,
　　　503-504, 514, 517, 519-521
　　―雲錦公所　68
　　―夏布公会　81, 125, 130
　　―高等法院検察処　488
　　―事変（事件）　181, 316
　　―総商会　79, 124-125, 130
　　―日本総領事館　80, 130
重慶国民政府　181-182
集団化政策　509, 512
寿仁会　184
順南水利組合　465
商業興信所　41
助興税　196
秦皇島　500
シンガポール（新嘉坡）　499
新韓公社　510
新義州
　　―華農小学　333
　　―地方法院　459
　　―（中国）領事館　200, 230, 237, 242, 349, 451,
　　　487, 490
　　―満洲国領事館　200
　　―（中華）農会　349

仁川
　　―各国居留地　325
　　―華僑小学　138, 325
　　―華僑協会　481
　　―華僑自治区公所　499
　　―警察署　312-313, 327, 431, 433
　　―口華商地界章程　3
　　―商業会議所　303-304
　　―上陸作戦　486
　　―税関　50, 138, 499
　　―支那町　105, 431, 433
　　―清国居留地　285
　　―中華（総）商会　38, 124-125, 127, 319, 323-325, 499, 501
　　―中華農（業）会　290, 325-328, 338, 350, 511
　　―日本居留地　285
　　―日本領事館　61, 285-286
　　―農業公議会　298-299, 302, 314-315, 322, 326, 328, 330, 334, 339
　　―（清国・中国）領事館・辨事処　138, 140, 181, 189, 315-317, 319, 327-328, 431, 433, 451, 486
人民団体組織法案　326
隅田丸　386
清津華僑鋳物協会組合　509
青天白日旗　182
青島　52, 80, 256, 291, 294, 481, 496-497, 500
　　―産塩　137-138
　　―事件　152
浙江帮　44-45
善後辦法六条（前後第6条）　384, 391
鮮支人衝突事件　420, 422-424
戦時統制　177, 189, 193-194, 198, 200, 202, 208, 264-265, 268, 337, 345, 354-357, 481, 512, 518, 521, 527
銭荘　53, 209
鮮帮公会　81, 122, 126
蘇州雲錦公所　68, 122

●夕行
第1次世界大戦　58, 60, 65, 218, 243, 271, 528
大邱
　　―華僑（小学）学校　24, 201, 507
　　―華僑協会　24, 103, 201, 481
　　―華商公会　24, 103, 111-112, 119
　　―華僑中学　249
　　―中華基督教会　499
　　―中華商会　507
　　―中華料理飲食店組合　200-201, 507
　　―布木商共助会　112-113
泰国　206, 360, 414
大同警察署　456
大連　52, 69, 80, 85, 207, 209, 373-374, 377, 381-382, 386-387, 395, 497, 499
台湾華僑　206, 525, 527
台湾総督府　416
度支部臨時財源調査局　371, 375
拓務省　430, 441, 454
芝罘　4, 41, 45, 49-53, 55, 79-80, 85-86, 118, 156, 161, 206-207, 285, 292, 295, 300, 374, 389, 391-393, 395, 517, 520
チャイニーズ・インパクト　523
中華国貨維持会　79, 81, 122, 124-126, 130
駐華米国大使館　486-489
中華民国臨時政府　181-182, 189, 489
中華農産組合　326-328
中華労工協会　322, 324-326, 405-406
駐韓国（清国）公使館　2
駐韓国（清国）総領事館　7
駐韓国中華民国大使館　490
中江貿易章程　3
中国銀貨安　124, 128-129, 132
中国産薬材　141-142, 148
駐朝鮮英国総領事館　7
駐朝鮮中華人民共和国大使館　506, 512
駐朝鮮（中国）総領事館　9, 50, 77, 123, 125, 140, 144-145, 311, 313, 320, 324, 326, 335, 431-432, 450-451, 455
駐日本（中国）大使館・公使館　123, 125, 134, 267, 487
中満鮮飲食店聯合組合　200
朝英修好通商条約　6
潮商夏布事　77, 78, 79
朝清商民水陸貿易章程　2-3, 6-7, 65, 524
長水院水利組合　365
朝鮮営業税令　33
朝鮮関税定率令　122
朝鮮産米増殖計画　463
朝鮮総督府警務局　177, 188, 318-319, 420-424, 429-430, 432, 436-438, 441, 445, 452, 473, 475
朝鮮人農民圧迫　423, 448-449
朝鮮青果物配給統制規制　355
朝鮮戦争　17, 479, 481-483, 485-486, 490, 492-495, 499, 503-504, 509, 513-514
朝鮮農会　283, 313

朝鮮農地令　342
朝鮮綿糸布商聯合会　184-185
朝鮮労働総同盟平壤聯盟　464
朝日修好条規　2
朝米修好通商条約　2
勅令第352号　361, 407, 415, 525
勅令第137号　4-5
鎮南浦
　―華商公会　382-383, 386, 392
　―警察署　397-398, 400, 402
　―商業会議所　113
　―中華商会　351
　―中華蔬菜批発及販売組合　354, 356
　―理事庁　372, 378-379, 384-385, 395, 402-403
　―（副）領事館・辦事処　138, 140, 192, 261, 322, 367, 372, 375-376, 378-380, 383, 385, 387, 392, 394-395, 397, 398, 400, 402-403, 450, 487
通州事件　178
帝国農会　347
提示金制度　314, 322, 335, 413, 517, 518, 525
敵産管理処　481
天津　85, 248, 389, 391-395, 497
　―条約　1, 52
統一関税（制度）　70, 122-124, 128-129, 131-132, 147, 245, 249
統監府令第52号　9, 406-407, 485, 525
同郷ネットワーク　241, 245
土地改革　511
土地家屋証明規則　527
土地所有権　279, 524, 527

●ナ行
内務省令第42号　361, 415, 525
内務大臣訓令第728号　361, 415, 525
中村大尉事件　417, 451
南京国民政府　16, 24, 126, 177, 480, 486-489, 490
　―僑務委員会　13
　―実業部　262
南京条約　1
南昌号　497, 499
南幇　6
日英協定税率　60, 123
日露戦争　7, 45, 47-48
日貨ボイコット　417, 451
日韓通商協会　242
日清修好条規　1
日清戦争　3-8, 45-48, 52, 55, 58, 65, 85, 242, 285, 287, 517
ニッチ・ビジネス　273
日中関税協定　81, 126-127, 133
日中戦争　11, 17, 24-28, 42, 64, 74, 136, 141, 177, 178, 179, 187, 189, 192, 193-194, 196, 202, 208-209, 239, 246, 263-264, 266, 277, 309, 332, 337-339, 340, 346-348, 350-351, 357, 360, 410, 503, 508, 515, 517-518, 527
壬午軍乱　2
人夫供給契約書　391
寧波幇　52
農村振興運動　410

●ハ行
排華事件　11, 16-17, 25-28, 60, 81, 133, 147, 149, 151, 153, 155-157, 160, 162, 167-168, 171-174, 177-179, 195, 202, 208, 232, 237, 240, 260, 262, 269, 277, 309, 313, 315, 318-320, 322, 327, 333-335, 337, 339, 353, 409, 417, 418, 421-422, 424, 426-427, 429, 433, 439, 446-447, 449-451, 453, 459, 462, 468, 474-476, 507, 515, 517, 520-521, 523, 527-528
配給制　190, 193-194, 199-200, 203, 265, 347, 355, 357, 360, 518
東アジア山東幇商業ネットワーク　208-209
フィリピン　206, 414
福井　72-74, 87
福州幇　52
富仁蔬菜組合　316
福清幇　118
釜山
　―警察署　347
　―中華商会　39
　―（中国）領事館　40, 135, 314, 348-349, 451, 480, 486-487
福建幇　40
仏領印度　206, 360, 414
平安水利組合　463-465
米軍政庁　479-482, 486-487, 488-489, 494, 498, 501, 503, 510, 514, 518
平原警察署　465
平壤
　―華商商会　439
　―基督教青年会　461
　―警察署　222, 226, 439, 441, 456
　―刑務所　457

―商業会議所　227
　―商工協会　473
　―地方法院（検事局）　457
　―中華商会　39, 467
　―覆審法院　458-459
　―木物商組合　467
　―木工組合　467
　―洋襪職工組合　220, 222
　―洋襪生産組合　220
　―洋襪争議　220, 240
米ソ共同委員会　489
北京条約　1
暴利取締令　340
保工局　387, 391
保護清商規則　4, 6
保護清商規則細則　5
香港　8, 75, 482, 494, 496-499, 501-504, 514

●マ行
マカオ　494, 504
満洲国　314, 410, 414, 519
満洲事変　11, 16, 25, 29, 152, 153, 156-161, 166-168, 170-171, 173-174, 177, 320, 417-418, 420,

434, 451, 517, 521, 525, 527
万宝山事件　417-418, 422, 425-427, 430-431, 435, 437, 442, 447, 449, 451, 461-462, 466, 473
密輸　71, 368, 500-501
民族資本　213, 218, 223, 240, 272
木浦中華商会　38

●ヤ行
遊興税　196, 198
輸入割当制度　502

●ラ行
蘭領東印度　206, 360, 414
利通丸　338
リットン調査団　420-425, 451
リットン報告書　16, 424, 430, 456
流通ヒエラルキー　120, 205, 521, 526
領事警察　9, 376, 380, 391-393, 395-397, 401, 403
領事裁判権　2, 4, 7, 9, 380, 397, 401, 403
旅鮮中華商会聯合会　182, 189, 490
連合国国民　480, 484, 501
連鎖移住　252, 269, 271, 515-517
労働党　491-492

商店名・食堂名・銀行名・会社名・炭鉱名

本文，注，図表に出る華僑・日本人・朝鮮人経営の商店・食堂・銀行・会社・炭鉱が多いため，本文内容において重要度が高い商店名・食堂名・銀行名・会社名・炭鉱名を中心に作成した。

●ア行
浅野順安採金所　383
鞍山製鉄所　256, 261, 263, 266
永興徳　163
永順祥　216, 219, 234, 237, 239
永盛公　250, 260
永盛興　44, 187, 189, 505
永成東　214-217, 219, 234, 237, 239
永豊裕　92, 141
永来盛　38-39, 41, 45, 46, 52, 81-87, 92-96, 98, 111-112, 136, 142, 144-155, 157, 174, 207
益合永　44, 50, 172, 187
益泰永　172
益泰文　499
悦宝楼　195
小野田セメント　466

●カ行
韓一銀行　90-93, 95, 97-98, 101-103, 106-109, 150, 153-154
漢城銀行　90, 150, 160, 167
雅叙園　195
乾生桟　85
義順祥　218
義生泰　172, 188
義盛東　145
義泰行　497-498
吉昌号　187, 190
協興裕　41, 96, 105, 125, 135, 188, 209
協勝東　219
共信商会　221-226, 240
協泰昌　39, 41
共和春　506

索　引 ├── 627

玉源茂　218-219, 228
曲宗源商店　168
金谷園　195
金城鉄工所　251, 263-264
錦成東　39, 41, 45-46, 92, 96-97, 99, 101, 111-112, 135-136, 142-144, 153-154, 160, 189
慶興徳　223-224, 226, 231-232, 238
慶興（徳）工廠　223, 227-228, 240
慶盛長　53, 111-112, 116, 169
謙合盛　39-40, 163-166, 437
建設実業　494
兼二浦製鉄所　256, 261-263, 266
元和桟　91, 94, 139, 141
広栄泰　141
恒興和　215-216, 233, 239
広信号　96
広泰成　495, 498-499
広和順　39-40, 46-47, 91-93, 95, 99, 102, 106-108, 111-112, 136, 142-144, 174
小寺組　464

●サ行

三共洋襪製造所　230, 235
三合永　39, 40, 46-47, 136, 171
三合盛　218
志岐組　389-396, 399-400, 403
集昌号　92, 141
聚成号　47, 49-51, 91, 93
順安採金所　383, 386
春記桟　94, 139, 141
春盛永　39-40, 163-165, 167
彰信社　64
晋興恒　215, 218-219
信興号　96
瑞盛春　47, 53
瑞盛泰　39-40, 46, 93
瑞泰号　39-40, 72-73, 77-85, 87, 91-94, 98-99, 105-106, 136, 142-144, 155, 169, 174
成記号　40, 171
西公順　47, 53
増順徳　53
双盛公　247, 250
双盛泰　45, 47, 52
双和永　246-250, 259, 261-262, 268
双和興　247, 249-250, 258
双和祥　244, 246-250, 254, 258, 261-262, 468
双和利　244, 246-250, 261-262

●タ行

泰安洋行　40, 163-165
第一銀行　58, 60, 92, 95, 155, 172
第一楼　195, 506
大観園　195, 506
太古洋行　498
高瀬合名会社　64, 134, 169
中央商工　101-102
中央物産　339
中華楼　506
中和義　53, 96, 159
朝鮮織物㈱　135
朝鮮銀行　92, 150, 152-153, 184, 469, 508
朝鮮絹織㈱　101-102, 153-154
朝鮮殖産銀行　91-92, 150, 167
朝鮮物産会社　316-318
帝国製麻　134
天徳洋行　495, 504
東一銀行　150
東海楼　195
同興公　242-243, 246-247, 250-251, 261-262, 264-266
同聚恆　50-53
同順泰　4, 8, 39, 45-49, 55, 91, 141, 206
同順東　498-499, 501, 508
東昌鋳造廠　251-252
東生徳　187, 191
東洋綿花　64, 183
同和永　79, 116, 154
東和昌　38, 41, 92, 101-102, 105-109
同和東　46-47, 49-54, 91, 93
徳興永　40, 106, 107, 171
徳聚祥　117, 168
徳聚和　39-40, 46-47, 112, 116, 135, 137, 169
徳順永　40, 111, 116-117, 169
徳順福　38-41, 46-47, 49, 77-80, 91-96, 98, 101-102, 111-112, 136, 155, 160, 174
徳順和　84-85, 116-117
徳生恒　40, 142
徳生祥　189
徳生東　44, 92, 105-108, 188
徳泰源　40, 47, 171, 187, 190
徳泰興　190-191
徳泰昌　39-40, 111
徳餘恆　53, 96, 159, 160-162

●ナ行

西山組　371-373, 375, 377, 379-383, 385-387, 389, 401-403

●ハ行

福聚成　249, 250, 269
福聚盛　244, 246-249, 254, 258, 261-262, 268
複聚東　169
福聚東　40, 111, 169
福生東　189
藤田組　406
普宣社　232-233
平壌海軍燃料廠　225
本渓湖製鉄所　256, 201, 203

●マ行

松竹楼　506
万聚東　314, 323, 494-501, 503-504, 508-509

三井物産　59, 63-64
明治炭鉱　438, 467

●ヤ行

裕豊徳　39-40, 44, 46-47, 52, 63-64, 81, 85-87, 91-96, 99-100, 105, 111-112, 135, 137, 174, 179, 180-185, 188-189, 193-194, 202, 520
揚子芳工場　215

●ラ行

龍山工作株式会社　258

●ワ行

和聚公　39-41, 96, 135, 137, 100, 189
和信貿易　494
和泰号　39-41, 92, 98-99, 102, 105-106, 136, 142-144

人名

本文，注，図表に名前のあがっている人物が多いため，本文内容上，重要度が高い人物を中心に作成した。

●ア行

赤倉吉三郎　369, 389, 391-392
明石元二郎　397-400
秋本豊之進　380-381
有川万吉　373-374, 380-381, 387-388
有吉忠一　407
池田菊松　394-395, 399
池田清　434-435
石川亮太　7-8
石塚英蔵　381-384, 386
今井田清徳　434-435, 452, 454-456
今村武志　440
尹承儀　428
上田貴子　207
宇垣一成　421, 424, 434-435, 446, 452-453, 474, 476
于寿岳　317
于本海　299, 317, 323, 338
袁世凱　3-6, 23
汪栄宝　448

王恩美　491, 502
王麿武　20
王公温　326
王興西　189, 505
王孝法　322
王行宝　323
王志成　251-252
黄書亭　382, 384
王承誥　322-325, 327
汪精衛　23-24
王正廷　448
黄長連　376
王文緒　291, 328
小田内通敏　14-15
恩ални鉄彌　293, 295, 297-300

●カ行

郭則済　126
賈広発　247-251
梶村秀樹　213-214, 220, 227-228

索引　629

賈鳳声　248
川島朔造　390, 392
韓文清　247, 250
菊池一隆　17, 418
キム（M. Kim）　149
邱丕昭　482, 494, 496-499, 504
金学珍　459
金化徳　461
金昌渉　461
金東仁　443, 461
金徳淳　458
金明煥　461
金利三　418, 426
金連植　458-459, 462
窪田穎　49-50
倪志亮　494
顧維鈞　421
姜子雲　38, 105
高承済　241, 252
姜所学　291
孔漸鴻　39, 111
姜捗亜　7-8, 48-49, 52, 124
姜文煥　312
姜茂禎　495-496, 500-501
呉基永　442
呉起動　492-493
児玉秀雄　434-436
呉長慶　2
小松緑　3, 398, 400-401

●サ行

崔允鈺　222
崔以権　305
柴軍武　494
崔晋夏　427, 461
斎藤茂　299, 333
斎藤実　434-435, 440, 475
佐藤東太郎　377
サヴェリエフ，イゴリ・R.　360
三橋孝一郎　444, 452, 473, 476
志岐信太郎　389-390, 396
重光葵　448-449
信夫淳平　8
周慎九　64, 86, 182-183, 185, 194
朱益鐘　213-214, 220, 227, 231
朱顕章　392
シュティコフ（T. E. Shtikov）　490

蒋介石　492, 496
蒋文鶴　327, 454
邵毓麟　486-487, 489-490, 502
徐国勲　201
徐福男　427
申錫雨　490
秦裕光　314, 495
銭広禧　372, 374, 380-386, 388
宋玉山　405
宋伍強　491
叢成義　418
宋善明　249
宋相漸　472-473
曽鼎鈞　327
宋万明　247-249, 265
荘鵬吉　349
宋亮明　247-249
園田寛　439, 441, 444-445, 452-453, 475-476
孫鶴齢　483
孫祝三　94
孫承会　419-420
孫昌潤　230, 235
孫信卿　50-51, 53
孫世鴻　291
孫忠信　349

●タ行

田川常治郎　258-259
ターナー（W. T. Turner）　487, 488
田中武雄　434-436, 438-439, 442, 447, 451-452, 475
田中徳太郎　439-441, 453
譚傑生　49
遅建藩　86, 481-482
チュン（W. K. Chun）　15
張維城　23, 324-325, 327, 431, 455
張殷三　125
張義信　317, 328
張景賢　439
趙景達　419-420
張鴻海　325
趙孝順　98-99, 101-102
張国威　391, 393-394, 399-400
張玉堂　111, 117
張少卿　373-374, 377, 382
張セユン　418
張　忠　291

晁中辰　292
張風鎮　459
曹晩植　445
沈久全　405
陳樹棠　3, 23
陳德興　302
鄭克選　382
デミング（C. S. Deming）　15
唐紹儀　6, 23
涂照彦　21
董長治　408
德家藤栄　72, 73
都澤正章　66
酉水孜郎　296-299

●ナ行

中西伊之助　470
西山義成　385, 387
二宮常八　372, 385

●ハ行

馬永発　181
馬廷亮　3, 23, 372, 374, 378, 380-386, 389, 391-392, 396-398, 400-401, 407
范漢生　23, 177, 181, 188-189, 196, 198
馮文雄　23, 487, 488
傅維貢　38, 145
傅紹禹　323, 327, 454
富士英　23, 49
藤原喜蔵　439, 441, 453, 475
古田和子　80
朴ウンギョン　16
朴永錫　417-418, 426
朴承稷　98-99
穂積真六郎　434, 436, 441-442, 452, 474, 476
堀切善次郎　454
ホワイト（O. White）　409

●マ行

松沢龍雄　181-182, 196-198
松田利彦　16

松村松盛　440
三浦彌五郎　389-390
水野直樹　415
水間春明　399
南次郎　181
緑川勝子　417-418, 426
宮阪与八郎　399-400
宮本定彦　373, 383
閔泳穆　3
孟憲詩　166
慕德政　483
慕文錦　201, 507
盛岡二郎　431, 434

●ヤ行

安井三吉　181, 207, 310, 407, 415-416
安永登　439, 441, 452-453, 475
山下正蔵　439, 452-453, 476
山田重次郎　369
山田仁三郎　384
兪辛焞　418, 426
楊韻平　17
楊春祥　355, 482, 511
楊昭全　16
楊静波　481-482, 497
楊培昌　164, 231
横山義子　444-445
吉木佐助　316
吉田伊三郎　421
余孫井　395

●ラ行

劉馭万　489-490
劉心伝　325, 327
盧春芳　23, 421
李仲剛　431
李承晩　484
李謙用　457-458
李雲壁　464
李慶文　495, 499, 504
呂建芳　293

著者紹介

李　正熙（い　じょんひ）YI Junghee

1968年韓国慶尚北道星州郡生まれ。韓国慶北大学経商大学大学院経済学研究科修士課程修了。京都大学大学院経済学研究科短期留学（1994.10～1995.9）。韓国『嶺南日報』記者を経て2000年より成美大学経営情報学部専任講師、2011年より教授。京都大学人文科学研究所共同研究員（2012年度）。主要な著作に、『韓国、没有中国城的国家』（共著・清華大学出版社、2006年）、「中日戦争과（と）朝鮮華僑：朝鮮의（の）華僑小学校를（を）中心으로（に）」『中国近現代史研究』第35輯（2007年）、「朝鮮開港期における中国人労働者問題：『大韓帝国』末期広梁湾塩田築造工事の苦力を中心に」『朝鮮史研究会論文集』第47集（2009年）、「近代朝鮮における中国農民の野菜栽培に関する研究：京畿道を事例として」『史林』94巻3号（2011年）など。

KOREA FOUNDATION KF

The Korea Foundation has provided financial assistance for the undertaking of this publication project.

朝鮮華僑と近代東アジア

2012年5月31日　初版第1刷発行

著　者　　李　　正　　熙
発行人　　檜　山　爲　次　郎
発行所　　京都大学学術出版会
　　　　　京都市左京区吉田近衛町69
　　　　　京都大学吉田南構内（〒606-8315）
　　　　　電話　075（761）6182
　　　　　FAX　075（761）6190
　　　　　URL http://www.kyoto-up.or.jp
印刷・製本　亜細亜印刷株式会社

Ⓒ J. Yi 2012　　　　　　　　　　　　　　　Printed in Japan
ISBN978-4-87698-234-9 C3022　　定価はカバーに表示してあります

本書のコピー、スキャン、デジタル化等の無断複製は著作権法上での例外を除き禁じられています。本書を代行業者等の第三者に依頼してスキャンやデジタル化することは、たとえ個人や家庭内での利用でも著作権法違反です。